앙굿따라 니까야

숫자별로 모은 경[增支部]

제4권

여섯의 모음

일곱의 모음

앙굿따라 니까야
Aṅguttara nikāya
숫자별로 모은 경

제4권
여섯의 모음
일곱의 모음

초기불전연구원

그분
부처님
공양 올려 마땅한 분
바르게 깨달으신 분께 귀의합니다.

Namo tassa Bhagavato Arahato Sammāsambuddhassa

제4권 목차

약어
제4권 해제____ 21

여섯의 모음____47

I. 첫 번째 50개 경들의 묶음____ 49
    제1장 공양받아 마땅함 품____ 49
        공양받아 마땅함 경1(A6:1)____ 49
        공양받아 마땅함 경2(A6:2)____ 50
        기능[根] 경(A6:3)____ 55
        힘[力] 경(A6:4)____ 56
        좋은 혈통 경1(A6:5)____ 56
        좋은 혈통 경2(A6:6)____ 57
        좋은 혈통 경3(A6:7)____ 58
        위없음 경(A6:8)____ 59
        계속해서 생각함 경(A6:9)____ 60
        마하나마 경(A6:10)____ 60

제2장 기억해야 함 품____ 68
      기억해야 함 경1(A6:11) ____ 68
      기억해야 함 경2(A6:12) ____ 69
      자애 경(A6:13)____ 71
      복됨 경(A6:14)____ 75
      고통스러움 경(A6:15)____ 77
      나꿀라 경(A6:16)____ 79
      잠 경(A6:17)____ 83
      물고기 경(A6:18)____ 86
      죽음에 대한 마음챙김 경1(A6:19)____ 89
      죽음에 대한 마음챙김 경2(A6:20)____ 94

제3장 위없음 품____ 97
      사마까 경(A6:21)____ 97
      쇠퇴하지 않음 경(A6:22) ____ 99
      두려움 경(A6:23)____ 100
      히말라야 경(A6:24)____ 101
      계속해서 생각함 경(A6:25)____ 103
      깟짜나 경(A6:26)____ 107
      시간 경1(A6:27)____ 112
      시간 경2(A6:28)____ 116
      우다이 경(A6:29)____ 119
      위없음 경(A6:30) ____ 124

제4장 천신 품____ 132

　　　　유학 경(A6:31)____ 132
　　　　쇠퇴하지 않음 경1(A6:32)____ 133
　　　　쇠퇴하지 않음 경2(A6:33)____ 134
　　　　목갈라나 경(A6:34)____ 135
　　　　영지(靈知)의 일부 경(A6:35)____ 139
　　　　분쟁 경(A6:36)____ 140
　　　　보시 경(A6:37)____ 142
　　　　자신의 행위 경(A6:38)____ 144
　　　　인연 경(A6:39)____ 146
　　　　낍빌라 경(A6:40)____ 148
　　　　나무 더미 경(A6:41)____ 149
　　　　나기따 경(A6:42)____ 150

제5장 담미까 품____ 156

　　　　코끼리 경(A6:43)____ 156
　　　　미가살라 경(A6:44)____ 162
　　　　빚 경(A6:45)____ 169
　　　　쭌다 경(A6:46)____ 174
　　　　스스로 보아 알 수 있음 경1(A6:47)____ 177
　　　　스스로 보아 알 수 있음 경2(A6:48)____ 179
　　　　케마 경(A6:49)____ 181
　　　　감각기능[根] 경(A6:50)____ 183
　　　　아난다 경(A6:51) ____ 184
　　　　끄샤뜨리야 경(A6:52)____ 187

불방일 경(A6:53)____ 189
담미까 경(A6:54)____ 191

II. 두 번째 50개 경들의 묶음____ 203
   제6장 대 품____ 203
      소나 경(A6:55)____ 203
      팍구나 경(A6:56)____ 211
      여섯 태생 경(A6:57)____ 217
      번뇌 경(A6:58)____ 223
      나무장수 경(A6:59)____ 228
      코끼리 조련사의 아들 경(A6:60)____ 230
      중간 경(A6:61)____ 239
      인간의 기능에 대한 지혜 경(A6:62)____ 244
      꿰뚫음 경(A6:63)____ 254
      사자후 경(A6:64)____ 265

   제7장 천신 품____ 273
      불환자 경(A6:65)____ 273
      아라한 경(A6:66)____ 274
      친구 경(A6:67)____ 274
      무리지어 삶 경(A6:68)____ 275
      천신 경(A6:69)____ 276
      삼매 경(A6:70)____ 279
      실현하는 능력 경(A6:71)____ 281
      힘 경(A6:72)____ 282

선(禪) 경1(A6:73)____ 283
선(禪) 경2(A6:74)____ 283

제8장 아라한 품____ 285
괴로움 경(A6:75)____ 285
아라한 경(A6:76)____ 286
초월 경(A6:77)____ 286
행복 경(A6:78)____ 288
증득 경(A6:79)____ 288
많음 경(A6:80)____ 290
지옥 경1(A6:81)____ 290
지옥 경2(A6:82)____ 291
으뜸가는 법 경(A6:83)____ 291
밤과 낮 경(A6:84)____ 292

제9장 청량함 품____ 294
청량함 경(A6:85)____ 294
장애 경(A6:86)____ 295
빼앗음 경(A6:87)____ 296
듣고자 함 경(A6:88)____ 297
제거하지 않음 경(A6:89)____ 298
제거함 경(A6:90)____ 299
일으킴 경(A6:91)____ 300
스승 경(A6:92)____ 300
형성된 것은 어떤 것이든 경(A6:93)____ 301

어머니 경(A6:94) ____ 302
자신이 만듦 경(A6:95) ____ 302

제10장 이익 품 ____ 305
출현 경(A6:96) ____ 305
이익 경(A6:97) ____ 306
무상(無常) 경(A6:98) ____ 307
괴로움 경(A6:99) ____ 307
무아 경(A6:100) ____ 308
열반 경1(A6:101) ____ 308
열반 경2(A6:102) ____ 309
열반 경3(A6:103) ____ 309
제한 없음 경(A6:104) ____ 310
존재 경(A6:105) ____ 311
갈애 경(A6:106) ____ 312

제11장 삼개조(三個條) 품 ____ 313
탐욕 경(A6:107) ____ 313
나쁜 행위 경(A6:108) ____ 314
사유 경(A6:109) ____ 314
인식 경(A6:110) ____ 315
요소 경(A6:111) ____ 315
달콤함 경(A6:112) ____ 316
지루함 경(A6:113) ____ 317
만족 경(A6:114) ____ 317

훈계를 받아들이지 않음 경(A6:115)____ 318

들뜸 경(A6:116)____ 319

제12장 일반 품____ 320

관찰 경1(A6:117)____ 320

관찰 경2(A6:118)____ 321

따뻣사 경(A6:119)____ 322

발리까 등의 경(A6:120)____ 323

제13장 탐욕의 반복 품____ 325

위없음 경(A6:121)____ 325

계속해서 생각함[隨念] 경(A6:122)____ 325

인식 경(A6:123)____ 326

철저히 앎 등의 경(A6:124)____ 326

일곱의 모음____329

I. 첫 번째 50개 경들의 묶음____ 331

제1장 재산 품____ 331

사랑함 경1(A7:1)____ 331

사랑함 경2(A7:2)____ 333

힘 경1(A7:3)____ 333

힘 경2(A7:4)____ 334

재산 경1(A7:5)____ 337
재산 경2(A7:6)____ 337
욱가 경(A7:7)____ 340
족쇄 경(A7:8)____ 341
제거 경(A7:9)____ 342
인색 경(A7:10)____ 343

제2장 잠재성향 품____ 344

잠재성향 경1(A7:11)____ 344
잠재성향 경2(A7:12) ____ 344
가문 경(A7:13)____ 345
사람 경(A7:14)____ 346
물의 비유 경(A7:15)____ 347
무상(無常) 경(A7:16)____ 350
괴로움 등의 경(A7:17)____ 353
칭찬 받을 토대 경(A7:18)____ 356

제3장 왓지 품____ 359

사란다다 경(A7:19)____ 359
왓사까라 경(A7:20)____ 361
비구 경(A7:21)____ 368
일 경(A7:22) ____ 369
믿음 경(A7:23)____ 371
깨달음 경(A7:24)____ 372
인식 경(A7:25)____ 372

유학 경(A7:26)____ 373

쇠퇴 경(A7:27)____ 375

패망 경(A7:28)____ 376

번창 경(A7:29)____ 377

파멸 경(A7:30) ____ 377

제4장 천신 품____ 380

불방일 경(A7:31)____ 380

양심 경(A7:32)____ 381

훈계를 잘 받아들임 경1(A7:33)____ 382

훈계를 잘 받아들임 경2(A7:34)____ 383

친구 경1(A7:35)____ 385

친구 경2(A7:36)____ 386

무애해 경(A7:37)____ 387

통제 경(A7:38)____ 389

칭찬 받을 토대 경1(A7:39)____ 391

칭찬 받을 토대 경2(A7:40)____ 393

제5장 큰 제사 품____ 397

거주처 경(A7:41)____ 397

필수품 경(A7:42)____ 399

불[火] 경1(A7:43)____ 400

불[火] 경2(A7:44)____ 400

인식 경1(A7:45)____ 408

인식 경2(A7:46)____ 409

음행 경(A7:47) ____ 420
속박 경(A7:48) ____ 424
보시 경(A7:49) ____ 427
난다마따 경(A7:50) ____ 433

II. 두 번째 50개 경들의 묶음 ____ 439
 제6장 설명하지 않음 품 ____ 439
  설명하지 않음[無記] 경(A7:51) ____ 439
  불환자가 태어날 곳 경(A7:52) ____ 443
  띳사 경(A7:53) ____ 450
  시하 경(A7:54) ____ 457
  감추지 않음 경(A7:55) ____ 461
  낌빌라 경(A7:56) ____ 464
  일곱 경(A7:57) ____ 465
  졸고 있음 경(A7:58) ____ 466
  자애 경(A7:58-2) ____ 472
  아내 경(A7:59) ____ 476
  분노 경(A7:60) ____ 479

 제7장 대 품 ____ 486
  양심 경(A7:61) ____ 486
  태양 경(A7:62) ____ 487
  도시 비유 경(A7:63) ____ 494
  법을 앎 경(A7:64) ____ 502
  빠릿찻따까 나무 경(A7:65) ____ 507

존경함 경(A7:66)____ 510

수행 경(A7:67)____ 516

붊(火) 경(A7:68)____ 519

수넷따 경(A7:69)____ 528

아라까 경(A7:70)____ 530

제8장 율 품____ 535

율을 호지하는 자 경1(A7:71)____ 535

율을 호지하는 자 경2(A7:72)____ 535

율을 호지하는 자 경3(A7:73)____ 537

율을 호지하는 자 경4(A7:74)____ 537

율을 호지하는 자는 빛남 경1(A7:75)____ 538

율을 호지하는 자는 빛남 경2(A7:76)____ 539

율을 호지하는 자는 빛남 경3(A7:77)____ 539

율을 호지하는 자는 빛남 경4(A7:78)____ 540

교법 경(A7:79)____ 541

대중공사를 가라앉힘 경(A7:80)____ 542

제9장 사문 품____ 544

비구 경(A7:81)____ 544

사문 등의 경(A7:82)____ 544

바르지 못한 법 경(A7:83)____ 546

바른 법 경(A7:84)____ 546

제10장 공양받아 마땅함 품____ 547
    무상(無常) 경(A7:85)____ 547
    괴로움 등의 경(A7:86)____ 548

제11장 탐욕의 반복 품____ 551
    깨달음의 구성요소 경(A7:87)____ 551
    인식 경1(A7:88)____ 551
    인식 경2(A7:89)____ 552
    철저히 앎 등의 경(A7:90)____ 553

찾아보기 ____ 555

약어

A.	Aṅguttara Nikāya(증지부)
AA.	Aṅguttara Nikāya Aṭṭhakathā = Manorathapūraṇī(증지부 주석서)
AAṬ.	Aṅguttara Nikāya Aṭṭhakathā Ṭīkā(증지부 복주서)
BG.	Bhagavadgīta(바가왓 기따)
BHD	Buddhist Hybrid Sanskrit Dictionary
BPS	Buddhist Publication Society
BvA.	Buddhavaṁsa Aṭṭhakathā
D.	Dīgha Nikāya(장부)
DA.	Dīgha Nikāya Aṭṭhakathā = Sumaṅgalavilāsinī(장부 주석서)
DAṬ.	Dīgha Nikāya Aṭṭhakathā Ṭīkā(장부 복주서)
Dhp.	Dhammapada(법구경)
DhpA.	Dhammapada Aṭṭhakathā(법구경 주석서)
Dhs.	Dhammasaṅgaṇi(法集論)
DhsA.	Dhammasaṅgaṇi Aṭṭhakathā = Aṭṭhasālinī(법집론 주석서)
DPPN.	G. P. Malalasekera's *Dictionary of Pali Proper Names*
Dv.	Dīpavaṁsa(島史), ed.ited by Oldenberg
It.	Itivuttaka(如是語)
ItA.	Itivuttaka Aṭṭhakathā(여시어 주석서)
Jā.	Jātaka(本生譚)
JāA	Jātaka Aṭṭhakathā(본생담 주석서)
KhpA.	Khuddakapātha Aṭṭhakathā(쿳다까빠타 주석서)

M.	Majjhima Nikāya(중부)
MA.	Majjhima Nikāya Aṭṭhakathā(중부 주석서)
Miln.	Milindapañha(밀린다왕문경)
Mtu.	Mahāvastu(Edited by Senart)
Mhv.	Mahāvaṃsa(大史), edited by Geiger
Nd1.	Mahā Niddesa(大義釋)
Nd2.	Cūla Niddesa(소의석)
Netti.	Nettippakaraṇa(指道論)
NMD	Ven. Ñāṇamoli's *Pali-English Glossary of Buddhist Terms*
Pe.	Peṭakopadesa(藏釋論)
PED	*Pāli-English Dictionary* (PTS)
Pm.	Paramatthamañjnsā = Visuddhimagga Mahāṭīkā(청정도론 복주서)
Ps.	Paṭisambhidāmagga(무애해도)
Ptṇ.	Paṭṭhāna(發趣論)
PTS	Pāli Text Society
Pug.	Puggalapannatti(人施設論)
PugA.	Puggalapannatti Aṭṭhakathā(인시설론 주석서)
Pv.	Petavatthu (아귀사)
Rv.	Ṛgveda(리그베다)
S.	Saṃyutta Nikāya(상응부)
SA.	Saṃyutta Nikāya Aṭṭhakathā = Sāratthappakāsinī(상응부 주석서)
SAṬ.	Saṃyutta Nikāya Aṭṭhakathā Ṭīkā(상응부 복주서)
Sn.	Suttanipāta(經集)

SnA.	Suttanipāta Aṭṭhakathā(경집 주석서)
Thag.	Theragāthā(장로게)
ThagA.	Theragāthā Aṭṭhakathā(장로게 주석서)
ThigA.	Theragāthā Aṭṭhakathā(장로니게 주석서)
Ud.	Udāna(감흥어)
UdA.	Udāna Aṭṭhakathā(감흥어 주석서)
Vbh.	Vibhaṅga(分別論)
VbhA.	Vibhaṅga Aṭṭhakathā = Sammohavinodanī(분별론 주석서)
Vin.	Vinaya Piṭaka(율장)
VinA.	Vinaya Piṭaka Aṭṭhakathā = Samantapāsādikā(율장 주석서)
Vis.	Visuddhimagga(청정도론)
VṬ.	Abhidhammaṭṭha Vibhavinī Ṭīkā(위바위니 띠까)
Vv.	Vimānavatthu(천궁사)
VvA.	Vimānavatthu Aṭṭhakathā(천궁사 주석서)
Yam.	Yamaka(쌍론)
YamA.	Yamaka Aṭṭhakathā = Pañcappakaraṇa(야마까 주석서)

냐나몰리 *The Middle Length Discourses of the Buddha.*
우드워드 *The Book of the Gradual Sayings*
육차결집본 Vipassana Research Institute 간행 육차결집 본
청정도론 대림 스님 옮김, 초기불전연구원, 2004.

◉ **일러두기**

(1) 삼장(Tipitaka)과 주석서(Aṭṭhakathā)들과 『디가 니까야 복주서』(DAṬ)는 별다른 언급이 없는 한 모두 PTS본임. 그 외의 복주서(Ṭīkā)들은 미얀마 육차결집본(인도 Vipassana Research Institute 간행)이고 『청정도론』은 HOS본임.
A1:14:1은 『앙굿따라 니까야』「하나의 모음」 14번째 품 첫 번째 경을 뜻하고 A.ii.234는 PTS본 『앙굿따라 니까야』 제2권 234쪽을, A3:65는 『앙굿따라 니까야』「둘의 모음」 65번째 경을 뜻함.
D16/ii.145는 『디가 니까야』 16번 경으로 『디가 니까야』 제2권 145쪽을 나타냄.
(2) 본문의 단락번호는 PTS본의 단락번호를 따랐고 PTS본에 없는 것은 역자가 임의로 붙인 것임.
(3) 『숫따니빠따』『법구경』『장로게』『장로니게』 등은 PTS본의 게송번호이고 『청정도론 복주서』(Pm)의 숫자는 미얀마 6차결집본의 단락번호임.

앙굿따라 니까야 제4권 해제(解題)

1. 들어가는 말

『앙굿따라 니까야』는 부처님이 남기신 가르침 가운데서 그 주제의 법수가 분명한 말씀들을 숫자별로 모아서 결집한 것이다. 『앙굿따라 니까야』는 이러한 주제를 하나부터(A1) 열하나까지(A11) 모두 11개의 모음(Nipāta)으로 분류하여 결집하였다.

『앙굿따라 니까야』 제4권에는 「여섯의 모음」(Chakka-nipāta, A6)과 「일곱의 모음」(Sattaka-nipāta, A7)의 두 가지 모음이 수록되어 있다. 「여섯의 모음」은 부처님 말씀 가운데 6개의 주제를 담고 있는 경들을 모은 것이며, 「일곱의 모음」은 7개의 주제를 담고 있는 경들을 모은 것으로, PTS본에 의하면 각각 124개의 경들과 90개의 경들을 포함하고 있다.

PTS본에는 「다섯의 모음」과 「여섯의 모음」이 제3권에 포함되어 있고 「일곱의 모음」과 「여덟의 모음」과 「아홉의 모음」이 제4권에 포함되어 편집되어 있다. 초기불전연구원에서는 이들의 분량이 너무 많아서 「다섯의 모음」을 제3권으로 번역·출간하고 「여섯의 모음」과 「일곱의 모음」을 제4권으로 번역·출간하며, 「여덟의 모음」과 「아홉의 모음」을 제5권으로 번역·출간하고 「열의 모음」과 「열하나의 모음」을 제6권으로 출간할 예정이다.

2. 「여섯의 모음」의 구성

「여섯의 모음」에는 모두 124개의 경들이 포함되어 있는데, 이 경들은 모두 13개의 품(Vagga)으로 나뉘어져 있다. 이 가운데 제3장 「위없음 품」까지는 각 품마다 10개의 경을 배정하고 있으며, 제4장과 제5장에는 각각 12개의 경을 배정하고 있다. 그리고 제6장부터 제8장까지는 다시 각각 10개의 경을, 제9장부터 제10장까지는 각각 11개의 경을 배정하고 있으며, 제12장 「일반 품」에는 4개의 경을, 제13장 「탐욕의 반복 품」에는 4개의 경을 배정하고 있다.

한편 6차결집본은 제12장 「일반 품」에 대해서 23개의 경들로 번호를 매기고 있으며, 제13장 「탐욕의 반복 품」은 반복되는 정형구를 담고 있기 때문에 510개의 경들로 번호를 매기고 있다. 이렇게 해서 6차결집본은 「여섯의 모음」에 포함된 경들에 대해서 649개의 경 번호를 매기고 있다. 반면 PTS본은 정형구가 반복되는 것들은 같은 경으로 번호를 매겨 124개의 경으로 교정본을 출간하였다. 이렇게 두 교정본은 경의 번호를 매겨 편집하는 것에는 큰 차이를 보이지만, 경의 내용에는 아무런 증감이 없다. 이런 차이에 대해서는 본서 제1권 역자서문 §5를 참조하기 바란다.

그리고 이 13개의 품은 모두 두 개의 '50개 경들의 묶음'으로 묶었다. 제1품부터 제5품까지는 「첫 번째 50개 경들의 묶음」에 배정하였고, 나머지는 모두 「두 번째 50개 경들의 묶음」에 배정하였다. 각 품의 명칭은 그 품에 포함되어 있는 경들 가운데 『앙굿따라 니까야』를 모아서 편집한 옛 스님들이 중요하다고 생각한 표제어를 골라서 붙인 것이다.

그럼 각 경들의 묶음별로 간단하게 전체를 개관해보자.

(1) 「첫 번째 50개 경들의 묶음」

「첫 번째 50개 경들의 묶음」은 제1장 「공양받아 마땅함 품」, 제2장

「기억해야 함 품」, 제3장 「위없음 품」, 제4장 「천신 품」, 제5장 「담미까 품」으로 구성되어 있으며, 제4장 「천신 품」과 제5장 「담미까 품」에 12개의 경들을 배정하고, 나머지 품들에는 각각 10개씩의 경들을 배정하여, 전체적으로 54개의 경들이 「첫 번째 50개 경들의 묶음」에 포함되어 있다.

이 가운데 제1장 「공양받아 마땅함 품」의 처음 7개의 경은 어떤 비구가 진정으로 공양받아 마땅한 세상의 위없는 복밭[福田]인가에 대해서 설하고 있다.

제1장의 마지막 2개의 경과 제2장 「기억해야 함 품」의 12개의 경들은 계속해서 생각하거나(anussati) 기억해야 하거나(saraṇīya) 닦아야 하거나(bhāvana) 챙겨야 하는(sati) 법들에 관한 경들로 구성되어 있다.

제3장 「위없음 품」의 여러 경에는 삼매나 계속해서 생각함 등 수행자가 닦아야 할 구체적인 수행 방법을 다양하게 설하고 있다.

3개의 경을 제외한 제5장 「담미까 품」의 9개 경들은 비구들에게 일반적으로 설한 것이 아니라 아난다나 담미까 등의 제자나 몰리야시와까 같은 외도 유행승이나 자눗소니 바라문 등의 한 사람에게 설하신 경들로 구성되어 있다.

(2) 「두 번째 50개 경들의 묶음」

본 묶음은 제6장 「대 품」, 제7장 「천신 품」, 제8장 「아라한 품」, 제9장 「청량함 품」, 제10장 「이익 품」, 제11장 「삼개조(三個條) 품」, 제12장 「일반 품」, 제13장 「탐욕의 반복 품」의 모두 8개 품으로 구성되어 있다. 이 가운데 제9장 「청량함 품」과 제10장 「이익 품」에는 각각 11개의 경이, 제12장 「일반 품」에는 4개의 경이, 제13장 「탐욕의 반복 품」에는 4개의 경이 배정되어 있고 나머지 품에는 각각 10개의 경들이 배정되어, 전체적으로 70개의 경이 「두 번째 50개 경들의 묶음」에 포함되어 있다.

제6장 「대 품」에는 10개의 긴 경들이 포함되어 있다. 『앙굿따라 니까야』 전체의 대부분의 모음(nipāta)에는 「대 품」이라는 품의 명칭이 나타나는데 그 모음에서 가장 긴 경들을 모은 품이다.

제8장 「아라한 품」과 제9장 「청량함 품」에 포함된 21개의 경들 가운데 몇몇을 제외한 대부분의 경들과 제10장 「이익 품」의 몇 개의 경은 악처에 태어나는 것과 선처에 태어나는 것, 있을 수 있는 것과 있을 수 없는 것, 쇠퇴가 예상되는 것과 향상이 예상되는 것 등으로 서로 대가 되는 짧은 경들로 구성되어 있다.

제11장 「삼개조 품」의 10개의 경들은 세 가지로 조합이 된 해로운 법들을 제거하기 위해서 세 가지 유익한 법들을 닦아야 한다는 구문으로 구성되어 있다.

제12장 「일반 품」에는 PTS본의 편집에 의하면 4개의 경들이 포함되어 있지만 6차결집본은 이를 23개의 경들로 편집하고 있다.

제13장은 다른 모음들의 맨 마지막 품과 같이 탐욕 등의 17(탐, 진, 치, 분노 등) × 최상의 지혜 등 10(최상의 지혜로 앎, 철저히 앎 등)의 170가지 조합이 언급되는데 「여섯의 모음」에는 이것이 다시 세 가지(위없음+따라 생각함+인식)의 조합으로 구성되어 있다. 그래서 6차결집본에는 본 품에 모두 510개의 경 번호를 매기고 있다.

3. 「여섯의 모음」의 특징

초기경들 가운데 여섯 가지 계속해서 생각함[隨念, anussati] 정도를 제외하면 특별히 여섯 가지로 정형화된 가르침은 없다고 할 수 있다. 그러다 보니 「여섯의 모음」에는 잘 알려진 오근, 오력 등과 같은 다섯 가지의 법수에다 다른 한 가지를 더하여 여섯이 된 경우가 적지 않게 나타나고 있다.

「여섯의 모음」에서 가장 두드러진 특징으로는 제11장 「삼개조 품」에 포함된 10개의 경들을 들 수 있다. 이 경들은 셋으로 구성된(삼개조) 다양한 해로운 법들을 들고 그것을 제거하는 세 가지 유익한 법들을 설하고 있다. 이것은 「셋의 모음」에 포함되어도 무방하겠지만 3+3=6으로 계산하여 「여섯의 모음」에 포함시켰다. 이러한 방법은 「일곱의 모음」과 「여덟의 모음」 등에서도 나타난다.

4. 「여섯의 모음」에서 관심을 가져야 할 경들

(1) 「마하나마 경」(A6:10)

초기경들은 성자의 경지를 예류자, 일래자, 불환자, 아라한으로 설명하고 있다. 아라한이 되어야 모든 번뇌가 다하고 그래서 생사문제가 궁극적으로 해결되어 다시는 태어나지 않게 된다고 한다. 이들 성자의 경지 가운데 제일 처음은 예류자이며, 말 그대로 성자의 흐름에[流] 참예했다[預]는 뜻이다. 예류자는 성자의 흐름에는 들었지만 계속해서 수행을 해서 아직까지 남아있는 번뇌들을 모두 제거해야 한다.

그러면 예류의 경지를 터득한 성자는 아라한이 되기 위해서 어떻게 수행해야 하고 어떻게 머물러야 하는가? 여기에 대해서 부처님의 사촌 동생이며 석가족의 왕인 마하나마가 "세존이시여, 과위를 증득하고 교법을 안 성스러운 제자는 어떻게 하면서 많이 머물러야 합니까?"라고 세존께 질문을 드리고 세존께서는 여섯 가지를 계속해서 생각하면서 머물러야 한다고 설하시는 것이 본경의 내용이다.

여섯 가지 계속해서 생각함[隨念, anussati]의 주제는 불·법·승·계·보시·천신이다. 이러한 여섯 가지를 계속해서 생각하면 탐·진·치에 휘둘리지 않고 환희가 생기고 희열이 생기며, 몸이 편안하고 행복을 느끼고 삼매에 들게 된다고 부처님께서는 말씀하신다. 한편 이 여섯 가지 계속해서 생각함을 수행하는 방법은 『청정도론』 VII장에 상세하게 설명되어 있다.

(2) 「나꿀라 경」(A6:16)

태어난 자에게 죽음은 필연이다. 이 세상의 그 누구도 죽음을 거부할 수 없다. 인간이 8만년을 살게 되어도 갈애와 배고픔과 늙음은 피할 수 없으며(D26 §23) 그래서 죽음은 필연이다. 그러면 도대체 어떤 태도로 죽음을 맞이해야 하는가? 특히 불교신자인 재가자들은 어떤 태도로 임종을 해야 하는가? 여기에 대한 좋은 보기가 바로 본경이다.

본경은 병에 걸려 고통받고 있는 나꿀라삐따(나꿀라의 아버지) 청신사에게 그의 아내 나꿀라마따(나꿀라의 어머니) 청신녀가 그의 마음을 편안하게 하는 내용을 담고 있다. 본경에서 나꿀라마따는 집안의 여러 가지 문제에 대해서 그의 남편을 안심시키면서 "당신은 애착을 가지고 임종을 하지 마십시오. 애착을 가지고 임종하는 것은 괴로움입니다. 세존께서는 애착을 가지고 임종하는 것을 나무라셨습니다."라고 간곡하게 말해주고 있다.

이러한 태도를 가지고 극진하게 간호를 한 아내 나꿀라마따 덕분에 나꿀라삐따 장자는 마침내 병이 낫게 된다. 이러한 나꿀라마따의 일화를 전해들은 세존께서는 "장자여, 연민을 가졌고 이익을 바라고 교계하고 조언하는 나꿀라마따를 아내로 두다니 그것은 그대에게 참으로 이득이고, 참으로 큰 이득이로다. 장자여, 계를 성취한 흰옷 입은 재가 여신도들이 내 곁에 있는 한, 안으로 마음의 사마타를 얻은 흰옷 입은 재가 여신도들이 내 곁에 있는 한, 이 법과 율에서 발판을 얻고 확고함을 얻고 위안을 얻고 의심을 건너고 혼란을 제거하고 무외를 얻고 스스로를 의지하여 스승의 교법에 머무는 흰옷 입은 재가 여신도들이 내 곁에 있는 한, 장자의 아내 나꿀라마따는 그들 가운데 한 사람이다."라고 나꿀라삐따 장자에게 그의 아내 나꿀라마따를 칭찬하셨다.

불자들, 특히 재가자들은 마땅히 이러한 나꿀라마따의 일화를 본받아서 병고에 시달리거나 임종을 앞둔 사람이 애착을 여의어서 병고와 죽음의 과정이 해탈열반을 성취하는 좋은 수행 자체가 되도록 도와주어야 할 것이다.

(3) 「죽음에 대한 마음챙김 경」 1/2(A6:19~20)

초기불교의 수행법을 한 마디로 말하라고 하면 그것은 마음챙김(sati)이라고 할 수 있다. 부처님께서는 마음챙김이라는 주제로 여러 가지 수행 기법을 설하고 계시는데 대표적인 것으로 『디가 니까야』 제2권 「대념처경」(D22)을 들 수 있다. 「대념처경」은 초기불교 수행법을 몸[身]·느낌[受]·마음[心]·법[法]의 네 가지 주제하에 집대성한 경으로 초기수행법에 관한 한 가장 중요한 경이며, 그런 만큼 가장 유명한 경이기도 하다는 것은 초기불교 수행법에 관심을 가진 사람들에게는 더 이상 낯설지가 않다. 마음챙김으로 대표되는 초기불교 수행법은 이 경을 토대로 지금까지 전승되어오고 있으며 남방의 수행법으로 알려진 위빳사나 수행법은 모두 이 경을 토대로 하여 가르쳐지고 있다고 하여도 과언이 아니다.

그리고 이 가운데서 몸에 대한 마음챙김에 관한 부분만을 모은 것이 『맛지마 니까야』의 「염신경」(念身經, M119)이며, 다시 이 가운데서 가장 중요하다 할 수 있는 들숨날숨에 대한 마음챙김 부분만을 더 자세하게 설하고 있는 것이 『맛지마 니까야』 「출입식념경」(M118)이다. 그러므로 이 세 개의 경들을 초기경들 가운데서 실참수행을 설하신 수행삼경(修行三經)이라 불러도 괜찮다.

그런데 여기에 「대념처경」으로 집대성된 이러한 마음챙김에 관한 여러 경들에 포함되어 나타나지 않는 마음챙김의 명상주제가 있으니, 그것이 바로 본경에 나타나고 있는 죽음에 대한 마음챙김이다. 죽음에 대한 마음챙김은 다른 니까야에는 나타나지 않고 『앙굿따라 니까야』에만 나타나고 있는데, 그것은 여기서 소개하고 있는 두 개의 경들과 같은 이름으로 「여덟의 모음」에도 나타나는 두 개의 경들(A8:73~74)이다.

이러한 경들을 토대로 『청정도론』 VIII.1~41에서는 죽음에 대한 마음챙김을 상세하게 설명하고 있다. 그리고 『청정도론』 III.57에서는 모든 경우에 다 유익한 명상주제로 자애와 죽음에 대한 마음챙김을 들고 있다. 그만큼 죽음은 모든 수행자가 항상 유념하고 있어야 할 가장 중요한 마음챙김의 명상주제인 것이다.

본경을 통해서 세존께서는 "비구들이여, 예를 들면 옷이 불타고 머리가 불타는 자는 옷이나 머리의 불을 끄기 위해서 아주 강한 의욕과 노력과 관심과 분발과 불퇴전과 마음챙김과 알아차림을 행해야 하는 것과 마찬가지로, 비구도 나쁘고 해로운 법들을 제거하기 위해서는 강한 의욕과 노력과 관심과 분발과 불퇴전과 마음챙김과 알아차림을 행해야 한다."라고 간곡하게 말씀하고 계신다. 아울러 "비구들이여, 그러므로 이와 같이 공부지어야 한다. '우리는 방일하지 않고 머무르리라. 번뇌를 멸하기 위하여 예리하게 죽음에 대한 마음챙김을 닦으리라.'라고, 비구들이여, 그대들은 참으로 이와 같이 공부지어야 한다."라고 당부하신다.

(4) 「쭌다 경」(A6:46)

선(禪)이 중요한가, 아니면 교(敎)가 중요한가? 이것은 특히 중국 불교와 한국 불교사에서 지속적으로 논쟁을 벌여온 중요한 주제였다. 그래서 중국 불교와 한국 불교에서는 불교 교단을 교종과 선종으로 나누기도 하였다. 한국에서도 고려시대까지의 불교가 교종 중심이었다면 조선시대에는 선종이 우위를 점하기도 하였다. 조선시대 불교를 대표하는 이념서적이라 할 수 있는 『선가구감』에서는 선은 부처님의 마음이요 교는 부처님의 말씀이어서 이 둘은 서로 다르지 않다고 정의하면서 선의 입장에서 교를 통합하고 있다. 이처럼 조선시대의 불교는 선을 중심한 선교일치를 주창하였다. 선과 교에 대한 이러한 관심은 이미 초기경에도 나타나고 있는데 그 단초를 본경에서 찾아볼 수 있다.

본경에서 마하쭌다 존자는 비구 대중에게 말하기를,

"도반들이여, 여기 법에 열중하는 비구들은 법에 열중하는 비구들만 칭송하고 참선하는 비구들은 칭송하지 않습니다. … 여기 참선하는 비구들은 참선하는 비구들만 칭송하고 법에 열중하는 비구들은 칭송하지 않습니다. 이 경우에는 참선하는 비구들도 기쁘지 않고, 법에 열중하는 비구들도 기쁘지 않습니다. 그러면 이것은 많은 사람들의 이익을 위하고 많은 사람의 행복을 위하고 신과 인간의 이상과 이익과 행복을 위하여 도닦는 것이 아닙니다."

그런 뒤에 법에 몰두하는 비구들은 참선하는 자들에 대해서 '불사(不死)의 경지를 몸으로 체득하여 머무는 경이로운 자들'이라고 존중해야 하며, 참선하는 비구들은 법에 열중하는 비구들에 대해서 '심오한 뜻의 경지를 통찰지로 꿰뚫고 보는 경이로운 자들'이라고 존중해야 한다고 설하고 끝을 맺는다.

주석서는 불사의 경지를 몸으로 체득하여 머무는 것을 죽음이 없는 열반의 요소를 체득하여 머무는 것을 말하며, 심오한 뜻의 경지를 통찰지로 꿰뚫고 보는 것은 온·처·계의 [무상·고·무아를] 위빳사나의 지혜로 꿰뚫어 보는 것을 말한다고 설명하고 있다.(AA.iii.379)

그러므로 참선하는 자들은 단지 앉아있거나 앉아서 삼매만을 닦는 데 머물지 말고 불사의 경지를 몸으로 직접 체득해서 머물러야 하며, 법에 열중하는 자들은 단지 법을 지식으로 이해하는 데 그쳐서는 안되고 법을 공부하는 것이 온·처·계의 무상·고·무아를 통찰지로 꿰뚫어 보는 위빳사나로 승화되도록 해야 한다. 이렇게 해서 서로가 서로를 인정하고 존중하는 태도를 길러야 할 것이다.

(5) 「스스로 보아 알 수 있음 경」 1/2(A6:47~48)

부처님 가르침은 법을 생명으로 한다. 그래서 "세존께서는 법을 보는 자는 나를 보고, 나를 보는 자는 법을 본다."(S22:87)고 하셨으며 법을 귀의처로 삼고, 법을 섬으로 삼으라고 하셨다.(D16)

여러 경에서 법은 스스로 보아 알 수 있는 것으로 정의된다. 그러면 불교의 생명인 법이 스스로 보아 알 수 있는 것이라는 이 의미는 도대체 무엇인가? 여기에 대한 대답이 본경에 들어 있다.

여기 소개하는 두 개의 경에서 몰리야시와까 유행승과 어떤 바라문은 세존께 다가가서 이 의미에 대해서 질문을 드리고 세존께서는 그 의미를 명쾌하게 설명하고 계신다. 이 두 개의 경에서 세존께서 다시 그들에게 '만일 그대에게 탐욕이 있으면 탐욕이 있다고 알 수 있는가?'라고 되물으시고 그들은 알 수 있다고 대답한다. 같은 방법으로 세존께서는 '그대에게 성냄이 있으면 성냄이 있다고 알고 어리석음이 있다면 어리석음이 있다고 알고 탐욕이나 성냄이나 어리석음과 함께 하는 법(심리 현상들)이 일어나면 그렇다고 아는가?' 등으로 질문을 하시고 그들은 알 수 있다고 대답한다.

세존께서는 이렇게 아는 것이 바로 법을 스스로 보아 알 수 있는 것이라고 명쾌하게 말씀하신다. 우리는 자칫 법을 본다는 것을 온·처·계·연기·사성제·37조도품 등의 법이나 아비담마의 법수(法數)들을 명확하게 이해하는 것으로 생각할 수 있다. 그러나 세존께서는 그렇게 대답하시는 것이 아니라 지금여기 내 안에서 일어나는 탐·진·치 등의 심리 현상들을 보는 것이라고 말씀하고 계신다.

이처럼 법을 아는 것 혹은 법을 스스로 보아 안다는 것은 결코 이론적인 이해나 관념적인 지식이 아니라고 부처님께서 명쾌하게 밝히고 계신 것이 이 두 개의 경이다.

법은 지금여기에서 자기 자신에게서 일어나는 정신·물질적인 현상들을 말한다. 이것을 보는 것이 법을 보는 것이요, 이것이 무상하고 괴로움이요 무아임을 여실하게 보면 그로 인해 우리는 염오하게 되고 탐욕이 빛바래게 되고 해탈·열반을 실현하게 되는 것이다. 이처럼 법을 보는 것이야말로 해탈의 관문이며, 이처럼 법을 보는 것을 위빳사나(vi-passanā,

깊이 보기, 꿰뚫어보기, 해체해서 보기)라고 정의한다. 물론 온·처·계·근·제·연(5蘊·12處·18界·22根·4諦·12緣) 등으로 정리되는 초기불교의 법수나 82법·75법 등으로 정리되는 아비담마의 법수들도 우리가 반드시 알아야 할 법이다. 이러한 체계적인 가르침은 단순한 암기를 위하거나 형이상학적인 불교 교학 체계를 위해서 설하신 것이 절대로 아니다. 우리는 이러한 법체계를 통해서 지금여기 내 안에서 일어나는 법을 스스로 보아야 한다. 법체계는 이것을 위해서 존재하는 지도일 뿐임을 잊어버리면 그야말로 본말이 전도되어버릴 것이다.

(6) 「소나 경」(A6:55)
본경은 우리에게 한역 『중아함』과 『증일아함』의 「이십억경」(二十億經, 소나 꼴리위사를 이십억으로 옮겼는데 visa를 vīsa(20)으로 이해하여 이렇게 옮긴 듯함)을 통해서 거문고 타기[彈琴]의 비유로 알려진 경이다. 소나 꼴리위사 존자가 '세존의 제자들은 열심히 정진하면서 머문다. 나도 그 가운데 한 사람이다. 그런데도 나는 취착을 없애지 못했고 번뇌들로부터 마음이 해탈하지 못하였다. 대신에 우리 집은 부유하여 나는 재물을 즐길 수도 있고 공덕을 지을 수도 있다. 그러니 나는 이제 공부지음을 버리고 낮은 [재가자의] 삶으로 되돌아가서 재물을 즐기고 공덕을 지어야겠다.'라고 생각을 하자 세존께서 존자의 이러한 번민을 아시고 자상하게 법문을 해주시는 것이 본경의 내용이다.

세존께서는 "소나여, 그러나 그대의 류트의 활줄이 지나치게 팽팽하지도 않고 지나치게 느슨하지도 않고 적당한 음계(音階)에 맞추어졌을 때 그대의 류트는 그때 선율이 아름답고 연주하기에 적합하게 된다."라고 말씀하신 뒤, "소나여, 그와 같이 지나치게 열심인 정진은 들뜸으로 인도하고 지나치게 느슨한 정진은 나태함으로 인도한다. 소나여, 그러므로 그대는 정진을 고르게 유지해야 한다. [다섯 가지] 기능들[五根]의 균등함을 꿰뚫어야 하고 거기서 표상을 취하여야 한다."라고 수행의 지침을 주신다.

한편 주석서는 여기에 대해서 "'기능들[五根]의 균등함을 꿰뚫어야 하고'란 믿음 등의 다섯 가지 기능의 균등함에 확고해야 한다는 뜻이다. 즉 믿음은 통찰지와 통찰지는 믿음과, 정진은 삼매와 삼매는 정진과 연결되는 것이 다섯 가지 기능의 균등함에 확고한 것이다. 그러나 마음챙김은 모든 곳에서 이롭기 때문에 항상 강해야 한다. 연결 방법은 『청정도론』에 설명되어 있다. '표상을 취한다.'는 것은 다섯 가지 기능의 균등함이 있을 때 거울에 비친 영상처럼 표상이 나타난다. 이러한 삼매의 표상, 위빳사나의 표상, 도의 표상, 과의 표상을 취한다는 말이다."(AA.iii.390~391)라고 설명하고 있다. 다섯 가지 기능의 조화로움은 『청정도론』에서도 강조되고 있는 수행의 요체이다.1)

이러한 세존의 명쾌하신 가르침을 듣고 소나 존자는 바르게 정진하여 마침내 아라한이 되었다고 한다.

(7)「번뇌 경」(A6:58)

초기경들에서 아라한은 항상 번뇌 다한 자(khīṇāsava)로 정의되고 있다. 그러므로 수행의 핵심은 번뇌가 다하는 것이다. 그러나 번뇌란 것은 아무 요령도 없이 무작정 밀어붙인다고 해서 없어지지 않는다. 힘으로 밀어붙여서 없어지는 것이라면 얼마나 좋을까? 그러면 어떻게 해서 번뇌는 없어지는 걸까? 부처님께서는 여기에 대해서 아무런 말씀도 하지 않으셨는가? 아니다. 부처님께서는 명쾌하게 말씀하셨다. 그것이 바로 본경이다.

본경을 통해서 부처님께서는 번뇌를 6가지로 분류해서 설명하고 계시는데, 그것은 다음과 같다.

"비구들이여, 단속함으로써 없애야 하는 번뇌들은 단속하면 없어진다.

---

1) 다섯 가지 기능의 균등함에 대해서는 『청정도론』 IV.45~49를 참조할 것.

수용함으로써 없애야 하는 번뇌들은 수용하면 없어진다. 감내함으로써 없애야 하는 번뇌들은 감내하면 없어진다. 피함으로써 없애야 하는 번뇌들은 피하면 없어진다. 버림으로써 없애야 하는 번뇌들은 버리면 없어진다. 수행으로 없애야 하는 번뇌들은 수행하면 없어진다."

단속하여 없애야 하는 번뇌란 눈·귀·코·혀·몸·마음을 단속함으로써 없애야 하는 번뇌를 말한다. 수용하여 없애야 하는 번뇌란 옷과 탁발음식과 거처와 약품을 수용함으로써 없애야 하는 번뇌를 말하는데 배고픔과 추위 등에서 생긴 번뇌를 없애는 것이다. 감내하여 없애야 하는 번뇌란 인욕하고 견뎌냄으로써 없애야 하는 번뇌를 말하는데 몸과 마음에서 생긴 여러 가지 괴로운 느낌 등에 기인한 번뇌를 없애는 것이다. 피하여 없애야 하는 번뇌란 맹수 등을 피함으로써 없애야 하는 번뇌를 말한다. 버려서 없애야 하는 번뇌란 감각적 욕망이나 악의나 해코지와 같은 생각을 버림으로써 없애야 하는 번뇌를 말한다. 수행하여 없애야 하는 번뇌란 칠각지로 대표되는 수행을 통해서 없애야 하는 번뇌를 말한다.

이처럼 지혜로운 주의로 자신에게서 일어나는 번뇌가 무엇에서 기인한 것인가를 면밀하게 살펴보아서 그 상황에 맞게 대처를 해야 극복할 수 있다. 주도면밀하게 살펴보지 않고 숙고하지 않고 반조하지 않는 사람은 번뇌를 극복할 수 없다. 그런 의미에서 본경은 수행자들이 꼭 정독해야 할 경이다.

(8) 「제거하지 않음 경」(A6:89)과 「제거함 경」(A6:90)

수행은 번뇌나 장애나 속박이나 얽매임이나 족쇄로 표현되고 정리되는 해로운 심리 현상[不善法]들을 제거하기 위한 것이다. 수행을 통해서 한 번에 그리고 단번에 모든 번뇌나 족쇄가 다 제거되면 좋겠지만 실제로는 그렇지 못한 경우가 더 많다. 한 번에 단박 제거 되는 경우보다는 점진적으로 하나씩 제거되어가는 것이 우리의 현실일 것이다. 부처님께서는 초기경의 여러 곳에서 특정한 족쇄나 번뇌가 제거되어야 그를 일러 성자의 흐름에 든 자(預流者)라 한다고 말씀하셨다. 본경에서도 부처님께서는 다음의 여섯 가지가 해소되어야 그 사람을 일러 견해를 구족한 자라 한다고 하셨으며, 주석서는 이 견해를 구족한 자가 바로 예류도에 든 사람이라고 설명하고 있다. 부처님께서는 말씀하신다.

"[불변하는] 자기 자신이 존재한다는 견해[有身見], 의심, 계율과 의식에 대한 집착[戒禁取], 악처로 인도하는 탐욕, 악처로 인도하는 성냄, 악처로 인도하는 어리석음의 여섯 가지 법이 있다. 비구들이여, 견해를 구족한 사람은 이들을 제거하였다."

성자라면 당연히 악처로 인도하는 거친 탐욕, 성냄, 어리석음이 없어야 할 것이며, 법에 대한 의심이 완전히 해소되어야 할 것이다. 그리고 자신이 지키는 계율이나 의례 의식이나 수행 방법만이 으뜸이라는 집착도 없어야 한다. 그리고 무엇보다도 어떤 존재론적인 관념이나 고정관념을 가진 자는 결코 성자의 반열에 오를 수 없다. 이것은 초기경의 도처에서 부처님께서 강조하고 계시는 말씀이다. 진아니 대아니 하는 관념의 찌꺼기가 남아있는 한, 그는 결코 성자가 아니요 깨달은 자가 아니다.

5. 「일곱의 모음」의 구성

이제 「일곱의 모음」에 대해서 살펴보고자 한다. PTS본의 편집에 따르면 「일곱의 모음」에는 모두 90개의 경들이 포함되어 있다. 그러나 같은 내용에 대해서 6차결집본은 무려 1132개의 경 번호를 매기고 있다.

PTS본은 「일곱의 모음」을 두 개의 '50개 경들의 묶음'으로 나누지 않고 있다. 첫 번째 50개의 경을 하나의 묶음으로 해버리면 남은 경이 40개밖에 되지 않기 때문인 듯하다.

그러나 6차결집본에는 「일곱의 모음」 맨 처음에 「첫 번째 50개 경들의 묶음」이라는 단어가 나타나고 있다. 그리고 6차결집본의 제5품의 마지막에 "두 번째 50개 경들의 묶음이 끝났다."는 문장이 나타나기 때문에 6차결집본은 「일곱의 모음」을 두 개의 묶음으로 나누어서 편집한 것이 분명하다. 그리고 PTS본의 주에도 이렇게 두 개의 묶음으로 나눈 필사본이 있었음을 밝히고 있다. 이러한 점을 고려하고 6차결집본의 편집을 감안하여, 역자는 「일곱의 모음」을 두 개의 50개 경들의 묶음으로 나누어서 편집하고 있음을 먼저 밝힌다. 그리고 PTS본 「다섯의 모음」에서는 맨 마지막 묶음이 비록 4개의 품과 21개의 경들만을 포함하고 있지만 독립된 묶음으로 편집되었다.[2] 이 점도 역시 고려하였다.

그리고 이 문맥에서 밝히고 싶은 점은 PTS본의 편집이 체계적이지 못하다는 것이다. PTS본 『앙굿따라 니까야』 전체의 편집은 사실 통일성과 체계성에 있어서 일관되지 못한 점이 적지 않다. 이것은 이미 여러 학자들이 지적한 바이기도 하다. 6차결집본과 비교해보면 이점은 명확하게 드러난다. 특히 「일곱의 모음」에는 이러한 점이 두드러지게 나타난다. 예를 들면 역자가 「자애 경」(A7:58-2)으로 독립하여 번역한 이 경은 내용상 「졸고 있음 경」(A7:58)과 완전히 독립된 경인데, PTS본은 이를 「졸고 있음 경」(A7:58) 안에 포함하여 편집하고 있다.

PTS본의 편집에 드러난 미숙함은 비단 『앙굿따라 니까야』뿐만 아니라 『맛지마 니까야』와 『상윳따 니까야』도 마찬가지이다. 특히 『상윳따 니까야』 일부 경은 단락 번호가 잘못 매겨져 있어서 그대로 번역하면 완전한 오역이 될 수도 있다.[3] 반면에, 전체적으로 6차결집본은 아주 체계적으로 잘 편집되어 있다.

그럼 각 경들의 묶음별로 간단하게 전체를 개관해보자.

---

2) 본서 제3권 「구족계를 주어야 함 경」(A5:251)의 첫 번째 주해를 참조할 것.
3) 예를 들면 『상윳따 니까야』 「삼켜버림 경」(Khajjanīya-sutta, S22:79) §32 이하 등을 들 수 있다.

(1) 「첫 번째 50개 경들의 묶음」

「첫 번째 50개 경들의 묶음」은 제1장「재산 품」, 제2장「잠재성향 품」, 제3장「왓지 품」, 제4장「천신 품」, 제5장「큰 제사 품」으로 구성되어 있다. 이 가운데 제2품은 8개의 경을, 제4품은 12개의 경을 포함하고 있으며, 나머지 품은 각각 10개씩의 경을 포함하여 모두 50개의 경들이 본 묶음에 포함되어 있다.

제1장「재산 품」의 10개의 경들은 7가지 재산을 비롯한 일곱 가지를 간략하게 나열하는 경들로 구성되어 있다. 제2장「잠재성향 품」의「사람 경」(A7:14)부터 4개의 경은 성자들을 7가지로 분류하고 있다. 제3장「왓지 품」의 10개의 경들은 일곱 가지 퇴보(쇠퇴, 패망)하는 법과 일곱 가지 퇴보(쇠퇴)하지 않는 법들에 대해서 다양하게 설명하는 경들로 구성되어 있는데 이 품에 포함된 경들의 대부분은『디가 니까야』제2권「대반열반경」(D16)에 포함되어 나타난다.

제4장「천신 품」의 처음 4개의 경은 천신이 밤에 부처님께 와서 말씀을 드리고 세존께서 다음 날 그 주제를 가지고 비구들에게 설법을 하신 내용을 담고 있다.

(2) 「두 번째 50개 경들의 묶음」

「두번째 50개 경들의 묶음」에는 제6장「설명하지 않음 품」, 제7장「대 품」, 제8장「율 품」, 제9장「사문 품」, 제10장「공양받아 마땅함 품」, 제11장「탐욕의 반복 품」으로 구성되어 있다. 이 가운데 처음 세 품은 각각 10개의 경을 포함하고 있고 제7장「대 품」의 대부분의 경들은 길이가 길며 제8장「율 품」에는 율과 관계된 10개의 경들이 포함되어 있다. 제9품은 4개의 경을, 제10품은 2개의 경을, 제11품은 4개의 경을 포함하고 있다.

한편 6차결집본은 PTS본에서 2개의 경으로 편집된 제10장「공양받아 마땅함 품」에 대해서 무려 528개의 경들로 번호를 매기고 있다.4)

그리고 마지막 품인 제11장 「탐욕의 반복 품」은 반복되는 정형구를 담고 있기 때문에 680개의 경들로 번호를 매기고 있다. 이런 방법으로 6차 결집본은 「일곱의 모음」에 포함된 경들에 대해서 1132개의 경 번호를 매기고 있다. 반면 PTS본은 정형구가 반복되는 것들은 같은 경으로 번호를 매겨 90개의 경으로 교정본을 출간하였다. 이렇게 두 교정본은 경의 번호를 매겨 편집하는 것에는 큰 차이를 보이지만, 경의 내용에는 아무런 증감이 없음을 거듭해서 밝힌다. 이런 차이에 대해서는 본서 제1권 역자 서문 §5를 참조하기 바란다.

6. 「일곱의 모음」의 특징

PTS본에 의하면 「일곱의 모음」에는 90개의 경들이 포함되어 있다. 그러면서도 그 분량은 124개의 경으로 구성되어 있는 「여섯의 모음」과 비슷하다. 그만큼 「일곱의 모음」에 포함되어 있는 경들은 그 길이가 길다는 말이다.

일곱 개의 항목으로 구성된 중요한 가르침인 칠각지는 「일곱의 모음」 가운데 「깨달음의 구성요소 경」(A7:87) 등 2개의 경 외에는 나타나지 않는다. 칠각지는 숫자가 아닌 주제에 초점을 맞추어 『상윳따 니까야』 「각지 상응」(Bojjhaṅga-saṃyutta)에서 180여 개의 경으로 정리되어 있다. 반면 37조도품은 마음챙김의 확립[四念處], 바른 노력[四正勤], 성취수단[四如意足], 기능[五根], 힘[五力], 깨달음의 구성요소[七覺支], 여덟 가지 구성요소를 가진 성스러운 도[八支聖道]라는 일곱 개의 주제를 포함하고 있기 때문에 본서 「일곱의 모음」의 「수행 경」(A7:67)에 포함되어 나타나고 있다.

제3장 「왓지 품」에 포함된 10개의 경들 가운데 처음 6개의 경은 『디

---

4)   본서 「괴로움 등의 경」(A7:86)의 마지막 주해를 참조할 것.

가 니까야』 제2권 「대반열반경」 (D16) §§1.1~1.9에도 그대로 나타나고 있다. 「대반열반경」은 그 자체가 부처님이 입멸하시기 전의 상황을 연대기적으로 서술하고 있는 경이기 때문에, 이 경에 포함된 내용들 가운데 많은 부분은 『상윳따 니까야』와 『앙굿따라 니까야』에 포함된 여러 경들과 일치하고 있다.

그리고 본 모음에는 4가지와 3가지의 조합으로 7개의 주제를 담고 있는 경이 포함되어 있는데, 「감추지 않음 경」(A7:55)이다. 『앙굿따라 니까야』는 주제별로 모은 것이 아니라 숫자별로 모은 것이기 때문에, 그 경에 포함되어 있는 주제의 숫자가 모두 일곱인 것은 「일곱의 모음」에 포함시킨 것이다. 이미 「여섯의 모음」에는 3가지 주제 + 3가지 주제의 조합이 나타났으며, 같은 방법으로 「여덟의 모음」에는 4가지 주제 + 4가지 주제의 조합이, 「아홉의 모음」에서는 5가지 주제 + 4가지 주제의 조합이, 「열의 모음」에는 5가지 주제 + 5가지 주제의 조합 등이 나타나고 있다.

7. 「일곱의 모음」에서 관심을 가져야 할 경들

이제 「일곱의 모음」에 포함된 부처님의 말씀 가운데서 우리가 보다 더 주의를 기울여 살펴봐야 한다고 생각되는 경들을 소개하면서 해제를 마무리하고자 한다.

(1) 「물의 비유 경」 (A7:15)

중생은 생사윤회에 빠져있다. 대부분의 사람들은 윤회의 심연 속에 완전히 가라앉아 헤어날 생각조차 하지 않는다. 어떤 자들은 벗어나려 하다가도 다시 윤회의 늪에 빠져들고 만다. 그러나 드물지만 몇몇 사람들은 윤회의 바다에서 머리를 들고 그것에서 빠져나오기도 한다. 본경은 인간을 물에 빠진 것에 비유해서 일곱 부류로 분류하고 있는 경이다.

본경에서 세존께서는 이렇게 말씀하신다.

"비구들이여, 여기 어떤 사람은 한번 빠져서는 계속 빠져있다. 어떤 사람은 위로 솟아올랐다가 다시 빠져버린다. 여기 어떤 사람은 위로 솟아올라서 머물러있다. 여기 어떤 사람은 위로 솟아올라서 관찰하고 굽어본다. 여기 어떤 사람은 위로 솟아올라서 건너간다. 여기 어떤 사람은 위로 솟아올라서 튼튼한 발판을 얻는다. 여기 어떤 사람은 위로 솟아올라서 [물을] 건너 저 언덕에 도달하여 맨땅에 서있는 바라문이다."

여기서 물은 검고 해로운 법[不善法]이라고 세존께서는 말씀하신다. 첫 번째 인간은 해로운 법에 휩싸여서 일생을 보내는 사람이다. 두 번째 사람은 유익한 법들에 대한 믿음을 내지만, 그 믿음은 머물러 있지도 증장하지도 않고 없어져버린다. 세 번째 사람은 유익한 법에 대한 믿음이 없어지지도 않고 증장하지도 않고 그냥 머물러 있다.

네 번째 사람은 세 가지 족쇄를 완전히 없애고 열반을 향하는 흐름에 든 자[預流者]를 말한다. 다섯 번째는 일래자[一來者]를, 여섯 번째는 불환자[不還者]를, 일곱 번째는 아라한을 말하는데, 네 번째 사람 이후는 모두 성자를 일컫는다.

(2) 「무상(無常) 경」(A7:16)과 「괴로움 등의 경」(A7:17)

어떻게 해서 깨달음을 성취하는가? 어떻게 해서 예류과나 일래과나 불환과나 아라한과를 얻어 성자가 되며 생사에서 벗어나는가? 초기경들을 종합적으로 살펴보면 세존께서는 그 방법을 몇 가지 정형구로 정형화하여 분명하게 밝히고 계신다. 첫째는 계·정·혜 삼학으로 정리되어 나타나는데, 「사문과경」(D2)을 위시한 『디가 니까야』에 포함된 여러 경들을 들 수 있다. 둘째는 연기법의 순관과 역관으로 정리되어 나타나는데, 『디가 니까야』 제2권 「대전기경」(D14)과 『상윳따 니까야』 「연기 상응」(S12)의 여러 경들을 들 수 있다. 셋째는 오온 혹은 유위법의 무상·고·무아에 대한 통찰로 정리되어 나타나는데, 『상윳따 니까야』

「온 상응」(S22)의 여러 경들 등을 들 수 있다.

여기서 소개하는 「무상(無常) 경」(A7:16)과 「괴로움 등의 경」(A7:17)은 이 가운데 세 번째인 유위법의 무상·고·무아를 통찰함에 의해서 성자가 되는 것을 설하고 있다. 그리고 「괴로움 등의 경」에는 괴로움의 통찰과 무아의 통찰과 열반이 행복임을 통찰하는 것이 언급되고 있다. 이처럼 이들 2개의 경에서는 무상·고·무아의 삼특상과 열반이 함께 언급되고 있는데 다른 경들에서는 잘 나타나지 않는 조합이다. 다시 말하면 이들 2개의 경에는 상좌부 불교에서 삼특상(Ti-lakkhaṇa)으로 정리하고 있는 무상·고·무아와 북방 불교에서 삼법인(三法印)으로 정리하고 있는 무상·무아·열반이 함께 나타나고 있는 것이다. 이것은 몇몇 현대 학자들이 무상·고·무아·열반을 사법인(四法印)이라는 술어로 표현하는 것에 대한 경전적 근거가 된다고 할 수 있다.

(3) 「인식 경」 2(A7:46)

초기경에서 인식[想, saññā]은 다양한 문맥에서 나타난다. 가장 많이 나타나는 경우가 오온의 세 번째인 인식의 무더기[想蘊]이다. 그리고 이미 부처님 생전에 결집된 것이 분명한 『숫따니빠따』에서 인식은 견해(diṭṭhi)와 더불어 극복되어야 할 것으로 나타난다. 초기경에서는 느낌(vedanā)이 우리의 정서적인 심리 현상들(상카라)의 단초가 되는 것이라면 인식은 우리의 지적인 심리 현상들의 밑바탕이 되는 것이라 할 수 있다. 기본적으로 인식은 대상을 접하여 그것을 아는 작용, 더 구체적으로 말하자면 대상을 받아들여 이름을 짓고 개념을 가지는 작용이다. 이런 개념 작용은 또 무수한 취착을 야기하고 무수한 심리 현상들을 일으키는 것이다. 이처럼 초기경에서 인식은 여러 문맥에서 부정적이고 극복되어야 할 것으로 언급되고 있다.

그런데 초기경에서는 깨달음을 증득하고 해탈·열반을 실현하기 위해서 가져야 할 인식이 언급되기도 하는데, 주로 『앙굿따라 니까야』에서 그러하다. 「다섯의 모음」에는 여러 가지 조합의 다섯 가지 인식이 나타났고, 「여섯의 모음」에서는 여섯 가지 인식이, 「일곱의 모음」에서는 일곱 가지 인식이, 「아홉의 모음」에는 아홉 가지 인식이, 그리고 최종적으로 「열의 모음」에는 열 가지 인식이 나타나고 있다. 이처럼 수행과 관계된 다양한 조합의 인식이 나타나고 있다. 이러한 인식들은 모두 수행을 통해서 얻어야 할 인식이며, 해탈·열반을 실현하는데 도움이 되는 인식으로 권장되고 있다.

이러한 인식들에 관한 경들은 대부분 그 내용 설명이 없이 다양한 인식들을 나열만 하고 있는데, 본경은 이러한 인식들로 얻게 되는 이점을 구체적으로 설명하고 있다. 그래서 더욱 주목할 필요가 있다. 본경에서 부처님께서는 이렇게 말씀하신다.

"비구들이여, 일곱 가지 인식을 닦고 많이 [공부]지으면 큰 결실과 큰 이익이 있고 불사(不死)에 들어가고 불사를 완성한다. 무엇이 일곱인가?

부정(不淨)이라고 [관찰하는 지혜에서 생긴] 인식, 죽음에 대한 인식, 음식에 혐오하는 인식, 온 세상에 대해 기쁨이 없다는 인식, [오온에 대해서] 무상(無常)이라고 [관찰하는 지혜에서 생긴] 인식, 무상한 [오온에 대해서] 괴로움이라고 [관찰하는 지혜에서 생긴] 인식, 괴로움인 [오온에 대해서] 무아라고 [관찰하는 지혜에서 생긴] 인식이다."

이렇게 말씀하신 뒤 이들 하나하나의 이점에 대해서 구체적으로 설명하신다. 이 가운데 맨 마지막인 [오온에 대해서] 무아라고 [관찰하는 지혜에서 생긴] 인식의 이점을 살펴보자. 세존께서는 이렇게 말씀하신다.

"비구들이여, 비구가 괴로움인 [오온에 대해서] 무아라고 [관찰하는 지혜에서 생긴] 인식을 굳건하게 하는 마음으로 많이 머물면, 알음알이를 가진 이 몸과 밖의 모든 표상들에 대해서 '나'라는 생각과 '내 것'이라는 생각과 자만이 없어져서 [세 가지] 자만을 뛰어넘어 평화롭게 되고 완전히 해탈하게 된다."

이처럼 수행에 도움이 되는 다양한 인식을 세존께서는 설하셨으며, 이런 분명한 인식을 가짐으로써 마음의 평화를 얻고 해탈을 실현하게 된다고 부처님께서는 강조하고 계신다.

(4) 「설명하지 않음[無記] 경」 (A7:51)

부처님은 2,600여 년 전에 입멸하셨다. 초기경에서부터 이러한 부처님이나 번뇌 다한 아라한들의 입멸을 반열반(parinibbāna)이라 불렀다. 그러면 도대체 반열반이란 무엇인가? 반열반하신 부처님은 존재하는가, 존재하지 않는가? 아니면 존재하기도 하고 존재하지 않기도 하는가? 그렇지 않으면 존재하는 것도 아니고 존재하지 않는 것도 아닌가? 도대체 부처님의 반열반을 어떻게 이해해야 하는가? 이것은 초기경에서 드물지 않게 등장하는 주제이다.

본경은 이러한 의문이 아무런 가치가 없는 것임을 분명하게 밝히고 있는 중요한 경이다. 본경에서 부처님께서는 이러한 주제에 대해서 관심을 가지지 말아야 하는 이유를 이렇게 명확하게 말씀하신다.

첫째, 이것은 단지 견해일 뿐이기 때문이다. 사후에 여래가 존재한다는 것도 견해일 뿐이요, 그렇지 않다는 것도 견해일 뿐이다. 그래서 부처님께서는 말씀하신다. "배우지 못한 범부는 이러한 견해를 꿰뚫어 알지 못하고, 견해의 일어남을 꿰뚫어 알지 못하고, 견해의 소멸을 꿰뚫어 알지 못하고, 견해의 소멸로 인도하는 도닦음을 꿰뚫어 알지 못한다. 그에게 이러한 견해는 강해진다. 그는 태어남·늙음·죽음으로부터 해탈하지 못하고, 근심·탄식·육체적 고통·정신적 고통·절망으로부터 해탈하지 못한다. 그는 괴로움으로부터 해탈하지 못한다."

둘째, 그러면 이러한 견해는 어디서 나온 것인가? 그것은 갈애 등에서 기인한 것이다. 여래는 사후에 존재한다거나 존재하지 않는다거나 하는 견해는 본인의 갈애나 인식이나 사량분별 등에서 생긴 것일 뿐이다. 그래서 본경에서 세존께서는 말씀하신다. "[이러한 견해는] 갈애에서 나온 것이고, 이것은 인식에서 나온 것이고, 이것은 생각에서 나온 것이고, 이것은 사량분별에서 나온 것이고, 이것은 취착에서 나온 것이고, 이것은 나중에 후회할 일이다." 그런데도 "배우지 못한 범부는 나중에 후회할 일을 꿰뚫어 알지 못하고, 후회할 일의 일어남을 꿰뚫어 알지 못하고, 후회할 일의 소멸을 꿰뚫어 알지 못하고, 후회할 일의 소멸로 인도하는 도닦음을 꿰뚫어 알지 못한다. 그의 후회할 일은 증가한다. 그는 태어남・늙음・죽음으로부터 해탈하지 못하고, 근심・탄식・육체적 고통・정신적 고통・절망으로부터 해탈하지 못한다. 그는 괴로움으로부터 해탈하지 못한다."라고 세존께서는 말씀하신다.

부처님의 가르침은 견해나 갈애나 인식이나 생각이나 사량분별이나 취착을 없애기 위한 가르침이다. 그러므로 여래는 사후에도 존재하는가, 존재하지 않는가라는 것은 그 대답이 어떤 것이든 견해일 뿐이고 갈애일 뿐이고 사량분별일 뿐이다. 그리고 이러한 견해 등은 아무런 이익을 주지 못한다.

그래서 『맛지마 니까야』 「말룽꺄뿟따 경」(M63, 한역 전유경(箭喩經), 독화살의 비유)과 『디가 니까야』 제1권 「뽓타빠다 경」(D9)에서 부처님께서는 말씀하신다. "뽓타빠다여, 이것은 참으로 이익을 주지 못하고, [출세간법에 바탕한 것이 아니며, 청정범행의 시작에도 미치지 못하고, [속된 것들을] 역겨워함으로 인도하지 못하고, 욕망이 빛바램으로 인도하지 못하고, 소멸로 인도하지 못하고, 고요함으로 인도하지 못하고, 최상의 지혜로 인도하지 못하고, 바른 깨달음으로 인도하지 못하고, 열반으로 인도하지 못하기 때문이다. 그래서 나는 이것을 설명하지 않는다."

부처님께서는 이러한 사량분별 대신에 "뽓타빠다여, '이것은 괴로움이다.'라고 나는 설명한다. '이것은 괴로움의 일어남이다.'라고 나는 설명한다. '이것은 괴로움의 소멸이다.'라고 나는 설명한다. '이것은 괴로움의 소멸로 인도하는 도닦음이다.'라고 나는 설명한다."라고 하셨다. 무슨 이유인가? "뿟타빠다여, 이것은 참으로 이익을 주고, 청정범행의 시작이며, 전적으로 [속된 것들을] 역겨워함으로 인도하고, 욕망이 빛바램으로 인도하고, 소멸로 인도하고, 고요함으로 인도하고, 최상의 지혜로 인도하고, 바른 깨달음으로 인도하고, 열반으로 인도하기 때문이다. 그래서 나는 이것을 설명한다."라고 하셨다. 불자는 이러한 부처님 가르침의 분명한 입각처에 바른 이해와 확신을 가져야 한다. 이런 측면에서 본경은 그 의의가 크다.

(5) 「졸고 있음 경」(A7:58)

본경은 마하목갈라나 존자가 갓 출가하여 7일을 경행하는 정진을 하였기 때문에 몹시 피곤하여 경행단의 끝에서 졸고 있었을 때, 세존께서 목갈라나 존자에게 설하신 유명한 경이다. 대부분의 초심 수행자들이 겪는 졸음이나 혼침을 어떻게 극복해야 하는가를 다루고 있는 본경은 일반 수행자들에게 크게 도움되는 경이다. 그러면 어떻게 혼침을 제거해야 하는가? 본경에서 부처님께서는 다음의 9가지 방법을 순차적으로 말씀하신다.

① 어떤 인식을 가져서 머물 때 혼침이 생기면 그런 인식을 그대는 가지지 말라. ② 그런 인식을 많이 [공부]짓지 말라. ③ 들은 대로, 배운 대로 법을 사유하고 고찰하고 마음으로 숙고해야 한다. ④ 들은 대로, 배운 대로 법을 자세하게 독송해야 한다. ⑤ 두 귓볼을 잡아당기고 손으로 사지를 문질러야 한다. ⑥ 자리에서 일어나 물로 눈을 씻고는 사방을 둘러보고, 별자리와 별들을 쳐다보아야 한다. ⑦ 광명상(光明想)을 마음에 잡도리하여 마음을 밝게 만들어야 한다. ⑧ 감각 기능들을 안으로 돌이켜 마음이 밖으로 향하지 않도록 한 채, 앞과 뒤를 똑바로 인식하면서 경행에 마음을 확고히 해야 한다. ⑨ 언제 일어날 것이라는 인식을 마음에 잡도리한 채 마음챙기고 알아차리면서[正念·正知] 발로써 발을 포개고 오른쪽 옆구리로 사자처럼 누워도 된다. 그리고 다시 깨어나면 '나는 드러

눕는 즐거움이나, 기대는 즐거움이나, 자는 즐거움에 빠지지 않으리라.'
라고 생각하며 빨리 자리에서 일어나야 한다.

본경에서 세존께서는 혼침을 극복하는 이러한 가르침 외에도 수행에 요긴한 여러 말씀을 하셨다. 이러한 간곡한 말씀을 들은 목갈라나 존자는 바르게 정진하여 마침내 출가한지 7일 만에 아라한이 되었다고 한다.

(6) 「불(火) 경」(A7:68)

출가자의 생명은 계행이다. 출가자는 비록 성자의 경지에 도달하지 못했더라도 계행을 구족하기 때문에 재가자들의 복밭이 된다. 그래서 『청정도론』도 "계를 지닌 자를 위해서 한 행위는 / 비록 적을지라도 큰 결과를 가져온다. / 그러므로 계를 지닌 자는 / 공양과 공경의 그릇이 된다."라고 읊고 있다.(Vis.I.159)

본경은 부처님께서 계행의 중요성을 불무더기의 비유로 강하게 말씀하고 계신다. 부처님의 지엄하신 말씀의 한 구절을 인용한다.

"비구들이여, 그대들에게 고하고 선언하나니 계를 지키지 않고, 사악한 법을 가지고, 불결한 행위를 하고, 의심하는 습관을 가지고, 자신의 행위를 숨기고, 사문이 아니면서 사문이라 주장하고, 청정범행을 닦지 않으면서 청정범행을 닦는다고 주장하고, [썩은 업에 의해] 안이 썩었고, [여섯 감각의 문을 통해 탐욕 등 오염원들이] 흐르고, [탐욕 등의] 쓰레기를 가진 자에게는 힘센 남자가 시뻘겋게 불타는 뜨거운 무쇠 부젓가락으로 그의 입을 벌려서 시뻘겋게 불타는 뜨거운 무쇠덩이를 입에다 넣으면 그 무쇠덩이는 그의 입술을 태우고 입과 혀와 목구멍과 뱃속을 태우고 창자와 장간막을 거쳐 아래로 빠져나갈 것인데 이것이 더 나을 것이다. 그것은 무슨 이유 때문인가? 비구들이여, 그는 이 때문에 죽을지도 모르고 단말마의 고통을 가질지도 모르지만 그것으로 인해 몸이 무너져 죽은 뒤 처참한 곳, 불행한 곳, 파멸처, 지옥에 떨어지지는 않는다."

본경에는 이처럼 강하고 준엄한 어투로 설하신 세존의 말씀이 담겨있다. 본경의 가르침이 너무 강렬해서 본경을 듣고 60명 정도의 비구는 입으로부터 뜨거운 피를 토했다고 하며, 60명 정도의 비구는 '행하기 어렵습니다, 세존이시여. 너무나 행하기 어렵습니다, 세존이시여.'라고 하면서 공부지음을 버리고 재가자의 삶으로 되돌아갔다고 한다. 출가자는 참으로 두려운 마음으로 본경을 읽고 스스로를 경책하는 자경문으로 삼아야 할 것이다.

8. 맺는 말

이상으로 『앙굿따라 니까야』 제4권에 포함된 「여섯의 모음」과 「일곱의 모음」을 개관해 보았다. 「여섯의 모음」에는 모두 124개의 경이, 「일곱의 모음」에는 90개의 경이 포함되어 있는데 이들은 우리의 삶과 수행에 관한 다양한 주제를 포함하고 있다. 이러한 다양한 주제를 가진 경들로 구성되어 있는 『앙굿따라 니까야』 제4권을 읽는 독자들이 모두 진정한 행복인 열반을 실현하시기를 기원한다.

2006년 8월에 『앙굿따라 니까야』 제1권과 제2권을 출간한 뒤 7개월 만에 이번에 제3권과 제4권을 출간하게 되었다. 번역이란 육체적으로도 힘든 일이지만, 특히 스승이신 부처님의 말씀을 옮긴다는 것은 정신적으로도 많은 중압감을 가져오는 작업이다. 항상 두려운 마음으로 최선을 다하려고 노력하지만 크고 작은 실수는 있기 마련일 것이다. 본서를 읽다가 이상하다고 여겨지는 부분이 있으면 언제든지 질정해주시어 역경불사가 더 성숙될 수 있도록 도와주실 것을 부탁드린다. 책이 나오기까지 수고를 아끼지 않으신 모든 분들께 깊은 감사를 드리면서 제4권 해제를 마무리 한다.

앙굿따라 니까야

여섯의 모음

Chakka-nipāta

그분 부처님· 아라한· 정등각께 귀의합니다.

앙굿따라 니까야
여섯의 모음
Chakka-nipāta

I. 첫 번째 50개 경들의 묶음
Pathama-paṇṇāsaka

제1장 공양받아 마땅함 품
Āhuneyya-vagga

공양받아 마땅함 경1(A6:1)

Āhuneyya-sutta

1. 이와 같이 나는 들었다. 한때 세존께서는 사왓티에서 제따 숲의 급고독원에 머무셨다.5) 거기서 세존께서는 "비구들이여."라고 비구들을 부르셨다. "세존이시여."라고 비구들은 세존께 응답했다. 세존께서는 이렇게 말씀하셨다.

---

5) 사왓티(Sāvatthi)와 제따 숲(Jetavana)과 급고독원(Anāthapiṇḍikassa ārāma)에 대해서는 본서 제1권 「형상 등의 품」의 첫 번째 경(A1:1:1)의 주해들을 참조할 것.

2. "비구들이여, 여섯 가지 법을 구족한 비구는 공양받아 마땅하고, 선사받아 마땅하고, 보시받아 마땅하고, 합장받아 마땅하며, 세상의 위없는 복밭[福田]이다.6) 무엇이 여섯인가?"

3. "비구들이여, 여기 비구는 눈으로 형상을 볼 때 마음이 기쁘지도 괴롭지도 않고 마음챙기고 알아차리면서 평온하게 머문다. 귀로 소리를 들을 때 … 코로 냄새를 맡을 때 … 혀로 맛을 볼 때 … 몸으로 감촉을 닿을 때 … 마노로 법을 알 때 기쁘지도 괴롭지도 않고 마음챙기고 알아차리면서 평온하게 머문다.7)

비구들이여, 이러한 여섯 가지 법을 구족한 비구는 공양받아 마땅하고, 선사받아 마땅하고, 보시받아 마땅하고, 합장받아 마땅하며, 세상의 위없는 복밭[福田]이다."

공양받아 마땅함 경2(A6:2)

1. 8) "비구들이여, 여섯 가지 법을 구족한 비구는 공양받아 마

---

6) 이 승가의 정형구는 『청정도론』 VII.89 이하에 승가를 계속해서 생각함(saṅgha-anussati)의 항목에 상세하게 설명되어 있으니 참조할 것.

7) 본 문단은 『디가 니까야』 제3권 「합송경」(D33) §2.2(20)과 본서 제2권 「왑빠 경」(A4:195) §8에도 똑같이 나타난다. 『디가 니까야 주석서』는 "번뇌 멸한(khīṇāsava) [아라한]이 항상(nicca) 머무는 것이다."(DA.iii.1037)라고 설명하고 있으며 「왑빠 경」(A4:195)과 본경에 해당하는 주석서도 번뇌 멸한 자의 머묾이라고 적고 있다.(AA.iii.175; 335) 아라한은 여섯 감각 기관을 통해서 여섯 대상과 접촉할 때 항상 평온과 마음챙김과 알아차림을 유지한다는 뜻이다.

8) 본경을 비롯하여 본서에 수록된 대부분의 경에는 "이와 같이 나는 들었다. 한때 세존께서는 사왓티에서 제따 숲의 급고독원에 머무셨다. 거기서 세

존께서는 "비구들이여."라고 비구들을 부르셨다. "세존이시여."라고 비구들은 세존께 응답했다. 세존께서는 이렇게 말씀하셨다."라는 경의 도입부의 정형구가 생략되어 있다. 이것은 초기불전연구원이 임의로 생략한 것이 절대로 아니다. 전통적인 모든 『앙굿따라 니까야』 판본에 이렇게 생략되어 나타나기 때문임을 분명하게 밝힌다. 저본으로 삼은 PTS본 뿐만 아니라, 6차결집본과 스리랑카본, 태국본 등 모든 문자본들과 필사본들에서 『앙굿따라 니까야』와 『상윳따 니까야』는 이렇게 경의 도입부에 해당하는 정형구들을 생략하여 편집하고 있다.

생략하여 편집하는 방법은 다음 몇 가지로 정리할 수 있다.

첫째, "이와 같이 나는 들었다."는 거의 예외 없이 모든 경에서 생략하고 있다. 다만 다섯의 모음, 여섯의 모음 등 새로운 "모음"이 시작 될 때에는 그 모음의 제일 처음 경에서만 도입부에 해당하는 정형구를 모두 살려서 편집하고 있다.

둘째, "한때 세존께서는 사왓티에서 제따 숲의 급고독원에 머무셨다."도 거의 예외 없이 다 생략하여 편집하고 있다. 그러므로 이러한 정형구가 없는 경들은 모두 사왓티, 제따 숲의 급고독원에서 세존께서 설하신 경이라고 알아야 한다. 물론 설주(設主)가 세존이 아니고 설처(設處)가 사왓티, 제따 숲의 급고독원이 아닌 경우에는 각 경에서 반드시 이를 밝히고 있다.

셋째, 청법자들이 세존을 뵙고 인사드리고 하는 형식의 정형구나, 세존께서 경을 설하시기 전에 행하시는 일상적인 생활에 관계된 정형구도 모두 생략하여 편집하고 있다.

그러면 『앙굿따라 니까야』와 『상윳따 니까야』는 왜 이러한 편집을 하였을까?

『앙굿따라 니까야』는 대부분 짧은 경들로 구성되어 있다. 그리고 경들의 개수도 아주 많다. PTS본에 의하면 『앙굿따라 니까야』는 대략 2,300여 개의 경으로 편집되어 있고, 6차결집본에 의하면 대략 7,200여개로 편집되어 있으며, 주석서에 의하면 전통적으로 9,557개라고 언급하고 있다.(그렇다고 해서 각 판본이 다른 내용을 첨가한 것은 하나도 없다. 이렇게 경의 개수가 다른 이유는 '경의 번호를 매긴 방법'이 다르기 때문이다.)

그러므로 만일 이러한 반복되는 정형구를 생략하지 않고 모두 살려서 편집한다면 경의 내용과 관계가 없는 이러한 정형구 때문에 정작 경의 내용을 전달하고 파악하는 것이 아주 어려워질 수밖에 없다. 이런 현상을 타개하기 위해서 전통적인 모든 판본들뿐만 아니라 PTS본까지도 이처럼 축약하여 편집할 수밖에 없었을 것이다.

땅하고, 선사받아 마땅하고, 보시받아 마땅하고, 합장받아 마땅하며, 세상의 위없는 복밭[福田]이다. 무엇이 여섯인가?"

2. "비구들이여, 여기 비구는 여러 가지 신통변화[神足通]를 나툰다.9) 하나인 채 여럿이 되기도 하고 여럿이 되었다가 하나가 되기도 한다. 나타났다 사라졌다 하고 벽이나 담이나 산을 아무런 장애 없이 통과하기를 마치 허공에서처럼 한다. 땅에서도 떠올랐다 잠겼다 하기를 물속에서처럼 한다. 물 위에서 빠지지 않고 걸어가기를 땅 위에 서처럼 한다. 가부좌한 채 허공을 날아가기를 날개 달린 새처럼 한다. 저 막강하고 위력적인 태양과 달을 손으로 만져 쓰다듬기도 하며 심지어는 저 멀리 범천의 세상에까지도 몸의 자유자재함을 발한다."

3. "그는 신성한 귀의 요소로 마음을 향하게 하고 기울게 한다. [天耳界, 天耳通] 그는 인간의 능력을 넘어선 청정하고 신성한 귀의 요소로 천상이나 인간의 소리 둘 다를 멀든 가깝든 간에 다 듣는다."

그리고 번역하는 입장에서 이러한 정형구들을 다 살려서 옮기게 되면, 적어도 두 권 이상(신국판으로 1,200쪽 이상의 막대한 분량임)의 많은 분량이 늘어나서 종이도 낭비되고 금전도 낭비되고 무엇보다 뜻을 파악하는데 오히려 걸림돌이 될 수 있다.
초기불전연구원에서는 경을 번역하면서 이러한 정형구를 모두 복원해서 번역할까 고민하기도 했지만 PTS본, 6차결집본 등 전통적인 모든 판본에서 예외 없이 생략해서 편집한 이런 입장과 태도를 존중하는 것이 후학의 태도라고 결론지었다. 그래서 전통적인 판본에서 생략한 정형구는 대부분 생략하여 옮기기로 했으니 이러한 초기불전연구원의 입장을 이해해주시기 바란다.

9) 이하 본경에 나타나는 여섯 가지 신통에 대한 정형구 가운데 맨 마지막의 누진통의 정형구를 제외한 다섯 가지 신통은 『청정도론』 제12장과 제13장에 상세하게 설명되어 있으니 참조할 것.

4. "그는 자기의 마음으로 다른 중생들과 다른 인간들의 마음을 꿰뚫어 안다.[他心通] 탐욕이 있는 마음은 탐욕이 있는 마음이라고 꿰뚫어 알고 탐욕을 여읜 마음은 탐욕을 여읜 마음이라고 꿰뚫어 안다. 성냄이 있는 마음은 성냄이 있는 마음이라고 꿰뚫어 알고 성냄을 여읜 마음은 성냄을 여읜 마음이라고 꿰뚫어 안다. 어리석음이 있는 마음은 어리석음이 있는 마음이라고 꿰뚫어 알고 어리석음을 여읜 마음은 어리석음을 여읜 마음이라고 꿰뚫어 안다. 수축한 마음은 수축한 마음이라고 꿰뚫어 알고 흩어진 마음은 흩어진 마음이라고 꿰뚫어 안다. 고귀한 마음은 고귀한 마음이라고 꿰뚫어 알고 고귀하지 않은 마음은 고귀하지 않은 마음이라고 꿰뚫어 안다. 위가 있는 마음은 위가 있는 마음이라고 꿰뚫어 알고 위가 없는 마음은 위가 없는 마음이라고 꿰뚫어 안다. 삼매에 든 마음은 삼매에 든 마음이라고 꿰뚫어 알고 삼매에 들지 않은 마음은 삼매에 들지 않은 마음이라고 꿰뚫어 안다. 해탈한 마음은 해탈한 마음이라고 꿰뚫어 알고 해탈하지 않은 마음은 해탈하지 않은 마음이라고 꿰뚫어 안다."

5. "그는 수많은 전생의 갖가지 삶들을 기억한다.[宿命通] 즉 한 생, 두 생, 세 생, 네 생, 다섯 생, 열 생, 스무 생, 서른 생, 마흔 생, 쉰 생, 백 생, 천 생, 십만 생, 세계가 수축하는 여러 겁, 세계가 팽창하는 여러 겁, 세계가 수축하고 팽창하는 여러 겁을 기억한다. '어느 곳에서 이런 이름을 가졌고, 이런 종족이었고, 이런 용모를 가졌고, 이런 음식을 먹었고, 이런 행복과 고통을 경험했고, 이런 수명의 한계를 가졌고, 그곳에서 죽어 다른 어떤 곳에 다시 태어나 그곳에서는 이런 이름을 가졌고, 이런 종족이었고, 이런 용모를 가졌고, 이런 음

식을 먹었고, 이런 행복과 고통을 경험했고, 이런 수명의 한계를 가졌고, 그곳에서 죽어 여기 다시 태어났다.'라고. 이처럼 한량없는 전생의 갖가지 모습들을 그 특색과 더불어 상세하게 기억해낸다."

6. "그는 청정하고 인간을 넘어선 신성한 눈[天眼]으로 중생들이 죽고 태어나고, 천박하고 고상하고, 잘생기고 못생기고, 좋은 곳[善處]에 가고 나쁜 곳[惡處]에 가는 것을 보고, 중생들이 지은 바 그 업에 따라가는 것을 꿰뚫어 안다.[天眼通] '이들은 몸으로 못된 짓을 골고루 하고 입으로 못된 짓을 골고루 하고 또 마음으로 못된 짓을 골고루 하고, 성자들을 비방하고, 삿된 견해를 지녀 사견업(邪見業)을 지었다. 이들은 죽어서 몸이 무너진 다음에는 처참한 곳, 불행한 곳, 파멸처, 지옥에 태어났다. 그러나 이들은 몸으로 좋은 일을 골고루 하고 입으로 좋은 일을 골고루 하고 마음으로 좋은 일을 골고루 하고 성자들을 비방하지 않고 바른 견해를 지녀 정견업(正見業)을 지었다. 이들은 죽어서 몸이 무너진 다음에는 좋은 곳[善處], 천상 세계에 태어났다.'라고. 이와 같이 그는 청정하고 인간을 넘어선 신성한 눈으로 중생들이 죽고 태어나고, 천박하고 고상하고, 잘생기고 못생기고, 좋은 곳[善處]에 가고 나쁜 곳[惡處]에 가는 것을 보고, 중생들이 지은 바 그 업에 따라가는 것을 꿰뚫어 안다."

7. "그는 모든 번뇌가 다하여 아무 번뇌가 없는 마음의 해탈[心解脫][10]과 통찰지를 통한 해탈[慧解脫]을 바로 지금여기에서 스스로 최상의 지혜로 실현하고 구족하여 머문다.[漏盡通][11]

---

10) 마음의 해탈[心解脫]과 통찰지를 통한 해탈[慧解脫]에 대해서는 본서 제2권 「흐름을 따름 경」(A4:5) §1의 주해를 참조할 것.

비구들이여, 이러한 여섯 가지 법을 구족한 비구는 공양받아 마땅하고, 선사받아 마땅하고, 보시받아 마땅하고, 합장받아 마땅하며, 세상의 위없는 복밭[福田]이다."

기능[根] 경(A6:3)
Indriya-sutta

1. "비구들이여, 여섯 가지 법을 구족한 비구는 공양받아 마땅하고, 선사받아 마땅하고, 보시받아 마땅하고, 합장받아 마땅하며, 세상의 위없는 복밭[福田]이다. 무엇이 여섯인가?"

2. "그는 믿음의 기능과 정진의 기능과 마음챙김의 기능과 삼매의 기능과 통찰지의 기능을 구족하고, 모든 번뇌가 다하여 아무 번뇌가 없는 마음의 해탈[心解脫]과 통찰지를 통한 해탈[慧解脫]을 바로 지금여기에서 스스로 최상의 지혜로 실현하고 구족하여 머문다.

---

11) 일반적으로 6신통의 정형구 가운데 맨 마지막인 번뇌를 소멸하는 지혜[漏盡通, āsavakkhaya-ñāṇa]의 정형구는 "그는 '이것이 괴로움이다.'라고 있는 그대로 꿰뚫어 알고 … 다시는 어떤 존재로도 돌아오지 않을 것이라고 꿰뚫어 안다."로 나타난다.(본서 제5권「웨란자 경」(A8:11)과『디가 니까야』제1권「사문과경」(D2) 등을 참조할 것. 누진통의 정형구에 대해서는 본서「법에 머무는 자 경」1(A5:73) §12를 참조할 것.) 특히『디가 니까야』와『맛지마 니까야』에는 거의 이 정형구가 나타난다.
그러나 본경에서처럼 심해탈과 혜해탈의 구족으로 표현하는 이 정형구가 6신통의 누진통의 정형구로 나타나는 경우도 적지 않다. 특히『앙굿따라 니까야』에는 대부분 이 정형구로 나타나고 있다. 예를 들면 본서 제1권「불순물 제거하는 자 경」(A3:100)과 제3권「오염원 경」(A5:23)과『디가 니까야』제3권「십상경」(D34) §1.7 ⑽ 등을 들 수 있다. 그리고 본 정형구는 아라한의 정형구로도 나타나고 있다.(본서 제1권「외움 경」1(A3:85) 등)

비구들이여, 이러한 여섯 가지 법을 구족한 비구는 공양받아 마땅하고, 선사받아 마땅하고, 보시받아 마땅하고, 합장받아 마땅하며, 세상의 위없는 복밭[福田]이다."

힘[力] 경(A6:4)
Bala-sutta

1. "비구들이여, 여섯 가지 법을 구족한 비구는 공양받아 마땅하고, 선사받아 마땅하고, 보시받아 마땅하고, 합장받아 마땅하며, 세상의 위없는 복밭[福田]이다. 무엇이 여섯인가?"

2. "그는 믿음의 힘과 정진의 힘과 마음챙김의 힘과 삼매의 힘과 통찰지의 힘을 구족하고, 모든 번뇌가 다하여 아무 번뇌가 없는 마음의 해탈[心解脫]과 통찰지를 통한 해탈[慧解脫]을 바로 지금여기에서 스스로 최상의 지혜로 실현하고 구족하여 머문다.
비구들이여, 이러한 여섯 가지 법을 구족한 비구는 공양받아 마땅하고, 선사받아 마땅하고, 보시받아 마땅하고, 합장받아 마땅하며, 세상의 위없는 복밭[福田]이다."

좋은 혈통 경1(A6:5)
Ājānīya-sutta

1. "비구들이여, 여섯 가지 요소를 구족한 혈통 좋은 멋진 말은 왕에게 어울리고 왕을 섬길 수 있으며 왕의 수족이라는 이름을 얻게 된다. 무엇이 여섯인가?"

2. "비구들이여, 여기 왕의 혈통 좋은 멋진 말은 형상들을 견디고, 소리들을 견디고, 냄새들을 견디고, 맛들을 견디고, 감촉들을 견디고, 용모를 구족하였다. 비구들이여, 이러한 여섯 가지 요소를 구족한 혈통 좋은 멋진 말은 왕에게 어울리고 왕을 섬길 수 있으며 왕의 수족이라는 이름을 얻게 된다.

비구들이여, 그와 같이 여섯 가지 요소를 갖춘 비구는 공양받아 마땅하고, 선사받아 마땅하고, 보시받아 마땅하고, 합장받아 마땅하며, 세상의 위없는 복밭[福田]이다. 무엇이 여섯인가?"

3. "비구들이여, 여기 비구는 형상들을 견디고, 소리들을 견디고, 냄새들을 견디고, 맛들을 견디고, 감촉들을 견디고, 법들을 견딘다. 비구들이여, 이러한 여섯 가지 요소를 갖춘 비구는 공양받아 마땅하고, 선사받아 마땅하고, 보시받아 마땅하고, 합장받아 마땅하며, 세상의 위없는 복밭[福田]이다."

좋은 혈통 경2(A6:6)

1. "비구들이여, 여섯 가지 요소를 구족한 혈통 좋은 멋진 말은 왕에게 어울리고 왕을 섬길 수 있으며 왕의 수족이라는 이름을 얻게 된다. 무엇이 여섯인가?"

2. "비구들이여, 여기 왕의 혈통 좋은 멋진 말은 형상들을 견디고, 소리들을 견디고, 냄새들을 견디고, 맛들을 견디고, 감촉들을 견디고, 힘을 구족하였다. 비구들이여, 이러한 여섯 가지 요소를 구족한 혈통 좋은 멋진 말은 왕에게 어울리고 왕을 섬길 수 있으며 왕의

수족이라는 이름을 얻게 된다.

비구들이여, 그와 같이 여섯 가지 요소를 갖춘 비구는 공양받아 마땅하고, 선사받아 마땅하고, 보시받아 마땅하고, 합장받아 마땅하며, 세상의 위없는 복밭[福田]이다. 무엇이 여섯인가?"

3. "비구들이여, 여기 비구는 형상들을 견디고, 소리들을 견디고, 냄새들을 견디고, 맛들을 견디고, 감촉들을 견디고, 법들을 견딘다. 비구들이여, 이러한 여섯 가지 요소를 갖춘 비구는 공양받아 마땅하고, 선사받아 마땅하고, 보시받아 마땅하고, 합장받아 마땅하며, 세상의 위없는 복밭[福田]이다."

좋은 혈통 경3(A6:7)

1. "비구들이여, 여섯 가지 요소를 구족한 혈통 좋은 멋진 말은 왕에게 어울리고 왕을 섬길 수 있으며 왕의 수족이라는 이름을 얻게 된다. 무엇이 여섯인가?"

2. "비구들이여, 여기 왕의 혈통 좋은 멋진 말은 형상들을 견디고, 소리들을 견디고, 냄새들을 견디고, 맛들을 견디고, 감촉들을 견디고, 속력을 구족하였다. 비구들이여, 이러한 여섯 가지 요소를 구족한 혈통 좋은 멋진 말은 왕에게 어울리고 왕을 섬길 수 있으며 왕의 수족이라는 이름을 얻게 된다.

비구들이여, 그와 같이 여섯 가지 요소를 갖춘 비구는 공양받아 마땅하고, 선사받아 마땅하고, 보시받아 마땅하고, 합장받아 마땅하며, 세상의 위없는 복밭[福田]이다. 무엇이 여섯인가?"

3. "비구들이여, 여기 비구는 형상들을 견디고, 소리들을 견디고, 냄새들을 견디고, 맛들을 견디고, 감촉들을 견디고, 법들을 견딘다. 비구들이여, 이러한 여섯 가지 요소를 갖춘 비구는 공양받아 마땅하고, 선사받아 마땅하고, 보시받아 마땅하고, 합장받아 마땅하며, 세상의 위없는 복밭[福田]이다."

위없음 경(A6:8)
Anuttariya-sutta

1. "비구들이여, 여섯 가지 위없음이 있다. 무엇이 여섯인가?

2. "보는 것들 가운데 위없음, 듣는 것들 가운데 위없음, 얻는 것들 가운데 위없음, 공부지음들 가운데 위없음, 섬기는 것들 가운데 위없음, 계속해서 생각하는 것들 가운데 위없음이다. 비구들이여, 이러한 여섯 가지 위없음이 있다."12)

---

12)   이 여섯 가지에 대한 설명은 본서 「위없음 경」(A6:30)과 『디가 니까야』 제3권 「합송경」(D33) §2.2 ⑱에도 나타난다. 주석서는 이렇게 설명하고 있다.
　　　"'보는 것들 가운데 위없음(dassana-anuttariya)'이란 형상을 보는 것 가운데 최상이라는 뜻이다. 이 방법은 모든 구문에 다 적용된다. 코끼리 보배[象寶] 등을 보는 것은 보는 것 가운데 위없는 것이 아니다. 굳건한 신뢰(niviṭṭha-saddhā)와 굳건한 신앙심(niviṭṭha-pema)으로 십력을 가진 세존이나 비구 승가나 까시나나 부정의 표상 등에서 어떤 것을 보는 것이 위없는 것이다. 끄샤뜨리야들의 공덕에 관한 얘기를 듣는 것은 듣는 것들 가운데 위없는 것이 아니다. 삼보의 공덕에 관한 말을 듣거나 삼장의 부처님 말씀을 듣는 것이 위없는 것이다. 보배와 보석을 얻는 것이 얻는 것들 가운데 위없는 것이 아니다. [믿음 등 출세간의] 일곱 가지 성스러운 보배를 얻는 것이 위없는 것이다. 공예술을 배우는 것이 공부지음들 가운

계속해서 생각함 경(A6:9)13)
Anussati-sutta

1. "비구들이여, 여섯 가지 계속해서 생각함의 장소[隨念處]가 있다. 무엇이 여섯인가?"

2. "부처님을 계속해서 생각함, 법을 계속해서 생각함, 승가를 계속해서 생각함, 계를 계속해서 생각함, 보시를 계속해서 생각함, 천신을 계속해서 생각함14)이다. 비구들이여, 이러한 여섯 가지 계속해서 생각함의 장소가 있다."

마하나마 경(A6:10)
Mahānāma-sutta

1. 한때15) 세존께서는 삭까에서 까삘라왓투의 니그로다 원림에

> 데 위없는 것이 아니다. 삼학을 원만히 하는 것이 위없는 것이다. 끄샤뜨리야들을 섬기는 것이 섬기는 것들 가운데 위없는 것이 아니다. 삼보를 섬기는 것이 위없는 것이다. 끄샤뜨리야들의 공덕을 계속해서 생각하는 것이 공덕을 계속해서 생각하는 것들 가운데 위없는 것이 아니다. 삼보의 공덕을 계속해서 생각하는 것이 위없는 것이다."(AA.iii.336)

13) 6차결집본의 경제목은 '계속해서 생각함의 장소'(Anussatiṭṭhāna-sutta) 이다.

14) 『디가 니까야』 제3권 「합송경」(D33) §2.2 ⑲에도 나타난다. 이 여섯 가지 수행법은 『청정도론』 Ⅶ장에 잘 설명되어 있다.

15) 본경은 사왓티 제따 숲의 급고독원에서 설해진 것이 아니다. 그래서 PTS본 등 모든 판본에서는 설처(說處)에 해당하는 정형구를 모두 살려내어 밝히고 있다. 그렇지만 "이와 같이 나는 들었다."는 생략하고 있다. 본 모음(여섯의 모음)의 제일 처음 경과 같기 때문이다. 경의 도입부에 대한 정

머무셨다. 그때 삭까족 마하나마6)가 세존께 다가갔다. 가서는 세존께 절을 올리고 한 곁에 앉았다. 한 곁에 앉은 삭까족 마하나마는 세존께 이렇게 말씀드렸다.

"세존이시여, 과위를 증득하고 교법을 안 성스러운 제자는 어떻게 하면서 많이 머물러야 합니까?"17)

"마하나마여, 과위를 증득하고 교법을 안 성스러운 제자는 이렇게 하면서 많이 머물러야 한다."

2. "마하나마여, 여기 성스러운 제자는 다음과 같이 여래를 계속해서 생각한다[隨念]. '이런 [이유로] 그분 세존께서는 아라한[應供]이시며, 완전히 깨달은 분[正等覺]이시며, 영지와 실천을 구족한 분[明行足]이시며, 피안으로 잘 가신 분[善逝]이시며, 세간을 잘 알고 계신 분[世間解]이시며, 가장 높은 분[無上士]이시며, 사람을 잘 길들이는 분[調御丈夫]이시며, 하늘과 인간의 스승[天人師]이시며, 깨달은 분[佛]이시며, 세존(世尊)이시다.'라고.

마하나마여, 성스러운 제자가 이와 같이 여래를 계속해서 생각할 때 그의 마음은 탐욕에 압도되지 않고, 성냄에 압도되지 않고, 어리석음에 압도되지 않는다. 그때 그의 마음은 여래를 의지하여 올곧아

형구의 생략에 대해서는 본서 「공양받아 마땅함 경」 1(A6:1)의 첫 번째 주해를 참조할 것.

16) 까삘라왓투(Kapilavatthu)와 삭까족 마하나마(Mahānāma Sakka)에 대해서는 본서 제1권 「마하나마 경」(A3:73) §1의 주해를 참조할 것.

17) "성스러운 과실을 얻었다고 해서 '과위를 증득한 자(āgata-phala)'라 한다. 교법을 공부지어서 알았다고 해서 '교법을 안 자(viññāta-sāsana)'라 한다. 이와 같이 이 왕(마하나마)은 예류과를 의지하여 머묾에 대해서 질문 드리기 위해서 이렇게 말한 것이다."(AA.iii.337)

진다. 마하나마여, 여래를 의지하여 올곧은 마음을 가진 성스러운 제자는 주석서를 의지하여 생긴 희열과 환희를 얻고 성전을 의지하여 생긴 희열과 환희를 얻으며18) 법19)과 관계된 환희를 얻는다. 환희하는 자에게 희열이 생기고, 희열을 느끼는 자는 몸이 경안하며, 몸이 경안한 자는 행복을 느끼고, 행복한 자는 마음이 삼매에 든다.

마하나마여, 이를 일러 성스러운 제자라 한다. '그는 [탐·진·치로] 고요하지 못한 사람들 가운데서 고요함을 얻고, 악의에 찬 사람들 가운데서 악의 없이 머물고, 법의 흐름에 들어 부처님을 계속해서 생각함을 닦는다.'"

3. "다시 마하나마여, 여기 성스러운 제자는 다음과 같이 법을 계속해서 생각한다. '법은 세존에 의해서 잘 설해졌고 스스로 보아 알 수 있고 시간이 걸리지 않고 와서 보라는 것이고 향상으로 인도하고 지자들이 각자 알아야 하는 것이다.'라고.

마하나마여, 성스러운 제자가 이와 같이 법을 계속해서 생각할 때 그의 마음은 탐욕에 압도되지 않고, 성냄에 압도되지 않고, 어리석음에 압도되지 않는다. 그때 그의 마음은 법을 의지하여 올곧아진다. 마하나마여, 법을 의지하여 올곧은 마음을 가진 성스러운 제자는 주석서를 의지하여 생긴 환희를 얻고 성전을 의지하여 생긴 환희를 얻

---

18) '주석서를 의지하여 생긴 환희를 얻고 성전을 의지하여 생긴 환희를 얻으며'는 labhati atthavedaṁ labhati dhammavedaṁ을 의역한 것이다. 주석서에서 atthaveda(뜻을 앎)를 '주석서(aṭṭhakathā)를 의지하여 생긴 희열과 환희(pīti-pāmojja)'로, dhammaveda(법을 앎)를 '성전(pāli)을 의지하여 생긴 환희와 희열'로 설명하고 있어서(Ibid) 이렇게 의역하였다.

19) "여기서 '법(dhamma)'이란 성전(pāli)과 주석서(aṭṭhakathā)를 뜻한다."(Ibid)

으며 법과 관계된 환희를 얻는다. 환희하는 자에게 희열이 생기고, 희열을 느끼는 자는 몸이 경안하며, 몸이 경안한 자는 행복을 느끼고, 행복한 자는 마음이 삼매에 든다.

마하나마여, 이를 일러 성스러운 제자라 한다. '그는 [탐·진·치로] 고요하지 못한 사람들 가운데서 고요함을 얻고, 악의에 찬 사람들 가운데서 악의 없이 머물고, 법의 흐름에 들어 법을 계속해서 생각함을 닦는다.'"

4. "다시 마하나마여, 여기 성스러운 제자는 다음과 같이 승가를 계속해서 생각한다. '세존의 제자들의 승가는 잘 도를 닦고, 세존의 제자들의 승가는 바르게 도를 닦고, 세존의 제자들의 승가는 참되게 도를 닦고, 세존의 제자들의 승가는 합당하게 도를 닦으니, 곧 네 쌍의 인간들이요[四雙] 여덟 단계에 있는 사람들[八輩]이시다. 이러한 세존의 제자들의 승가는 공양받아 마땅하고, 선사받아 마땅하고, 보시받아 마땅하고, 합장받아 마땅하며, 세상의 위없는 복밭[福田]이시다.'라고

마하나마여, 성스러운 제자가 이와 같이 승가를 계속해서 생각할 때 그의 마음은 탐욕에 압도되지 않고, 성냄에 압도되지 않고, 어리석음에 압도되지 않는다. 그때 그의 마음은 승가를 의지하여 올곧아진다. 마하나마여, 승가를 의지하여 올곧은 마음을 가진 성스러운 제자는 주석서를 의지하여 생긴 환희를 얻고 성전을 의지하여 생긴 환희를 얻으며 법과 관계된 환희를 얻는다. 환희하는 자에게 희열이 생기고, 희열을 느끼는 자는 몸이 경안하며, 몸이 경안한 자는 행복을 느끼고, 행복한 자는 마음이 삼매에 든다.

마하나마여, 이를 일러 성스러운 제자라 한다. '그는 [탐·진·치로] 고요하지 못한 사람들 가운데서 고요함을 얻고, 악의에 찬 사람들 가운데서 악의 없이 머물고, 법의 흐름에 들어 승가를 계속해서 생각함을 닦는다.'"

5. "다시 마하나마여, 여기 성스러운 제자는 다음과 같이 자신의 계를 계속해서 생각한다. '[나의 계는] 훼손되지 않고, 뚫어지지 않고, 오점이 없고, 얼룩지지 않고, 벗어났고, 지자들이 찬탄하고, 비난받지 않고, 삼매로 인도한다.'라고.

마하나마여, 성스러운 제자가 이와 같이 자신의 계를 계속해서 생각할 때 그의 마음은 탐욕에 압도되지 않고, 성냄에 압도되지 않고, 어리석음에 압도되지 않는다. 그때 그의 마음은 계를 의지하여 올곧아진다. 마하나마여, 계를 의지하여 올곧은 마음을 가진 성스러운 제자는 주석서를 의지하여 생긴 환희를 얻고 성전을 의지하여 생긴 환희를 얻으며 법과 관계된 환희를 얻는다. 환희하는 자에게 희열이 생기고, 희열을 느끼는 자는 몸이 경안하며, 몸이 경안한 자는 행복을 느끼고, 행복한 자는 마음이 삼매에 든다.

마하나마여, 이를 일러 성스러운 제자라 한다. '그는 [탐·진·치로] 고요하지 못한 사람들 가운데서 고요함을 얻고, 악의에 찬 사람들 가운데서 악의 없이 머물고, 법의 흐름에 들어 계를 계속해서 생각함을 닦는다.'"

6. "다시 마하나마여, 여기 성스러운 제자는 다음과 같이 자신의 보시를 계속해서 생각한다. '나는 인색함의 때에 얽매인 사람들 가운데서 인색함의 때가 없는 마음으로 재가에 산다. 아낌없이 보시

하고, 손은 깨끗하고, 주는 것을 좋아하고, 다른 사람의 요구에 반드시 부응하고, 보시하고 나누어 가지는 것을 좋아한다. 그러니 이것은 참으로 내게 이득이구나. 이것은 참으로 내게 큰 이득이구나.'라고.

마하나마여, 성스러운 제자가 이와 같이 보시를 계속해서 생각할 때 그의 마음은 탐욕에 압도되지 않고, 성냄에 압도되지 않고, 어리석음에 압도되지 않는다. 그때 그의 마음은 보시를 의지하여 올곧아진다. 마하나마여, 보시를 의지하여 올곧은 마음을 가진 성스러운 제자는 주석서를 의지하여 생긴 환희를 얻고 성전을 의지하여 생긴 환희를 얻으며 법과 관계된 환희를 얻는다. 환희하는 자에게 희열이 생기고, 희열을 느끼는 자는 몸이 경안하며, 몸이 경안한 자는 행복을 느끼고, 행복한 자는 마음이 삼매에 든다.

마하나마여, 이를 일러 성스러운 제자라 한다. '그는 [탐·진·치로] 고요하지 못한 사람들 가운데서 고요함을 얻고, 악의에 찬 사람들 가운데서 악의 없이 머물고, 법의 흐름에 들어 보시를 계속해서 생각함을 닦는다.'"

7. "다시 마하나마여, 여기 성스러운 제자는 다음과 같이 천신을 계속해서 생각한다. '사대왕천의 신들이 있고, 삼십삼천의 신들이 있고, 야마천의 신들이 있고, 도솔천의 신들이 있고, 화락천의 신들이 있고, 타화자재천의 신들이 있고, 범신천의 신들이 있고, 그보다 높은 천의 신들이 있다.[20] 이런 신들은 믿음을 구족하여 여기서 죽은 뒤 그곳에 태어났다. 나에게도 그런 믿음이 있다. 이런 신들은 계

---

20) 여기에 나타나는 신들에 대해서는 본서 제1권 「팔관재계 경」(A3:70) §8의 주해들과 본서 「사대천왕 경」 1(A3:36) §1의 주해들을 참조할 것.

를 구족하여 여기서 죽은 뒤 그곳에 태어났다. 나에게도 그런 계가 있다. 이런 신들은 배움을 구족하여 여기서 죽은 뒤 그곳에 태어났다. 나에게도 그런 배움이 있다. 이런 신들은 보시를 구족하여 여기서 죽은 뒤 그곳에 태어났다. 나에게도 그런 보시가 있다. 이런 신들은 통찰지를 구족하여 여기서 죽은 뒤 그곳에 태어났다. 나에게도 그런 통찰지가 있다.'라고.

마하나마여, 성스러운 제자가 이와 같이 천신을 계속해서 생각할 때 그의 마음은 탐욕에 압도되지 않고, 성냄에 압도되지 않고, 어리석음에 압도되지 않는다. 그때 그의 마음은 천신을 의지하여 올곧아진다. 마하나마여, 천신을 의지하여 올곧은 마음을 가진 성스러운 제자는 주석서를 의지하여 생긴 환희를 얻고 성전을 의지하여 생긴 환희를 얻으며 법과 관계된 환희를 얻는다. 환희하는 자에게 희열이 생기고, 희열을 느끼는 자는 몸이 경안하며, 몸이 경안한 자는 행복을 느끼고, 행복한 자는 마음이 삼매에 든다.

마하나마여, 이를 일러 성스러운 제자라 한다. '그는 [탐·진·치로] 고요하지 못한 사람들 가운데서 고요함을 얻고, 악의에 찬 사람들 가운데서 악의 없이 머물고, 법의 흐름에 들어 천신을 계속해서 생각함을 닦는다.'

마하나마여, 과위를 증득하고 교법을 안 성스러운 제자는 이렇게 하면서 많이 머물러야 한다."

제1장 공양받아 마땅함 품이 끝났다.

첫 번째 품에 포함된 경들의 목록은 다음과 같다.

두 가지 ①~② 공양받아 마땅함
③ 기능 ④ 힘, 세 가지 ⑤~⑦ 좋은 혈통
⑧ 위 없음 ⑨ 계속해서 생각함 ⑩ 마하나마다.

제2장 기억해야 함 품
Sāraṇīya-vagga

기억해야 함 경1(A6:11)
Sāraṇīya-sutta

1. "비구들이여, 여섯 가지 법은 기억해야 한다. 무엇이 여섯 인가?"

2. "비구들이여, 여기 비구는 동료 수행자들이 면전에 있건 없건 그들에 대해서 몸의 업으로 자애를 유지한다. 이 법을 기억해야 한다."

3. "다시 비구들이여, 여기 비구는 동료 수행자들이 면전에 있건 없건 그들에 대해서 말의 업으로 자애를 유지한다. 이 법도 기억해야 한다."

4. "다시 비구들이여, 여기 비구는 동료 수행자들이 면전에 있건 없건 그들에 대해서 마음의 업으로 자애를 유지한다. 이 법도 기억해야 한다."

5. "다시 비구들이여, 여기 비구는 법답게 얻은 법다운 것들은 비록 발우 안에 담긴 것일지라도 그렇게 얻은 것들을 공평하게 나누어서 수용하며21) 계를 잘 지키는 동료 수행자들과 함께 나누어서 사

---

21) "'공평하게 나누어서 수용하는 자(appaṭivibhatta-bhogī)'라 했다. 두 종

용한다. 이 법도 기억해야 한다."

6. "다시 비구들이여, 여기 비구는 동료 수행자들이 면전에 있건 없건 훼손되지 않았고 뚫어지지 않았고 오점이 없고 얼룩이 없고 벗어나게 하고 지자들이 찬탄하고 들러붙지 않고 삼매에 도움이 되는 그런 계들22)을 그 동료수행자들과 함께 동등하게 구족하여 머문다. 이 법도 기억해야 한다."

7. "다시 비구들이여, 여기 비구는 동료 수행자들이 면전에 있건 없건, 성스럽고 출리(出離)로 인도하고 그것을 실천하는 자에게 괴로움의 소멸로 인도하는 [바른] 견해를 그들과 함께 동등하게 구족하여 머문다. 이 법도 기억해야 한다.

비구들이여, 이러한 여섯 가지 법은 기억해야 한다."

기억해야 함 경2(A6:12)23)

1. "비구들이여, 여섯 가지 법을 기억해야 하나니 그것은 호감을 주고 공경을 불러오고 도움을 주고 분쟁을 없애고 화합하고 하나

류의 나눔이 있다. 물질(āmisa)을 나눔과 사람(puggala)을 나눔이다. 이 중에서 '이 만큼만 주어야지, 이 만큼은 주지 말아야지'라는 마음으로 나누어주는 것은 물질을 나누는 것이다. '이 사람에게는 주어야지, 이 사람에게는 주지 말아야지'라는 마음으로 나누어주는 것은 사람을 나누는 것이다. 이 둘 가운데 어느 것도 하지 않고 공평하게 나누어서 수용하는 사람을 공평하게 나누어서 수용하는 자라 한다."(AA.iii.340)

22) 『청정도론』 I.152에 설명되어 있다.
23) 『디가 니까야』 제3권 「합송경」 (D33) §2.2 (14)와 『맛지마 니까야』 「꼬삼비 경」 (M48) §6에도 나타난다.

가 되게 한다. 무엇이 여섯인가?"

2. "비구들이여, 여기 비구는 동료 수행자들이 면전에 있건 없건 그들에 대해서 몸의 업으로 자애를 유지한다. 이것이 기억해야 할 법이니 그것은 호감을 주고 공경을 불러오고 도움을 주고 분쟁을 없애고 화합하고 하나가 되게 한다."

3. "다시 비구들이여, 여기 비구는 동료 수행자들이 면전에 있건 없건 그들에 대해서 말의 업으로 자애를 유지한다. … 마음의 업으로 자애를 유지한다. 이것이 기억해야 할 법이니 그것은 호감을 주고 공경을 불러오고 도움을 주고 분쟁을 없애고 화합하고 하나가 되게 한다."

4. "다시 비구들이여, 여기 비구는 법답게 얻은 법다운 것들은 비록 발우 안에 담긴 것일지라도 그렇게 얻은 것들을 공평하게 나누어서 수용하며, 계를 잘 지키는 동료 수행자들과 함께 나누어서 사용한다. 이것이 기억해야 할 법이니 그것은 호감을 주고 공경을 불러오고 도움을 주고 분쟁을 없애고 화합하고 하나가 되게 한다."

5. "다시 비구들이여, 여기 비구는 동료 수행자들이 면전에 있건 없건 훼손되지 않았고 뚫어지지 않았고 오점이 없고 얼룩이 없고 벗어나게 하고 지자들이 찬탄하고 들러붙지 않고 삼매에 도움이 되는 그런 계들을 그 동료수행자들과 함께 동등하게 구족하여 머문다. 이것이 기억해야 할 법이니 그것은 호감을 주고 공경을 불러오고 도움을 주고 분쟁을 없애고 화합하고 하나가 되게 한다."

6. "다시 비구들이여, 여기 비구는 동료 수행자들이 면전에 있건 없건, 성스럽고 출리(出離)로 인도하고 그것을 실천하는 자에게 괴로움의 소멸로 인도하는 [바른] 견해를 그들과 함께 동등하게 구족하여 머문다. 이것이 기억해야 할 법이니 그것은 호감을 주고 공경을 불러오고 도움을 주고 분쟁을 없애고 화합하고 하나가 되게 한다.

비구들이여, 이러한 여섯 가지 법을 기억해야 하나니 그것은 호감을 주고 공경을 불러오고 도움을 주고 분쟁을 없애고 화합하고 하나가 되게 한다."

자애 경(A6:13)[24]
Metta-sutta

1. "비구들이여, 여섯 가지 벗어남의 요소가 있다. 무엇이 여섯인가?"

2. "비구들이여, 여기 비구가 말하기를 '자애를 통한 마음의 해탈[慈心解脫]을 닦고 많이 [공부]짓고 수레로 삼고 기초로 삼고 확립하고 굳건히 하고 부지런히 정진하였습니다만, 여전히 악의가 나의 마음에 침입하여 머뭅니다.'라고 할지도 모른다. 그러면 그렇게 말하지 말라고 말해주어야 한다. '그렇게 말하지 마시오. 세존을 비방하지 마시오. 세존을 비방하는 것은 좋지 않습니다. 세존은 그렇게 말씀하시지 않으셨습니다. 도반들이여, 자애를 통한 마음의 해탈을 닦고 많

---

24) 6차결집본의 경제목은 '벗어남'(Nissāraṇīya-sutta)이다.
본경은 『디가 니까야』 제3권 「합송경」(D33) §2.2 ⑰ '여섯 가지 벗어남의 요소'와 같은 내용이다.

이 [공부]짓고 수레로 삼고 기초로 삼고 확립하고 굳건히 하고 부지런히 정진하였음에도, 악의가 그의 마음에 침입하여 머문다는 것은 불가능하고 이치에 맞지 않습니다. 그런 경우는 없습니다. 도반들이여, 이것은 악의로부터 벗어나는 것이니 그것은 바로 자애를 통한 마음의 해탈입니다.'라고"

3. "다시 비구들이여, 여기 비구가 말하기를 '연민을 통한 마음의 해탈[悲心解脫]을 닦고 많이 [공부]짓고 수레로 삼고 기초로 삼고 확립하고 굳건히 하고 부지런히 정진하였습니다만, 여전히 잔인함이 나의 마음에 침입하여 머뭅니다.'라고 할지도 모른다. 그러면 그렇게 말하지 말라고 말해주어야 한다. '그렇게 말하지 마시오. 세존을 비방하지 마시오. 세존을 비방하는 것은 좋지 않습니다. 세존은 그렇게 말씀하시지 않으셨습니다. 도반들이여, 연민을 통한 마음의 해탈을 닦고 많이 [공부]짓고 수레로 삼고 기초로 삼고 확립하고 굳건히 하고 부지런히 정진하였음에도, 잔인함이 그의 마음에 침입하여 머문다는 것은 불가능하고 이치에 맞지 않습니다. 그런 경우는 없습니다. 비구들이여, 이것은 잔인함으로부터 벗어나는 것이니 그것은 바로 연민을 통한 마음의 해탈입니다.'라고"

4. "다시 비구들이여, 여기 비구가 말하기를 '더불어 기뻐함을 통한 마음의 해탈[喜心解脫]을 닦고 많이 [공부]짓고 수레로 삼고 기초로 삼고 확립하고 굳건히 하고 부지런히 정진하였습니다만, 여전히 따분함이 나의 마음에 침입하여 머뭅니다.'라고 할지도 모른다. 그러면 그렇게 말하지 말라고 말해주어야 한다. '그렇게 말하지 마시오. 세존을 비방하지 마시오. 세존을 비방하는 것은 좋지 않습니다. 세존

은 그렇게 말씀하시지 않으셨습니다. 도반들이여, 더불어 기뻐함을 통한 마음의 해탈을 닦고 많이 [공부]짓고 수레로 삼고 기초로 삼고 확립하고 굳건히 하고 부지런히 정진하였음에도, 따분함이 그의 마음에 침입하여 머문다는 것은 불가능하고 이치에 맞지 않습니다. 그런 경우는 없습니다. 도반들이여, 이것은 따분함으로부터 벗어나는 것이니 그것은 바로 더불어 기뻐함을 통한 마음의 해탈입니다.'라고"

5. "다시 비구들이여, 여기 비구가 말하기를 '평온을 통한 마음의 해탈[捨心解脫]을 닦고 많이 [공부]짓고 수레로 삼고 기초로 삼고 확립하고 굳건히 하고 부지런히 정진하였습니다만, 여전히 애욕이 나의 마음에 침입하여 머뭅니다.'라고 할지도 모른다. 그러면 그렇게 말하지 말라고 말해주어야 한다. '그렇게 말하지 마시오. 세존을 비방하지 마시오. 세존을 비방하는 것은 좋지 않습니다. 세존은 그렇게 말씀하시지 않으셨습니다. 도반들이여, 평온을 통한 마음의 해탈을 닦고 많이 [공부]짓고 수레로 삼고 기초로 삼고 확립하고 굳건히 하고 부지런히 정진하였음에도, 애욕이 그의 마음에 침입하여 머문다는 것은 불가능하고 이치에 맞지 않습니다. 그런 경우는 없습니다. 도반들이여, 이것은 애욕으로부터 벗어나는 것이니 그것은 바로 평온을 통한 마음의 해탈입니다.'라고"

6. "다시 비구들이여, 여기 비구가 말하기를 '표상 없음을 통한 마음의 해탈25)을 닦고 많이 [공부]짓고 수레로 삼고 기초로 삼고 확

---

25) "'표상 없음을 통한 마음의 해탈(animittā cetovimutti)'은 강한 위빳사나(balava-vipassanā)를 뜻한다. 그러나 『디가 니까야』를 암송하는 자들은 아라한과의 증득을 뜻한다고 설명한다. 이것은 탐욕의 표상 등과 형상의 표상 등과 항상함[常] 등의 표상이 존재하지 않기 때문에 표상 없음

립하고 굳건히 하고 부지런히 정진하였습니다만, 여전히 나의 마음은 표상을 기억하고 있습니다.'라고 할지도 모른다. 그러면 그렇게 말하지 말라고 말해주어야 한다. '그렇게 말하지 마시오. 세존을 비방하지 마시오. 세존을 비방하는 것은 좋지 않습니다. 세존은 그렇게 말씀하시지 않으셨습니다. 도반들이여, 표상 없음을 통한 마음의 해탈을 닦고 많이 [공부]짓고 수레로 삼고 기초로 삼고 확립하고 굳건히 하고 부지런히 정진하였음에도, 그의 마음이 표상을 기억한다는 것은 불가능하고 이치에 맞지 않습니다. 그런 경우는 없습니다. 도반들이여, 이것은 모든 표상들로부터 벗어나는 것이니 그것은 바로 표상 없음을 통한 마음의 해탈입니다.'라고."

7. "다시 비구들이여, 여기 비구가 말하기를 '나에게는 내가 있다는 [자아의식이] 없어졌으며 '이 내가 있다.'26)라고 보지도 않습니다. 그런데도 나에게는 의심의 화살이 나의 마음에 침입하여 머뭅니다.'라고 할지도 모른다. 그러면 그렇게 말하지 말라고 말해주어야 한다. '그렇게 말하지 마시오. 세존을 비방하지 마시오. 세존을 비방하는 것은 좋지 않습니다. 세존은 그렇게 말씀하시지 않으셨습니다. 도반들이여, 내가 있다는 [자아의식이] 없어졌으며 '이 내가 있다.'라고 보지 않는데도, 의심의 화살이 그의 마음에 침입하여 머문다는 것

(animitta)이라 한다."(AA.iii.347)

26) "'내가 있다.(asmi)'는 것은 내가 있다는 자만(asmimāna)이다. '이 내가 있다.(ayam ahamasmi)'는 것은 다섯 가지 무더기들[五蘊]을 두고 '이것이 참으로 내가 있는 것이다.'라고 한다. 내가 있다는 자만이 없는 것과 이 내가 있다고 보지도 않는 것으로 아라한을 설한 것이다."(*Ibid*) 즉, 아라한이 되었음에도 의심의 화살이 마음에 침입하여 머문다라고 비구가 말한 것이고, 그런 경우란 없다고 대답한 것이다.

은 불가능하고 이치에 맞지 않습니다. 그런 경우는 없습니다. 도반들이여, 이것은 의심의 화살로부터 벗어나는 것이니 그것은 바로 내가 있다는 자만을 뿌리 뽑는 것입니다.'라고.

비구들이여, 이러한 여섯 가지 벗어남의 요소가 있다."

복됨 경(A6:14)
Bhaddaka-sutta

1. 거기서 사리뿟따 존자는 "비구들이여."라고 비구들을 불렀다. "도반이시여."라고 비구들은 사리뿟따 존자에게 응답했다. 사리뿟따 존자는 이렇게 말하였다.

2. "도반들이여, 비구가 삶을 영위하면 할수록 복되게 죽지 못하고27) 복되게 임종하지 못하는 그런 삶을 삽니다. 도반들이여, 그러면 어떻게 비구가 삶을 영위하면 할수록 복되게 죽지 못하고 복되게 임종하지 못하는 그런 삶을 삽니까?"

3. "도반들이여, 여기 비구는 [잡다한] 일하기를 좋아하고 [잡다한] 일하기를 즐기고 [잡다한] 일을 하는 즐거움에 몰두합니다. 말하기를 좋아하고 말하기를 즐기고 말하는 즐거움에 몰두합니다. 잠자기를 좋아하고 잠자기를 즐기고 잠자는 즐거움에 몰두합니다. 무리 짓기를 좋아하고 무리 짓기를 즐기고 무리 짓는 즐거움에 몰두합니다. 교제하기를 좋아하고 교제하기를 즐기고 교제하는 즐거움에 몰

---

27) "'복되게 죽지 못한다.(na bhaddakaṁ maraṇaṁ hoti)'는 것은 두려움에 떨면서 죽는 것을 뜻하고, 지옥에 재생연결식을 받는 자는 복되게 임종하지 못한다는 뜻이다."(AA.iii.348)

두합니다. 사량분별28)을 좋아하고 사량분별을 즐기고 사량분별하는 즐거움에 몰두합니다. 도반들이여, 이와 같이 비구가 삶을 영위하면 할수록 복되게 죽지 못하고 복되게 임종하지 못하는 그런 삶을 삽니다. 도반들이여, 이를 일러 '비구는 [불변하는] 자기 존재가 있음[有身, 五取蘊]29)을 즐겼을 뿐, 괴로움을 종식시키기 위해서 [불변하는] 자기 존재가 있음을 버리지 않았다.'라고 합니다."

4. "도반들이여, 비구가 삶을 영위하면 할수록 복되게 죽고 복되게 임종하는 그런 삶을 삽니다. 도반들이여, 그러면 어떻게 비구가 삶을 영위하면 할수록 복되게 죽고 복되게 임종하는 그런 삶을 삽니까?"

5. "도반들이여, 여기 비구는 [잡다한] 일하기를 좋아하지 않고 [잡다한] 일하기를 즐기지 않고 [잡다한] 일을 하는 즐거움에 몰두하지 않습니다. 말하기를 좋아하지 않고 말하기를 즐기지 않고 말하는 즐거움에 몰두하지 않습니다. 잠자기를 좋아하지 않고 잠자기를 즐기지 않고 잠자는 즐거움에 몰두하지 않습니다. 무리 짓기를 좋아하지 않고 무리 짓기를 즐기지 않고 무리 짓는 즐거움에 몰두하지 않습니다. 교제하기를 좋아하지 않고 교제하기를 즐기지 않고 교제하는

---

28) "'사량분별(papañca)'이란 갈애(taṇhā), 사견(diṭṭhi), 자만(māna)을 통해 일어나서 취하는(madana) 형태로 자리 잡은 오염원(kilesa)의 사량분별을 뜻한다."(AA.iii.348)

29) "여기서 '[불변하는] 자기 존재가 있음(sakkāya)'이란 삼계 윤회(tebhūmaka-vaṭṭa)를 뜻한다."(*Ibid*)
[불변하는] 자기 존재가 있음[有身]에 대해서는 본서 제2권 「사자 경」(A4:33) §2의 주해를 참조할 것.

즐거움에 몰두하지 않습니다. 사량분별을 좋아하지 않고 사량분별을 즐기지 않고 사량분별하는 즐거움에 몰두하지 않습니다. 도반들이여, 이와 같이 비구가 삶을 영위하면 할수록 복되게 죽고 복되게 임종하는 그런 삶을 삽니다. 도반들이여, 이를 일러 '비구는 열반을 즐거워하고, 괴로움을 종식시키기 위해서 [불변하는] 자기 존재가 있음을 버렸다.'라고 합니다."

6. "사량분별에 몰두하고 사량분별을 즐기는 어리석은 자
위없는 유가안은인 열반을 얻지 못하리.
사량분별을 버리고 사량분별 없는 경지30)를 좋아하는 자
위없는 유가안은인 열반을 성취하리."

고통스러움 경(A6:15)
Anutappiya-sutta

1. 거기서 사리뿟따 존자는 "비구들이여."라고 비구들을 불렀다. "도반이시여."라고 비구들은 사리뿟따 존자에게 응답했다. 사리뿟따 존자는 이렇게 말하였다.

"도반들이여, 비구가 삶을 영위하면 할수록 고통스럽게 임종하는 그런 삶을 삽니다. 도반들이여, 그러면 어떻게 비구가 삶을 영위하면 할수록 고통스럽게 임종하는 그런 삶을 삽니까?"

2. "도반들이여, 여기 비구는 [잡다한] 일하기를 좋아하고 [잡다

---

30) "'사량분별 없는 경지(nippapañca-pada)'란 열반의 경지(nibbāna-pada)를 말한다."(*Ibid*)

한] 일하기를 즐기고 [잡다한] 일을 하는 즐거움에 몰두합니다. 말하기를 좋아하고 말하기를 즐기고 말하는 즐거움에 몰두합니다. 잠자기를 좋아하고 잠자기를 즐기고 잠자는 즐거움에 몰두합니다. 무리 짓기를 좋아하고 무리 짓기를 즐기고 무리 짓는 즐거움에 몰두합니다. 교제하기를 좋아하고 교제하기를 즐기고 교제하는 즐거움에 몰두합니다. 사량분별을 좋아하고 사량분별을 즐기고 사량분별하는 즐거움에 몰두합니다. 도반들이여, 이와 같이 비구가 삶을 영위하면 할수록 고통스럽게 임종하는 그런 삶을 삽니다. 도반들이여, 이를 일러 '비구는 [불변하는] 자기 존재가 있음[有身, 五取蘊]을 즐겼을 뿐, 괴로움을 종식시키기 위해서 [불변하는] 자기 존재가 있음을 버리지 않았다.'라고 합니다."

3. "도반들이여, 비구가 삶을 영위하면 할수록 고통스럽지 않게 임종하는 그런 삶을 삽니다. 도반들이여, 그러면 어떻게 비구가 삶을 영위하면 할수록 고통스럽지 않게 임종하는 그런 삶을 삽니까?"

4. "도반들이여, 여기 비구는 [잡다한] 일하기를 좋아하지 않고 [잡다한] 일하기를 즐기지 않고 [잡다한] 일을 하는 즐거움에 몰두하지 않습니다. 말하기를 좋아하지 않고 말하기를 즐기지 않고 말하는 즐거움에 몰두하지 않습니다. 잠자기를 좋아하지 않고 잠자기를 즐기지 않고 잠자는 즐거움에 몰두하지 않습니다. 무리 짓기를 좋아하지 않고 무리 짓기를 즐기지 않고 무리 짓는 즐거움에 몰두하지 않습니다. 교제하기를 좋아하지 않고 교제하기를 즐기지 않고 교제하는 즐거움에 몰두하지 않습니다. 사량분별을 좋아하지 않고 사량분별을 즐기지 않고 사량분별하는 즐거움에 몰두하지 않습니다. 도반들이여,

이와 같이 비구가 삶을 영위하면 할수록 고통스럽지 않게 임종하는 그런 삶을 삽니다. 도반들이여, 이를 일러 '비구는 열반을 즐거워하고, 괴로움을 종식시키기 위해서 [불변하는] 자기 존재가 있음을 버렸다.'라고 합니다."

5. "사량분별에 몰두하고 사량분별을 즐기는 어리석은 자
위없는 유가안은인 열반을 얻지 못하리.
사량분별을 버리고 사량분별 없는 경지를 좋아하는 자
위없는 유가안은인 열반을 성취하리."

나꿀라 경(A6:16)[31]
Nakula-sutta

1. 한때 세존께서는 박가에서 숨수마라기리의 베사깔라 숲에 있는 녹야원에 머무셨다. 그때 나꿀라삐따 장자[32]가 병에 걸려 극심한 고통에 시달리고 있었다. 그러자 장자의 아내 나꿀라마따가 나꿀라삐따 장자에게 이렇게 말했다.

2. "장자여, 애착을 가지고[33] 임종을 하지 마십시오. 애착을 가지고 임종하는 것은 괴로움입니다. 세존께서는 애착을 가지고 임종

---

31) 6차결집본의 경제목은 '나꿀라삐따'(Nakulapitā-sutta)이다.
32) 박가(Bhagga)와 숨수마라기리(Suṁsumāra-giri, 악어산)와 베사깔라 숲(Bhesakalā-vana)과 나꿀라삐따(Nakulapitā, 나꿀라의 아버지) 장자와 나꿀라마따(Nakulamātā, 나꿀라의 어머니)에 대해서는 본서 제2권 「어울리는 삶 경」1(A4:55) §1의 주해를 참조할 것.
33) "'애착을 가짐(sāpekkha)'이란 갈애를 가짐(sataṇha)이다."(AA.iii.349)

하는 것을 나무라셨습니다. 장자여, 아마 당신은 '내가 가고나면 내 아내 나꿀라 어미가 아이들을 양육하고 집안일을 돌볼 수 없을 것인데.'라고 생각할지도 모릅니다. 장자여, 그러나 그렇게 생각하지 마십시오. 장자여, 저는 솜을 타고 [양털을] 땋는데[34] 능숙합니다. 장자여, 당신이 가신 뒤에도 아이들을 양육하고 집안일을 돌볼 수 있습니다. 그러니 당신은 애착을 가지고 임종을 하지 마십시오. 애착을 가지고 임종하는 것은 괴로움입니다. 세존께서는 애착을 가지고 임종하는 것을 나무라셨습니다.

장자여, 아마 당신은 '내가 가고나면 내 아내 나꿀라 어미가 다른 집으로 [시집]갈지도 모른다.'라고 생각할지도 모릅니다. 장자여, 그러나 그렇게 생각하지 마십시오. 장자여, 당신과 내가 16년을 재가에서 순결한 삶을 살았다는 것을 당신은 잘 압니다. 그러니 당신은 애착을 가지고 임종을 하지 마십시오. 애착을 가지고 임종하는 것은 괴로움입니다. 세존께서는 애착을 가지고 임종하는 것을 나무라셨습니다.

장자여, 아마 당신은 '내가 가고나면 내 아내 나꿀라 어미는 세존을 친견하고자 하지 않고 비구 승가를 친견하고자 하지 않을지도 모른다.'라고 생각할지도 모릅니다. 장자여, 그러나 그렇게 생각하지 마십시오. 장자여, 저는 당신이 가신 뒤에 더욱더 세존을 친견하고자 할 것이고 비구 승가를 친견하고자 할 것입니다. 그러니 당신은 애착을 가지고 임종을 하지 마십시오. 애착을 가지고 임종하는 것은 괴로움입니다. 세존께서는 애착을 가지고 임종하는 것을 나무라셨습니다.

---

34) '[양털을] 땋는 데'는 veṇiṁ olikhituṁ(땋은 머리를 만드는)을 풀어서 옮긴 것이다. 주석서에서 "양털(eḷaka-loma)을 정리하고 잘 풀어서 땋은 머리를 만드는 일"(AA.iii.349)이라고 설명하고 있기 때문이다.

장자여, 아마 당신은 '내가 가고나면 내 아내 나꿀라 어미는 계를 원만히 하지 않을지도 모른다.'라고 생각할지도 모릅니다. 장자여, 그러나 그렇게 생각하지 마십시오. 장자여, 계를 성취한 흰옷 입은 재가 여신도들이 그분 세존 곁에 있는 한, 저는 그들 가운데 한 사람입니다. 누구든지 의심과 혼란이 있으면 지금 그분 세존 아라한 정등각께서 박가에서 베사깔라 숲에 있는 녹야원에 머물고 계시니 그분 세존을 찾아뵙고 질문을 드릴 수 있습니다. 그러니 당신은 애착을 가지고 임종을 하지 마십시오. 애착을 가지고 임종하는 것은 괴로움입니다. 세존께서는 애착을 가지고 임종하는 것을 나무라셨습니다.

장자여, 아마 당신은 '내가 가고나면 내 아내 나꿀라 어미는 안으로 마음의 사마타를 얻지 못할지도 모른다.'라고 생각할지도 모릅니다. 장자여, 그러나 그렇게 생각하지 마십시오. 장자여, 안으로 마음의 사마타를 얻은 흰옷 입은 재가 여신도들이 그분 세존 곁에 있는 한, 저는 그들 가운데 한 사람입니다. 누구든지 의심과 혼란이 있으면 지금 그분 세존 아라한 정등각께서 박가에서 베사깔라 숲에 있는 녹야원에 머물고 계시니 그분 세존을 찾아뵙고 질문을 드릴 수 있습니다. 그러니 당신은 애착을 가지고 임종을 하지 마십시오. 애착을 가지고 임종하는 것은 괴로움입니다. 세존께서는 애착을 가지고 임종하는 것을 나무라셨습니다.

장자여, 아마 당신은 '내가 가고나면 내 아내 나꿀라 어미는 이 법과 율에서 발판을 얻지 못하고 확고함을 얻지 못하고 위안을 얻지 못하고 의심을 건너지 못하고 혼란을 제거하지 못하고 무외를 얻지 못하고 스스로를 의지하지 못하고 스승의 교법에서 머물지 못할지도 모른다.'라고 생각할지도 모릅니다. 장자여, 그러나 그렇게 생각하지 마십시오. 장자여, 이 법과 율에서 발판을 얻고 확고함을 얻고 위안을 얻고 의심을 건너고 혼란을 제거하고 무외를 얻고 스스로를 의지하고 스승의 교법에 머무는 흰옷 입은 재가 여신도들이 그분 세존 곁에 있는 한, 저는 그들 가운데 한 사람입니다. 누구든지 의심과 혼란이 있으면 지금 그분 세존·아라한·정등각께서 박가에서 베사깔라 숲에 있는 녹야원에 머물고 계시니 그분 세존을 찾아뵙고 질문을 드릴 수 있습니다. 그러니 당신은 애착을 가지고 임종을 하지 마십시오. 애착을 가지고 임종하는 것은 괴로움입니다. 세존께서는 애착을 가지고 임종하는 것을 나무라셨습니다."

3. 그때 나꿀라삐따 장자는 장자의 아내 나꿀라마따의 이러한 교계를 받은 뒤 바로 병이 진정되었다. 그러자 나꿀라삐따 장자는 그 병에서 일어났다. 그리고는 그 병에서 완쾌되었다. 그때 나꿀라삐따 장자는 병실에서 나왔다. 병실에서 나온 지 오래지 않아서 지팡이를 짚고 세존께 다가갔다. 가서는 세존께 절을 올린 뒤 한 곁에 앉았다. 한 곁에 앉은 나꿀라삐따 장자에게 세존께서는 이렇게 말씀하셨다.

4. "장자여, 연민을 가졌고 이익을 바라고 교계하고 조언하는 나꿀라마따를 아내로 두다니 그것은 그대에게 참으로 이득이고, 참으로 큰 이득이로다. 장자여, 계를 성취한 흰옷 입은 재가 여신도들이 내 곁에 있는 한, 장자의 아내 나꿀라마따는 그들 가운데 한 사람이다. 장자여, 안으로 마음의 사마타를 얻은 흰옷 입은 재가 여신도들이 내 곁에 있는 한, 장자의 아내 나꿀라마따는 그들 가운데 한 사람이다. 장자여, 이 법과 율에서 발판을 얻고 확고함을 얻고 위안을 얻고 의심을 건너고 혼란을 제거하고 무외를 얻고 스스로를 의지하

고 스승의 교법에 머무는 흰옷 입은 재가 여신도들이 내 곁에 있는 한, 장자의 아내 나꿀라마따는 그들 가운데 한 사람이다. 장자여, 연민을 가졌고 이익을 바라고 교계하고 조언하는 나꿀라마따를 아내로 두다니 그것은 그대에게 참으로 이득이고, 참으로 큰 이득이로다."

잠 경(A6:17)35)
Soppa-sutta

1. 한때 세존께서는 사왓티에서 제따 숲의 급고독원에서 머무셨다. 그때 세존께서는 해거름에 [낮 동안의] 홀로 앉으심을 풀고 자리에서 일어나 집회소로 가셨다. 가셔서는 마련된 자리에 앉으셨다. 사리뿟따 존자도 해거름에 [낮 동안의] 홀로 앉음을 풀고 자리에서 일어나 집회소로 갔다. 가서는 세존께 절을 올린 뒤 한 곁에 앉았다. 마하목갈라나 존자도 … 마하깟사빠 존자도 … 마하깟짜나 존자도 … 마하꼿티따 존자도 … 마하쭌다 존자도 … 마하깝삐나 존자도 … 아누룻다 존자도 … 레와따 존자도 … 아난다 존자도 해거름에 [낮 동안의] 홀로 앉음을 풀고 자리에서 일어나 집회소로 갔다.36) 가서는 세존께 절을 올린 뒤 한 곁에 앉았다.

그때 세존께서는 밤의 대부분을 앉아서 보내신 뒤 자리에서 일어나 거처로 들어가셨다. 그 존자들도 세존께서 나가신지 오래되지 않아서 자리에서 일어나 각자의 거처로 갔다. 그러나 거기서 출가한지

---

35) PTS본의 품의 목록에는 본경에 해당하는 경제목이 없다. 역자는 6차결집본의 경제목을 따랐다.

36) 본경에 나타나는 여러 존자들에 대해서는 본서 제1권 「하나의 모음」의 「으뜸 품」(A1:14)의 해당 주해들을 참조할 것.

얼마 되지 않고 근래에 이 법과 율에 들어온 신참 비구들은 해가 떴는데도 이가는 소리를 내면서37) 잠들어 있었다. 세존께서는 청정하고 인간을 넘어선 신성한 눈[天眼]으로 그 비구들이 해가 떴는데도 이가는 소리를 내면서 잠자는 것을 보신 뒤 집회소로 가셨다. 가서는 마련된 자리에 앉으셨다. 자리에 앉으셔서 세존께서는 그 비구들을 불러서 말씀하셨다.

2. "비구들이여, 사리뿟따는 어디에 있는가? 마하목갈라나는 어디에 있는가? 마하깟사빠는 어디에 있는가? 마하깟짜나는 어디에 있는가? 마하꿋티따는 어디에 있는가? 마하쭌다는 어디에 있는가? 마하깝삐나는 어디에 있는가? 아누룻다는 어디에 있는가? 레와따는 어디에 있는가? 아난다는 어디에 있는가? 비구들이여, 이 장로 제자들은 어디로 갔는가?"

"세존이시여, 그분 존자들도 세존께서 나가신지 오래되지 않아서 자리에서 일어나 각자의 거처로 갔습니다."

"그렇다고 그대들이 장로들인가? 신참 비구들이 해가 떴는데도 이가는 소리를 내면서 잠을 자다니!

비구들이여, 이를 어떻게 생각하는가? 그대들은 '관정(灌頂)의 대관식을 거행한 끄샤뜨리야 왕이 맘껏 잠자는 즐거움, 기대는 즐거움, 꾸벅꾸벅 조는 즐거움에 빠져 지내면서 죽을 때까지 왕국을 통치할 때 백성들이 사랑하고 마음에 들어 한다.'라고 보거나 들은 적이 있는가?"

"그렇지 않습니다, 세존이시여."

---

37) '이가는 소리를 내면서'는 kākacchamāna를 옮긴 것인데 주석서에서 "깍깍 소리(kāka-sadda)를 내는 것인데 이빨을 가는 것(dante khādantā)"(AA.iii.350)이라고 설명하고 있어서 이렇게 옮겼다.

"장하구나, 비구들이여. 나도 '관정(灌頂)의 대관식을 거행한 끄샤뜨리야 왕이 맘껏 잠자는 즐거움, 기대는 즐거움, 꾸벅꾸벅 조는 즐거움에 빠져 지내면서 죽을 때까지 왕국을 통치할 때 백성들이 사랑하고 마음에 들어 한다.'라고 보거나 들은 적이 없다.

비구들이여, 이를 어떻게 생각하는가? 그대들은 '지방 영주가 … 세습 직위를 누리는 자가 … 군대의 대장군이 … 촌장이 … 조합장이 맘껏 잠자는 즐거움, 기대는 즐거움, 꾸벅꾸벅 조는 즐거움에 빠져 지내면서 죽을 때까지 조합을 관리할 때에 조합원들이 사랑하고 마음에 들어 한다.'라고 보거나 들은 적이 있는가?"

"그렇지 않습니다, 세존이시여."

"장하구나, 비구들이여. 나도 '지방 영주가 … 세습직위를 누리는 자가 … 군대의 대장군이 … 촌장이 … 조합장이 맘껏 잠자는 즐거움, 기대는 즐거움, 꾸벅꾸벅 조는 즐거움에 빠져 지내면서 죽을 때까지 조합을 관리할 때 조합원들이 사랑하고 마음에 들어 한다.'라고 보거나 들은 적이 없다.

비구들이여, 이를 어떻게 생각하는가? 그대들은 '사문이나 바라문이 맘껏 잠자는 즐거움, 기대는 즐거움, 꾸벅꾸벅 조는 즐거움에 빠져 지내면서 감각기능들의 문을 보호하지 않고, 음식에 적당한 양을 알지 못하고, 깨어있음에 전념하지 못하고, 유익한 법[善法]들을 찾지 않고,38) 밤낮으로 깨달음의 편에 있는 법[菩提分法]들을 수행하는데

---

38) '유익한 법[善法]들을 찾지 않고'로 옮긴 원문은 avipassako kusalānaṁ dhammānaṁ인데 '유익한 법들에 대해서 위빳사나를 닦지 않고'로 직역할 수 있다. 그러나 주석서는 이 문맥에서 avipassaka를 '찾지 않는 자(anesaka, agavesaka)'로 설명하고 있어서(AA.iii.351) 이렇게 옮겼다.

몰두하지 않는데도, 모든 번뇌가 다하여 아무 번뇌가 없는 마음의 해탈[心解脫]과 통찰지를 통한 해탈[慧解脫]을 바로 지금여기에서 스스로 최상의 지혜로 실현하고 구족하여 머문다.'라고 보거나 들은 적이 있는가?"

"그렇지 않습니다, 세존이시여."

"장하구나, 비구들이여. 나도 '사문이나 바라문이 맘껏 잠자는 즐거움, 기대는 즐거움, 꾸벅꾸벅 조는 즐거움에 빠져 지내면서 감각기능들의 문을 보호하지 않고, 음식에 적당한 양을 알지 못하고, 깨어있음에 전념하지 못하고, 유익한 법[善法]들을 찾지 않고, 밤낮으로 깨달음의 편에 있는 법[菩提分法]들을 수행하는 데에 몰두하지 않는데도 모든 번뇌가 다하여 아무 번뇌가 없는 마음의 해탈[心解脫]과 통찰지를 통한 해탈[慧解脫]을 바로 지금여기에서 스스로 최상의 지혜로 실현하고 구족하여 머문다.'라고 보거나 들은 적이 없다."

3. "비구들이여, 그러므로 이와 같이 공부지어야 한다. '감각기능들의 문을 보호하리라. 음식에 적당한 양을 알리라. 깨어있음에 전념하리라. 유익한 법[善法]들을 찾으리라. 밤낮으로 깨달음의 편에 있는 법[菩提分法]들을 수행하는데 몰두하리라.'라고.

비구들이여, 그대들은 참으로 이와 같이 공부지어야 한다."

물고기 경(A6:18)[39]
Maccha-sutta

1. 한때 세존께서는 많은 비구 승가와 함께 꼬살라 [지방]에서

---

39) 6차결집본의 경제목은 '그물로 물고기를 잡음'(Macchabandha-sutta)이다.

유행(遊行)하셨다. 세존께서는 대로를 따라 걷고 계시다가 어느 지역에서 어부가 그물로 물고기를 계속해서 낚아서 팔고 있는 것을 보셨다. 그것을 보시고 길을 벗어나 어떤 나무아래 마련된 자리에 앉으셨다. 자리에 앉아서 세존께서는 비구들을 불러서 말씀하셨다.

2. "비구들이여, 그대들은 저 어부가 그물로 물고기를 계속해서 낚아서 팔고 있는 것을 보는가?"

"그렇습니다, 세존이시여."

"비구들이여, 이를 어떻게 생각하는가? 그대들은 '어부가 그물로 물고기를 계속해서 낚아서 팔아 이러한 업과 이러한 생계 수단으로 코끼리를 타고 다니거나 말을 타고 다니거나 마차를 타고 다니거나 수레를 타고 다니거나 재물을 즐기거나 많은 재물을 축적하면서 산다.'라고 보거나 들은 적이 있는가?"

"그렇지 않습니다, 세존이시여."

"장하구나, 비구들이여. 나도 '어부가 그물로 물고기를 계속해서 낚아서 팔아 이러한 업과 이러한 생계 수단으로 코끼리를 타고 다니거나 말을 타고 다니거나 마차를 타고 다니거나 수레를 타고 다니거나 재물을 즐기거나 많은 재물을 축적하면서 산다.'라고 보거나 들은 적이 없다. 그것은 무슨 이유 때문인가? 비구들이여, 죽어가고 죽음으로 내몰린 물고기들을 나쁜 마음으로40) 쳐다보기 때문이다. 그래서 그는 코끼리를 타고 다니지도 못하고 말을 타고 다니지도 못하고 마차를 타고 다니지도 못하고 수레를 타고 다니지도 못하고 재물을

---

40) "'나쁜 마음으로(pāpakena manasā)'란 죄받을(lāmaka) 살생의 마음으로라는 뜻이다."(AA.iii.351)

즐기지도 못하고 많은 재물을 축적하면서 살지도 못한다.

비구들이여, 이를 어떻게 생각하는가? 그대들은 '백정이 소를 계속해서 잡아서 팔아 이러한 업과 이러한 생계 수단으로 코끼리를 타고 다니거나 말을 타고 다니거나 마차를 타고 다니거나 수레를 타고 다니거나 재물을 즐기거나 많은 재물을 축적하면서 산다.'라고 보거나 들은 적이 있는가?"

"그렇지 않습니다, 세존이시여."

"장하구나, 비구들이여. 나도 '백정이 소를 계속해서 잡아서 팔아 이러한 업과 이러한 생계 수단으로 코끼리를 타고 다니거나 말을 타고 다니거나 마차를 타고 다니거나 수레를 타고 다니거나 재물을 즐기거나 많은 재물을 축적하면서 산다.'라고 보거나 들은 적이 없다. 그것은 무슨 이유 때문인가? 비구들이여, 죽어가고 죽음으로 내몰린 소들을 나쁜 마음으로 쳐다보기 때문이다. 그래서 그는 코끼리를 타고 다니지도 못하고 말을 타고 다니지도 못하고 마차를 타고 다니지도 못하고 수레를 타고 다니지도 못하고 재물을 즐기지도 못하고 많은 재물을 축적하면서 살지도 못한다.

비구들이여, 이를 어떻게 생각하는가? 그대들은 '양을 도살하는 자가 … 돼지를 도살하는 자가 … 새를 잡는 자가 … 사슴을 잡는 자가 사슴을 계속해서 잡아서 팔아 이러한 업과 이러한 생계 수단으로 코끼리를 타고 다니거나 말을 타고 다니거나 마차를 타고 다니거나 수레를 타고 다니거나 재물을 즐기거나 많은 재물을 축적하면서 산다.'라고 보거나 들은 적이 있는가?"

"그렇지 않습니다, 세존이시여."

"장하구나, 비구들이여. 나도 '양을 도살하는 자가 … 돼지를 도살하는 자가 … 새를 잡는 자가 … 사슴을 잡는 자가 사슴을 계속해서 잡아서 팔아 이러한 업과 이러한 생계 수단으로 코끼리를 타고 다니거나 말을 타고 다니거나 마차를 타고 다니거나 수레를 타고 다니거나 재물을 즐기거나 많은 재물을 축적하면서 산다.'라고 보거나 들은 적이 없다. 그것은 무슨 이유 때문인가? 비구들이여, 죽어가고 죽음으로 내몰린 사슴들을 나쁜 마음으로 쳐다보기 때문이다. 그래서 그는 코끼리를 타고 다니지도 못하고 말을 타고 다니지도 못하고 마차를 타고 다니지도 못하고 수레를 타고 다니지도 못하고 재물을 즐기지도 못하고 많은 재물을 축적하면서 살지도 못한다.

비구들이여, 죽어가고 죽음으로 내몰린 동물들을 나쁜 마음으로 쳐다보는 자는 코끼리를 타고 다니지도 못하고 말을 타고 다니지도 못하고 마차를 타고 다니지도 못하고 수레를 타고 다니지도 못하고 재물을 즐기지도 못하고 많은 재물을 축적하면서 살지도 못한다.

그러니 죽어가고 죽음으로 내몰린 인간을 나쁜 마음으로 쳐다보는 것이야 더 말해 무엇 하겠는가? 비구들이여, 참으로 그에게는 오랜 세월을 해로움이 있고 괴로움이 있으며, 몸이 무너져 죽은 뒤에는 처참한 곳[苦界], 불행한 곳[惡處], 파멸처, 지옥에 태어난다."

죽음에 대한 마음챙김 경1(A6:19)
Maraṇassati-sutta

1. 한때 세존께서는 나디까41)에서 벽돌집42)에 머무셨다. 그곳

---

41) 나디까(Nādika)는 『디가 니까야』 제2권 「대반열반경」(D16)에 의하면 꼬띠가마와 웨살리를 연결하는 대로변에 위치한 왓지(Vajji)족의 마을이다. 『맛지마 니까야』 「짧은 고싱가살라 경」(M31)과 「긴 고싱가살라

에서 세존께서는 "비구들이여."라고 비구들을 부르셨다. "세존이시여."라고 비구들은 세존께 응답했다. 세존께서는 이렇게 말씀하셨다.

2. "비구들이여, 죽음에 대한 마음챙김을 닦고 많이 [공부]지으면 큰 결실과 큰 이익이 있고 불사(不死)에 들어가고 불사를 완성한다. 비구들이여, 그대들은 죽음에 대한 마음챙김을 닦아라."

3. 이렇게 말씀하시자 어떤 비구가 세존께 이렇게 말씀드렸다.
"세존이시여, 저는 죽음에 대한 마음챙김을 닦고 있습니다."
"비구여, 그러면 그대는 어떻게 죽음에 대한 마음챙김을 닦는가?"
"세존이시여, 저는 이렇게 생각합니다. '참으로 나는 하루 밤낮밖에 살 수 없을지도 모른다. 세존의 교법을 마음에 잡도리하리라. 그러면 참으로 지은 것이 많을 것이다.'라고. 세존이시여, 저는 이렇게

경」(M32) 등을 통해서 보면 이 나디까의 고싱가살라 숲은 여러 유명한 장로들이 즐겨 수행하던 곳이었다. 그런 만큼 이 지역 사람들도 불교와 큰 인연이 있었으며 『디가 니까야』 제2권 「자나와사바 경」(D18)을 통해서 보듯이 과위를 증득한 신도들이 많이 배출되었다.
일찍부터 이 지명에 대해서는 나디까(Nādika)로도 전승되었고, 냐띠까(Ñātika, 본서 제5권 「산다 경」(A11:10) 참조)로도 전승되어 온 듯하다. 주석서들에서 각각 다른 해석을 하기 때문이다. 냐띠까는 친척(ñāti)들끼리 사는 마을로 설명되고, 나디까는 강(nadī)과 연관이 있는 이름으로 간주된다. 현재 인도 비하르주의 웨살리와 빠뜨나 사이의 강가(Gaṅgā) 강에 있는 나따까(Nātaka)라는 마을이라고 학자들은 말한다.

42) 벽돌집으로 옮긴 원어는 giñjakā-āvasatha인데 주석서에서 iṭṭhakā-maya(벽돌로 만든) āvasatha(집)라고 설명하고 있다.(DA.ii.543) 그래서 '벽돌집'으로 옮겼다. 인도 유적지에서 흔히 보는 빨간 흙벽돌을 말한다. 『디가 니까야』 제2권 「자나와사바 경」(D18)과 『맛지마 니까야』 「짧은 고싱가살라 경」(M31) 등 몇몇 경들에도 이 나디까의 벽돌집이 나타나고 있다.

죽음에 대한 마음챙김을 닦습니다."

4. 그러자 또 다른 비구가 세존께 이렇게 말씀드렸다.
"세존이시여, 저도 죽음에 대한 마음챙김을 닦고 있습니다."
"비구여, 그러면 그대는 어떻게 죽음에 대한 마음챙김을 닦는가?"
"세존이시여, 저는 이렇게 생각합니다. '참으로 나는 하루 낮밖에 살 수 없을지도 모른다. 세존의 교법을 마음에 잡도리하리라. 그러면 참으로 지은 것이 많을 것이다.'라고. 세존이시여, 저는 이렇게 죽음에 대한 마음챙김을 닦습니다."

5. 그러자 또 다른 비구가 세존께 이렇게 말씀드렸다.
"세존이시여, 저도 죽음에 대한 마음챙김을 닦고 있습니다."
"비구여, 그러면 그대는 어떻게 죽음에 대한 마음챙김을 닦는가?"
"세존이시여, 저는 이렇게 생각합니다. '참으로 나는 한 번 밥 먹는 시간밖에 살 수 없을지도 모른다. 세존의 교법을 마음에 잡도리하리라. 그러면 참으로 지은 것이 많을 것이다.'라고. 세존이시여, 저는 이렇게 죽음에 대한 마음챙김을 닦습니다."

6. 그러자 또 다른 비구가 세존께 이렇게 말씀드렸다.
"세존이시여, 저도 죽음에 대한 마음챙김을 닦고 있습니다."
"비구여, 그러면 그대는 어떻게 죽음에 대한 마음챙김을 닦는가?"
"세존이시여, 저는 이렇게 생각합니다. '참으로 나는 네다섯 입의 음식을 씹어 삼키는 시간밖에 살 수 없을지도 모른다. 세존의 교법을 마음에 잡도리하리라. 그러면 참으로 지은 것이 많을 것이다.'라고. 세존이시여, 저는 이렇게 죽음에 대한 마음챙김을 닦습니다."

7. 그러자 또 다른 비구가 세존께 이렇게 말씀드렸다.

"세존이시여, 저도 죽음에 대한 마음챙김을 닦고 있습니다."

"비구여, 그러면 그대는 어떻게 죽음에 대한 마음챙김을 닦는가?"

"세존이시여, 저는 이렇게 생각합니다. '참으로 나는 한 입의 음식을 씹어 삼키는 시간밖에 살 수 없을지도 모른다. 세존의 교법을 마음에 잡도리하리라. 그러면 참으로 지은 것이 많을 것이다.'라고. 세존이시여, 저는 이렇게 죽음에 대한 마음챙김을 닦습니다."

8. 그러자 또 다른 비구가 세존께 이렇게 말씀드렸다.

"세존이시여, 저도 죽음에 대한 마음챙김을 닦고 있습니다."

"비구여, 그러면 그대는 어떻게 죽음에 대한 마음챙김을 닦는가?"

"세존이시여, 저는 이렇게 생각합니다. '참으로 나는 숨을 들이쉬었다가 내쉬는 시간밖에 살 수 없을지도 모른다. 세존의 교법을 마음에 잡도리하리라. 그러면 참으로 지은 것이 많을 것이다.'라고. 세존이시여, 저는 이렇게 죽음에 대한 마음챙김을 닦습니다."

9. 이렇게 말씀드리자 세존께서는 비구들에게 이렇게 말씀하셨다.

"비구들이여, 비구는 이와 같이 죽음에 대한 마음챙김을 닦는다. '참으로 나는 하루 밤낮밖에 살 수 없을지도 모른다. 세존의 교법을 마음에 잡도리하리라. 그러면 참으로 지은 것이 많을 것이다.'라고. 비구들이여, 다시 비구는 이와 같이 죽음에 대한 마음챙김을 닦는다. '참으로 나는 하루 낮밖에 살 수 없을지도 모른다. 세존의 교법을 마음에 잡도리하리라. 그러면 참으로 지은 것이 많을 것이다.'라고. 비구들이여, 다시 비구는 이와 같이 죽음에 대한 마음챙김을 닦는다.

'참으로 나는 한 번 밥 먹는 시간밖에 살 수 없을지도 모른다. 세존의 교법을 마음에 잡도리하리라. 그러면 참으로 지은 것이 많을 것이다.'라고. 비구들이여, 다시 비구는 이와 같이 죽음에 대한 마음챙김을 닦는다. '참으로 나는 네다섯 입의 음식을 씹어 삼키는 시간밖에 살 수 없을지도 모른다. 세존의 교법을 마음에 잡도리하리라. 그러면 참으로 지은 것이 많을 것이다.'라고. 비구들이여, 이러한 비구들을 일러 방일하게 살고, 번뇌를 멸하기 위하여 둔하게 죽음에 대한 마음챙김을 닦는다고 한다.

비구들이여, 비구는 이와 같이 죽음에 대한 마음챙김을 닦는다. '참으로 나는 한 입의 음식을 씹어 삼키는 시간밖에 살 수 없을지도 모른다. 세존의 교법을 마음에 잡도리하리라. 그러면 참으로 지은 것이 많을 것이다.'라고. 비구들이여, 다시 비구는 이와 같이 죽음에 대한 마음챙김을 닦는다. '참으로 나는 숨을 들이쉬었다가 내쉬는 시간밖에 살 수 없을지도 모른다. 세존의 교법을 마음에 잡도리하리라. 그러면 참으로 지은 것이 많을 것이다.'라고. 비구들이여, 이러한 비구들을 일러 부지런히 살고, 번뇌를 멸하기 위하여 예리하게 죽음에 대한 마음챙김을 닦는다고 한다."[43]

10. "비구들이여, 그러므로 이와 같이 공부지어야 한다. '우리는 방일하지 않고 머무르리라. 번뇌를 멸하기 위하여 예리하게 죽음에 대한 마음챙김을 닦으리라.'라고. 비구들이여, 그대들은 참으로 이와 같이 공부지어야 한다."

---

43) 본 문단은 『청정도론』 VIII.36~37에서 죽음에 대한 마음챙김을 설명하면서 인용되어 나타난다.

죽음에 대한 마음챙김 경2(A6:20)

1. 한때 세존께서는 나디까에서 벽돌집에 머무셨다. 그곳에서 세존께서는 "비구들이여."라고 비구들을 부르셨다. "세존이시여."라고 비구들은 세존께 응답했다. 세존께서는 이렇게 말씀하셨다.

2. "비구들이여, 죽음에 대한 마음챙김을 닦고 많이 [공부]지으면 큰 결실과 큰 이익이 있고 불사(不死)에 들어가고 불사를 완성한다. 비구들이여, 그러면 어떻게 죽음에 대한 마음챙김을 닦고 많이 [공부]지으면 큰 결실과 큰 이익이 있고 불사(不死)에 들어가고 불사를 완성하는가?"

3. "비구들이여, 여기 비구는 날이 지고 밤이 돌아왔을 때 이와 같이 숙고한다. '내게 죽음을 가져올 여러 조건이 있다. 뱀이 나를 물지도 모른다. 혹은 전갈이 나를 물지도 모른다. 혹은 지네가 나를 물지도 모른다. 그것으로 인해 죽을지도 모르고, 그것이 나에게 장애가 될지도 모른다. 혹은 발부리가 걸려 넘어질지도 모른다. 혹은 내가 먹은 음식이 탈이 날지도 모른다. 혹은 담즙이 성가시게 할지도 모르고, 가래가 성가시게 할지도 모르고, 마치 칼처럼 [관절을 끊는] 바람이 성가시게 할지도 모른다. 그것으로 인해 죽을지도 모르고, 그것이 나에게 장애가 될지도 모른다.'

비구들이여, 그 비구는 이와 같이 숙고해야 한다. '내가 이 밤에 죽게 되면 나에게 장애가 될, 아직 제거되지 않은 나쁘고 해로운 법(不善法)들이 나에게 있는 것은 아닌가? 비구들이여, 만일 비구가 자신을 반조하여서 '내가 이 밤에 죽게 되면 나에게 장애가 될, 아직 제거되지 않은 나쁘고 해로운 법들이 나에게 있다.'라고 알게 되면 그는 그 나쁘고 해로운 법들을 제거하기 위해 강한 의욕과 노력과 관심과 분발과 불퇴전과 마음챙김과 알아차림을 행해야 한다.

비구들이여, 예를 들면 옷이 불타고 머리가 불타는 자는 옷이나 머리의 불을 끄기 위해서 아주 강한 의욕과 노력과 관심과 분발과 불퇴전과 마음챙김과 알아차림을 행해야 하는 것과 같다. 그와 같이 그 비구는 나쁘고 해로운 법들을 제거하기 위해서 강한 의욕과 노력과 관심과 분발과 불퇴전과 마음챙김과 알아차림을 행해야 한다.

비구들이여, 만일 비구가 자신을 반조하여서 '내가 이 밤에 죽게 되면 나에게 장애가 될, 아직 제거되지 않은 나쁘고 해로운 법들이 나에게 없다'라고 알게 되면 그 비구는 밤낮으로 유익한 법에 공부지으면서 희열과 환희로 머물 것이다."

4. "비구들이여, 여기 비구는 밤이 지새고 낮이 돌아왔을 때 이와 같이 숙고한다. '내게 죽음을 가져올 여러 조건이 있다. 뱀이 나를 물지도 모른다. 혹은 전갈이 나를 물지도 모른다. 혹은 지네가 나를 물지도 모른다. 그것으로 인해 죽을지도 모르고, 그것이 나에게 장애가 될지도 모른다. 혹은 발부리가 걸려 넘어질지도 모른다. 혹은 내가 먹은 음식이 탈이 날지도 모른다. 혹은 담즙이 성가시게 할지도 모르고, 가래가 성가시게 할지도 모르고, 마치 칼처럼 [관절을 끊는] 바람이 성가시게 할지도 모른다. 그것으로 인해 죽을지도 모르고, 그것이 나에게 장애가 될지도 모른다.'

비구들이여, 그 비구는 이와 같이 숙고해야 한다. '내가 오늘 낮에 죽게 되면 나에게 장애가 될, 아직 제거되지 않은 나쁘고 해로운 법 [不善法]들이 나에게 있는 것은 아닌가? 비구들이여, 만일 비구가 자신을 반조하여서 '내가 오늘 낮에 죽게 되면 나에게 장애가 될, 아직 제거되지 않은 나쁘고 해로운 법들이 나에게 있다.'라고 알게 되면 그는 그 나쁘고 해로운 법들을 제거하기 위해서 강한 의욕과 노력과 관심과 분발과 불퇴전과 마음챙김과 알아차림을 행해야 한다.

비구들이여, 예를 들면 옷이 불타고 머리가 불타는 자는 옷이나 머리의 불을 끄기 위해서 아주 강한 의욕과 노력과 관심과 분발과 불퇴전과 마음챙김과 알아차림을 행해야 하는 것과 같다. 그와 같이 그 비구는 나쁘고 해로운 법들을 제거하기 위해서 의욕과 노력과 관심과 분발과 불퇴전과 마음챙김과 알아차림을 행해야 한다.

비구들이여, 만일 비구가 자신을 반조하여서 '내가 오늘 낮에 죽게 되면 나에게 장애가 될, 아직 제거되지 않은 나쁘고 해로운 법들이 나에게 없다.'라고 알게 되면 그 비구는 밤낮으로 유익한 법에 공부지으면서 희열과 환희로 머물 것이다.

비구들이여, 이와 같이 죽음에 대한 마음챙김을 닦고 많이 [공부]지으면 큰 결실과 큰 이익이 있고 불사(不死)에 들어가고 불사를 완성한다."

제2장 기억해야 함 품이 끝났다.

두 번째 품에 포함된 경들의 목록은 다음과 같다.

두 가지 ①~② 기억해야 함 ③ 자애
④ 복됨 ⑤ 고통스러움
⑥ 나꿀라 ⑦ 잠 ⑧ 물고기
두 가지 ⑨~⑩ 죽음에 대한 마음챙김이다.

제3장 위없음 품

Anuttariya-vagga

사마까 경(A6:21)[44]
Sāmaka-sutta

1. 한때 세존께서는 삭까에서 사마가마까[45]의 호수에 머무셨다. 그곳에서 밤이 아주 깊었을 때 어떤 천신이 아주 멋진 모습을 하고 온 호수를 환하게 밝히면서 세존께 다가갔다. 다가가서는 세존께 절을 올린 뒤 한 곁에 섰다. 천신은 한 곁에 서서 세존께 이와 같이 말씀드렸다.

"세존이시여, 세 가지 법은 비구를 쇠퇴로 인도합니다. 무엇이 셋인가요? [잡다한] 일하기를 좋아하는 것과 말하기를 좋아하는 것과 잠자기를 좋아하는 것입니다. 세존이시여, 이러한 세 가지 법은 비구를 쇠퇴로 인도합니다."

천신은 이렇게 말하였고 스승께서는 그것에 동의를 하셨다. 그때 천신은 '스승께서 나의 [말]에 동의를 하셨구나.'라고 생각하면서 세존께 절을 올리고는 오른쪽으로 [세 번] 돌아 [경의를 표한] 뒤에 거기서 사라졌다.

---

44) PTS본과 6차결집본에 나타나는 경제목이다. 본문에서는 Sāmagāmaka로 나타난다. 주석서는 "사마가마까란 기장(sāmāka)이 많이 자라기 때문에 이런 이름을 가지게 된 마을"(AA.iii.353)이라고 설명하고 있다. 그러므로 사마까는 사마 마을 즉 사마가마까를 뜻한다.

45) 사마가마까(Sāmagāmaka)에 대해서는 바로 앞 주해를 참조할 것.

2. 세존께서는 그 밤이 지나자 비구들을 불러서 말씀하셨다.

"비구들이여, 어젯밤 밤이 아주 깊었을 때 어떤 천신이 아주 멋진 모습을 하고 온 호수를 환하게 밝히면서 나에게 다가왔다. 다가와서는 나에게 절을 올린 뒤 한 곁에 섰다. 한 곁에 서서 천신은 나에게 이와 같이 말하였다. '세존이시여, 세 가지 법은 비구를 쇠퇴로 인도합니다. 무엇이 셋인가요? [잡다한] 일하기를 좋아하는 것과 말하기를 좋아하는 것과 잠자기를 좋아하는 것입니다. 세존이시여, 이러한 세 가지 법은 비구를 쇠퇴로 인도합니다.'

천신은 이렇게 말하였고 나는 그것에 동의를 하였다. 그때 천신은 '스승께서 나의 [말]에 동의를 하셨구나.'라고 생각하면서 나에게 절을 올리고는 오른쪽으로 [세 번] 돌아 [경의를 표한] 뒤에 거기서 사라졌다.

비구들이여, 천신들조차도 유익한 법[善法]들로부터 쇠퇴하게 된다고 인정하는 그런 것들은 참으로 그대들에게 도움될 것이 없고 손해가 되는 것이다. 비구들이여, 나는 쇠퇴로 인도하는 세 가지 다른 법을 더 설하리라. 이제 그것을 들어라. 듣고 마음에 잘 새겨라. 나는 설할 것이다."

"그렇게 하겠습니다, 세존이시여."라고 비구들은 세존께 응답했다. 세존께서는 이렇게 말씀하셨다.

3. "비구들이여, 그러면 어떠한 세 가지가 쇠퇴하는 법인가?

무리 짓기를 좋아하는 것과 훈계를 받아들이지 않는 것과 나쁜 친구와 어울리는 것이다. 비구들이여, 이러한 세 가지가 쇠퇴하는 법이다."

4. "비구들이여, 누구든지 과거에 유익한 법들로부터 쇠퇴한 자들은 모두 이러한 여섯 가지 법 때문에 쇠퇴하였다. 비구들이여, 누구든지 미래에 유익한 법들로부터 쇠퇴할 자들은 모두 이러한 여섯 가지 법 때문에 쇠퇴할 것이다. 비구들이여, 누구든지 현재에 유익한 법들로부터 쇠퇴하는 자들은 모두 이러한 여섯 가지 법 때문에 쇠퇴한다."

쇠퇴하지 않음 경(A6:22)
Aparihāniya-sutta

1. "비구들이여, 여섯 가지 쇠퇴하지 않는46) 법을 설하리라. 이제 그것을 들어라. 듣고 마음에 잘 새겨라. 나는 설할 것이다."

"그렇게 하겠습니다, 세존이시여."라고 비구들은 세존께 응답했다. 세존께서는 이렇게 말씀하셨다.

2. "비구들이여, 그러면 어떤 것이 여섯 가지 쇠퇴하지 않는 법인가?

[잡다한] 일하기를 좋아하지 않는 것, 말하기를 좋아하지 않는 것, 잠자기를 좋아하지 않는 것, 무리 짓기를 좋아하지 않는 것, 훈계를 잘 받아들이는 것, 좋은 친구와 어울리는 것이다. 비구들이여, 이것이 여섯 가지 쇠퇴하지 않는 법이다."

---

46) 본경과 본서에서 '쇠퇴하지 않는'으로 옮긴 원어는 aparihāniya인데 본서 제2권 「빛나가지 않음 경」(A4:37)에서는 문맥에 따라 '빛나가지 않는'으로 옮겼다.

3. "비구들이여, 누구든지 과거에 유익한 법들로부터 쇠퇴하지 않은 자들은 모두 이러한 여섯 가지 법 때문에 쇠퇴하지 않았다. 비구들이여, 누구든지 미래에 유익한 법들로부터 쇠퇴하지 않을 자들은 모두 이러한 여섯 가지 법 때문에 쇠퇴하지 않을 것이다. 비구들이여, 누구든지 현재에 유익한 법들로부터 쇠퇴하지 않는 자들은 모두 이러한 여섯 가지 법 때문에 쇠퇴하지 않는다."

두려움 경(A6:23)
Bhaya-sutta

1. "비구들이여, 두려움이라는 것은 감각적 욕망들과 동의어다. 비구들이여, 괴로움이라는 것은 감각적 욕망들과 동의어다. 비구들이여, 병이라는 것은 감각적 욕망들과 동의어다. 비구들이여, 종기라는 것은 감각적 욕망들과 동의어다. 비구들이여, 결박이라는 것은 감각적 욕망들과 동의어다. 비구들이여, 진흙탕이라는 것은 감각적 욕망들과 동의어다."

2. "비구들이여, 그러면 왜 두려움이라는 것은 감각적 욕망들과 동의어인가?

비구들이여, 감각적 욕망에 빠지고 욕탐에 묶여서 사람들은 금생에도 두려움으로부터 벗어나지 못하고 내생에도 두려움으로부터 벗어나지 못한다. 그러므로 두려움이라는 것은 감각적 욕망들과 동의어다."

3. "비구들이여, 그러면 왜 괴로움이라는 것은 … 병이라는 것은 … 종기라는 것은 … 결박이라는 것은 … 진흙탕이라는 것은 감

각적 욕망들과 동의어인가?

비구들이여, 감각적 욕망에 빠지고 욕탐에 묶여서 사람들은 금생에도 진흙탕으로부터 벗어나지 못하고 내생에도 진흙탕으로부터 벗어나지 못한다. 그러므로 진흙탕이라는 것은 감각적 욕망들과 동의어다."

4. "두려움, 괴로움, 병, 종기, 결박, 진흙탕
이들은 모두 감각적 욕망을 일컫나니
여기에 중생은 집착한다네.
생사의 원인인 취착에 두려움을 보는 자는[47]
취착하지 않고 생사가 멸절한 열반을 얻고 해탈하리.
안전함을 얻은 그들은 행복하고
지금여기에서 [모든 오염원을] 놓아버려 평화로우며
모든 원한과 두려움 건넜고
[윤회의] 모든 고통 초월했다네."

히말라야 경(A6:24)
Himavanta-sutta

1. "비구들이여, 여섯 가지 법을 갖춘 비구는 산의 왕 히말라야[48]를 부수어버리나니 하찮은 무명이야 말해서 무엇 하겠는가? 무

---

47) 본 게송의 이 구절 이해는 본서 제1권 「저승사자 경」(A3:35)의 해당 부분 게송과 같다.

48) 히말라야에 대한 빠알리어 표기는 히마완따(Himavanta, Himavā, 눈을 가진 것)이다. 우리에게 잘 알려진 히말라야(Himālaya, hima+ālaya, 눈이 저장된 곳)로 옮겼다.

엇이 여섯인가?"

2. "비구들이여, 여기 비구는 삼매의 증득에 능숙하고, 삼매에 머무는데 능숙하고, 삼매에서 출정하는데 능숙하고, 삼매의 즐거움에 능숙하고, 삼매의 영역에 능숙하고, 삼매로 [마음을] 기울이는 것49)에 능숙하다.50) 비구들이여, 이러한 여섯 가지 법을 갖춘 비구는 산의 왕 히말라야를 부수어버리나니 하찮은 무명이야 말해 무엇하겠는가?"

---

49) '삼매로 마음을 기울임(samādhissa abhinīhārakusala)'에 대해서는 『아비담마 길라잡이』 제4장 §14의 해설 5를 참조할 것.

50) "'삼매의 증득에 능숙하다.(samādhissa samāpatti-kusalo hoti)'는 것은 적당한 음식과 적당한 온도를 취하여 삼매를 증득하는 것에 능숙하다는 것이다. '삼매에 머무는데 능숙하다.(samādhissa ṭhitikusalo)'는 것은 삼매를 지속시킬 수 있다는 뜻이다. '삼매의 출정에 능숙하다.(samādhissa vuṭṭhāna-kusalo)'는 것은 한정한 시간에 출정할 수 있다는 뜻이다. '삼매의 즐거움에 능숙하다.(samādhissa kallita-kusalo)'는 것은 삼매의 마음에 미소짓고 즐거워할 수 있다는 뜻이다. '삼매의 영역에 능숙하다(samādhissa gocara-kusalo)'는 것은 삼매에 적당하지 않고(asappāya) 도움 되지 않는(anupakāraka) 법을 버리고 삼매에 적당하고 도움되는 법을 가까이 하는 자를 이르기도 하고, '이것은 삼매의 표상의 대상(nimittārammaṇa)이고, 이것은 특징의 대상(lakkhaṇārammaṇa)이다.'라고 아는 자를 이르기도 한다. '삼매로 마음을 기울이는 것에 능숙하다(samādhissa abhinīhāra-kusalo)'는 것은 더 높은 증득(samāpatti)을 얻기 위하여 초선, 2선, 3선, 4선으로 마음을 기울일 수 있는 자를 이른다."(AA.iii.354~355)
삼매에 관한 이러한 가르침은 주석서 문헌에서 다섯 가지 자유자재(vasii, vasitaa)로 정리되어 나타난다. 여기에 대해서는 『청정도론』 XXIII.27과 IV.131 이하와 『아비담마 길라잡이』 9장 §18을 참조할 것.

계속해서 생각함 경(A6:25)[51]
Anussati-sutta

1. "비구들이여, 여섯 가지 계속해서 생각함[52]이 있다. 무엇이 여섯인가?"

2. "비구들이여, 여기 성스러운 제자는 다음과 같이 여래를 계속해서 생각한다[隨念]. '이런 [이유로] 그분 세존께서는 아라한[應供]이시며, 완전히 깨달은 분[正等覺]이시며, 영지와 실천을 구족한 분[明行足]이시며, 피안으로 잘 가신 분[善逝]이시며, 세간을 잘 알고 계신 분[世間解]이시며, 가장 높은 분[無上士]이시며, 사람을 잘 길들이는 분[調御丈夫]이시며, 하늘과 인간의 스승[天人師]이시며, 깨달은 분[佛]이시며, 세존(世尊)이시다.'라고.

비구들이여, 성스러운 제자가 이와 같이 여래를 계속해서 생각할 때 그의 마음은 탐욕에 압도되지 않고, 성냄에 압도되지 않고, 어리석음에 압도되지 않는다. 그때 그의 마음은 여래를 의지하여 올곧아 진다. 그는 욕심을 떠났고, 벗어났고, 여의었다. 비구들이여, 여기서 욕심이란 다섯 가닥의 감각적 욕망과 동의어다. 비구들이여, 이것을 대상으로 삼은 뒤 여기 어떤 중생들은 청정하게 된다."

3. "다시 비구들이여, 여기 성스러운 제자는 다음과 같이 법을

---

51) 6차결집본의 경제목은 계속해서 생각함의 장소(anussatiṭṭhāna-sutta)이다. 한편 『청정도론』 VII.123에서는 본경이 「게다 경」(Gedha Sutta, 貪求經)으로 인용되고 있다.

52) '계속해서 생각함[隨念]'은 anussati를 옮긴 것이다. 본경에 나타나는 여섯 가지 계속해서 생각함은 『청정도론』 VII장에 상세하게 설명되어 있다.

계속해서 생각한다. '법은 세존에 의해서 잘 설해졌고 스스로 보아 알 수 있고 시간이 걸리지 않고 와서 보라는 것이고 향상으로 인도하고 지자들이 각자 알아야 하는 것이다.'라고

비구들이여, 성스러운 제자가 이와 같이 법을 계속해서 생각할 때 그의 마음은 탐욕에 압도되지 않고, 성냄에 압도되지 않고, 어리석음에 압도되지 않는다. 그때 그의 마음은 법을 의지하여 올곧아진다. 그는 욕심을 떠났고, 벗어났고, 여의었다. 비구들이여, 여기서 욕심이란 다섯 가닥의 감각적 욕망과 동의어다. 비구들이여, 이것을 대상으로 삼은 뒤 여기 어떤 중생들은 청정하게 된다."

4. "다시 비구들이여, 여기 성스러운 제자는 다음과 같이 승가를 계속해서 생각한다. '세존의 제자들의 승가는 잘 도를 닦고, 세존의 제자들의 승가는 바르게 도를 닦고, 세존의 제자들의 승가는 참되게 도를 닦고, 세존의 제자들의 승가는 합당하게 도를 닦으니, 곧 네 쌍의 인간들이요[四雙] 여덟 단계에 있는 사람들[八輩]이시다. 이러한 세존의 제자들의 승가는 공양받아 마땅하고, 선사받아 마땅하고, 보시받아 마땅하고, 합장받아 마땅하며, 세상의 위없는 복밭[福田]이시다.'라고

비구들이여, 성스러운 제자가 이와 같이 승가를 계속해서 생각할 때 그의 마음은 탐욕에 압도되지 않고, 성냄에 압도되지 않고, 어리석음에 압도되지 않는다. 그때 그의 마음은 승가를 의지하여 올곧아진다. 그는 욕심을 떠났고, 벗어났고, 여의었다. 비구들이여, 여기서 욕심이란 다섯 가닥의 감각적 욕망과 동의어다. 비구들이여, 이것을 대상으로 삼은 뒤 여기 어떤 중생들은 청정하게 된다."

5. "다시 비구들이여, 여기 성스러운 제자는 다음과 같이 자신의 계를 계속해서 생각한다. '[나의 계는] 훼손되지 않고, 뚫어지지 않고, 오점이 없고, 얼룩지지 않고, 벗어났고, 지자들이 찬탄하고, 비난받지 않고, 삼매로 인도한다.'라고.

비구들이여, 성스러운 제자가 이와 같이 계를 계속해서 생각할 때 그의 마음은 탐욕에 압도되지 않고, 성냄에 압도되지 않고, 어리석음에 압도되지 않는다. 그때 그의 마음은 계를 의지하여 올곧아진다. 그는 욕심을 떠났고, 벗어났고, 여의었다. 비구들이여, 여기서 욕심이란 다섯 가닥의 감각적 욕망과 동의어다. 비구들이여, 이것을 대상으로 삼은 뒤 여기 어떤 중생들은 청정하게 된다."

6. "다시 비구들이여, 여기 성스러운 제자는 다음과 같이 자신의 보시를 계속해서 생각한다. '나는 인색함의 때에 얽매인 사람들 가운데서 인색함의 때가 없는 마음으로 재가에 산다. 아낌없이 보시하고, 손은 깨끗하고, 주는 것을 좋아하고, 다른 사람의 요구에 반드시 부응하고, 보시하고 나누어 가지는 것을 좋아한다. 그러니 이것은 참으로 내게 이득이구나. 이것은 참으로 내게 큰 이득이구나.'라고.

비구들이여, 성스러운 제자가 이와 같이 보시를 계속해서 생각할 때 그의 마음은 탐욕에 압도되지 않고, 성냄에 압도되지 않고, 어리석음에 압도되지 않는다. 그때 그의 마음은 보시를 의지하여 올곧아진다. 그는 욕심을 떠났고, 벗어났고, 여의었다. 비구들이여, 여기서 욕심이란 다섯 가닥의 감각적 욕망과 동의어다. 비구들이여, 이것을 대상으로 삼은 뒤 여기 어떤 중생들은 청정하게 된다."

7. "다시 비구들이여, 여기 성스러운 제자는 다음과 같이 천신을 계속해서 생각한다. '사대왕천의 신들이 있고, 삼십삼천의 신들이 있고, 야마천의 신들이 있고, 도솔천의 신들이 있고, 화락천의 신들이 있고, 타화자재천의 신들이 있고, 범신천의 신들이 있고, 그보다 높은 천의 신들이 있다.53) 이런 신들은 믿음을 구족하여 여기서 죽은 뒤 그곳에 태어났다. 나에게도 그런 믿음이 있다. 이런 신들은 계를 구족하여 여기서 죽은 뒤 그곳에 태어났다. 나에게도 그런 계가 있다. 이런 신들은 배움을 구족하여 여기서 죽은 뒤 그곳에 태어났다. 나에게도 그런 배움이 있다. 이런 신들은 보시를 구족하여 여기서 죽은 뒤 그곳에 태어났다. 나에게도 그런 보시가 있다. 이런 신들은 통찰지를 구족하여 여기서 죽은 뒤 그곳에 태어났다. 나에게도 그런 통찰지가 있다.'라고.

비구들이여, 성스러운 제자가 이와 같이 천신을 계속해서 생각할 때 그의 마음은 탐욕에 압도되지 않고, 성냄에 압도되지 않고, 어리석음에 압도되지 않는다. 그때 그의 마음은 천신을 의지하여 올곧아진다. 그는 욕심을 떠났고, 벗어났고, 여의었다. 비구들이여, 여기서 욕심이란 다섯 가닥의 감각적 욕망과 동의어다. 비구들이여, 이것을 대상으로 삼은 뒤 여기 어떤 중생들은 청정하게 된다.

비구들이여, 이러한 여섯 가지 계속해서 생각함이 있다."

---

53) 여기에 나타나는 신들에 대해서는 본서 제1권 「팔관재계 경」(A3:70) §8의 주해들과 「사대천왕 경」1(A3:36) §1의 주해들을 참조할 것.

깟짜나 경(A6:26)[54]
Kaccāna-sutta

1. 그곳에서 마하깟짜나 존자[55]는 "비구들이여."라고 비구들을 불렀다. "도반이시여."라고 비구들은 마하깟짜나 존자에게 응답했다. 마하깟짜나 존자는 이렇게 말하였다.

2. "참으로 경이롭습니다, 도반들이여. 참으로 놀랍습니다, 도반들이여. 아시는 분·보시는 분·그분·세존·아라한·정등각께서는 재가의 삶 가운데서 기회 얻음[56]을 깨달으셨습니다. 이것은 중생들을 청정하게 하고, 근심과 탄식을 다 건너게 하며, 육체적 고통과 정

---

54) 6차결집본의 경제목은 '마하깟짜나'(Mahākaccāna-sutta)이다. 한편 『청정도론』VII.124에서는 본경이 「삼바다오까사 경」(Sambādhokāsa Sutta, 재가의 삶에서 기회를 얻음)이라는 이름으로 인용되고 있다.

55) 마하깟짜나(Mahā-Kaccāna) 혹은 마하깟짜야나(Mahā-Kacāyana, 본서에는 두 가지 표현이 다 나타난다.) 존자에 대해서는 본서 제1권 「하나의 모음」(A1:14:1-10)의 주해를 참조할 것.

56) '재가의 삶'으로 의역한 원어는 sambādha이다. 원래는 몰려 듦, 억압, 구속 등을 뜻한다. 주석서는 다섯 가닥의 감각적 욕망에 억압됨이라 설명하고 있다.(AA.iii.355) 복주서는 재가의 삶(gharāvāsa)을 뜻한다(AAṬ. iii.101)고 구체적으로 설명하고 있어서 이렇게 의역했다.
"'기회를 얻음(okāsa-adhigama)'이란 여섯 가지 계속해서 생각함의 장소(cha anussati-ṭṭhānāni)를 얻는 것을 말한다."(AA.iii.355)
한편 복주서(AAṬ.iii.101)와 『청정도론 주석서』(Pm)는 다음과 같이 설명하고 있다.
"[재가의 삶으로 옮김] sambādha는 갈애의 오염으로 인해 지저분한 (saṅkāra) 재가의 삶을 뜻한다. '기회(okāsa)'란 도와 과의 행복을 얻을 수 있는 기회가 되기 때문에 기회라 한다. '기회를 얻음'이란 출세간법을 증득하기 위한 기회를 말한다."(AAṬ.iii.101; Pm.165 = Vis.VII.124의 주석)"

신적 고통을 사라지게 하고, 옳은 방법을 터득하게 하고, 열반을 실현하게 하기 위한 것이니, 그것은 바로 여섯 가지 계속해서 생각함의 장소입니다. 무엇이 여섯인가요?"

3. "도반들이여, 여기 성스러운 제자는 다음과 같이 여래를 계속해서 생각합니다[隨念]. '이런 [이유로] 그분 세존께서는 아라한[應供]이시며, 완전히 깨달은 분[正等覺]이시며, 영지와 실천을 구족한 분[明行足]이시며, 피안으로 잘 가신 분[善逝]이시며, 세간을 잘 알고 계신 분[世間解]이시며, 가장 높은 분[無上士]이시며, 사람을 잘 길들이는 분[調御丈夫]이시며, 하늘과 인간의 스승[天人師]이시며, 깨달은 분[佛]이시며, 세존(世尊)이시다.'라고.

도반들이여, 성스러운 제자가 이와 같이 여래를 계속해서 생각할 때 그의 마음은 탐욕에 압도되지 않고, 성냄에 압도되지 않고, 어리석음에 압도되지 않습니다. 그때 그의 마음은 여래를 의지하여 올곧아집니다. 그는 욕심을 떠났고, 벗어났고, 여의었습니다. 도반들이여, 여기서 욕심이란 다섯 가닥의 감각적 욕망과 동의어입니다. 도반들이여, 이런 성스러운 제자는 모든 곳을 풍만하고, 광대하고, 무량하고, 원한 없고, 악의 없는 허공과 같은 마음으로 머뭅니다. 도반들이여, 이것을 대상으로 삼은 뒤 여기 어떤 중생들은 청정한 법을 가진 자57)가 됩니다."

4. "다시 도반들이여, 여기 성스러운 제자는 다음과 같이 법을 계속해서 생각합니다. '법은 세존에 의해서 잘 설해졌고 스스로 보아

---

57) "'청정한 법을 가진 자(visuddhi-dhamma)'란 청정한 성품을 가진 자 (visujjhana-sabhāva)가 된다는 뜻이다."(AA.iii.356)

알 수 있고 시간이 걸리지 않고 와서 보라는 것이고 향상으로 인도하고 지자들이 각자 알아야 하는 것이다.'라고.

도반들이여, 성스러운 제자가 이와 같이 법을 계속해서 생각할 때 그의 마음은 탐욕에 압도되지 않고, 성냄에 압도되지 않고, 어리석음에 압도되지 않습니다. 그때 그의 마음은 법을 의지하여 올곧아집니다. 그는 욕심을 떠났고, 벗어났고, 여의었습니다. 도반들이여, 여기서 욕심이란 다섯 가닥의 감각적 욕망과 동의어입니다. 도반들이여, 이런 성스러운 제자는 모든 곳을 풍만하고, 광대하고, 무량하고, 원한 없고, 악의 없는 허공과 같은 마음으로 머뭅니다. 도반들이여, 이것을 대상으로 삼은 뒤 여기 어떤 중생들은 청정한 법을 가진 자가 됩니다."

5. "다시 도반들이여, 여기 성스러운 제자는 다음과 같이 승가를 계속해서 생각합니다. '세존의 제자들의 승가는 잘 도를 닦고, 세존의 제자들의 승가는 바르게 도를 닦고, 세존의 제자들의 승가는 참되게 도를 닦고, 세존의 제자들의 승가는 합당하게 도를 닦으니, 곧 네 쌍의 인간들이요[四雙] 여덟 단계에 있는 사람들[八輩]이시다. 이러한 세존의 제자들의 승가는 공양받아 마땅하고, 선사받아 마땅하고, 보시받아 마땅하고, 합장받아 마땅하며, 세상의 위없는 복밭[福田]이시다.'라고.

도반들이여, 성스러운 제자가 이와 같이 승가를 계속해서 생각할 때 그의 마음은 탐욕에 압도되지 않고, 성냄에 압도되지 않고, 어리석음에 압도되지 않습니다. 그때 그의 마음은 승가를 의지하여 올곧아집니다. 그는 욕심을 떠났고, 벗어났고, 여의었습니다. 도반들이여,

여기서 욕심이란 다섯 가닥의 감각적 욕망과 동의어입니다. 도반들이여, 이런 성스러운 제자는 모든 곳을 풍만하고, 광대하고, 무량하고, 원한 없고, 악의 없는 허공과 같은 마음으로 머뭅니다. 도반들이여, 이것을 대상으로 삼은 뒤 여기 어떤 중생들은 청정한 법을 가진 자가 됩니다."

6. "다시 도반들이여, 여기 성스러운 제자는 다음과 같이 자신의 계를 계속해서 생각합니다. '[나의 계는] 훼손되지 않고, 뚫어지지 않고, 오점이 없고, 얼룩지지 않고, 벗어났고, 지자들이 찬탄하고, 비난받지 않고, 삼매로 인도한다.'라고.

도반들이여, 성스러운 제자가 이와 같이 계를 계속해서 생각할 때 그의 마음은 탐욕에 압도되지 않고, 성냄에 압도되지 않고, 어리석음에 압도되지 않습니다. 그때 그의 마음은 계를 의지하여 올곧아집니다. 그는 욕심을 떠났고, 벗어났고, 여의었습니다. 도반들이여, 여기서 욕심이란 다섯 가닥의 감각적 욕망과 동의어입니다. 도반들이여, 이런 성스러운 제자는 모든 곳을 풍만하고, 광대하고, 무량하고, 원한 없고, 악의 없는 허공과 같은 마음으로 머뭅니다. 도반들이여, 이것을 대상으로 삼은 뒤 여기 어떤 중생들은 청정한 법을 가진 자가 됩니다."

7. "다시 도반들이여, 여기 성스러운 제자는 다음과 같이 자신의 보시를 계속해서 생각합니다. '나는 인색함의 때에 얽매인 사람들 가운데 인색함의 때가 없는 마음으로 재가에 산다. 아낌없이 보시하고, 손은 깨끗하고, 주는 것을 좋아하고, 다른 사람의 요구에 반드시 부응하고, 보시하고 나누어 가지는 것을 좋아한다. 그러니 이것은 참

으로 내게 이득이구나. 이것은 참으로 내게 큰 이득이구나.'라고.

도반들이여, 성스러운 제자가 이와 같이 보시를 계속해서 생각할 때 그의 마음은 탐욕에 압도되지 않고, 성냄에 압도되지 않고, 어리석음에 압도되지 않습니다. 그때 그의 마음은 보시를 의지하여 올곧아집니다. 그는 욕심을 떠났고, 벗어났고, 여의었습니다. 도반들이여, 여기서 욕심이란 다섯 가닥의 감각적 욕망과 동의어입니다. 도반들이여, 이런 성스러운 제자는 모든 곳을 풍만하고, 광대하고, 무량하고, 원한 없고, 악의 없는 허공과 같은 마음으로 머뭅니다. 도반들이여, 이것을 대상으로 삼은 뒤 여기 어떤 중생들은 청정한 법을 가진 자가 됩니다."

8. "다시 도반들이여, 여기 성스러운 제자는 다음과 같이 천신을 계속해서 생각합니다. '사대왕천의 신들이 있고, 삼십삼천의 신들이 있고, 야마천의 신들이 있고, 도솔천의 신들이 있고, 화락천의 신들이 있고, 타화자재천의 신들이 있고, 범신천의 신들이 있고, 그보다 높은 천의 신들이 있다. 이런 신들은 믿음을 구족하여 여기서 죽은 뒤 그곳에 태어났다. 나에게도 그런 믿음이 있다. 이런 신들은 계를 구족하여 여기서 죽은 뒤 그곳에 태어났다. 나에게도 그런 계가 있다. 이런 신들은 배움을 구족하여 여기서 죽은 뒤 그곳에 태어났다. 나에게도 그런 배움이 있다. 이런 신들은 보시를 구족하여 여기서 죽은 뒤 그곳에 태어났다. 나에게도 그런 보시가 있다. 이런 신들은 통찰지를 구족하여 여기서 죽은 뒤 그곳에 태어났다. 나에게도 그런 통찰지가 있다.'라고.

도반들이여, 성스러운 제자가 이와 같이 천신을 계속해서 생각할 때 그의 마음은 탐욕에 압도되지 않고, 성냄에 압도되지 않고, 어리석음에 압도되지 않습니다. 그때 그의 마음은 천신을 의지하여 올곧아집니다. 그는 욕심을 떠났고, 벗어났고, 여의었습니다. 도반들이여, 여기서 욕심이란 다섯 가닥의 감각적 욕망과 동의어입니다. 도반들이여, 이런 성스러운 제자는 모든 곳을 풍만하고, 광대하고, 무량하고, 원한 없고, 악의 없는 허공과 같은 마음으로 머뭅니다. 도반들이여, 이것을 대상으로 삼은 뒤 여기 어떤 중생들은 청정한 법을 가진 자가 됩니다.

참으로 경이롭습니다, 도반들이여. 참으로 놀랍습니다, 도반들이여. 도반들이여, 아시는 분· 보시는 분·그분·세존·아라한·정등각께서는 재가의 삶 가운데서 기회 얻음을 깨달으셨습니다. 이것은 중생들을 청정하게 하고, 근심과 탄식을 다 건너게 하며, 육체적 고통과 정신적 고통을 사라지게 하고, 옳은 방법을 터득하게 하고, 열반을 실현하게 하기 위한 것이니, 그것은 바로 여섯 가지 계속해서 생각함의 장소입니다."

시간 경1(A6:27)
Samaya-sutta

1. 그때 어떤 비구가 세존께 다가갔다. 가서는 세존께 절을 올리고 한 곁에 앉았다. 한 곁에 앉아서 그 비구는 세존께 이렇게 말씀드렸다.

"세존이시여, 어떤 경우가 마음 닦는58) 비구를 친견하기 위해 다

---

58) "여기서 '마음 닦는(mano-bhāvanīya)'이란 마음을 향상시킨다(vaḍḍhe

가가기에 적당합니까?"

2. "비구여, 여섯 가지 경우가 마음 닦는 비구를 친견하기 위해 다가가기에 적당하다."

3. "비구여, 여기 비구가 감각적 욕망에 사로잡히고 감각적 욕망에 압도된 마음으로 머물 때에는 이미 일어난 감각적 욕망으로부터 벗어남을 있는 그대로 꿰뚫어 알지 못한다. 이런 때에는 마음 닦는 비구에게 다가가서 이렇게 말해야 한다. '도반이여, 저는 감각적 욕망에 사로잡히고 감각적 욕망에 압도된 마음으로 머물 때에는 이미 일어난 감각적 욕망으로부터 벗어남을 있는 그대로 꿰뚫어 알지 못합니다. 존자께서는 제가 감각적 욕망을 제거하도록 법을 설해주시면 감사하겠습니다.'라고. 그러면 마음 닦는 비구는 그에게 감각적 욕망을 제거하도록 법을 설한다. 비구들이여, 이것이 마음 닦는 비구를 친견하기 위해서 다가가기에 적당한 첫 번째 경우다."

4. "다시 비구여, 여기 비구가 악의에 사로잡히고 악의에 압도된 마음으로 머물 때에는 이미 일어난 악의로부터 벗어남을 있는 그대로 꿰뚫어 알지 못한다. 이런 때에는 마음 닦는 비구에게 다가가서 이렇게 말해야 한다. '도반이여, 저는 악의에 사로잡히고 악의에 압도된 마음으로 머물 때에는 이미 일어난 악의로부터 벗어남을 있는 그대로 꿰뚫어 알지 못합니다. 존자께서는 제가 악의를 제거하도록 법을 설해주시면 감사하겠습니다.'라고. 그러면 마음 닦는 비구는 그에게 악의를 제거하도록 법을 설한다. 비구들이여, 이것이 마음 닦는

-ti)는 뜻이다."(AA.iii.356)

비구를 친견하기 위해서 다가가기에 적당한 두 번째 경우다."

5. "다시 비구여, 여기 비구가 해태와 혼침에 사로잡히고 해태와 혼침에 압도된 마음으로 머물 때에는 이미 일어난 해태와 혼침으로부터 벗어남을 있는 그대로 꿰뚫어 알지 못한다. 이런 때에는 마음 닦는 비구에게 다가가서 이렇게 말해야 한다. '도반이여, 저는 해태와 혼침에 사로잡히고 해태와 혼침에 압도된 마음으로 머물 때에는 이미 일어난 해태와 혼침으로부터 벗어남을 있는 그대로 꿰뚫어 알지 못합니다. 존자께서는 제가 해태와 혼침을 제거하도록 법을 설해주시면 감사하겠습니다.'라고. 그러면 마음 닦는 비구는 그에게 해태와 혼침을 제거하도록 법을 설한다. 비구들이여, 이것이 마음 닦는 비구를 친견하기 위해서 다가가기에 적당한 세 번째 경우다."

6. "다시 비구여, 여기 비구가 들뜸과 후회에 사로잡히고 들뜸과 후회에 압도된 마음으로 머물 때에는 이미 일어난 들뜸과 후회로부터 벗어남을 있는 그대로 꿰뚫어 알지 못한다. 이런 때에는 마음 닦는 비구에게 다가가서 이렇게 말해야 한다. '도반이여, 저는 들뜸과 후회에 사로잡히고 들뜸과 후회에 압도된 마음으로 머물 때에는 이미 일어난 들뜸과 후회로부터 벗어남을 있는 그대로 꿰뚫어 알지 못합니다. 존자께서는 제가 들뜸과 후회를 제거하도록 법을 설해주시면 감사하겠습니다.'라고. 그러면 마음 닦는 비구는 그에게 들뜸과 후회를 제거하도록 법을 설한다. 비구들이여, 이것이 마음 닦는 비구를 친견하기 위해서 다가가기에 적당한 네 번째 경우다."

7. "다시 비구여, 여기 비구가 의심에 사로잡히고 의심에 압도

된 마음으로 머물 때에는 이미 일어난 의심으로부터 벗어남을 있는 그대로 꿰뚫어 알지 못한다. 이런 때에는 마음 닦는 비구에게 다가가서 이렇게 말해야 한다. '도반이여, 저는 의심에 사로잡히고 의심에 압도된 마음으로 머물 때에는 이미 일어난 의심으로부터 벗어남을 있는 그대로 꿰뚫어 알지 못합니다. 존자께서는 제가 의심을 제거하도록 법을 설해주시면 감사하겠습니다.'라고. 그러면 마음 닦는 비구는 그에게 의심을 제거하도록 법을 설한다.59) 비구들이여, 이것이 마음 닦는 비구를 친견하기 위해서 다가가기에 적당한 다섯 번째 경우다."

8. "다시 비구여, 여기 비구가 어떤 표상을 대상으로 하여 그 표상을 마음에 잡도리하면 즉시에 번뇌들이 다하게 되는 그러한 표상을 알지 못하고 보지 못한다. 이런 때에는 마음 닦는 비구에게 다가가서 이렇게 말해야 한다. '도반이여, 저는 어떤 표상을 대상으로 하여 그 표상을 마음에 잡도리하면 즉시에 번뇌들이 다하게 되는 그러한 표상을 알지 못하고 보지 못합니다. 존자께서는 저의 번뇌들이 다하도록 법을 설해주시면 감사하겠습니다.'라고. 그러면 마음 닦는 비구는 그에게 번뇌들이 다하도록 법을 설한다. 비구들이여, 이것이 마음 닦는 비구를 친견하기 위해서 다가가기에 적당한 여섯 번째 경우다."

---

59) "'법을 설한다.'는 것은 감각적 욕망을 제거하기 위해서는 부정(asubha)의 명상주제(kammaṭṭhāna)를 설한다. 악의를 제거하기 위해서는 자애(mettā)의 명상주제를, 해태와 혼침을 제거하기 위해서는 해태와 혼침을 털어버릴 수 있는 명상주제인 광명상(āloka-saññā)이나 정진을 쏟을 동기 등 가운데서 어떤 하나를, 들뜸과 후회를 제거하기 위해서는 사마타의 명상주제를, 의심을 제거하기 위해서는 삼보의 공덕을 설한다. 이런 것으로 법을 설한다고 알아야 한다."(AA.iii.356)

비구여, 이러한 여섯 가지 경우가 마음 닦는 비구를 친견하기 위해 다가가기에 적당하다."

시간 경2(A6:28)

1. 한때 많은 장로 비구들이 바라나시에서 이시빠따나의 녹야원에 머물렀다.60) 그때 많은 장로 비구들이 탁발하여 공양을 마친 뒤 원형 천막에 함께 모여 앉아 이런 이야기를 하고 있었다.

"도반들이여, 마음 닦는 비구를 친견하기 위해서 어떤 시간에 다가가는 것이 좋을까요?"

2. 이렇게 말하자 어떤 비구가 장로 비구들에게 이렇게 말하였다.

"도반들이여, 마음 닦는 비구가 탁발하여 공양을 마친 뒤 발을 씻고 앉아서 가부좌를 틀고 몸을 곧추세우고 전면에 마음챙김을 확립한 그 시간이 마음 닦는 비구를 친견하기 위해서 다가가기에 좋은 시간입니다."

3. 이렇게 말하자 어떤 비구가 장로 비구들에게 이렇게 말하였다.

"도반들이여, 마음 닦는 비구가 탁발하여 공양을 마친 뒤 발을 씻고 앉아서 가부좌를 틀고 몸을 곧추세우고 전면에 마음챙김을 확립한 시간은 마음 닦는 비구를 친견하기 위해서 다가가기에 좋은 시간이 아닙니다. 걸어서 나른한데다 아직 그 시간에는 완전히 고요해지지 않았고, 식곤증으로도 나른한데다 아직 그 시간에는 완전히 고요

---

60) 바라나시(Bārāṇasi)와 이시빠따나(Isipatana)와 녹야원(Migadāya)에 대해서는 본서 제1권 「빠쩨따나 경」(A3:15) §1의 주해를 참조할 것.

해지지 않았기 때문입니다. 그러므로 그 시간은 마음 닦는 비구를 친견하기 위해서 다가가기에 좋은 시간이 아닙니다.

도반들이여, 그러나 마음 닦는 비구가 해거름에 [낮 동안의] 홀로 앉음을 풀고 자리에서 일어나 승원의 그늘에 앉아서 가부좌를 틀고 몸을 곧추세우고 전면에 마음챙김을 확립한 그 시간이 마음 닦는 비구를 친견하기 위해서 다가가기에 좋은 시간입니다."

4. 이렇게 말하자 어떤 비구가 장로 비구들에게 이렇게 말하였다.

"도반들이여, 마음 닦는 비구가 해거름에 [낮 동안의] 홀로 앉음을 풀고 자리에서 일어나 승원의 그늘에 앉아서 가부좌를 틀고 몸을 곧추세우고 전면에 마음챙김을 확립한 시간은 마음 닦는 비구를 친견하기 위해서 다가가기에 좋은 시간이 아닙니다. 그 시간에는 그가 낮 동안 마음에 잡도리하고 있던 삼매의 표상이 아직 그에게 남아있기 때문입니다. 그러므로 그 시간은 마음 닦는 비구를 친견하기 위해서 다가가기에 좋은 시간이 아닙니다.

도반들이여, 그러나 마음 닦는 비구가 밤이 지나고 새벽이 되었을 때 일어나 앉아서 가부좌를 틀고 몸을 곧추세우고 전면에 마음챙김을 확립한 그 시간이 마음 닦는 비구를 친견하기 위해서 다가가기에 좋은 시간입니다."

5. 이렇게 말하자 어떤 비구가 장로 비구들에게 이렇게 말하였다.

"도반들이여, 마음 닦는 비구가 밤이 지나고 새벽이 되었을 때 일어나 앉아서 가부좌를 틀고 몸을 곧추세우고 전면에 마음챙김을 확립한 그 시간은 마음 닦는 비구를 친견하기 위해서 다가가기에 좋은 시간이 아닙니다. 그 시간에는 그의 몸이 기력이 충만하여 부처님의 교법을 마음에 잡도리하기에 편안하기 때문입니다. 그러므로 그 시간은 마음 닦는 비구를 친견하기 위해서 다가가기에 좋은 시간이 아닙니다."

6. 이렇게 말하자 마하깟짜나 존자가 장로 비구들에게 이렇게 말하였다.

"도반들이여, 저는 이것을 세존의 면전에서 듣고 세존의 면전에서 받아 지녔습니다. '비구여, 다음의 여섯 가지 경우가 마음 닦는 비구를 친견하기 위해 다가가기에 적당하다. 무엇이 여섯인가?'"

7. "'비구여, 여기 비구가 감각적 욕망에 사로잡히고 감각적 욕망에 압도된 마음으로 머물 때에는 이미 일어난 감각적 욕망으로부터 벗어남을 있는 그대로 꿰뚫어 알지 못한다. 이런 때에는 마음 닦는 비구에게 다가가서 이렇게 말해야 한다. '도반이여, 저는 감각적 욕망에 사로잡히고 감각적 욕망에 압도된 마음으로 머물 때에는 이미 일어난 감각적 욕망으로부터 벗어남을 있는 그대로 꿰뚫어 알지 못합니다. 존자께서는 제가 감각적 욕망을 제거하도록 법을 설해주시면 감사하겠습니다.'라고. 그러면 마음 닦는 비구는 그에게 감각적 욕망을 제거하도록 법을 설한다. 비구들이여, 이것이 마음 닦는 비구를 친견하기 위해서 다가가기에 적당한 첫 번째 경우다.'"

8. "'다시 비구여, 여기 비구가 악의에 사로잡히고 악의에 압도된 마음으로 머물 때에는 … 해태와 혼침에 사로잡히고 해태와 혼침에 압도된 마음으로 머물 때에는 … 들뜸과 후회에 사로잡히고 들뜸과 후회에 압도된 마음으로 머물 때에는 … 의심에 사로잡히고 의심

에 압도된 마음으로 머물 때에는 …

다시 비구여, 여기 비구가 어떤 표상을 대상으로 하여 그 표상을 마음에 잡도리하면 즉시에 번뇌들이 다하게 되는 그러한 표상을 알지 못하고 보지 못한다. 이런 때에는 마음 닦는 비구에게 다가가서 이렇게 말해야 한다. '도반이여, 저는 어떤 표상을 대상으로 하여 그 표상을 마음에 잡도리하면 즉시에 번뇌들이 다하게 되는 그러한 표상을 알지 못하고 보지 못합니다. 존자께서는 저의 번뇌들이 다하도록 법을 설해주시면 감사하겠습니다.'라고. 그러면 마음 닦는 비구는 그에게 번뇌들이 다하도록 법을 설한다. 비구들이여, 이것이 마음 닦는 비구를 친견하기 위해서 다가가기에 적당한 여섯 번째 경우다."

도반들이여, 저는 이것을 세존의 면전에서 듣고 세존의 면전에서 받아 지녔습니다. '비구여, 이러한 여섯 가지 경우가 마음 닦는 비구를 친견하기 위해 다가가기에 적당하다.'라고."

우다이 경(A6:29)
Udāyī-sutta

1. 그때 세존께서는 우다이 존자[61]를 불러서 말씀하셨다.

---

61) "여기서 우다이(Udāyi)는 랄루다이(Lāḷudāyi) 존자를 말한다."(AA.iii. 357)
주석서에 의하면 "우다이(Udāyi)라 이름하는 세 분의 장로가 있는데 랄루다이(Lāḷudāyī), 깔루다이(Kāḷudāyī), 마하우다이(Mahāudāyī, 빤디따우다이)다."(DA.iii.903)
랄루다이 존자는 본서 제3권 「소멸 경」(A5:166) §2의 주해를, 깔루다이 존자는 본서 제1권 「하나의 모음」(A1:14:4-7)의 주해를, 마하우다이 존자는 본서 제3권 「우다이 경」(A5:159) §1의 주해를 참조할 것.

"우다이여, 얼마나 많은 종류의 계속해서 생각함[隨念]의 장소가 있는가?"

이렇게 말씀하시자 우다이 존자는 침묵하고 있었다. 두 번째로 … 세 번째로 세존께서는 우다이 존자를 불러서 말씀하셨다.

"우다이여, 얼마나 많은 종류의 계속해서 생각함[隨念]의 장소가 있는가?"

세 번째에도 역시 우다이 존자는 침묵하고 있었다. 그때 아난다 존자가 우다이 존자에게 이렇게 말했다.

"도반 우다이여, 스승께서 그대를 불러서 말씀하고 계십니다."

"도반 아난다여, 저는 세존의 말씀을 듣고 있습니다. 세존이시여, 여기 비구는 여러 가지 전생을 기억합니다.[宿命通] 즉 한 생, 두 생 … 이처럼 한량없는 전생의 갖가지 모습들을 그 특색과 더불어 상세하게 기억합니다. 세존이시여, 이것이 계속해서 생각함의 장소입니다."

그러자 세존께서는 아난다 존자를 불러서 말씀하셨다.

"아난다여, 이 쓸모없는 인간 우다이는 높은 마음62)에 조금도 전념하여 머무르지 않았다고 나는 알고 있었다. 아난다여, 얼마나 많은 종류의 계속해서 생각함의 장소가 있는가?"

"세존이시여, 다섯 가지 계속해서 생각함의 장소가 있습니다. 무엇이 다섯인가요?"

2. "세존이시여, 여기 비구는 감각적 욕망들을 완전히 떨쳐버리고 해로운 법[不善法]들을 떨쳐버린 뒤, 일으킨 생각[尋]과 지속적인 고찰[伺]이 있고, 떨쳐버렸음에서 생겼고, 희열[喜]과 행복[樂]이 있는 초

---

62) "'높은 마음(adhicitta)'이란 삼매와 위빳사나의 마음이다."(*Ibid*)

선(初禪)을 구족하여 머문다. … 제2선(二禪)을 … 제3선(三禪)을 구족하여 머뭅니다. 세존이시여, 이것이 계속해서 생각함의 장소니, 이와 같이 닦고 이와 같이 많이 [공부]지으면 지금여기에서 행복하게 머물게 됩니다."63)

3. "다시 세존이시여, 비구는 광명상(光明想)64)을 마음에 잡도리합니다. '낮이다'라는 인식에 집중합니다. 낮에 [광명을 본 것]처럼 밤에도 [광명을 보고], 밤에 [광명을 본 것]처럼 낮에도 [광명을 보는] 인식에 집중합니다. 이처럼 열려있고 덮이지 않은 마음으로 빛을 가진 마음을 닦습니다. 세존이시여, 이것이 계속해서 생각함의 장소이니, 이와 같이 닦고 이와 같이 많이 [공부]지으면 지와 견을 획득하게 됩니다."

4. "다시 세존이시여, 비구는 발바닥에서부터 위로 올라가며 그리고 머리털에서부터 아래로 내려가며 이 몸은 살갗으로 둘러싸여 있고 여러 가지 부정(不淨)한 것으로 가득 차 있음을 반조합니다. 즉 '이 몸에는 머리털·몸털·손발톱·이·살갗·살·힘줄·뼈·골수·콩팥·염통·간·근막·지라·허파·창자·장간막·위·똥·쓸개즙·가래·고름·피·땀·굳기름·눈물·[피부의] 기름기·침·콧물·관절활액·오줌 등이 있다.'라고.65) 세존이시여, 이것이 계속

---

63) "이 문단에서 '계속해서 생각함의 장소(anussati-ṭṭhānā)'는 여기서 언급되고 있는 세 가지 禪를 이른다. '지금여기에서 행복하게 머문다(diṭṭha-dhamma-sukhavihāra)'는 것은 오직 이 몸(atta-bhāva, 자기 자신)에서 행복하게 머문다는 뜻이다."(*Ibid*)

64) 광명상(āloka-saññā)에 대해서는 본서 제2권 「삼매 경」(A4:41) §3의 주해를 참조할 것.

해서 생각함의 장소니, 이와 같이 닦고 이와 같이 많이 [공부]지으면 감각적 욕망을 제거하게 됩니다."

5. "다시 세존이시여, 비구는 묘지에 버려진 시체가 죽은 지 하루나 이틀 또는 사흘이 지나 부풀고 검푸르게 되고 문드러지는 것을 보게 될 것입니다. 그는 바로 자신의 몸을 그에 비추어 바라봅니다. '이 몸 또한 그와 같고, 그와 같이 될 것이며, 그에서 벗어나지 못하리라.'라고.

비구는 묘지에 버려진 시체를 까마귀 떼가 달려들어 마구 쪼아먹고, 솔개 무리가 쪼아먹고, 독수리 떼가 쪼아먹고, 개 떼가 뜯어먹고, 자칼들이 뜯어먹고, 별의별 벌레들이 다 달려들어 파먹는 것을 보게 될 것입니다. 그는 자신의 몸을 그에 비추어 바라봅니다. '이 몸 또한 그와 같고, 그와 같이 될 것이며, 그에서 벗어나지 못하리라.'라고.

비구는 묘지에 버려진 시체가 해골이 되어 살과 피가 묻은 채 힘줄에 얽혀 서로 이어져 있는 것을 보게 될 것입니다. … 해골이 되어 살은 없고 아직 피는 남아 있는 채로 힘줄에 얽혀 서로 이어져 있는 것을 보게 될 것입니다. … 해골이 되어 살도 피도 없이 힘줄만 남아 서로 이어져 있는 것을 보게 될 것입니다. 그는 자신의 몸을 그에 비추어 바라봅니다. '이 몸도 또한 그와 같고, 그와 같이 될 것이며, 그에서 벗어나지 못하리라.'라고.

비구는 묘지에 버려진 시체가 백골이 되어 뼈들이 흩어져서 여기에는 손뼈, 저기에는 발뼈, 또 저기에는 정강이뼈, 저기에는 넓적다

---

65) 몸을 32가지 부위로 해체해서 살펴본 뒤 그 중의 하나에 집중하는 수행인 '몸에 대한 마음챙김(kāyagata-sati)'은 『청정도론』 VIII.1~144에 아주 상세하게 설명되어 있다.

리뼈, 저기에는 엉덩이뼈, 저기에는 등뼈, 저기에는 갈빗대, 저기에는 가슴뼈, 저기에는 팔뼈, 저기에는 어깨뼈, 저기에는 목뼈, 저기에는 턱뼈, 저기에는 치골, 저기에는 두개골 등이 사방에 널려있는 것을 보게 될 것입니다. 그는 자신의 몸을 그에 비추어 바라봅니다. '이 몸도 또한 그와 같고, 그와 같이 될 것이며, 그에서 벗어나지 못하리라.'라고.

비구는 마치 묘지에 버려진 시체가 백골이 되어 뼈가 하얗게 변하여 조개껍질 색깔처럼 된 것을 보게 될 것입니다. … 백골이 되어 단지 뼈무더기가 되어 있는 것을 보게 될 것입니다. … 그 백골이 해를 넘기면서 삭아 가루가 된 것을 보게 될 것입니다. 그는 자신의 몸을 그에 비추어 바라봅니다. '이 몸도 또한 그와 같고, 그와 같이 될 것이며, 그에서 벗어나지 못하리라.'라고.[66]

세존이시여, 이것이 계속해서 생각함의 장소이니, 이와 같이 닦고 이와 같이 많이 [공부]지으면 내가 있다는 자아의식을 뿌리 뽑게 됩니다."

6. "다시 세존이시여, 비구는 행복도 버리고 괴로움도 버리고, 아울러 그 이전에 이미 기쁨과 슬픔을 소멸하였으므로 괴롭지도 즐겁지도 않으며, 평온으로 인해 마음챙김이 청정한 제4선(四禪)에 들어 머뭅니다. 세존이시여, 이것이 계속해서 생각함의 장소이니, 이와

---

66) 이것은 아홉 가지 공동묘지의 관찰(nava-sivathika-pabba)로 『디가 니까야』 제2권 「대념처경」(D22) §§7~9에 나타나고 있다. 여기에 대한 해설은 대념처경의 주해들과 『네 가지 마음챙기는 공부』 190 이하를 참조할 것. 한편 이러한 공동묘지의 관찰은 『청정도론』 제6장에서 10가지 부정(不淨)의 명상주제로 상세하게 정리되어 있다. 부정관에 관심이 있는 분들의 일독을 권한다.

같이 닦고 이와 같이 많이 [공부]지으면 여러 가지 요소67)를 꿰뚫게 됩니다.

세존이시여, 이러한 다섯 가지 계속해서 생각함의 장소가 있습니다."

7. "장하고 장하구나, 아난다여. 아난다여, 그렇다면 그대는 이것을 여섯 번째 계속해서 생각함의 장소로 호지하라. 아난다여, 여기 비구는 마음챙겨서 나아가고 마음챙겨서 물러나고 마음챙겨서 서고 마음챙겨서 앉고 마음챙겨서 눕고 마음챙겨서 업무를 처리한다. 아난다여, 이것이 계속해서 생각함의 장소이니, 이와 같이 닦고 이와 같이 많이 [공부]지으면 마음챙기고 알아차리게[正念正知] 된다."

위없음 경(A6:30)
Anuttariya-sutta

1. "비구들이여, 여섯 가지 위없음이 있다. 무엇이 여섯인가?"

2. "보는 것들 가운데 위없음, 듣는 것들 가운데 위없음, 얻는 것들 가운데 위없음, 공부지음들 가운데 위없음, 섬기는 것들 가운데 위없음, 계속해서 생각하는 것들 가운데 위없음이다. 비구들이여, 이러한 여섯 가지 위없음이 있다."68)

3. "비구들이여, 여기 어떤 사람은 상보(象寶)를 보러 가고, 마보(馬寶)를 보러 가고, 보배보(寶貝寶)를 보러 가고, 여러 가지 다른 것을

---

67) "'여러 가지 요소(aneka-dhātu)'란 눈의 요소, 귀의 요소 등이나 혹은 욕계, 색계 등의 요소다."(DAṬ.iii.98)
68) 본서 「위없음 경」(A6:8)에서 이미 언급되었다.

보러 가고, 삿된 견해를 가지고 삿된 도닦음을 가진 사문이나 바라문을 보러 간다. 비구들이여, 이것이 보는 것인가? '그렇지 않다. 이것은 보는 것이 아니다.'고 나는 말한다. 비구들이여, 그리고 이런 봄은 저열하고, 촌스럽고,69) 범속한 것이고, 성스럽지 못하고, 이익을 주지 못하고, [속된 것들을] 역겨워함으로 인도하지 못하고, 욕망이 빛바램으로 인도하지 못하고, 소멸로 인도하지 못하고, 고요함으로 인도하지 못하고, 최상의 지혜로 인도하지 못하고, 바른 깨달음으로 인도하지 못하고, 열반으로 인도하지 못한다.

비구들이여, 그러나 확고한 믿음과 헌신적인 사랑과 흔들림이 없는 청정한 믿음을 가지고 여래나 여래의 제자를 보기 위해서 가는 자가 있다. 비구들이여, 이러한 친견(親見)은 위없는 것이다. 이것은 중생들을 청정하게 하고, 근심과 탄식을 다 건너게 하며, 육체적 고통과 정신적 고통을 사라지게 하고, 옳은 방법을 터득하게 하고, 열반을 실현하게 하는 것이니, 즉 확고한 믿음과 헌신적인 사랑과 흔들림 없는 청정한 믿음을 가지고 여래나 여래의 제자를 보기 위해서 가는 것이다. 비구들이여, 이를 일러 보는 것들 가운데 위없음이라 한다.

이것이 보는 것들 가운데 위없음이다. 그러면 어떤 것이 듣는 것들 가운데 위없음인가?"

4. "비구들이여, 여기 어떤 사람은 북소리를 들으러 가고, 류트 소리를 들으러 가고, 노래 소리를 들으러 가고, 여러 가지 다른 것을 들으러 가고, 삿된 견해를 가지고 삿된 도닦음을 가진 사문이나 바라

---

69) '촌스러운'으로 옮긴 원어는 gamma이다. 이 단어는 마을이나 시골을 뜻하는 gāma의 곡용으로 '마을에 속하는, 시골에 속하는'이란 뜻이다. 원어의 의미를 살려서 '촌스러운'으로 옮겼다.

문의 법을 들으러 간다. 비구들이여, 이것이 듣는 것인가? '그렇지 않다. 이것은 듣는 것이 아니다.'고 나는 말한다. 비구들이여, 그리고 이런 들음은 저열하고, 촌스럽고, 범속한 것이고, 성스럽지 못하고, 이익을 주지 못하고, [속된 것들을] 역겨워함으로 인도하지 못하고, 욕망이 빛바램으로 인도하지 못하고, 소멸로 인도하지 못하고, 고요함으로 인도하지 못하고, 최상의 지혜로 인도하지 못하고, 바른 깨달음으로 인도하지 못하고, 열반으로 인도하지 못한다.

비구들이여, 그러나 확고한 믿음과 헌신적인 사랑과 흔들림이 없는 청정한 믿음을 가지고 여래나 여래의 제자가 설하는 법을 듣기 위해서 가는 자가 있다. 비구들이여, 이러한 들음은 위없는 것이다. 이것은 중생들을 청정하게 하고, 근심과 탄식을 다 건너게 하며, 육체적 고통과 정신적 고통을 사라지게 하고, 옳은 방법을 터득하게 하고, 열반을 실현하게 하는 것이니, 즉 확고한 믿음과 헌신적인 사랑과 흔들림 없는 청정한 믿음을 가지고 여래나 여래의 제자가 설하는 법을 듣기 위해서 가는 것이다. 비구들이여, 이를 일러 듣는 것들 가운데 위없음이라 한다. 이와 같이 보는 것들 가운데 위없음과 듣는 것들 가운데 위없음을 설했다. 그러면 어떤 것이 얻는 것들 가운데 위없음인가?"

5. "비구들이여, 여기 어떤 사람은 아들을 얻고, 아내를 얻고, 재물을 얻고, 여러 가지 다른 것을 얻고, 삿된 견해를 가지고 삿된 도닦음을 가진 사문이나 바라문에게서 믿음을 얻는다. 비구들이여, 이것이 얻는 것인가? '그렇지 않다. 이것은 얻는 것이 아니다.'고 나는 말한다. 비구들이여, 그리고 이런 얻음은 저열하고, 촌스럽고, 범속한

것이고, 성스럽지 못하고, 이익을 주지 못하고, [속된 것들을] 역겨워함으로 인도하지 못하고, 욕망이 빛바램으로 인도하지 못하고, 소멸로 인도하지 못하고, 고요함으로 인도하지 못하고, 최상의 지혜로 인도하지 못하고, 바른 깨달음으로 인도하지 못하고, 열반으로 인도하지 못한다.

비구들이여, 그러나 확고한 믿음과 헌신적인 사랑과 흔들림이 없는 청정한 믿음을 가지고 여래나 여래의 제자로부터 믿음을 얻는 자가 있다. 비구들이여, 이러한 얻음은 위없는 것이다. 이것은 중생들을 청정하게 하고, 근심과 탄식을 다 건너게 하며, 육체적 고통과 정신적 고통을 사라지게 하고, 옳은 방법을 터득하게 하고, 열반을 실현하게 하는 것이니, 즉 확고한 믿음과 헌신적인 사랑과 흔들림 없는 청정한 믿음을 가지고 여래나 여래의 제자로부터 믿음을 얻는 것이다. 비구들이여, 이를 일러 얻는 것들 가운데 위없음이라 한다. 이와 같이 보는 것들 가운데 위없음과 듣는 것들 가운데 위없음과 얻는 것들 가운데 위없음을 설했다. 그러면 어떤 것이 공부지음들 가운데 위없음인가?"

6. "비구들이여, 여기 어떤 사람은 코끼리에 대해 공부하고, 말에 대해 공부하고, 마차에 대해 공부하고, 활에 대해 공부하고, 칼에 대해 공부하고, 여러 가지 다른 것에 대해 공부하고, 삿된 견해를 가지고 삿된 도닦음을 가진 사문이나 바라문에게서 공부한다. 비구들이여, 이것이 공부하는 것인가? '그렇지 않다. 이것은 공부하는 것이 아니다.'고 나는 말한다. 비구들이여, 그리고 이런 공부는 저열하고, 촌스럽고, 범속한 것이고, 성스럽지 못하고, 이익을 주지 못하고, [속

된 것들을] 역겨워함으로 인도하지 못하고, 욕망이 빛바램으로 인도하지 못하고, 소멸로 인도하지 못하고, 고요함으로 인도하지 못하고, 최상의 지혜로 인도하지 못하고, 바른 깨달음으로 인도하지 못하고, 열반으로 인도하지 못한다.

비구들이여, 그러나 확고한 믿음과 헌신적인 사랑과 흔들림이 없는 청정한 믿음을 가지고 여래가 선언한 법과 율에서 높은 계를 공부짓고 높은 마음을 공부짓고 높은 통찰지를 공부짓는 자가 있다. 비구들이여, 이러한 공부지음은 위없는 것이다. 이것은 중생들을 청정하게 하고, 근심과 탄식을 다 건너게 하며, 육체적 고통과 정신적 고통을 사라지게 하고, 옳은 방법을 터득하게 하고, 열반을 실현하게 하는 것이니, 즉 확고한 믿음과 헌신적인 사랑과 흔들림 없는 청정한 믿음을 가지고 여래가 선언한 법과 율에서 높은 계를 공부짓고 높은 마음을 공부짓고 높은 통찰지를 공부짓는 것이다. 비구들이여, 이를 일러 공부지음들 가운데 위없음이라 한다. 이와 같이 보는 것들 가운데 위없음과 듣는 것들 가운데 위없음과 얻는 것들 가운데 위없음과 공부지음들 가운데 위없음을 설했다. 그러면 어떤 것이 섬기는 것들 가운데 위없음인가?"

7. "비구들이여, 여기 어떤 사람은 끄샤뜨리야를 섬기고, 바라문을 섬기고, 장자를 섬기고, 여러 가지 다른 사람을 섬기고, 삿된 견해를 가지고 삿된 도닦음을 가진 사문이나 바라문을 섬긴다. 비구들이여, 이것이 섬기는 것인가? '그렇지 않다. 이것은 섬기는 것이 아니다.'고 나는 말한다. 비구들이여, 그리고 이런 섬김은 저열하고, 촌스럽고, 범속한 것이고, 성스럽지 못하고, 이익을 주지 못하고, [속된

것들을] 역겨워함으로 인도하지 못하고, 욕망이 빛바램으로 인도하지 못하고, 소멸로 인도하지 못하고, 고요함으로 인도하지 못하고, 최상의 지혜로 인도하지 못하고, 바른 깨달음으로 인도하지 못하고, 열반으로 인도하지 못한다.

비구들이여, 그러나 확고한 믿음과 헌신적인 사랑과 흔들림이 없는 청정한 믿음을 가지고 여래나 여래의 제자를 섬기는 자가 있다. 비구들이여, 이러한 섬김은 위없는 것이다. 이것은 중생들을 청정하게 하고, 근심과 탄식을 다 건너게 하며, 육체적 고통과 정신적 고통을 사라지게 하고, 옳은 방법을 터득하게 하고, 열반을 실현하게 하는 것이니, 즉 확고한 믿음과 헌신적인 사랑과 흔들림 없는 청정한 믿음을 가지고 여래나 여래의 제자를 섬기는 것이다. 비구들이여, 이를 일러 섬기는 것들 가운데 위없음이라 한다. 이와 같이 보는 것들 가운데 위없음과 듣는 것들 가운데 위없음과 얻는 것들 가운데 위없음과 공부지음들 가운데 위없음과 섬기는 것들 가운데 위없음을 설했다. 그러면 어떤 것이 계속해서 생각하는 것들 가운데 위없음인가?"

8. "비구들이여, 여기 어떤 사람은 아들을 얻는 것을 계속해서 생각하고, 아내를 얻는 것을 계속해서 생각하고, 재물을 얻는 것을 계속해서 생각하고, 여러 가지 다른 것을 얻는 것을 계속해서 생각하고, 삿된 견해를 가지고 삿된 도닦음을 가진 사문이나 바라문을 계속해서 생각한다. 비구들이여, 이것이 계속해서 생각하는 것인가? '그렇지 않다. 이것은 계속해서 생각하는 것이 아니다.'고 나는 말한다. 비구들이여, 그리고 이런 계속해서 생각함은 저열하고, 촌스럽고, 범속한 것이고, 성스럽지 못하고, 이익을 주지 못하고, [속된 것들을]

역겨워함으로 인도하지 못하고, 욕망이 빛바램으로 인도하지 못하고, 소멸로 인도하지 못하고, 고요함으로 인도하지 못하고, 최상의 지혜로 인도하지 못하고, 바른 깨달음으로 인도하지 못하고, 열반으로 인도하지 못한다.

비구들이여, 그러나 확고한 믿음과 헌신적인 사랑과 흔들림이 없는 청정한 믿음을 가지고 여래나 여래의 제자를 계속해서 생각하는 자가 있다. 비구들이여, 이러한 계속해서 생각함은 위없는 것이다. 이것은 중생들을 청정하게 하고, 근심과 탄식을 다 건너게 하며, 육체적 고통과 정신적 고통을 사라지게 하고, 옳은 방법을 터득하게 하고, 열반을 실현하게 하는 것이니, 즉 확고한 믿음과 헌신적인 사랑과 흔들림 없는 청정한 믿음을 가지고 여래나 여래의 제자를 계속해서 생각하는 것이다. 비구들이여, 이를 일러 계속해서 생각하는 것들 가운데 위없음이라 한다.

비구들이여, 이러한 여섯 가지 위없음이 있다."

9. "고귀한 친견과 위없는 들음을 얻고
위없는 얻음과 위없는 공부지음을 즐거워하며
섬길 준비가 되어 있고 계속해서 생각함을 닦고
한적함과 함께하고 불사(不死)로 향하는 안은함을 닦으며
불방일에 환희하고 슬기롭고 계를 구족한 자들은
적당한 시기에 괴로움이 소멸된 [열반을] 안다."

제3장 위없음 품이 끝났다.

세 번째 품에 포함된 경들의 목록은 다음과 같다.

① 사마까 ② 쇠퇴하지 않음 ③ 두려움
④ 히말라야 ⑤ 계속해서 생각함
⑥ 깟짜나, 두 가지 ⑦~⑧ 시간
⑨ 우다이 ⑩ 위없음이다.

제4장 천신 품
Devatā-vagga

유학 경(A6:31)
Sekha-sutta

1. "비구들이여, 여섯 가지 법은 유학(有學)인 비구를 쇠퇴하게 한다. 어떤 것이 여섯인가?"

2. "[잡다한] 일하기를 좋아하는 것, 말하기를 좋아하는 것, 잠 자기를 좋아하는 것, 무리 짓기를 좋아하는 것, 감각기능들의 문을 보호하지 않는 것, 음식에 적당한 양을 알지 못하는 것이다. 비구들이여, 이러한 여섯 가지 법은 유학인 비구를 쇠퇴하게 한다."

3. "비구들이여, 여섯 가지 법은 유학인 비구를 쇠퇴하지 않게 한다. 어떤 것이 여섯인가?"

4. "일을 좋아하지 않는 것, 말하기를 좋아하지 않는 것, 잠자기를 좋아하지 않는 것, 무리 짓기를 좋아하지 않는 것, 감각기능들의 문을 보호하는 것, 음식에 적당한 양을 아는 것이다. 비구들이여, 이러한 여섯 가지 법은 유학인 비구를 쇠퇴하지 않게 한다."

쇠퇴하지 않음 경1(A6:32)
Aparihāna-sutta

1. 그때 밤이 아주 깊었을 때 어떤 천신이 아주 멋진 모습을 하고 온 제따 숲을 환하게 밝히면서 세존께 다가갔다. 다가가서는 세존께 절을 올린 뒤 한 곁에 섰다. 한 곁에 서서 천신은 세존께 이와 같이 말씀드렸다.

"세존이시여, 여섯 가지 법은 유학인 비구를 쇠퇴하지 않게 합니다. 무엇이 여섯인가요? 스승을 존중함, 법을 존중함, 승가를 존중함, 공부지음을 존중함, 불방일을 존중함, 친절한 환영을 존중함입니다. 세존이시여, 이러한 여섯 가지 법은 유학인 비구를 쇠퇴하지 않게 합니다."

천신은 이렇게 말하였고 세존께서는 그것에 동의를 하셨다. 그때 천신은 '스승께서 나의 [말]에 동의를 하셨구나.'라고 생각하면서 세존께 절을 올리고는 오른쪽으로 [세 번] 돌아 [경의를 표한] 뒤에 거기서 사라졌다.

2. 세존께서는 그 밤이 지나자 비구들을 불러서 말씀하셨다.
"비구들이여, 어젯밤 밤이 아주 깊었을 때 어떤 천신이 아주 멋진 모습을 하고 온 호수를 환하게 밝히면서 나에게 다가왔다. 다가와서는 나에게 절을 올린 뒤 한 곁에 섰다. 한 곁에 서서 천신은 나에게 이와 같이 말하였다. '세존이시여, 여섯 가지 법은 유학인 비구를 쇠퇴하지 않게 합니다. 무엇이 여섯인가요? 스승을 존중함, 법을 존중함, 승가를 존중함, 공부지음을 존중함, 불방일을 존중함, 친절한 환영을 존중함입니다. 세존이시여, 이러한 여섯 가지 법은 유학인 비구

를 쇠퇴하지 않게 합니다.'

천신은 이렇게 말하였고 나는 그것에 동의를 하였다. 그때 천신은 '스승께서 나의 [말]에 동의를 하셨구나.'라고 생각하면서 나에게 절을 올리고는 오른쪽으로 [세 번] 돌아 [경의를 표한] 뒤에 거기서 사라졌다."

3. "스승을 존중하고 법을 존중하고 승가를 아주 존경하며
불방일을 존중하고 친절한 환영을 존중하는 비구는
쇠퇴하지 않으며 열반의 곁에 있으리."

쇠퇴하지 않음 경2(A6:33)

1. "비구들이여, 어젯밤 밤이 아주 깊었을 때 어떤 천신이 아주 멋진 모습을 하고 온 호수를 환하게 밝히면서 나에게 다가왔다. 다가와서는 나에게 절을 올린 뒤 한 곁에 섰다. 한 곁에 서서 천신은 나에게 이와 같이 말하였다. '세존이시여, 여섯 가지 법은 유학인 비구를 쇠퇴하지 않게 합니다. 무엇이 여섯인가요? 스승을 존중함, 법을 존중함, 승가를 존중함, 공부지음을 존중함, 양심을 존중함, 수치심을 존중함입니다. 세존이시여, 이러한 여섯 가지 법은 유학인 비구를 쇠퇴하지 않게 합니다.'

천신은 이렇게 말하였고 나는 그것에 동의를 하였다. 그때 천신은 '스승께서 나의 [말]에 동의를 하셨구나.'라고 생각하면서 나에게 절을 올리고는 오른쪽으로 [세 번] 돌아 [경의를 표한] 뒤에 거기서 사라졌다."

2. "스승을 존중하고 법을 존중하고 승가를 아주 존경하며
양심과 수치심을 가져 존경하고70) 존중하는 자는
쇠퇴하지 않으며 열반의 곁에 있으리."

목갈라나 경(A6:34)71)
Moggallāna-sutta

1. 한때 세존께서는 사왓티에서 제따 숲의 급고독원에 머무셨다. 그때 마하목갈라나 존자72)가 한적한 곳에 가서 홀로 앉아있는 중에 문득 이런 생각이 떠올랐다. "어떤 신들에게 이러한 지혜가 있을까? '나는 흐름에 든 자[預流者]다. 더 이상 [악취에] 떨어지지 않고 [해탈이] 확실하며 정등각으로 나아가는 자다.'라고."

그때 띳사73)라는 비구가 얼마 전에 임종하여 어떤 범천의 세계74)

---

70) 여기서 '존경'으로 옮긴 원어는 sappatissa/sappaṭisa인데 sa+patissa로 분석된다. patissā는 prati(~에 대하여) + √śru(to hear)에서 파생된 명사로 '잘 듣는다'는 의미에서 '순응, 복종'을 의미한다.
한편 주석서는 "존경이란 으뜸으로 여기고 존중하는 것(sajeṭṭhako sagāravo)"(AA.iii.363)이라고 설명하고 있다.

71) 6차결집본의 경제목은 '마하목갈라나'(Mahāmoggallāna-sutta)이다.

72) 마하목갈라나(Mahā-Moggallāna) 존자에 대해서는 본서 제1권 「하나의 모음(A1:14:1-3)의 주해를 참조할 것.

73) 주석서에 의하면 띳사(Tissa) 비구는 마하목갈라나 존자의 상좌(saddhi-vihārika)였다고 한다.(AA.iii.362) 본경에서 보듯이 그는 신통이 자재한 비구였다고 한다. 본서 「띳사 경」(A7:53) §2 이하에도 마하목갈라나 존자와 띳사 범천의 대화가 나타나고 있다.
한편 띳사(tissa)는 문자적으로는 3을 뜻하는 tayo(ti)의 여성 명사인데 DPPN에 의하면 이 띳사라는 이름을 가진 사람이 무려 47명이나 된다.

에 태어났다. 거기서도 그들은 그를 큰 신통력과 큰 위력을 가진 띳사 범천이라고 알았다.

2. 그때 마하목갈라나 존자는 마치 힘 센 사람이 구부렸던 팔을 펴고 폈던 팔을 구부리는 것처럼 제따 숲에서 사라져서 범천의 세계에 나타났다. 띳사 범천은 마하목갈라나 존자가 멀리서 오는 것을 보고 마하목갈라나 존자에게 이렇게 말했다.

"어서 오십시오, 목갈라나 존자여. 환영합니다, 목갈라나 존자여. 목갈라나 존자여, 오랜만에 기회를 내셔서 여기에 오셨군요. 앉으십시오. 이것이 마련된 자리입니다."

목갈라나 존자는 마련된 자리에 앉았다. 띳사 범천도 마하목갈라나 존자에게 절을 올리고 한 곁에 앉았다. 한 곁에 앉은 띳사 범천에게 마하목갈라나 존자는 이렇게 말했다.

"띳사여, 어떤 신들에게 이러한 지혜가 있습니까? '나는 흐름에 든 자[預流者]이다. 더 이상 [악취에] 떨어지지 않고 [해탈이] 확실하며 정등각으로 나아가는 자다.'라고"

"목갈라나 존자여, 사대왕천의 신들에게 이러한 지혜가 있습니다. '나는 흐름에 든 자다. 더 이상 [악취에] 떨어지지 않고 [해탈이] 확실하며 정등각으로 나아가는 자다.'라고"

"띳사여, 그러면 모든 사대왕천의 신들에게 이러한 지혜가 있습니까? '나는 흐름에 든 자다. 더 이상 [악취에] 떨어지지 않고 [해탈이]

그만큼 흔한 이름이다.

74) 범천(brahma)과 범천의 세계(brahma-loka)에 대해서는 본서 제2권 「무외 경」(A4:8) §1의 주해를 참조할 것.

확실하며 정등각으로 나아가는 자다.'라고."

"목갈라나 존자여, 모든 사대왕천의 신들에게 이러한 지혜가 있지는 않습니다. '나는 흐름에 든 자다. 더 이상 [악취에] 떨어지지 않고 [해탈이] 확실하며 정등각으로 나아가는 자다.'라고. 목갈라나 존자여, 사대왕천의 신들 가운데 부처님에 대해 흔들리지 않는 믿음을 구족하지 못하고 법에 대해 흔들리지 않는 믿음을 구족하지 못하고 승가에 대해 흔들리지 않는 믿음을 구족하지 못하고 성자들이 좋아하는 계를 구족하지 못한 자들에게는 이러한 지혜가 없습니다. '나는 흐름에 든 자다. 더 이상 [악취에] 떨어지지 않고 [해탈이] 확실하며 정등각으로 나아가는 자다.'라고.

목갈라나 존자여, 그러나 사대왕천의 신들 가운데서 부처님께 흔들리지 않는 믿음을 구족하고 법에 흔들리지 않는 믿음을 구족하고 승가에 흔들리지 않는 믿음을 구족하고 성자들이 좋아하는 계를 구족한 자들에게는 이러한 지혜가 있습니다. '나는 흐름에 든 자다. 더 이상 [악취에] 떨어지지 않고 [해탈이] 확실하며 정등각으로 나아가는 자다.'라고."

"떳사여, 사대왕천[75]의 신들에게만 이러한 지혜가 있습니까? '나는 흐름에 든 자다. 더 이상 [악취에] 떨어지지 않고 [해탈이] 확실하며 정등각으로 나아가는 자다.'라고. 아니면 삼십삼천의 신들에게도 … 야마천의 신들에게도 … 도솔천의 신들에게도 … 화락천의 신들에게도 … 타화자재천의 신들에게도 이러한 지혜가 있습니까? '나는 흐름에 든 자다. 더 이상 [악취에] 떨어지지 않고 [해탈이] 확실하며

---

75) 본경에 나타나는 여러 천상에 대해서는 본서 제1권 「팔관재계 경」(A3: 70)의 주해들을 참조할 것.

정등각으로 나아가는 자다.'라고."

"타화자재천의 신들에게도 이러한 지혜가 있습니다. '나는 흐름에 든 자다. 더 이상 [악취에] 떨어지지 않고 [해탈이] 확실하며 정등각으로 나아가는 자다.'라고."

"뗏사여, 그러면 모든 타화자재천의 신들에게 이러한 지혜가 있습니까? '나는 흐름에 든 자다. 더 이상 [악취에] 떨어지지 않고 [해탈이] 확실하며 정등각으로 나아가는 자다.'라고."

"목갈라나 존자여, 모든 타화자재천의 신들에게 이러한 지혜가 있지는 않습니다. '나는 흐름에 든 자다. 더 이상 [악취에] 떨어지지 않고 [해탈이] 확실하며 정등각으로 나아가는 자다.'라고. 목갈라나 존자여, 타화자재천의 신들 가운데 부처님에 대해 흔들리지 않는 믿음을 구족하지 못하고 법에 대해 흔들리지 않는 믿음을 구족하지 못하고 승가에 대해 흔들리지 않는 믿음을 구족하지 못하고 성자들이 좋아하는 계를 구족하지 못한 자들에게는 이러한 지혜가 없습니다. '나는 흐름에 든 자다. 더 이상 [악취에] 떨어지지 않고 [해탈이] 확실하며 정등각으로 나아가는 자다.'라고.

목갈라나 존자여, 그러나 타화자재천의 신들 가운데서 부처님께 흔들리지 않는 믿음을 구족하고 법에 흔들리지 않는 믿음을 구족하고 승가에 흔들리지 않는 믿음을 구족하고 성자들이 좋아하는 계를 구족한 자들에게는 이러한 지혜가 있습니다. '나는 흐름에 든 자預流者이다. 더 이상 [악취에] 떨어지지 않고 [해탈이] 확실하며 정등각으로 나아가는 자다.'라고."

3. 그러자 마하목갈라나 존자는 뗏사 범천이 한 말을 기뻐하고

감사드린 뒤 마치 힘 센 사람이 구부렸던 팔을 펴고 폈던 팔을 구부리는 것처럼 범천의 세계에서 사라져 제따 숲에 나타났다.

영지(靈知)의 일부 경(A6:35)
Vijjābhāgiya-sutta

1. "비구들이여, 여섯 가지 법은 영지의 일부다. 무엇이 여섯인가?"

2. "[오온에 대해] 무상(無常)이라고 [관찰하는 지혜에서 생긴] 인식,76) 무상한 [오온에 대해서] 괴로움이라고 [관찰하는 지혜에서 생긴] 인식,77) 괴로움인 [오온에 대해서] 무아라고 [관찰하는 지혜에서 생긴] 인식,78) 버림의 인식, 탐욕이 빛바램의 인식, 소멸의 인식이다. 비구들이여, 이러한 여섯 가지 법은 영지의 일부다."

---

76) "'[오온에 대해] 무상(無常)이라고 [관찰하는 지혜에서 생긴] 인식(anicca-saññā)'은 오취온이 일어나고(udaya) 사라지고(vaya) 다르게 변화하는 것(aññathatta)을 철저하게 이해한 것인데 오온에 대해서 무상하다고 [관찰해서] 생긴 인식을 말한다."(AA.ii.78)
무상의 인식에 대한 다른 설명은 본서 제3권 「인식 경」2(A5:61) §2의 주해를 참조할 것.

77) "'무상한 [오온에 대해서] 괴로움이라고 [관찰하는 지혜에서 생긴] 인식(anicce dukkhasaññā)'이란 무상한 오온(anicca khandha-pañcaka)에 대해서 압박(paṭipīḷana)이라 불리는 괴로움의 특징을 철저하게 이해한 것인데 괴로움이라고 [관찰해서] 생긴 인식을 말한다."(*Ibid*)

78) "'괴로움인 [오온에 대해서] 무아라고 [관찰하는 지혜에서 생긴] 인식(dukkhe anattasaññā)'이란 압박한다는 뜻에서 괴로움인 오온에 대해서 자재자(지배자)가 아님(avasavattana)이라 불리는 무아의 특징을 철저하게 이해한 것인데 무아라고 [관찰해서] 생긴 인식을 말한다."(*Ibid*)

분쟁 경(A6:36)[79]
Vivāda-sutta

1. "비구들이여, 여섯 가지 분쟁의 뿌리가 있다. 무엇이 여섯인가?"

2. "비구들이여, 여기 비구는 분노하고 앙심을 품는다. 비구들이여, 분노하고 앙심을 품는 비구는 스승도 존중하지 않고 순응하지 않으며 머문다. 그는 법도 존중하지 않고 순응하지 않으며 머문다. 그는 승가도 존중하지 않고 순응하지 않으며 머문다. 그는 공부지음도 성취하지 못한다. 비구들이여, 스승을 존중하지 않고 순응하지 않으며 머물고, 법을 존중하지 않고 순응하지 않으며 머물고, 승가를 존중하지 않고 순응하지 않으며 머물고, 공부지음도 성취하지 못하는 비구는 승가에 분쟁을 일으킨다. 이런 분쟁은 많은 사람에게 이익을 주지 못하고 많은 사람에게 행복을 주지 못하고 많은 신과 인간들에게 손실과 손해와 괴로움을 주게 된다. 비구들이여, 만일 그대들이 이런 분쟁의 뿌리를 안에서든 밖에서든 보게 되면 그런 사악한 분쟁의 뿌리를 제거하기 위해 노력해야 한다. 비구들이여, 만일 그대들이 이런 분쟁의 뿌리를 안에서든 밖에서든 보지 않으면 거기서 그대들은 그런 사악한 분쟁의 뿌리가 미래에 싹트지 못하도록 수행해야 한다. 이와 같이 하여 이런 사악한 분쟁의 뿌리는 제거된다. 이와 같이 하여 이런 사악한 분쟁의 뿌리는 미래에 싹트지 못한다."

---

79) 6차결집본의 경제목은 '분쟁의 뿌리'(Vivādamūla-sutta)이다.
본경은 『디가 니까야』 제3권 「합송경」(D33) §2.2 ⒂와 『맛지마 니까야』 「사마가마 경」(M104) §§6~11과 같은 내용이다.

3. "다시 비구들이여, 비구는 얕보고 깔본다. …
다시 비구들이여, 비구는 질투하고 인색하다. …
다시 비구들이여, 비구는 속이고 간교하다. …
다시 비구들이여, 비구는 나쁜 생각을 가지고 삿된 견해를 가진다. …

다시 비구들이여, 비구는 자기 견해를 고수(固守)하고 그것을 굳게 움켜쥐어서 놓아버리기가 어렵다. 비구들이여, 자기 견해를 고수하고 그것을 굳게 움켜쥐어서 놓아버리기가 어려운 비구는 스승도 존중하지 않고 순응하지 않으며 머문다. 그는 법도 존중하지 않고 순응하지 않으며 머문다. 그는 승가도 존중하지 않고 순응하지 않으며 머문다. 그는 공부지음도 성취하지 못한다. 비구들이여, 스승을 존중하지 않고 순응하지 않으며 머물고, 법을 존중하지 않고 순응하지 않으며 머물고, 승가를 존중하지 않고 순응하지 않으며 머물고, 공부지음도 성취하지 못하는 비구는 승가에 분쟁을 일으킨다. 이런 분쟁은 많은 사람에게 이익을 주지 못하고 많은 사람에게 행복을 주지 못하고 많은 신과 인간들에게 손실과 손해와 괴로움을 주게 된다. 비구들이여, 만일 그대들이 이런 분쟁의 뿌리를 안에서든 밖에서든 보게 되면 그런 사악한 분쟁의 뿌리를 제거하기 위해 노력해야 한다. 비구들이여, 만일 그대들이 이런 분쟁의 뿌리를 안에서든 밖에서든 보지 않으면 거기서 그대들은 그런 사악한 분쟁의 뿌리가 미래에 싹트지 못하도록 수행해야 한다. 이와 같이 하여 이런 사악한 분쟁의 뿌리는 제거된다. 이와 같이 하여 이런 사악한 분쟁의 뿌리는 미래에 싹트지 못한다.

비구들이여, 이러한 여섯 가지 분쟁의 뿌리가 있다."

보시 경(A6:37)[80]
Dāna-sutta

1. 한때 세존께서는 사왓티에서 제따 숲의 급고독원에서 머무셨다. 그 무렵에 웰루깐따끼의 난다마따[81] 청신녀가 사리뿟따와 목갈라나를 상수로 하는 비구 승가에 여섯 가지 구성요소를 갖춘 보시를 하였다. 세존께서는 청정하고 인간을 넘어선 신성한 눈[天眼]으로 웰루깐따끼의 난다마따 청신녀가 사리뿟따와 목갈라나를 상수로 하는 비구 승가에 여섯 가지 구성요소를 갖춘 보시를 하는 것을 보셨다. 그것을 보시고 비구들을 불러서 말씀하셨다.

"비구들이여, 웰루깐따끼의 난다마따 청신녀가 사리뿟따와 목갈라나를 상수로 하는 비구 승가에 여섯 가지 구성요소를 갖춘 보시를 하였다. 비구들이여, 어떤 것이 여섯 가지 구성요소를 갖춘 보시인가?"

2. "비구들이여, 여기 베푸는 자의 세 가지 구성요소가 있고 받는 자의 세 가지 구성요소가 있다. 그러면 무엇이 베푸는 자의 세 가지 구성요소인가? 비구들이여, 여기 베푸는 자는 보시하기 전에 마음이 즐겁고 보시할 때 마음이 깨끗하고 보시한 뒤 마음이 흐뭇하다.

---

80) 6차결집본의 경제목은 '여섯 구성요소를 가진 보시'(Chaḷaṅgadāna-sutta)이다.

81) 주석서에 의하면 웰루깐따끼의 난다마따(Veḷukaṇṭakī Nandamātā)는 아완띠(Avanti)의 웰루깐따까(혹은 웰루깐다까) 도시(nagara)에 살고 있었다고 한다.(TagA.105) 그녀는 사리뿟따와 목갈라나 존자에게 큰 믿음을 가진 사람이었다. 본서「난다마따 경」(A7:50)에서도 사리뿟따와 목갈라나 존자가 언급되고 있다. 본서「난다마따 경」(A7:50)에 의하면 그녀의 아들 난다가 왕의 사람들에게 잡혀서 죽어도 그녀는 동요하지 않았다고 하며 네 가지 禪을 증득했고 불환과를 얻었다고 한다.

이것이 베푸는 자의 세 가지 구성요소다. 그러면 무엇이 받는 자의 세 가지 구성요소인가? 비구들이여, 받는 자는 탐욕을 여의었거나[82] 탐욕을 길들이는 도를 닦고, 성냄을 여의었거나 성냄을 길들이는 도를 닦고, 어리석음을 여의었거나 어리석음을 길들이는 도를 닦는다. 이것이 받는 자의 세 가지 구성요소다. 이처럼 베푸는 자의 세 가지 구성요소가 있고 받는 자의 세 가지 구성요소가 있다. 비구들이여, 이것이 여섯 가지 구성요소를 갖춘 보시이다."

3. "비구들이여, 이와 같은 여섯 가지 구성요소를 갖춘 보시의 공덕을 재는 것은 쉽지가 않다. '[그에게는] 이만큼의 공덕이 넘쳐흐르고 유익함이 넘쳐흐르고 행복을 가져오고 신성한 결말을 가져오고 행복을 익게 하고 천상에 태어나게 하고, 원하는 것 사랑스러움 귀여움 이로움 행복으로 인도한다.'라고 그 양을 재는 것은 쉽지가 않다. 참으로 헤아릴 수 없고 잴 수 없는 크나큰 공덕의 무더기라는 명칭이 있을 뿐이다.

비구들이여, 예를 들면 큰 바다에 대해서 '몇 리터 정도의 물이라거나 수백 리터 정도의 물이라거나 수천 리터 정도의 물이라거나 수십만 리터 정도의 물이다.'라고 그 물의 양을 재는 것은 쉽지가 않다. 참으로 헤아릴 수 없고 잴 수 없는 크나큰 물의 무더기라는 명칭이 있을 뿐이다.

비구들이여, 그와 같이 이러한 여섯 가지 구성요소를 갖춘 보시의 공덕에 대해서 '[그에게는] 이만큼의 공덕이 넘쳐흐르고 유익함이 넘쳐흐르고 … 행복으로 인도한다.'라고 그 양을 재는 것은 쉽지가 않

---

82) "'탐욕을 여읜 자(vītarāga)'란 아라한을 말한다."(AA.iii.365)

다. 참으로 헤아릴 수 없고 잴 수 없는 크나큰 공덕의 무더기라는 명칭이 있을 뿐이다."

4. "보시하기 전에 마음이 즐겁고
보시할 때 마음이 깨끗하고
보시한 뒤 마음이 흐뭇한 것이 보시의 성취니라.
탐욕과 성냄과 어리석음을 여의어 번뇌 다하고
청정범행을 닦는 자들은
제사의 [복]밭을 구족했다고 알려졌노라.
직접 자신의 손으로 헌공하고 보시하는
이러한 제사는 자신과 남에게 큰 결실을 가져오나니
[삼보에] 신심 있고 슬기롭고 현명한 자는
아낌없는 마음으로 이와 같이 제사 지낸 뒤
악의 없는 행복한 세상 얻으리."

자신의 행위 경(A6:38)
Attakārī-sutta

1. 그때 어떤 바라문이 세존께 다가갔다. 가서는 세존과 함께 환담을 나누었다. 유쾌하고 기억할 만한 이야기로 서로 담소를 나누고 한 곁에 앉았다. 한 곁에 앉은 바라문은 세존께 이렇게 말씀드렸다.

2. "고따마 존자시여, 저는 이런 주장과 이런 견해를 가졌습니다. '자신의 행위도 없고 남의 행위도 없다.'83)라고."

---

83) '자신의 행위도 없고 남의 행위도 없다.'로 옮긴 원문은 natthi attakāro

"바라문이여, 나는 이런 주장과 이런 견해를 보지도 못했고 듣지도 못했다. 자기 스스로 앞으로 나아가고 뒤로 물러서면서 어떻게 '자신의 행위도 없고 남의 행위도 없다.'라고 한단 말인가? 바라문이여, 이를 어떻게 생각하는가? 시작하는 요소가 있다고 생각하는가?"

"그렇습니다, 존자시여. 시작하는 요소[84]가 있기 때문에 [일을] 시작한 중생들이라고 불리는 것입니다. 그렇습니다, 존자시여."

"바라문이여, '시작하는 요소가 있기 때문에 [일을] 시작한 중생들이라고 불린다.'는 이것이 바로 중생들 사이에서 자신의 행위이고 이것이 바로 남의 행위이다. 바라문이여, 이를 어떻게 생각하는가? 벗어나는 요소가 있다고 생각하는가? … 분발하는 요소가 있다고 생각하는가? … 힘을 내는 요소가 있다고 생각하는가? … 확고한 요소가 있다고 생각하는가? … 착수하는 요소가 있다고 생각하는가?"[85]

---

natthi parakāro이다. 『디가 니까야 주석서』는 행위(kāra)를 업지음(kata-kamma)으로 설명하고 있다.(DA.i.160)
비슷한 문장이 『디가 니까야』 제1권 「사문과경」(D2) §20에도 나타나는데, 이것은 막칼리 고살라(Makkhaligosāla)의 견해다. 막칼리 고살라와 그의 견해에 대해서는 「사문과경」(D2) §§19~20과 주해를 참조할 것.

84) 여기에 나타나는 시작하는 요소와 벗어나는 요소와 분발하는 요소는 『청정도론』 IV.53에 이렇게 설명되어 있다.
"여기서 시작하는 요소(發勤界, ārambha-dhātu, 본경에서는 ārabbha-dhātu로 나타나는데 어원은 같음)라는 것은 처음 시작한 정진이다. 벗어나는 요소(出離界, nikkama-dhātu)라는 것은 게으름에서 빠져나오는 것이기 때문에 그보다 더 강하다. 분발하는 요소(勇猛界, parakkama-dhātu)라는 것은 더욱더 높은 경지로 나아가기 때문에 그보다 더 강하다."(Vis.IV.53)

85) "'시작하는 요소(ārambha-dhātu)'란 시작하는 것으로 일어나는 정진(vīriya)이다. '벗어나는 요소(nikkama-dhātu)'란 게으름에서 빠져나오는 상태의 정진이고, '분발하는 요소(parakkama-dhātu)'란 애쓰는 상태

"그렇습니다, 존자시여. 착수하는 요소가 있기 때문에 [일을 정력적으로] 착수하는 중생들이라고 불리는 것입니다. 그렇습니다, 존자시여."

"바라문이여, '착수하는 요소가 있기 때문에 [일을 정력적으로] 착수하는 중생들이라고 불린다.'는 이것이 바로 중생들 사이에서 자신의 행위이고 이것이 바로 남의 행위이다.

바라문이여, 나는 이런 주장과 이런 견해를 보지도 못했고 듣지도 못했다. 자기 스스로 앞으로 나아가고 뒤로 물러서면서 어떻게 '자신의 행위도 없고 남의 행위도 없다.'라고 한단 말인가?"

"경이롭습니다, 고따마 존자시여. 경이롭습니다, 고따마 존자시여. 마치 넘어진 자를 일으켜 세우시듯, 덮여있는 것을 걷어내 보이시듯, [방향을] 잃어버린 자에게 길을 가리켜주시듯, 눈 있는 자 형상을 보라고 어둠 속에서 등불을 비춰주시듯, 고따마 존자께서는 여러 가지 방편으로 법을 설해주셨습니다. 저는 이제 고따마 존자께 귀의하옵고 법과 비구 승가에 귀의합니다. 고따마 존자께서는 저를 재가 신자로 받아주소서. 오늘부터 목숨이 붙어 있는 그날까지 귀의하옵니다."

인연 경(A6:39)
Nidāna-sutta

1. "비구들이여, 세 가지 원인 때문에 업이 발생한다. 무엇이 셋

다. '힘을 내는 요소(thāma-dhātu)'란 활력의 상태고, '확고한 요소(ṭhiti-dhātu)'란 확고한 상태고, '착수하는 요소(upakkama-dhātu)'란 정력적으로 착수하는 상태다. 이 모든 것은 각각의 형태로 일어나는 정진(vīriya)의 이름들이다."(AA.iii.366)

인가?"

2. "비구들이여, 탐욕은 업을 일으키는 원인이다. 성냄은 업을 일으키는 원인이다. 어리석음은 업을 일으키는 원인이다. 비구들이여, 탐욕에서 탐욕 없음이 일어나는 것이 아니라 탐욕에서 탐욕이 일어난다. 비구들이여, 성냄에서 성냄 없음이 일어나는 것이 아니라 성냄에서 성냄이 일어난다. 비구들이여, 어리석음에서 어리석음 없음이 일어나는 것이 아니라 어리석음에서 어리석음이 일어난다.

비구들이여, 탐욕에서 생긴 업과 성냄에서 생긴 업과 어리석음에서 생긴 업에 의해 신들로 태어나거나 인간으로 태어나거나 어떤 다른 좋은 곳[善處]에 태어나는 것이 아니다. 비구들이여, 탐욕에서 생긴 업과 성냄에서 생긴 업과 어리석음에서 생긴 업에 의해 지옥에 태어나고 축생의 모태에 태어나고 아귀계에 태어나고 다른 불행한 곳[惡處]에 태어난다. 비구들이여, 이러한 세 가지 원인 때문에 업이 발생한다."

3. "비구들이여, 세 가지 원인 때문에 업이 발생한다. 무엇이 셋인가?"

4. "비구들이여, 탐욕 없음은 업을 일으키는 원인이다. 성냄 없음은 업을 일으키는 원인이다. 어리석음 없음은 업을 일으키는 원인이다. 비구들이여, 탐욕 없음에서 탐욕이 일어나는 것이 아니라 탐욕 없음에서 탐욕 없음이 일어난다. 비구들이여, 성냄 없음에서 성냄이 일어나는 것이 아니라 성냄 없음에서 성냄 없음이 일어난다. 비구들이여, 어리석음 없음에서 어리석음이 일어나는 것이 아니라 어리석

음 없음에서 어리석음 없음이 일어난다.

비구들이여, 탐욕 없음에서 생긴 업과 성냄 없음에서 생긴 업과 어리석음 없음에서 생긴 업에 의해서 지옥에 태어나거나 축생의 모태에 태어나거나 아귀계에 태어나거나 다른 불행한 곳[惡處]에 태어나는 것이 아니다. 비구들이여, 탐욕 없음에서 생긴 업과 성냄 없음에서 생긴 업과 어리석음 없음에서 생긴 업에 의해서 신들로 태어나거나 인간으로 태어나거나 어떤 다른 좋은 곳[善處]에 태어난다. 비구들이여, 이러한 세 가지 원인 때문에 업이 발생한다."

낌빌라 경(A6:40)[86]
Kimbila-sutta

1. 한때 세존께서는 낌빌라에서 대나무 숲에 머무셨다. 그때 낌빌라 존자[87]가 세존께 다가갔다. 가서는 세존께 절을 올리고 한 곁에 앉았다. 한 곁에 앉아서 낌빌라 존자는 세존께 이렇게 말씀드렸다.

2. "세존이시여, 무슨 원인과 무슨 조건 때문에 여래가 반열반에 든 뒤에 정법이 오래 머물지 못합니까?"

3. "낌빌라여, 여래가 반열반에 든 뒤에 여기 비구들과 비구니들과 청신사들과 청신녀들이 스승을 존중하지 않고 순응하지 않으며 머문다. 법을 존중하지 않고 순응하지 않으며 머문다. 승가를 존중하

---

86) 6차결집본의 경제목은 '끼밀라'(Kimila-sutta)다. 본서 제3권 「낌빌라 경」(A5:201)도 본경과 비슷한 내용을 담고 있다.

87) 낌빌라(Kimbilā)와 낌빌라 존자(āyasmā Kimbila/Kimila)에 대해서는 본서 제3권 「낌빌라 경」(A5:201) §1의 주해를 참조할 것.

지 않고 순응하지 않으며 머문다. 공부지음을 존중하지 않고 순응하지 않으며 머문다. 방일하지 않음을 존중하지 않고 순응하지 않으며 머문다. 친절한 환영을 존중하지 않고 순응하지 않으며 머문다. 낌빌라여, 이러한 원인과 이러한 조건 때문에 여래가 반열반에 들었을 때 정법이 오래 머물지 못한다."

4. "세존이시여, 무슨 원인과 무슨 조건 때문에 여래가 반열반에 든 뒤에도 정법이 오래 머뭅니까?"

5. "낌빌라여, 여래가 반열반에 든 뒤에 여기 비구들과 비구니들과 청신사들과 청신녀들이 스승을 존중하고 순응하며 머문다. 법을 존중하고 순응하며 머문다. 승가를 존중하고 순응하며 머문다. 공부지음을 존중하고 순응하며 머문다. 방일하지 않음을 존중하고 순응하며 머문다. 친절한 환영을 존중하고 순응하며 머문다. 낌빌라여, 이러한 원인과 이러한 조건 때문에 여래가 반열반에 든 뒤에도 정법이 오래 머문다."

나무 더미 경(A6:41)
Dārukkhandha-sutta

1. 한때 사리뿟따 존자는 라자가하에서 독수리봉 산에 머물렀다. 그때 사리뿟따 존자는 아침에 옷매무새를 가다듬고 발우와 가사를 수하고 많은 비구들과 함께 독수리봉 산에서 내려오다가 어떤 지역에 큰 나무 더미가 있는 것을 보았다. 그것을 보고 비구들을 불러서 말했다.

"도반들이여, 그대들에게 저 큰 나무 더미가 보입니까?"
"그렇습니다, 도반이여."

2. "도반들이여, 신통을 가졌고 마음의 자유자재를 얻은 비구는 원하기만 하면 저 나무 더미를 땅으로 인지할 수 있습니다.88) 그것은 무슨 이유 때문인가요? 도반들이여, 저 나무 더미에는 땅의 요소[地界=地大]가 있기 때문입니다. 그 때문에 신통을 가졌고 마음의 자유자재를 얻은 비구는 저 나무 더미를 땅으로 인지할 수 있습니다."

3. "도반들이여, 신통을 가졌고 마음의 자유자재를 얻은 비구는 원하기만 하면 저 나무 더미를 물로 … 불로 … 깨끗한 것으로 … 더러운 것[不淨]으로 인지할 수 있습니다. 그것은 무슨 이유 때문인가요? 도반들이여, 저 나무 더미에는 더러운 요소가 있기 때문입니다. 그 때문에 신통을 가졌고 마음의 자유자재를 얻은 비구는 저 나무 더미를 더러운 것으로 인지할 수 있습니다."

나기따 경(A6:42)89)
Nāgita-sutta

1. 한때 세존께서는 많은 비구 승가와 함께 꼬살라 [지방]에서 유행(遊行)하시다가 잇차낭갈라90)라는 꼬살라들의 바라문 마을에 도

---

88) "'땅으로 인지할 수 있다.(paṭhavī tveva adhimucceyya)'는 것은 딱딱한 상태는 땅의 요소라고 주시할 수 있다(sallakkheyya)는 뜻이다."(AA. iii.366)

89) 같은 이름의 경이 본서 제3권에 「나기따 경」(A5:30)으로 나타나고 있으며, 본경과 비슷한 내용을 담고 있다.

착하셨다. 세존께서는 그곳 잇차낭갈라에서 잇차낭갈라의 깊은 숲 속에 머무셨다.

잇차낭갈라의 바라문 장자들은 이렇게 들었다. '존자들이여, 사문 고따마는 사꺄의 후예인데 사꺄 가문으로부터 출가하여 웨나가뿌라에 도착하셨습니다. 그분 고따마 존자에게는 이러한 좋은 명성이 따릅니다. '이런 [이유로] 그분 세존께서는 아라한[應供]이시며, 완전히 깨달은 분[正等覺]이시며, 영지와 실천을 구족한 분[明行足]이시며, 피안으로 잘 가신 분[善逝]이시며, 세간을 잘 알고 계신 분[世間解]이시며, 가장 높은 분[無上士]이시며, 사람을 잘 길들이는 분[調御丈夫]이시며, 하늘과 인간의 스승[天人師]이시며, 깨달은 분[佛]이시며, 세존(世尊)이시다.'라고. 그는 신을 포함하고 마라를 포함하고 범천을 포함하고 사문·바라문을 포함하고 신과 인간을 포함한 이 세상을 스스로 최상의 지혜로 알고 실현하여 드러냅니다. 그는 시작도 훌륭하고 중간도 훌륭하고 끝도 훌륭한 가르침을 설하며, 의미와 표현을 구족하여 더할 나위 없이 완벽하고 지극히 청정한 범행을 드러냅니다. 참으로 그러한 아라한을 뵙는 것은 축복입니다.'라고.

그때 잇차낭갈라의 바라문 장자들은 그 밤이 지나자 맛있는 여러 음식을 준비하여 잇차낭갈라의 깊은 숲 속으로 다가갔다. 다가가서는 문밖에 서서 시끄럽게 떠들고 있었다.

2. 그 무렵에 나기따 존자[91]가 세존의 시자로 있었다. 그때 세

---

90) 잇차낭갈라(Icchānaṅgala)에 대해서는 본서 제3권 「나기따 경」(A5:30) §1의 주해를 참조할 것.

91) 나기따(Nāgita) 존자에 대해서는 본서 제3권 「나기따 경」(A5:30) §2의 주해를 참조할 것.

존께서는 나기따 존자를 불러서 말씀하셨다.

"나기따여, 그런데 이자들은 누구인데 이렇게 시끄럽게 큰 소리로 떠드는가? 꼭 어부가 물고기들을 끌어올리는 것 같구나."

"세존이시여, 이들은 잇차낭갈라의 바라문 장자들인데 세존과 비구 승가에 올릴 맛있는 여러 음식을 준비하여 지금 문밖에 서있습니다."

"나기따여, 나는 명성을 쫓지 않고, 명성도 나와는 아무 상관이 없다. 나기따여, 나는 출리의 즐거움과 떨쳐버림의 즐거움과 고요함의 즐거움과 깨달음의 즐거움을 뜻대로 얻을 수 있고 힘들이지 않고 얻을 수 있고 어려움 없이 얻을 수 있다. 나기따여, 이러한 출리의 즐거움과 떨쳐버림의 즐거움과 고요함의 즐거움과 깨달음의 즐거움을 뜻대로 얻을 수가 없고 힘들이지 않고는 얻을 수 없고 어려움 없이는 얻을 수 없는 사람은 저 똥의 즐거움과 잠의 즐거움과 이득과 존경과 명성의 즐거움을 즐기면 된다."

"세존이시여, 이제 세존께서는 [저들의 공양을] 허락하소서. 선서께서는 허락하소서. 세존이시여, 지금이 세존께서 [저들의 공양을] 허락하실 시간입니다. 세존이시여, 이제 세존께서 어디를 가시든지 성읍과 지방의 바라문 장자들은 그곳으로 기울 것입니다.

세존이시여, 마치 굵은 빗방울로 된 비가 떨어질 때 물은 경사진 곳으로 흐르는 것과 같습니다. 그와 같이 이제 세존께서 어디를 가시든지 성읍과 지방의 바라문 장자들은 그곳으로 기울 것입니다. 그것은 무슨 이유 때문인가요? 세존이시여, 세존께서는 계와 통찰지를 가진 분이시기 때문입니다."

"나기따여, 나는 명성을 쫓지 않고, 명성도 나와는 아무 상관이 없다. 나기따여, 나는 출리의 즐거움과 떨쳐버림의 즐거움과 고요함의 즐거움과 깨달음의 즐거움을 뜻대로 얻을 수 있고 힘들이지 않고 얻을 수 있고 어려움 없이 얻을 수 있다. 나기따여, 이러한 출리의 즐거움과 떨쳐버림의 즐거움과 고요함의 즐거움과 깨달음의 즐거움을 뜻대로 얻을 수가 없고 힘들이지 않고는 얻을 수 없고 어려움 없이는 얻을 수 없는 사람은 저 똥의 즐거움과 잠의 즐거움과 이득과 존경과 명성의 즐거움을 즐기면 된다."92)

3. "나기따여, 나는 여기서 마을 안에 살면서 앉아서 삼매에 들어 있는 비구를 본다. 나기따여, 내게 이런 생각이 든다. '곧바로 종무원이 이 존자를 성가시게 하거나 사미들이 그 삼매를 깨뜨려버릴 것이다.'라고. 나기따여, 그래서 나는 마을 안에 머무는 비구를 기뻐하지 않는다."

4. "나기따여, 나는 여기서 숲에 머무는 비구가 숲속에서 졸면서 앉아있는 것을 본다. 나기따여, 내게 이런 생각이 든다. '이제 이 존자는 수면과 피로를 제거하고 숲이라는 인식을 마음에 잡도리하여 전일(소—)하게 될93) 것이다.'라고. 나기따여, 그래서 나는 숲에 머무는 비구를 기뻐한다."94)

---

92) 이상은 본서 제3권 「나기따 경」(A5:30)의 해당 부분과 같은 내용이다.

93) "'전일하게 됨(ekatta)'이란 하나로 된 성질(eka-sabhāva)이다. 일념이 되어(ekaggatā-bhūta) 숲이라는 인식에만 마음을 둔다는 뜻이다."(AA. iii.367)

94) 『청정도론』은 이렇게 설명하고 있다.
"숲에 머무는 비구는 숲의 인식을 마음에 잡도리할 때 아직 얻지 못한 삼매를 증득할 수 있고, 이미 얻은 삼매를 보호할 수 있다. 그래서 스승께서는 그를 기뻐하신다. 이처럼 말씀하셨다. "나기따(Nāgita)여, 나는 비구가 숲에 머무는 것을 기뻐한다."(A.iii.343) 그가 멀리 떨어진 숙소에 머물 때

5. "나기따여, 나는 여기서 숲에 머무는 비구가 숲속에서 삼매에 들지 못하고 앉아있는 것을 본다. 나기따여, 내게 이런 생각이 든다. '이제 이 존자는 삼매에 들지 못한 마음을 삼매에 들게 할 것이고 삼매에 든 마음을 보호할 것이다.'라고. 나기따여, 그래서 나는 숲에 머무는 비구를 기뻐한다."

6. "나기따여, 나는 여기서 숲에 머무는 비구가 숲속에서 삼매에 들어 앉아있는 것을 본다. 나기따여, 내게 이런 생각이 든다. '이제 이 존자는 해탈하지 못한 마음을 해탈하게 할 것이고 해탈한 마음을 보호할 것이다.'라고. 나기따여, 그래서 나는 숲에 머무는 비구를 기뻐한다."

7. "나기따여, 나는 여기서 마을 안에 살면서 의복과 탁발음식과 거처와 병구완을 위한 약품을 얻는 비구를 본다. 그는 이득과 존경과 명성을 갈구하면서 한거(閑居)를 버리고 숲이나 밀림의 외딴 거처를 버리고 마을이나 성읍이나 수도로 내려가 안거를 보낸다. 나기따여, 그래서 나는 비구가 마을 안에 머무는 것을 기뻐하지 않는다."

8. "나기따여, 나는 여기서 숲에 머물면서 의복과 탁발음식과 거처와 병구완을 위한 약품을 얻는 비구를 본다. 그는 이득과 존경과 명성을 멀리하며 한거(閑居)를 버리지 않고 숲이나 밀림의 외딴 거처를 버리지 않는다. 나기따여, 그래서 나는 비구가 숲에 머무는 것을

부적절한 형상 등에 의해 그의 마음이 흔들리지 않는다. 두려움을 버리고, 생명에 대한 집착을 버리고, 한거에서 오는 행복의 맛을 감상하고, 분소의를 입는 수행 등이 그에게 어울린다."(Vis.ii.54)

기뻐한다."

$9.$ "나기따여, 나는 대로를 걷고 있을 때도 앞에 있건 뒤에 있건 어떤 것도 보지 않는다. 나기따여, 그때 나는 편안하고 대소변을 볼 때조차도 그러하다."

제4장 천신 품이 끝났다.

네 번째 품에 포함된 경들의 목록은 다음과 같다.

① 유학, 두 가지 ②~③ 쇠퇴하지 않음
④ 목갈라나 ⑤ 영지(靈知)의 일부 ⑥ 분쟁
⑦ 보시 ⑧ 자신의 행위 ⑨ 인연
⑩ 낌빌라 ⑪ 나무 더미 ⑫ 나기따.

제5장 담미까 품
Dhammika-vagga

코끼리 경(A6:43)
Nāga-sutta

1. 한때 세존께서는 사왓티에서 제따 숲의 급고독원에 머무셨다. 그때 세존께서는 아침에 옷매무새를 가다듬고 발우와 가사를 수하시고 사왓티로 탁발을 하러 들어가셨다. 사왓티에서 탁발을 하여 공양을 마치고 탁발에서 돌아오셔서 아난다 존자를 불러서 말씀하셨다.

"아난다여, 동원림(東園林)의95) 녹자모 강당96)으로 가서 낮 시간을 머물자."

"그렇게 하겠습니다, 세존이시여."라고 아난다 존자는 세존께 응답했다.

---

95) 동원림(東園林, pubbārāma)은 사왓티의 동쪽 대문 밖에 있는 원림이다. 세존께서는 사왓티의 제따 숲 급고독원에 머무시면서 낮 동안에는 이 동원림에서 지내셨다고 한다.(DhpA.i.413; MA.i.369) 바로 이곳에 위사카(Visākhā)가 세존과 승단을 위해서 본경의 녹자모 강당(Migāramātu-pāsāda)을 건립하였다.

96) 녹자모 강당(Migāramātu-pāsāda)은 미가라마따(鹿子母)라고 불렸던 위사카(Visakhā)가 동원림을 9천만의 돈을 들여 구입하고 다시 9천만의 돈을 들여 지은 이층으로 된 큰 건물이었다. 각층에는 각각 500개씩의 방이 있었다고 한다. 부처님께서 후반부 20여 년을 사왓티에 머무실 때 이곳과 급고독원을 번갈아가면서 머무셨다고 한다. 그러므로 많은 경들이 이곳에서 설해진 것으로 나타난다.

세존께서는 아난다 존자와 함께 동원림의 녹자모 강당으로 가셨다. 그때 세존께서는 해거름에 [낮 동안의] 홀로 앉으심을 풀고 자리에서 일어나셔서 아난다 존자를 불러서 말씀하셨다.

"아난다여, 동 꽃타까로 목욕을 가자꾸나."

"그러겠습니다, 세존이시여."라고 아난다 존자는 세존께 대답했다.

그때 부처님께서는 아난다 존자와 더불어 동 꽃타까로 목욕을 가셨다. 동 꽃타까에서 목욕하고 나오셔서는 가사 하나만을 입고 몸을 말리고 계셨다.

2. 그 무렵에 빠세나디 꼬살라 왕의 코끼리인 세따97)가 여러 가지 북과 악기를 울리면서 동 꽃타까에서 나오고 있었다. 사람들은 그것을 보고 이렇게 말하였다.

"오, 참으로 왕의 코끼리는 잘 생겼구나. 오, 참으로 왕의 코끼리는 멋있구나. 오, 참으로 왕의 코끼리는 우아하구나. 오, 참으로 왕의 코끼리는 멋진 몸을 가졌구나. 오, 참으로 이런 영웅이야말로 [진정한] 영웅이로구나."98)

이렇게 말하자 우다이 존자가 세존께 이렇게 말씀드렸다.

"세존이시여, 오직 코끼리가 크고 우람하고 멋진 몸을 가졌으면 사람들은 그것을 보고 '오, 참으로 이런 영웅이야말로 [진정한] 영웅

---

97) 문자적으로 세따(seta)는 흰색을 뜻한다.

98) '오, 참으로 이런 영웅이야말로 [진정한] 영웅이로구나.'로 옮긴 원문은 nāgo vata bho nāgo인데 '오, 참으로 이런 코끼리야말로 [진정한] 코끼리로구나.'라고 직역할 수 있다. 그런데 nāga는 단지 코끼리만을 말하는 것이 아니라 용도 nāga라고 불리고 영웅이나 위대한 사람도 nāga라고 불린다. 이런 문맥을 고려해서 여기서는 nāga를 영웅으로 통일하여 옮겼다. 물론 코끼리가 분명한 경우에는 코끼리로 옮겼다.

이로구나.'라고 말합니까? 아니면 다른 어떤 것이라도 크고 우람하고 멋진 몸을 가졌으면 사람들은 그것을 보고 '오, 참으로 이런 영웅이야말로 [진정한] 영웅이로구나.'라고 말합니까?"

"우다이여, 사람들은 크고 우람하고 멋진 몸을 가진 코끼리를 보고도 '오, 참으로 이런 영웅이야말로 [진정한] 영웅이로구나.'라고 말하고, 크고 우람하고 멋진 몸을 가진 말을 보고도 … 소를 보고도 … 뱀을 보고도 … 나무를 보고도 … 사람을 보고도 '오, 참으로 이런 영웅이야말로 [진정한] 영웅이로구나.'라고 말한다.

우다이여, 그러나 신을 포함하고 마라를 포함하고 범천을 포함하고 사문·바라문을 포함하고 신과 인간을 포함한 이 세상에서 몸과 말과 마음으로 나쁜 짓[99]을 하지 않은 자를 나는 영웅이라 부른다."

"참으로 경이롭습니다, 세존이시여. 참으로 놀랍습니다, 세존이시여. 세존께서는 참으로 이런 금언을 말씀하셨습니다. '신을 포함하고 마라를 포함하고 범천을 포함하고 사문·바라문을 포함하고 신과 인간을 포함한 이 세상에서 몸과 말과 마음으로 나쁜 짓을 하지 않은 자를 나는 영웅이라 부른다.'라고.

세존이시여, 저는 세존께서 말씀하신 금언을 듣고 이런 게송으로 기뻐합니다."

3.   "인간으로서 바르게 깨닫고 자신을 제어하며
      삼매에 들고 범천의 길[100]을 걸으며

---

99) "'나쁜 짓(āgu)'이란 사악하고 저열하고 해로운 행위를 뜻한다."(AA.iii. 370)

100) "'범천의 길(brahma-patha)'이란 최상의 길, 불사(不死)의 길, 열반의 길을 뜻한다.(*Ibid*)

마음이 고요해짐을 기뻐하고[101]
모든 법의 저쪽에 이르신 그분[102]
사람들은 그분을 존경하고 신들도 그분을 존경합니다.
그러므로 그분은 아라한이시라고 저는 들었나이다.[103]
모든 족쇄를 풀었고 숲으로부터 열반으로 오셨으며[104]
암석에서 나온 황금처럼
감각적 욕망으로부터 벗어남을 기뻐하고
히말라야가 다른 산들을 능가하듯이

---

101) "'마음이 고요해짐을 기뻐한다.(cittassūpasame rataṁ)'는 것은 초선으로 다섯 가지 장애를 가라앉히고, 제2선으로 일으킨 생각과 지속적인 고찰을 가라앉히고, 제3선으로 희열을 가라앉히고, 제4선으로 행복과 괴로움을 가라앉힌 뒤 그 마음이 고요해짐을 기꺼워한다는 뜻이다."(*Ibid*)

102) "'모든 법의 저쪽에 이르신 분(sabbadhammāna-pāragu)'이란 무더기(온), 감각장소(처), 요소(계)의 법을 최상의 지혜로 알아서(abhiññā) 저쪽에 이르고, 철저히 알아서(pariññā) 저쪽에 이르고, 버려서(pahāna) 저쪽에 이르고, 닦아서(bhāvanā) 저쪽에 이르고, 실현함으로써(sacchi-kiriyā) 저쪽에 이르고, 증득하여(samāpatti) 저쪽에 이르는 여섯 종류의 저쪽에 이름(pāragama)'에 의해서 저쪽에 이르렀고, 정상(matthaka)에 이르렀다는 뜻이다."(*Ibid*)

103) "네 가지 이유 때문에 아라한이라는 이름을 얻었다고 저는 세존으로부터 직접 들었습니다라고 설명하는 것이다."(*Ibid*)
『청정도론』에는 네 가지 이유란 '① 멀리 여의었기 때문에(ārakattā) ② 적(ari)과 바퀴살(ara)을 부수어버렸기 때문에(hatattā), ③ 필수품 등을 수용할 만하기 때문에(arahattā) ④ 비밀리에(raha) 악을 행하지 않기 때문에(abhāvā)'인데, 이러한 이유 때문에 그분 세존께서는 아라한이라 한다고 설명하고 있다. 자세한 설명은 『청정도론』 VII.4 이하를 참조할 것.

104) "'숲으로부터 열반으로 오셨다.(vanā nibbanam āgataṁ)'는 것은 오염원(kilesa)의 숲에서 열반으로 오셨다, 오염원의 숲이 없는 열반을 증득했다는 뜻이다."(AA.iii.371)

영웅(나가)은 모든 [중생들을] 능가하나니
모든 영웅의 이름들 가운데
위없는 진정한 이름입니다.

저는 이제 영웅을 묘사할 것입니다.
그는 나쁜 짓을 하지 않습니다.
온화함과 해코지 않음이 영웅의 두 앞발이요
금욕과 청정범행이 영웅의 두 뒷발이며
큰 영웅은 믿음의 코를 가졌고
평온의 흰 상아를 가졌고
목은 마음챙김, 머리는 통찰지, 코끝은 법을 사유함105)
배는 법에 대한 열정, 꼬리는 한거입니다.

그는 선정을 닦고 위안을 기뻐하고
안으로 잘 삼매에 들어있나니
걸을 때에도 삼매에 들어있고
서있을 때에도 삼매에 들어있으며

---

105) 여기서 '코끝'으로 의역한 원어는 vīmaṁsā(검증)이다. 아래 주석서의 설명을 참조해서 코끝으로 옮겼다.
"'코끝은 법을 사유함(vīmaṁsā dhamma-cintanā)'이라고 한 것은 마치 코끼리의 코끝(agga-soṇḍa)은 검증하는 것(vīmaṁsā)이라 불리는 것과 같다. 그는 그 코끝으로 단단한 것과 부드러운 것, 먹어야 할 것과 먹지 말아야 할 것을 조사한다. 그리하여 버려야 할 것은 버리고 가질 만한 것은 가진다. 그와 마찬가지로 부처님 나가(코끼리)도 법의 부분을 결정짓는 지혜라 불리는 법을 사유함 즉 검증이 있으시다. 그분은 이러한 지혜로 적당한 것과 적당하지 않은 것(bhabba-abhabba)을 아시는 것이다."
(AA.iii.372)

누울 때에도 삼매에 들어있고
앉아있을 때에도 삼매에 들어있습니다.
그는 모든 곳에서 단속하나니
이것이 영웅이 구족한 것입니다.
비난받을 일이 없이 먹으며 비난받으며 먹지 않습니다.
먹을 것과 덮을 것을 얻지만 축적하는 것을 피합니다.
미세하든 거칠든 모든 족쇄와 속박을 잘라버리고
어디를 가든 바라는 것 없이 갑니다.
백련이 물에서 생겨서 물에서 자라지만 물에 젖지 않고
달콤하고 매력적인 향내를 가지듯이

그와 같이 부처님도 세상에 잘 태어나셨지만
세상에 대한 욕망이 빛바랬고
세상의 물에 젖지 않는 홍련과 같습니다.
큰 불이 타오르더라도 땔감이 없으면 꺼지듯이
형성된 것들이 고요해지면 적멸이라고 일컬어집니다.
뜻을 잘 드러내는 이러한 비유를 지자106)가 설하였나니
영웅이 설한 영웅을 큰 영웅들은 알 것입니다.107)
탐욕을 여의고 성냄을 여의고

---

106) "여기서 지자란 무애해를 얻은 깔루다이(Kāḷudāyi) 존자를 뜻한다. 그는 지자고 현자였다."(AA.iii.373)
깔루다이 존자에 대해서는 본서 제1권 「하나의 모음」(A1:14:4-7)의 주해를 참조할 것. 우다이라는 이름을 가진 세 명의 존자에 대해서는 본서 제3권 「우다이 경」(A5:159) §1의 주해를 참조할 것.

107) "영웅이 설한 영웅을 큰 영웅들이 안다는 것은 우다이 존자 나가가 설한 부처님 나가를 다른 번뇌 다한 나가들이 안다는 뜻이다."(*Ibid*)

어리석음을 여의고 번뇌가 다한
영웅은 몸을 버리신 뒤 번뇌 없이
반열반에 드실 것입니다."108)

미가살라 경(A6:44)
Migasālā-sutta

1. 그때 아난다 존자는 아침에 옷매무새를 가다듬고 발우와 가사를 수하고 미가살라 청신녀의 집으로 다가갔다. 가서는 마련된 자리에 앉았다. 그러자 미가살라 청신녀109)가 아난다 존자에게 다가가서 아난다 존자에게 절을 올리고 한 곁에 앉았다. 한 곁에 앉아서 미가살라 청신녀는 아난다 존자에게 이렇게 말했다.

2. "아난다 존자여, 청정범행을 닦은 자와 청정범행을 닦지 않은 자 둘 다 다음 생에 같은 곳에 태어나게 될 것이라고 세존께서 설하신 법을 도대체 어떻게 이해해야 합니까? 존자시여, 저의 아버지 뿌라나110)는 성행위의 저속함을 여의고 따로 떨어져 청정범행을 닦

---

108) PTS본에는 parinibbāti(반열반하다. 현재 시제임)로 나타나지만 6차결집본과 주석서에는 parinibbissati(미래 시제)로 나타나고 있어서 이를 따랐다.

109) 주석서는 미가살라(Migasālā) 청신녀에 대한 별다른 설명이 없다. 본경에 의하면 그녀는 빠세나디 왕의 시종인 뿌라나의 딸이다. 본경과 비슷한 설정을 가진 경이 본서 제6권 「미가살라 경」(A10:75)이다.

110) 『맛지마 니까야』「법탑 경」(M89)에 의하면 뿌라나(Purāṇa)와 그와 형제인 이시닷따(Isidatta)는 꼬살라의 빠세나디 왕의 시종(thapati)이었고, 왕은 부처님께 그들의 세존에 대한 지극한 신심을 칭찬하고 있다. 그리고 이 두 사람은 『상윳따 니까야』「시종 경」(S55:6)에서도 세존의 설

으면서 사셨습니다. 그가 임종하자 세존께서는 그가 일래자가 되어서 도솔천111)의 몸을 받았다고 설명하셨습니다. 존자시여, 저의 삼촌 이시닷따는 청정범행을 닦지 않고 아내와 함께 행복하게 사셨습니다. 그가 임종하자 세존께서는 그도 일래자가 되어서 도솔천의 몸을 받았다고 설명하셨습니다. 아난다 존자시여, 청정범행을 닦은 자와 청정범행을 닦지 않은 자 둘 다 다음 생에 같은 곳에 태어나게 될 것이라고 세존께서 설하신 이 법을 도대체 어떻게 이해해야 합니까?"

"누이여, 세존께서 그렇게 설명하셨군요."112)

3. 아난다 존자는 미가살라 청신녀의 집에서 탁발음식을 받아서 자리에서 일어나서 나왔다. 그때 아난다 존자는 탁발하여 공양을 마치고 탁발에서 돌아와서 세존께 다가갔다. 가서는 세존께 절을 올린 뒤 한 곁에 앉았다. 한 곁에 앉은 아난다 존자는 세존께 이렇게 말씀드렸다.

"세존이시여, 저는 아침에 옷매무새를 가다듬고 발우와 가사를 수하고 미가살라 청신녀의 집으로 갔습니다. 가서는 마련된 자리에 앉았습니다. 그러자 미가살라 청신녀가 제게 다가와서 절을 올리고 한 곁에 앉았습니다. 한 곁에 앉아서 미가살라 청신녀는 제게 이렇게 말했습니다.

"아난다 존자여, 청정범행을 닦은 자와 청정범행을 닦지 않은 자

법을 듣는 청법자로 나타나고 있다.

111) '도솔천(兜率天, Tusitā)'에 대해서는 본서 제2권 「경이로움 경」1(A4:127) §1의 주해를 참조할 것.
112) 아난다 존자는 그 이유를 몰랐기 때문에 이렇게 대답했다고 주석서는 설명하고 있다.(AA.iii.374)

둘 다 다음 생에 같은 곳에 태어나게 될 것이라고 세존께서 설하신 법을 도대체 어떻게 이해해야 합니까? 존자시여, 저의 아버지 뿌라나는 성행위의 저속함을 여의고 따로 떨어져 청정범행을 닦으면서 사셨습니다. 그가 임종하자 세존께서는 그가 일래자가 되어서 도솔천의 몸을 받았다고 설명하셨습니다. 존자시여, 저의 삼촌 이시닷따는 청정범행을 닦지 않고 아내와 함께 행복하게 사셨습니다. 그가 임종하자 세존께서는 그도 일래자가 되어서 도솔천의 몸을 받았다고 설명하셨습니다. 아난다 존자여, 청정범행을 닦은 자와 청정범행을 닦지 않은 자 둘 다 다음 생에 같은 곳에 태어나게 될 것이라고 세존께서 설하신 이 법을 도대체 어떻게 이해해야 합니까?"

이렇게 말했을 때 저는 미가살라 청신녀에게 "누이여, 세존께서 그렇게 설명하셨군요."라고 대답했습니다."

"아난다여, 어리석고 배우지 못했고 여자의 몸을 가져 여자의 인식을 가진 미가살라 청신녀가 뭐길래, 그녀가 어떻게 남자의 기능에 속한 지혜를 안단 말인가?113) 아난다여, 세상에는 여섯 부류의 사람이 있다. 무엇이 여섯인가?"

4. "아난다여, 여기 어떤 사람은 친절하며 행복하게 산다. 동료 수행자들도 그와 함께 사는 것을 즐거워한다. 그러나 그는 [들어야 할 법도] 듣지 않고, 정진을 가하여 [해야 할 바도] 하지 않고,114) 견

---

113) "남자의 기능에 속한 지혜와 한계가 없는 정등각, 이 둘은 그녀로부터 멀리, 아주 멀리 있다는 뜻이다. 알 수 없다는 뜻이다. 이제 세존께선 미가살라 청신녀로부터 당신이 멀리 있는 상태를 보이시기 위해 세상에는 여섯 부류의 사람이 있다고 설하신다."(AA.iii.374)

114) '정진을 가하여 [해야 할 바도] 하지 않고'는 bāhusaccena pi akataṁ

해로 [꿰뚫어야 할 것도] 꿰뚫지 못하고, 일시적인 해탈115)도 얻지 못한다. 그는 몸이 무너져 죽은 뒤 쇠퇴로 향하게 되고 특별함으로 향하지 않는다. 그는 오직 쇠퇴로 갈 뿐 특별함으로 가는 자가 아니다."

5. "아난다여, 그러나 여기 어떤 사람은 친절하며 행복하게 산다. 동료 수행자들도 그와 함께 사는 것을 즐거워한다. 그리고 그는 [들어야 할 법도] 듣고, 정진을 가하여 [해야 할 바도] 하고, 견해로 [꿰뚫어야 할 것도] 꿰뚫고, 일시적인 해탈도 얻는다. 그는 몸이 무너져 죽은 뒤 특별함으로 향하게 되고 쇠퇴로 향하지 않는다. 그는 오직 특별함으로 갈 뿐 쇠퇴로 가는 자가 아니다.

아난다여, 여기서 [사람을] 평가하는 자들이 말하기를 '이 사람도 이러한 법들을 가졌고 저 사람도 이러한 법들을 가졌다. 그런데 왜 그들 가운데 한 사람은 저열하고 한 사람은 수승116)하단 말인가?'라고 한다면 [이런 말은] 그들에게 오랜 세월 손해가 되고 괴로움이 된다.

아난다여, '여기 어떤 사람은 친절하며 행복하게 산다. 동료 수행

---

hoti를 번역한 것이다. bāhusacca는 여러 곳에서 '많이 배움'으로 옮기고 있지만 여기서는 특별히 '정진'의 뜻으로 사용되었다고 주석서는 밝히고 있어서 이렇게 옮겼다.
"여기서 bāhusacca는 정진(vīriya)을 말한다. 정진으로 해야 할 바를 하지 않는다는 뜻이다."(AA.iii.375)

115) "'일시적인 해탈(sāmāyika vimutti)도 얻지 못한다.'는 것은 자주자주 법을 들음으로써 [번뇌로부터 벗어나는] 희열과 환희를 얻지 못한다는 뜻이다."(Ibid)
일시적인 해탈에 대해서는 본서 제3권 「일시적 해탈 경」1(A5:149) §1의 주해를 참조할 것.

116) "저열하고 수승하다는 것은 덕(guṇa)이 없고 덕이 높은 것을 뜻한다."(Ibid)

자들도 그와 함께 사는 것을 즐거워한다. 그리고 그는 [들어야 할 법도] 듣고, 정진을 가하여 [해야 할 바도] 하고, 견해로 [꿰뚫어야 할 것도] 꿰뚫고, 일시적인 해탈도 얻는다. 그는 몸이 무너져 죽은 뒤에 특별함으로 향하게 되고 쇠퇴로 향하지 않는다. 그는 오직 특별함으로 갈 뿐 쇠퇴로 가는 자가 아니다.'라고 하였다. 아난다여, 이 사람은 앞의 사람보다 더 뛰어나고 더 수승하다. 그것은 무슨 이유 때문인가? 뒤의 사람은 법의 흐름에 들었기 때문이다.117)

그런데 이 둘의 차이를 여래 말고는 누가 알겠는가? 아난다여, 그러므로 그대들은 인간을 평가하는 자가 되지 말라. 인간에 대한 평가를 하지 말라. 인간에 대한 평가를 하는 자는 파멸한다. 아난다여, 나나 나와 같은 사람이 인간에 대한 평가를 하는 것이다."

6. "아난다여, 여기 어떤 사람은 화를 잘 내고 자만하며118) 때때로 탐욕도 일으킨다. 게다가 그는 [들어야 할 법도] 듣지 않고, 정진을 가하여 [해야 할 바도] 하지 않고, 견해로 [꿰뚫어야 할 것도] 꿰뚫지 못하고, 일시적인 해탈도 얻지 못한다. 그는 몸이 무너져 죽은 뒤 쇠퇴로 향하게 되고 특별함으로 향하지 않는다. 그는 오직 쇠퇴로 갈 뿐 특별함으로 가는 자가 아니다."

7. "아난다여, 여기 어떤 사람은 화를 잘 내고 자만하며 때때로

---

117) "'법의 흐름에 들었다.(dhammasoto nibbahati)'는 것은 용감한 자(sūra)가 되어 지금 전개되고 있는 위빳사나의 지혜(pavattamāna-vipassanā-ñāṇa)를 얻었다는 뜻이다."(*Ibid*)

118) '화를 잘 내고 자만하며'는 kodhamāna를 옮긴 것인데 주석서는 화(kodha)와 자만(māna)의 병렬 합성어로 분석하고 있어서(*Ibid*) 이렇게 옮겼다.

탐욕도 일으킨다. 그러나 그는 [들어야 할 법도] 듣고, 정진을 가하여 [해야 할 바도] 하고, 견해로 [꿰뚫어야 할 것도] 꿰뚫고, 일시적인 해탈도 얻는다. 그는 몸이 무너져 죽은 뒤 특별함으로 향하게 되고 쇠퇴로 향하지 않는다. 그는 오직 특별함으로 갈 뿐 쇠퇴로 가는 자가 아니다.

아난다여, 여기서 [사람을] 평가하는 자들이 … 아난다여, 나나 나와 같은 사람이 인간에 대한 평가를 하는 것이다."

8. "아난다여, 여기 어떤 사람은 화를 잘 내고 자만하며 때때로 말을 많이 한다.119) 게다가 그는 [들어야 할 법도] 듣지 않고, 정진을 가하여 [해야 할 바도] 하지 않고, 견해로 [꿰뚫어야 할 것도] 꿰뚫지 못하고, 일시적인 해탈도 얻지 못한다. 그는 몸이 무너져 죽은 뒤에 쇠퇴로 향하게 되고 특별함으로 향하지 않는다. 그는 오직 쇠퇴로 갈 뿐 특별함으로 가는 자가 아니다."

9. "아난다여, 여기 어떤 사람은 화를 잘 내고 자만하며 때때로 말을 많이 한다. 그러나 그는 [들어야 할 법도] 듣고, 정진을 가하여 [해야 할 바도] 하고, 견해로 [꿰뚫어야 할 것도] 꿰뚫고, 일시적인 해탈도 얻는다. 그는 몸이 무너져 죽은 뒤 특별함으로 향하게 되고 쇠퇴로 향하지 않는다. 그는 오직 특별함으로 갈 뿐 쇠퇴로 가는 자가 아니다.

아난다여, 여기서 [사람을] 평가하는 자들이 '이 사람은 이 법들을

---

119) '말을 많이 한다.'는 vacīsaṅkhāra를 옮긴 것이다. 이 단어는 주로 말의 의도적 행위[身行]으로 옮기는데 여기서는 이야기하거나 대화(ālāpa-sallāpa)로 말을 하는 것이라고 주석서는 설명하고 있어서(*Ibid*) 이렇게 의역하였다.

가졌고 저 사람은 저 법들을 가졌다. 그런데 왜 그들 가운데 하나는 저열하고 하나는 수승하단 말인가?'라고 한다면 그들에게 오랜 세월 손해가 되고 괴로움이 된다.

아난다여, '여기 어떤 사람은 화를 잘 내고 자만하며 때때로 말을 많이 한다. 그러나 그는 [들어야 할 법도] 듣고, 정진을 가하여 [해야 할 바도] 하고, 견해로 [꿰뚫어야 할 것도] 꿰뚫고, 일시적인 해탈도 얻는다. 그는 몸이 무너져 죽은 뒤 특별함으로 향하게 되고 쇠퇴로 향하지 않는다. 그는 오직 특별함으로 갈 뿐 쇠퇴로 가는 자가 아니다.'라고 하였다. 아난다여, 이 사람은 앞의 사람보다 더 뛰어나고 더 수승하다. 그것은 무슨 이유 때문인가? 뒤의 사람은 법의 흐름에 들었기 때문이다.

그런데 이 둘의 차이를 여래 말고는 누가 알겠는가? 아난다여, 그러므로 그대들은 인간을 평가하는 자가 되지 말라. 인간에 대한 평가를 하지 말라. 인간에 대한 평가를 하는 자는 파멸한다. 아난다여, 나(여래)나 나와 같은 [정등각을 얻은] 사람이 인간에 대한 평가를 하는 것이다."

"아난다여, 어리석고 배우지 못했고 여자의 몸을 가져 여자의 인식을 가진 미가살라 청신녀가 뭐길래, 그녀가 어떻게 남자의 기능에 속한 지혜를 안단 말인가? 아난다여, 세상에는 이러한 여섯 부류의 사람이 있다.

아난다여, 뿌라나가 계를 구족했던 것처럼 이시닷따도 계를 구족하였다면 뿌라나의 태어날 곳(行處)은 이시닷따가 아닌 다른 이의 태어날 곳과 같았을 것이다. 아난다여, 이시닷따가 통찰지를 구족했던 것처럼 뿌라나도 통찰지를 구족하였다면 이시닷따의 태어날 곳은 뿌라나가 아닌 다른 이의 태어날 곳과 같았을 것이다. 아난다여, 이처럼 이 두 사람은 각각 하나의 [덕의] 구성요소가 결핍되어 있었다."120)

빚 경(A6:45)
Iṇa-sutta

1. "비구들이여, 세상에서 감각적 욕망을 즐기는 자에게 가난한 것은 괴로운 것인가?"

"그러합니다, 세존이시여."

"비구들이여, 가난하고 무일푼이고 궁핍한 사람이 빚을 내면, 그것도 세상에서 감각적 욕망을 즐기는 자에게 괴로운 것인가?"

"그러합니다, 세존이시여."

"비구들이여, 가난하고 무일푼이고 궁핍한 사람이 빚을 내면서 이자를 지불하기로 약속하면, 그것도 세상에서 감각적 욕망을 즐기는 자에게 괴로운 것인가?"

"그러합니다, 세존이시여."

"비구들이여, 가난하고 무일푼이고 궁핍한 사람이 이자를 약속했지만 제 시간에 이자를 지불하지 못하여 책망을 받으면, 그것도 세상에서 감각적 욕망을 즐기는 자에게 괴로운 것인가?"

"그러합니다, 세존이시여."

---

120) "'태어날 곳(gati)'이란 지혜의 영역(ñāṇa-gati)을 뜻한다. '하나의 [덕의] 구성요소가 결핍되어 있다(ekaṅga-hīna)'는 것은 각자 하나의 덕(guṇa)의 구성요소가 부족하다는 뜻이다. 뿌라나는 계에 의해 특별했고(visesī) 이시닷따는 통찰지에 의해 특별했다. 뿌라나의 계는 이시닷따의 통찰지와 같은 경지(paññā-ṭhāna)였고, 이시닷따의 통찰지는 뿌라나의 계와 같은 경지였다."(AA.iii.376)

"비구들이여, 가난하고 무일푼이고 궁핍한 사람이 책망을 받더라도 지불하지 못하여 그를 성가시게 따라붙으면, 그것도 세상에서 감각적 욕망을 즐기는 자에게 괴로운 것인가?"

"그러합니다, 세존이시여."

"비구들이여, 가난하고 무일푼이고 궁핍한 사람이 자신을 성가시게 따라붙더라도 지불하지 못하여 포박을 당하면, 그것도 세상에서 감각적 욕망을 즐기는 자에게 괴로운 것인가?"

"그러합니다, 세존이시여."

"비구들이여, 이와 같이 가난한 것도 세상에서 감각적 욕망을 즐기는 자에게 괴로운 것이고, 빚내는 것도 세상에서 감각적 욕망을 즐기는 자에게 괴로운 것이고, 이자를 지불하는 것도 세상에서 감각적 욕망을 즐기는 자에게 괴로운 것이고, 책망받는 것도 세상에서 감각적 욕망을 즐기는 자에게 괴로운 것이고, 성가시게 따라붙는 것도 세상에서 감각적 욕망을 즐기는 자에게 괴로운 것이고, 포박을 당하는 것도 세상에서 감각적 욕망을 즐기는 자에게 괴로운 것이다.

비구들이여, 그와 마찬가지로 유익한 법들에 대해서 믿음이 없고, 유익한 법들에 대해서 양심이 없고, 유익한 법들에 대해서 수치심이 없고, 유익한 법들에 대해서 정진이 없고, 유익한 법들에 대해서 통찰지가 없는 사람은 누구든지 그를 일러 성스러운 율에서 가난하고 무일푼이고 궁핍한 사람이라 한다."

2. "비구들이여, 이러한 가난하고 무일푼이고 궁핍한 사람은 유익한 법들에 대해서 믿음이 없고, 유익한 법들에 대해서 양심이 없고, 유익한 법들에 대해서 수치심이 없고, 유익한 법들에 대해서 정진이

없고, 유익한 법들에 대해서 통찰지가 없기 때문에 몸으로 나쁜 행위를 저지르고 말로 나쁜 행위를 저지르고 마음으로 나쁜 행위를 저지른다. 이것이 그가 빚을 내는 것이라고 나는 말한다.

그는 이러한 몸으로 짓는 나쁜 행위를 덮기 위해 … 말로 짓는 나쁜 행위를 덮기 위해 … 마음으로 짓는 나쁜 행위를 덮기 위해 그릇된 소원을 가진다. '나를 알아보지 못하기를.'이라고 원하고, '나를 알아보지 못하기를.'이라고 생각하고, '나를 알아보지 못하기를.'이라고 말하고, '나를 알아보지 못하기를.'이라고 몸으로 애를 쓴다. 이것이 그가 이자를 지불하는 것이라고 나는 말한다.

이러한 그를 두고 계를 잘 지키는 동료 수행자들은 '이 존자는 이렇게 행동하고 이렇게 처신한다.'고 말한다. 이것이 그가 책망을 받는 것이라고 나는 말한다.

이러한 그가 숲에 머물거나 나무아래 머물거나 빈집에 머물 때 회한을 동반하는 악하고 해로운 생각이 일어난다. 이것이 그를 성가시게 따라붙음이라고 나는 말한다."

3. "비구들이여, 이러한 가난하고 무일푼이고 궁핍한 사람은 몸으로 나쁜 행위를 저지르고 말로 나쁜 행위를 저지르고 마음으로 나쁜 행위를 저지른 뒤 몸이 무너져 죽은 뒤 지옥의 속박에 묶이거나 축생계의 속박에 묶인다. 비구들이여, 나는 이처럼 단단하고, 이처럼 혹독하고, 위없는 유가안은을 얻는 데 이처럼 장애가 되는 그 어떤 하나의 속박도 보지 못하나니 그것은 바로 지옥의 속박이고 축생계의 속박이다."

4. "가난한 것과 빚내는 것은 세상에서 괴로움이라 말하네.
가난한 자는 빚을 내어 즐기지만 고통 받으며
그리고는 성가시게 그를 따라붙고 포박하리.
이렇게 포박을 당하는 것은
쾌락을 얻기를 원하는 자에게는 괴로움이라네.
그와 같이 성스러운 율에서 믿음이 없고
양심 없고 수치심 없고 악한 업을 결정짓는 자는
몸으로 나쁜 행위를 하고 말로 나쁜 행위를 하고
마음으로 나쁜 행위를 한 뒤
'나를 알아보지 못하기를.' 하고 바라누나.
그는 몸과 말과 마음이 흔들리고
여기저기서 거듭하여 악한 업을 증장시키나니
자신의 나쁜 행위를 알면서
악업을 짓는 슬기롭지 못한 그는
가난하여 빚을 내어 즐기지만 고통을 받으며
마음속의 괴로움이 그를 성가시게 따라붙고
마을에서나 숲에서나 회한이 따르네.

자신의 나쁜 행위를 아는
악업 짓는 슬기롭지 못한 자
그는 어떤 모태에 들거나 혹은 지옥에 묶이지만
지자는 이러한 속박의 괴로움에서 벗어나네.
법답게 얻은 재물을 베푸는 마음은 깨끗하나니

재가에 사는 신심있는 자는 둘 다에서 승리를 얻나니[121]
금생의 이익을 위하고 내생의 행복을 위함이라.
이와 같이 재가자들의 보시는 공덕을 증장시키누나.

그와 같이 성스러운 율에서 믿음이 확립되고[122]
양심 있고 수치심 있고 통찰지가 있고
계로써 잘 단속하는 이러한 사람은
성스러운 율에서 행복하게 사는 자라 부르리.
그는 출세간적인 행복을 얻고 평온에 확고하며
다섯 가지 장애를 버린 뒤 항상 정진을 시작하고
선(禪)에 들어서 일념이 되고 현명하고 마음챙기나니
이와 같이 있는 그대로 알아서 모든 족쇄를 멸하며
모든 곳에서 취착하지 않고 바르게 마음이 해탈하네.
이렇게 바르게 해탈한 여여한 자에게
'나의 해탈은 부동이다.'라는
존재의 족쇄를 멸하는 그런 지혜가 있다면
그것은 최상의 지혜요, 위없는 행복이니
슬픔 없고 열정 없고 안은하고 빚 없는 최상이라네."

---

121) '승리를 얻는다.'로 옮긴 원어는 kaṭaggāho인데 주석서는 "승리를 얻는다 (jaya-ggāho), 패하지 않는다는 뜻이다."(AA.iii.377)라고 설명하고 있어서 이렇게 옮겼다.

122) "'믿음이 확립되었다.'는 것은 예류자의 믿음이 확립되었다는 말이다."(Ibid)

쭌다 경(A6:46)[123]
Cunda-sutta

1. 이와 같이 나는 들었다. 한때 마하쭌다 존자[124]가 쩨띠[125]에서 사하자띠에 머물렀다. 거기서 마하쭌다 존자는 "비구들이여."라고 비구들을 불렀다. "존자시여."라고 비구들은 마하쭌다 존자에게 응답했다. 마하쭌다 존자는 이렇게 말하였다.

2. "도반들이여, 여기 법에 열중하는[126] 비구들은 참선하는 비구들을 비난합니다. '이들은 '우리는 참선하는 자들이다. 우리는 참선하는 자들이다.'라고 생각하고 있다. 그러면 이들은 도대체 무엇을 참선하고, 도대체 무엇을 위해서 참선하고, 도대체 어떻게 참선하는

---

123) 6차결집본의 경제목은 '마하쭌다'(Mahācunda-sutta)이다.

124) 마하쭌다 존자(āyasmā Mahā-Cunda)는 쭌다 존자로도 불리고, 쭌다까(Cundaka) 존자로도 불리고, 쭌다 사미(Cunda Samaṇuddesa)로도 불린다. 그는 사리뿟따 존자의 동생이었으며 구족계를 받은 후에도 이 사미라는 호칭이 애칭으로 불리기도 했다고 한다.(DA.iii.907) 한때 그는 세존의 시자 소임을 맡기도 하였다.(ThagA.ii.124; J.iv.95, 등)
사리뿟따 존자에게는 세 명의 남동생 즉 쭌다(Cunda), 우빠세나(Upasena), 레와따(Revata)와 세 명의 여동생 즉 짤라(Cālā), 우빠짤라(Upa-cālā), 시수빠짤라(Sīsūpacālā)가 있었는데 모두 출가하였다고 한다.(DhpA.ii.188)

125) 쩨띠(Ceti)는 부처님 당시 인도중원의 16국 가운데 하나였다. 『리그베다』에서 쩨디(Cedi)로 나타나는 지역과 동일한 듯하다. 현재 북인도의 분델칸드(Bundelkhand) 지역이라고 한다. 마하쭌다 존자가 쩨띠의 사하자띠에서 설한 경은 본경 외에도 본서 제6권의 「쭌다 경」(A10:24)과 「허풍 경」(A10:85)이 있다. 『상윳따 니까야』 「가왐빠띠 경」(S56:30)도 여기서 설해진 것이다.

126) "'법에 열중하는 자들(dhamma-yogā)'이란 법을 설하는 자들(dhamma-kathikā)을 말한다."(AA.iii.379)

가?'라고. 이 경우에는 법에 열중하는 비구들도 기쁘지 않고, 참선하는 비구들도 기쁘지 않습니다. 그러면 이것은 많은 사람의 이익을 위하고 많은 사람의 행복을 위하고 신과 인간의 이상과 이익과 행복을 위하여 도닦는 것이 아닙니다."

3. "도반들이여, 여기 참선하는 비구들은 법에 열중하는 비구들을 비난합니다. '이들은 '우리는 법에 열중하는 자들이다. 우리는 법에 열중하는 자들이다.'라고 생각하면서 경솔하고 거들먹거리고 촐랑대고 수다스럽고 산만하게 말하고 마음챙김을 놓아버리고 분명하게 알아차림[正知]이 없고 집중되지 못하며 마음이 산란하고 감각기능이 제어되어 있지 않다. 그러면 이들은 도대체 무슨 법에 열중하고, 도대체 무엇을 위해서 법에 열중하고, 도대체 어떻게 법에 열중하는가?'라고. 이 경우에는 참선하는 비구들도 기쁘지 않고, 법에 열중하는 비구들도 기쁘지 않습니다. 그러면 이것은 많은 사람의 이익을 위하고 많은 사람의 행복을 위하고 신과 인간의 이상과 이익과 행복을 위하여 도닦는 것이 아닙니다."

4. "도반들이여, 여기 법에 열중하는 비구들은 법에 열중하는 비구들만 칭송하고 참선하는 비구들을 칭송하지 않습니다. 이 경우에는 법에 열중하는 비구들도 기쁘지 않고, 참선하는 비구들도 기쁘지 않습니다. 그러면 이것은 많은 사람의 이익을 위하고 많은 사람의 행복을 위하고 신과 인간의 이상과 이익과 행복을 위하여 도닦는 것이 아닙니다."

5. "도반들이여, 여기 참선하는 비구들은 참선하는 비구들만 칭

송하고 법에 열중하는 비구들은 칭송하지 않습니다. 이 경우에는 참선하는 비구들도 기쁘지 않고, 법에 열중하는 비구들도 기쁘지 않습니다. 그러면 이것은 많은 사람의 이익을 위하고 많은 사람의 행복을 위하고 신과 인간의 이상과 이익과 행복을 위하여 도닦는 것이 아닙니다."

6. "도반들이여, 그러므로 이와 같이 공부지어야 합니다. '법에 열중하는 우리는 참선하는 비구들을 칭송하리라.'라고, 도반들이여, 그대들은 이와 같이 공부지어야 합니다. 그것은 무슨 이유 때문인가요? 도반들이여, 불사(不死)의 경지를 몸으로 체득하여 머무는127) 이러한 경이로운 인간들은 세상에서 얻기 힘들기 때문입니다."

7. "도반들이여, 그러므로 이와 같이 공부지어야 합니다. '참선하는 우리는 법에 열중하는 비구들을 칭송하리라.'라고, 도반들이여, 그대들은 이와 같이 공부지어야 합니다. 그것은 무슨 이유 때문인가요? 도반들이여, 심오한 뜻의 경지128)를 통찰지로 꿰뚫어서 보는129)

---

127) "'불사의 경지를 몸으로 체득하여 머문다.'는 것은 죽음이 없는 열반의 요소(nibbāna-dhātu)를 명상주제(kammaṭṭhāna)로 택하여 머무는 자들이 서서히 정신적인 몸(nāma-kāya)으로써 그 열반의 요소를 체득하여 머문다는 뜻이다."(AA.iii.379)

128) "'심오한 뜻의 경지(gambhīraṁ atthapadaṁ)'란 덮여있고 숨어있는 무더기(蘊), 감각장소(處), 요소(界)등의 뜻을 말한다."(*Ibid*)

129) "'통찰지로 꿰뚫어서 본다.(paññāya ativijjha passanti)'는 것은 위빳사나와 함께한 도의 지혜로써 꿰뚫은 뒤 본다는 뜻이다. 이 문장의 뜻에는 명상과 꿰뚫음(sammasana-paṭivedha)의 통찰지와 파악함과 질문함(uggaha-paripucchā) (Vis.III.65의 주해 참조)의 통찰지도 들어있다."(AA.iii.38)

명상은 『청정도론』 XX.1 이하를, 꿰뚫음은 『청정도론』 XVI.84 등을, 파

이러한 경이로운 인간들은 세상에서 얻기 힘들기 때문입니다."

스스로 보아 알 수 있음 경1(A6:47)
Sandiṭṭhika-sutta

1. 그때 몰리야시와까 유행승130)이 세존께 다가갔다. 가서는 세존과 함께 환담을 나누었다. 유쾌하고 기억할 만한 이야기로 서로 담소를 하고서 한 곁에 앉았다. 한 곁에 앉은 몰리야시와까 유행승은 세존께 이렇게 말씀드렸다.

"세존이시여, '법은 스스로 보아 알 수 있다. 법은 스스로 보아 알 수 있다.'라고 합니다. 세존이시여, 어떻게 법은 스스로 보아 알 수 있고, 시간이 걸리지 않고, 와서 보라는 것이고, 향상으로 인도하고, 지자들이 각자 알아야 하는 것입니까?"131)

2. "시와까여, 그렇다면 이제 그대에게 되물어보리니 그대가 옳다고 생각하는 대로 설명해보라. 시와까여, 이를 어떻게 생각하는가? 그대에게 안으로 탐욕이 있으면 '내게는 안으로 탐욕이 있다.'라고 꿰뚫어 알고, 그대에게 안으로 탐욕이 없으면 '내게는 안으로 탐욕이

악함과 질문함은 『청정도론』Ⅲ.65의 주해를 참조할 것.

130) 주석서에 의하면 몰리야시와까 유행승(Moliyasīvaka paribbajaka)의 원래 이름은 시와까였으며 머리에 상투(moli, cūla)를 틀고 있었기 때문에 몰라야시와까로 불렸다고 한다. 그는 옷을 입는 유행승(channa-paribbājaka)이었다고 한다.(SA.iii.81) 본경 외에 『상윳따 니까야』 「시와까 경」(S36:21)도 그가 세존께 드린 질문에 대한 세존의 설명을 담고 있다.

131) 본서 제1권 「어떤 바라문 경」(A3:53)도 같은 주제를 다루고 있다.

없다.'라고 꿰뚫어 아는가?"

"그렇습니다, 세존이시여."

"시와까여, 그대가 안으로 탐욕이 있으면 '내게는 안으로 탐욕이 있다.'라고 꿰뚫어 알고, 안으로 탐욕이 없으면 '내게는 안으로 탐욕이 없다.'라고 꿰뚫어 알 때, 그와 같이 법은 스스로 보아 알 수 있다.

시와까여, 이를 어떻게 생각하는가? 그대에게 안으로 성냄이 있으면 … 어리석음이 있으면 … 탐욕과 함께한법들이 있으면132) … 성냄과 함께한법들이 있으면 … 어리석음과 함께한법들이 있으면 '내게는 안으로 어리석음과 함께한법들이 있다.'라고 꿰뚫어 알고, 그대에게 안으로 어리석음과 함께한법들이 없으면 '내게는 안으로 어리석음과 함께한법들이 없다.'라고 꿰뚫어 아는가?"

"그렇습니다, 세존이시여."

"시와까여, 그대가 안으로 어리석음과 함께한법들이 있으면 '내게는 안으로 어리석음과 함께한법들이 있다.'라고 꿰뚫어 알고, 안으로 어리석음과 함께한법들이 없으면 '내게는 안으로 어리석음과 함께한법들이 없다.'라고 꿰뚫어 알 때, 그와 같이 법은 스스로 보아 알 수 있고, 시간이 걸리지 않고, 와서 보라는 것이고, 향상으로 인도하고, 지자들이 각자 알아야 하는 것이다."

"경이롭습니다, 세존이시여. 경이롭습니다, 세존이시여. 마치 넘어진 자를 일으켜 세우시듯, 덮여있는 것을 걷어내 보이시듯, [방향을] 잃어버린 자에게 길을 가리켜주시듯, 눈 있는 자 형상을 보라고 어둠

---

132) "탐욕(lobha) 등의 셋은 세 가지의 해로움의 뿌리(akusala-mūla)를 보이신 것이고, 탐욕과 함께한법(lobha-dhamma) 등의 셋은 그것과 관련된 법을 뜻한다."(AA.iii.380)

속에서 등불을 비춰주시듯, 세존께서는 여러 가지 방편으로 법을 설해주셨습니다. 저는 이제 세존께 귀의하옵고 법과 비구 승가에 귀의합니다. 세존께서는 저를 재가 신자로 받아주소서. 오늘부터 목숨이 붙어 있는 그날까지 귀의하옵니다."

스스로 보아 알 수 있음 경2(A6:48)

1. 그때 어떤 바라문이 세존께 다가갔다. 가서는 세존과 함께 환담을 나누었다. 유쾌하고 기억할 만한 이야기로 서로 담소를 하고서 한 곁에 앉았다. 한 곁에 앉아서 그 바라문은 세존께 이렇게 말씀드렸다.

"고따마 존자시여, '법은 스스로 보아 알 수 있다. 법은 스스로 보아 알 수 있다.'고 합니다. 고따마 존자시여, 어떻게 법은 스스로 보아 알 수 있고, 시간이 걸리지 않고, 와서 보라는 것이고, 항상으로 인도하고, 지자들이 각자 알아야 하는 것입니까?"

2. "바라문이여, 그렇다면 이제 그대에게 되물어보리니 그대가 옳다고 생각하는 대로 설명해보라. 바라문이여, 이를 어떻게 생각하는가? 그대에게 안으로 애욕133)이 있으면 '내게는 안으로 애욕이 있다.'라고 꿰뚫어 알고, 그대에게 안으로 애욕이 없으면 '내게는 안으로 애욕이 없다.'라고 꿰뚫어 아는가?"

"그렇습니다, 세존이시여."

---

133) '애욕'은 rāga를 옮긴 것이다. 본서에서는 일반적으로 lobha는 탐욕으로 rāga는 '애욕'으로 옮기고 있다. 물론 문맥에 따라서 rāga를 탐욕으로 옮기기도 한다.

"바라문이여, 그대가 안으로 애욕이 있으면 '내게는 안으로 애욕이 있다.'라고 꿰뚫어 알고, 안으로 애욕이 없으면 '내게는 안으로 애욕이 없다.'라고 꿰뚫어 알 때, 그와 같이 법은 스스로 보아 알 수 있다.

바라문이여, 이를 어떻게 생각하는가? 그대에게 안으로 성냄이 있으면 … 어리석음이 있으면 … 몸의 불결함이 있으면134) … 말의 불결함이 있으면 … 마음의 불결함이 있으면 '내게는 안으로 마음의 불결함이 있다.'라고 꿰뚫어 알고, 그대에게 안으로 마음의 불결함이 없으면 '내게는 안으로 마음의 불결함이 없다.'라고 꿰뚫어 아는가?"

"그렇습니다, 세존이시여."

"바라문이여, 그대가 안으로 마음의 불결함이 있으면 '내게는 안으로 마음의 불결함이 있다.'라고 꿰뚫어 알고, 안으로 마음의 불결함이 없으면 '내게는 안으로 마음의 불결함이 없다.'라고 꿰뚫어 알 때, 그와 같이 법은 스스로 보아 알 수 있고, 시간이 걸리지 않고, 와서 보라는 것이고, 향상으로 인도하고, 지자들이 각자 알아야 하는 것이다."

"경이롭습니다, 세존이시여. 경이롭습니다, 세존이시여. 마치 넘어진 자를 일으켜 세우시듯, 덮여있는 것을 걷어내 보이시듯, [방향을] 잃어버린 자에게 길을 가리켜주시듯, 눈 있는 자 형상을 보라고 어둠 속에서 등불을 비춰주시듯, 세존께서는 여러 가지 방편으로 법을 설해주셨습니다. 저는 이제 세존께 귀의하옵고 법과 비구 승가에 귀의합니다. 세존께서는 저를 재가 신자로 받아주소서. 오늘부터 목숨이

---

134) "'몸의 불결함(kāya-sandosa)'이란 몸의 문(dvāra)의 불결함(dussanā-kāra)이다. 나머지 두 가지도 이와 같이 적용된다. 이 두 개의 경에서는 반조(paccavekkhaṇa)를 설하셨다."(*Ibid*)

붙어 있는 그날까지 귀의하옵니다."

케마 경(A6:49)
Khema-sutta

1. 한때 세존께서는 사왓티에서 제따 숲의 급고독원에 머무셨다. 그 무렵 케마 존자135)와 수마나 존자가 사왓티에서 어둠의 숲136)에 머물렀다. 그때 케마 존자와 수마나 존자는 세존께 다가갔다. 가서는 세존께 절을 올리고 한 곁에 앉았다. 한 곁에 앉아서 케마 존자는 세존께 이렇게 말씀드렸다.

"세존이시여, 어떤 비구건 그가 아라한이고 번뇌가 다했고 삶을 완성했으며 할 바를 다했고137) 짐을 내려놓았으며138) 참된 이상139)을 실현했고 삶의 족쇄를 부수었으며 바른 구경의 지혜로 해탈했을

---

135) 주석서는 케마(Khema) 존자와 수마나(Sumana) 존자에 대한 설명을 하지 않고 있다.

136) '어둠의 숲'은 Andha-vana를 직역한 것인데 사왓티 남쪽에 있는 숲의 이름이다. 많은 비구와 비구니들이 거주하였다고 하며 특히 참선에 몰두하는 자들이 거주하기에 좋은 숲으로 알려졌다.(MA.i.338) 적지 않은 경들이 여기서 설해졌는데 그 가운데서도 「짧은 라훌라 교계경」(M147)이 잘 알려져 있다. 라훌라 존자는 이 가르침을 듣고 깨달음을 얻었다. 그리고 몇몇 율장의 계목들도 여기서 제정되었다.

137) "'할 바를 다한 자(katakaraṇīya)'라는 것은 네 가지 도로써 해야 할 일을 다 한 뒤 머무는 자다."(AA.ii.234)

138) "'짐을 내려놓았다(ohita-bhāro)'는 것은 무더기(khandha)의 짐(bhāra)과 오염원(kilesa)의 짐과 업형성(abhisaṅkhāra)의 짐을 내려놓고 머무는 자다."(*Ibid*)

139) "'참된 이상(sadattha)'이란 아라한과를 뜻한다."(*Ibid*)

때, 그에게는 '내가 더 뛰어나다.'거나, '나와 동등하다.'거나, '내가 더 못하다.'라는 생각이 없습니다."

이와 같이 케마 존자는 설하였고 스승께서는 동의하셨다. 그때 케마 존자는 '스승께서는 나의 말에 동의하시는구나.'라고 생각하면서 자리에서 일어나 세존께 절을 올리고 오른쪽으로 [세 번] 돌아 [경의를 표한] 뒤 물러갔다.

그러자 수마나 존자는 케마 존자가 물러간 지 오래지 않아 세존께 이렇게 말씀드렸다.

"세존이시여, 어떤 비구건 그가 아라한이고 번뇌가 다했고 삶을 완성했으며 할 바를 다했고 짐을 내려놓았으며 참된 이상을 실현했고 삶의 족쇄를 부수었으며 바른 구경의 지혜로 해탈했을 때, 그에게는 '내가 더 뛰어나다.'거나, '나와 동등하다.'거나, '내가 더 못하다.'라는 생각이 없습니다."

이와 같이 수마나 존자는 설하였고 스승께서는 동의하셨다. 그때 수마나 존자는 '스승께서는 나의 말에 동의하시는구나.'라고 생각하면서 자리에서 일어나 세존께 절을 올리고 오른쪽으로 [세 번] 돌아 [경의를 표한] 뒤 물러갔다.

2. 그때 세존께서는 케마 존자와 수마나 존자가 물러간 지 오래지 않아 비구들을 불러서 말씀하셨다.

"비구들이여, 좋은 가문의 아들들은 이와 같이 구경의 지혜를 설명한다. 의미는 분명하게 말하지만 자기 자신은 드러내지 않는다.140)

---

140) "우리는 이런 사람들이라고 자신을 드러내지 않았다는 뜻이다."(AA.ii. 331)

그러나 여기 어떤 쓸모없는 인간들은 [지금은] 웃으면서 구경의 지혜를 설명하는 것처럼 보이지만 그들은 나중에 곤경에 처하게 된다."

3. "뛰어나지도 않고 열등하지도 않고 동등하지도 않고
[이 셋을] 가까이 하지도 않나니141)
태어남은 다했고 청정범행을 완성했으며
족쇄를 풀어버린 자들은 유행하노라."

감각기능[根] 경(A6:50)142)
Indriya-sutta

1. "비구들이여, 감각기능을 단속하지 못할 때 감각기능을 단속하지 못하는 자에게 계행은 조건을 상실해버린다. 계행이 없을 때 계행을 파한 자에게 바른 삼매는 조건을 상실해버린다. 바른 삼매가 없을 때 바른 삼매가 없는 자에게 여실지견(如實知見)은 조건을 상실해버린다. 여실지견이 없을 때 여실지견이 없는 자에게 염오와 탐욕의 빛바램은 조건을 상실해버린다. 염오와 탐욕의 빛바램이 없을 때 염오와 탐욕의 빛바램이 없는 자에게 해탈지견은 조건을 상실해버린다."

2. "비구들이여, 예를 들면 가지와 잎이 없는 나무는 새싹이 자라나지 못하고 껍질이 완전하지 못하고 연한 목재[白木質]가 완전하지

---

141) '가까이 하지 않는'은 nopanīyare를 옮긴 것인데 주석서는 가까이 하지 않는다(na upanenti, na upagacchanti)는 의미로 설명하고 있다.(AA. iii.381)

142) 6차결집본의 경제목은 '감각기능의 단속'(Indriyasaṁvara-sutta)이다. 본경은 본서 제3권 「계행이 나쁨 경」(A5:24)과 비슷한 내용을 담고 있다.

못하고 심재(心材)가 완전하지 못한 것과 같다. 감각기능의 단속이 없을 때 감각기능의 단속을 하지 못한 자에게 계행은 조건을 상실해버린다. … 염오와 탐욕의 빛바램이 없을 때 염오와 탐욕의 빛바램이 없는 자에게 해탈지견은 조건을 상실해버린다."

3. "비구들이여, 감각기능을 단속할 때 감각기능을 단속하는 자에게 계행은 조건을 구족한 것이다. 계행이 있을 때 계행을 구족한 자에게 바른 삼매는 조건을 구족한 것이다. 바른 삼매가 생길 때 바른 삼매를 구족한 자에게 여실지견(如實知見)은 조건을 구족한 것이다. 여실지견이 생길 때 여실지견을 구족한 자에게 염오와 탐욕의 빛바램은 조건을 구족한 것이다. 염오와 탐욕의 빛바램이 생길 때 염오와 탐욕의 빛바램을 구족한 자에게 해탈지견은 조건을 구족한 것이다."

4. "비구들이여, 예를 들면 가지와 잎이 있는 나무는 새싹이 자라나고 껍질이 완전하고 연한 목재[白木質]가 완전하고 심재(心材)가 완전한 것과 같다. 그와 같이 감각기능을 단속할 때 감각기능을 단속하는 자에게 계행은 조건을 구족한 것이다. … 염오와 탐욕의 빛바램이 생길 때 염오와 탐욕의 빛바램을 구족한 자에게 해탈지견은 조건을 구족한 것이다."

아난다 경(A6:51)
Ānanda-sutta

1. 그때 아난다 존자가 사리뿟따 존자에게 다가갔다. 가서는 사리뿟따 존자와 함께 환담을 나누었다. 유쾌하고 기억할 만한 이야기

로 서로 담소를 하고서 한 곁에 앉았다. 한 곁에 앉은 아난다 존자는 사리뿟따 존자에게 이렇게 말했다.

2. "도반 사리뿟따여, 어떻게 비구가 배우지 못한 법을 배우고, 배운 법을 잊어버리지 않고, 전에 마음에 와 닿은 법들이 마음에 남아있고,143) 모르던 것을 알게 됩니까?"

"아난다 존자는 많이 배운 분입니다. 아난다 존자가 밝혀주십시오."

"도반 사리뿟따여, 그렇다면 잘 듣고 마음에 잡도리하십시오. 나는 이제 설할 것입니다."

"그렇게 하겠습니다. 도반이여."라고 사리뿟따 존자는 아난다 존자에게 응답했다. 아난다 존자는 이렇게 말하였다.

3. "도반 사리뿟따여, 여기 비구는 경(經), 응송(應頌), 상세한 설명[記別, 授記], 게송(偈頌), 감흥어(感興語), 여시어(如是語), 본생담(本生譚), 미증유법(未曾有法), 문답[方等]이라는 [아홉 가지] 법을 배웁니다. 그는 들은 대로 배운 대로 남들에게 자세하게 법을 설합니다. 그는 들은 대로 배운 대로 남들에게 자세하게 말해줍니다. 그는 들은 대로 배운 대로 법을 자세하게 암송합니다. 그는 들은 대로 배운 대로 마음으로 생각해 보고 지속적으로 고찰해 보고 마음으로 숙고해 봅니다. 그는 많이 배우고 전승된 가르침에 능통하고 법(경장)을 호지하고 율[장]을 호지하고 논모(論母, 마띠까)를 호지하는 장로 비구들이 머물고 있는 곳에서 안거를 납니다. 그는 자주 그들에게 다가가서 묻고 질문합

---

143) '마음에 남아있고'로 옮긴 원어는 samudācaranti(일어나다, 출몰하다, 대하다)다. 주석서에서 "마음의 문에 다닌다(manodvāre caranti)"(AA. iii.382)로 설명하고 있어서 이렇게 옮겼다.

니다. '존자들이시여, 이것은 어떻게 되며 이 뜻은 무엇입니까?' 그들은 그에게 드러나지 않은 것을 드러내고 명확하지 않은 것을 명확하게 해주고 여러 가지 의심되는 법에 대해서 의심을 없애줍니다.

도반 사리뿟따여, 이렇게 비구가 배우지 못한 법을 배우고, 배운 법을 잊어버리지 않고, 전에 마음에 와 닿은 법들이 마음에 남아있고, 모르던 것을 알게 됩니다."

4. "참으로 경이롭습니다, 도반이여. 참으로 놀랍습니다, 도반이여. 아난다 존자는 참으로 이런 금언을 말하였습니다. 우리는 아난다 존자가 이러한 여섯 가지 법을 구족하였다고 알겠습니다."

5. "참으로 아난다 존자는 경(經), 응송(應頌), 상세한 설명[記別, 授記], 게송(偈頌), 감흥어(感興語), 여시어(如是語), 본생담(本生譚), 미증유법(未曾有法), 문답[方等]이라는 [아홉 가지] 법을 배웁니다. 아난다 존자는 들은 대로 배운 대로 남들에게 자세하게 법을 설합니다. 아난다 존자는 들은 대로 배운 대로 남들에게 자세하게 말해줍니다. 아난다 존자는 들은 대로 배운 대로 법을 자세하게 암송합니다. 아난다 존자는 들은 대로 배운 대로 마음으로 생각해보고 지속적으로 고찰해보고 마음으로 숙고해봅니다. 아난다 존자는 많이 배우고 전승된 가르침에 능통하고 법(경장)을 호지하고 율[장]을 호지하고 논모(論母, 마띠까)를 호지하는 장로 비구들이 머물고 있는 곳에서 안거를 납니다. 아난다 존자는 자주 그들에게 다가가서 묻고 질문합니다. '존자들이시여, 이것은 어떻게 되며 이 뜻은 무엇입니까?' 그들은 아난다 존자에게 드러나지 않은 것을 드러내고 명확하지 않은 것을 명확하게 해주고 여러 가지 의심되는 법에 대해서 의심을 없애줍니다."

끄샤뜨리야 경(A6:52)
Khattiya-sutta

1. 그때 자눗소니 바라문144)이 세존께 다가갔다. 가서는 세존과 함께 환담을 나누었다. 유쾌하고 기억할 만한 이야기로 서로 담소를 하고서 한 곁에 앉았다. 한 곁에 앉아서 자눗소니 바라문은 세존께 이렇게 말씀드렸다.

2. "고따마 존자시여, 끄샤뜨리야들은 무엇에 목적을 두고 무엇을 추구하고 무엇에 확고하고 무엇을 천착하고 무엇을 귀결점으로 합니까?"

"바라문이여, 끄샤뜨리야들은 재물에 목적을 두고 통찰지를 추구하고 힘에 확고하고 땅을 천착하고 지배를 귀결점으로 한다."

"고따마 존자시여, 그러면 바라문들은 무엇에 목적을 두고 무엇을 추구하고 무엇에 확고하고 무엇을 천착하고 무엇을 귀결점으로 합니까?"

"바라문이여, 바라문들은 재물에 목적을 두고 통찰지를 추구하고 만뜨라에 확고하고 제사를 천착하고 범천의 세계를 귀결점으로 한다."

"고따마 존자시여, 그러면 장자들은 무엇에 목적을 두고 무엇을 추구하고 무엇에 확고하고 무엇을 천착하고 무엇을 귀결점으로 합니까?"

"바라문이여, 장자들은 재물에 목적을 두고 통찰지를 추구하고 기

---

144) 자눗소니 바라문(Jāṇussoṇi brāhmaṇa)에 대해서는 본서 제2권 「무외 경」(A4:184)의 주해를 참조할 것.

술에 확고하고 일을 천착하고 일의 완수를 귀결점으로 한다."

"고따마 존자시여, 그러면 여인들은 무엇에 목적을 두고 무엇을 추구하고 무엇에 확고하고 무엇을 천착하고 무엇을 귀결점으로 합니까?"

"바라문이여, 여인들은 남자에 목적을 두고 장신구를 추구하고 아들에 확고하고 경쟁하는 [여인이] 없음을 천착하고 지배를 귀결점으로 한다."

"고따마 존자시여, 그러면 도둑들은 무엇에 목적을 두고 무엇을 추구하고 무엇에 확고하고 무엇을 천착하고 무엇을 귀결점으로 합니까?"

"바라문이여, 도둑들은 가지는 것에 목적을 두고 거머쥠을 추구하고 무기에 확고하고 어둠을 천착하고 남의 눈에 띄지 않음을 귀결점으로 한다."

"고따마 존자시여, 그러면 사문들은 무엇에 목적을 두고 무엇을 추구하고 무엇에 확고하고 무엇을 천착하고 무엇을 귀결점으로 합니까?"

"바라문이여, 사문들은 인욕과 온화함에 목적을 두고 통찰지를 추구하고 계에 확고하고 무소유를 천착하고 열반을 귀결점으로 한다."

3. "참으로 경이롭습니다, 고따마 존자시여. 참으로 놀랍습니다, 고따마 존자시여. 고따마 존자께서는 끄샤뜨리야의 목적과 추구와 확고함과 천착과 귀결점을 아십니다. 고따마 존자께서는 바라문의 … 장자의 … 여인의 … 도둑의 … 사문의 목적과 추구와 확고함과 천착과 귀결점을 아십니다.

경이롭습니다, 고따마 존자시여. 경이롭습니다, 고따마 존자시여. 마치 넘어진 자를 일으켜 세우시듯, 덮여있는 것을 걷어내 보이시듯, [방향을] 잃어버린 자에게 길을 가리켜주시듯, 눈 있는 자 형상을 보라고 어둠 속에서 등불을 비춰주시듯, 고따마 존자께서는 여러 가지 방편으로 법을 설해주셨습니다. 저는 이제 고따마 존자께 귀의하옵고 법과 비구 승가에 귀의합니다. 고따마 존자께서는 저를 재가 신자로 받아주소서. 오늘부터 목숨이 붙어 있는 그날까지 귀의하옵니다."

불방일 경(A6:53)
Appamāda-sutta

1. 그때 어떤 바라문이 세존께 다가갔다. 가서는 세존과 함께 환담을 나누었다. 유쾌하고 기억할 만한 이야기로 서로 담소를 하고서 한 곁에 앉았다. 한 곁에 앉아서 바라문은 세존께 이렇게 말씀드렸다.

2. "고따마 존자시여, 그것을 닦고 많이 [공부]지으면 금생의 이익과 내생의 이익 둘 다를 잘 성취하여 머물 수 있는 그러한 하나의 법이 있습니까?"

"바라문이여, 그것을 닦고 많이 [공부]지으면 금생의 이익과 내생의 이익 둘 다를 잘 성취하여 머물 수 있는 그러한 하나의 법이 있다."

"고따마 존자시여, 그러면 어떤 것이 그 하나의 법입니까?"

3. "바라문이여, 방일하지 않음이 그 하나의 법이니, 그것을 닦고 많이 [공부]지으면 금생의 이익과 내생의 이익 둘 다를 잘 성취하여 머물 수 있다.

바라문이여, 예를 들면 [땅위에서] 걸어 다니는 모든 생명들의 발자국들은 모두 코끼리 발자국에 포함되나니, 코끼리 발자국이야말로 으뜸이라 불리는 것과 같다. 그와 같이 방일하지 않음이 그 하나의 법이니, 그것을 닦고 많이 [공부]지으면 금생의 이익과 내생의 이익 둘 다를 잘 성취하여 머물 수 있다.

바라문이여, 예를 들면 뾰족 지붕이 있는 집의 서까래들은 모두 꼭대기로 이르고 꼭대기로 향하고 꼭대기로 모이나니, 꼭대기가 그들 가운데 으뜸이라 불리는 것과 같다. 그와 같이 방일하지 않음이 그 하나의 법이니, …

바라문이여, 예를 들면 갈대를 꺾는 사람이 갈대를 꺾어서 윗부분을 잡고 앞뒤로 흔들고 아래로 내려치는 것과 같다. 그와 같이 방일하지 않음이 그 하나의 법이니, …

바라문이여, 예를 들면 망고가 주렁주렁 열린 것을 줄기째 자르면 그 줄기에 달려있는 모든 망고가 다 떨어지는 것과 같다. 그와 같이 방일하지 않음이 그 하나의 법이니, …

바라문이여, 예를 들면 어떤 작은 왕이든지 그들 모두는 전륜성왕에 복속되나니, 전륜성왕이 그들 가운데 으뜸이라 불리는 것과 같다. 그와 같이 방일하지 않음이 그 하나의 법이니, …

바라문이여, 예를 들면 어떤 종류의 별 빛이라 하더라도 그 모두는 달빛의 16분의 1에도 미치지 못하나니, 달빛은 그들 가운데 으뜸이라 불리는 것과 같다. 그와 같이 방일하지 않음이 그 하나의 법이니, 그것을 닦고 많이 [공부]지으면 금생의 이익과 내생의 이익 둘 다를 잘 성취하여 머물 수 있다.

바라문이여, 이것이 그 하나의 법이니, 그것을 닦고 많이 [공부]지으면 금생의 이익과 내생의 이익 둘 다를 잘 성취하여 머물 수 있다."

"경이롭습니다, 고따마 존자시여. 경이롭습니다, 고따마 존자시여. 마치 넘어진 자를 일으켜 세우시듯, 덮여있는 것을 걷어내 보이시듯, [방향을] 잃어버린 자에게 길을 가리켜주시듯, 눈 있는 자 형상을 보라고 어둠 속에서 등불을 비춰주시듯, 고따마 존자께서는 여러 가지 방편으로 법을 설해주셨습니다. 저는 이제 고따마 존자께 귀의하옵고 법과 비구 승가에 귀의합니다. 고따마 존자께서는 저를 재가 신자로 받아주소서. 오늘부터 목숨이 붙어 있는 그날까지 귀의하옵니다."

담미까 경(A6:54)
Dhammika-sutta

1. 한때 세존께서는 라자가하에서 독수리봉 산에 머무셨다. 그 무렵에 담미까 존자145)가 고향에 머물고 있었는데 그 고향에는 일곱 군데의 거주처가 있었다. 그때 담미까 존자는 객으로 온 비구들을 욕하고 비방하고 해코지하고 밀치고 말로써 화를 돋우었다. 객으로 온 비구들은 담미까 존자가 욕하고 비방하고 해코지하고 밀치고 말로써 화를 돋우자 거기서 떠나고 아무도 머물지 않아 거주처는 텅 비어버렸다. 그러자 고향에 사는 신도들에게 이런 생각이 들었다.

'우리는 의복과 탁발음식과 거처와 병구완을 위한 약품으로 승가를 시봉해왔다. 그런데 객으로 온 비구들이 떠나고 아무도 머물지 않아 거주처가 텅 비어버렸다. 무슨 이유와 무슨 조건 때문에 객으로

---

145) 담미까 존자(āyasmā Dhammika)는 꼬살라의 바라문 출신이다. 그는 제따 숲을 승단에 기증하던 날에 청정한 믿음이 생겨서 출가하였다고 한다.(ThagA.ii.127)

온 비구들이 떠나고 아무도 머물지 않아 거주처가 텅 비어버렸는가?'

그때 고향에 사는 신도들에게 이런 생각이 들었다.

'담미까 존자가 객으로 온 비구들을 욕하고 비방하고 해코지하고 밀치고 말로써 화를 돋우었다. 객으로 온 비구들은 담미까 존자가 욕하고 비방하고 해코지하고 밀치고 말로써 화를 돋우자 거기서 떠나고 아무도 머물지 않아 거주처는 텅 비어버렸다. 그러니 우리가 담미까 존자를 떠나도록 해야겠다.'

그때 고향에 사는 신도들은 담미까 존자에게 다가갔다. 가서는 담미까 존자에게 이렇게 말했다.

"존자시여, 담미까 존자는 이 거주처로부터 떠나십시오. 존자는 여기서 사시고 싶은 만큼 오래 사셨습니다."

2. 그러자 담미까 존자는 그곳을 떠나서 [고향에 있는] 다른 거주처로 갔다. 그곳에서도 담미까 존자는 객으로 온 비구들을 욕하고 비방하고 해코지하고 밀치고 말로써 화를 돋우었다. 객으로 온 비구들은 담미까 존자가 욕하고 비방하고 해코지하고 밀치고 말로써 화를 돋우자 거기서 떠나고 아무도 머물지 않아 거주처는 텅 비어버렸다. 그러자 고향에 사는 신도들에게 이런 생각이 들었다.

'우리는 의복과 탁발음식과 거처와 병구완을 위한 약품으로 승가를 시봉해왔다. 그런데 객으로 온 비구들이 떠나고 아무도 머물지 않아 거주처가 텅 비어버렸다. 무슨 이유와 무슨 조건 때문에 객으로 온 비구들이 떠나고 아무도 머물지 않아 거주처가 텅 비어버렸는가?'

그때 고향에 사는 신도들에게 이런 생각이 들었다.

'담미까 존자가 객으로 온 비구들을 욕하고 비방하고 해코지하고 밀치고 말로써 화를 돋우었다. 객으로 온 비구들은 담미까 존자가 욕하고 비방하고 해코지하고 밀치고 말로써 화를 돋우자 거기서 떠나고 아무도 머물지 않아 거주처는 텅 비어버렸다. 그러니 우리가 담미까 존자를 떠나도록 해야겠다.'

그때 고향에 사는 신도들은 담미까 존자에게 다가갔다. 가서는 담미까 존자에게 이렇게 말했다.

"존자시여, 담미까 존자는 이 거주처로부터 떠나십시오. 존자는 여기서 사시고 싶은 만큼 오래 사셨습니다."

3. 그러자 담미까 존자는 그곳을 떠나서 [고향에 있는] 또 다른 거주처로 갔다. 그곳에서도 담미까 존자는 객으로 온 비구들을 욕하고 비방하고 해코지하고 밀치고 말로써 화를 돋우었다. 객으로 온 비구들은 담미까 존자가 욕하고 비방하고 해코지하고 밀치고 말로써 화를 돋우자 거기서 떠나고 아무도 머물지 않아 거주처는 텅 비어버렸다. 그러자 고향에 사는 신도들에게 이런 생각이 들었다.

'우리는 의복과 탁발음식과 거처와 병구완을 위한 약품으로 승가를 시봉해왔다. 그런데 객으로 온 비구들이 떠나고 아무도 머물지 않아 거주처가 텅 비어버렸다. 무슨 이유와 무슨 조건 때문에 객으로 온 비구들이 떠나고 아무도 머물지 않아 거주처가 텅 비어버렸는가?'

그때 고향에 사는 신도들에게 이런 생각이 들었다.

'담미까 존자가 객으로 온 비구들을 욕하고 … 거주처는 텅 비어버렸다. 그러니 우리가 담미까 존자를 일곱 군데의 거주처 모두에서 떠나도록 해야겠다.'

그때 고향에 사는 신도들은 담미까 존자에게 다가갔다. 가서는 담미까 존자에게 이렇게 말했다.

"존자시여, 담미까 존자는 고향에 있는 일곱 군데 거주처 모두에서 떠나십시오."

4. 그때 담미까 존자에게 이런 생각이 들었다.
'나는 고향에 사는 신도들에 의해 일곱 군데의 고향 거주처 모두에서 쫓겨났다. 이제 어디로 가야 하나?'
다시 담미까 존자에게 이런 생각이 들었다.
'그래, 세존께 가야겠다.'
그래서 담미까 존자는 발우와 가사를 수하고 라자가하로 떠나서 서서히 라자가하에 있는 독수리봉 산으로 가서 세존께 다가갔다. 가서는 세존께 절을 올리고 한 곁에 앉았다. 한 곁에 앉은 담미까 존자에게 세존께서는 이렇게 말씀하셨다.
"담미까 바라문이여,146) 그대는 어디서 오는가?"
"세존이시여, 저는 고향에 사는 신도들에 의해 일곱 군데의 고향 거주처 모두에서 쫓겨났습니다."
"그만 하라, 담미까 바라문이여. 여기저기서 그들은 그대를 떠나도록 하였고 그대는 여기저기를 떠나서 이제 내 곁에까지 왔구나."

5. "담미까 바라문이여, 예전에 항해를 하여 장사를 하는 상인

---

146) 모든 경에서 부처님이 출가 제자들을 호칭할 때는 예외 없이 이름만을 부르시거나 이름을 모르는 경우에는 그냥 '비구여'라는 호칭을 쓰시는데 여기서는 담미까를 부르실 때 '담미까 바라문'이라고 재가자였을 때 그의 신분을 넣어서 부르고 계신다. 이러한 어법은 재가자를 호칭하는 방법이다. 아마 부처님께서는 그를 꾸짖기 위해서 이런 호칭을 사용하신 듯하다. 주석서와 복주서에는 보충 설명이 없다.

이 해안을 찾는 새를 데리고 배를 타고 바다 깊이 들어갔다. 그는 배에서 해안을 발견하지 못하자 해안을 찾는 새를 날려 보냈다. 그는 동쪽 방향으로 갔다가 남쪽 방향으로 가고 서쪽 방향으로 가고 북쪽 방향으로 가고 위로도 가고 간(間)방위로도 간다. 만일 새가 모든 곳에서 해안을 보게 되면 그곳으로 가지만 만일 모든 곳에서 해안을 보지 못하면 그 배로 다시 돌아온다.147)

담미까 바라문이여, 그와 같이 여기저기서 그들은 그대를 떠나도록 하였고 그대는 여기저기를 떠나서 이제 내 곁에까지 왔구나."

6. "담미까 바라문이여, 예전에 꼬라위야148) 왕에게 숩빠띳타라는 큰 니그로다 나무가 있었는데 다섯 개의 큰 가지를 가졌고 시원한 그늘을 드리웠으며 아름다웠다. 담미까 바라문이여, 그런데 숩빠띳타 니그로다 나무는 12요자나의 둘레였고 뿌리는 5요자나에 퍼져있었다. 숩빠띳타 니그로다 나무에는 큰 열매들이 열렸는데 마치 1리터들이 물통만 했고, 깨끗한 열매들은 마치 깨끗하고 달콤한 벌꿀과도 같았다.

담미까 바라문이여, 숩빠띳타 니그로다 나무의 하나의 가지[에 달린 열매들]은 왕이 내전의 여인들과 함께 먹었고, 다른 하나의 가지에 달린 것은 군대가 먹었고, 다른 하나의 가지에 달린 것은 성읍과 수도의 백성들이 먹었고, 다른 하나의 가지에 달린 것은 사문・바라문들이 먹었고, 다른 하나의 가지에 달린 것은 짐승과 새가 먹었다.

---

147) 『디가 니까야』 제1권 「께왓다 경」(D11) §85에도 나타나는 비유임.
148) 문자적으로 꼬라위야(Koravya)는 꾸루족(Kurū)의 후손이라는 뜻이다. 꾸루족과 관계가 있는 왕인 듯하다. 주석서에는 보충 설명이 없다.

담미까 바라문이여, 누구도 숩빠띳타 니그로다 나무의 열매들을 지키지도 않았고 다른 사람들의 열매를 해치지도 않았다.149)

담미까 바라문이여, 그런데 어떤 사람이 숩빠띳타 니그로다 나무의 열매를 원하는 만큼 먹은 뒤 가지를 꺾어버리고 떠났다. 그러자 숩빠띳타 니그로다 나무에 거주하는 신에게 이런 생각이 들었다. '참으로 경이롭구나. 참으로 놀랍구나. 저 악한 사람이 숩빠띳타 니그로다 나무의 열매를 원하는 만큼 먹은 뒤 가지를 꺾어버리고 떠나다니. 숩빠띳타 니그로다 나무는 이제 더 이상 열매를 맺지 말기를.'

담미까 바라문이여, 숩빠띳타 니그로다 나무는 더 이상 열매를 맺지 않았다. 그때 꼬라위야 왕이 신들의 왕 삭까150)에게 다가갔다. 가서는 신들의 왕 삭까에게 이렇게 말했다.

"존자시여, 숩빠띳타 니그로다 나무가 열매를 맺지 않는 것을 알고 계십니까?"

담미까 바라문이여, 그때 신들의 왕 삭까는 강한 바람을 동반한 비를 내리게 하여 숩빠띳타 니그로다 나무를 쓰러뜨리고 뿌리를 뽑아버리는 그러한 신통력을 나투었다. 그러자 숩빠띳타 니그로다 나무에 사는 신은 괴롭고 슬퍼서 고개를 떨어뜨리고 울면서 한 곁에 서있었다. 그때 신들의 왕 삭까가 숩빠띳타 니그로다 나무에 사는 신에게 다가갔다. 가서는 숩빠띳타 니그로다 나무에 사는 신에게 이렇게 말했다.

---

149) "'다른 사람의 열매를 해치지 않았다.'란 각자 서로 다른 사람의 몫에 달린 열매들을 해치치 않았다는 뜻이다."(AA.iii.386)
150) 신들의 왕 삭까(Sakko devānaṁ inda)에 대해서는 본서 제1권 「사대천왕 경」2(A3:37) §1의 주해를 참조할 것.

"신이여, 그대는 왜 괴롭고 슬퍼서 고개를 떨어뜨리고 울면서 한 곁에 서있는가?"

"존자시여, 강한 바람을 동반한 비가 내려서 제가 머무는 곳을 쓰러뜨리고 뿌리를 뽑아버렸기 때문입니다."

"신이여, 그런데 그대가 나무의 법에 확고한데도 강한 바람을 동반한 비가 내려 그대가 머무는 곳을 쓰러뜨리고 뿌리를 뽑아버렸는가?"

"존자시여, 어떻게 나무가 나무의 법에 확고하게 머뭅니까?"

"신이여, 여기 뿌리를 원하는 자들은 나무의 뿌리를 가져가고, 껍질을 원하는 자들은 껍질을 가져가고, 잎사귀를 원하는 자들은 잎사귀를 가져가고, 꽃을 원하는 자들은 꽃을 가져가고, 열매를 원하는 자들은 열매를 가져간다. 그렇다고 해서 목신이 마음이 언짢고 기분이 나빠져서는 안된다. 신이여, 이와 같이 나무는 나무의 법에 확고하게 머문다."

"존자시여, 제가 나무의 법에 확고하지 않았기 때문에 강한 바람을 동반한 비가 내려 제가 머무는 곳을 쓰러뜨리고 뿌리를 뽑아버렸습니다."

"신이여, 만일 그대가 나무의 법에 확고하다면 그대가 머무는 곳은 이전처럼 될 것이다."

"존자시여, 저는 나무의 법에 확고할 것입니다. 그러니 제가 머무는 곳이 이전처럼 되게 해주십시오."

담미까 바라문이여, 그때 신들의 왕 삭까는 강한 바람을 동반한 비를 내리게 하여 숩빠떳타 니그로다 나무를 일으켜 세우고 껍질과 뿌리를 갖추게 하였다.

"담미까 바라문이여, 그와 같이 그대가 사문의 법에 확고하였는데도 고향에 사는 신도들이 그대를 일곱 군데 거주처 모두에서 떠나도록 하였겠는가?"

"세존이시여, 그러면 어떻게 사문은 사문의 법에 확고합니까?"

"담미까 바라문이여, 여기 사문은 모욕을 당해도 모욕으로 되갚아서는 안되고, 화가 나도 화로써 응해서는 안되며, 싸움을 걸어와도 싸움으로 응해서는 안된다. 담미까 바라문이여, 이와 같이 사문은 사문의 법에 확고하다."

"세존이시여, 저는 사문의 법에 확고하지 못했습니다. 그래서 고향에 사는 신도들이 저를 일곱 군데 거주처 모두에서 떠나도록 하였습니다."

7. "담미까 바라문이여, 예전에 수넷따라는 스승이 있었는데 그는 교단의 창시자였으며 감각적 욕망들에 대해 욕망을 여의었다. 수넷따 스승에게는 수백 명의 제자들이 있었다. 수넷따 스승은 제자들에게 범천의 세상에 태어나는 법을 설하였다. 그런데 수넷따 스승이 범천의 세상에 태어나는 법을 설할 때 마음으로 청정한 믿음을 가지지 못한 자들은 몸이 무너져 죽은 뒤에 비참한 곳, 불행한 곳[惡處], 파멸처, 지옥에 태어났다. 그러나 수넷따 스승이 범천의 세상에 태어나는 법을 설할 때 마음으로 청정한 믿음을 가진 자들은 몸이 무너져 죽은 뒤에 좋은 곳[善處], 천상 세계에 태어났다.

"담미까 바라문이여, 예전에 무가빡카라는 스승이 있었는데 … 아라네미라는 스승이 있었는데 … 꿋달라까라는 스승이 있었는데 … 핫티빨라는 스승이 있었는데 … 조띠빨라는 스승이 있었는데 그는 교단의 창시자였으며 감각적 욕망들에 대해 욕망을 여의었다. 조띠빨라 스승에게는 수백 명의 제자들이 있었다. 조띠빨라 스승은 제자들에게 범천의 세상에 태어나는 법을 설하였다. 그런데 조띠빨라 스승이 범천의 세상에 태어나는 법을 설할 때 마음으로 청정한 믿음을 가지지 못한 자들은 몸이 무너져 죽은 뒤에 비참한 곳, 불행한 곳, 파멸처, 지옥에 태어났다. 그러나 조띠빨라 스승이 범천의 세상에 태어나는 법을 설할 때 마음으로 청정한 믿음을 가진 자들은 몸이 무너져 죽은 뒤에 좋은 곳[善處], 천상 세계에 태어났다.

담미까 바라문이여, 이를 어떻게 생각하는가? 교단의 창시자였으며 감각적 욕망들에 대해 욕망을 여의었으며 수백 명의 수행원들과 제자들의 무리를 거느린 이러한 여섯 스승들에게 마음이 타락한 사람이 욕을 하고 비난한다면 그는 많은 악덕을 쌓겠는가?"

"그렇습니다, 세존이시여."

8. "담미까 바라문이여, 교단의 창시자였으며 감각적 욕망들에 대해 욕망을 여의었으며 수백 명의 수행원들과 제자들의 무리를 거느린 이러한 여섯 스승들에게 마음이 타락한 사람이 욕을 하고 비난한다면 그는 많은 악덕을 쌓는다. 그런데 견해를 구족한151) 한 사람을 마음이 타락한 사람이 욕을 하고 비난한다면 그는 이보다 더 많은 악덕을 쌓는다. 그것은 무슨 이유 때문인가? 담미까 바라문이여, 다른 외도들을 [욕하고 비난하는 것은] 동료 수행자들을 [욕하고 비난하여] 자신의 공덕을 파버리는 것처럼152) 그만큼의 공덕을 파버린다

---

151) "'견해를 구족한 사람(diṭṭhi-sampanna)'이란 예류자를 말한다."(AA.iii. 387)

고 나는 말하지 않는다. 담미까 바라문이여, 그러므로 이와 같이 공부지어야 한다."

9. "'우리는 동료 수행자들에 대해 나쁜 생각을 하지 않을 것이다.'라고, 담미까 바라문이여, 그대는 이와 같이 공부지어야 한다."

10. "수넷따와 무가빡카와 아라네미 바라문이 있었고
꿋달라까 스승과 핫티빨라 바라문 학도가 있었으며
조띠빨라 고윈다는 일곱 [대왕의] 궁중 제관이었나니153)
이들 여섯 스승들은 과거에
불해(不害)를 실천했고 명성을 가졌노라.
그들은 세속의 비린내가 없었고 연민으로 해탈하였으며
감각적 욕망의 족쇄를 풀었고
감각적 욕망을 빛바랜 뒤 범천의 세상에 태어났도다.
그들에겐 수백의 제자들이 있었나니
그들도 세속의 비린내가 없었고 연민으로 해탈하였으며
감각적 욕망의 족쇄를 풀었고
감각적 욕망을 빛바랜 뒤 범천의 세상에 태어났도다.

그 외도의 선인들도 욕망을 여의었고 삼매에 들었나니
타락한 마음과 생각으로 그들을 비난하는 사람

---

152) '공덕을 파버리다'로 옮긴 원어는 khanti이다. 많은 곳에서 khanti는 인욕을 뜻한다. 그러나 이 문맥에서는 적합하지 않다. 주석서는 "자신의 공덕을 파헤치는 것(guṇa-khaṇana)"(*Ibid*)이라고 설명하고 있다. 그래서 이렇게 옮겼다.

153) 조띠빨라 고윈다에 대해서는 『디가 니까야』 제2권 「마하고윈다 경」 (D19) §29 이하를 참조할 것.

그러한 사람은 많은 악덕을 쌓노라.
그러나 견해를 구족한154) 부처님의 비구 제자 한 사람을
타락한 마음과 생각으로 비난하는 사람
이 사람은 저보다 더 많은 악덕을 쌓노라.
잘못된 견해155)를 제거한 착한 사람을 비방하지 말라.
이런 사람은 성스러운 승가에서
일곱 번째 인간156)이라 불리노라.

감각적 욕망들에 대해 욕망을 모두 여의지 못했고
다섯 가지 기능들이 여리지만157)
믿음과 마음챙김과 정진과
사마타와 위빳사나158)를 구족한

---

154) 바른 견해를 구족한 자는 예류도를 얻은 성스러운 제자를 뜻한다. 본서 제1권 「하나의 모음」(A1:15:1)의 주해를 참조할 것.

155) "'잘못된 견해(diṭṭhi-ṭṭhāna)'란 62가지의 견해를 말한다."(AA.iii.388) 62가지 견해는 『디가 니까야』 제1권 「범망경」(D1)에 상세하게 설명되어 있으니 참조할 것.

156) "'일곱 번째'라는 것은 아라한됨(아라한과)에서부터 시작하여 일곱 번째라는 뜻이다."(Ibid) 즉 아라한과부터 헤아려 내려와서 일곱 번째인 예류과를 뜻한다.

157) "'다섯 가지 기능들이 여리다.(pañcindriyā mudū)'는 것은 다섯 가지 위빳사나의 기능들이 여리다는 것이다. [예류자]의 기능들은 아직 일래자에 비하면 여리기 때문이다."(Ibid) 다섯 가지 기능[五根]은 믿음의 기능, 정진의 기능, 마음챙김의 기능, 삼매의 기능, 통찰지의 기능이다. 이러한 다섯 가지 기능이 위빳사나 수행에 적용되므로 주석서는 다섯 가지 위빳사나의 기능이라고 설명하고 있다.

158) "여기서 '위빳사나(vipassanā)'란 상카라들을 파악하는 지혜(saṅkhāra-pariggaha-ñāṇa)를 말한다."(Ibid)

그러한 비구를 성가시게 하는 자는
먼저 자신을 해치나니
자신을 해치고 그 다음에 남을 해코지하네.
자신을 보호하는 자는 밖도 보호하노니
그러므로 자신을 보호하라고 현자는 항상 말하노라."

제5장 담미까 품이 끝났다.

다섯 번째 품에 포함된 경들의 목록은 다음과 같다.

① 코끼리 ② 미가살라 ③ 빚
④ 쭌다, 두 가지 ⑤~⑥ 스스로 보아 알 수 있음
⑦ 케마 ⑧ 감각기능 ⑨ 아난다
⑩ 꼬사뜨리야 ⑪ 불방일 ⑫ 담미까다.

첫 번째 50개 경들의 묶음이 끝났다.

상카라들을 파악하는 지혜는 아홉 가지 위빳사나의 지혜 가운데 일곱 번째인 '깊이 숙고하여 관찰하는 지혜'다. 여기에 대해서는 『청정도론』 XXI.47 이하를 참조할 것. 아홉 가지 위빳사나의 지혜(vipassanā-ñāṇa)는 『아비담마 길라잡이』 제9장 §33의 주해와 『청정도론』 XXI.1 이하를 참조할 것.

두 번째 50개 경들의 묶음

Dutiya-paṇṇāsaka

제6장 대 품

Mahā-vagga

소나 경(A6:55)

Soṇa-sutta

1. 이와 같이 나는 들었다. 한때 세존께서는 라자가하에서 독수리봉 산에 머무셨다. 그 무렵에 소나 존자159)는 라자가하에서 차가운 숲160)에 머물렀다. 그때 소나 존자가 한적한 곳에 가서 홀로 앉아 있을 때 문득 마음속에 이런 생각이 떠올랐다.

'세존의 제자들은 열심히 정진하면서 머문다. 나도 그 가운데 한 사람이다. 그런데도 나는 취착을 없애지 못했고 번뇌들로부터 마음

---

159) 본경에 나타나는 소나 존자(āyasmā Soṇa)는 소나 꼴리위사(Soṇa Koḷi-visa) 존자다. 소나 존자에 대해서는 본서 제1권 「하나의 모음」(A1:14:2-8)의 주해를 참조할 것.

160) 차가운 숲(Sītavana)은 본경에서 보듯이 왕사성 근처에 있는 숲이다. 이 곳에 있는 공동묘지(susāna)에서 급고독(아나타삔디까) 장자가 처음으로 부처님을 뵈었다고 한다.(Vin.ii.155f.; ThagA.i.24)
그리고 본경의 소나 꼴리위사 존자도 세존으로부터 명상주제(kamma-ṭṭhaana)를 받아서 차가운 숲의 이 공동묘지에서 정진을 하여 마침내 아라한이 되었다고 한다.(AA.i.236)

이 해탈하지 못하였다. 그러나 우리 집은 부유하다. 나는 재물을 즐길 수도 있고 공덕을 지을 수도 있다. 그러니 나는 이제 공부지음을 버리고 낮은 [재가자의] 삶으로 되돌아가서 재물을 즐기고 공덕을 지어야겠다.'

그때 세존께서는 마음으로 소나 존자의 마음에 일어난 생각을 아시고 마치 힘 센 사람이 구부렸던 팔을 펴고 폈던 팔을 구부리는 것처럼 독수리봉 산을 떠나 차가운 숲에 소나 존자의 앞에 나타나셔서 마련된 자리에 앉으셨다. 소나 존자는 세존께 절을 올린 뒤 한 곁에 앉았다. 한 곁에 앉은 소나 존자에게 세존께서는 이렇게 말씀하셨다.

"소나여, 그대가 한적한 곳에 가서 홀로 앉아있을 때 문득 마음속에 이런 생각이 떠올랐다. '세존의 제자들은 열심히 정진하면서 머문다. 나도 그 가운데 한 사람이다. 그런데도 나는 취착을 없애지 못했고 번뇌들로부터 마음이 해탈하지 못하였다. 그러나 우리 집은 부유하다. 나는 재물을 즐길 수도 있고 공덕을 지을 수도 있다. 그러니 나는 이제 공부지음을 버리고 낮은 [재가자의] 삶으로 되돌아가서 재물을 즐기고 공덕을 지어야겠다.'라고."

"그러합니다, 세존이시여."

"소나여, 이를 어떻게 생각하는가? 그대는 전에 재가자였을 때 류트의 활줄 소리에 능숙하였는가?"

"그렇습니다, 세존이시여."

"소나여, 이를 어떻게 생각하는가? 류트의 활줄이 지나치게 팽팽한데도 그대의 류트는 그때 선율이 아름답고 연주하기에 적합하게 되는가?"

"그렇지 않습니다, 세존이시여."

"소나여, 이를 어떻게 생각하는가? 류트의 활줄이 지나치게 느슨한데도 그대의 류트는 그때 선율이 아름답고 연주하기에 적합하게 되는가?"

"그렇지 않습니다, 세존이시여."

"소나여, 그러나 그대의 류트의 활줄이 지나치게 팽팽하지도 않고 지나치게 느슨하지도 않고 적당한 음계(音階)161)에 맞추어졌을 때 그대의 류트는 그때 선율이 아름답고 연주하기에 적합하게 된다."

"그러합니다, 세존이시여."

"소나여, 그와 같이 지나치게 열심인 정진은 들뜸으로 인도하고 지나치게 느슨한 정진은 나태함으로 인도한다. 소나여, 그러므로 그대는 정진을 고르게 유지해야 한다.162) [다섯 가지] 기능들[五根]의 균등함을 꿰뚫어야 하고163) 거기서 표상을 취해야 한다."164)

---

161) "'적당한 음계(sama guṇa)'란 팽팽하지도 느슨하지도 않은 중간 음계(majjhima sara)를 뜻한다."(AA.iii.390)

162) '정진을 고르게 함'은 저본인 PTS본을 따라 vīriya-samata을 옮긴 것이다. 그러나 6차결집본과 PTS본 주석서와 육차결집본 주석서에는 viriya-samatha로 나타난다. 그리고 이것을 "정진과 함께한 사마타(vīriya-sampayutta samatha)"(Ibid)로 설명하고 있다. 그러나 다른 주석서들 몇 군데와 『청정도론』(III.131, VIII.221)에서는 vīriya-samata가 나타나고 있고 본경의 문맥상으로도 이것이 더 타당하다고 판단하여 저본인 PTS본을 따라 이렇게 옮겼다.

163) "'기능들[五根]의 균등함을 꿰뚫어야 하고(indriyānañ ca samataṁ paṭivijjha)'란 믿음 등의 다섯 가지 기능의 균등함에 확고해야 한다는 뜻이다. 즉 믿음은 통찰지와, 통찰지는 믿음과, 정진은 삼매와, 삼매는 정진과 연결되는 것이 다섯 가지 기능의 균등함에 확고한 것이다. 그러나 마음챙김은 모든 곳에서 이롭기 때문에 항상 강해야 한다. 연결 방법은 『청정도론』에 설명되어 있다."(AA.iii.390)

다섯 가지 기능의 균등함에 대해서는 『청정도론』 IV.45~49를 참조할 것.

"그렇게 하겠습니다, 세존이시여."라고 소나 존자는 세존께 응답했다.

세존께서는 이처럼 소나 존자를 교계하신 뒤 마치 힘 센 사람이 구부렸던 팔을 펴고 폈던 팔을 구부리는 것처럼 차가운 숲에서 사라져 독수리봉 산에 나타나셨다.

2. 소나 존자는 그 뒤에 정진을 고르게 유지하였고 [다섯 가지] 기능들[五根]의 적당함을 꿰뚫었으며 거기서 표상을 취하였다.165) 그때 소나 존자는 혼자 은둔하여 방일하지 않고 열심히, 스스로 독려하며 지냈다. 그는 오래지 않아 좋은 가문의 아들들이 성취하고자 집에서 나와 출가하는 그 위없는 청정범행의 완성을 지금여기에서 스스로 최상의 지혜로 알고 실현하고 구족하여 머물렀다. '태어남은 다했다. 청정범행은 성취되었다. 할 일을 다 해 마쳤다. 다시는 어떤 존재로도 돌아오지 않을 것이다.'라고 최상의 지혜로 알았다. 그래서 소나 존자는 아라한들 중의 한 분이 되었다.

그때 소나 존자는 아라한과를 얻은 뒤 이렇게 생각하였다.

'나는 세존께 다가가리라. 가서 세존의 곁에서 구경의 지혜를 말씀드리리라.'

그래서 소나 존자는 세존께 다가갔다. 가서는 세존께 절을 올린 뒤

---

164) "'표상을 취한다.(nimittaṁ gaṇhāhi)'는 것은 다섯 가지 기능의 균등함이 있을 때 거울에 비친 영상처럼 표상이 나타난다. 이러한 삼매의 표상, 위빳사나의 표상, 도의 표상, 과의 표상을 취한다는 말이다."(AA.iii.390~391)

165) "'표상을 취하였다.(nimittaṁ aggahesi)'는 것은 사마타의 표상과 위빳사나의 표상을 취하였다는 말이다."(AA.iii.391)

한 곁에 앉았다. 한 곁에 앉아서 소나 존자는 세존께 이렇게 말씀드렸다.

3. "세존이시여, 아라한이고 번뇌를 다했고 삶을 완성했으며 할 바를 다했고 짐을 내려놓았으며 참된 이상을 실현했고 삶의 족쇄를 부수었으며 바른 구경의 지혜로 해탈한 비구는 여섯 가지 경우에 대한 확신이 있습니다. 출리에 대한 확신이 있고, 멀리 여읨에 대한 확신이 있고, 악의 없음에 대한 확신이 있고, 갈애의 소멸에 대한 확신이 있고, 취착의 소멸에 대한 확신이 있고, 어리석지 않음에 대한 확신이 있습니다."

4. "세존이시여, 그런데 여기 어떤 존자에게 이런 생각이 들지도 모릅니다. '이 존자는 오직 믿음만을 의지하여166) 출리에 대한 확신을 가지고 있다고 하는구나.'라고. 세존이시여, 그러나 그는 그렇게 생각해서는 안됩니다. 번뇌를 다했고 삶을 완성했으며 할 바를 다 한 비구는 [다시 더] 해야 할 바나 이미 한 것에다 더 모으는 것167)을 자신에게서 찾아보지 못합니다. 그는 탐욕이 소멸하였고 탐욕을 여의었기 때문에 출리에 대한 확신이 있으며, 성냄이 소멸하였고 성냄을 여의었기 때문에 출리에 대한 확신이 있으며, 어리석음이 소멸하였고 어리석음을 여의었기 때문에 출리에 대한 확신이 있습니다."

5. "세존이시여, 그러나 여기 어떤 존자에게 이런 생각이 들지

---

166) "즉 꿰뚫음(paṭivedha)이 결여되고 꿰뚫음을 통한 통찰지가 함께 섞이지 않고(asammissaka) 단지 믿음만이 있는 것을 말한다."(AA.iii.391)

167) "'더 모은다(paṭicaya)'는 것은 계속해서 행하여 이미 한 것에다 보태는 것을 뜻한다."(*Ibid*)

도 모릅니다. '이 존자는 이득과 존경과 명성을 갈구하면서도 멀리 여읨에 대한 확신을 가지고 있다고 하는구나.'라고, 세존이시여, 그러나 그는 그렇게 생각해서는 안됩니다. 번뇌를 다했고 삶을 완성했으며 할 바를 다 한 비구는 [다시 더] 해야 할 바나 이미 한 것에다 더 모으는 것을 자신에게서 찾아보지 못합니다. 그는 탐욕이 소멸하였고 탐욕을 여의었기 때문에 멀리 여읨에 대한 확신이 있으며, 성냄이 소멸하였고 성냄을 여의었기 때문에 멀리 여읨에 대한 확신이 있으며, 어리석음이 소멸하였고 어리석음을 여의었기 때문에 멀리 여읨에 대한 확신이 있습니다."

6. "세존이시여, 그러나 여기 어떤 존자에게 이런 생각이 들지도 모릅니다. '이 존자는 계율과 의식에 대한 집착[戒禁取]을 가져 본 질로부터 되돌아가면서도 악의 없음에 대한 확신을 가지고 있다고 하는구나.'라고, 세존이시여, 그러나 그는 그렇게 생각해서는 안됩니다. 번뇌를 다했고 삶을 완성했으며 할 바를 다 한 비구는 [다시 더] 해야 할 바나 이미 한 것에다 더 모으는 것을 자신에게서 찾아보지 못합니다.

그는 탐욕이 소멸하였고 탐욕을 여의었기 때문에 악의 없음에 대한 확신이 있으며, 성냄이 소멸하였고 성냄을 여의었기 때문에 악의 없음에 대한 확신이 있으며, 어리석음이 소멸하였고 어리석음을 여의었기 때문에 악의 없음에 대한 확신이 있습니다."

7. "… 그는 탐욕이 소멸하였고 탐욕을 여의었기 때문에 갈애의 소멸에 대한 확신이 있으며, 성냄이 소멸하였고 성냄을 여의었기 때문에 갈애의 소멸에 대한 확신이 있으며, 어리석음이 소멸하였고 어

리석음을 여의었기 때문에 갈애의 소멸에 대한 확신이 있습니다."

8. "… 그는 탐욕이 소멸하였고 탐욕을 여의었기 때문에 취착의 소멸에 대한 확신이 있으며, 성냄이 소멸하였고 성냄을 여의었기 때문에 취착의 소멸에 대한 확신이 있으며, 어리석음이 소멸하였고 어리석음을 여의었기 때문에 취착의 소멸에 대한 확신이 있습니다."

9. "… 그는 탐욕이 소멸하였고 탐욕을 여의었기 때문에 어리석지 않음에 대한 확신이 있으며, 성냄이 소멸하였고 성냄을 여의었기 때문에 어리석지 않음에 대한 확신이 있으며, 어리석음이 소멸하였고 어리석음을 여의었기 때문에 어리석지 않음에 대한 확신이 있습니다."

10. "세존이시여, 이와 같이 마음이 바르게 해탈한 비구에게 만일 눈으로 인식되는 강한 형상들이 눈의 영역에 나타나더라도 그의 마음을 사로잡지 못하고, 그의 마음에 섞이지 않나니, 그의 마음은 안정되고 흔들림이 없는 상태에 도달하며, 다시 사라짐을 관찰합니다.168)

만일 귀로 인식되는 강한 소리들이 … 코로 인식되는 강한 냄새들이 … 혀로 인식되는 강한 맛들이 … 몸으로 인식되는 강한 감촉들이 … 마노로 인식되는 강한 법들이 마노의 영역에 나타나더라도 그의 마음을 사로잡지 못하고, 그의 마음에 섞이지 않나니, 그의 마음은 안정되고 흔들림이 없는 상태에 도달하며, 다시 사라짐을 관찰합니다."

---

168) "'다시 사라짐을 관찰한다(vayañ cassa anupassati)'는 것은 그런 그의 마음의 일어남과 사라짐을 본다는 말이다."(AA.iii.392)

11. "세존이시여, 예를 들면 틈이 없고 균열이 없고 단단하게 뭉쳐진 바위산이 있습니다. 만일 동쪽에서 강한 비를 동반한 바람이 불어온다 하더라도 그 바위산을 흔들지 못하고 진동하지 못하고 움직이지 못합니다. 만일 서쪽에서 … 만일 북쪽에서 … 만일 남쪽에서 강한 비를 동반한 바람이 불어온다 하더라도 그 바위산을 흔들지 못하고 진동하지 못하고 움직이지 못합니다.

그와 같이 마음이 바르게 해탈한 비구에게는 만일 눈으로 인식되는 강한 형상들이 눈의 영역에 나타나더라도 그의 마음을 사로잡지 못하고, 그의 마음에 섞이지 않나니, 그의 마음은 안정되고 흔들림이 없는 상태에 도달하며, 다시 사라짐을 관찰합니다.

마음이 바르게 해탈한 비구에게는 만일 귀로 인식되는 강한 소리들이 … 코로 인식되는 강한 냄새들이 … 혀로 인식되는 강한 맛들이 … 몸으로 인식되는 강한 감촉들이 … 마노로 인식되는 강한 법들이 마노의 영역에 나타나더라도 그의 마음을 사로잡지 못하고, 그의 마음에 섞이지 않나니, 그의 마음은 안정되고 흔들림이 없는 상태에 도달하며, 다시 사라짐을 관찰합니다."

12. "출리에 대한 확신이 있고[169]
멀리 여읨에 대한 확신이 있으며
악의 없음에 대한 확신이 있고
취착의 소멸에 대한 확신이 있으며

---

[169] "'출리에 대한 확신이 있고(nekkhammaṁ adhimuttassa)'란 아라한과를 꿰뚫고 머무는 번뇌 다한 자를 말한다. 나머지 구절에서도 아라한과에 대해서 설하고 있다."(AA.iii.392~393)

갈애의 소멸에 대한 확신이 있으며
어리석지 않음에 대한 확신이 있는 자는
감각장소들의 일어남170)을 보고
바르게 마음이 해탈하노라.
이렇게 바르게 해탈하여
마음이 평화로운 비구는
이미 한 것에다 더 모으지 않으며
더 해야 할 바도 없네.
단단하게 뭉쳐진 바위산을
바람이 흔들지 못하듯이
형상·소리·냄새·맛·감촉·현상들은
그것이 원하는 것이건, 그렇지 않은 것이건 간에
그러한 비구를 관통하지 못하네.
그의 마음은 안정되고 해탈하였으니
[마음의 일어남과] 사라짐을 관찰할 뿐이로다."

팍구나 경(A6:56)
Phagguna-sutta

1. 그 무렵 팍구나 존자171)가 중병에 걸려 아픔과 고통에 시달

---

170) "감각장소(āyatana)들의 일어남과 사라짐을 본다는 뜻이다."(AA.iii.393)
171) 주석서는 팍구나 존자(āyasmā Phagguna)에 대한 설명이 없다. 『상윳따 니까야』 「팍구나 경」(S35:83)도 팍구나 존자의 질문에 대한 세존의 가르침을 담고 있는 경이다. 문자적으로 팍구나는 달의 이름인데 우리의 음력 2월에 해당한다. 팍구나 달에 태어났기 때문에 가지게 된 이름이 아

리고 있었다. 그때 아난다 존자가 세존께 다가갔다. 가서는 세존께 절을 올리고 한 곁에 앉았다. 한 곁에 앉은 아난다 존자는 세존께 이렇게 말씀드렸다.

"세존이시여, 팍구나 존자가 중병에 걸려 아픔과 고통에 시달리고 있습니다. 세존께서는 연민하는 마음을 내시어 팍구나 존자를 방문해 주시면 감사하겠습니다."

세존께서는 침묵으로 동의하셨다. 그때 세존께서는 해거름에 홀로 앉음을 풀고 일어나셔서 팍구나 존자에게 가셨다. 팍구나 존자는 세존께서 멀리서 오시는 것을 보고 침상에 일어나려 하였다.[172]

그때 세존께서는 팍구나 존자에게 이렇게 말씀하셨다.

"그만 되었다, 팍구나여. 침상에서 일어나려 하지 말라. 여기 이미 마련된 자리가 있지 않은가? 나는 여기 앉을 것이다."

세존께서는 마련된 자리에 앉으신 뒤 팍구나 존자에게 이렇게 말씀하셨다.

"팍구나여, 어떻게 견딜만한가? 그대는 편안한가? 괴로운 느낌이 진정되고 더 심하지는 않은가? 진정되었고[173] 더 심하지 않은 것이

---

172) '일어나려 하다'로 옮긴 원어는 PTS본과 주석서에는 samañco pi로 나타나고 6차결집본과 주석서에는 samadhosi로 나타난다. 그러나 같은 PTS본도 『상윳따 니까야』 「왁깔리 경」(S22:87) 등에서는 samdhosi로 나타나고 있다.
주석서는 "일어나는 모습을 보이다.(uṭṭhānākāraṁ dassesi)"(AA.iii.393)로 설명하고 있다. PED는 samañcati를 saṁ+√añc(to bend)로 설명하고 있다.

173) '진정되었고'는 paṭikkamosānaṁ을 옮긴 것인데 『상윳따 니까야 주석서』에서 "이것들의 물러감(paṭikkamo etāsaṁ)"(SA.ii.314)이라고 설

분명한가?"

"세존이시여, 저는 견디기가 힘듭니다. 편안하지 않습니다. 괴로운 느낌은 더 심하기만 하고 진정되지 않습니다. 더 심하기만 하고 진정되지 않은 것이 분명합니다.

세존이시여, 마치 힘센 사람이 시퍼런 칼로 머리를 쪼개듯이 그와 같이 거센 바람이 제 머리를 내리칩니다. 세존이시여, 저는 견디기가 힘듭니다. … 더 심하기만 하고 진정되지 않은 것이 분명합니다.

세존이시여, 마치 힘센 사람이 튼튼한 가죽 끈으로 제 머리를 죄어 머리띠를 동여맨 것처럼 그와 같이 제 머리에 심한 두통이 있습니다. 세존이시여, 저는 견디기가 힘듭니다. … 더 심하기만 하고 진정되지 않은 것이 분명합니다.

세존이시여, 마치 능숙한 백정이나 백정의 조수가 날카로운 소 잡는 칼로 배를 도려내듯이 그와 같이 거센 바람이 제 배를 도려냅니다. 세존이시여, 저는 견디기가 힘듭니다. … 더 심하기만 하고 진정되지 않은 것이 분명합니다.

세존이시여, 마치 힘센 두 사람이 힘없는 사람의 양팔을 잡고 숯불 구덩이 위에서 굽고 태우듯이 그와 같이 제 몸에는 극심한 불덩이가 끓고 있습니다. 세존이시여, 저는 견디기가 힘듭니다. 편안하지 않습니다. 괴로운 느낌은 더 심하기만 하고 물러가지 않습니다. 더 심하기만 하고 진정되지 않은 것이 분명합니다.

그때 세존께서는 팍구나 존자에게 법을 설하시고 격려하시고 분발하게 하시고 기쁘게 하신 뒤 자리에서 일어나 떠나셨다.

명하고 있다. 그런데 비구 보디는 paṭikkama-osānaṁ(끝, 종결, 그침)으로 이해하고 있다. 역자는 주석서를 따라 옮겼다.

2. 팍구나 존자는 세존께서 가신 뒤 오래지 않아 임종하였다. 그가 죽을 때 감각기능들은 지극히 맑았다. 그때 아난다 존자가 세존께 다가갔다. 가서는 세존께 절을 올리고 한 곁에 앉았다. 한 곁에 앉아서 아난다 존자는 세존께 이렇게 말씀드렸다.

"세존이시여, 팍구나 존자가 세존께서 나오신 뒤 오래지 않아 임종하였습니다. 그가 죽을 때에 감각기능들은 지극히 맑았습니다."

"아난다여, 팍구나 비구의 감각기능들이 왜 지극히 맑지 않았겠는가? 아난다여, 팍구나 비구는 다섯 가지 낮은 단계의 족쇄[下分結174)로부터 마음이 해탈하지 못하였는데 그는 법의 가르침을 들은 뒤 다섯 가지 낮은 단계의 족쇄로부터 마음이 해탈하였다.

아난다여, 바른 시간에 법을 경청하고 바른 시간에 의미를 자세히 살펴보는 것에는 여섯 가지 이익이 있다. 무엇이 여섯인가?"

3. "아난다여, 여기 비구는 다섯 가지 낮은 단계의 족쇄로부터 마음이 해탈하지 못하였다. 그러나 그는 죽을 때 여래를 친견하게 된다. 여래는 그에게 시작도 훌륭하고 중간도 훌륭하고 끝도 훌륭한 가르침을 설하며, 의미와 표현을 구족하여 더할 나위 없이 완벽하고 지극히 청정한 범행을 드러낸다. 그는 그러한 법의 가르침을 듣고 다섯 가지 낮은 단계의 족쇄로부터 마음이 해탈한다. 아난다여, 이것이 바른 시간에 법을 경청하는 첫 번째 이익이다."

4. "다시 아난다여, 비구는 다섯 가지 낮은 단계의 족쇄로부터

---

174) 다섯 가지 낮은 단계의 족쇄[五下分結, pañca orambhāgiya saṁyojana]를 비롯한 열 가지 족쇄(saṁyojana)에 대해서는 본서 제2권 「족쇄 경」(A4:131) §1의 주해를 참조할 것.

마음이 해탈하지 못하였다. 그러나 죽을 때 여래를 친견하지는 못하지만 여래의 제자를 친견하게 된다. 여래의 제자는 그에게 시작도 훌륭하고 중간도 훌륭하고 끝도 훌륭한 가르침을 설하고, 의미와 표현을 구족하여 더할 나위 없이 완벽하고 지극히 청정한 범행을 드러낸다. 그는 그러한 법의 가르침을 듣고 다섯 가지 낮은 단계의 족쇄로부터 마음이 해탈한다. 아난다여, 이것이 바른 시간에 법을 경청하는 두 번째 이익이다."

5. "다시 아난다여, 비구는 다섯 가지 낮은 단계의 족쇄로부터 마음이 해탈하지 못하였다. 그는 죽을 때 여래를 친견하지 못하고 여래의 제자를 친견하지 못한다. 그러나 그는 들은 대로 배운 대로 법을 사유하고 고찰하고 마음으로 숙고한다. 그가 들은 대로 배운 대로 법을 사유하고 고찰하고 마음으로 숙고할 때 다섯 가지 낮은 단계의 족쇄로부터 마음이 해탈한다. 아난다여, 이것이 바른 시간에 법을 경청하는 세 번째 이익이다."

6. "아난다여, 여기 비구는 다섯 가지 낮은 단계의 족쇄로부터는 마음이 해탈하였다. 그러나 재생의 근거를 파괴한 위없는 [열반을 대상으로는]175) 마음이 해탈하지 못하였다. 그는 죽을 때 여래를 친견하게 된다. 여래는 그에게 시작도 훌륭하고 중간도 훌륭하고 끝도 훌륭한 가르침을 설하며, 의미와 표현을 구족하여 더할 나위 없이 완벽하고 지극히 청정한 범행을 드러낸다. 그는 그러한 법의 가르침을 듣

---

175) "'재생의 근거를 파괴한 위없음(anuttara upadhisaṅkhaya)'이란 열반을 말한다."(AA.iii.393)
"재생의 근거를 파괴한 것이 열반이다."(MA.iv.56)

고 재생의 근거를 파괴한 위없는 [열반을 대상으로] 마음이 해탈한다. 아난다여, 이것이 바른 시간에 법을 경청하는 네 번째 이익이다."

7. "아난다여, 여기 비구는 다섯 가지 낮은 단계의 족쇄로부터는 마음이 해탈하였다. 그러나 재생의 근거를 파괴한 위없는 [열반을 대상으로는] 마음이 해탈하지 못하였다. 그는 죽을 때 여래를 친견하지는 못하지만 여래의 제자를 친견하게 된다. 여래의 제자는 그에게 시작도 훌륭하고 중간도 훌륭하고 끝도 훌륭한 가르침을 설하며, 의미와 표현을 구족하여 더할 나위 없이 완벽하고 지극히 청정한 범행을 드러낸다. 그는 그러한 법의 가르침을 듣고 재생의 근거를 파괴한 위없는 [열반을 대상으로] 마음이 해탈한다. 아난다여, 이것이 바른 시간에 법을 경청하는 다섯 번째 이익이다."

8. "다시 아난다여, 비구는 다섯 가지 낮은 단계의 족쇄로부터는 마음이 해탈하였다. 그러나 재생의 근거를 파괴한 위없는 [열반을 대상으로는] 마음이 해탈하지 못하였다. 그는 죽을 때 여래도 친견하지 못하고 여래의 제자도 친견하지 못한다. 그러나 그는 들은 대로 배운 대로 법을 사유하고 고찰하고 마음으로 숙고한다. 그가 들은 대로 배운 대로 법을 사유하고 고찰하고 마음으로 숙고할 때 재생의 근거를 파괴한 위없는 [열반을 대상으로] 마음이 해탈한다. 아난다여, 이것이 바른 시간에 법을 경청하는 여섯 번째 이익이다.

아난다여, 바른 시간에 법을 경청하고 바른 시간에 의미를 자세히 살펴볼 때 이러한 여섯 가지 이익이 있다."

여섯 태생 경(A6:57)
Chaḷabhijāti-sutta

1. 한때 세존께서는 라자가하에서 독수리봉 산에 머무셨다. 그 때 아난다 존자가 세존께 다가갔다. 가서는 세존께 절을 올린 뒤 한 곁에 앉았다. 한 곁에 앉아서 아난다 존자는 세존께 이렇게 말씀드렸다.

2. "세존이시여, 뿌라나 깟사빠176)는 여섯 부류의 태생을 천명하였습니다. 그는 흑인의 태생을 천명하였고 청인의 태생을 천명하였고 적인의 태생을 천명하였고 황인의 태생을 천명하였고 백인의 태생을 천명하였고 순백인의 태생을 천명하였습니다.

세존이시여, 뿌라나 깟사빠는 이 가운데 흑색의 태생으로는 양을 도살하는 자들, 돼지를 도살하는 자들, 새를 잡는 자들, 사슴을 죽이는 자들, 사냥꾼들, 물고기 잡는 자들, 도둑들, 도둑을 죽이는 집행관

---

176) 주석서에 의하면 뿌라나 깟사빠(Pūraṇa Kassapa)는 어떤 가문의 노비들 가운데서 99명을 채워서(pūraṇa, 뿌라나) 100번째로 태어났기 때문에 뿌라나라는 이름을 가졌다고 한다.(DA.i.142) 깟사빠는 그의 족성(gotta)이다. 그러나 역사적으로 깟사빠 족성은 유명한 바라문 가문이며 지금도 남아 있다. 그 가문의 노비들도 같은 족성을 사용했는지는 알 수 없지만 노비 출신이라는 주석서의 설명은 그가 도덕 부정론자이기 때문에 내린 부정적인 설명인 듯하다.
그는 500명의 제자를 거느렸다고 하며(DA.i.143) 그의 제자였던 천신의 아들 아사마(devaputta Asama)가『상윳따 니까야』(S.i.65)에 언급되고 있다. 릿차위족의 아바야 왕자와 마할리와 왓차곳따 유행승도 그와 교분이 있었던 것으로 나타난다.(각각 S.v.126; S.iii.68; S.iv.398) 그리고 본서 제5권「바라문 경」(A9:38)에서 두 바라문이 뿌라나 깟사빠는 일체를 알고 보는 지혜를 가졌다고 한다는 세간의 소문을 세존께 말씀드리기도 한다. 뿌라나 깟사빠의 사상은 도덕 부정론(akiriya)으로 정리된다. 여기에 대해서는『디가 니까야』제1권「사문과경」(D2) §§17~18과 주해들을 참조할 것.

들, 감옥지기들, 혹은 다른 잔인한 직업을 가진 자들을 들고 있습니다.

청색의 태생으로는 가시와 함께 머무는 비구들177)과 업을 설하고 [도덕적] 행위 지음을 설하는 자들을 들고 있습니다.

적색의 태생으로는 한 벌의 옷만을 입는 니간타들178)을 들고 있습니다.

황색의 태생으로는 나체 수행자들179)의 제자인 흰옷을 입는 재가자들을 들고 있습니다.

백색의 태생으로는 아지와까들180)과 여자 아지와까들을 들고 있습니다.

순백색의 태생으로는 난다 왓차와 끼사 상낏짜와 막칼리 고살

---

177) "'가시와 함께 머무는 비구들(bhikkhū kaṇṭaka-vuttikā)'이란 사문(samaṇa)들을 말한다."(AA.iii.394)
그러나 복주서는 다음과 같이 설명한다.
"여기서 비구들이란 불교 교단(buddha-sāsana)의 비구들이다. 그들은 욕망과 탐욕을 갖고 [필수품을] 수용한다고 [뿌라나 깟사빠는] 생각하기 때문에 네 가지 필수품에다 가시를 넣어두고 수용한다고 하는 것이다. 그래서 '가시와 함께 머무는 자'라고 한다. … 혹은 이런 이름을 가진 [외도] 출가자들(pabbajita)을 뜻한다. 그들은 특별히 고행에 전념하기 때문에 마치 가시 위에서 사는 것과 같다. 그러므로 '가시와 함께 머무는 자'라고 한다. 이 [두 번째] 선택에 준해서 가시와 함께 머무는 자란 사문을 뜻한다고 주석서에서 설명했다."(AAṬ.iii.115)

178) 니간타(Nigaṇṭha)에 대해서는 본서 「니간타 경」(A3:74) §1의 주해를 참조할 것.

179) 주석서와 복주서에 의하면 외도 유행승들 가운데는 옷을 입는 유행승(channa-paribbājaka)과 옷을 입지 않는 유행승(nagga-paribbājaka)이 있었으며 이 가운데 옷을 입지 않는 유행승을 나체 수행자(acela)라 부른다.(DA.ii.349; DAṬ.i.472, 등)

180) 아지와까(Ājīvaka)에 대해서는 본서 제1권 「아지와까 경」(A3:72) §1의 주해를 참조할 것.

라181)를 들고 있습니다.

세존이시여, 뿌라나 깟사빠는 이러한 여섯 부류의 태생을 천명하였습니다."

3. "아난다여, 그런데 세상 사람들이 모두 뿌라나 깟사빠가 천명한 이러한 여섯 부류의 태생에 동의하는가?"

"그렇지 않습니다, 세존이시여."

"아난다여, 예를 들면 가난하고 무일푼이고 궁핍한 사람이 있다하자. 어떤 사람이 그가 원하지도 않는데 그에게 고깃덩이를 잘라주면서 '여보게 이 사람아, 이 고기를 먹고 그 대가를 지불하게.'라고 하는 것과 같다.

그와 같이 뿌라나 깟사빠는 사문·바라문들이 동의하지도 않은 여섯 부류의 태생을 천명하였다. 마치 어리석고, 우둔하고, 들판을 모르고182), 능숙하지 못한 사람이 하는 것처럼. 아난다여, 나는 이제 여섯 부류의 태생을 천명하리니 그것을 듣고 잘 마음에 잡도리하라. 이제 나는 설할 것이다."

"그렇게 하겠습니다, 세존이시여."라고 아난다 존자는 세존께 응답했다. 세존께서는 이렇게 말씀하셨다.

---

181) 이 세 사람은 『맛지마 니까야』 「긴 삿짜까 경」(M36)에서도 같은 순서로 고행을 하는 자로 언급이 되고 있다. 주석서에 의하면 난다(Nanda)는 이름이고 왓차(Vaccha)는 족성이며, 끼사(Kisa)는 이름이고 상낏짜(Saṅkicca)는 족성이라고 한다. 막칼리 고살라(Makkhali Gosāla)에 대해서는 본서 제1권 「막칼리 품」의 네 번째 경(A1:18:4)의 주해를 참조할 것. 초기경에서 막칼리 고살라는 항상 도덕 부정론자로 언급이 되고 있다.

182) "들판을 모르는 자(akhettaññu)란 태생(abhijāti)의 들판을 모르는 자를 말한다."(*Ibid*)

"아난다여, 그러면 무엇이 여섯 부류의 태생인가?"

4. "아난다여, 여기 어떤 사람은 검은 태생이면서 검은 법을 생기게 한다. 아난다여, 여기 어떤 사람은 검은 태생이면서 흰 법을 생기게 한다. 아난다여, 여기 어떤 사람은 검은 태생이면서 검지도 않고 희지도 않은 열반을 생기게 한다. 아난다여, 여기 어떤 사람은 흰 태생이면서 검은 법을 생기게 한다. 아난다여, 여기 어떤 사람은 흰 태생이면서 흰 법을 생기게 한다. 아난다여, 여기 어떤 사람은 흰 태생이면서 검지도 않고 희지도 않은 열반을 생기게 한다."[183]

5. "아난다여, 그러면 어떻게 검은 태생이면서 검은 법을 생기게 하는가?

아난다여, 여기 어떤 사람은 비천한 가문에 태어나나니, 천민의 가문이나 사냥꾼의 가문이나 죽세공의 가문이나 마차공의 가문이나 넝마주이 가문에 태어난다. 그는 가난하고 먹고 마실 것이 부족하고 생계가 곤란하다. 거친 음식이나 겨우 몸을 가리는 천조차도 아주 어렵게 얻는다. 그는 못생기고 보기 흉하고 기형이고 병약하고 눈멀고 손이 불구고 절름발이고 반신불수다. 그는 음식과 마실 것과 의복과 탈 것과 화환과 향과 바르는 것과 침상과 숙소와 불을 얻지 못한다.

그는 몸으로 나쁜 행위를 저지르고 말로 나쁜 행위를 저지르고 마음으로 나쁜 행위를 저지른다. 그는 몸으로 나쁜 행위를 저지르고 말로 나쁜 행위를 저지르고 마음으로 나쁜 행위를 저질러 죽어서 몸이 무너진 다음에는 처참한 곳, 불행한 곳, 파멸처, 지옥에 태어난다.

---

183) 본 문단은 『디가 니까야』 제3권 「합송경」(D33) §2.2 (21)에도 나타나고 있다.

아난다여, 이와 같이 검은 태생이면서 검은 법을 생기게 한다."

6. "아난다여, 그러면 어떻게 검은 태생이면서 흰 법을 생기게 하는가?
아난다여, 여기 어떤 사람은 비천한 가문에 태어나나니, … 숙소와 불을 얻지 못한다.
[그러나] 그는 몸으로 좋은 행위를 하고 말로 좋은 행위를 하고 마음으로 좋은 행위를 한다. 그는 몸으로 좋은 행위를 하고 말로 좋은 행위를 하고 마음으로 좋은 행위를 하고서는 죽어서 몸이 무너진 다음에는 좋은 곳[善處], 천상 세계에 태어난다.184)
아난다여, 이와 같이 검은 태생이면서 흰 법을 생기게 한다."

7. "아난다여, 그러면 어떻게 검은 태생이면서 검지도 않고 희지도 않은 열반을 생기게 하는가?
아난다여, 여기 어떤 사람은 비천한 가문에 태어나나니, … 숙소와 불을 얻지 못한다.
그는 머리와 수염을 깎고 가사를 수하고 집을 나와 출가한다. 그는 이와 같이 출가하여 마음의 오염원이고 통찰지를 무력하게 만드는 다섯 가지 장애를 제거하고 네 가지 마음챙김의 확립에 마음을 확고하게 하고 일곱 가지 깨달음의 구성요소[七覺支]들을 있는 그대로 닦아서 검지도 않고 희지도 않은 열반을 생기게 한다.
아난다여, 이와 같이 검은 태생이면서 검지도 않고 희지도 않은 열반을 생기게 한다."

---

184) 이상 §§5~6은 본서 제2권 「암흑 경」(A4:85) §§2~3과 같은 내용이다.

8. "아난다여, 그러면 어떻게 흰 태생이면서 검은 법을 생기게 하는가?

아난다여, 여기 어떤 사람은 높은 가문에 태어나나니, 부유하고 많은 재물과 많은 재산과 많은 금은과 많은 재화와 수입과 많은 가산과 곡식을 가진 부유한 끄샤뜨리야 가문이나 부유한 바라문 가문이나 부유한 장자의 가문에 태어난다. 그는 멋있고 수려하고 우아하며 준수한 용모를 갖춘다. 그는 음식과 마실 것과 의복과 탈 것과 화환과 향과 바르는 것과 침상과 숙소와 불을 얻는다.

[그러나] 그는 몸으로 나쁜 행위를 저지르고 말로 나쁜 행위를 저지르고 마음으로 나쁜 행위를 저지른다. 그는 몸으로 나쁜 행위를 저지르고 말로 나쁜 행위를 저지르고 마음으로 나쁜 행위를 저질러 죽어서 몸이 무너진 다음에는 처참한 곳, 불행한 곳, 파멸처, 지옥에 태어난다.

아난다여, 이와 같이 흰 태생이면서 검은 법을 생기게 한다."

9. "아난다여, 그러면 어떻게 흰 태생이면서 흰 법을 생기게 하는가?

아난다여, 여기 어떤 사람은 높은 가문에 태어나나니, … 숙소와 불을 얻는다.

그는 몸으로 좋은 행위를 하고 말로 좋은 행위를 하고 마음으로 좋은 행위를 한다. 그는 몸으로 좋은 행위를 하고 말로 좋은 행위를 하고 마음으로 좋은 행위를 하고서는 죽어서 몸이 무너진 다음에는 좋은 곳, 천상 세계에 태어난다.185)

---

185) 이상 §§8~9는 본서 제2권 「암흑 경」(A4:85) §§4~5와 같은 내용이다.

아난다여, 이와 같이 흰 태생이면서 흰 법을 생기게 한다."

10. "아난다여, 그러면 어떻게 흰 태생이면서 검지도 않고 희지도 않은 열반을 생기게 하는가?

아난다여, 여기 어떤 사람은 높은 가문에 태어나나니, … 숙소와 불을 얻는다.

그는 머리와 수염을 깎고 가사를 수하고 집을 나와 출가한다. 그는 이와 같이 출가하여 마음의 오염원이고 통찰지를 무력하게 만드는 다섯 가지 장애를 제거하고 네 가지 마음챙김의 확립에 마음을 확고하게 하고 일곱 가지 깨달음의 구성요소[七覺支]들을 있는 그대로 닦아서 검지도 않고 희지도 않은 열반을 생기게 한다.

아난다여, 이와 같이 흰 태생이면서 검지도 않고 희지도 않은 열반을 생기게 한다.

아난다여, 이것이 여섯 부류의 태생이다."

번뇌 경(A6:58)[186]
Āsava-sutta

1. "비구들이여, 여섯 가지 법을 구족한 비구는 공양받아 마땅하고, 선사받아 마땅하고, 보시받아 마땅하고, 합장받아 마땅하며, 세상의 위없는 복밭[福田]이다. 무엇이 여섯인가?"

2. "비구들이여, 단속함으로써 없애야 하는 번뇌들은 단속하면

---

186) 본경은 『맛지마 니까야』 「제번뇌 단속 경」(M2)에서 언급되고 있는 일곱 가지 번뇌의 대치 방법 가운데 첫 번째인 관찰[見]을 통해서 없어지는 번뇌에 관한 부분을 제외한 나머지 여섯 가지 설명과 일치한다.

없어진다. 수용함으로써 없애야 하는 번뇌들은 수용하면 없어진다. 감내함으로써 없애야 하는 번뇌들은 감내하면 없어진다. 피함으로써 없애야 하는 번뇌들은 피하면 없어진다. 버림으로써 없애야 하는 번뇌들은 버리면 없어진다. 수행으로써 없애야 하는 번뇌들은 수행하면 없어진다."

3. "비구들이여, 그러면 어떤 것이 단속하면 없어지는 번뇌들이라서 단속함으로써 없애야 하는가?

비구들이여, 여기 비구는 지혜롭게 숙고하여 눈의 감각기능[眼根]을 잘 단속하면서 머문다. 비구들이여, 눈의 감각기능을 잘 단속하지 못하면서 머무는 자에게는 속상함과 열병을 초래하는 번뇌들이 일어날 것이다. [그러나] 눈의 감각기능을 잘 단속하면서 머무는 자에게는 그러한 속상함과 열병을 초래하는 번뇌들이 없다.

비구들이여, 여기 비구는 지혜롭게 숙고하여 귀의 감각기능[耳根]을 잘 제어하여 머문다. … 지혜롭게 숙고하여 코의 감각기능[鼻根]을 잘 단속하면서 머문다. … 지혜롭게 숙고하여 혀의 감각기능[舌根]을 잘 단속하면서 머문다. … 지혜롭게 숙고하여 몸의 감각기능[身根]을 잘 단속하면서 머문다. … 지혜롭게 숙고하여 마노의 감각기능[意根]을 잘 단속하면서 머문다. 비구들이여, 마노의 기능을 잘 단속하지 못하고 머무는 자에게는 속상함과 열병을 초래하는 번뇌들이 일어날 것이다. [그러나] 마노의 감각기능을 잘 단속하면서 머무는 자에게는 그러한 속상함과 열병을 초래하는 번뇌들이 없다.

비구들이여, 잘 단속하지 못하고 머무는 자에게는 속상함과 열병을 초래하는 번뇌들이 일어날 것이다. [그러나] 잘 단속하면서 머무는 자에게는 그러한 속상함과 열병을 초래하는 번뇌들이 없다.

비구들이여, 이를 일러 단속하면 없어지는 번뇌들이라서 단속함으로써 없애야 한다고 한다."

4. "비구들이여, 그러면 어떤 것이 수용하면 없어지는 번뇌들이라서 수용함으로써 없애야 하는가?

비구들이여, 그는 지혜롭게 숙고하면서 옷을 수용하나니 오직 추위를 물리치고, 더위를 물리치고, 날파리·모기·바람·뙤약볕·파충류와 닿는 것을 물리치고, 부끄러운 부분을 가리기 위해서다.

그는 지혜롭게 숙고하면서 음식을 수용하나니 즐기기 위해서도 아니고, 취하기 위해서도 아니며, 치장을 하기 위해서도 아니고, 장식을 하기 위해서도 아니며, 단지 이 몸을 지탱하고 유지하고 잔인함을 쉬고 청정범행을 잘 지키기 위해서다. '그래서 나는 오래된 느낌을 물리치고 새로운 느낌을 일어나게 하지 않을 것이다. 나는 잘 부양될 것이고 비난받지 않고 안온하게 머물 것이다'라고.

그는 지혜롭게 숙고하면서 거처를 수용하나니 추위를 물리치고, 더위를 물리치고, 날파리·모기·바람·뙤약볕·파충류와 닿는 것을 물리치고, 오직 기후의 변화에서 생기는 위험을 없애고, 한거(閑居)를 편안히 하기 위해서다.

그는 지혜롭게 숙고하면서 병구완을 위한 약품을 수용하나니 오직 일어난 고통스러운 느낌들을 물리치고, 병 없음을 최상으로 하기 위해서다.

비구들이여, 그것을 수용하지 않으면 속상함과 열병을 초래하는 번뇌들이 일어날 것이다. 그러나 그것을 수용하면 그러한 속상함과 열병을 초래하는 번뇌들이 없다.

비구들이여, 이를 일러 수용하면 없어지는 번뇌들이라서 수용함으로써 없애야 한다고 한다."

5. "비구들이여, 그러면 어떤 것이 감내하면 없어지는 번뇌들이라서 감내함으로써 없애야 하는가?

비구들이여, 여기서 비구는 지혜롭게 숙고하면서 감내한다. 추위와 더위와 배고픔과 목마름과, 날파리·모기·바람·뙤약볕·파충류에 닿음과, 고약하고 언짢은 말들을 견디고, 몸에 생겨난 괴롭고 날카롭고 거칠고 찌르고 불쾌하고 마음에 들지 않고 생명을 위협하는 갖가지 느낌들을 감내한다. 비구들이여, 그것을 감내하지 않으면 그에게 속상함과 열병을 초래하는 번뇌들이 일어날 것이다. 감내하면 그러한 속상함과 열병을 초래하는 번뇌들이 없다.

비구들이여, 이를 일러 감내하면 없어지는 번뇌들이라서 감내함으로써 없애야 한다고 한다."

6. "비구들이여, 그러면 어떤 것이 피하면 없어지는 번뇌들이라서 피함으로써 없애야 하는가?

비구들이여, 여기서 비구는 지혜롭게 숙고하여 사나운 코끼리를 피하고, 사나운 말을 피하고, 사나운 소를 피하고, 사나운 개를 피하고, 뱀, 나뭇등걸, 가시덤불, 협곡, 낭떠러지, 더러운 물구덩이[泥沼], 더러운 웅덩이[小澤地]를 피한다. 적합하지 않은 자리에 앉고, 갈 곳이 아닌 곳에 다니고, 저열한 도반들을 사귀어서 지자인 동료 수행자들이 저열한 곳에 신심을 낼지도 모르는 적합하지 않은 자리, 영역이 아닌 곳, 저열한 도반들을 지혜롭게 숙고하여 피한다. 비구들이여,

그것을 피하지 않으면 그에게 속상함과 열병을 초래하는 번뇌들이 일어날 것이다. 피하면 그러한 속상함과 열병을 초래하는 번뇌들이 없다.

비구들이여, 이를 일러 피하여 없어지는 번뇌들이라서 피함으로써 없애야 한다고 한다."

7. "비구들이여, 그러면 어떤 것이 버리면 없어지는 번뇌들이라서 버림으로써 없애야 하는가?

비구들이여, 여기 비구는 지혜롭게 숙고하여 이미 일어난 감각적 욕망에 대한 생각을 품지 않고 버리고 제거하고 끝내고 없앤다. 지혜롭게 숙고하여 이미 일어난 악의에 찬 생각을 품지 않고 버리고 제거하고 끝내고 없앤다. 지혜롭게 숙고하여 이미 일어난 해코지하려는 생각을 품지 않고 버리고 제거하고 끝내고 없앤다. 지혜롭게 숙고하여 계속적으로 일어나는 삿되고 해로운 법들을 품지 않고 버리고 제거하고 끝내고 없앤다. 비구들이여, 그것을 버리지 않으면 그에게 속상함과 열병을 초래하는 번뇌들이 일어날 것이다. 버리면 그러한 속상함과 열병을 초래하는 번뇌들이 없다.

비구들이여, 이를 일러 버리면 없어지는 번뇌들이라서 버림으로써 없애야 한다고 한다."

8. "비구들이여, 그러면 어떤 것이 수행하면 없어지는 번뇌들이라서 수행으로 없애야 하는가?

비구들이여, 여기 비구는 지혜롭게 숙고하여 떨쳐버림을 의지하고 [탐욕의] 빛바램을 의지하고 소멸을 의지하고 철저한 버림으로 기우는 마음챙김의 깨달음의 구성요소[念覺支]를 닦는다. … 법을 간택하는 깨달음의 구성요소[擇法覺支]를 닦는다. … 정진의 깨달음의 구성요소[精進覺支]를 닦는다. … 희열의 깨달음의 구성요소[喜覺支]를 닦는다. … 편안함의 깨달음의 구성요소[輕安覺支]를 닦는다. … 삼매의 깨달음의 구성요소[定覺支]를 닦는다. … 평온의 깨달음의 구성요소[捨覺支]를 닦는다. 비구들이여, 수행하지 않으면 그에게 속상하고 열 받는 번뇌들이 일어날 것이다. 수행하면 그러한 속상하고 열 받는 번뇌들이 없다.

비구들이여, 이를 일러 수행하면 없어지는 번뇌들이라서 수행으로 없애야 한다고 한다."

나무장수 경(A6:59)
Dārukammika-sutta

1. 이와 같이 나는 들었다. 한때 세존께서는 나디까에서 벽돌집에 머무셨다. 그때 나무장사를 하는 장자가 세존께 다가갔다. 가서는 세존께 절을 올리고 한 곁에 앉았다. 한 곁에 앉은 나무 장사를 하는 장자에게 세존께서는 이렇게 말씀하셨다.

2. "장자여, 그대의 가문에서는 보시를 하는가?"
"세존이시여, 저희 가문에서는 보시를 합니다. 세존이시여, 숲에 머물고 탁발음식만 수용하고 분소의를 입는 아라한 비구들이나 혹은 아라한도를 얻은 그러한 자들에게 보시를 합니다."

3. "장자여, 감각적 욕망을 즐기고 자손들로 번민하고 까시에서 산출된 전단향을 사용하고 화환과 향과 연고를 즐겨 사용하고 금과

은을 지니는 그대 같은 재가자가 이러한 아라한들이나 이러한 아라한도를 구족한 자들을 알기는 어렵다.

장자여, 만일 숲속에 머무는 비구가 들뜨고 오만하고 촐랑대고 수다스럽고 산만하게 말하고 마음챙김을 놓아버리고 분명하게 알아차림[正知]이 없고 집중하지 못하며 마음이 산란하고 감각기능이 제어되지 않다면 이러한 것들 때문에 그는 비난받을 것이다. 만일 숲속에 머무는 비구가 들뜨지 않고 오만하지 않고 촐랑대지 않고 수다스럽지 않고 산만하게 말하지 않고 마음챙김을 확립하고 분명하게 알아차리고[正知] 잘 삼매에 들며 일념이 되고 감각기능이 제어되어 있다면 이러한 것들 때문에 그는 칭송받을 것이다.

장자여, 만일 마을 부근에 머무는 비구가 들뜨고 … 감각기능이 제어되지 않았다면 이러한 것들 때문에 그는 비난받을 것이다. 만일 마을 부근에 머무는 비구가 들뜨지 않고 … 감각기능이 제어되어 있다면 이러한 것들 때문에 그는 칭송받을 것이다.

장자여, 만일 탁발음식만 수용하는 비구가 들뜨고 … 감각기능이 제어되지 않았다면 이러한 것들 때문에 그는 비난받을 것이다. 만일 탁발음식만 수용하는 비구가 들뜨지 않고 … 감각기능이 제어되어 있다면 이러한 것들 때문에 그는 칭송받을 것이다.

장자여, 만일 공양청에 응하는 비구가 들뜨고 … 감각기능이 제어되지 않았다면 이러한 것들 때문에 그는 비난받을 것이다. 만일 공양청에 응하는 비구가 들뜨지 않고 … 감각기능이 제어되어 있다면 이러한 것들 때문에 그는 칭송받을 것이다.

장자여, 만일 분소의를 입는 비구가 들뜨고 … 감각기능이 제어되지 않았다면 이러한 것들 때문에 그는 비난받을 것이다. 만일 분소의를 입는 비구가 들뜨지 않고 … 감각기능이 제어되어 있다면 이러한 것들 때문에 그는 칭송받을 것이다.

장자여, 만일 장자들이 준 [값비싼] 가사를 입는 비구가 들뜨고 오만하고 촐랑대고 수다스럽고 산만하게 말하고 마음챙김을 놓아버리고 분명하게 알아차림[正知]이 없고 집중하지 못하며 마음이 산란하고 감각기능이 제어되지 않다면 이러한 것들 때문에 그는 비난받을 것이다. 만일 장자들이 준 [값비싼] 가사를 입는 비구가 들뜨지 않고 오만하지 않고 촐랑대지 않고 수다스럽지 않고 산만하게 말하지 않고 마음챙김을 확립하고 분명하게 알아차리고[正知] 잘 삼매에 들며 일념이 되고 감각기능이 제어되어 있다면 이러한 것들 때문에 그는 칭송받을 것이다.

자, 장자여, 그대는 승가에 보시를 하라. 그대가 승가에 보시를 하면 마음에 청정한 믿음이 생길 것이다. 그대가 청정하게 믿는 마음을 가지면 몸이 무너져 죽은 뒤에 좋은 곳[善處], 천상 세계에 태어날 것이다."

"세존이시여, 이제 저는 오늘부터 승가에 보시를 하겠습니다."

코끼리 조련사의 아들 경(A6:60)[187]

Hatthisāriputta-sutta

1. 이와 같이 나는 들었다. 한때 세존께서는 바라나시에서 이시빠따나의 녹야원에 머무셨다. 그 무렵에 많은 장로 비구들이 탁발을

---

187) PTS본 품의 목록에는 본경의 제목이 코끼리(hatti)로 되어 있는데 문맥에 잘 어울리지 않는다. 역자는 Hare의 영역본을 참조하면서 6차결집본의 경제목을 따랐다.

하여 공양을 마치고 탁발에서 돌아와서 원형천막에 함께 모여 앉아 아비담마에 대한 이야기188)를 하였다. 그때 코끼리 조련사의 아들 찟따 존자189)가 장로 비구들이 아비담마에 대한 이야기를 하는 중간 중간에 끼어들어 방해했다. 그때 마하꼿티따 존자190)가 코끼리 조련사의 아들 찟따 존자에게 이렇게 말하였다.

"코끼리 조련사의 아들 찟따 존자는 장로 비구들이 아비담마에 대한 이야기를 하는 중간에 계속해서 끼어들어 방해하지 마십시오. 찟

---

188) '아비담마에 대한 이야기'는 abhidhamma-kathā를 옮긴 것이다. 본서 제3권「미래의 두려움 경」3(A5:79) §3에서는 '수승한 법을 설함'으로 옮겼는데 여기서는 주석서를 참조하여 문맥상 아비담마라는 원어를 살려서 번역하는 것이 나을 듯하여 이렇게 옮겼다.「미래의 두려움 경」3(A5:79)에 대한 주석에서는 "'수승한 법을 설함(abhidhamma-kathā)'이란 계 등의 높은 법을 설함을 뜻한다."(AA.iii.271)라고 설명하고 있고 본경에 해당하는 주석서는 "아비담마와 연결된(abhidhamma-missaka) 이야기"(AA.iii.401)로 설명하고 있다.

189) 주석서에 의하면 코끼리 조련사의 아들 찟따 존자(āyasmā Citta Hatthi-sāriputta)는 사왓티에 사는 코끼리 조련사의 아들이었으며 전생에 지은 업 때문에 일곱 번이나 출가와 환속을 거듭하였다고 한다. 그는 전생에 환속하려는 비구에게 재가의 삶을 칭송하면서 환속하라고 권했기 때문에 금생에 일곱 번이나 환속하는 이와 같은 과보를 받았다고 한다. 그는 서로 미세하게 다른 단어들의 뜻에 대해서(atthantaresu) 능통하였다고도 한다. 마지막 일곱 번째 환속은 바로 본경에서 마하꼿티따(Mahā-Koṭṭhita) 장로가 아비담마를 설할 때 끼어들어 반론을 제기하였기 때문이다. 그는 환속하여 이삼 일 후에 뽓타빠다를 찾아갔고 뽓타빠다는『디가 니까야』제1권「뽓타빠다 경」(D9) §32에 나타나 있듯이 그를 데리고 세존께 왔다고 한다.(DA.ii.379)「뽓타빠다 경」(D32) §32 이하에서 보듯이 그는 세존의 설법을 정확하게 이해하였으며 그래서 다시 출가하였다. 이렇게 하여 그는「뽓타빠다 경」과 본경의 맨 마지막에 언급되고 있듯이 곧 아라한이 되었다.

190) 마하꼿티따 존자(āyasmā Mahā-Koṭṭhita)에 대해서는 본서 제2권「마하꼿티따 경」(A4:174)의 주해를 참조할 것.

따 존자는 이야기가 끝날 때까지 기다리십시오."

이렇게 말하자 코끼리 조련사의 아들 찟따 존자의 도반이었던 비구들이 마하꼿티따 존자에게 이렇게 말하였다.

"꼿티따 존자는 코끼리 조련사의 아들 찟따 존자를 무시하지 마십시오. 코끼리 조련사의 아들 찟따 존자는 현자입니다. 코끼리 조련사의 아들 찟따 존자는 장로 비구들과 함께 아비담마에 대한 이야기를 충분히 할 수 있습니다."

"도반들이여, 다른 사람의 마음을 알지 못하는 자들이 이것을 알기란 어렵습니다."

2. "도반들이여, 여기 어떤 사람은 스승을 의지해서 머물거나 다른 존중할 만한 동료 수행자들을 의지해서 머물 때는 친절한 사람처럼 친절하고 겸손한 사람처럼 겸손하고 평화로운 사람처럼 평화롭습니다.191) 그러나 그가 스승으로부터 멀어져버리고 존중할 만한 동료 수행자들로부터 멀어져버리면, 비구들과 비구니들과 청신사들과 청신녀들과 왕과 왕의 대신들과 외도들과 외도의 제자들과 섞여서 지냅니다. 이처럼 섞여 지내고 해이해지고 제멋대로고 잡담을 일삼으면서 지낼 때 애욕이 그의 마음을 물들여버립니다. 그는 애욕에 물든 마음으로 공부지음을 버리고 낮은 [재가자의] 삶으로 되돌아갑니다.

도반들이여, 예를 들면 들판에서 풀을 뜯곤 하던 황소가 밧줄에 묶

---

191) 원문은 soratasorato hoti nivātanivāto hoti upasantupasanto hoti이다. 주석서는 마치 친절함을 갖춘 사람(soracca-samannāgata)처럼 친절하고, 겸손함을 갖춘 사람(nivāta-vutti)처럼 겸손하고, 평화로운 사람(upasanta)처럼 평화롭다는 뜻이라고 설명하고 있어서(AA.iii.401) 이렇게 옮겼다.

이거나 외양간에 갇혔는데, 누군가 말하기를 '들판에서 풀을 뜯곤 하던 황소는 다시는 들판으로 돌아가지 않을 것이다.'라고 말한다면 그것은 바르게 말한 것이겠습니까?"

"도반이여, 그렇지 않습니다. 들판에서 풀을 뜯곤 하던 그 황소는 밧줄을 끊거나 외양간을 부수고 다시 들판으로 돌아갈 수 있기 때문입니다."

"도반들이여, 그와 같이 여기 어떤 사람은 스승을 의지해서 머물거나 다른 존중할 만한 동료 수행자들을 의지해서 머물 때는 친절한 사람처럼 친절하고 겸손한 사람처럼 겸손하고 평화로운 사람처럼 평화롭습니다. 그러나 그가 스승으로부터 멀어져버리고 존중할 만한 동료 수행자들로부터 멀어져버리면, 비구들과 비구니들과 청신사들과 청신녀들과 왕과 왕의 대신들과 외도들과 외도의 제자들과 섞여서 지냅니다. 이처럼 섞여 지내고 해이해지고 제멋대로고 잡담을 일삼으면서 지낼 때 애욕이 그의 마음을 물들여버립니다. 그는 애욕에 물든 마음으로 공부지음을 버리고 낮은 [재가자의] 삶으로 되돌아갑니다.

3. "도반들이여, 여기 어떤 사람은 감각적 욕망들을 완전히 떨쳐버리고 해로운 법[不善法]들을 떨쳐버린 뒤, 일으킨 생각[尋]과 지속적인 고찰[伺]이 있고, 떨쳐버렸음에서 생겼으며, 희열[喜]과 행복[樂]이 있는 초선(初禪)을 구족하여 머뭅니다. 그는 '나는 초선을 얻었다.'라고 하면서 비구들과 비구니들과 청신사들과 청신녀들과 왕과 왕의 대신들과 외도들과 외도의 제자들과 섞여서 지냅니다. 이처럼 섞여 지내고 해이해지고 제멋대로고 잡담을 일삼으면서 지낼 때 애욕이

그의 마음을 물들여버립니다. 그는 애욕에 물든 마음으로 공부지음을 버리고 낮은 [재가자의] 삶으로 되돌아갑니다.

도반들이여, 예를 들면 사거리 대로에 억수같은 비가 내리면 먼지는 가라앉지만 흙탕물이 생길 것입니다. 그런데 누군가 말하기를 '이제 사거리 대로에 다시는 먼지가 일지 않을 것이다.'라고 말한다면 그것은 바르게 말한 것이겠습니까?"

"도반이여, 그렇지 않습니다. 그 사거리 대로에 사람들이 많이 왕래할 것이고 소와 짐승들이 많이 왕래할 것이고 바람과 태양이 습기를 말려버릴 것입니다. 그러면 다시 먼지가 날 수 있기 때문입니다."

"도반들이여, 그와 같이 여기 어떤 사람은 감각적 욕망들을 완전히 떨쳐버리고 … 초선(初禪)을 구족하여 머뭅니다. 그는 '나는 초선을 얻었다.'라고 하면서 비구들과 비구니들과 청신사들과 청신녀들과 왕과 왕의 대신들과 외도들과 외도의 제자들과 섞여서 지냅니다. … 공부지음을 버리고 낮은 [재가자의] 삶으로 되돌아갑니다.

4. "도반들이여, 여기 어떤 사람은 일으킨 생각과 지속적인 고찰을 가라앉혔기 때문에 자기 내면의 것이고, 확신이 있으며, 마음의 단일한 상태고, 일으킨 생각과 지속적인 고찰은 없고, 삼매에서 생긴 희열과 행복이 있는 제2선(二禪)에 들어 머뭅니다. 그는 '나는 제2선을 얻었다.'라고 하면서 비구들과 비구니들과 청신사들과 청신녀들과 왕과 왕의 대신들과 외도들과 외도의 제자들과 섞여서 지냅니다. … 공부지음을 버리고 낮은 [재가자의] 삶으로 되돌아갑니다.

도반들이여, 예를 들면 마을이나 성읍에서 멀지 않은 곳에 큰 호수가 있는데 거기에 억수같은 비가 내리면 조개껍질도 자갈과 조약돌도 가려버릴 것입니다. 그런데 누가 말하기를 '이제 저 호수에 다시는 조개껍질도 자갈과 조약돌도 보이지 않을 것이다.'라고 말한다면 그것은 바르게 말한 것이겠습니까?"

"도반이여, 그렇지 않습니다. 사람들이 그 호수의 물을 마실 것이고 소와 짐승들이 마실 것이고 바람과 태양이 물기를 말려버릴 것입니다. 그러면 다시 조개껍질도 자갈과 조약돌도 드러날 수 있기 때문입니다."

"도반들이여, 그와 같이 여기 어떤 사람은 일으킨 생각과 지속적인 고찰을 가라앉혔기 때문에 … 제2선(二禪)에 들어 머뭅니다. 그는 '나는 제2선을 얻었다.'라고 하면서 비구들과 비구니들과 청신사들과 청신녀들과 왕과 왕의 대신들과 외도들과 외도의 제자들과 섞여서 지냅니다. … 공부지음을 버리고 낮은 [재가자의] 삶으로 되돌아갑니다."

5. "도반들이여, 여기 어떤 사람은 희열이 빛바랬기 때문에 평온하게 머뭅니다. 마음챙기고 알아차리며 몸으로 행복을 경험합니다. 이 [禪 때문에] '평온하고 마음챙기며 행복하게 머문다.'고 성자들이 묘사하는 제3선(三禪)에 들어 머뭅니다. 그는 '나는 제3선을 얻었다.'라고 하면서 비구들과 비구니들과 청신사들과 청신녀들과 왕과 왕의 대신들과 외도들과 외도의 제자들과 섞여서 지냅니다. … 공부지음을 버리고 낮은 [재가자의] 삶으로 되돌아갑니다.

도반들이여, 예를 들면 맛난 음식을 배불리 먹은 사람은 간밤에 만든 식은 밥엔 흥미가 없을 것입니다. 그런데 누군가 말하기를 '이제 저 사람은 다시는 음식을 원하지 않을 것이다.'라고 말한다면 그것은 바르게 말한 것이겠습니까?"

"도반이여, 그렇지 않습니다. 맛난 음식을 배불리 먹은 그 사람의 몸에 영양분이 남아 있을 때까지는 다른 음식을 원하지 않겠지만 그 영양분이 다하면 다시 음식을 원할 것이기 때문입니다."

"도반들이여, 그와 같이 여기 어떤 사람은 희열이 빛바랬기 때문에 … 제3선(三禪)에 들어 머뭅니다. 그는 '나는 제3선을 얻었다.'라고 하면서 비구들과 비구니들과 청신사들과 청신녀들과 왕과 왕의 대신들과 외도들과 외도의 제자들과 섞여서 지냅니다. … 공부지음을 버리고 낮은 [재가자의] 삶으로 되돌아갑니다."

6. "도반들이여, 여기 어떤 사람은 행복도 버리고 괴로움도 버리고, 아울러 그 이전에 이미 기쁨과 슬픔을 소멸하였으므로 괴롭지도 즐겁지도 않으며, 평온으로 인해 마음챙김이 청정한 제4선(四禪)에 들어 머뭅니다. 그는 '나는 제4선을 얻었다.'라고 하면서 비구들과 비구니들과 청신사들과 청신녀들과 왕과 왕의 대신들과 외도들과 외도의 제자들과 섞여서 지냅니다. … 공부지음을 버리고 낮은 [재가자의] 삶으로 되돌아갑니다.

도반들이여, 예를 들면 산의 협곡에 호수가 있는데 바람이 불지 않아 물결이 일지 않습니다. 그런데 누군가 말하기를 '이제 저 호수에 다시는 물결이 일지 않을 것이다.'라고 말한다면 그것은 바르게 말한 것이겠습니까?"

"도반이여, 그렇지 않습니다. 동쪽에서 강한 비를 동반한 바람이 불어오면 그 호수에는 물결이 일고, 서쪽에서 … 북쪽에서 … 남쪽에서 강한 비를 동반한 바람이 불어오면 그 호수에는 물결이 일 수 있기 때문입니다."

"도반들이여, 그와 같이 여기 어떤 사람은 행복도 버리고 괴로움도 버리고 … 제4선(四禪)에 들어 머뭅니다. 그는 '나는 제4선을 얻었다.'라고 하면서 비구들과 비구니들과 청신사들과 청신녀들과 왕과 왕의 대신들과 외도들과 외도의 제자들과 섞여서 지냅니다. … 공부지음을 버리고 낮은 [재가자의] 삶으로 되돌아갑니다."

7. "도반들이여, 여기 어떤 사람은 모든 표상들을 마음에 잡도리하지 않고 표상이 없는 마음의 삼매192)에 들어 머뭅니다. 그는 '나는 표상이 없는 마음의 삼매를 얻었다.'라고 하면서 비구들과 비구니들과 청신사들과 청신녀들과 왕과 왕의 대신들과 외도들과 외도의 제자들과 섞여서 지냅니다. … 공부지음을 버리고 낮은 [재가자의] 삶으로 되돌아갑니다.

도반들이여, 예를 들면 왕이나 왕의 대신이 네 무리의 군대와 더불어 원정을 떠나 어떤 밀림에서 하룻밤 야영을 하게 됩니다. 그러면 거기에서 나는 코끼리 소리와 말 소리와 전차 소리와 보병 소리와 큰북 소리, 작은북 소리, 고동 소리, 징소리, 고함소리 때문에 귀뚜라미 소리가 들리지 않을 것입니다.

그런데 누가 말하기를 '이제 저 밀림에서 다시는 귀뚜라미 소리가 들리지 않을 것이다.'라고 말한다면 그것은 바르게 말한 것이겠습니까?"

"도반이여, 그렇지 않습니다. 저 왕이나 왕의 대신이 그 밀림에서 떠나면 다시 귀뚜라미 소리가 들리곤 하기 때문입니다."

---

192) "'표상이 없는 마음의 삼매(animitta ceto-samādhi)'란 깊은 위빳사나와 함께한삼매(balava-vipassanā-samādhi)를 뜻한다."(AA.iv.40)
"깊은 위빳사나와 함께한 이 삼매는 영원하다는 표상 등이 없기 때문에 표상이 없는 마음의 삼매라 한 것이다."(AAṬ.iii.177)
좀더 자세한 설명은 본서 제5권 「띳사 경」(A7:53) §9의 주해와 본서 제1권 「탐욕의 반복 경」(A3:163)의 주해를 참조할 것.

"도반들이여, 그와 같이 여기 어떤 사람은 모든 표상들을 마음에 잡도리하지 않고 표상이 없는 마음의 삼매에 들어 머뭅니다.

그는 '나는 표상이 없는 마음의 삼매를 얻었다.'라고 하면서 비구들과 비구니들과 청신사들과 청신녀들과 왕과 왕의 대신들과 외도들과 외도의 제자들과 섞여서 지냅니다. … 공부지음을 버리고 낮은 [재가자의] 삶으로 되돌아갑니다."

8. 그 뒤에 코끼리 조련사의 아들 찟따 존자는 공부지음을 버리고 낮은 [재가자의] 삶으로 되돌아갔다. 그때 코끼리 조련사의 아들 찟따의 도반 비구들은 마하꼿티따 존자에게 다가갔다. 가서는 마하꼿티따 존자에게 이렇게 말하였다.

"마하꼿티따 존자는 '코끼리 조련사의 아들 찟따가 이러이러한 경지를 증득했지만 공부지음을 버리고 낮은 [재가자의] 삶으로 되돌아갈 것이다.'라고 마음으로 그의 마음을 알았습니까? 아니면 신들이 '존자시여, 코끼리 조련사의 아들 찟따는 이러이러한 경지를 증득했지만 공부지음을 버리고 낮은 [재가자의] 삶으로 되돌아갈 것입니다.'라고 존자께 이런 뜻을 알려주었습니까?"

"도반들이여, 나는 마음으로 코끼리 조련사의 아들 찟따의 마음을 알았고 신들도 역시 나에게 이런 뜻을 알려주었습니다."

그때 코끼리 조련사의 아들 찟따의 도반 비구들은 세존께 다가갔다. 가서는 세존께 절을 올린 뒤 한 곁에 앉았다. 한 곁에 앉아서 그 비구들은 세존께 이렇게 말씀드렸다.

"세존이시여, 코끼리 조련사의 아들 찟따는 이러이러한 경지를 증득했지만 공부지음을 버리고 낮은 [재가자의] 삶으로 되돌아가버렸습니다."

"비구들이여, 찟따는 오래지 않아서 다시 출가하게 될 것이다."

9. 그때 코끼리 조련사의 아들 찟따는 오래지 않아 머리와 수염을 깎고 가사를 수하고 집을 나와 다시 출가하였다. 그때 코끼리 조련사의 아들 찟따 존자는 혼자 은둔하여 방일하지 않고 열심히, 스스로 독려하며 지냈다. 그는 오래지 않아 좋은 가문의 아들들이 성취하고자 집에서 나와 출가하는 그 위없는 청정범행의 완성을 지금여기에서 스스로 최상의 지혜로 알고 실현하고 구족하여 머물렀다. '태어남은 다했다. 청정범행은 성취되었다. 할 일을 다 해 마쳤다. 다시는 어떤 존재로도 돌아오지 않을 것이다.'라고 최상의 지혜로 알았다. 그래서 코끼리 조련사의 아들 찟따 존자는 아라한들 중의 한 분이 되었다.

중간 경(A6:61)
Majjhe-sutta

1. 이와 같이 나는 들었다. 한때 세존께서는 바라나시에서 이시빠따나의 녹야원에 머무셨다. 그 무렵에 많은 장로 비구들이 탁발을 하여 공양을 마치고 탁발에서 돌아와서 원형 천막에 함께 모여 앉아 이런 이야기를 하고 있었다.

"도반들이여, 세존께서는 이것을 『숫따니빠따』「도피안 품」193)

---

193) 「도피안 품」(Pārāyana)은 『숫따니빠따』(Sn)의 마지막 품(제5장)이다. 본서 전체에서 「도피안 품」의 게송에 대한 질문은 제1권「아난다 경」(A3:32)과 제2권「삼매 경」(A4:41)과 본경에 나타나고 있고, 본서「난다마따 경」(A7:50)에서는 난다마따 청신녀가「도피안 품」을 노래로 읊는 것이 언급되고 있다. 이러한 언급은 『상윳따 니까야』 등에도 나타

의 「멧떼야의 질문」에서 이렇게 말씀하셨습니다.

"지혜로운 자는 양극단을 알고서
중간도 더럽히지 않네.
나는 그를 대인이라 부르노니
그는 여기서 바느질하는 여인을 넘어섰노라."194)

도반들이여, 여기서 어떤 것이 첫 번째 극단이고 어떤 것이 두 번째 극단이며, 어떤 것이 중간이고 어떤 것이 바느질하는 여인입니까?"

2. 이렇게 말하자 어떤 비구가 장로 비구들에게 이렇게 말하였다.

"도반들이여, 감각접촉[觸]이 첫 번째 극단이고 감각접촉의 일어남이 두 번째 극단이며 감각접촉의 소멸이 중간이고 갈애가 바느질하는 여인입니다.195) 왜냐하면 갈애가 그것을 기워서196) 이런저런 존재로 태어나게 합니다. 도반들이여, 비구는 이렇게 최상의 지혜로 알아야 할 것을 최상의 지혜로 알고 철저하게 알아야 할 것을 철저하게

난다. 「앗타까 품」(제4장)의 게송도 다른 니까야에서는 언급되고 있다. 이러한 사정을 들어서 학자들은 예외 없이 『숫따니빠따』 「도피안 품」과 「앗타까 품」을 최고층(最古層)의 부처님 가르침으로 인정하고 있다.

194) "바느질 하는 여인(sibbani)이라 불리는 갈애(taṇhā)를 건넜다는 뜻이다."(AA.iii.403)
195) "감각접촉이란 현재의 자신의 존재(atta-bhāva, 오온)를 뜻한다. 그것은 감각접촉을 통해서 생겨났기 때문이다. 이것이 하나의 부분(koṭṭhāso)이다. 감각접촉의 일어남이라는 것은 미래의 자신의 존재를 뜻한다. 그것은 현재의 자신의 존재에서 쌓은 감각접촉을 조건으로 하여 생겨나기 때문이다. 이것이 두 번째 부분이다. 감각접촉의 소멸이란 열반을 뜻한다."(Ibid)
196) "즉 갈애가 두 개의 자신의 존재라 불리는 감각접촉과 감각접촉의 일어남을 깁고 꿰맨다는 뜻이다."(Ibid)

압니다. 최상의 지혜로 알아야 할 것을 최상의 지혜로 알고 철저하게 알아야 할 것을 철저하게 알 때 지금여기에서 괴로움을 끝내게 됩니다."

3. 이렇게 말하자 다른 비구가 장로 비구들에게 이렇게 말하였다.

"도반들이여, 과거가 첫 번째 극단이고 미래가 두 번째 극단이며 현재가 중간이고 갈애가 바느질하는 여인입니다. 왜냐하면 갈애가 그것을 기워서 이런저런 존재로 태어나게 합니다. 도반들이여, 비구는 이렇게 최상의 지혜로 알아야 할 것을 최상의 지혜로 알고 철저하게 알아야 할 것을 철저하게 압니다. 최상의 지혜로 알아야 할 것을 최상의 지혜로 알고 철저하게 알아야 할 것을 철저하게 알 때 지금여기에서 괴로움을 끝내게 됩니다."

4. 이렇게 말하자 또 다른 비구가 장로 비구들에게 이렇게 말하였다.

"도반들이여, 즐거운 느낌이 첫 번째 극단이고 괴로운 느낌이 두 번째 극단이며 괴롭지도 즐겁지도 않은 느낌이 중간이고 갈애가 바느질하는 여인입니다. 왜냐하면 갈애가 그것을 기워서 이런저런 존재로 태어나게 합니다. 도반들이여, 비구는 이렇게 최상의 지혜로 알아야 할 것을 최상의 지혜로 알고 철저하게 알아야 할 것을 철저하게 압니다. 최상의 지혜로 알아야 할 것을 최상의 지혜로 알고 철저하게 알아야 할 것을 철저하게 알 때 지금여기에서 괴로움을 끝내게 됩니다."

5. 이렇게 말하자 또 다른 비구가 장로 비구들에게 이렇게 말하

였다.

"도반들이여, 정신[名]이 첫 번째 극단이고 물질[色]이 두 번째 극단이며 알음알이[識]가 중간이고 갈애가 바느질하는 여인입니다. 왜냐하면 갈애가 그것을 기워서 이런저런 존재로 태어나게 합니다. 도반들이여, 비구는 이렇게 최상의 지혜로 알아야 할 것을 최상의 지혜로 알고 철저하게 알아야 할 것을 철저하게 압니다. 최상의 지혜로 알아야 할 것을 최상의 지혜로 알고 철저하게 알아야 할 것을 철저하게 알 때 지금여기에서 괴로움을 끝내게 됩니다."

6. 이렇게 말하자 또 다른 비구가 장로 비구들에게 이렇게 말하였다.

"도반들이여, 여섯 가지 안의 감각장소[六內處]가 첫 번째 극단이고 여섯 가지 밖의 감각장소[六外處]가 두 번째 극단이며 알음알이[識]가 중간이고 갈애가 바느질하는 여인입니다. 왜냐하면 갈애가 그것을 기워서 이런저런 존재로 태어나게 합니다. 도반들이여, 비구는 이렇게 최상의 지혜로 알아야 할 것을 최상의 지혜로 알고 철저하게 알아야 할 것을 철저하게 압니다. 최상의 지혜로 알아야 할 것을 최상의 지혜로 알고 철저하게 알아야 할 것을 철저하게 알 때 지금여기에서 괴로움을 끝내게 됩니다."

7. 이렇게 말하자 또 다른 비구가 장로 비구들에게 이렇게 말하였다.

"도반들이여, [불변하는] 자기 존재가 있음[有身, 五取蘊]이 첫 번째 극단이고 [불변하는] 자기 존재가 있음의 일어남이 두 번째 극단이며 [불변하는] 자기 존재가 있음의 소멸이 중간이고 갈애가 바느질하는 여인입니다. 왜냐하면 갈애가 그것을 기워서 이런저런 존재로 태어나게 합니다. 도반들이여, 비구는 이렇게 최상의 지혜로 알아야 할 것을 최상의 지혜로 알고 철저하게 알아야 할 것을 철저하게 압니다. 최상의 지혜로 알아야 할 것을 최상의 지혜로 알고 철저하게 알아야 할 것을 철저하게 알 때 지금여기에서 괴로움을 끝내게 됩니다."

8. 이렇게 말하자 또 다른 비구가 장로 비구들에게 이렇게 말하였다.

"도반들이여, 우리 모두는 각자의 영감에 따라 설명을 하였습니다. 오십시오, 도반들이여. 우리는 세존께 갑시다. 가서 세존께 이러한 뜻을 아뢰어 세존께서 저희들에게 설명해주시는 대로 호지합시다."

"그렇게 합시다, 도반이여."라고 장로 비구들은 그 비구에게 응답했다.

9. 그때 장로 비구들은 세존께 다가갔다. 가서는 세존께 절을 올리고 한 곁에 앉았다. 한 곁에 앉아서 장로 비구들은 이제까지 있었던 대화를 빠짐없이 모두 세존께 아뢰었다.

"세존이시여, 누구의 말이 잘 말한 것[善語]입니까?"

"비구들이여, 그대들 모두가 다 방편적으로 잘 말하였다. 나는 『숫따니빠따』「도피안 품」의 「멧떼야의 질문」에서 다음과 같이 설했다.

"지혜로운 자는 양극단을 알고서
중간도 더럽히지 않네.
나는 그를 대인이라 부르노니
그는 여기서 바느질하는 여인을 넘어섰노라.""

이제 그대들은 그것을 들어라. 듣고 잘 마음에 잡도리하라. 나는 설할 것이다."

"그렇게 하겠습니다, 세존이시여."라고 장로 비구들은 세존께 응답했다.

10. 세존께서는 이렇게 말씀하셨다.

"비구들이여, 감각접촉[觸]이 첫 번째 극단이고 감각접촉의 일어남이 두 번째 극단이며 감각접촉의 소멸이 중간이고 갈애가 바느질하는 여인이다. 왜냐하면 갈애가 그것을 기워서 이런저런 존재로 태어나게 한다. 비구들이여, 비구는 이렇게 최상의 지혜로 알아야 할 것을 최상의 지혜로 알고 철저하게 알아야 할 것을 철저하게 안다. 최상의 지혜로 알아야 할 것을 최상의 지혜로 알고 철저하게 알아야 할 것을 철저하게 알 때 지금여기에서 괴로움을 끝내게 된다."

인간의 기능에 대한 지혜 경(A6:62)[197]
Purisindriyañāṇa-sutta

1. 이와 같이 나는 들었다. 한때 세존께서는 많은 비구 승가와 함께 꼬살라에서 유행을 하시다가 단다깝빠까[198]라는 꼬살라들의 성읍에 도착하셨다. 그때 세존께서는 길을 벗어나 어떤 나무 아래에 [가셔서] 마련된 자리에 앉으셨고 비구들은 거처를 마련하기 위해

---

197) PTS본 경의 목록에는 udaka(물)로 나타나는데 문맥과 전혀 맞지 않다. Hare는 필사본에 나타나는 udāna(감흥어)를 제목으로 택했는데 이것도 문맥과 어울리지 않는다. 부처님의 감흥어가 나타나지 않기 때문이다. 역자는 6차결집본의 경제목을 따랐다.
198) 주석서에는 단다깝빠까(Daṇḍakappaka)에 대한 설명이 없다.

단다깝빠까로 들어갔다. 그때 아난다 존자는 많은 비구들과 함께 아찌라와띠 강으로 목욕을 갔다. 아지라와띠 강에서 목욕을 하고 나와서 가사 하나만을 입고 몸을 말리고 계셨다.

2. 그때 어떤 비구가 아난다 존자에게 다가갔다. 가서는 아난다 존자에게 이렇게 말했다.

"도반 아난다여, 세존께서 '데와닷따199)는 악처에 떨어질 것이고 지옥에 떨어질 것이고 겁(劫)이 다 하도록 [지옥에] 머물 것이고 [참회로] 용서 받을 수 없다.'고 하신 것은 온 마음으로 몰두하신 뒤 그렇게 말씀하셨습니까, 아니면 어떤 신이 말한 것을 [듣고] 그렇게 말씀하셨습니까?"

"도반이여, 세존께서 그렇게 설명하신 것입니다."

3. 그때 아난다 존자는 세존께 다가갔다. 가서는 세존께 절을 올리고 한 곁에 앉았다. 한 곁에 앉아서 아난다 존자는 세존께 이렇게 말씀드렸다.

"세존이시여, 저는 많은 비구들과 함께 아찌라와띠 강으로 목욕을 갔습니다. 아지라와띠 강에서 목욕을 하고 나와서 가사 하나만을 입고 몸을 말리고 있었습니다. 그때 어떤 비구가 제게 다가와서 이렇게 말했습니다. '도반 아난다여, 세존께서 '데와닷따는 악처에 떨어질 것이고 지옥에 떨어질 것이고 겁이 다 하도록 [지옥에] 머물 것이고 [참회로] 용서 받을 수 없다.'고 설명하신 것은 온 마음으로 몰두하신 뒤 그렇게 하셨습니까, 아니면 어떤 신이 말한 것을 [듣고] 그렇게

---

199) 데와닷따(Devadatta)에 대해서는 본서 제2권 「데와닷따 경」(A4:68) §1의 주해를 참조할 것.

말씀하셨습니까?' 세존이시여, 저는 그 비구에게 이렇게 말했습니다. '도반이여, 세존께서 그렇게 설명하신 것입니다.'라고."

"아난다여, 그 비구는 출가한지 얼마 되지 않는 신참이거나 장로라면 어리석고 영민하지 못한 자일 것이다. 어떻게 내가 분명하게 설명한 것을 두 조각을 내버린단 말인가? 아난다여, 내가 이렇게 온 마음으로 몰두한 뒤 설명을 한 사람은 데와닷따 이외에 어떤 사람도 나는 보지 못한다. 아난다여, 내가 털끝만큼이라도 데와닷따에게서 밝은 법을 보았더라면, 나는 '데와닷따는 악처에 떨어질 것이고 지옥에 떨어질 것이고 겁이 다 하도록 [지옥에] 머물 것이고 [참회로] 용서 받을 수 없다.'고 설명하지 않았을 것이다. 그러나 나는 털끝만큼도 데와닷따에게서 밝은 법을 보지 못했기 때문에, 나는 '데와닷따는 악처에 떨어질 것이고 지옥에 떨어질 것이고 겁이 다 하도록 [지옥에] 머물 것이고 [참회로] 용서 받을 수 없다.'고 설명한 것이다.

아난다여, 예를 들면 분뇨로 가득한 한길이 넘는 분뇨구덩이가 있는데 거기에 사람이 머리까지 온통 빠졌다고 하자. 비록 어떤 사람이 나타나서 그의 이로움을 바라고 이익을 바라고 유가안은(瑜伽安穩)을 바라면서 그를 분뇨구덩이로부터 끌어내려 하나 그가 분뇨구덩이에 완전히 빠졌기 때문에 그를 잡고 끌어올릴 분뇨가 묻지 않은 곳을 털끝만큼이라도 보지 못하는 것과 같다.

아난다여, 그와 같이 나는 털끝만큼이라도 데와닷따에게서 밝은 법을 보지 못했기 때문에, 나는 '데와닷따는 악처에 떨어질 것이고 지옥에 떨어질 것이고 겁이 다 하도록 [지옥에] 머물 것이고 [참회로] 용서 받을 수 없다.'고 설명한 것이다.

아난다여, 그대들은 여래가 인간의 기능에 대한 지혜200)를 분석한 것을 들은 적이 있는가?"

"세존이시여, 지금이 적절한 시기입니다. 선서시여, 지금이 세존께서 설해주실 적절한 시기입니다. 세존의 말씀을 듣고 비구들은 마음에 새길 것입니다."

"아난다여, 그렇다면 들어라. 듣고 마음에 잘 새겨라. 나는 설할 것이다."

"그렇게 하겠습니다, 세존이시여."라고 아난다 존자는 세존께 대답했다. 세존께서는 이렇게 말씀하셨다.

4. 201) "아난다여, 나는 어떤 사람에 대해서 마음으로 마음을 대하여 '이 사람에게는 유익한 법들도 있고 해로운 법들도 있다.'라고 꿰뚫어 안다. 그리고 그 뒤에 그 사람에 대해서 마음으로 마음을 대하여 이와 같이 꿰뚫어 안다. '이 사람에게는 유익한 법들이 사라졌고 해로운 법들이 전면에 드러나 있다. 그러나 그에게 유익함의 뿌리202)가 잘린 것은 아니다. 그러므로 그 유익함의 [잠재성향]으로부터 유익함이 드러날 것이다. 이와 같이 이 사람은 미래에 쇠퇴하지 않을 것이다.'라고.

아난다여, 예를 들면 훼손되지 않고 썩지 않고 바람과 햇빛에 손상

---

200) "'인간의 기능에 대한 지혜(purisindriya-ñāṇāni)'란 인간의 기능들이 수승하고 저열한 상태에 대한 지혜이다. 즉 기능들의 강한 상태와 약한 상태(tikkha-mudubhāva)를 아는 지혜라는 뜻이다."(AA.iii.405)

201) PTS본에는 본 문단이 §3으로 번호가 매겨져 있고 다음 문단부터 §4 등으로 번호가 잘못 매겨져 있다. 역자는 본 문단을 §4로 하고 다음 문단부터 §5등으로 바로 잡았다.

202) "여기서 '유익함의 뿌리(kusala-mūla)'란 유익함의 잠재성향(ajjhāsaya)을 뜻한다."(*Ibid*)

되지 않고 상하지 않고 [뿌리를] 잘 내리는 씨앗들이 있는데 이를 기름지고 잘 경작된 땅에 뿌렸다 하자. 그대는 이 씨앗들이 잘 자라 증장하고 풍성하게 될 것이라고 아는가?"

"그렇습니다, 세존이시여."

"아난다여, 그와 같이 나는 어떤 사람에 대해서 마음으로 마음을 대하여 '이 사람에게는 유익한 법들도 있고 해로운 법들도 있다.'라고 꿰뚫어 안다. 그리고 그 뒤에 그 사람에 대해서 마음으로 마음을 대하여 이와 같이 꿰뚫어 안다. '이 사람에게는 유익한 법들이 사라졌고 해로운 법들이 전면에 드러나 있다. 그러나 그에게 유익함의 뿌리가 잘린 것은 아니다. 그러므로 그 유익함의 [잠재성향]으로부터 유익함이 드러날 것이다. 이와 같이 이 사람은 미래에 쇠퇴하지 않을 것이다.'라고.

아난다여, 이와 같이 여래는 마음으로 마음을 대하여 인간을 안다. 아난다여, 이와 같이 여래는 마음으로 마음을 대하여 인간의 기능에 대한 지혜도 안다. 아난다여, 이와 같이 여래는 마음으로 마음을 대하여 미래에 법의 일어남도 안다."

5. "아난다여, 나는 어떤 사람에 대해서 마음으로 마음을 대하여 '이 사람에게는 유익한 법들도 있고 해로운 법들도 있다.'라고 꿰뚫어 안다. 그리고 그 뒤에 그 사람에 대해서 마음으로 마음을 대하여 이와 같이 꿰뚫어 안다. '이 사람에게는 해로운 법들이 사라졌고 유익한 법들이 전면에 드러나 있다. 그러나 그에게 해로움의 뿌리가 잘린 것은 아니다. 그러므로 그 해로움의 [잠재성향]으로부터 해로움이 드러날 것이다. 이와 같이 이 사람은 미래에 쇠퇴할 것이다.'라고.

아난다여, 예를 들면 훼손되지 않고 썩지 않고 바람과 햇빛에 손상되지 않고 상하지 않고 [뿌리를] 잘 내리는 씨앗들이 있는데 이를 넓은 바위에 뿌렸다 하자. 그대는 이 씨앗들이 잘 자라지 못하고 증장하지 못하고 풍성하게 되지 않을 것이라고 아는가?"

"그렇습니다, 세존이시여."

"아난다여, 그와 같이 나는 어떤 사람에 대해서 마음으로 마음을 대하여 '이 사람에게는 유익한 법들도 있고 해로운 법들도 있다.'라고 꿰뚫어 안다. 그리고 그 뒤에 그 사람에 대해서 마음으로 마음을 대하여 이와 같이 꿰뚫어 안다. '이 사람에게는 해로운 법들이 사라졌고 유익한 법들이 전면에 드러나 있다. 그러나 그에게 해로움의 뿌리가 잘린 것은 아니다. 그러므로 그 해로움의 [잠재성향]으로부터 해로움이 드러날 것이다. 이와 같이 이 사람은 미래에 쇠퇴할 것이다.'라고.

　아난다여, 이와 같이 여래는 마음으로 마음을 대하여 인간을 안다. 아난다여, 이와 같이 여래는 마음으로 마음을 대하여 인간의 기능에 대한 지혜도 안다. 아난다여, 이와 같이 여래는 마음으로 마음을 대하여 미래에 법의 일어남도 안다."

6. "아난다여, 나는 어떤 사람에 대해서 마음으로 마음을 대하여 '이 사람에게는 유익한 법들도 있고 해로운 법들도 있다.'라고 꿰뚫어 안다. 그리고 그 뒤에 그 사람에 대해서 마음으로 마음을 대하여 이와 같이 꿰뚫어 안다. '이 사람에게는 밝은 법이라고는 털끝만큼도 없다. 이 사람은 전적으로 검고 해로운 법을 갖추었기 때문에 몸이 무너져 죽은 뒤에는 비참한 곳, 불행한 곳, 파멸처, 지옥에 태어

날 것이다.'라고.

아난다여, 예를 들면 훼손되었고 썩었고 바람과 햇빛에 손상되었고 상했고 [뿌리를] 잘 내리지 못하는 씨앗들이 있는데 이를 기름지고 잘 경작된 땅에 뿌렸다 하자. 그대는 이 씨앗들이 잘 자라지 못하고 증장하지 못하고 풍성하게 되지 않을 것이라고 아는가?"

"그렇습니다, 세존이시여."

"아난다여, 그와 같이 여기서 나는 어떤 사람에 대해서 마음으로 마음을 대하여 '이 사람에게는 유익한 법들도 있고 해로운 법들도 있다.'라고 꿰뚫어 안다. 그리고 그 뒤에 그 사람에 대해서 마음으로 마음을 대하여 이와 같이 꿰뚫어 안다. '이 사람에게는 밝은 법이라고는 털끝만큼도 없다. 이 사람은 전적으로 검고 해로운 법을 갖추었기 때문에 몸이 무너져 죽은 뒤에는 비참한 곳, 불행한 곳, 파멸처, 지옥에 태어날 것이다.'라고.

아난다여, 이와 같이 여래는 마음으로 마음을 대하여 인간을 안다. 아난다여, 이와 같이 여래는 마음으로 마음을 대하여 인간의 기능에 대한 지혜도 안다. 아난다여, 이와 같이 여래는 마음으로 마음을 대하여 미래에 법의 일어남도 안다."

이렇게 말씀하시자 아난다 존자는 세존께 이렇게 말씀드렸다.

"세존이시여, 이러한 세 부류의 사람들 말고 여기에 상응하는 다른 세 부류의 사람들을 천명하실 수 있습니까?"

"아난다여, 천명할 수 있다."라고 세존께서는 말씀하셨다.

7. "아난다여, 나는 어떤 사람에 대해서 마음으로 마음을 대하여 '이 사람에게는 유익한 법들도 있고 해로운 법들도 있다.'라고 꿰

뚫어 안다. 그리고 그 뒤에 그 사람에 대해서 마음으로 마음을 대하여 이와 같이 꿰뚫어 안다. '이 사람에게는 유익한 법들이 사라졌고 해로운 법들이 전면에 드러나 있다. 그러나 그에게 유익함의 뿌리가 잘린 것은 아니다. 하지만 그것도 모두 다 통째 뿌리 뽑히고 말 것이다. 이와 같이 이 사람은 미래에 쇠퇴할 것이다.'라고.

아난다여, 예를 들면 시뻘겋게 달구어지고 불꽃을 튀기고 빛을 내는 숯불을 넓은 바위에 던졌다 하자. 그대는 이 숯불이 타오르지 않고 번지지 않고 뒤덮지 않을 것이라고 아는가?"

"그렇습니다, 세존이시여."

"아난다여, 예를 들면 해거름에 태양이 지면 광명은 사라질 것이고 어둠이 드러날 것이라는 것을 그대는 아는가?"

"그렇습니다, 세존이시여."

"아난다여, 예를 들면 저녁에 밤이 반이나 지났을 때에 광명은 사라졌고 어둠이 드러났다는 것을 그대는 아는가?"

"그렇습니다, 세존이시여."

"아난다여, 그와 같이 나는 어떤 사람에 대해서 마음으로 마음을 대하여 '이 사람에게는 유익한 법들도 있고 해로운 법들도 있다.'라고 꿰뚫어 안다. 그리고 그 뒤에 그 사람에 대해서 마음으로 마음을 대하여 이와 같이 꿰뚫어 안다. '이 사람에게는 유익한 법들이 사라졌고 해로운 법들이 전면에 드러나 있다. 그러나 그에게 유익함의 뿌리가 잘린 것은 아니다. 하지만 그것도 모두 다 통째 뿌리 뽑히고 말 것이다. 이와 같이 이 사람은 미래에 쇠퇴할 것이다.'라고.

아난다여, 이와 같이 여래는 마음으로 마음을 대하여 인간을 안다. 아난다여, 이와 같이 여래는 마음으로 마음을 대하여 인간의 기능에 대한 지혜도 안다. 아난다여, 이와 같이 여래는 마음으로 마음을 대하여 미래에 법의 일어남도 안다."

8. "아난다여, 나는 어떤 사람에 대해서 마음으로 마음을 대하여 '이 사람에게는 유익한 법들도 있고 해로운 법들도 있다.'라고 꿰뚫어 안다. 그리고 그 뒤에 그 사람에 대해서 마음으로 마음을 대하여 이와 같이 꿰뚫어 안다. '이 사람에게는 해로운 법들이 사라졌고 유익한 법들이 전면에 드러나 있다. 그러나 그에게 해로움의 뿌리가 잘린 것은 아니다. 하지만 그것도 모두 다 통째 뿌리 뽑히고 말 것이다. 이와 같이 이 사람은 미래에 쇠퇴하지 않을 것이다.'라고

아난다여, 예를 들면 시뻘겋게 달구어지고 불꽃을 튀기고 빛을 내는 숯불을 마른 풀 더미나 장작더미에 던졌다 하자. 그대는 이 숯불이 타오르고 번지고 뒤덮을 것이라고 아는가?"

"그렇습니다, 세존이시여."

"아난다여, 예를 들면 밤이 지나고 새벽에 태양이 떠오르면 어둠은 사라질 것이고 광명이 드러날 것이라는 것을 그대는 아는가?"

"그렇습니다, 세존이시여."

"아난다여, 예를 들면 정오에 밥 먹을 때에 어둠은 사라졌고 광명이 드러났다는 것을 그대는 아는가?"

"그렇습니다, 세존이시여."

"아난다여, 그와 같이 나는 어떤 사람에 대해서 마음으로 마음을 대하여 '이 사람에게는 유익한 법들도 있고 해로운 법들도 있다.'라고 꿰뚫어 안다. 그리고 그 뒤에 그 사람에 대해서 마음으로 마음을 대하여 이와 같이 꿰뚫어 안다. '이 사람에게는 해로운 법들이 사라

졌고 유익한 법들이 전면에 드러나 있다. 그러나 그에게 해로움의 뿌리가 잘린 것은 아니다. 하지만 그것도 모두 다 통째 뿌리 뽑히고 말 것이다. 이와 같이 이 사람은 미래에 쇠퇴하지 않을 것이다.'라고.

아난다여, 이와 같이 여래는 마음으로 마음을 대하여 인간을 안다. 아난다여, 이와 같이 여래는 마음으로 마음을 대하여 인간의 기능에 대한 지혜도 안다. 아난다여, 이와 같이 여래는 마음으로 마음을 대하여 미래에 법의 일어남도 안다."

9. "아난다여, 나는 어떤 사람에 대해서 마음으로 마음을 대하여 '이 사람에게는 유익한 법들도 있고 해로운 법들도 있다.'라고 꿰뚫어 안다. 그리고 그 뒤에 그 사람에 대해서 마음으로 마음을 대하여 이와 같이 꿰뚫어 안다. '이 사람에게는 해로운 법이라고는 털끝만큼도 없다. 이 사람은 전적으로 밝고 비난받을 일이 없는 법을 갖추었기 때문에 바로 지금여기에서 완전히 열반에 들것이다.'라고.

아난다여, 예를 들면 차갑고 완전히 꺼진 숯불을 마른 풀 더미나 장작더미에 던졌다 하자. 그대는 이 숯불이 타오르지 않고 번지지 않고 뒤덮지 않을 것이라고 아는가?"

"그렇습니다, 세존이시여."

"아난다여, 그와 같이 나는 어떤 사람에 대해서 마음으로 마음을 대하여 '이 사람에게는 유익한 법들도 있고 해로운 법들도 있다.'라고 꿰뚫어 안다. 그리고 그 뒤에 그 사람에 대해서 마음으로 마음을 대하여 이와 같이 꿰뚫어 안다. '이 사람에게는 해로운 법이라고는 털끝만큼도 없다. 이 사람은 전적으로 밝고 비난받을 일이 없는 법을 갖추었기 때문에 바로 지금여기에서 완전히 열반에 들것이다.'라고.

아난다여, 이와 같이 여래는 마음으로 마음을 대하여 인간을 안다. 아난다여, 이와 같이 여래는 마음으로 마음을 대하여 인간의 기능에 대한 지혜도 안다. 아난다여, 이와 같이 여래는 마음으로 마음을 대하여 미래에 법의 일어남도 안다.

아난다여, 여기서 앞의 세 부류의 인간들 가운데 한 사람은 쇠퇴하지 않을 것이고 한 사람은 쇠퇴할 것이며 한 사람은 악처, 지옥에 떨어질 것이다. 아난다여, 여기서 뒤의 세 부류의 인간들 가운데 한 사람은 쇠퇴하지 않을 것이고 한 사람은 쇠퇴할 것이며 한 사람은 완전히 열반에 들 것이다."

꿰뚫음 경(A6:63)
Nibbedhika-sutta

1. "비구들이여, 그대들에게 꿰뚫음의 방법에 대한 법문을 설할 것이다. 이제 그것을 들어라. 듣고 마음에 잘 새겨라. 나는 설할 것이다."

"그렇게 하겠습니다, 세존이시여."라고 비구들은 세존께 대답했다. 세존께서는 이렇게 말씀하셨다.

2. "비구들이여, 그러면 어떤 것이 꿰뚫음의 방법에 대한 법문인가?

비구들이여, 감각적 욕망을 알아야 한다. 감각적 욕망들의 원인과 근원을 알아야 한다. 감각적 욕망들의 차이점을 알아야 한다. 감각적 욕망의 과보를 알아야 한다. 감각적 욕망의 소멸을 알아야 한다. 감각적 욕망의 소멸로 인도하는 도닦음을 알아야 한다.

비구들이여, 느낌을 알아야 한다. 느낌들의 원인과 근원을 알아야 한다. 느낌들의 차이점을 알아야 한다. 느낌의 과보를 알아야 한다. 느낌의 소멸을 알아야 한다. 느낌의 소멸로 인도하는 도닦음을 알아야 한다.

비구들이여, 인식을 알아야 한다. 인식들의 원인과 근원을 알아야 한다. 인식들의 차이점을 알아야 한다. 인식의 과보를 알아야 한다. 인식의 소멸을 알아야 한다. 인식의 소멸로 인도하는 도닦음을 알아야 한다.

비구들이여, 번뇌를 알아야 한다. 번뇌들의 원인과 근원을 알아야 한다. 번뇌들의 차이점을 알아야 한다. 번뇌의 과보를 알아야 한다. 번뇌의 소멸을 알아야 한다. 번뇌의 소멸로 인도하는 도닦음을 알아야 한다.

비구들이여, 업을 알아야 한다. 업들의 원인과 근원을 알아야 한다. 업들의 차이점을 알아야 한다. 업의 과보를 알아야 한다. 업의 소멸을 알아야 한다. 업의 소멸로 인도하는 도닦음을 알아야 한다.

비구들이여, 괴로움을 알아야 한다. 괴로움의 원인과 근원을 알아야 한다. 괴로움의 차이점을 알아야 한다. 괴로움의 과보를 알아야 한다. 괴로움의 소멸을 알아야 한다. 괴로움의 소멸로 인도하는 도닦음을 알아야 한다.

3. "'비구들이여, 감각적 욕망을 알아야 한다. 감각적 욕망들의 원인과 근원을 알아야 한다. 감각적 욕망들의 차이점을 알아야 한다. 감각적 욕망의 과보를 알아야 한다. 감각적 욕망의 소멸을 알아야 한다. 감각적 욕망의 소멸로 인도하는 도닦음을 알아야 한다.'라고 했

다. 그러면 이것은 무엇을 반연하여 말한 것인가?

비구들이여, 다섯 가닥의 감각적 욕망이 있다. 눈으로 인식되는 형상들이 있으니, 원하고, 좋아하고, 마음에 들고, 사랑스럽고, 달콤하고, 매혹적인 것들이다. 귀로 인식되는 소리들이 있으니, … 코로 인식되는 냄새들이 있으니, … 혀로 인식되는 맛들이 있으니, … 몸으로 인식되는 감촉[觸]들이 있으니, 원하고, 좋아하고, 마음에 들고, 사랑스럽고, 달콤하고, 매혹적인 것들이다. 비구들이여, 비록 이들이 감각적 욕망은 아니지만 성스러운 율에서는 감각적 욕망의 가닥이라 부른다.203)

> 생각을 통해서 생긴 애욕이 인간의 감각적 욕망이니
> 세상의 다채로운 대상들은 감각적 욕망이 아니로다.
> 생각을 통해서 생긴 애욕이 인간의 감각적 욕망이니
> 세상의 다채로운 대상들은 그냥 그렇게 머물 뿐이어라.
> 슬기로운 자들은 그것에 대한 의욕을 길들이노라.”

4. "비구들이여, 그러면 어떤 것이 감각적 욕망들의 원인과 근원인가? 비구들이여, 감각접촉[觸]이 감각적 욕망들의 원인과 근원이다.

비구들이여, 그러면 어떤 것이 감각적 욕망들의 차이점인가? 비구들이여, 형상들에 대한 감각적 욕망이 다르고, 소리들에 대한 감각적 욕망이 다르고, 냄새에 대한 감각적 욕망이 다르고, 맛에 대한 감각

---

203) '감각적 욕망'은 kāma를 옮긴 것이고 '감각적 욕망의 가닥'은 kāma-guṇa를 옮긴 것이다. 본문은 다른 경들에서 '감각적 욕망의 가닥'의 정형구로 나타나고 있다. 그래서 엄밀히 말하면 이 설명은 '감각적 욕망의 가닥'에 대한 설명이지 '감각적 욕망'에 대한 설명은 아니라고 부연하고 있는 것이다.

적 욕망이 다르고 감촉에 대한 감각적 욕망이 다르다. 비구들이여, 이를 일러 감각적 욕망들의 차이점이라 한다.

비구들이여, 그러면 어떤 것이 감각적 욕망의 과보인가? 비구들이여, 감각적 욕망이 있을 때는 늘 그것에 어울리는 [불변하는] 자기 존재가 있음을 만들게 된다. 그 존재가 공덕이 되건 악덕이 되건 말이다.204) 비구들이여, 이를 일러 감각적 욕망의 과보라 한다.

비구들이여, 그러면 어떤 것이 감각적 욕망의 소멸인가? 비구들이여, 감각접촉이 소멸하면 감각적 욕망이 소멸한다.

비구들이여, 여덟 가지로 구성된 성스러운 도[八支聖道]가 감각적 욕망의 소멸로 인도하는 도닦음이니, 그것은 바른 견해[正見], 바른 사유[正思惟], 바른 말[正語], 바른 행위[正業], 바른 생계[正命], 바른 정진[正精進], 바른 마음챙김[正念], 바른 삼매[正定]다.

비구들이여, 성스러운 제자가 이와 같이 감각적 욕망을 꿰뚫어 알고, 그들의 원인과 근원을 꿰뚫어 알고, 그들의 차이점을 꿰뚫어 알고, 그들의 과보를 꿰뚫어 알고, 그들의 소멸을 꿰뚫어 알고, 그들의 소멸로 인도하는 도닦음을 꿰뚫어 알 때 그는 이 꿰뚫는205) 청정범행이 감각적 욕망의 소멸이라고 꿰뚫어 안다.

---

204) "'공덕이 된다(puñña-bhāgiya)'는 것은 천상의 감각적 욕망을 바라서 선행을 성취하여 천상 세계에 태어난 자의 존재는 공덕이 된다고 한 것이고, 나쁜 행을 가득 채워 지옥에 태어난 자의 존재는 '악덕이 된다(apuñña-bhāgiya)'고 하였다.(AA.iii.407)

205) "'꿰뚫음(nibbedhika)'이란 이러한 서른여섯 가지 경우(형상에 대한 감각적 욕망 등 여섯에다 감각적 욕망, 그들의 원인, 그들의 차이점 등 여섯을 곱하면 서른여섯이 됨)를 꿰뚫는 뛰어난 행위(seṭṭha-cariya)라고 알아야 한다. 이러한 경우에 해당하는 청정범행이라 불리는 도(magga)를 감각적 욕망의 소멸이라고 설했다."(*Ibid*)

'비구들이여, 감각적 욕망을 알아야 한다. … 감각적 욕망의 소멸로 인도하는 도닦음을 알아야 한다.'라고 한 것은 이를 두고 말한 것이다."

5. "'비구들이여, 느낌을 알아야 한다. … 느낌의 소멸로 인도하는 도닦음을 알아야 한다.'라고 했다. 그러면 이것은 무엇을 반연하여 말한 것인가?

비구들이여, 세 가지 느낌이 있나니 즐거운 느낌[樂受], 괴로운 느낌[苦受], 괴롭지도 즐겁지도 않은 느낌[不苦不樂受]이다."

6. "비구들이여, 그러면 어떤 것이 느낌들의 원인과 근원인가? 비구들이여, 감각접촉[觸]이 느낌들의 원인과 근원이다.

비구들이여, 그러면 어떤 것이 느낌들의 차이점인가? 비구들이여, 세속적인 즐거운 느낌이 있고 비세속적206)인 즐거운 느낌이 있다. 세속적인 괴로운 느낌이 있고 비세속적인 괴로운 느낌이 있다. 세속적인 괴롭지도 즐겁지도 않은 느낌이 있고 비세속적인 괴롭지도 즐겁지도 않은 느낌이 있다. 비구들이여, 이를 일러 느낌들의 차이점이라 한다.

비구들이여, 그러면 어떤 것이 느낌의 과보인가? 비구들이여, 느낌이 있을 때는 늘 그것에 어울리는 [불변하는] 자기 존재가 있음을 만들게 된다. 그 존재가 공덕이 되건 악덕이 되건 말이다. 비구들이여, 이를 일러 느낌의 과보라 한다.

비구들이여, 그러면 어떤 것이 느낌의 소멸인가? 비구들이여, 감

---

206) "비세속적(nirāmisā)이란 것은 출가 생활에 바탕을 둔 것을 말한다."(DA. iii.775)

각접촉이 소멸하면 느낌이 소멸한다.

비구들이여, 여덟 가지로 구성된 성스러운 도가 느낌의 소멸로 인도하는 도닦음이니, 그것은 바른 견해, 바른 사유, 바른 말, 바른 행위, 바른 생계, 바른 정진, 바른 마음챙김, 바른 삼매다.

비구들이여, 성스러운 제자가 이와 같이 느낌을 꿰뚫어 알고, 그들의 원인과 근원을 꿰뚫어 알고, 그들의 차이점을 꿰뚫어 알고, 그들의 과보를 꿰뚫어 알고, 그들의 소멸을 꿰뚫어 알고, 그들의 소멸로 인도하는 도닦음을 꿰뚫어 알 때 그는 이 꿰뚫는 청정범행이 느낌의 소멸이라고 꿰뚫어 안다.

'비구들이여, 느낌을 알아야 한다. … 느낌의 소멸로 인도하는 도닦음을 알아야 한다.'라고 한 것은 이것을 두고 말한 것이다."

7. "'비구들이여, 인식을 알아야 한다. … 인식의 소멸로 인도하는 도닦음을 알아야 한다.'라고 했다. 그러면 이것은 무엇을 반연하여 말한 것인가?

비구들이여, 여섯 가지 인식이 있나니 형상의 인식, 소리의 인식, 냄새의 인식, 맛의 인식, 감촉의 인식, 법의 인식이다."

8. "비구들이여, 그러면 어떤 것이 인식들의 원인과 근원인가? 비구들이여, 감각접촉[觸]이 인식들의 원인과 근원이다.

비구들이여, 그러면 어떤 것이 인식들의 차이점인가? 비구들이여, 형상들에 대한 인식이 다르고, 소리들에 대한 인식이 다르고, 냄새에 대한 인식이 다르고, 맛에 대한 인식이 다르고, 감촉에 대한 인식이 다르고, 법에 대한 인식이 다르다. 비구들이여, 이를 일러 인식들의 차이점이라 한다.

비구들이여, 그러면 어떤 것이 인식의 과보인가? 비구들이여, 인식이 있을 때는 늘 그것에 어울리는 인습적 표현이라는 과보가 생긴다고 나는 말한다. 인식할 때마다 항상 인습적인 표현을 하나니, 인식하는 자는 항상 이와 같다. 비구들이여, 이를 일러 인식의 과보라 한다.

비구들이여, 그러면 어떤 것이 인식의 소멸인가? 비구들이여, 감각접촉이 소멸하면 인식이 소멸한다.

비구들이여, 여덟 가지로 구성된 성스러운 도가 느낌의 소멸로 인도하는 도닦음이니, 그것은 바른 견해, 바른 사유, 바른 말, 바른 행위, 바른 생계, 바른 정진, 바른 마음챙김, 바른 삼매이다.

비구들이여, 성스러운 제자가 이와 같이 인식을 꿰뚫어 알고, 그들의 원인과 근원을 꿰뚫어 알고, 그들의 차이점을 꿰뚫어 알고, 그들의 과보를 꿰뚫어 알고, 그들의 소멸을 꿰뚫어 알고, 그들의 소멸로 인도하는 도닦음을 꿰뚫어 알 때 그는 이 꿰뚫는 청정범행이 인식의 소멸이라고 꿰뚫어 안다.

'비구들이여, 인식을 알아야 한다. … 인식의 소멸로 인도하는 도닦음을 알아야 한다.'라고 한 것은 이것을 두고 말한 것이다."

9. "'비구들이여, 번뇌를 알아야 한다. … 번뇌의 소멸로 인도하는 도닦음을 알아야 한다.'라고 했다. 그러면 이것은 무엇을 반연하여 말한 것인가?

비구들이여, 세 가지 번뇌가 있나니 감각적 욕망의 번뇌[慾惱], 존재의 번뇌[有惱], 무명의 번뇌[無明惱]이다."

10. "비구들이여, 그러면 어떤 것이 번뇌들의 원인과 근원인가? 비구들이여, 무명이 번뇌들의 원인과 근원이다.

비구들이여, 그러면 어떤 것이 번뇌들의 차이점인가? 비구들이여, 지옥으로 인도하는 번뇌가 있다. 축생의 모태로 인도하는 번뇌가 있다. 아귀계로 인도하는 번뇌가 있다. 인간 세계로 인도하는 번뇌가 있다. 천상 세계로 인도하는 번뇌가 있다. 비구들이여, 이를 일러 번뇌들의 차이점이라 한다.

비구들이여, 그러면 어떤 것이 번뇌의 과보인가? 비구들이여, 번뇌가 있을 때는 늘 그것에 어울리는 [불변하는] 자기 존재가 있음을 만들게 된다. 그 존재가 공덕이 되건 악덕이 되건 말이다. 비구들이여, 이를 일러 번뇌의 과보라 한다.

비구들이여, 그러면 어떤 것이 번뇌의 소멸인가? 비구들이여, 무명이 소멸하면 번뇌가 소멸한다.

비구들이여, 여덟 가지로 구성된 성스러운 도가 느낌의 소멸로 인도하는 도닦음이니, 그것은 바른 견해, 바른 사유, 바른 말, 바른 행위, 바른 생계, 바른 정진, 바른 마음챙김, 바른 삼매다.

비구들이여, 성스러운 제자가 이와 같이 번뇌를 꿰뚫어 알고, 그들의 원인과 근원을 꿰뚫어 알고, 그들의 차이점을 꿰뚫어 알고, 그들의 과보를 꿰뚫어 알고, 그들의 소멸을 꿰뚫어 알고, 그들의 소멸로 인도하는 도닦음을 꿰뚫어 알 때 그는 이 꿰뚫는 청정범행이 번뇌의 소멸이라고 꿰뚫어 안다.

'비구들이여, 번뇌를 알아야 한다. … 번뇌의 소멸로 인도하는 도닦음을 알아야 한다.'라고 한 것은 이것을 두고 말한 것이다."

11. "'비구들이여, 업을 알아야 한다. … 업의 소멸로 인도하는 도 닦음을 알아야 한다.'라고 했다. 그러면 이것은 무엇을 반연하여 말한 것인가?

비구들이여, 의도가 업이라고 나는 말하노니 의도한 뒤 몸과 말과 마음으로 업을 짓는다."

12. "비구들이여, 그러면 어떤 것이 업들의 원인과 근원인가? 비구들이여, 감각접촉[觸]이 업들의 원인과 근원이다.

비구들이여, 그러면 어떤 것이 업들의 차이점인가? 비구들이여, 지옥에서 [과보를] 겪어야 하는207) 업이 있다. 축생의 모태에서 [과보를] 겪어야 하는 업이 있다. 아귀계에서 [과보를] 겪어야 하는 업이 있다. 인간 세계에서 [과보를] 겪어야 하는 업이 있다. 천상 세계에서 [과보를] 겪어야 하는 업이 있다. 비구들이여, 이를 일러 업들의 차이점이라 한다.

비구들이여, 그러면 어떤 것이 업의 과보인가? 비구들이여, 업의 과보는 세 가지라고 나는 말하나니 그것은 금생에 일어나거나 혹은 다음 생에 일어나거나 혹은 일어나는 시기가 확정되지 않은 것이다.208) 비구들이여, 이를 일러 업의 과보라 한다.

---

207) '지옥에서 [과보를] 겪어야 하는'은 niraya-vedanīya(지옥에서 겪어야 하는)인데 주석서에서 "지옥에서 과보(vipāka)를 겪어야 하는"(AA.iii. 408)으로 설명하고 있다.

208) "그 과보를 금생에 경험하는 것을 diṭṭheva dhamme라 표현했고, 바로 다음 생에서 그 과보를 경험하는 것을 upapajja라 표현했고, 세 번째 생부터 시작해서 윤회하는 과정에서 어떤 생에 그 과보를 경험하는 것을 apare vā pariyāye라 표현했다."(AA.v.77)
그래서 역자는 이 셋을 각각 '금생에 일어나는 것', '다음 생에 일어나는 비구들이여, 그러면 어떤 것이 업의 소멸인가? 비구들이여, 감각접촉이 소멸하면 업이 소멸한다.

비구들이여, 여덟 가지로 구성된 성스러운 도가 느낌의 소멸로 인도하는 도닦음이니, 그것은 바른 견해, 바른 사유, 바른 말, 바른 행위, 바른 생계, 바른 정진, 바른 마음챙김, 바른 삼매이다.

비구들이여, 성스러운 제자가 이와 같이 업을 꿰뚫어 알고, 그들의 원인과 근원을 꿰뚫어 알고, 그들의 차이점을 꿰뚫어 알고, 그들의 과보를 꿰뚫어 알고, 그들의 소멸을 꿰뚫어 알고, 그들의 소멸로 인도하는 도닦음을 꿰뚫어 알 때 그는 이 꿰뚫는 청정범행이 업의 소멸이라고 꿰뚫어 안다.

'비구들이여, 업을 알아야 한다. … 업의 소멸로 인도하는 도닦음을 알아야 한다.'라고 한 것은 이를 두고 말한 것이다."

13. "'비구들이여, 괴로움을 알아야 한다. 괴로움의 원인과 근원을 알아야 한다. 괴로움의 차이점을 알아야 한다. 괴로움의 과보를 알아야 한다. 괴로움의 소멸을 알아야 한다. 괴로움의 소멸로 인도하는 도닦음을 알아야 한다.'라고 했다. 그러면 이것은 무엇을 반연하여 말한 것인가?

비구들이여, 태어남도 괴로움이다. 늙음도 괴로움이다. 병듦도 괴로움이다. 죽음도 괴로움이다. 근심・탄식・육체적 고통・정신적 고통・절망도 괴로움이다. 원하는 것을 얻지 못하는 것도 괴로움이다. 요컨대 [나 등으로] 취착하는 다섯 가지 무더기[五取蘊] 자체가 괴로움이다."

것', '일어나는 시기가 확정되지 않은 것'으로 옮겼다.

14. "비구들이여, 그러면 어떤 것이 괴로움의 원인과 근원인가? 비구들이여, 갈애가 괴로움의 원인과 근원이다.

비구들이여, 그러면 어떤 것이 괴로움의 차이점인가? 비구들이여, 괴로움에는 아주 강한 것이 있고, 미미한 것이 있고, 천천히 빛바래는 것이 있고, 빨리 빛바래는 것이 있다. 비구들이여, 이를 일러 괴로움의 차이점이라 한다.

비구들이여, 그러면 어떤 것이 괴로움의 과보인가? 비구들이여, 괴로움에 사로잡히고 그것에 얼이 빠진 어떤 사람은 근심하고 상심하고 슬퍼하고 가슴 치며 울부짖고 광란한다. 그는 이런저런 괴로움에 사로잡히고 얼이 빠져 '누가 이 괴로움을 소멸하는 한 구절로 된 주문이나 두 구절로 된 주문209)을 아는 자는 없는가?'라고 밖에서 애써 구하게 된다. 비구들이여, 괴로움은 어리석음이라는 과보를 가져오는 것이요, 애써 구하는 과보를 가져오는 것이라고 나는 말한다. 비구들이여, 이를 일러 괴로움의 과보라 한다.

비구들이여, 그러면 어떤 것이 괴로움의 소멸인가? 비구들이여, 갈애가 소멸하면 괴로움이 소멸한다.

비구들이여, 여덟 가지로 구성된 성스러운 도[八支聖道]가 괴로움의 소멸로 인도하는 도닦음이니, 그것은 바른 견해[正見], 바른 사유[正思惟], 바른 말[正語], 바른 행위[正業], 바른 생계[正命], 바른 정진[正精進], 바른 마음챙김[正念], 바른 삼매[正定]다.

비구들이여, 성스러운 제자가 이와 같이 괴로움을 꿰뚫어 알고, 그

---

209) '한 구절로 된 주문'과 '두 구절로 된 주문'은 각각 eka-pada(하나의 구절로 된 것)와 dvi-pada(두 개의 구절로 된 것)를 옮긴 것이다. 주석서에서 이것은 만뜨라(manta)라고 설명하고 있어서(*Ibid*) 주문이라 옮겼다.

들의 원인과 근원을 꿰뚫어 알고, 그들의 차이점을 꿰뚫어 알고, 그들의 과보를 꿰뚫어 알고, 그들의 소멸을 꿰뚫어 알고, 그들의 소멸로 인도하는 도닦음을 꿰뚫어 알 때 그는 이 꿰뚫는 청정범행이 괴로움의 소멸이라고 꿰뚫어 안다.

'비구들이여, 괴로움을 알아야 한다. 괴로움의 원인과 근원을 알아야 한다. 괴로움의 차이점을 알아야 한다. 괴로움의 과보를 알아야 한다. 괴로움의 소멸을 알아야 한다. 괴로움의 소멸로 인도하는 도닦음을 알아야 한다.'라고 한 것은 이것을 두고 말한 것이다.

비구들이여, 이것이 꿰뚫음의 방법에 대한 법문이다."

사자후 경(A6:64)
Sīhanāda-sutta

1. "비구들이여, 여래에게는 여섯 가지 여래의 힘210)이 있나니, 이러한 힘을 구족하여 여래는 대웅(大雄)의 위치를 얻었고 회중에서 사자후를 토하고 신성한 바퀴[梵輪]211)를 굴린다. 무엇이 여섯인가?"

---

210) 일반적으로 여래의 힘은 열 가지 여래의 힘[如來十力]으로 우리에게 잘 알려져 있는데 본경에서는 여섯 가지를 여래의 힘으로 들고 있다. 여래십력에 대해서는 본서 제6권 「사자 경」(A10:21)과 『맛지마 니까야』(M 12)와 『청정도론』 XII.76의 주해를 참조할 것. 본서 제3권 「전에 들어보지 못함 경」(A5:11)에는 다섯 가지 여래의 힘이 나타나고 있다.

211) '신성한 바퀴[梵輪]'는 brahma-cakka를 옮긴 것이다. 주석서에서는 뛰어난(seṭṭha) 지혜의 바퀴인데 꿰뚫음의 지혜(paṭivedha-ñāṇa)와 가르침의 지혜(desanā-ñāṇa)라고 설명하고 있다.(AA.iii.409) 여기서 뿐만 아니라 초기경에서 brahma가 이처럼 합성어로 쓰일 때는 항상 '수승한, 뛰어난' 등을 뜻한다.

2. "비구들이여, 여래는 원인을 원인이라고,212) 원인이 아닌 것을 원인이 아닌 것이라고 있는 그대로 꿰뚫어 안다. 비구들이여, 여래가 원인을 원인이라고, 원인이 아닌 것을 원인이 아닌 것이라고 있는 그대로 꿰뚫어 아는 이것이 여래가 가진 여래의 힘이니, 이런 힘 때문에 여래는 대웅의 위치를 얻었고 회중에서 사자후를 토하고 신성한 바퀴를 굴린다.

3. "다시 비구들이여, 여래는 과거와 미래와 현재에 행한 업의213) 과보를 있는 그대로 조건과 원인과 함께214) 꿰뚫어 안다. 비구들이여, 여래가 과거와 미래와 현재에 행한 업의 과보를 있는 그대로 조건과 원인과 함께 꿰뚫어 아는 이것도 여래가 가진 여래의 힘이니, 이런 힘 때문에 여래는 대웅의 위치를 얻었고 회중에서 사자후를 토하고 신성한 바퀴를 굴린다."

4. "다시 비구들이여, 여래는 선[禪]과 해탈과 삼매와 증득[等至]215)의 오염원과 깨끗함과 벗어남을216) 있는 그대로 꿰뚫어 안다.

---

212) 여기서 '원인'이라 옮긴 원어는 ṭhāna(장소, 경우)인데 주석서는 kāraṇa(원인)라 설명하고 있어서(AA.iii.409) 이렇게 옮겼다.

213) "'행한 업(kamma-samādāna)'이란 행하여 지은 유익한 업[善業]과 해로운 업[不善業]을 말한다. 혹은 업 그 자체가 행한 업이다."(*Ibid*)

214) '조건과 원인과 함께'는 ṭhānaso hetuso를 옮긴 것인데 주석서는 "조건과 더불어(paccayato) 그리고 원인과 더불어(hetuto)"(*Ibid*)라고 설명하고 있어서 이렇게 옮겼다. 그리고 주석서는 "여기서 태어날 곳(gati)과 재생의 근거(upadhi)와 시간(kāla)과 노력(payoga)은 과보의 조건이고 업은 그것의 원인이다."(*Ibid*)라고 덧붙이고 있다.

215) "선(jhāna)과 해탈(vimokkha)과 삼매(samādhi)와 증득(samāpatti)이란 4선과 8해탈과 3삼매와 9차제 증득(anupubba-samāpatti)을 말한

비구들이여, 여래가 선[禪]과 해탈과 삼매와 증득[等至]의 오염원과 깨끗함과 벗어남을 있는 그대로 꿰뚫어 아는 이것도 여래가 가진 여래의 힘이니, 이런 힘 때문에 여래는 대웅의 위치를 얻었고 회중에서 사자후를 토하고 신성한 바퀴를 굴린다."

5. "다시 비구들이여, 여래는 수많은 전생의 갖가지 삶들을 기억한다.[宿命通] 즉 한 생, 두 생, 세 생, 네 생, 다섯 생, 열 생, 스무 생, 서른 생, 마흔 생, 쉰 생, 백 생, 천 생, 십만 생, 세계가 수축하는 여러 겁, 세계가 팽창하는 여러 겁, 세계가 수축하고 팽창하는 여러 겁을 기억한다. '어느 곳에서 이런 이름을 가졌고, 이런 종족이었고, 이런 용모를 가졌고, 이런 음식을 먹었고, 이런 행복과 고통을 경험했고, 이런 수명의 한계를 가졌고, 그곳에서 죽어 다른 어떤 곳에 다시 태어나 그곳에서는 이런 이름을 가졌고, 이런 종족이었고, 이런 용모를

다."(*Ibid*)
4禪은 초선부터 제4선까지를 말한다. 3삼매는 근접삼매와 본삼매(즉 4禪)를 일으킨 생각과 지속적 고찰이 있는 것(근접삼매와 초선), 일으킨 생각은 없고 지속적 고찰만 있는 것(제2선), 일으킨 생각[尋, vitakka]도 없고 지속적 고찰[伺, vicāra]도 없는 것(제3선과 제4선)의 셋으로 분류한 것을 말한다.(여기에 대해서는 『상윳따 니까야』 「일으킨 생각 경」(S43:3)과 『청정도론』 III.11을 참조할 것.) 9차제 증득은 4선-4처-상수멸의 경지(즉 초선부터 비상비비상처까지와 상수멸의 9가지 삼매)를 차례대로 증득하는 것을 말한다. 그리고 8해탈은 본서 제2권 「음식 경」(A4:87) §3의 주해를 참조할 것.

216) "'오염원(saṁkilesa)'이란 퇴보에 빠진(hāna-bhāgiya) 법이고 '깨끗함(vodāna)'이란 수승함에 동참하는(visesa-bhāgiya) 법이다. '벗어남(vuṭṭhāna)'이란 "깨끗함으로부터도 벗어나고 이런저런 삼매로부터도 벗어난다."(Vbh.465)라고 하였듯이 잘 닦은 선(禪)과 존재에 있어서 과(果)의 증득도 포함된다."(AA.iii.409)

가졌고, 이런 음식을 먹었고, 이런 행복과 고통을 경험했고, 이런 수명의 한계를 가졌고, 그곳에서 죽어 여기 다시 태어났다.'라고. 이처럼 한량없는 전생의 갖가지 모습들을 그 특색과 더불어 상세하게 기억해낸다. 비구들이여, 여래가 수많은 전생의 갖가지 삶들을 기억하여 … 상세하게 기억해내는 이것도 여래가 가진 여래의 힘이니, 이런 힘 때문에 여래는 대웅의 위치를 얻었고 회중에서 사자후를 토하고 신성한 바퀴를 굴린다."

6. "다시, 비구들이여, 여래는 청정하고 인간을 넘어선 신성한 눈[天眼]으로 중생들이 죽고 태어나고, 천박하고 고상하고, 잘생기고 못생기고, 좋은 곳[善處]에 가고 나쁜 곳[惡處]에 가는 것을 보고, 중생들이 지은 바 그 업에 따라가는 것을 꿰뚫어 안다.[天眼通] '이들은 몸으로 못된 짓을 골고루 하고 입으로 못된 짓을 골고루 하고 또 마음으로 못된 짓을 골고루 하고, 성자들을 비방하고, 삿된 견해를 지녀 사견업(邪見業)을 지었다. 이들은 죽어서 몸이 무너진 다음에는 처참한 곳, 불행한 곳, 파멸처, 지옥에 태어났다. 그러나 이들은 몸으로 좋은 일을 골고루 하고 입으로 좋은 일을 골고루 하고 마음으로 좋은 일을 골고루 하고 성자들을 비방하지 않고 바른 견해를 지녀 정견업(正見業)을 지었다. 이들은 죽어서 몸이 무너진 다음에 좋은 곳[善處], 천상 세계에 태어났다.'라고. 이와 같이 그는 청정하고 인간을 넘어선 신성한 눈으로 중생들이 죽고 태어나고, 천박하고 고상하고, 잘생기고 못생기고, 좋은 곳[善處]에 가고 나쁜 곳[惡處]에 가는 것을 보고, 중생들이 지은 바 그 업에 따라가는 것을 꿰뚫어 안다. 비구들이여, 여래가 청정하고 인간을 넘어선 신성한 눈[天眼]으로 … 그 업에 따라

가는 것을 꿰뚫어 아는 이것도 여래가 가진 여래의 힘이니, 이런 힘 때문에 여래는 대웅의 위치를 얻었고 회중에서 사자후를 토하고 신성한 바퀴를 굴린다."

7. "다시 비구들이여, 여래는 모든 번뇌가 다하여 아무 번뇌가 없는 마음의 해탈[心解脫]과 통찰지를 통한 해탈[慧解脫]을 바로 지금여기에서 스스로 최상의 지혜로 실현하고 구족하여 머문다. 비구들이여, 모든 번뇌가 다하여 … 스스로 최상의 지혜로 실현하고 구족하여 머무는 이것도 여래가 가진 여래의 힘이니, 이런 힘 때문에 여래는 대웅의 위치를 얻었고 회중에서 사자후를 토하고 신성한 바퀴를 굴린다."

8. "비구들이여, 여기서 만일 다른 사람들이 여래에게 다가와서 원인을 원인이라고, 원인이 아닌 것을 원인이 아닌 것이라고 있는 그대로 아는 지혜로 무장하여 여래에게 질문을 하면, 여래는 원인을 원인이라고, 원인이 아닌 것을 원인이 아닌 것이라고 있는 그대로 아는 그 지혜에 따라서 그들에게 그대로 설명을 한다."

9. "비구들이여, 여기서 만일 다른 사람들이 여래에게 다가와서 과거와 미래와 현재에 행한 업의 과보를 있는 그대로 조건과 원인과 함께 아는 지혜로 무장하여 여래에게 질문을 하면, 여래는 과거와 미래와 현재에 행한 업의 과보를 있는 그대로 조건과 원인과 함께 아는 그 지혜에 따라서 여래는 그들의 질문을 받으면 그들에게 그대로 설명을 한다."

10. "비구들이여, 여기서 만일 다른 사람들이 여래에게 다가와서

선[禪]과 해탈과 삼매와 증득[等至]의 오염원과 깨끗함과 벗어남을 있는 그대로 아는 지혜로 무장하여 여래에게 질문을 하면, 여래는 선과 해탈과 삼매와 증득[等至]의 오염원과 깨끗함과 벗어남을 있는 그대로 아는 그 지혜에 따라서 여래는 그들의 질문을 받으면 그들에게 그대로 설명을 한다."

11. "비구들이여, 여기서 만일 다른 사람들이 여래에게 다가와서 수많은 전생의 삶들을 기억하여 있는 그대로 아는 지혜[宿命通]로 무장하여 여래에게 질문을 하면, 여래는 전생의 삶들을 기억하여 있는 그대로 아는 그 지혜에 따라서 여래는 그들의 질문을 받으면 그들에게 그대로 설명을 한다."

12. "비구들이여, 여기서 만일 다른 사람들이 여래에게 다가와서 중생들이 죽고 태어남을 있는 그대로 아는 지혜[天眼通]로 무장하여 여래에게 질문을 하면, 여래는 중생들이 죽고 태어남을 있는 그대로 아는 그 지혜에 따라서 여래는 그들의 질문을 받으면 그들에게 그대로 설명을 한다."

13. "비구들이여, 여기서 만일 다른 사람들이 여래에게 다가와서 번뇌가 다함을 있는 그대로 아는 지혜[漏盡通]로 무장하여 여래에게 질문을 하면, 여래는 번뇌가 다함을 있는 그대로 아는 그 지혜에 따라서 여래는 그들의 질문을 받으면 그들에게 그대로 설명을 한다."

14. "비구들이여, 원인을 원인이라고, 원인이 아닌 것을 원인이 아닌 것이라고 있는 그대로 아는 지혜는 마음이 잘 집중된 사람에게 있는 것이지 잘 집중되지 않은 사람에게 있는 것이 아니라고 나는 말

한다.

과거와 미래와 현재에 행한 업의 과보를 있는 그대로 조건과 원인과 함께 아는 지혜도 마음이 잘 집중된 사람에게 있는 것이지 잘 집중되지 않은 사람에게 있는 것이 아니라고 나는 말한다.

선[禪]과 해탈과 삼매와 증득[等至]의 오염원과 깨끗함과 벗어남을 있는 그대로 아는 지혜도 마음이 잘 집중된 사람에게 있는 것이지 잘 집중되지 않은 사람에게 있는 것이 아니라고 나는 말한다.

수많은 전생의 삶들을 기억하여 있는 그대로 아는 지혜도 마음이 잘 집중된 사람에게 있는 것이지 잘 집중되지 않은 사람에게 있는 것이 아니라고 나는 말한다.

중생들이 죽고 태어남을 있는 그대로 아는 지혜도 마음이 잘 집중된 사람에게 있는 것이지 잘 집중되지 않은 사람에게 있는 것이 아니라고 나는 말한다.

번뇌가 다함을 있는 그대로 아는 지혜도 마음이 잘 집중된 사람에게 있는 것이지 잘 집중되지 않은 사람에게 있는 것이 아니라고 나는 말한다.

비구들이여, 이처럼 삼매는 [지혜를 얻는] 도고 삼매에 들지 못함은 나쁜 도다."217)

---

217) "'삼매는 도다.(samādhi maggo)'라는 것은 삼매는 이러한 지혜들을 증득하는 수단(upāya)이라는 말이다. '삼매에 들지 못함(asamādhi)'이란 한 끝으로 되지 못함(anekagga-bhāva)을 말하고 나쁜 도(kummagga)란 그릇된 도를 말한다."(AA.iii.410)

제6장 대 품이 끝났다.

여섯 번째 품에 포함된 경들의 목록은 다음과 같다.

① 소나 ② 팍구나 ③ 여섯 태생
④ 번뇌 ⑤ 나무장수 ⑥ 코끼리 조련사의 아들
⑦ 중간 ⑧ 인간의 기능에 대한 지혜
⑨ 꿰뚫음 ⑩ 사자후다.

제7장 천신 품
Devatā-vagga

불환자 경(A6:65)[218]
Anāgāmi-sutta

1. "비구들이여, 여섯 가지 법을 제거하지 못하면 불환과를 실현할 수 없다. 무엇이 여섯인가?"

2. "믿음 없음, 양심 없음, 수치심 없음, 게으름, 마음챙김을 놓아버림, 통찰지가 없음이다. 비구들이여, 이러한 여섯 가지 법을 제거하지 못하면 불환과를 실현할 수 없다."

3. "비구들이여, 여섯 가지 법을 제거하면 불환과를 실현할 수 있다. 무엇이 여섯인가?"

4. "믿음 없음, 양심 없음, 수치심 없음, 게으름, 마음챙김을 놓아버림, 통찰지가 없음이다. 비구들이여, 이러한 여섯 가지 법을 제거하면 불환과를 실현할 수 있다."

---

218) 6차결집본의 경제목은 '불환과'(Anāgāmiphala-sutta)이다.

아라한 경(A6:66)
Arahatta-sutta

1. "비구들이여, 여섯 가지 법을 제거하지 못하면 아라한과를 실현할 수 없다. 무엇이 여섯인가?"

2. "해태, 혼침, 들뜸, 후회, 믿음 없음, 방일이다. 비구들이여, 이러한 여섯 가지 법을 제거하지 못하면 아라한과를 실현할 수 없다."

3. "비구들이여, 여섯 가지 법을 제거하면 아라한과를 실현할 수 있다. 무엇이 여섯인가?"

4. "해태, 혼침, 들뜸, 후회, 믿음 없음, 방일이다. 비구들이여, 이러한 여섯 가지 법을 제거하면 아라한과를 실현할 수 있다."

친구 경(A6:67)
Mitta-sutta

1. "비구들이여, 나쁜 친구고 나쁜 동료고 나쁜 벗인 비구가 나쁜 친구들을 시중들고 경모하고 섬기면서 그들의 [삿된] 견해를 본받아 선행(善行)에 관한 법을 원만하게 갖출 것이라는 것은 있을 수 없다. 선행에 관한 법을 원만하게 갖추지 않고 유학의 법을 원만하게 갖출 것이라는 것은 있을 수 없다. 유학의 법을 원만하게 갖추지 않고 계를 원만하게 갖출 것이라는 것은 있을 수 없다. 계를 원만하게 갖추지 않고 욕계에 대한 탐욕과 색계에 대한 탐욕과 무색계에 대한 탐욕을 버릴 것이라는 것은 있을 수 없다."

2. "비구들이여, 좋은 친구고 좋은 동료고 좋은 벗인 비구가 좋은 친구들을 시중들고 경모하고 섬기면서 그들의 [바른] 견해를 본받아 선행(善行)에 관한 법을 원만하게 갖출 것이라는 것은 가능하다. 선행에 관한 법을 원만하게 갖춘 뒤 유학의 법을 원만하게 갖출 것이라는 것은 가능하다. 유학의 법을 원만하게 갖춘 뒤 계를 원만하게 갖출 것이라는 것은 가능하다. 계를 원만하게 갖춘 뒤 욕계에 대한 탐욕과 색계에 대한 탐욕과 무색계에 대한 탐욕을 버릴 것이라는 것은 가능하다."

무리지어 삶 경(A6:68)[219]
Saṅgaṇika-sutta

1. "비구들이여, 참으로 비구가 무리지어 사는 것을 좋아하고 무리지어 사는 것을 즐기고 무리지어 사는 즐거움에 몰두하며, 무리를 좋아하고 무리를 즐기고 무리의 즐거움에 몰두하면서도 혼자서 한거하는 것을 즐기리라는 것은 있을 수 없다. 혼자서 한거하는 것을 즐기지 못하면서 마음의 표상을 취하리라는 것은 있을 수 없다. 마음의 표상을 취하지 못하면서 바른 견해를 원만하게 갖추리라는 것은 있을 수 없다. 바른 견해를 원만하게 갖추지 못하면서 바른 삼매를 원만하게 갖추리라는 것은 있을 수 없다. 바른 삼매를 원만하게 갖추지 못하면서 족쇄들을 제거하리라는 것은 있을 수 없다. 족쇄들을 제

---

[219] PTS본의 경의 목록에는 분명한 경제목이 나타나지 않는다. 역자는 6차결집본의 경제목과 Hare를 참조하였다. 6차결집본의 경제목은 '무리지어 살기를 좋아함'(Saṁgaṇikārāma-sutta)이다.

거하지 못하면서 열반을 실현하리라는 것은 있을 수 없다."220)

2. "참으로 비구가 무리지어 사는 것을 좋아하지 않고 무리지어 사는 것을 즐기지 않고 무리지어 사는 즐거움에 몰두하지 않으며, 무리를 좋아하지 않고 무리를 즐기지 않고 무리의 즐거움에 몰두하지 않으면서 혼자서 한거하는 것을 즐기리라는 것은 가능하다. 혼자서 한거하는 것을 즐기면서 마음의 표상을 취하리라는 것은 가능하다. 마음의 표상을 취한 뒤 바른 견해를 원만하게 갖추리라는 것은 가능하다. 바른 견해를 원만하게 갖춘 뒤 바른 삼매를 원만하게 갖추리라는 것은 가능하다. 바른 삼매를 원만하게 갖춘 뒤 족쇄들을 제거하리라는 것은 가능하다. 족쇄들을 제거한 뒤 열반을 실현하리라는 것은 가능하다."

천신 경(A6:69)
Devatā-sutta

1. 그때 어떤 천신이 밤이 아주 깊었을 때 아주 멋진 모습을 하고 온 제따 숲을 환하게 밝히면서 세존께 다가갔다. 다가가서는 세존께 절을 올린 뒤 한 곁에 섰다. 한 곁에 서서 천신은 세존께 이렇게 말씀드렸다.

"세존이시여, 비구를 쇠퇴하지 않게 하는 여섯 가지 법이 있습니

---

220) "'마음의 표상(cittassa nimitta)'이란 삼매와 위빳사나의 마음의 표상인데 이것이 삼매와 위빳사나를 일으킨다. '바른 견해(sammā-diṭṭhi)'란 위빳사나의 바른 견해다. '삼매(samādhi)'란 도의 삼매와 과의 삼매다. '족쇄(saṁyojana)'란 열 가지 족쇄다. '열반(nibbāna)'이란 조건지워지지 않은 완전한 열반(apaccaya-parinibbāna)이다."(AA.iii.410)

다. 어떤 것이 여섯인가요? 스승을 존중함, 법을 존중함, 승가를 존중함, 공부지음을 존중함, 훈계를 잘 받아들임, 선우(善友)를 사귐입니다. 세존이시여, 이러한 여섯 가지 법은 비구를 쇠퇴하지 않게 합니다."

천신은 이렇게 말하였고 스승께서는 그것에 동의를 하셨다. 그때 천신은 '스승께서 나의 [말]에 동의를 하셨구나.'라고 생각하면서 세존께 절을 올리고 오른쪽으로 [세 번] 돌아 [경의를 표한] 뒤에 거기서 사라졌다.

2. 세존께서는 그 밤이 지나자 비구들을 불러서 말씀하셨다.

"비구들이여, 간밤에 어떤 천신이 밤이 아주 깊었을 때 아주 멋진 모습을 하고 온 제따 숲을 환하게 밝히면서 나에게 다가왔다. 다가와서는 나에게 절을 올린 뒤 한 곁에 섰다. 한 곁에 서서 천신은 나에게 이렇게 말하였다. '세존이시여, 비구를 쇠퇴하지 않게 하는 여섯 가지 법이 있습니다. 어떤 것이 여섯인가요? 스승을 존중함, 법을 존중함, 승가를 존중함, 공부지음을 존중함, 훈계를 잘 받아들임, 선우(善友)를 사귐입니다. 세존이시여, 이러한 여섯 가지 법은 비구를 쇠퇴하지 않게 합니다.'라고. 비구들이여, 천신은 이렇게 말하였고 나는 그것에 동의를 하였다. 그때 천신은 '스승께서 나의 [말]에 동의를 하셨구나.'라고 생각하면서 나에게 절을 올리고 오른쪽으로 [세 번] 돌아 [경의를 표한] 뒤 거기서 사라졌다."

3. 이렇게 말씀하시자 사리뿟따 존자가 세존께 절을 올린 뒤 이와 같이 말씀드렸다.

"세존이시여, 세존께서 간략하게 설하신 것의 뜻을 저는 이와 같이 자세하게 압니다. 세존이시여, 여기 비구는 자신이 스승을 존중하고 스승을 존중하는 것을 칭송합니다. 그리고 스승을 존중하지 않는 다른 비구들도 스승을 존중하도록 격려하고, 스승을 존중하는 비구들에 대해서 진실하고 바르게 칭송하는 말을 적당한 때에 합니다. 그는 자신이 법을 존중하고 … 자신이 승가를 존중하고 … 자신이 공부지음을 존중하고 … 자신이 훈계를 잘 받아들이고 … 자신이 선우를 사귀고 선우를 사귀는 것을 칭송합니다. 그리고 선우를 사귀지 않는 다른 비구들도 선우를 사귀도록 격려하고, 선우를 사귀는 비구들에 대해서 진실하고 바르게 칭송하는 말을 적당한 때에 합니다.

세존이시여, 세존께서 간략하게 설하신 것의 뜻을 저는 이와 같이 자세하게 압니다."

"장하고 장하구나, 사리뿟따여. 사리뿟따여, 내가 간략하게 설한 것의 뜻을 그대는 이와 같이 자세하게 아는구나. 사리뿟따여, 여기 비구는 자신이 스승을 존중하고 스승을 존중하는 것을 칭송한다. 그리고 스승을 존중하지 않는 다른 비구들도 스승을 존중하도록 격려하고, 스승을 존중하는 비구들에 대해서 진실하고 바르게 칭송하는 말을 적당한 때에 한다. 그는 자신이 법을 존중하고 … 자신이 승가를 존중하고 … 자신이 공부지음을 존중하고 … 자신이 훈계를 잘 받아들이고 … 자신이 선우를 사귀고 선우를 사귀는 것을 칭송한다. 그리고 선우를 사귀지 않는 다른 비구들도 선우를 사귀도록 격려하고, 선우를 사귀는 비구들에 대해서 진실하고 바르게 칭송하는 말을 적당한 때에 한다.

사리뿟따여, 내가 간략하게 설한 것의 뜻을 그대는 이와 같이 자세하게 알아야 한다."

삼매 경(A6:70)[221]
Samādhi-sutta

1. "비구들이여, 비구는 평화롭고 수승한 삼매가 없이도, [오염원들이] 고요해짐을 얻지 않고도, 단일한 상태를 증득하지 않고서도 '그는 여러 가지 신통 변화를 나툴 것이다. 하나인 채 여럿이 되기도 하고 … 심지어는 저 멀리 범천의 세상에까지도 몸의 자유자재함을 발할 것이다.'[神足通]라는 것은 있을 수 없다.[222]

'그는 인간의 능력을 넘어선 청정하고 신성한 귀의 요소로 천상이나 인간의 소리 둘 다를 멀든 가깝든 간에 다 들을 것이다.'[天耳通]라는 것은 있을 수 없다.

'그는 자기의 마음으로 다른 중생들과 다른 인간들의 마음에 대하여 꿰뚫어 알 것이다. 탐욕이 있는 마음은 탐욕이 있는 마음이라고 꿰뚫어 알고 … 해탈하지 않은 마음은 해탈하지 않은 마음이라고 꿰뚫어 알 것이다.'[他心通]라는 것은 있을 수 없다.

'그는 수많은 전생의 갖가지 삶들을 기억할 것이다. 즉 한 생, 두 생, … 이처럼 한량없는 전생의 갖가지 모습들을 그 특색과 더불어 상세하게 기억해낼 것이다.'[宿命通]라는 것은 있을 수 없다.

---

221) PTS본의 경의 목록에는 본경에 해당하는 제목이 나타나지 않는다. 역자는 6차결집본의 경제목을 따랐다.
222) 번뇌 다한 누진통을 제외한 모든 신통은 반드시 제4선에 들어야 나툴 수 있다. 그래서 제4선을 신통지(초월지)를 위한 '기초가 되는 선(padaka-jjhaana)'이라 한다. 그래서 본경에서 세존께서는 삼매가 없이는 신통을 나툴 수 없다고 말씀하시는 것이다. '기초가 되는 선'은 신통지를 이해하는 데 가장 중요한 개념이다. 여기에 대해서는 『청정도론』 XII.57 이하를 참조할 것.

'그는 청정하고 인간을 넘어선 신성한 눈으로 중생들이 죽고 태어나고, … 중생들이 지은 바 그 업에 따라서 가는 것을 꿰뚫어 알 것이다.'[天眼通]라는 것은 있을 수 없다.

'모든 번뇌를 소멸하는 지혜로 마음을 향하게 하고 기울게 할 것이다. 그는 '이것이 괴로움이다.'라고 있는 그대로 꿰뚫어 알고 … 다시는 어떤 존재로도 돌아오지 않을 것이라고 꿰뚫어 알 것이다.'[漏盡通]라는 것은 있을 수 없다."

2. "비구들이여, 비구는 평화롭고 수승한 삼매를 통해서, [오염원들이] 고요해짐을 얻음으로써, 단일한 상태를 증득함으로써 '그는 여러 가지 신통변화를 나툴 것이다. 하나인 채 여럿이 되기도 하고 … 심지어는 저 멀리 범천의 세상에까지도 몸의 자유자재함을 발할 것이다.'[神足通]라는 것은 가능하다.

'그는 인간의 능력을 넘어선 청정하고 신성한 귀의 요소로 천상이나 인간의 소리 둘 다를 멀든 가깝든 간에 다 들을 것이다.'[天耳通]라는 것은 가능하다.

'그는 자기의 마음으로 다른 중생들과 다른 인간들의 마음에 대하여 꿰뚫어 알 것이다. 탐욕이 있는 마음은 탐욕이 있는 마음이라고 꿰뚫어 알고 … 해탈하지 않은 마음은 해탈하지 않은 마음이라고 꿰뚫어 알 것이다.'[他心通]라는 것은 가능하다.

'그는 수많은 전생의 갖가지 삶들을 기억할 것이다. 즉 한 생, 두 생, … 이처럼 한량없는 전생의 갖가지 모습들을 그 특색과 더불어 상세하게 기억해낼 것이다.'[宿命通]라는 것은 가능하다.

'그는 청정하고 인간을 넘어선 신성한 눈으로 중생들이 죽고 태어나고, … 중생들이 지은 바 그 업에 따라서 가는 것을 꿰뚫어 알 것이다.'[天眼通]라는 것은 가능하다.

'모든 번뇌를 소멸하는 지혜로 마음을 향하게 하고 기울게 할 것이다. 그는 '이것이 괴로움이다.'라고 있는 그대로 꿰뚫어 알고 … 다시는 어떤 존재로도 돌아오지 않을 것이라고 꿰뚫어 알 것이다.'[漏盡通]라는 것은 가능하다."

실현하는 능력 경(A6:71)
Sakkhibhabba-sutta

1. "비구들이여, 여섯 가지 법을 갖춘 비구는 그런 원인이 있을 때 언제든지 그것을 실현하는 능력을 얻지 못한다. 무엇이 여섯인가?"

2. "비구들이여, 여기 비구는 '이것은 퇴보에 빠진 법이다.'라고 있는 그대로 꿰뚫어 알지 못하고, '이것은 정체에 빠진 법이다.'라고 있는 그대로 꿰뚫어 알지 못하고, '이것은 수승함에 동참하는 법이다.'라고 있는 그대로 꿰뚫어 알지 못하고, '이것은 꿰뚫음에 동참하는 법이다.'라고 있는 그대로 꿰뚫어 알지 못하고,223) 마지못해서 하고, 부적절하게 한다. 비구들이여, 이러한 여섯 가지 법을 갖춘 비구는 그런 원인이 있을 때 언제든지 그것을 실현하는 능력을 얻지 못한다."

3. "비구들이여, 여섯 가지 법을 갖춘 비구는 그런 원인이 있을

---

223) 주석서는 이상의 네 가지 법에 대한 설명은 『청정도론』(Vis.III.22)을 참조하라고 적고 있다. 『청정도론』의 해당 부분은 본서 제2권 「열반 경」 (A4:179)의 주해에 인용되어 있으니 참조할 것.

때는 언제든지 그것을 실현하는 능력을 얻는다. 무엇이 여섯인가?"

4. "비구들이여, 여기 비구는 '이것은 퇴보에 빠진 법이다.'라고 있는 그대로 꿰뚫어 알고, '이것은 정체에 빠진 법이다.'라고 있는 그대로 꿰뚫어 알고, '이것은 수승함에 동참하는 법이다.'라고 있는 그대로 꿰뚫어 알고, '이것은 꿰뚫음에 동참하는 법이다.'라고 있는 그대로 꿰뚫어 알고, 정성을 다해서 하고, 적절하게 한다. 비구들이여, 이러한 여섯 가지 법을 갖춘 비구는 그런 원인이 있을 때는 언제든지 그것을 실현하는 능력을 얻는다."

힘 경(A6:72)
Balatā-sutta

1. "비구들이여, 여섯 가지 법을 갖춘 비구는 삼매에서 힘을 얻을 수 없다. 무엇이 여섯인가?"

2. "비구들이여, 여기 비구는 삼매의 증득에 능숙하지 못하고, 삼매에 머무는데 능숙하지 못하고, 삼매에서 출정하는데 능숙하지 못하고,224) 마지못해서 하고, 끈기 있게 하지 못하고, 부적절하게 한다. 비구들이여, 이러한 여섯 가지 법을 갖춘 비구는 삼매에서 힘을 얻을 수 없다."

3. "비구들이여, 여섯 가지 법을 갖춘 비구는 삼매에서 힘을 얻을 수 있다. 무엇이 여섯인가?"

---

224) 삼매에 대한 이러한 표현에 대해서는 본서 「히말라야 경」(A6:24) §2의 주해를 참조할 것.

4. "비구들이여, 여기 비구는 삼매의 증득에 능숙하고, 삼매에 머무는데 능숙하고, 삼매에서 출정하는데 능숙하고, 정성을 다해서 하고, 끈기 있게 하고, 적절하게 한다. 비구들이여, 이러한 여섯 가지 법을 갖춘 비구는 삼매에서 힘을 얻을 수 있다."

선(禪) 경1(A6:73)
Jhāna-sutta

1. "비구들이여, 여섯 가지 법을 제거하지 못하면 초선[初禪]에 들어 머물 수 없다. 무엇이 여섯인가?"

2. "감각적 욕망, 악의, 해태·혼침, 들뜸·후회, 의심, 감각적 욕망들의 위험을 있는 그대로 바른 통찰지로 잘 보지 못하는 것이다. 비구들이여, 이러한 여섯 가지 법을 제거하지 못하면 초선에 들어 머물 수 없다."

3. "비구들이여, 여섯 가지 법을 제거하면 초선에 들어 머물 수 있다. 무엇이 여섯인가?"

4. "감각적 욕망, 악의, 해태·혼침, 들뜸·후회, 의심, 감각적 욕망들의 위험을 있는 그대로 바른 통찰지로 잘 보는 것이다. 비구들이여, 이러한 여섯 가지 법을 제거하면 초선에 들어 머물 수 있다."

선(禪) 경2(A6:74)

1. "비구들이여, 여섯 가지 법을 제거하지 못하면 초선에 들어

머물 수 없다. 무엇이 여섯인가?"

2. "감각적 욕망에 대한 생각,225) 악의에 대한 생각, 해코지에 대한 생각, 감각적 욕망에 대한 인식, 악의에 대한 인식, 해코지에 대한 인식이다. 비구들이여, 이러한 여섯 가지 법을 제거하지 못하면 초선에 들어 머물 수 없다."

3. "비구들이여, 여섯 가지 법을 제거하면 초선에 들어 머물 수 있다. 무엇이 여섯인가?"

4. "감각적 욕망에 대한 생각, 악의에 대한 생각, 해코지에 대한 생각, 감각적 욕망에 대한 인식, 악의에 대한 인식, 해코지에 대한 인식이다. 비구들이여, 이러한 여섯 가지 법을 제거하면 초선에 들어 머물 수 있다."

제17장 천신 품이 끝났다.

일곱 번째 품에 포함된 경들의 목록은 다음과 같다.

① 불환자 ② 아라한 ③ 친구 ④ 무리지어 삶 ⑤ 천신
⑥ 삼매 ⑦ 실현하는 능력 ⑧ 힘, 두 가지 ⑨~⑩ 선(禪)이다.

---

225) '생각'으로 옮긴 원어는 vitakka이다. 초기불전연구원에서는 vitakka를 일반적으로 '일으킨 생각'이나 '사유'로 옮기지만 문맥에 따라서는 여기처럼 '생각'으로도 옮기고 있다. 아래의 인식은 saññā의 역어이다.

제8장 아라한 품
Arahatta-vagga

괴로움 경(A6:75)
Dukkha-sutta

1. "비구들이여, 여섯 가지 법을 갖춘 비구는 지금여기에서 속상함과 절망과 열병이 있는 고통스런 삶을 살고, 몸이 무너져 죽은 다음에는 나쁜 곳[惡處]에 [태어날 것이] 예상된다. 무엇이 여섯인가?"

2. "감각적 욕망에 대한 생각, 악의에 대한 생각, 해코지에 대한 생각, 감각적 욕망에 대한 인식, 악의에 대한 인식, 해코지에 대한 인식이다. 비구들이여, 이러한 여섯 가지 법을 갖춘 비구는 지금여기에서 속상함과 절망과 열병이 있는 고통스런 삶을 살고, 몸이 무너져 죽은 다음에는 나쁜 곳에 [태어날 것이] 예상된다."

3. "비구들이여, 여섯 가지 법을 갖춘 비구는 지금여기에서 속상함과 절망과 열병이 없는 행복한 삶을 살고, 몸이 무너져 죽은 다음에는 좋은 곳[善處]에 [태어날 것이] 예상된다. 무엇이 여섯인가?"

4. "출리에 대한 생각, 악의 없음에 대한 생각, 해코지 않음에 대한 생각, 출리에 대한 인식, 악의 없음에 대한 인식, 해코지 않음에 대한 인식이다. 비구들이여, 이러한 여섯 가지 법을 갖춘 비구는 지금여기에서 속상함과 절망과 열병이 없는 행복한 삶을 살고, 몸이 무너져 죽은 다음에는 좋은 곳에 [태어날 것이] 예상된다."

아라한 경(A6:76)
Arahatta-sutta

1. "비구들이여, 여섯 가지 법을 제거하지 못하면 아라한과를 실현할 수 없다. 무엇이 여섯인가?"

2. "자만, 열등감, 우월감, 오만함, 뻣뻣함, 비굴함이다.226) 비구들이여, 이러한 여섯 가지 법을 제거하지 못하면 아라한과를 실현할 수 없다."

3. "비구들이여, 여섯 가지 법을 제거하면 아라한과를 실현할 수 있다. 무엇이 여섯인가?"

4. "자만, 열등감, 우월감, 오만함, 뻣뻣함, 비굴함이다. 비구들이여, 이러한 여섯 가지 법을 제거하면 아라한과를 실현할 수 있다."

초월 경(A6:77)227)
Uttari-sutta

1. "비구들이여, 여섯 가지 법을 제거하지 못하면 [열 가지 유익

---

226) "'자만(māna)'이란 태생 등으로 자만함이다. '열등감(omāna)'이란 '나는 저열하다.'라는 자만이다. '우월감(atimāna)'이란 넘치도록 일어나는 거만함이다. '오만함(adhimāna)'이란 자만심으로 똘똘 뭉침이다. '뻣뻣함(thambha)'이란 성냄을 수반한 자만심으로 굳어진 상태다. '비굴함(atinipāta)'이란 저열한 자가 '나는 저열하다'고 하는 자만이다."(AA.iii. 412)

227) 6차결집본의 경제목은 '인간의 법을 초월함(Uttarimanussadhamma-sutta)'이다.

한 업의 길(十善業道)이라 불리는] 인간의 법을 초월했고,228) 성자들에게 적합한 지와 견의 특별함229)을 실현할 수 없다. 무엇이 여섯인가?"

2. "마음챙김을 놓아버림, 알아차리지 못함, 감각기능의 문을 지키지 않음, 음식에 적당량을 모름, 계략, 쓸데없는 말이다. 비구들이여, 이러한 여섯 가지 법을 제거하지 못하면 [열 가지 유익한 업의 길(十善業道)이라 불리는] 인간의 법을 초월했고, 성자들에게 적합한 지와 견의 특별함을 실현할 수 없다."

3. "비구들이여, 여섯 가지 법을 제거하면 [열 가지 유익한 업의 길(十善業道)이라 불리는] 인간의 법을 초월했고, 성자들에게 적합한 지와 견의 특별함을 실현할 수 있다. 무엇이 여섯인가?"

4. "마음챙김을 놓아버림, 알아차리지 못함, 감각기능의 문을 지키지 않음, 음식에 적당량을 모름, 계략,230) 쓸데없는 말231)이다. 비

---

228) "'인간의 법을 초월했고(uttarimanussadhammā)'라는 것은 열 가지 유익한 업의 길[十善業道, dasa-kusala-kammapatha]이라 불리는 인간의 법을 초월했다는 뜻이다. 이 열 가지 법은 이것을 갖추도록 고무하는 다른 자가 없어도 무기(武器)의 중간겁(satthantara-kappa, D26.§21의 주해 참조)이 끝날 때에 급박함이 생긴 인간들이 스스로 갖추게 되기 때문에 인간의 법이라 한다. 여기서 인간의 법을 초월한 것은 선(禪)과 위빳사나와 도(道, magga)와 과(果, phala)라고 알아야 한다."(AA.i.58)

229) "'성자들에게 적합한 지와 견의 특별함(alam-ariya-ñāṇa-dassana-visesa)'이란 성자들에게 적합하거나(yutta) 성자가 되기에 충분한 지와 견이라 불리는 특별함이다. 신성한 눈[天眼]의 지혜, 위빳사나의 지혜, 도의 지혜, 과의 지혜, 반조의 지혜가 지와 견의 동의어다."(AA.i.58)
위빳사나의 지혜 등에 대해서는 『아비담마 길라잡이』 9장 §25 이하를 참조할 것.

구들이여, 이러한 여섯 가지 법을 제거하면 [열 가지 유익한 업의 길(十善業道)이라 불리는] 인간의 법을 초월했고, 성자들에게 적합한 지와 견의 특별함을 실현할 수 있다."

행복 경(A6:78)
Sukha-sutta

1. "비구들이여, 여섯 가지 법을 갖춘 비구는 지금여기에서 많은 행복과 기쁨을 누리면서 머물고 번뇌들을 소멸하기 위한 원인을 충족하였다. 무엇이 여섯인가?"

2. "비구들이여, 여기 비구는 법을 좋아하고, 수행을 좋아하고, 버림을 좋아하고, 한거를 좋아하고, 악의 없음을 좋아하고, 사량 분별 없음을 좋아한다. 비구들이여, 이러한 여섯 가지 법을 갖춘 비구는 지금여기에서 많은 행복과 기쁨을 누리면서 머물고 번뇌들을 소멸하기 위한 원인을 충족하였다."

증득 경(A6:79)
Adhigama-sutta

1. "비구들이여, 여섯 가지 법을 갖춘 비구는 증득하지 못한 유익한 법을 증득할 수 없고 증득한 유익한 법도 늘릴 수 없다. 무엇이 여섯인가?"

---

230) 계략(kuhana)에 대해서는 『청정도론』 I.61 이하를 참조할 것.
231) 쓸데없는 말(lapanā)에 대해서는 『청정도론』 I.61과 72를 참조할 것.

2. "비구들이여, 여기 비구는 일어남에 대해 능숙하지 못하고, 사라짐에 대해 능숙하지 못하고,232) 수단에 대해 능숙하지 못하고,233) 증득하지 못한 유익한 법을 증득하는데 의욕을 내지 않고, 증득한 유익한 법을 보호하지 못하고, 끈기 있는 수행으로 애쓰지 않는다. 비구들이여, 이러한 여섯 가지 법을 갖춘 비구는 증득하지 못한 유익한 법을 증득할 수 없고 증득한 유익한 법도 늘릴 수 없다."

3. "비구들이여, 여섯 가지 법을 갖춘 비구는 증득하지 못한 유익한 법을 증득할 수 있고 증득한 유익한 법도 늘릴 수 있다. 무엇이 여섯인가?"

4. "비구들이여, 여기 비구는 일어남에 대해 능숙하고, 사라짐에 대해 능숙하고, 수단에 대해 능숙하고, 증득하지 못한 유익한 법들을 증득하는데 의욕을 내고, 증득한 유익한 법을 보호하고, 끈기 있는 수행으로 애쓴다. 비구들이여, 이러한 여섯 가지 법을 갖춘 비구는 증득하지 못한 유익한 법을 증득할 수 있고 증득한 유익한 법도 늘릴 수 있다."

---

232) "'일어남에 대해 능숙함(āya-kusala)'은 유익한 법이나 해로운 법이 생기는 것에 대해 능숙한 것이다. 즉 이 법을 마음에 잡도리할 때 유익한 법이나 혹은 해로운 법이 증장한다고 이와 같이 아는 것이 일어남에 대해 능숙한 것이다. '사라짐에 대해 능숙함(apāya-kusala)'이란 유익한 법이나 해로운 법이 떠나는 것에 대해 능숙한 것이다. 즉 이 법을 마음에 잡도리할 때 유익한 법이나 혹은 해로운 법이 증장하지 않는다고 이와 같이 아는 것이 사라짐에 대해 능숙한 것이다.(AAṬ.iii.145)

233) 이 세 가지 능숙함은 『청정도론』 XIV.16~18에 자세히 설명되어 있다.

많음 경(A6:80)
Mahantatta-sutta

1. "비구들이여, 여섯 가지 법을 갖춘 비구는 오래지 않아 크고 충만한 법들을 얻는다. 무엇이 여섯인가?"

2. "비구들이여, 여기 비구는 [지혜의] 광명이 많고, 수행이 많고, 기쁨이 많고, [유익한 법들을 얻음에는] 만족할 줄 모르고, 유익한 법들에 대한 짐을 내팽개치지 않고, 최상의 노력을 한다. 비구들이여, 이러한 여섯 가지 법을 갖춘 비구는 오래지 않아 크고 충만한 법들을 얻는다."

지옥 경1(A6:81)
Niraya-sutta

1. "비구들이여, 여섯 가지 법을 갖춘 자는 마치 누가 그를 데려가서 놓는 것처럼 [반드시] 지옥에 떨어진다. 무엇이 여섯인가?"

2. "생명을 죽이고, 주지 않은 것을 가지고, 삿된 음행을 하고, 거짓말을 하고, 나쁜 원(願)을 가지고, 삿된 견해를 가진다. 비구들이여, 이러한 여섯 가지 법을 갖춘 자는 마치 누가 그를 데려가서 놓는 것처럼 [반드시] 지옥에 떨어진다."

3. "비구들이여, 여섯 가지 법을 갖춘 자는 마치 누가 그를 데려가서 놓는 것처럼 [반드시] 천상에 태어난다. 무엇이 여섯인가?"

4. "생명을 죽이는 것을 멀리 여의고, 주지 않은 것을 가지는 것

을 멀리 여의고, 삿된 음행을 멀리 여의고, 거짓말을 멀리 여의고, 바라는 바가 적고[少慾], 바른 견해를 가진다. 비구들이여, 이러한 여섯 가지 법을 갖춘 자는 마치 누가 그를 데려가서 놓는 것처럼 [반드시] 천상에 태어난다."

지옥 경2(A6:82)

1. "비구들이여, 여섯 가지 법을 갖춘 자는 마치 누가 그를 데려가서 놓는 것처럼 [반드시] 지옥에 떨어진다. 무엇이 여섯인가?"

2. "거짓말을 하고, 이간질을 하고, 욕설을 하고, 잡담을 하고, 욕심이 많고, 뻔뻔하다. 비구들이여, 이러한 여섯 가지 법을 갖춘 자는 마치 누가 그를 데려가서 놓는 것처럼 [반드시] 지옥에 떨어진다."

3. "비구들이여, 여섯 가지 법을 갖춘 자는 마치 누가 그를 데려가서 놓는 것처럼 [반드시] 천상에 태어난다. 무엇이 여섯인가?"

4. "거짓말을 멀리 여의고, 이간질을 멀리 여의고, 욕설을 멀리 여의고, 잡담을 멀리 여의고, 욕심이 없고, 뻔뻔하지 않다. 비구들이여, 이러한 여섯 가지 법을 갖춘 자는 마치 누가 그를 데려가서 놓는 것처럼 [반드시] 천상에 태어난다."

으뜸가는 법 경(A6:83)
Aggadhamma-sutta

1. "비구들이여, 여섯 가지 법을 갖춘 비구는 으뜸가는 법인 아

라한과를 실현할 수 없다. 무엇이 여섯인가?"

2. "비구들이여, 여기 비구는 믿음이 없고, 양심이 없고, 수치심이 없고, 게으르고, 통찰지가 없고, 몸과 생명에 대해 애착이 있다.234) 비구들이여, 이러한 여섯 가지 법을 갖춘 비구는 으뜸가는 법인 아라한과를 실현할 수 없다."

3. "비구들이여, 여섯 가지 법을 갖춘 비구는 으뜸가는 법인 아라한과를 실현할 수 있다. 무엇이 여섯인가?"

4. "비구들이여, 여기 비구는 믿음이 있고, 양심이 있고, 수치심이 있고, 부지런히 정진하고, 통찰지가 있고, 몸과 생명에 대해서 애착이 없다. 비구들이여, 이러한 여섯 가지 법을 갖춘 비구는 으뜸가는 법인 아라한과를 실현할 수 있다."

밤과 낮 경(A6:84)
Rattidivasa-sutta

1. "비구들이여, 여섯 가지 법을 갖춘 비구는 밤과 낮이 갈수록 유익한 법들로부터 쇠퇴함이 예상되고 향상이 예상되지 않는다. 무엇이 여섯인가?"

2. "비구들이여, 여기 비구는 ① 많이 바라고, 성마르며, 이런저런 의복, 음식, 거처, 병구완을 위한 약품으로 만족하지 못하고 ② 믿음이 없고 ③ 계행이 나쁘고 ④ 게으르고 ⑤ 마음챙김을 놓아버렸고

---

234) '애착이 있음'은 sāpekha를 옮긴 것인데 주석서는 갈애를 가진 것(sa-taṇha)이라고 설명하고 있다.(AA.iv.33)

⑥ 통찰지가 없다. 비구들이여, 이러한 여섯 가지 법을 갖춘 비구는 밤과 낮이 갈수록 유익한 법들로부터 쇠퇴함이 예상되고 향상이 예상되지 않는다."

3. "비구들이여, 여섯 가지 법을 갖춘 비구는 밤과 낮이 갈수록 유익한 법들에서 향상이 예상되고 쇠퇴함이 예상되지 않는다. 무엇이 여섯인가?"

4. "비구들이여, 여기 비구는 ① 많이 바라지 않고, 성마르지 않으며, 이런저런 의복, 음식, 거처, 병구완을 위한 약품으로 만족하고 ② 믿음이 있고 ③ 계를 지키고 ④ 부지런히 정진하고 ⑤ 마음챙김을 가지고 ⑥ 통찰지가 있다. 비구들이여, 이러한 여섯 가지 법을 갖춘 비구는 밤과 낮이 갈수록 유익한 법들에서 향상이 예상되고 쇠퇴함이 예상되지 않는다."

제8장 아라한 품이 끝났다.

여덟 번째 품에 포함된 경들의 목록은 다음과 같다.

① 괴로움 ② 아라한 ③ 초월 ④ 행복 ⑤ 증득
⑥ 많음, 두 가지 ⑦~⑧ 지옥 ⑨ 으뜸가는 법 ⑩ 밤과 낮이다.

제9장 청량함 품
Sīti-vagga

청량함 경(A6:85)
Sītibhāva-sutta

1. "비구들이여, 여섯 가지 법을 갖춘 비구는 위없는 청량함235)을 실현할 수 없다. 무엇이 여섯인가?"

2. "비구들이여, 여기 비구는 마음을 절제해야 할 때 마음을 절제하지 못한다. 마음을 분발해야 할 때 마음을 분발하지 못한다. 마음을 격려해야 할 때 마음을 격려하지 못한다. 마음을 평온하게 해야 할 때 마음을 평온하게 하지 못한다.236) 저열한 곳으로 기운다. [불변하는] 자기 존재가 있음[有身, 五取蘊]을 즐거워한다. 비구들이여, 이러한 여섯 가지 법을 갖춘 비구는 위없는 청량함을 실현할 수 없다."

3. "비구들이여, 여섯 가지 법을 갖춘 비구는 위없는 청량함을 실현할 수 있다. 무엇이 여섯인가?"

---

235) "청량함(sītibhāva)이란 열반이나 오염원의 방해들이 가라앉은 것이다."(Pm.181)

236) "'마음을 절제해야 할 때' 등에서 들떠있을 때는 마음을 삼매로 절제해야 하고, 게으름에 빠진 때는 정진으로 분발해야 하고, 지루한 때는 삼매로 격려해야 하고, 고요한 때는 평온의 깨달음의 구성요소로서 평온하게 해야 한다."(AA.iii.413)
이상 네 가지는 『청정도론』 IV.57~64에 자세하게 설명되어 있으니 참조할 것.

4. "비구들이여, 여기 비구는 마음을 절제해야 할 때 마음을 절제한다. 마음을 분발해야 할 때 마음을 분발한다. 마음을 격려해야 할 때 마음을 격려한다. 마음을 평온하게 해야 할 때 마음을 평온하게 한다. 수승한 [道와 果로] 기운다.237) 열반을 즐거워한다. 비구들이여, 이러한 여섯 가지 법을 갖춘 비구는 위없는 청량함을 실현할 수 있다."238)

장애 경(A6:86)
Āvaraṇatā-sutta

1. "비구들이여, 여섯 가지 법을 갖춘 자는 정법을 듣는다 하더라도 확실함에 들 수 없고 유익한 법들에 대한 올바름을 가질 수 없다. 무엇이 여섯인가?"

2. "업의 장애를 가졌고, 오염원의 장애를 가졌고, 과보의 장애를 가졌고, 믿음이 없고, 열의가 없고, 통찰지가 없다. 비구들이여, 이러한 여섯 가지 법을 구족한 자는 정법을 듣는다 하더라도 확실함에 들 수 없고 유익한 법들에 대한 올바름을 가질 수 없다."239)

---

237) "'paṇītā(수승한)'는 수승한 최상의 도와 과를 뜻하고 'adhimutti(결의)'는 기울고, 향하고, 의지한다는 뜻이다."(Pm.181)

238) 본 문단은 『청정도론』 VIII.77에 인용되어 있다.

239) 본 문단은 『청정도론』 V.40에도 나타나며 V.41~42에 잘 설명되어 있다. 『청정도론』 V.41을 인용한다.
"이 가운데서 업의 장애를 가진 자들이란 무간업을 가진 자들이다. 오염원의 장애를 가진 자들이란 고착된 삿된 견해를 가진 자와 양성자와 고자를 뜻한다. 과보의 장애를 가진 자들이란 원인이 없는 재생연결(원인이 없는

3. "비구들이여, 여섯 가지 법을 구족한 자는 정법을 듣고 확실함에 들 수 있고 유익한 법들에 대한 올바름을 가질 수 있다. 무엇이 여섯인가?"

4. "업의 장애가 없고, 오염원의 장애가 없고, 과보의 장애가 없고, 믿음이 있고, 열의가 있고, 통찰지가 있다. 비구들이여, 이러한 여섯 가지 법을 구족한 자는 정법을 듣고 확실함에 들 수 있고 유익한 법들에 대한 올바름을 가질 수 있다."

빼앗음 경(A6:87)
Voropita-sutta

1. "비구들이여, 여섯 가지 법을 갖춘 자는 정법을 듣는다 하더라도 확실함에 들 수 없고 유익한 법들에 대한 올바름을 가질 수 없다. 무엇이 여섯인가?"

2. "어머니의 목숨을 빼앗고, 아버지의 목숨을 빼앗고, 아라한의 목숨을 빼앗고, 오염된 마음으로 여래의 몸에 피가 나게 하고, 승가를 분열시키고,240) 통찰지가 없고 귀머거리와 벙어리다. 비구들이여,

---

재생연결과 두 가지 원인을 가진 재생연결 등에 대해서는 『아비담마 길라잡이』 4장 §§24~25를 참조할 것.)과 두 가지의 원인을 가진 재생연결을 가진 자들이다. 믿음이 없는 자들이란 부처님 등에 믿음이 없는 자들이다. 열의가 없는 자들이란 대적할 것이 없는 도닦음에 대해 열의가 없는 자들이다. 통찰지가 없는 자들이란 세간적이거나 출세간적인 바른 견해가 없는 자들이다. 확실함에 들 수 없고 유익한 법들에 대한 올바름을 가질 수 없다는 것은 유익한 법들에 대해 확실함이라 불리고 또한 올바름이라 불리는 성스러운 도에 들어갈 수 없다는 뜻이다."(Vis.V.31)

이러한 여섯 가지 법을 구족한 자는 정법을 듣는다 하더라도 확실함에 들 수 없고 유익한 법들에 대한 올바름을 가질 수 없다."

3. "비구들이여, 여섯 가지 법을 갖춘 자는 정법을 듣고 확실함에 들 수 있고 유익한 법들에 대한 올바름을 가질 수 있다. 무엇이 여섯인가?"

4. "어머니의 목숨을 빼앗지 않고, 아버지의 목숨을 빼앗지 않고, 아라한의 목숨을 빼앗지 않고, 오염된 마음으로 여래의 몸에 피가 나게 하지 않고, 승가를 분열시키지 않고, 통찰지가 있고 귀머거리와 벙어리가 아니다. 비구들이여, 이러한 여섯 가지 법을 구족한 자는 정법을 듣고 확실함에 들 수 있고 유익한 법들에 대한 올바름을 가질 수 있다."

듣고자 함 경(A6:88)
Sussūsa-sutta

1. "비구들이여, 여섯 가지 법을 갖춘 자는 정법을 듣는다 하더라도 확실함에 들 수 없고 유익한 법들에 대한 올바름을 가질 수 없다. 무엇이 여섯인가?"

2. "여래가 선언하신 법과 율을 설할 때 그것을 들으려 하지 않고, 귀 기울이지 않고, 잘 알아서 마음에 새기지 않고, 이익이 되지

---

240) 이상 다섯 가지는 무거운 업(bhāriya-kamma)이라 부르고 무간업(ānantariya-kamma)이라 부른다. 『아비담마 길라잡이』 5장 §19의 1번 해설을 참조할 것.

않는 것을 취하고, 이익이 되는 것을 버리고, [교법에] 적합한 지혜241)를 구족하지 못했다. 비구들이여, 이러한 여섯 가지 법을 구족한 자는 정법을 듣는다 하더라도 확실함에 들 수 없고 유익한 법들에 대한 올바름을 가질 수 없다."

3. "비구들이여, 여섯 가지 법을 갖춘 자는 정법을 듣고 확실함에 들 수 있고 유익한 법들에 대한 올바름을 가질 수 있다. 무엇이 여섯인가?"

4. "여래가 선언하신 법과 율을 설할 때 그것을 듣고자 하고, 귀 기울이고, 잘 알아서 마음에 새기고, 이익이 되는 것을 취하고, 이익이 되지 않는 것을 버리고, [교법에] 적합한 지혜를 구족했다. 비구들이여, 이러한 여섯 가지 법을 구족한 자는 정법을 듣고 확실함에 들 수 있고 유익한 법들에 대한 올바름을 가질 수 있다."

제거하지 않음 경(A6:89)
Appahāya-sutta

1. "비구들이여, 여섯 가지 법을 제거하지 않으면 견해의 구족242)을 실현할 수 없다. 무엇이 여섯인가?"

---

241) '적합한 지혜'로 옮긴 원어는 anulomika khanti인데 '적합한 인내'라 직역할 수 있다. 그런데 『청정도론 주석서』(Pm)에서 이것을 "성스러운 도를 얻는데 적합한 지혜를 뜻한다."(Pm.697. Vis.XX.18에 대한 주석)라고 설명하고 있어서 이렇게 옮겼다. khanti는 '인내'라는 뜻으로 주로 사용된다. 여기서 '인내'를 뜻하는 khanti를 쓴 이유를 Pm은 이렇게 설명하고 있다. "지혜가 대상의 고유 성질에 들어가서 그것을 구분하는 것을 참고 견딜만하기 때문에 khanti라 한다."(*Ibid*)

2. "[불변하는] 자기 자신이 존재한다는 견해[有身見], 의심, 계율과 의식에 대한 집착[戒禁取], 악처로 인도하는 탐욕, 악처로 인도하는 성냄, 악처로 인도하는 어리석음이다. 비구들이여, 이러한 여섯 가지 법을 제거하지 않으면 견해의 구족을 실현할 수 없다."

3. "비구들이여, 여섯 가지 법을 제거하면 견해의 구족을 실현할 수 있다. 무엇이 여섯인가?"

4. "자기 자신이 존재한다는 견해[有身見], 의심, 계율과 의식에 대한 집착[戒禁取], 악처로 인도하는 탐욕, 악처로 인도하는 성냄, 악처로 인도하는 어리석음이다. 비구들이여, 이러한 여섯 가지 법을 제거하면 견해의 구족을 실현할 수 있다."

제거함 경(A6:90)
Pahīna-sutta

1. "비구들이여, 견해를 구족한 사람은 여섯 가지 법을 제거하였다. 무엇이 여섯인가?"

2. "자기 자신이 존재한다는 견해[有身見], 의심, 계율과 의식에 대한 집착[戒禁取], 악처로 인도하는 탐욕, 악처로 인도하는 성냄, 악처로 인도하는 어리석음이다. 비구들이여, 견해를 구족한 사람은 이러한 여섯 가지 법을 제거하였다."

---

242) "'견해의 구족(diṭṭhi-sampada)'이란 예류도를 뜻한다."(AA.iii.414)

일으킴 경(A6:91)[243]
Uppādetabba-sutta

1. "비구들이여, 견해를 구족한 사람이 여섯 가지 법을 일으키는 것은 있을 수 없다. 무엇이 여섯인가?"

2. "자기 자신이 존재한다는 견해[有身見], 의심, 계율과 의식에 대한 집착[戒禁取], 악처로 인도하는 탐욕, 악처로 인도하는 성냄, 악처로 인도하는 어리석음이다. 비구들이여, 견해를 구족한 사람이 이러한 여섯 가지 법을 일으키는 것은 있을 수 없다."

스승 경(A6:92)[244]
Satthari-sutta

1. "비구들이여, 여섯 가지 경우는 있을 수 없다. 무엇이 여섯인가?"

2. "견해를 구족한 사람이 스승을 존중하지 않고 순응하지 않고 머문다는 것은 있을 수 없다. 견해를 구족한 사람이 법을 존중하지 않고 순응하지 않고 머문다는 것은 있을 수 없다. 견해를 구족한 사람이 승가를 존중하지 않고 순응하지 않고 머문다는 것은 있을 수 없다. 견해를 구족한 사람이 공부지음을 존중하지 않고 순응하지 않고 머문다는 것은 있을 수 없다. 견해를 구족한 사람이 가지 말아야 할

---

243) 6차결집본의 경제목은 '있을 수 없음'(Abhabba-sutta)이다.
244) 6차결집본에는 본경부터 95번 경까지의 경제목이 모두 있을 수 없는 경우(Abhabbaṭṭhāna-sutta)로 나타나고 있다.

것245)으로 되돌아간다는 것은 있을 수 없다. 견해를 구족한 사람이 [욕계에] 여덟 번째 존재246)를 받는다는 것은 있을 수 없다. 비구들이여, 이러한 여섯 가지 경우는 있을 수 없다."

형성된 것은 어떤 것이든 경(A6:93)
Kañcisaṅkhāra-sutta

1. "비구들이여, 여섯 가지 경우는 있을 수 없다. 무엇이 여섯 인가?"

2. "견해를 구족한 사람이 형성된 것[行, saṅkhāra]이 그 어떤 것이건 그것을 영원하다고 하는 것은 있을 수 없다. 견해를 구족한 사람이 형성된 것이 그 어떤 것이건 그것을 즐거움이라고 하는 것은 있을 수 없다. 견해를 구족한 사람이 형성된 것이 그 어떤 것이건 그것을 자아라고 하는 것은 있을 수 없다. 견해를 구족한 사람이 무간업247)을 짓는다고 하는 것은 있을 수 없다. 견해를 구족한 사람이 예언에 의해 청정함을 구한다는 것은 있을 수 없다. 견해를 구족한 사람이 외도들 가운데서 보시받을 만한 사람을 찾는다는 것은 있을 수

---

245) "'가지 말아야 할 것(anāgamanīya vatthu)'이란 하지 말아야 하는 행위다. 즉 오계를 범함과 62가지 사견과 동의어다."(AA.iii.414)

246) "여덟 번째 존재란 욕계에 여덟 번째로 재생연결식을 [받는 것을] 말한다."(*Ibid*)
위의 「제거하지 않음 경」(A6:89)에서 견해를 구족한 자는 예류도를 얻은 자라 하였다. 그러므로 예류자는 최대 일곱 번만 다시 이 세상에 태어나기 때문에 여덟 번째 태어남이란 없다는 말이다.

247) '무간업(anantariya-kamma)'에 대해서는 본서 「빼앗음 경」(A6:87) §2와 주해를 참조할 것.

없다. 비구들이여, 이러한 여섯 가지 경우는 있을 수 없다."

어머니 경(A6:94)
Mātari-sutta

1. "비구들이여, 여섯 가지 경우는 있을 수 없다. 무엇이 여섯 인가?"

2. "견해를 구족한 사람이 어머니의 목숨을 빼앗는다는 것은 있을 수 없다. 견해를 구족한 사람이 아버지의 목숨을 빼앗는다는 것은 있을 수 없다. 견해를 구족한 사람이 아라한의 목숨을 빼앗는다는 것은 있을 수 없다. 견해를 구족한 사람이 오염된 마음으로 여래의 몸에 피가 나게 한다는 것은 있을 수 없다. 견해를 구족한 사람이 승가를 분열시킨다는 것은 있을 수 없다. 견해를 구족한 사람이 다른 사람을 스승으로 정한다는 것은 있을 수 없다. 비구들이여, 이러한 여섯 가지 경우는 있을 수 없다."

자신이 만듦 경(A6:95)
Sayaṁkata-sutta

1. "비구들이여, 여섯 가지 경우는 있을 수 없다. 무엇이 여섯 인가?"

2. "견해를 구족한 사람이 즐거움과 괴로움은 자신이 만든 것이라는 [견해]248)로 되돌아간다는 것은 있을 수 없다. 견해를 구족한

---

248) "'자신이 만든 것이라는 [견해](sayaṁkata)'는 자아가 [있다는] 견해

사람이 즐거움과 괴로움은 남이 만든 것이라는 [견해]로 되돌아간다는 것은 있을 수 없다. 견해를 구족한 사람이 즐거움과 괴로움은 자신이 만든 것이기도 하고 남이 만든 것이기도 하다는 [견해]로 되돌아간다는 것은 있을 수 없다. 견해를 구족한 사람이 즐거움과 괴로움은 자신이 만든 것이 아닌 우연히 발생한 것이라는 [견해]로 되돌아간다는 것은 있을 수 없다. 견해를 구족한 사람이 즐거움과 괴로움은 남이 만든 것이 아닌 우연히 발생한 것이라는 [견해]249)로 되돌아간다는 것은 있을 수 없다. 견해를 구족한 사람이 즐거움과 괴로움은 자신이 만든 것도 아니요 남이 만든 것도 아닌 우연히 발생한 것이라는 [견해]로 되돌아간다는 것은 있을 수 없다. 무엇이 그 원인인가? 비구들이여, 바른 견해를 구족한 사람에게는 원인과 원인에서 생긴 법들이 바르게 드러나기 때문이다. 비구들이여, 이러한 여섯 가지 경우는 있을 수 없다."

    (atta-diṭṭhi)를 말한다."(AA.iii.414)
    한편 세존께서는 『상윳따 니까야』 「나체 수행자 경」(S12:17/i.19~22)에서 괴로움은 자신이 만든 것(sayaṁkata)이라고 하는 것은 [업을] 짓는 자와 [과보]를 경험하는 자가 같다는 견해에 바탕한 것이라서 상견(常見)에 빠진 것이고, 남이 만든 것(paraṁkata)이라고 하는 것은 짓는 자와 과보를 경험하는 자가 다르다는 견해에 바탕한 것이라서 단견(斷見)에 빠진 것이라고 말씀하신다. 그리고 여래께서는 이러한 양극단을 의지하지 않고 중간에 의지해서 법을 설한다고 천명하시면서 12연기의 유전문과 환멸문을 설하고 계신다.(S.ii.20~21)

249) '우연히 발생한 것이라는 [견해](adhicca-samuppanna)'에 대해서는 『디가 니까야』 제1권 「범망경」(D1) §§2.30~2.33의 우연발생론(adhicca-samuppannikā)을 참조할 것.

제9장 청량함 품이 끝났다.

아홉 번째 품에 포함된 경들의 목록은 다음과 같다.

① 청량함 ② 장애 ③ 빼앗음 ④ 듣고자 함
⑤ 제거하지 않음 ⑥ 제거함 ⑦ 일으킴
⑧ 스승 ⑨ 형성된 것은 어떤 것이 든
⑩ 어머니 ⑪ 자신이 만듦이다.

제10장 이익 품
Ānisaṁsa-vagga

출현 경(A6:96)
Pātubhāva-sutta

1. "비구들이여, 여섯 사람의 출현은 세상에서 아주 드물다. 무엇이 여섯인가?"

2. "비구들이여, 여래·아라한·정등각의 출현은 세상에서 아주 드물다. 여래가 설하신 법과 율을 설하는 사람은 세상에서 아주 드물다. 성스러운 지역250)에 태어나기란 세상에서 아주 드물다. 감각기능[根]들이 온전하기란 세상에서 아주 드물다. 귀머거리와 벙어리가 아니기251)란 세상에서 아주 드물다. 유익한 법에 대해서 의욕을 내기란 세상에서 아주 드물다. 비구들이여, 이러한 여섯 사람의 출현은 세상에서 아주 드물다."

---

250) "'성스러운 지역(ariyāyatana)'이란 중심부(majjhima-desa)를 뜻한다." (AA.iii.414) 물론 여기서 중심부는 한 지역의 중심이며 부처님 법이 잘 설해지고 있는 지역을 말한다. 여기에 대해서는 『디가 니까야』 제3권 「합송경」(D33) §3.2(4)와 본서 제5권 「적당하지 않은 순간 경」(A8:29) §3을 참조할 것.

251) 경들에서 귀머거리와 벙어리는 항상 통찰지 없음과 연결되어 나타난다. (예를 들면 본서 제2권 「숲 경」(A4:259) 등) 그러므로 본경에서도 통찰지가 없는 사람을 뜻하는 것으로 보는 것이 타당할 듯하다. 본경에 해당하는 주석서는 보충 설명이 없다.

이익 경(A6:97)
Ānisaṁsa-sutta

1. "비구들이여, 예류과를 실현하면 여섯 가지 이익이 있다. 무엇이 여섯인가?"

2. "정법에 확고하고,252) 쇠퇴하지 않는 법을 얻고, [갈애에] 에워싸인 괴로움253)이 없고, [범부들과]254) 공통되지 않는 지혜를 구족하고, 원인이 바르게 드러나고, 원인에서 생긴 법들도 바르게 드러난다. 비구들이여, 예류과를 실현하면 이러한 여섯 가지 이익이 있다."

---

252) 주석서에 의하면 여기서 정법은 부처님 교법(sāsana)이라는 정법을 뜻한다.(AA.iii.414)

253) '[갈애에] 에워싸인 괴로움'은 pariyantakatassa dukkhaṁ을 옮긴 것이다. 주석서에는 설명이 없다. 그리고 pariyantakataṁ dukkhaṁ이란 표현은 『테리가타』(장로니게, Theg.38) 등에 나타나지만 pariyantakatassa dukkhaṁ은 본경에만 나타나는 것으로 검색이 된다. 문맥으로 볼 때 pariyantakataṁ dukkhaṁ이 더 나은 듯하다. 문자적으로 pariyantakata는 '에워싸인, 한정된, 제한된'을 뜻한다. 한편 『의석』(Nd)에 의하면 pariyatakata는 "갈애에 에워싸이고 둘러싸이는 … (taṇhā-saṅkhātena sīmakataṁ odhikataṁ pariyantakataṁ pariggahitaṁ mamāyitaṁ)"(Nd1.49; 114 등)의 문맥에서 나타난다. 이런 것을 볼 때 pariyantakata dukkha는 갈애 등에 의해 에워싸인 강한 괴로움을 뜻하므로 여기서는 예류과를 증득한 사람에게는 이러한 강렬한 괴로움이 없는 것으로 이해하여 '[갈애에] 에워싸인 괴로움'으로 옮겼다.

254) [ ] 안은 주석서를 참조하여 역자가 넣었다.(AA.iii.414)

무상(無常) 경(A6:98)
Anicca-sutta

1. "비구들이여, 비구가 형성된 것[行, saṅkhāra]이 그 어떤 것이건 그것을 영원하다고 관찰하면서도 [교법에] 적합한 지혜를 구족한 자가 될 것이라는 것은 있을 수 없다. [교법에] 적합한 지혜를 구족하지 못하고서도 올바름과 확실함에 들어갈 것이라는 것은 있을 수 없다. 올바름과 확실함에 들어가지 못하고서도 예류과나 일래과나 불환과나 아라한과를 실현할 것이라는 것은 있을 수 없다."

2. "비구들이여, 비구가 형성된 것이 그 어떤 것이건 그것을 무상하다고 관찰할 때, [교법에] 적합한 지혜를 구족한 자가 될 것이라는 것은 있을 수 있다. 적합한 지혜를 구족하여 올바름과 확실함에 들어갈 것이라는 것은 있을 수 있다. 올바름과 확실함에 들어가서 예류과나 일래과나 불환과나 아라한과를 실현할 것이라는 것은 있을 수 있다."

괴로움 경(A6:99)
Dukkha-sutta

1. "비구들이여, 비구가 형성된 것이 그 어떤 것이건 그것을 행복이라고 관찰하면서도 … 예류과나 일래과나 불환과나 아라한과를 실현할 것이라는 것은 있을 수 없다."

2. "비구들이여, 비구가 형성된 것이 그 어떤 것이건 그것을 괴로움이라고 관찰할 때 … 예류과나 일래과나 불환과나 아라한과를

실현할 것이라는 것은 있을 수 있다."

무아 경(A6:100)
Anatta-sutta

1. "비구들이여, 비구가 어떤 법에 대해서건 그것을 자아라고 관찰하면서도 … 예류과나 일래과나 불환과나 아라한과를 실현할 것이라는 것은 있을 수 없다."

2. "비구들이여, 비구가 모든 법[諸法]에 대해서 그것을 무아라고 관찰할 때 … 예류과나 일래과나 불환과나 아라한과를 실현할 것이라는 것은 있을 수 있다."

열반 경1(A6:101)
Nibbāna-sutta

1. "비구들이여, 비구가 열반을 괴로움이라고 관찰하면서도 [교법에] 적합한 지혜를 구족한 자가 될 것이라는 것은 있을 수 없다. [교법에] 적합한 지혜를 구족하지 못하고서도 올바름과 확실함에 들어갈 것이라는 것은 있을 수 없다. 올바름과 확실함에 들어가지 못하고서도 예류과나 일래과나 불환과나 아라한과를 실현할 것이라는 것은 있을 수 없다."

2. "비구들이여, 비구가 열반을 행복이라고 관찰할 때 [교법에] 적합한 지혜를 구족한 자가 될 것이라는 것은 있을 수 있다. [교법에] 적합한 지혜를 구족하여 올바름과 확실함에 들어갈 것이라는 것은

있을 수 있다. 올바름과 확실함에 들어가서 예류과나 일래과나 불환과나 아라한과를 실현할 것이라는 것은 있을 수 있다."

열반 경2(A6:102)[255]

1. "비구들이여, 비구가 여섯 가지 이익을 보면 모든 형성된 것들[諸行]에 대해서 아무 제한 없이[256] 무상의 인식을 충분히 확립하게 된다. 무엇이 여섯인가?"

2. "모든 형성된 것들은 나에게 확고함이 없는 것으로 드러날 것이다. 나의 마음은 모든 세상을 즐기지 않을 것이다. 나의 마음은 모든 세상으로부터 벗어날 것이다. 나의 마음은 열반으로 향할 것이다. 나의 족쇄들은 제거될 것이다. 최고의 사문의 결실[257]을 구족하게 될 것이다. 비구들이여, 비구가 이러한 여섯 가지 이익을 보면 모든 형성된 것들[諸行]에 대해서 아무 제한 없이 무상의 인식을 충분히 확립하게 된다."

열반 경3(A6:103)[258]

1. "비구들이여, 비구가 여섯 가지 이익을 보면 모든 형성된 것

---

255) 6차결집본의 경제목은 '확고하지 않음'(Anavatthita-sutta)이다.
256) "형성된 것들 가운데 이만큼만 무상하고, 나머지는 무상하지 않다라고 이처럼 한정을 짓지 않고라는 뜻이다."(AA.iii.414)
257) "'사문의 결실(sāmañña)'이란 성스러운 도라는 뜻이다."(AA.iii.415)
258) 6차결집본의 경제목은 '칼을 빼 듦'(Ukkhittāsika-sutta)이다.

들[諸行]에 대해서 아무 제한 없이 괴로움의 인식을 충분히 확립하게 된다. 무엇이 여섯인가?"

2. "모든 형성된 것들에 대해서 열반에 대한 인식이 나에게 확립될 것이니, 마치 칼을 빼든 살인자259)에 대해서처럼. 나의 마음은 모든 세상으로부터 벗어날 것이다. 나는 열반에서 평화로움을 보는 자가 될 것이다. 나의 잠재성향은 근절될 것이다. 나는 해야 할 바를 다 하는 자가 될 것이다. 나는 자애로운 마음으로 스승을 받들어 모실 것이다. 비구들이여, 비구가 이러한 여섯 가지 이익을 보면 모든 형성된 것들[諸行]에 대해서 아무 제한 없이 괴로움의 인식을 충분히 확립하게 된다."

제한 없음 경(A6:104)260)
Anodhi-sutta

1. "비구들이여, 비구가 여섯 가지 이익을 보면 모든 법들[諸法]에 대해서 아무 제한 없이 무아의 인식을 충분히 확립하게 된다. 무엇이 여섯인가?"

---

259) 『상윳따 니까야』 「독사 비유 경」(Āsīvisaupama-sutta, S.iv.174)에 이 비유가 상세하게 나타난다. 여기에는 여섯 명의 칼을 빼든 살인자 비유가 나타나는데 다섯 살인자는 오온을 [나라고, 내 것이라고] 취착하는 것[五取蘊]을 의미하고, 여섯 번째 살인자는 즐김과 탐욕(nandī-rāga)을 의미한다고 세존께서 설명하고 계신다. 「독사 비유 경」을 통해서 세존께서는 팔정도의 뗏목을 타고 어서 열반의 언덕으로 향하라고 비구들의 분발을 촉구하고 계신다.

260) 6차결집본의 경제목은 '갈망하지 않음'(Atammaya-sutta)이다.

2. "나는 모든 세상을 갈망하지 않을 것이다.261) '나'라는 [견해]262)를 없애버릴 것이다. '내 것'이라는 [갈애]를 없애버릴 것이다. [범부들과] 공통되지 않는 지혜를 구족할 것이다. 원인이 나에게 바르게 드러날 것이다. 원인에서 생긴 법들도 바르게 드러날 것이다. 비구들이여, 비구가 이러한 여섯 가지 이익을 보면 모든 법들[諸法]에 대해서 아무 제한 없이 무아의 인식을 충분히 확립하게 된다."

존재 경(A6:105)
Bhava-sutta

1. "비구들이여, 세 가지 존재를 버려야 하고 세 가지 공부를 지어야 한다. 어떤 세 가지 존재를 버려야 하는가?"

2. "욕계의 존재, 색계의 존재, 무색계의 존재이다. 이러한 세 가지 존재를 버려야 한다."

3. "어떤 세 가지 공부지음을 해야 하는가? 높은 계를 공부지음, 높은 마음을 공부지음, 높은 통찰지를 공부지음이다. 이러한 세 가지 공부를 지어야 한다."

4. "비구들이여, 비구가 이러한 세 가지 존재를 버리고 세 가지 공부를 지으면 이를 일러 '비구는 갈애를 잘라버렸고, 족쇄를 풀어버

---

261) "'갈망하지 않음(atammaya)'에서 갈망함(tammaya)은 갈애와 사견(taṇhā-diṭṭhi)을 뜻하는데 이러한 것들이 없다는 뜻이다."(AA.iii.415)
262) [ ] 안의 '견해'라는 단어와 다음 [ ] 안의 '갈애'라는 단어는 주석서를 참조해서 역자가 넣은 것이다.(*Ibid*)

렸고, 바르게 자만을 꿰뚫어버렸고, 마침내 괴로움을 끝장내버렸다.'
고 한다."

갈애 경(A6:106)
Taṇhā-sutta

1. "비구들이여, 세 가지 갈애를 버려야 하고 세 가지 자만을 버려야 한다. 어떤 세 가지 갈애를 버려야 하는가?"

2. "감각적 욕망에 대한 갈애, 존재에 대한 갈애, 존재하지 않음에 대한 갈애다. 이러한 세 가지 갈애를 버려야 한다."

3. "어떤 세 가지 자만을 버려야 하는가? 자만, 열등감, 우월감이다. 이러한 세 가지 자만을 버려야 한다."

4. "비구들이여, 비구가 이러한 세 가지 갈애를 버리고 세 가지 자만을 버리면 이를 일러 '비구는 갈애를 잘라버렸고, 족쇄를 풀어버렸고, 바르게 자만을 꿰뚫어버렸고, 마침내 괴로움을 끝장내버렸다.'고 한다."

제10장 이익 품이 끝났다.

열 번째 품에 포함된 경들의 목록은 다음과 같다.

① 출현 ② 이익 ③ 무상 ④ 괴로움
⑤ 무아, 세 가지 ⑥~⑧ 열반
⑨ 제한 없음 ⑩ 존재 ⑪ 갈애다.

제11장 삼개조(三個條) 품263)
Tika-vagga

탐욕 경(A6:107)
Rāga-sutta

1. "비구들이여, 세 가지 법이 있다. 어떤 것이 셋인가?"

2. "탐욕과 성냄과 어리석음이다. 비구들이여, 이것이 세 가지 법이다. 비구들이여, 이러한 세 가지 법을 제거하기 위해서는 세 가지 법을 닦아야 한다. 무엇이 셋인가?"

3. "탐욕을 제거하기 위해서는 부정[不淨]을 닦아야 한다. 성냄을 제거하기 위해서는 자애를 닦아야 한다. 어리석음을 제거하기 위해서는 통찰지를 닦아야 한다.264) 비구들이여, 이러한 세 가지 법을 제거하기 위해서는 이러한 세 가지 법을 닦아야 한다."

---

263) PTS본에는 본품 앞의 [ ] 안에 50개의 묶음에 포함되지 않은 품 (Paṇṇāsakāsaṅgahito-vagga)이라고 표기하였으나 큰 의미가 없어서 번역해 넣지 않았다.

264) "부정함(asubha)이란 부정함의 명상주제를 말하고 자애란 자애의 명상주제를 말하고. 통찰지란 위빳사나와 함께하는 도의 통찰지를 말한다." (*Ibid*)

나쁜 행위 경(A6:108)
Duccarita-sutta

1. "비구들이여, 세 가지 법이 있다. 어떤 것이 셋인가?"

2. "몸으로 짓는 나쁜 행위, 말로 짓는 나쁜 행위, 마음으로 짓는 나쁜 행위다. 비구들이여, 이러한 세 가지 법이 있다. 비구들이여, 이러한 세 가지 법을 제거하기 위해서는 세 가지 법을 닦아야 한다. 무엇이 셋인가?"

3. "몸으로 짓는 나쁜 행위를 제거하기 위해서는 몸으로 짓는 좋은 행위를 닦아야 한다. 말로 짓는 나쁜 행위를 제거하기 위해서는 말로 짓는 좋은 행위를 닦아야 한다. 마음으로 짓는 나쁜 행위를 제거하기 위해서는 마음으로 짓는 좋은 행위를 닦아야 한다. 비구들이여, 이러한 세 가지 법을 제거하기 위해서는 이러한 세 가지 법을 닦아야 한다."

사유 경(A6:109)
Vitakka-sutta

1. "비구들이여, 세 가지 법이 있다. 어떤 것이 셋인가?"

2. "감각적 욕망에 대한 사유, 악의에 대한 사유, 해코지에 대한 사유다. 비구들이여, 이러한 세 가지 법이 있다. 비구들이여, 이러한 세 가지 법을 제거하기 위해서는 세 가지 법을 닦아야 한다. 무엇이 셋인가?"

3. "감각적 욕망에 대한 사유를 제거하기 위해서는 출리에 대한 사유를 닦아야 한다. 악의에 대한 사유를 제거하기 위해서는 악의 없음에 대한 사유를 닦아야 한다. 해코지에 대한 사유를 제거하기 위해서는 해코지 않음에 대한 사유를 닦아야 한다. 비구들이여, 이러한 세 가지 법을 제거하기 위해서는 이러한 세 가지 법을 닦아야 한다."

인식 경(A6:110)
Saññā-sutta

1. "비구들이여, 세 가지 법이 있다. 어떤 것이 셋인가?"

2. "감각적 욕망에 대한 인식, 악의에 대한 인식, 해코지에 대한 인식이다. 비구들이여, 이러한 세 가지 법이 있다. 비구들이여, 이러한 세 가지 법을 제거하기 위해서는 세 가지 법을 닦아야 한다. 무엇이 셋인가?"

3. "감각적 욕망에 대한 인식을 제거하기 위해서는 출리에 대한 인식을 닦아야 한다. 악의에 대한 인식을 제거하기 위해서는 악의 없음에 대한 인식을 닦아야 한다. 해코지에 대한 인식을 제거하기 위해서는 해코지 않음에 대한 인식을 닦아야 한다. 비구들이여, 이러한 세 가지 법을 제거하기 위해서는 이러한 세 가지 법을 닦아야 한다."

요소 경(A6:111)
Dhātu-sutta

1. "비구들이여, 세 가지 법이 있다. 어떤 것이 셋인가?"

2. "감각적 욕망의 요소, 악의의 요소, 해코지의 요소다. 비구들이여, 이러한 세 가지 법이 있다. 비구들이여, 이러한 세 가지 법을 제거하기 위해서는 세 가지 법을 닦아야 한다. 무엇이 셋인가?"

3. "감각적 욕망의 요소를 제거하기 위해서는 출리의 요소를 닦아야 한다. 악의의 요소를 제거하기 위해서는 악의 없음의 요소를 닦아야 한다. 해코지의 요소를 제거하기 위해서는 해코지 않음의 요소를 닦아야 한다. 비구들이여, 이러한 세 가지 법을 제거하기 위해서는 이러한 세 가지 법을 닦아야 한다."

달콤함 경(A6:112)
Assāda-sutta

1. "비구들이여, 세 가지 법이 있다. 어떤 것이 셋인가?"

2. "달콤한 견해, 자아에 대한 견해, 삿된 견해다.265) 비구들이여, 이러한 세 가지 법이 있다. 비구들이여, 이러한 세 가지 법을 제거하기 위해서는 세 가지 법을 닦아야 한다. 무엇이 셋인가?"

3. "달콤한 견해를 제거하기 위해서는 무상의 인식을 닦아야 한다. 자아에 대한 견해를 제거하기 위해서는 무아의 인식을 닦아야 한다. 삿된 견해를 제거하기 위해서는 바른 견해를 닦아야 한다. 비구들이여, 이러한 세 가지 법을 제거하기 위해서는 이러한 세 가지 법

---

265) "'달콤한 견해(assāda-diṭṭhi)'는 상견(常見)을, '자아에 대한 견해(atta-anudiṭṭhi)'는 20가지의 유신견(有身見)을, '삿된 견해(micchā-diṭṭhi)'는 62가지 견해를 뜻한다."(*Ibid*)

을 닦아야 한다."

지루함 경(A6:113)
Arati-sutta

1. "비구들이여, 세 가지 법이 있다. 어떤 것이 셋인가?"

2. "지루함, 해코지, 법답지 못한 행266)이다. 비구들이여, 이러한 세 가지 법이 있다. 비구들이여, 이러한 세 가지 법을 제거하기 위해서는 세 가지 법을 닦아야 한다. 무엇이 셋인가?"

3. "지루함을 제거하기 위해서는 더불어 기뻐함을 닦아야 한다. 해코지를 제거하기 위해서는 해코지 않음을 닦아야 한다. 법답지 못한 행을 제거하기 위해서는 법다운 행을 닦아야 한다. 비구들이여, 이러한 세 가지 법을 제거하기 위해서는 이러한 세 가지 법을 닦아야 한다."

만족 경(A6:114)
Santuṭṭhitā-sutta

1. "비구들이여, 세 가지 법이 있다. 어떤 것이 셋인가?"

2. "만족하지 못함, 알아차리지 못함, 크나큰 욕구다. 비구들이여, 이러한 세 가지 법이 있다. 비구들이여, 이러한 세 가지 법을 제

---

266) "'법답지 못한 행(adhamma-cariya)'이란 열 가지 해로운 업을 짓는 것[十不善業道, akusalakammapatha]을 뜻한다."(*Ibid*)

거하기 위해서는 세 가지 법을 닦아야 한다. 무엇이 셋인가?"

3. "만족하지 못함을 제거하기 위해서는 만족[知足]을 닦아야 한다. 알아차리지 못함을 제거하기 위해서는 알아차림[正知]을 닦아야 한다. 크나큰 욕구를 제거하기 위해서는 바라는 것이 적음[少欲]을 닦아야 한다. 비구들이여, 이러한 세 가지 법을 제거하기 위해서는 이러한 세 가지 법을 닦아야 한다."

훈계를 받아들이지 않음 경(A6:115)
Dovacassatā-sutta

1. "비구들이여, 세 가지 법이 있다. 어떤 것이 셋인가?"

2. "훈계를 받아들이지 않음, 나쁜 친구와 어울림, 마음이 산란함이다. 비구들이여, 이러한 세 가지 법이 있다. 비구들이여, 이러한 세 가지 법을 제거하기 위해서는 세 가지 법을 닦아야 한다. 무엇이 셋인가?"

3. "훈계를 받아들이지 않음을 제거하기 위해서는 훈계를 잘 받아들이도록 자신을 닦아야 한다. 나쁜 친구와 어울림을 제거하기 위해서는 좋은 친구와 어울리도록 자신을 닦아야 한다. 마음이 산란함을 제거하기 위해서는 들숨날숨에 대한 마음챙김을 닦아야 한다. 비구들이여, 이러한 세 가지 법을 제거하기 위해서는 이러한 세 가지 법을 닦아야 한다."

들뜸 경(A6:116)
Uddhacca-sutta

1. "비구들이여, 세 가지 법이 있다. 어떤 것이 셋인가?"

2. "들뜸, 단속하지 못함, 방일이다. 비구들이여, 이러한 세 가지 법이 있다. 비구들이여, 이러한 세 가지 법을 제거하기 위해서는 세 가지 법을 닦아야 한다. 무엇이 셋인가?"

3. "들뜸을 제거하기 위해서는 사마타를 닦아야 한다. 단속하지 못함을 제거하기 위해서는 단속함을 닦아야 한다. 방일을 제거하기 위해서는 방일하지 않음[不放逸]을 닦아야 한다. 비구들이여, 이러한 세 가지 법을 제거하기 위해서는 이러한 세 가지 법을 닦아야 한다."

제11장 삼개조 품이 끝났다.

열한 번째 품에 포함된 경들의 목록은 다음과 같다.

① 탐욕 ② 나쁜 행위 ③ 사유
④ 인식, 다섯 번째로 ⑤ 요소
⑥ 달콤함 ⑦ 지루함 ⑧ 만족
⑨ 훈계를 받아들이지 않음 ⑩ 들뜸이다.

제12장 일반 품[267]

Sāmañña-vagga

관찰 경1(A6:117)
Anupassī-sutta

1. "비구들이여, 여섯 가지 법을 제거하지 못하면 몸에서 몸을 관찰하며 머물 수 없다. 무엇이 여섯인가?"

2. "[잡다한] 일하기를 좋아하는 것, 말하기를 좋아하는 것, 잠자기를 좋아하는 것, 무리 짓기를 좋아하는 것, 감각기능들의 문을 보호하지 않음, 음식에 적당한 양을 알지 못함이다. 비구들이여, 이러한 여섯 가지 법을 제거하지 못하면 몸에서 몸을 관찰하며 머물 수 없다."

3. "비구들이여, 여섯 가지 법을 제거하면 몸에서 몸을 관찰하며 머물 수 있다. 무엇이 여섯인가?"

4. "[잡다한] 일하기를 좋아하는 것, 말하기를 좋아하는 것, 잠자기를 좋아하는 것, 무리 짓기를 좋아하는 것, 감각기능들의 문을 보호하지 않음, 음식에 적당한 양을 알지 못함이다. 비구들이여, 이러한 여섯 가지 법을 제거하면 몸에서 몸을 관찰하며 머물 수 있다."

---

267) PTS에는 본품의 명칭이 없고 본품에 포함된 경제목도 없다. 본품의 제목과 본품에 포함된 경들의 제목은 6차결집본을 참조하여 역자가 임의로 붙인 것이다.

관찰 경2(A6:118)

1. "비구들이여, 여섯 가지 법을 제거하지 못하면 안으로 몸에서 몸을 관찰하며 … 밖으로 몸에서 몸을 관찰하며 … 안팎으로 몸에서 몸을 관찰하며 … 안으로 느낌에서 느낌을 관찰하며 … 밖으로 … 안팎으로 … 안으로 마음에서 마음을 관찰하며 … 밖으로 … 안팎으로 … 안으로 법에서 법을 관찰하며 … 밖으로 … 안팎으로 법에서 법을 관찰하며 머물 수 없다. 무엇이 여섯인가?"

2. "[잡다한] 일하기를 좋아하는 것, 말하기를 좋아하는 것, 잠자기를 좋아하는 것, 무리 짓기를 좋아하는 것, 감각기능들의 문을 보호하지 않음, 음식에 적당한 양을 알지 못함이다. 비구들이여, 이러한 여섯 가지 법을 제거하지 못하면 안으로 몸에서 몸을 관찰하며 … 밖으로 몸에서 몸을 관찰하며 … 안팎으로 몸에서 몸을 관찰하며 … 안으로 느낌에서 느낌을 관찰하며 … 밖으로 … 안팎으로 … 안으로 마음에서 마음을 관찰하며 … 밖으로 … 안팎으로 … 안으로 법에서 법을 관찰하며 … 밖으로 … 안팎으로 법에서 법을 관찰하며 머물 수 없다."

3. "비구들이여, 여섯 가지 법을 제거하면 안으로 몸에서 몸을 관찰하며 … 밖으로 몸에서 몸을 관찰하며 … 안팎으로 몸에서 몸을 관찰하며 … 안으로 느낌에서 느낌을 관찰하며 … 밖으로 … 안팎으로 … 안으로 마음에서 마음을 관찰하며 … 밖으로 … 안팎으로 … 안으로 법에서 법을 관찰하며 … 밖으로 … 안팎으로 법에서 법을 관찰하며 머물 수 있다. 무엇이 여섯인가?"

4. "[잡다한] 일하기를 좋아하는 것, 말하기를 좋아하는 것, 잠자기를 좋아하는 것, 무리 짓기를 좋아하는 것, 감각기능들의 문을 보호하지 않음, 음식에 적당한 양을 알지 못함이다. 비구들이여, 이러한 여섯 가지 법을 제거하면 안으로 몸에서 몸을 관찰하며 … 밖으로 몸에서 몸을 관찰하며 … 안팎으로 몸에서 몸을 관찰하며 … 안으로 느낌에서 느낌을 관찰하며 … 밖으로 … 안팎으로 … 안으로 마음에서 마음을 관찰하며 … 밖으로 … 안팎으로 … 안으로 법에서 법을 관찰하며 … 밖으로 … 안팎으로 법에서 법을 관찰하며 머물 수 있다."

따뿟사 경(A6:119)
Tapussa-sutta

1. "비구들이여, 여섯 가지 법을 갖춘 따뿟사 장자268)는 여래에 대해 확고함을 가졌고269) 불사(不死)를 보았고 불사를 실현하여 지낸다. 무엇이 여섯인가?"

---

268) 따뿟사(Tapussa) 혹은 따빳수(Tapassu, 본서 제1권「하나의 모음」 (A1:14:6-1)에는 이렇게 나타남) 장자는 세존이 깨달음을 이루신 뒤에 최초의 재가 신도가 된 욱깔라(Ukkala) 지방의 따뿟사(따빳수)와 발리까(Bhallika) 상인 가운데 한 사람이 분명하다. 왜냐하면 본경에 해당하는 주석서는 그를 "두 가지 말로만 [귀의한] 청신사(dvevācik-upāsaka)" (AA.iii.416)라고 설명하고 있기 때문이다.
『디가 니까야』의 주석서에 의하면 '두 가지 말로만 [귀의한] 자 (dvevācika)'는 부처님에 귀의하고 법에 귀의한 자라는 뜻이다. 그때는 아직 승가가 성립되지 않았기 때문에 이러한 두 가지 귀의의 말로 귀의했다고 주석서는 적고 있다.(DA.ii.474)

269) "'여래에 대해 확고함을 가졌다.(tathāgate niṭṭhaṅgato)'는 것은 부처님의 공덕(buddha-guṇa)에 대해 마음이 확고하여 의심을 여의었다는 뜻이다."(AA.iii.416)

2. "부처님에 대한 흔들림 없는 청정한 믿음, 법에 대한 흔들림 없는 청정한 믿음, 승가에 대한 흔들림 없는 청정한 믿음, 성스러운 계, 성스러운 지혜, 성스러운 해탈이다.270) 비구들이여, 이러한 여섯 가지 법을 갖춘 따뿟사 장자는 여래에 대해 확고함을 가졌고 불사를 보았고 불사를 실현하여 지낸다."

발리까 등의 경(A6:120)271)
Bhallikādi-suttāni

1. "비구들이여, 여섯 가지 법을 갖춘 발리까 장자272)는 … 수닷따 급고독 장자는 … 맛치까산디까의 찟따 장자는 … 알라위의 핫타까는 … 삭까족의 마하나마는 … 웨살리의 욱가 장자는 … 욱가따 장자는 … 수라 암밧타는 … 지와까 꼬마라밧짜는 … 나꿀라삐따 장자는 … 따와깐니까 장자273)는 … 뿌라나 장자274)는 … 이시닷따 장

---

270) "여기서 '성스러운 계(ariya sīla)'란 결점이 없는 출세간의 계란 뜻이고, '지혜(ñāṇa)'란 반조하는 지혜를, '해탈(vimokkha)'이란 유학의 과를 통한 해탈(sekhaphala-vimutti)을 뜻한다."(Ibid)

271) 6차결집본에는 앞의 「따뿟사 경」과 본경을 모두 20개의 경으로 번호를 매겼고 Hare도 이를 따랐다. 그러나 역자는 저본인 PTS본을 따라서 「따뿟사 경」과 본경으로만 구분하여 경의 번호를 매겼다.

272) 앞 경의 따뿟사와 발리까 장자부터 아래의 나꿀라삐따 장자까지는 본서 제1권 「하나의 모음」(A1:14:6)에서 열 명의 으뜸가는 재가 신도로 나타나고 있다. 이들에 대해서는 그곳의 해당 주해들을 참조할 것.

273) 따와깐니까 장자(Tavakaṇṇika gahapati)에 대한 설명은 나타나지 않는다. 본서 제1권 「띠깐나 경」(A3:58)에 나타나는 띠깐나(Tikaṇṇa)바라문인지도 모르겠다.

274) 뿌라나(Purāṇa)와 이시닷따(Isidatta)에 대해서는 본서 「미가살라 경」

자는 … 산다나 장자275)는 … 위자야 장자276)는 … 왓지야마히따 장자277)는 … 멘다까 장자278)는 … 와셋타 청신사279)는 … 아릿타 청신사280)는 … 사락가 청신사는 여래에 대해 확고함을 가졌고 불사를 보았고 불사를 실현하여 지낸다. 무엇이 여섯인가?"

2. "부처님에 대한 흔들림 없는 청정한 믿음, 법에 대한 흔들림 없는 청정한 믿음, 승가에 대한 흔들림 없는 청정한 믿음, 성스러운 계, 성스러운 지혜, 성스러운 해탈이다. 비구들이여, 이러한 여섯 가지 법을 갖춘 사락가 청신사는 여래에 대해 확고함을 가졌고 불사를 보았고 불사를 실현하여 지낸다."

제12장 일반 품이 끝났다.

(A6:44) §2의 주해를 참조할 것.

275) 산다나(Sandhāna) 장자는 큰 위력(mahānubhāva)을 가진 재가 신도로서 500명의 청신사들 가운데 최상이며 불환과(anāgamī)를 증득하였다고 한다.(DA.iii.832) 『디가 니까야』 제3권 「우둠바리까 사자후 경」(D25)에 나타나 있다.

276) 위자야(Vijaya) 장자가 누구인지는 분명하지 않다.

277) 왓지야마히따 장자(Vajjiyamaahita gahapati)는 짬빠에 사는 부처님의 신도인데 본서 제6권 「왓지야마히따 경」(A10:94)에 나타나 있다.

278) 멘다까 장자(Meṇḍaka gahapati)는 밧디야의 부호였다. 그에 대해서는 본서 제3권 「욱가하 경」(A5:33) §1의 주해를 참조할 것.

279) 와셋타 청신사(Vāseṭṭha upāsaka)는 본서 제5권 「와셋타 경」(A8:44)에 나타나는 청신사이다. 주석서는 자세한 설명을 하지 않고 있는데 「와셋타 경」(A8:44)으로 볼 때 그는 웨살리의 바라문인 듯하다.

280) 아릿타 청신사(Ariṭṭha upāsaka)와 사락가(Sāragga upāsaka) 청신사는 다른 곳에서는 나타나지 않는다. 주석서에도 자세한 설명이 없다.

제13장 탐욕의 반복 품

Rāga-peyyāla

위없음 경(A6:121)[281]
Anuttariya-sutta

1. "비구들이여, 탐욕을 최상의 지혜로 알기 위해서는 여섯 가지 법을 수행해야 한다. 무엇이 여섯인가?"

2. "보는 것들 가운데 위없음, 듣는 것들 가운데 위없음, 얻는 것들 가운데 위없음, 공부지음들 가운데 위없음, 섬기는 것들 가운데 위없음, 계속해서 생각하는 것들 가운데 위없음이다.[282] 비구들이여, 탐욕을 최상의 지혜로 알기 위해서는 이러한 여섯 가지 법을 수행해야 한다."

계속해서 생각함[隨念] 경(A6:122)
Anussati-sutta

1. "비구들이여, 탐욕을 최상의 지혜로 알기 위해서는 여섯 가지 법을 수행해야 한다. 무엇이 여섯인가?"

---

281) 본경과 다음 경들의 제목은 PTS본에도 6차결집본에도 나타나지 않는다. 역자가 문맥을 참조해서 임의로 붙였다.

282) 이 여섯 가지는 본서 「위없음 경」(A6:8)과 같고, 「위없음 경」(A6:30)의 공부지음들 가운데 위없음의 내용과도 같다.

2. "부처님을 계속해서 생각함, 법을 계속해서 생각함, 승가를 계속해서 생각함, 계를 계속해서 생각함, 보시를 계속해서 생각함, 천신을 계속해서 생각함이다. 비구들이여, 탐욕을 최상의 지혜로 알기 위해서는 이러한 여섯 가지 법을 수행해야 한다."

인식 경(A6:123)
Saññā-sutta

1. "비구들이여, 탐욕을 최상의 지혜로 알기 위해서는 여섯 가지 법을 수행해야 한다. 무엇이 여섯인가?"

2. "[오온에 대해] 무상(無常)이라고 [관찰하는 지혜에서 생긴] 인식, 무상한 [오온에 대해서] 괴로움이라고 [관찰하는 지혜에서 생긴] 인식, 괴로움인 [오온에 대해서] 무아라고 [관찰하는 지혜에서 생긴] 인식,283) 버림의 인식, 탐욕이 빛바램의 인식, 소멸의 인식이다. 비구들이여, 탐욕을 최상의 지혜로 알기 위해서는 이러한 여섯 가지 법을 수행해야 한다."

철저히 앎 등의 경(A6:124)
Pariññādi-sutta

1. "비구들이여, 탐욕을 철저히 알기 위해서는 … 완전히 없애기 위해서는 … 버리기 위해서는 … 부수기 위해서는 … 사그라지게

---

283) 이 세 가지 인식은 본서 「영지(靈知)의 일부 경」(A6:35)의 주해를 참조할 것.

하기 위해서는 … 빛바래게 하기 위해서는 … 소멸하기 위해서는 … 포기하기 위해서는 … 놓아버리기 위해서는 여섯 가지 법을 수행해야 한다.

2. "비구들이여, 성냄을 … 어리석음을 … 분노를 … 원한을 … 위선을 … 앙심을 … 질투를 … 인색을 … 속임을 … 사기를 … 완고함을 … 성마름을 … 자만을 … 거만을 … 교만을 … 방일을 최상의 지혜로 알기 위해서는 … 철저히 알기 위해서는 … 완전히 없애기 위해서는 … 버리기 위해서는 … 부수기 위해서는 … 사그라지게 하기 위해서는 … 빛바래게 하기 위해서는 … 소멸하기 위해서는 … 포기하기 위해서는 … 놓아버리기 위해서는 여섯 가지 법을 수행해야 한다. … 비구들이여, … 이러한 여섯 가지 법을 수행해야 한다."284)

세존께서는 이렇게 말씀하셨다. 그 비구들은 흡족한 마음으로 세존의 말씀을 크게 기뻐하였다.

제13장 탐욕의 반복 품이 끝났다.

두 번째 50개 경들의 묶음이 끝났다.

여섯의 모음이 끝났다.

---

284) 6차결집본에서는 이렇게 3(위없음+계속해서 생각함+인식) × 17(탐, 진, 치, 분노 등) × 10(최상의 지혜로 앎, 철저히 앎 등) = 510 개의 경들이 탐욕의 반복(Rāga-peyyāla) 품에 포함되어 있는 것으로 편집하고 있다. 그러나 역자가 저본으로 한 PTS본에는 4개의 경으로 묶여있다.
이렇게 하여 6차결집본에는 「여섯의 모음」의 경들에 대해서 모두 649개의 경 번호를 매겼고 Hare는 661개의 경번호를 매기고 있다. 역자는 PTS본을 따라서 124개의 경 번호를 매기고 있다.

앙굿따라 니까야

일곱의 모음

Sattaka-nipāta

그분 부처님 아라한 정등각께 귀의합니다.

앙굿따라 니까야
일곱의 모음
Sattaka-nipāta

I. 첫 번째 50개 경들의 묶음285)
Pathama-paṇṇāsaka

제1장 재산 품
Dhana-vagga

사랑함 경1(A7:1)

Piya-sutta

1. 286) 이와 같이 나는 들었다. 한때 세존께서는 사왓티에서 제

---

285) PTS본은 「일곱의 모음」을 두 개의 '50개 경들의 묶음'으로 나누지 않고 있다. 그러나 6차결집본에는 「일곱의 모음」 맨 처음에 「첫 번째 50개 경들의 묶음」이라는 단어가 나타나고 있다. 그리고 6차결집본의 제5품 마지막에 "두 번째 50개 경들의 묶음이 끝났다."는 문장이 나타나기 때문에 6차결집본은 「일곱의 모음」을 두 개의 묶음으로 나누어서 편집한 것이 분명하다. 그리고 PTS본의 주에도 이렇게 두 개의 묶음으로 나눈 필사본이 있었음을 밝히고 있다. 역자는 이러한 정황을 참조해서 「일곱의 모음」을 두 개의 묶음으로 편집하고 있음을 밝힌다.

286) 본경은 일곱의 모음의 첫 번째 경이기 때문에 PTS본 등 전통적인 모든

따 숲의 급고독원에 머무셨다. 거기서 세존께서는 "비구들이여."라고 비구들을 부르셨다. "세존이시여."라고 비구들은 세존께 응답했다. 세존께서는 이렇게 말씀하셨다.

2. "비구들이여, 일곱 가지 법을 갖춘 비구는 동료 수행자들이 사랑하지 않고 마음에 들어 하지 않고 존중하지 않고 경의를 표하지 않는다. 무엇이 일곱인가?"

3. "비구들이여, 여기 비구는 이득을 탐하고, 존경을 탐하고, 멸시받지 않는 것을 탐하고, 양심이 없고, 수치심이 없고, 나쁜 원(願)을 가졌고, 삿된 견해를 가졌다. 비구들이여, 이러한 일곱 가지 법을 갖춘 비구는 동료 수행자들이 사랑하지 않고 마음에 들어 하지 않고 존중하지 않고 경의를 표하지 않는다."

4. "비구들이여, 일곱 가지 법을 갖춘 비구는 동료 수행자들이 사랑하고 마음에 들어 하고 경의를 표한다. 무엇이 일곱인가?"

5. "비구들이여, 여기 비구는 이득을 탐하지 않고, 존경을 탐하지 않고, 멸시받지 않는 것을 탐하지 않고, 양심이 있고, 수치심이 있고, 원하는 바가 적고(少慾), 바른 견해를 가졌다. 비구들이여, 이러한 일곱 가지 법을 갖춘 비구는 동료 수행자들이 사랑하고 마음에 들어 하고 경의를 표한다."

판본에서는 모든 정형구를 다 살려서 편집하였다. 정형구의 생략에 대해서는 본서 「공양받아 마땅함 경」1(A6:1)의 첫 번째 주해와 「마하나마 경」(A6:10)의 첫 번째 주해를 참조할 것.

사랑함 경2(A7:2)

1. "비구들이여, 일곱 가지 법을 갖춘 비구는 동료 수행자들이 사랑하지 않고 마음에 들어 하지 않고 존중하지 않고 경의를 표하지 않는다. 무엇이 일곱인가?"

2. "비구들이여, 여기 비구는 이득을 탐하고, 존경을 탐하고, 멸시받지 않는 것을 탐하고, 양심이 없고, 수치심이 없고, 질투하고, 인색하다. 비구들이여, 이러한 일곱 가지 법을 갖춘 비구는 동료 수행자들이 사랑하지 않고 마음에 들어 하지 않고 존중하지 않고 경의를 표하지 않는다."

3. "비구들이여, 일곱 가지 법을 갖춘 비구는 동료 수행자들이 사랑하고 마음에 들어 하고 존중하고 경의를 표한다. 무엇이 일곱인가?"

4. "비구들이여, 여기 비구는 이득을 탐하지 않고, 존경을 탐하지 않고, 멸시받지 않는 것을 탐하지 않고, 양심이 있고, 수치심이 있고, 질투하지 않고, 인색하지 않다. 비구들이여, 이러한 일곱 가지 법을 갖춘 비구는 동료 수행자들이 사랑하고 마음에 들어 하고 존중하고 경의를 표한다."

힘 경1(A7:3) — 간략하게
Bala-sutta

1. "비구들이여, 일곱 가지 힘이 있다. 무엇이 일곱인가?"

2. "믿음의 힘, 정진의 힘, 양심의 힘, 수치심의 힘, 마음챙김의 힘, 삼매의 힘, 통찰지의 힘이다. 비구들이여, 이러한 일곱 가지 힘이 있다."

3. "믿음과 정진의 힘, 양심과 수치심의 힘
마음챙김과 삼매의 힘과 일곱 번째로 통찰지의 힘
이러한 힘을 가진 현명한 비구는 행복하게 살고
[사성제의] 법을 지혜롭게 고찰하고 통찰지로 보나니287)
등불이 꺼지듯이 마음이 해탈하노라."288)

힘 경2(A7:4) — 상세하게

1. "비구들이여, 일곱 가지 힘이 있다. 무엇이 일곱인가?"

2. "믿음의 힘, 정진의 힘, 양심의 힘, 수치심의 힘, 마음챙김의 힘, 삼매의 힘, 통찰지의 힘이다."

3. "비구들이여, 그러면 무엇이 믿음의 힘인가? 비구들이여, 여기 성스러운 제자는 여래의 깨달음에 청정한 믿음이 있고 신뢰가 있다. '이런 [이유로] 그분 세존께서는 아라한[應供]이시며, 완전히 깨달

---

287) "'통찰지로 본다.(paññāyatthaṁ vipassati)'는 것은 위빳사나와 함께한 도의 통찰지(magga-paññā)로써 진리의 법(sacca-dhamma)을 본다는 뜻이다."(AA.iv.1)

288) "이 [일곱 가지] 힘을 갖춘 번뇌 다한 [아라한은] 등불이 꺼지듯이 최후의 마음이 토대와 대상(vattha-ārammaṇa)으로부터 해탈한다.(vimokkha) 더 이상 태어날 곳(gata-ṭṭhāna)은 존재하지 않는다."(*Ibid*)

은 분[正等覺]이시며, 영지와 실천을 구족한 분[明行足]이시며, 피안으로 잘 가신 분[善逝]이시며, 세간을 잘 알고 계신 분[世間解]이시며, 가장 높은 분[無上士]이시며, 사람을 잘 길들이는 분[調御丈夫]이시며, 하늘과 인간의 스승[天人師]이시며, 깨달은 분[佛]이시며, 세존(世尊)이시다.'라고. 비구들이여, 이를 일러 믿음의 힘이라 한다."

4. "비구들이여, 그러면 어떤 것이 정진의 힘인가? 비구들이여, 여기 성스러운 제자는 해로운 법[不善法]들을 제거하고 유익한 법[善法]들을 두루 갖추기 위해서 열심히 정진하며 머문다. 그는 굳세고 분투하고 유익한 법들에 대한 짐을 내팽개치지 않는다. 비구들이여, 이를 일러 정진의 힘이라 한다."

5. "비구들이여, 그러면 어떤 것이 양심의 힘인가? 비구들이여, 여기 성스러운 제자는 양심적이다. 몸으로 짓는 나쁜 행위와 말로 짓는 나쁜 행위와 마음으로 짓는 나쁜 행위를 부끄러워하고, 삿되고 해로운 법[不善法]들에 빠지는 것을 부끄러워한다. 비구들이여, 이를 일러 양심의 힘이라 한다."

6. "비구들이여, 그러면 어떤 것이 수치심의 힘인가? 비구들이여, 여기 성스러운 제자는 수치심을 가진다. 몸으로 짓는 나쁜 행위와 말로 짓는 나쁜 행위와 마음으로 짓는 나쁜 행위를 수치스러워하고, 삿되고 해로운 법[不善法]들에 빠지는 것을 수치스러워한다. 비구들이여, 이를 일러 수치심의 힘이라 한다."

7. "비구들이여, 그러면 어떤 것이 마음챙김의 힘인가? 비구들이여, 여기 성스러운 제자는 마음챙김을 한다. 그는 최상의 마음챙김

과 슬기로움을 구족하여 오래 전에 행하고 오래 전에 말한 것일지라도 모두 기억하고 챙긴다. 비구들이여, 이를 일러 마음챙김의 힘이라 한다."

8. "비구들이여, 그러면 어떤 것이 삼매의 힘인가? 비구들이여, 여기 성스러운 제자는 감각적 욕망들을 완전히 떨쳐버리고 해로운 법[不善法]들을 떨쳐버린 뒤, 일으킨 생각[尋]과 지속적인 고찰[伺]이 있고, 떨쳐버렸음에서 생겼으며, 희열[喜]과 행복[樂]이 있는 초선(初禪)을 구족하여 머문다. … 제2선(二禪)을 구족하여 머문다. … 제3선(三禪)을 구족하여 머문다. … 제4선(四禪)을 구족하여 머문다. 비구들이여, 이를 일러 삼매의 힘이라 한다."

9. "비구들이여, 그러면 어떤 것이 통찰지의 힘인가? 비구들이여, 여기 성스러운 제자는 통찰지를 가졌다. 그는 일어나고 사라짐을 꿰뚫고 성스럽고 통찰력이 있고 바르게 괴로움의 소멸로 인도하는 통찰지를 구족하였다. 비구들이여, 이를 일러 통찰지의 힘이라 한다.
  비구들이여, 이러한 일곱 가지 힘이 있다."

10. "믿음과 정진의 힘, 양심과 수치심의 힘
  마음챙김과 삼매의 힘과 일곱 번째로 통찰지의 힘
  이러한 힘을 가진 현명한 비구는 행복하게 살고
  [사성제의] 법을 지혜롭게 고찰하고 통찰지로 보나니
  등불이 꺼지듯이 마음이 해탈하노라."

재산 경1(A7:5) — 간략하게
Dhana-sutta

1. "비구들이여, 일곱 가지 재산이 있다. 무엇이 일곱인가?"

2. "믿음의 재산, 계의 재산, 양심의 재산, 수치심의 재산, 배움의 재산, 베풂의 재산, 통찰지의 재산이다. 비구들이여, 이러한 일곱 가지 재산이 있다."

3. "믿음의 재산, 계의 재산, 양심과 수치심의 재산
배움의 재산, 베풂의 재산, 일곱 번째로 통찰지의 재산
이러한 재산을 가진 여자나 남자를
사람들은 가난하지 않다 말하나니
그의 삶은 헛되지 않노라.
그러므로 슬기로운 자는 부처님들의 교법을 억념하면서
믿음과 계와 청정한 믿음과 법을 봄에 몰두할지라."

재산 경2(A7:6) — 상세하게

1. "비구들이여, 일곱 가지 재산이 있다. 무엇이 일곱인가?"

2. "믿음의 재산, 계의 재산, 양심의 재산, 수치심의 재산, 배움의 재산, 베풂의 재산, 통찰지의 재산이다. 비구들이여, 이러한 일곱 가지 재산이 있다."

3. "비구들이여, 그러면 무엇이 믿음의 재산인가? 비구들이여, 여기 성스러운 제자는 여래의 깨달음에 청정한 믿음이 있고 신뢰가

있다. '이런 [이유로] 그분 세존께서는 아라한[應供]이시며, 완전히 깨달은 분[正等覺]이시며, 영지와 실천을 구족한 분[明行足]이시며, 피안으로 잘 가신 분[善逝]이시며, 세간을 잘 알고 계신 분[世間解]이시며, 가장 높은 분[無上士]이시며, 사람을 잘 길들이는 분[調御丈夫]이시며, 하늘과 인간의 스승[天人師]이시며, 깨달은 분[佛]이시며, 세존(世尊)이시다.'라고. 비구들이여, 이를 일러 믿음의 재산이라 한다."

4. "비구들이여, 그러면 무엇이 계의 재산인가? 비구들이여, 여기 생명을 죽이는 것을 멀리 여의고, 주지 않은 것을 가지는 것을 멀리 여의고, 삿된 음행을 멀리 여의고, 거짓말을 멀리 여의고, 방일하는 근본이 되는 술과 중독성 물질을 멀리 여읜다. 비구들이여, 이를 일러 계의 재산이라 한다."

5. "비구들이여, 그러면 어떤 것이 양심의 재산인가? 비구들이여, 여기 성스러운 제자는 양심적이다. 몸으로 짓는 나쁜 행위와 말로 짓는 나쁜 행위와 마음으로 짓는 나쁜 행위를 부끄러워하고, 삿되고 해로운 법[不善法]들에 빠지는 것을 부끄러워한다. 비구들이여, 이를 일러 양심의 재산이라 한다."

6. "비구들이여, 그러면 어떤 것이 수치심의 재산인가? 비구들이여, 여기 성스러운 제자는 수치심을 가진다. 몸으로 짓는 나쁜 행위와 말로 짓는 나쁜 행위와 마음으로 짓는 나쁜 행위를 수치스러워하고, 삿되고 해로운 법[不善法]들에 빠지는 것을 수치스러워한다. 비구들이여, 이를 일러 수치심의 재산이라 한다."

7. "비구들이여, 그러면 어떤 것이 배움의 재산인가? 비구들이

여, 여기 성스러운 제자는 많이 배우고[多聞] 배운 것을 바르게 호지하고 배운 것을 잘 정리한다. 시작도 훌륭하고 중간도 훌륭하고 끝도 훌륭하며, 의미와 표현을 구족하여 더할 나위 없이 완벽하며 지극히 청정한 범행(梵行)을 확실하게 드러내는 가르침들이 있으니, 그는 그러한 가르침들을 많이 배우고 호지하고 말로써 친숙해지고 마음으로 숙고하고 견해로써 잘 꿰뚫는다. 그는 그러한 가르침들을 많이 배우고 호지하고 말로써 친숙해지고 마음으로 숙고하고 견해로써 잘 꿰뚫는다. 비구들이여, 이를 일러 배움의 재산이라 한다."

8. "비구들이여, 그러면 무엇이 베풂의 재산인가? 장자여, 여기 성스러운 제자는 인색함의 때가 없는 마음으로 재가에 살고, 아낌없이 보시하고, 손은 깨끗하고, 주는 것을 좋아하고, 다른 사람의 요구에 반드시 부응하고, 보시하고 나누어 가지는 것을 좋아한다. 비구들이여, 이를 일러 베풂의 재산이라 한다."

9. "비구들이여, 그러면 어떤 것이 통찰지의 재산인가? 비구들이여, 여기 성스러운 제자는 비구들이여, 여기 성스러운 제자는 통찰지를 가졌다. 그는 일어나고 사라짐을 꿰뚫고 성스럽고 통찰력이 있고 바르게 괴로움의 소멸로 인도하는 통찰지를 구족하였다. 비구들이여, 이를 일러 통찰지의 재산이라 한다.

비구들이여, 이러한 일곱 가지 재산이 있다."

10. "믿음의 재산, 계의 재산, 양심과 수치심의 재산
배움의 재산, 베풂의 재산, 일곱 번째로 통찰지의 재산
이러한 재산을 가진 여자나 남자를

사람들은 가난하지 않다 말하나니
그의 삶은 헛되지 않노라.
그러므로 슬기로운 자는 부처님들의 교법을 억념하면서
믿음과 계와 청정한 믿음과 법을 봄에 몰두할지라."

욱가 경(A7:7)
Ugga-sutta

1. 그때 욱가 대신289)이 세존께 다가갔다. 가서는 세존께 절을 올리고 한 곁에 앉았다. 한 곁에 앉은 욱가 대신은 세존께 이렇게 말씀드렸다.

"참으로 경이롭습니다, 세존이시여. 참으로 놀랍습니다, 세존이시여. 로하나의 손자 미가라290)는 부유하고 큰 재물과 큰 재산을 가졌습니다."

"욱가여, 로하나의 손자 미가라는 얼마나 부유하며 얼마나 큰 재물을 가졌으며 얼마나 큰 재산을 가졌는가?"

"세존이시여, 그는 수천만의 황금을 가졌는데 은은 말해서 무엇

---

289) 욱가 대신(Ugga rājamahāmatta)은 빠세나디 꼬살라(Pasenadi Kosala) 왕의 대신이라고 주석서는 밝히고 있다. 그러나 더 이상의 설명은 나타나지 않는다.(*Ibid*)

290) 로하나의 손자 미가라(Migāra Rohaṇeyya)는 로하나 상인(seṭṭhi)의 손자(nattā)인 미가라 상인이라고 주석서는 설명하고 있다. 욱가 대신이 사왓티의 빠세나디 왕의 대신인 점으로 봐서 미가라는 사왓티 사람임이 분명하다. 그러나 그는 미가라마따(녹자모) 위사카(Visākhā Migāramātā)의 시아버지인 미가라 상인은 아닌 듯하다. 주석서에서 전혀 언급이 없기 때문이다. 그리고 서로 연배도 맞지가 않다.

하겠습니까?"

"욱가여, 그에게는 그러한 재물이 있는가? 나는 그것이 없다고 말하지는 않는다. 그러나 그런 재물은 불과 함께하고, 물과 함께하고, 왕과 함께하고, 도둑과 함께하고, 싫어하는 상속인들과 함께하는 것이다. 욱가여, 일곱 가지 재물이 있나니 이것은 불과 함께하지 않고, 물과 함께하지 않고, 왕과 함께하지 않고, 도둑과 함께하지 않고, [나쁜 마음을 가진] 상속인과 함께하지 않는 것이다. 무엇이 일곱인가?

믿음의 재산, 계의 재산, 양심의 재산, 수치심의 재산, 배움의 재산, 베풂의 재산, 통찰지의 재산이다. 욱가여, 이러한 일곱 가지 재물이 있나니 이것은 불과 함께하지 않고, 물과 함께하지 않고, 왕과 함께하지 않고, 도둑과 함께하지 않고, [나쁜 마음을 가진] 상속인과 함께하지 않는 것이다."

2. "믿음의 재산, 계의 재산, 양심과 수치심의 재산
배움의 재산, 베풂의 재산, 일곱 번째로 통찰지의 재산
이러한 재산을 가진 여자나 남자를 세상에서는
큰 재물을 가진 자라 하나니 신과 인간이 정복할 수 없네.
그러므로 슬기로운 자는 부처님들의 교법을 억념하면서
믿음과 계와 청정한 믿음과 법을 봄에 몰두할지라."

족쇄 경(A7:8)
Saṁyojana-sutta

1. "비구들이여, 일곱 가지 족쇄가 있다. 무엇이 일곱인가?"291)

---
291) 일반적으로 족쇄는 열 가지 족쇄로 정리되어 나타난다. 그러나 본경에는

2. "동의의 족쇄,292) 적의의 족쇄, 견해의 족쇄, 의심의 족쇄, 자만의 족쇄, 존재에 대한 탐욕의 족쇄, 무명의 족쇄다. 비구들이여, 이러한 일곱 가지 족쇄가 있다."

제거 경(A7:9)
Pahāna-sutta

1. "비구들이여, 일곱 가지 족쇄를 제거하고 뿌리 뽑기 위해서 청정범행을 닦는다. 무엇이 일곱인가?"

2. "동의의 족쇄를 제거하고 뿌리 뽑기 위해서 청정범행을 닦는다. 적의의 족쇄를 … 견해의 족쇄를 … 의심의 족쇄를 … 자만의 족쇄를 … 존재에 대한 탐욕의 족쇄를 … 무명의 족쇄를 제거하고 뿌리 뽑기 위해서 청정범행을 닦는다. 비구들이여, 이러한 일곱 가지 족쇄를 제거하고 뿌리 뽑기 위해서 청정범행을 닦는다.

비구들이여, 비구의 동의의 족쇄가 제거되고 그 뿌리가 잘리고 줄기만 남은 야자수처럼 되고 멸절되고 미래에 다시는 일어나지 않게끔 되었을 때, 적의의 족쇄가 … 견해의 족쇄가 … 의심의 족쇄가 … 자만의 족쇄가 … 존재에 대한 탐욕의 족쇄가 … 무명의 족쇄가 제거

이처럼 일곱 가지로 정리되어 나타나고 있으며, 『디가 니까야』제3권「합송경」(D33) §2.3 ⒀에도 일곱 가지 족쇄로 나타난다. 열 가지 족쇄는 본서 제2권「족쇄 경」(A4:131) §1의 주해와 『아비담마 길라잡이』7장 §§10~11을 참조할 것.

292) "'동의의 족쇄(anunaya-saṁyojana)'란 감각적 욕망의 족쇄(kāmarāga-saṁyojana)다. 이들은 묶는다(bandhana)는 뜻에서 족쇄라 한다고 알아야 한다."(AA.iv.2)

되고 그 뿌리가 잘리고 줄기만 남은 야자수처럼 되고 멸절되고 미래에 다시는 일어나지 않게끔 되었을 때, 이를 일러 '비구는 갈애를 잘라버렸다. 족쇄를 풀어버렸다. 자만을 바르게 관통하여 마침내 괴로움을 끝장내버렸다.'라고 한다."

인색 경(A7:10)
Macchariya-sutta

1. "비구들이여, 일곱 가지 족쇄가 있다. 무엇이 일곱인가?"

2. "동의의 족쇄, 적의의 족쇄, 견해의 족쇄, 의심의 족쇄, 자만의 족쇄, 질투의 족쇄, 인색의 족쇄이다. 비구들이여, 이러한 일곱 가지 족쇄가 있다."

제1장 재산 품이 끝났다.

첫 번째 품에 포함된 경들의 목록은 다음과 같다.

두 가지 ①~② 사랑함, 두 가지 간략하고 상세한 ③~④ 힘
⑤~⑥ 재산 ⑦ 욱가 ⑧ 족쇄 ⑨ 제거 ⑩ 인색이다.

제2장 잠재성향 품

Anusaya-vagga

잠재성향 경1(A7:11)
Anusaya-sutta

1. "비구들이여, 일곱 가지 잠재성향이 있다. 무엇이 일곱인가?"

2. "감각적 욕망의 잠재성향, 적의의 잠재성향, 견해의 잠재성향, 의심의 잠재성향, 자만의 잠재성향, 존재에 대한 탐욕의 잠재성향, 무명의 잠재성향이다. 비구들이여, 이러한 일곱 가지 잠재성향이 있다."

잠재성향 경2(A7:12)

1. "비구들이여, 일곱 가지 잠재성향을 제거하고 뿌리 뽑기 위해서 청정범행을 닦는다. 무엇이 일곱인가?"

2. "감각적 욕망의 잠재성향을 제거하고 뿌리 뽑기 위해서 청정범행을 닦는다. 적의의 잠재성향을 … 견해의 잠재성향을 … 의심의 잠재성향을 … 자만의 잠재성향을 … 존재에 대한 탐욕의 잠재성향을 … 무명의 잠재성향을 제거하고 뿌리 뽑기 위해서 청정범행을 닦는다. 비구들이여, 이러한 일곱 가지 잠재성향을 제거하고 뿌리 뽑기 위해서 청정범행을 닦는다."

비구들이여, 비구의 감각적 욕망의 잠재성향이 제거되고 그 뿌리가 잘리고 줄기만 남은 야자수처럼 되고 멸절되고 미래에 다시는 일어나지 않게끔 되었을 때, 적의의 잠재성향이 … 견해의 잠재성향이 … 의심의 잠재성향이 … 자만의 잠재성향이 … 존재에 대한 탐욕의 잠재성향이 … 무명의 잠재성향이 제거되고 그 뿌리가 잘리고 줄기만 남은 야자수처럼 되고 멸절되고 미래에 다시는 일어나지 않게끔 되었을 때, 이를 일러 '비구는 갈애를 잘라버렸다. 족쇄를 풀어버렸다. 자만을 바르게 관통하여 마침내 괴로움을 끝장내버렸다.'라고 한다."

가문 경(A7:13)
Kula-sutta

1. "비구들이여, 일곱 가지 요소를 갖춘 가정을 아직 방문하지 않았으면 더 이상 방문할 필요가 없고 방문했으면 더 이상 앉아있을 필요가 없다. 무엇이 일곱인가?"

2. "마음에 들도록 자리에서 일어나 맞이하지 않고, 마음에 들도록 공경을 하지 않고, 마음에 들도록 자리를 내놓지 않고, 있으면서도 감추고,[293] 많이 있지만 적게 주고, 맛있는 것이 있지만 거친 것을 주고, 성의 없이 하고 정성을 다해서 하지 않는다.[294] 비구들이

---

[293] "'있으면서도 감춘다(santam assa pariguhanti)'는 것은 보시할 것이 있음에도 불구하고 그것을 숨기고 감춘다는 뜻이다."(AA.iv.2)

[294] "'성의 없이 하고 정성을 다해서 하지 않는다(asakkaccaṁ denti no sakkaccaṁ)'는 것은 거친 것이건 맛난 것이건 자기 손(sahattha)으로 직접 정성을 다해(cittīkāra) 보시하지 않고 성의 없이 보시한다는 뜻이다."(*Ibid*)

여, 이러한 일곱 가지 요소를 갖춘 가문을 아직 방문하지 않았으면 더 이상 방문할 필요가 없고 방문했으면 더 이상 앉아 있을 필요가 없다."

3. "비구들이여, 일곱 가지 요소를 갖춘 가정을 아직 방문하지 않았으면 방문하는 것이 좋고 방문했으면 앉아있을 만하다. 무엇이 일곱인가?"

4. "마음에 들도록 자리에서 일어나 맞이하고, 마음에 들도록 공경을 하고, 마음에 들도록 자리를 내놓고, 있는 것을 감추지 않고, 많이 있으면 많이 주고, 맛있는 것이 있으면 맛있는 것을 주고, 정성을 다해서 하고 성의 없이 하지 않는다. 비구들이여, 이러한 일곱 가지 요소를 갖춘 가문을 아직 방문하지 않았으면 방문하는 것이 좋고 방문했으면 앉아있을 만하다."

사람 경(A7:14)
Puggala-sutta

1. "비구들이여, 일곱 부류의 사람은 공양받아 마땅하고, 선사받아 마땅하고, 보시받아 마땅하고, 합장받아 마땅하며, 세상의 위없는 복밭[福田]이다. 무엇이 일곱인가?"

2. "양면으로 해탈[兩面解脫]한 자, 통찰지로 해탈[慧解脫]한 자, 몸으로 체험한 자, 견해를 얻은 자, 믿음으로 해탈한 자, 법을 따르는 자, 믿음을 따르는 자다.295) 비구들이여, 이러한 일곱 부류의 사람

---

295) 이 일곱 가지에 대한 설명은 본서 제1권 「세속적인 것을 중시함 경」

은 공양받아 마땅하고, 선사받아 마땅하고, 보시받아 마땅하고, 합장받아 마땅하며, 세상의 위없는 복밭[福田]이다."

물의 비유 경(A7:15)
Udakūpamā-sutta

1. "비구들이여, 세상에는 물에 비유되는 일곱 부류의 사람이 있다. 무엇이 일곱인가?"

2. "비구들이여, 여기 어떤 사람은 한번 [물에] 빠져서는 계속 빠져있다. 어떤 사람은 위로 솟아올랐다가 다시 빠져버린다. 여기 어떤 사람은 위로 솟아올라서 머물러 있다. 여기 어떤 사람은 위로 솟아올라서 관찰하고 굽어본다. 여기 어떤 사람은 위로 솟아올라서 건너간다. 여기 어떤 사람은 위로 솟아올라서 튼튼한 발판을 얻는다. 여기 어떤 사람은 위로 솟아올라서 [물을] 건너 저 언덕에 도달하여 맨땅에 서있는 바라문이다."

3. "비구들이여, 그러면 어떻게 사람이 한번 [물에] 빠져서는 계속 빠져있는가? 비구들이여, 여기 어떤 사람은 전적으로 검고 해로운 법을 갖추어 있다. 비구들이여, 이와 같이 사람은 한번 [물에] 빠져서는 계속 빠져있다."

4. "비구들이여, 그러면 어떻게 사람이 위로 솟아올랐다가 다시 빠져버리는가? 비구들이여, 여기 어떤 사람은 솟아올라서 다음과 같

(A2:5:7)의 주해들을 참조할 것. 그리고 본서 「뗏사 경」(A7:53) §4 이하도 참조할 것.

이 생각한다. '유익한 법들에 대한 믿음은 빛나고, 유익한 법들에 대한 양심은 … 수치심은 … 정진은 … 통찰지는 빛난다.'라고. 그러나 그의 그런 믿음은 머물러 있지도 증장하지도 않고 없어져버린다.296) 그의 그런 양심은 … 수치심은 … 정진은 … 통찰지는 머물러 있지도 증장하지도 않고 없어져버린다. 비구들이여, 이와 같이 사람은 위로 솟아올랐다가 다시 빠져버린다."

5. "비구들이여, 그러면 어떻게 사람이 위로 솟아올라서 머물러 있는가? 비구들이여, 여기 어떤 사람은 솟아올라서 다음과 같이 생각한다. '유익한 법들에 대한 믿음은 빛나고, 유익한 법들에 대한 양심은 … 수치심은 … 정진은 … 통찰지는 빛난다.'라고. 그의 그런 믿음은 없어지지도 증장하지도 않고 그냥 머물러 있다. 그의 그런 양심은 … 수치심은 … 정진은 … 통찰지는 없어지지도 증장하지도 않고 그냥 머물러 있다. 비구들이여, 이와 같이 사람은 위로 솟아올라서 머물러있다."

6. "비구들이여, 그러면 어떻게 사람이 위로 솟아올라서 관찰하고 굽어보는가? 비구들이여, 여기 어떤 사람은 위로 솟아올라서 다음과 같이 생각한다. '유익한 법들에 대한 믿음은 빛나고, 유익한 법들에 대한 양심은 … 수치심은 … 정진은 … 통찰지는 빛난다.'라고. 그는 세 가지 족쇄297)를 완전히 없애고 흐름에 든 자[預流者]가 되어, [악취에] 떨어지지 않는 법을 얻었고 [해탈이] 확실하며 바른 깨달음

---

296) "마치 경행대에 묻은 물방울처럼 말라버린다."(AA.iv.5)
297) 세 가지 족쇄(saṁyojana)를 비롯한 열 가지 족쇄에 대해서는 본서 제2권 「족쇄 경」(A4:131) §1의 주해를 참조할 것.

으로 나아가는 자다. 비구들이여, 이와 같이 사람은 위로 솟아올라서 관찰하고 굽어본다."

7. "비구들이여, 그러면 어떻게 사람이 위로 솟아올라서 건너가는가? 비구들이여, 여기 어떤 사람은 위로 솟아올라서 다음과 같이 생각한다. '유익한 법들에 대한 믿음은 빛나고, 유익한 법들에 대한 양심은 … 수치심은 … 정진은 … 통찰지는 빛난다.'라고. 그는 세 가지 족쇄를 완전히 없애고 탐욕과 성냄과 미혹이 엷어져서 한 번만 더 돌아올 자[一來者]가 되어, 한 번만 더 이 세상에 와서 괴로움을 끝낼 것이다. 비구들이여, 이와 같이 사람은 위로 솟아올라서 건너간다."

8. "비구들이여, 그러면 어떻게 사람이 위로 솟아올라서 튼튼한 발판을 얻는가? 비구들이여, 여기 어떤 사람은 위로 솟아올라서 다음과 같이 생각한다. '유익한 법들에 대한 믿음은 빛나고, 유익한 법들에 대한 양심은 … 수치심은 … 정진은 … 통찰지는 빛난다.'라고. 그는 다섯 가지 낮은 단계의 족쇄를 완전히 없애고 [정거천에] 화생하여 그곳에서 완전히 열반에 들어 그 세계로부터 다시 돌아오지 않는 법을 얻었다.[不還者] 비구들이여, 이와 같이 사람은 위로 솟아올라서 튼튼한 발판을 얻는다."

9. "비구들이여, 그러면 어떻게 사람이 위로 솟아올라서 [물을] 건너 저 언덕에 도달하여 맨땅에 서있는 바라문이 되는가? 비구들이여, 여기 어떤 사람은 위로 솟아올라서 다음과 같이 생각한다. '유익한 법들에 대한 믿음은 빛나고, 유익한 법들에 대한 양심은 … 수치심은 … 정진은 … 통찰지는 빛난다.'라고. 그는 모든 번뇌가 다하여

아무 번뇌가 없는 마음의 해탈[心解脫]과 통찰지를 통한 해탈[慧解脫]을 바로 지금여기에서 스스로 최상의 지혜로 알고 실현하고 구족하여 머문다. 비구들이여, 이와 같이 사람은 위로 솟아올라서 [물을] 건너 저 언덕에 도달하여 맨땅에 서있는 바라문이다."

무상(無常) 경(A7:16)[298]
Anicca-sutta

1. "비구들이여, 일곱 부류의 사람은 공양받아 마땅하고, 선사받아 마땅하고, 보시받아 마땅하고, 합장받아 마땅하며, 세상의 위없는 복밭[福田]이다. 무엇이 일곱인가?"

2. "비구들이여, 여기 어떤 사람은 형성된 모든 것에 대해 무상[299]하다고 관찰하면서 머문다. 그는 무상을 인식하고 무상을 경험하며 언제나 한결같이 지속적으로 이것을 마음으로 확신하고 통찰지로 여기에 깊이 들어간다.[300] 그는 모든 번뇌가 다하여 아무 번뇌가

---

298) 6차결집본의 경제목은 '무상을 관찰함'(Aniccānupassī-sutta)이다.

299) "'모든 형성된 것[諸行]은 무상하다(sabbe saṅkhārā aniccā)'는 것은 모든 삼계에 속하는 형성된 것들(te-bhūmaka-saṅkhārā)이 무상하다는 말이다."(SA.ii.318)
여기서 삼계는 욕계 · 색계 · 무색계를 뜻하며, 여기에 속하는 모든 형성된 것[諸行] 즉 열반을 제외한 모든 유위법(saṅkhata-dhammā)은 무상하다는 뜻이다.

300) "'마음으로 확신하고(cetasā adhimuccamāno)'라는 것은 마음으로 결론에 도달하고(sanniṭṭhāpayamāna)라는 말이다. '통찰지로 깊이 들어간다(paññāya pariyogāhamāno)'는 것은 위빳사나의 지혜로 들어간다(anupavisamāna)는 말이다."(AA.ii.6)

없는 마음의 해탈[心解脫]과 통찰지를 통한 해탈[慧解脫]을 바로 지금여기에서 스스로 최상의 지혜로 알고 실현하고 구족하여 머문다. 비구들이여, 이 사람이 공양받아 마땅하고, 선사받아 마땅하고, 보시받아 마땅하고, 합장받아 마땅하며, 세상의 위없는 복밭[福田]인 첫 번째 사람이다."

3. "비구들이여, 여기 어떤 사람은 형성된 모든 것에 대해 무상하다고 관찰하면서 머문다. 그는 무상을 인식하고 무상을 경험하며 언제나 한결같이 지속적으로 이것을 마음으로 확신하고 통찰지로 여기에 깊이 들어간다. 그는 생명이 다하는 바로 그 순간에301) 번뇌가 다한다.302) 비구들이여, 이 사람이 공양받아 마땅하고, 선사받아 마

---

301) '바로 그 순간에'는 apubbaṁ acarimaṁ을 옮긴 것인데 '앞도 뒤도 없이'로 직역할 수 있다. 주석서는 "번뇌가 다하는 것과 생명이 다하는 것이 동시에, 같은 순간에(ekakkhaṇe yeva) 이루어진다는 뜻이다."(Ibid)라고 설명하고 있어서 이렇게 옮겼다.

302) 이처럼 번뇌가 다한 아라한과를 얻으면서 목숨(命根)이 다하는 것을 '지위따사마시시(jīvita-samasīsī, 아라한이 됨과 동시에 목숨이 다하여 완전한 열반에 듦)'라 한다.
사마시시(samasīsī, 아라한이 됨과 동시에 완전한 열반에 듦)라는 술어는 『인시설론』(人施設論, Pug.19)에 처음 나타나는 단어로 여겨진다. 이것은 '동시에(sama) 두 가지 목적을 성취한 자(sīsin, 문자적으로는 머리를 가진 자)'라는 뜻이다. 여기서 두 가지 목적이란 최고의 성위인 아라한 됨과 완전한 열반(반열반=입멸)을 말한다. 그래서 아라한이 됨과 동시에 입적한 것을 말한다.
본경에 해당하는 주석서는 네 종류의 사마시시(samasīsī)를 들고 있는데, 그것은 병의 사마시시(roga-samasīsī), 느낌의 사마시시(vedanā-samasīsī), 자세의 사마시시(iriyāpatha-samasīsī), 목숨의 사마시시(jīvita-samasīsī)다.
주석서는 이 넷을 이렇게 설명한다. "여기서는 사마시시를 설하였다. 그것은 네 가지다. … 이 가운데 어떤 병에 걸렸다가 병이 낫는 것과 번뇌가 다

땅하고, 보시받아 마땅하고, 합장받아 마땅하며, 세상의 위없는 복밭[福田]인 두 번째 사람이다."

4. "비구들이여, 여기 어떤 사람은 모든 형성된 것에 대해 무상하다고 관찰하면서 머문다. 그는 무상을 인식하고 무상을 경험하며 언제나 한결같이 지속적으로 이것을 마음으로 확신하고 통찰지로 여기에 깊이 들어간다. 그는 다섯 가지 낮은 단계의 족쇄를 완전히 없애고 수명의 중반쯤에 이르러 완전한 열반에 드는 자가 된다.303) …

… 그는 다섯 가지 낮은 단계의 족쇄를 완전히 없애고 [수명의] 반이 지나서 완전한 열반에 드는 자가 된다. …

하는 것이 한꺼번에(ekappahāreneva) 되는 것을 병의 사마시시(roga-samasīsī)라한다. 어떤 느낌을 느끼다가 그 느낌이 가라앉는 것과 번뇌가 다하는 것이 한꺼번에 되는 것을 느낌의 사마시시(vedanā-samasīsī)라 한다. 어떤 형태의 자세를 취하여 위빳사나를 하는 자(vipassanta)가 그 자세가 끝나는 것과 번뇌가 다하는 것이 한꺼번에 되는 것을 자세의 사마시시(iriyāpatha-samasīsī)라 한다. 목숨이 다하는 것과 번뇌가 다하는 것이 한꺼번에 되는 것을 목숨의 사마시시(jīvita-samasīsī)라 한다. 본경에서는 이 [네 번째]를 말한 것이다."(AA.iv.6~7)
한편 『인시설론 주석서』는 이 가운데서 느낌의 사마시시를 제외한 세 가지 사마시시를 들고 있다. 그리고 "포행을 하면서 위빳사나를 확립하여 아라한과를 얻고 포행을 하면서 반열반에 드는 것(parinibbāti)을 자세의 사마시시라 한다."(PugA.186)는 등으로 그 병이 낫거나, 자세가 끝나거나, 목숨이 다하면서 아라한과를 얻고 바로 반열반에 드는(parinibbāti) 것이라고 설명하고 있다. 이처럼 어떤 사마시시건 사마시시는 아라한과를 얻음과 동시에 반열반에 드는 것 즉 입멸하는 것으로 설명하고 있다.

303) "수명의 중반쯤에 이르렀다는 것은 수명의 반을 아직 넘기지 못했다는 뜻이다."(AA.iv.7)
그리고 본 문단에 나타나는 다섯 가지 경지의 사람과 족쇄들에 대한 설명은 본서 제1권 「외움 경」2(A3:86) §3의 주해들과 본서 제2권 「족쇄 경」(A4:131) §§1~2의 주해들을 참조 할 것.

… 그는 다섯 가지 낮은 단계의 족쇄를 완전히 없애고 자극 없이 완전한 열반에 드는 자가 된다.304) …

… 그는 다섯 가지 낮은 단계의 족쇄를 완전히 없애고 자극을 통해 완전한 열반에 드는 자가 된다. …

… 그는 다섯 가지 낮은 단계의 족쇄를 완전히 없애고 더 높은 세계로 재생하여 색구경천에 이르는 자가 된다. 비구들이여, 이 사람이 공양받아 마땅하고, 선사받아 마땅하고, 보시받아 마땅하고, 합장받아 마땅하며, 세상의 위없는 복밭[福田]인 일곱 번째 사람이다."

괴로움 등의 경(A7:17)305)
Dukkhādi-sutta

1. "비구들이여, 일곱 부류의 사람은 공양받아 마땅하고, 선사받아 마땅하고, 보시받아 마땅하고, 합장받아 마땅하며, 세상의 위없는 복밭[福田]이다. 무엇이 일곱인가?"

---

304) "'자극없이 완전한 열반에 드는 자(asaṅkhāra-parinibbāyi)'란 노력 없이, 피로함이 없이, 쉽게 열반에 드는 자란 말이다. '자극을 통해 완전한 열반에 드는 자(sasaṅkhāra-parinibbāyi)'란 노력하여, 피로하고, 어렵게 열반에 드는 자란 뜻이다."(DA.iii.1030)

305) 6차결집본에는 본경의 괴로움과 무아와 열반에 해당되는 부분을 각각 다른 경으로 편집하여 각각 독립된 경 번호를 매기고 있다. 이렇게 독립된 경으로 편집해야 본품에 10개의 경이 배당되어 전체적으로 조화가 된다. PTS본의 품의 목록에도 세 가지 다른 경의 이름이 언급되고 있다. 그러나 PTS본에는 하나의 경으로 편집이 되어 있고 그래서 본품에는 8개의 경들만이 포함된 것으로 편집되어 있다. 역자는 저본인 PTS본을 따라서 하나의 경으로 번역했다.

2. "비구들이여, 여기 어떤 사람은 모든 형성된 것[諸行]에 대해 괴로움이라고 관찰하면서 머문다. …

… 모든 법[諸法]에 대해 무아306)라고 관찰하면서 머문다. …

… 열반에 대해 행복이라고 관찰하면서 머문다. 그는 행복을 인식하고 행복을 경험하며 언제나 한결같이 지속적으로 이것을 마음으로 확신하고 통찰지로 여기에 깊이 들어간다. 그는 모든 번뇌가 다하여 아무 번뇌가 없는 마음의 해탈[心解脫]과 통찰지를 통한 해탈[慧解脫]을 바로 지금여기에서 스스로 최상의 지혜로 알고 실현하고 구족하여 머문다. 비구들이여, 이 사람이 공양받아 마땅하고, 선사받아 마땅하고, 보시받아 마땅하고, 합장받아 마땅하며, 세상의 위없는 복밭[福田]인 첫 번째 사람이다."

---

306) "'모든 법들은 무아(sabbe dhammā anattā)'라는 것은 모든 네 가지 경지[四界]에 속하는 법들(catu-bhūmaka-dhammā)은 무아라는 말이다."(SA.ii.318)
여기서 네 가지 경지는 욕계·색계·무색계의 삼계에다 출세간(lok-uttara)의 경지 혹은 무위법(asaṅkhata-dhamma)인 열반을 더한 것이다. 출세간은 세상이라 할 수 없고 경지(bhūmi) 혹은 요소(dhātu)라 해야 한다. 즉 욕계에서건 색계에서건 무색계에서건 열반에 들어 있는 경지(아비담마에서는 열반을 대상으로 한 경지라고 함)를 출세간이라 부르며 이것은 성자들의 경지 때문이다.(여기에 대해서는 『아비담마 길라잡이』 1장 §26 앞의 해설을 참조할 것)
이처럼 주석서는 열반을 포함한 출세간의 경지, 성자들의 경지까지도 모두 무아라는 점을 강조하기 위해 세존께서는 제법무아라고 말씀하셨다고 설명한다.
그래서 월포라 라훌라 스님은 제행무상에서 제행은 모든 유위법을 뜻하고 제법무아의 제법은 무위법인 열반까지 포함한 모든 법을 뜻한다고 설명하고 있다.(Rahula, Walpola, 57~58)

3. "비구들이여, 여기 어떤 사람은 열반에 대해 행복이라고 관찰하면서 머문다. 그는 행복을 인식하고 행복을 경험하며 언제나 한결같이 지속적으로 이것을 마음으로 확신하고 통찰지로 여기에 깊이 들어간다. 그는 생명이 다하는 바로 그 순간에 번뇌가 다한다. 비구들이여, 이 사람이 공양받아 마땅하고, 선사받아 마땅하고, 보시받아 마땅하고, 합장받아 마땅하며, 세상의 위없는 복밭[福田]인 두 번째 사람이다."

4. "비구들이여, 여기 어떤 사람은 열반에 대해 행복이라고 관찰하면서 머문다. 그는 행복을 인식하고 행복을 경험하며 언제나 한결같이 지속적으로 이것을 마음으로 확신하고 통찰지로 여기에 깊이 들어간다. 그는 다섯 가지 낮은 단계의 족쇄를 완전히 없애고 수명의 중반쯤에 이르러 완전한 열반에 드는 자가 된다. …

… 그는 다섯 가지 낮은 단계의 족쇄를 완전히 없애고 [수명의] 반이 지나 완전한 열반에 드는 자가 된다. …

… 그는 다섯 가지 낮은 단계의 족쇄를 완전히 없애고 자극 없이 완전한 열반에 드는 자가 된다. …

… 그는 다섯 가지 낮은 단계의 족쇄를 완전히 없애고 자극을 통해 완전한 열반에 드는 자가 된다. …

… 그는 다섯 가지 낮은 단계의 족쇄를 완전히 없애고 더 높은 세계로 재생하여 색구경천에 이르는 자가 된다. 비구들이여, 이 사람이 공양받아 마땅하고, 선사받아 마땅하고, 보시받아 마땅하고, 합장받아 마땅하며, 세상의 위없는 복밭[福田]인 일곱 번째 사람이다."

칭찬 받을 토대 경(A7:18)
Niddasavatthu-sutta

1. "비구들이여, 일곱 가지 칭찬 받을307) 토대가 있다. 무엇이

---

307) 본경에서 '칭찬 받을'로 완전히 의역해서 옮긴 원어는 niddasa(문자적으로는 10이 없음이란 뜻)다. 주석서는 다음과 같이 설명하고 있다.
"비구여, niddaso(열이 없음) nibbīso(스물이 없음), nittiṁso(서른이 없음), niccattālīso(마흔이 없음), nippaññāso(쉰이 없음)라는 이런 것은 말의 표현이다. 이 질문은 본래 외도(titthiya)들 가운데 생긴 것이다. 실로 외도들은 10년의 승납(vasa)이 되기 전에 죽은 니간타를 'niddaso(문자적으로는 10(dasa)이 없는 자라는 뜻이)'라고 불렀다. 왜냐하면 다시는 그에게 10년의 기간이 없기 때문이다. 물론 10년의 기간만 없는 것이 아니라 9년, 8년 … 1년도 없다. 물론 1년의 기간만 없는 것이 아니라 한 순간도 없다. 이와 같은 방법으로 20년의 승납이 되기 전에 죽은 니간타를 nibbīso(20이 없는 자)라고 불렀고, 이와 같이 nittiṁso(30이 없는 자), niccattālīso(40이 없는 자), nippaññāso(50이 없는 자)라고 불렀다.
그때 아난다 존자가 마을에 탁발을 갔다가 그 이야기를 듣고 승원에 돌아가서 세존께 여쭈었다. 세존께서 말씀하시기를 '아난다여, 닛닷사(niddasa) 등의 표현은 외도들을 두고 한 말이 아니고 우리 교단의 번뇌 다한 자(khīṇāsava, 아라한)를 두고 한 말이다. 왜냐하면 번뇌 다한 자가 10년의 승납(vasa)이 되기 전에 열반에 들 때 다시는 그에게 10년의 기간이 없기 때문이다. 물론 10년의 기간만 없는 것이 아니라 9년, 8년 … 1년도 없다. 물론 1년의 기간만 없는 것이 아니라 한 순간도 없다. 무슨 이유인가? 다시는 재생연결(paṭisandhi)이 없기 때문이다.'라고 말씀하신 뒤 그 닛닷사(niddasa)가 되는 '토대, 원인'을 설명하기 위해 이 설법을 시작하셨다."
(AA.iv.7~8)
한편 『디가 니까야』 제3권 「합송경」(D33) §2.3 (7)에는 niddesa(설명, 해설)로도 나타난다. 그래서 거기서는 [아라한됨에 대한] '설명'으로 옮겼다. niddesa가 설명을 뜻하고 주석서에서는 "번뇌 다한 자(khīṇāsava, 아라한)를 두고 한 말이다."(AA.iv.8; DA.iii.1039)라고 설명하고 있었기 때문이다. 그리고 이 일곱 가지는 본서 「칭찬받을 토대 경」 1/2(A7:39; 40)에도 나타나 있고, 『디가 니까야』 제3권 「십상경」(D34) §1.8 (9)에도 나타나 있다. 이런 것을 참조하여 본경에서는 '칭찬받을 토대'로 옮겼다.

일곱인가?"

2. "비구들이여, 여기 비구는 삼학을 성취하는 것에308) 대한 강한 의욕이 있고 미래에도 삼학을 성취하는 것에 대한 열정이 사라지지 않는다. 법을 주시하는데 대한 강한 의욕이 있고 미래에도 법을 주시하는데 대한 열정이 사라지지 않는다. 욕구를 길들이는데 대한 강한 의욕이 있고 미래에도 욕구를 길들이는데 대한 열정이 사라지지 않는다. 홀로 앉음에 대한 강한 의욕이 있고 미래에도 홀로 앉음에 대한 열정이 사라지지 않는다. 열심히 정진하는데 대한 강한 의욕이 있고 미래에도 열심히 정진하는데 대한 열정이 사라지지 않는다. 마음챙김과 알아차림에309) 대한 강한 의욕이 있고 미래에도 마음챙김과 알아차림에 대한 열정이 사라지지 않는다. 바른 견해로 꿰뚫음에 대한 강한 의욕이 있고 미래에도 바른 견해로 꿰뚫음에 대한 열정

본문에 대한 주해는 『디가 니까야』 제3권 「합송경」(D33) §2.3 (7)의 주해들을 참조할 것.

308) '삼학을 성취하는 것'으로 옮긴 원어는 sikkhā-samādāna(공부를 지음)인데 주석서에서 sikkhāttaya-pūraṇa(삼학을 성취함)로 설명하고 있어서(AA.iv.8) 이렇게 옮겼다.

309) '마음챙김과 알아차림으로 옮긴 원어는 sati-nepakka(마음챙김과 슬기로움)이지만 주석서는 "마음챙김을 행하고(satokāritāya ceva) 아울러 알아차림을 행함(sampajāna-kāri)"(AA.iv.9)으로 설명하고 있어서 이렇게 옮겼다.
한편 본서 제3권 「상세함 경」(A5:14) §5에도 이 단어가 나타나는데 주석서는 이렇게 설명한다.
"'마음챙김과 슬기로움(sati-nepakka)'에서 슬기로움은 통찰지(paññā)를 말한다. 통찰지는 마음챙김을 돕는 상태(upakāraka-bhāva)로 취한 것이다."(AA.iii.226) 그래서 거기서는 '마음챙김과 슬기로움'으로 옮겼다. 더 자세한 설명은 본서 제3권 「상세함 경」(A5:14) §5의 주해를 참조할 것.

이 사라지지 않는다. 비구들이여, 이러한 일곱 가지 칭찬 받을 토대가 있다."

제2장 잠재성향 품이 끝났다.

두 번째 품에 포함된 경들의 목록은 다음과 같다.

두 가지 ①~② 잠재성향 ③ 가문 ④ 사람 ⑤ 물의 비유
⑥ 무상 ⑦ 괴로움 등 ⑧ 칭찬받을 토대다.

제3장 왓지 품310)
Vajji-vagga

사란다다 경(A7:19)
Sārandada-sutta

1. 이와 같이 나는 들었다. 한때 세존께서는 웨살리에서 사란다다 탑묘311)에 머무셨다. 그때 많은 릿차위312)들이 세존께 다가갔다. 가서는 세존께 절을 올리고 한 곁에 앉았다. 한 곁에 앉은 릿차위들에게 세존께서는 이렇게 말씀하셨다.

"릿차위들이여, 나는 그대들에게 일곱 가지 쇠퇴하지 않는 법을 설하리라.313) 이제 그것을 들어라. 듣고 마음에 잘 새겨라. 나는 설할 것이다."

"그렇게 하겠습니다, 세존이시여."라고 릿차위들은 세존께 응답했다. 세존께서는 이렇게 말씀하셨다.

---

310) 6차결집본의 품의 명칭은 '왓지의 칠개조'(Vajjisattaka-vagga)이다.

311) 웨살리(Vesāli)와 사란다다 탑묘(Sārandada cetiya) 등 웨살리에 있는 탑묘들에 대해서는 본서 제1권 「고따마까 경」(A3:123)의 주해들을 참조할 것.

312) 릿차위(Licchavī)는 인도 중원의 16국 가운데 하나로 웨살리를 수도로 하는 왓지(Vajji)를 구성하는 부족 가운데 하나다. 다른 한 부족은 위데하(Videha)다. 부처님 당시에는 릿차위가 강성하였다고 한다.(MA.i.394)

313) 이 일곱 가지 '쇠퇴하지 않는 법(aparihāniya dhamma)'은 『디가 니까야』 제2권 「대반열반경」(D16) §1.4와 일치한다.

2. "릿차위들이여, 그러면 무엇이 일곱 가지 쇠퇴하지 않는 법인가?

릿차위들이여, 왓지들이 정기적으로 모이고, 자주 모이는 한, 왓지들은 쇠퇴하는 일은 없고 오직 번영이 기대된다.

릿차위들이여, 왓지들이 화합하여 모이고, 화합하여 해산하고, 화합하여 왓지의 업무를 보는 한, 왓지들은 쇠퇴하는 일은 없고 오직 번영이 기대된다.

릿차위들이여, 왓지들이 공인하지 않은 것은 인정하지 않고, 공인한 것은 깨뜨리지 않으며, 공인되어 내려온 오래된 왓지의 법들을 준수하고 있는 한, 왓지들은 쇠퇴하는 일은 없고 오직 번영이 기대된다.

릿차위들이여, 왓지들이 왓지의 연장자들을 존경하고 존중하고 숭상하고 예배하며, 그들의 말을 경청해야 한다고 여기는 한, 왓지들은 쇠퇴하는 일은 없고 오직 번영이 기대된다.

릿차위들이여, 왓지들이 [남의] 집안의 아내와 [남의] 집안의 딸들을 강제로 끌고 와서 [자기와 함께] 살게 하지 않는 한, 왓지들은 쇠퇴하는 일은 없고 오직 번영이 기대된다.

릿차위들이여, 왓지들이 안에 있거나 밖에 있는 왓지의 탑묘들을 존경하고 존중하고 숭상하고 예배하며, [탑묘에] 전에 이미 바쳤고 전에 이미 시행했던 법다운 봉납314)을 철회하지 않는 한, 왓지들은 쇠퇴하는 일은 없고 오직 번영이 기대된다.

---

314) '봉납'으로 옮긴 원어는 bali이다. bali는 크게 두 가지 뜻으로 쓰인다. 하나는 제사에서 바치는 공물이나 희생이나 종교적 봉헌(물), 헌납을 뜻하고 다른 하나는 국가에서 거두어들이는 세금을 뜻한다. 여기서는 문맥상 봉납으로 옮겼다.

릿차위들이여, 왓지들이 아라한들을 법답게 살피고 감싸고 보호해서 아직 오지 않은 아라한들은 그들의 영토에 오게 하며, 이미 그들의 영토에 온 아라한들이 편안하게 살도록 하는 한, 왓지들은 쇠퇴하는 일은 없고 오직 번영이 기대된다.

릿차위들이여, 이러한 일곱 가지 쇠퇴하지 않는 법이 왓지들에게 정착되고, 이러한 일곱 가지 쇠퇴하지 않는 법을 왓지들이 준수한다면, 왓지들은 쇠퇴하는 일은 없고 오직 번영이 기대된다."315)

왓사까라 경(A7:20)316)
Vassakāra-sutta

1. 이와 같이 나는 들었다. 한때 세존께서는 라자가하에서 독수리봉 산에 머무셨다. 그 무렵에 마가다의 왕 아자따삿뚜 웨데히뿟따317)는 왓지를 공격하려 하고 있었다. 그는 이와 같이 말했다.

---

315) 이들 일곱 가지를 현대적인 관점에서 보면 ① 민주적 절차 중시 ② 화합 ③ 준법정신 ④ 위계질서 ⑤ 건전한 성도덕 ⑥ 조상 숭배 및 전통 신앙 존중 ⑦ 종교인 존중으로 요약할 수 있을 것이다.

316) 본경은 『디가 니까야』 제2권 「대반열반경」 (D16) §§1.1~1.5와 일치한다.

317) 아자따삿뚜 왕은 본경에서처럼 항상 마가다의 왕 아자따삿뚜 웨데히뿟따(rājā Māgadho Ajātasattu Vedehiputto)로 정형화 되어 나타난다. 아자따삿뚜(ajātasattu)라는 이름은 '왕의 적은 태어나지 않을 것이다.'라고 점성가들이 예언했기 때문에 그렇게 불린다.(DA.i.133) 이름만으로도 그 권세를 알 수 있다. 고층(古層) 우빠니샤드에 속하는 『브르하다란야까 우빠니샤드』(Bṛhadāraṇyaka Upaniṣad)에도 아자따사뜨루(Ajātaśatru)라는 왕의 이름이 나타나는데 같은 사람으로 보는 것이 타당할 것이다. 그리고 주석서에는 그가 웨데히뿟따(Vedehiputta, 위데하의 여인의 아들)라고 불린다고 해서 그의 어머니가 위데하 출신이라고 봐서는 안 된다. 그의 어머니는 꼬살라 왕의 딸이라고 밝히고 있다. 그리고 웨데히는 현자

"왓지가 이처럼 크게 번창하고 이처럼 큰 위력을 가졌지만 나는 왓지를 멸망시킬 것이고, 왓지를 파멸시킬 것이고, 왓지가 참극을 당하게 하고야 말 것이다."

그때 마가다의 왕 아자따삿뚜 웨데히뿟따는 마가다의 대신인 왓사까라 바라문318)을 불러서 말하였다.

"이리 오시오, 바라문이여. 그대는 세존께 가시오. 가서는 '세존이시여, 마가다의 왕 아자따삿뚜 웨데히뿟따는 세존의 발에 머리 조아려 절을 올립니다. 그리고 병은 없으신지 어려움은 없으신지, 가볍고

(paṇḍita-adhivacana)와 동의어라고 설명한다.(DA.i.139)
아자따삿뚜는 빔비사라 왕의 아들이었으며 『중부』「지와까 경」(M55) 등에 나타나는 아바야(Abhaya) 왕자와는 이복형제 사이다. 『디가 니까야 주석서』에는 그가 데와닷따와 역모를 꾸며서 그는 부친을 시해하고 데와닷따는 부처님을 시해하려 했던 사실이 상세하게 나타난다.(DA.i.135~7) 그는 아버지를 시해하고 왕이 되었기 때문에 그도 그의 아들 우다이밧다(Udāyībhadda)에 의해서 시해당할까 항상 두려워했다고 하며 그래서 아들이 출가하기를 바랐다고 한다.(DA.i.153) 그러나 결국은 그의 아버지 빔비사라왕이 처참하게 죽던 날에 태어난(DA.i.137) 그의 아들 우다이밧다에 의해 그도 시해당하고 말았다고 한다.(Mhv.iv.1.26)
주석서에 의하면 부친을 시해하고 잠을 제대로 이루지 못하던 왕은 본경에서 보이는 바와 같이 지와까를 통해서 부처님을 뵙고 법문을 들어 잘못을 참회한 후에야 제대로 잠을 이룰 수 있었다고 한다. 그는 32년간 왕위에 있었다고 하며(Mhv.ii.31) 그가 왕으로 있을 때 왓지(Vajjī)를 정복하고 꼬살라를 병합했다.(『디가 니까야』 제2권 「대반열반경」(D16) §1.5의 주해를 참조할 것.) 본경에서 보듯이 그는 빠딸리뿟따(지금 인도 비하르 주의 주도인 빠뜨나)를 큰 도시로 만들게 하였으며 나중에 이곳은 마가다국의 수도가 되었다. 그는 인도를 통일 국가로 만드는 튼튼한 기초를 닦은 왕임에 틀림없다.

318) 왓사까라 바라문(Vassakāra brāhmaṇa)에 대해서는 본서 「왓사까라 경」(A4:35) §1의 주해를 참조할 것. 그 외 본서 제2권 「들음 경」(A4:183)과 「왓사까라 경」(A4:187)도 그와 관계된 경들이다.

힘 있고 편안하게 머무시는지 문안을 여쭙니다.'라고 내 이름으로 세존의 발에 머리 조아려 절을 올리고, 세존께서 병은 없으신지 어려움은 없으신지, 가볍고 힘 있고 편안하게 머무시는지 문안을 여쭈시오. 그리고 이렇게 말씀드리시오. '세존이시여, 마가다의 왕 아자따삿뚜 웨데히뿟따는 왓지를 공격하려 합니다. 그는 이와 같이 말했습니다. '왓지가 이처럼 크게 번창하고 이처럼 큰 위력을 가졌지만 나는 왓지를 멸망시킬 것이고, 왓지를 파멸시킬 것이고, 왓지가 참극을 당하게 하고야 말 것이다.'라고.' 그래서 세존께서 말씀해주신 대로 그것을 잘 호지하여 나에게 보고하시오. 여래들께서는 거짓을 말하지 않으시오."

"그렇게 하겠습니다, 폐하."라고 마가다의 대신인 왓사까라 바라문은 마가다의 왕 아자따삿뚜 웨데히뿟따에게 대답한 뒤 아주 멋진 마차들을 준비하게 하고 아주 멋진 마차에 올라서 아주 멋진 마차들을 거느리고 라자가하를 나가서 독수리봉 산으로 들어갔다. 더 이상 마차로 갈 수 없는 곳에 이르자 마차에서 내린 뒤 걸어서 세존께로 다가갔다. 가서는 세존과 함께 환담을 나누었다. 유쾌하고 기억할 만한 이야기로 서로 담소를 나누고 한 곁에 앉았다. 한 곁에 앉아서 마가다의 대신 왓사까라 바라문은 세존께 이렇게 말씀드렸다.

"고따마 존자시여, 마가다의 왕 아자따삿뚜 웨데히뿟따는 세존의 발에 머리 조아려 절을 올립니다. 그리고 병은 없으신지 어려움은 없으신지, 가볍고 힘 있고 편안하게 머무시는지 문안을 여쭙니다. 고따마 존자시여, 마가다의 왕 아자따삿뚜 웨데히뿟따는 왓지를 공격하려 합니다. 그는 이와 같이 말했습니다. '왓지가 이처럼 크게 번창하고 이처럼 큰 위력을 가졌지만 나는 왓지를 멸망시킬 것이고, 왓지를 파멸시킬 것이고, 왓지가 참극을 당하게 하고야 말 것이다.'라고."

2. 그때 아난다 존자가 세존의 뒤에서 세존께 부채질을 해드리고 있었다. 그러자 세존께서는 아난다 존자를 불러서 말씀하셨다.

"아난다여, 그대는 왓지들이 정기적으로 모이고, 자주 모인다고 들었는가?"

"세존이시여, 저는 왓지들이 정기적으로 모이고, 자주 모인다고 들었습니다."

"아난다여, 왓지들이 정기적으로 모이고, 자주 모이는 한, 왓지들은 쇠퇴하는 일은 없고 오직 번영이 기대된다."

"아난다여, 그대는 왓지들이 화합하여 모이고, 화합하여 해산하고, 화합하여 왓지의 업무를 본다고 들었는가?"

"세존이시여, 저는 왓지들이 화합하여 모이고, 화합하여 해산하고, 화합하여 왓지의 업무를 본다고 들었습니다."

"아난다여, 왓지들이 화합하여 모이고, 화합하여 해산하고, 화합하여 왓지의 업무를 보는 한, 왓지들은 쇠퇴하는 일은 없고 오직 번영이 기대된다."

"아난다여, 그대는 왓지들이 공인하지 않은 것은 인정하지 않고, 공인한 것은 깨뜨리지 않으며, 공인되어 내려온 오래된 왓지의 법들을 준수하고 있다고 들었는가?"

"세존이시여, 저는 왓지들이 공인하지 않은 것은 인정하지 않고, 공인한 것은 깨뜨리지 않으며, 공인되어 내려온 오래된 왓지의 법들을 준수하고 있다고 들었습니다."

"아난다여, 왓지들이 공인하지 않은 것은 인정하지 않고, 공인한 것은 깨뜨리지 않으며, 공인되어 내려온 오래된 왓지의 법들을 준수하고 있는 한, 왓지들은 쇠퇴하는 일은 없고 오직 번영이 기대된다."

"아난다여, 그대는 왓지들이 왓지의 연장자들을 존경하고 존중하고 숭상하고 예배하며, 그들의 말을 경청해야 한다고 여긴다고 들었는가?"

"세존이시여, 저는 왓지들이 왓지의 연장자들을 존경하고 존중하고 숭상하고 예배하며, 그들의 말을 경청해야 한다고 여긴다고 들었습니다."

"아난다여, 왓지들이 왓지의 연장자들을 존경하고 존중하고 숭상하고 예배하며, 그들의 말을 경청해야 한다고 여기는 한, 왓지들은 쇠퇴하는 일은 없고 오직 번영이 기대된다."

"아난다여, 그대는 왓지들이 [남의] 집안의 아내와 [남의] 집안의 딸들을 강제로 끌고 와서 [자기와 함께] 살게 하지 않는다고 들었는가?"

"세존이시여, 저는 왓지들이 [남의] 집안의 아내와 [남의] 집안의 딸들을 강제로 끌고 와서 [자기와 함께] 살게 하지 않는다고 들었습니다."

"아난다여, 왓지들이 [남의] 집안의 아내와 [남의] 집안의 딸들을 강제로 끌고 와서 [자기와 함께] 살게 하지 않는 한, 왓지들은 쇠퇴하는 일은 없고 오직 번영이 기대된다."

"아난다여, 그대는 왓지들이 안에 있거나 밖에 있는 왓지의 탑묘들을 존경하고 존중하고 숭상하고 예배하며, [탑묘에] 전에 이미 바쳤고 전에 이미 시행했던 법다운 봉납을 철회하지 않는다고 들었는가?"

"세존이시여, 저는 왓지들이 안에 있거나 밖에 있는 왓지의 탑묘들을 존경하고 존중하고 숭상하고 예배하며, [탑묘에] 전에 이미 바쳤고 전에 이미 시행했던 법다운 봉납을 철회하지 않는다고 들었습니다."

"아난다여, 왓지들이 안에 있거나 밖에 있는 왓지의 탑묘들을 존경하고 존중하고 숭상하고 예배하며, [탑묘에] 전에 이미 바쳤고 전에 이미 시행했던 법다운 봉납을 철회하지 않는 한, 왓지들은 쇠퇴하는 일은 없고 오직 번영이 기대된다."

"아난다여, 그대는 왓지들이 아라한들을 법답게 살피고 감싸고 보호해서 아직 오지 않은 아라한들은 그들의 영토에 오게 하며, 이미 그들의 영토에 온 아라한들은 편안하게 살도록 한다고 들었는가?"

"세존이시여, 저는 왓지들이 아라한들을 법답게 살피고 감싸고 보호해서 아직 오지 않은 아라한들은 그들의 영토에 오게 하며, 이미 그들의 영토에 온 아라한들은 편안하게 살도록 한다고 들었습니다."

"아난다여, 왓지들이 아라한들을 법답게 살피고 감싸고 보호해서 아직 오지 않은 아라한들은 그들의 영토에 오게 하며, 이미 그들의 영토에 온 아라한들이 편안하게 살도록 하는 한, 왓지들은 쇠퇴하는 일은 없고 오직 번영이 기대된다."

3. 그러자 세존께서는 마가다의 대신 왓사까라 바라문을 불러서 말씀하셨다.

"바라문이여, 한때 나는 웨살리에서 사란다다 탑묘에 머물렀다. 나는 거기서 왓지들에게 이러한 일곱 가지 쇠퇴하지 않는 법을 가르쳤다. 바라문이여, 이 일곱 가지 쇠퇴하지 않는 법이 왓지들에게 정착되고, 이 일곱 가지 쇠퇴하지 않는 법을 왓지들이 준수한다면, 왓지들은 쇠퇴하는 일은 없고 오직 번영이 기대된다."

4. 이렇게 말씀하시자 마가다의 대신 왓사까라 바라문은 세존께 이렇게 말씀드렸다.

"고따마 존자시여, 각각의 쇠퇴하지 않는 법을 하나만 갖추었어도 왓지들은 번영할 것이고 쇠퇴란 예상할 수 없을 것인데, 이러한 일곱 가지 쇠퇴하지 않는 법을 모두 갖추었다면 그것은 말해 무엇 하겠습니까? 고따마 존자시여, 마가다의 왕 아자따삿뚜 웨데히뿟따는 전쟁으로는 왓지들을 정복할 수 없겠습니다. 그 대신에 권모술수와 상호 불신319)을 획책해야겠습니다. 고따마 존자시여, 이제 저는 그만 물러가겠습니다. 저는 바쁘고 해야 할 일이 많습니다."

"바라문이여, 지금이 적당한 시간이라면 그렇게 하라."

그러자 마가다의 대신 왓사까라 바라문은 세존의 말씀을 기뻐하고 감사드린 뒤 자리에서 일어나 물러갔다.

---

319) '권모술수'와 '상호 불신'의 원어는 각각 upalāpanā와 mithubhedā다. 주석서는 다음과 같이 설명한다.
"'권모술수(upalāpanā)'란 분쟁은 그만두고 이젠 화합하리라(saṅgaha-karaṇa)고 생각하면서 코끼리, 말, 금 등을 보내어 호의를 베푼다. 그렇게 호의를 베풀어서 확실하게 신뢰하게 한 다음 정복을 꾀하는 것을 말한다. '상호불신(mithu-bhedā)'이란 서로서로 갈라서게 한 다음 이들을 정복할 수 있다는 뜻이다.(AA.iv.16)
주석서에 의하면 세존께서 웨살리를 마지막으로 방문하신 지 3년 후에(즉 불멸 3년 후에) 왓사까라가 분열을 획책하여 왓지의 국력을 쇠잔하게 한 뒤 마가다의 군대가 공격하여 왓지를 정복하였다고 한다.(DA.ii.522)

비구 경(A7:21)[320]
Bhikkhu-sutta

1. 이와 같이 나는 들었다. 한때 세존께서는 라자가하에서 독수리봉 산에 머무셨다. 세존께서는 비구들을 불러서 말씀하셨다.

"비구들이여, 그대들에게 일곱 가지 퇴보하지 않는 법[321]을 설하리라. 그것을 듣고 마음에 잘 새겨라. 이제 설하리라."

"그렇게 하겠습니다, 세존이시여."라고 비구들은 세존께 응답했다. 세존께서는 다음과 같이 말씀하셨다.

"비구들이여, 비구들이 정기적으로 모이고 자주 모이는 한, 비구들은 퇴보하는 일은 없고 오직 향상이 기대된다.

비구들이여, 비구들이 화합하여 모이고, 화합하여 해산하고, 화합하여 승가의 업무를 보는 한, 비구들은 퇴보하는 일은 없고 오직 향상이 기대된다.

비구들이여, 비구들이 공인하지 않은 것은 인정하지 않고, 공인한 것은 깨뜨리지 않으며, 공인되어 온 학습계목들을 준수하고 있는 한, 비구들은 퇴보하는 일은 없고 오직 향상이 기대된다.

---

320) 본경은 『디가 니까야』 제2권 「대반열반경」(D16) §1.6과 일치한다.
 한편 본경과 다음의 두 경의 경제목들은 6차결집본에 칠개조1/2/3 (Sattaka-sutta)으로 나타나고 있다.

321) '일곱 가지 퇴보하지 않는 법'으로 옮긴 원어도 satta aparihāniyā dhammā다. 여기서는 비구들에게 적용되는 용어이기 때문에 '쇠퇴-번영' 대신에 '퇴보-번영'이라는 단어로 옮겼다. 왓지족의 번영하는 일곱 가지 조목을 비구 승가에 바꾸어서 적용하고 계신다. 다시 말하면 비구들이 ① 민주적 절차 중시 ② 화합 ③ 계목준수 ④ 위계질서 ⑤ 욕망에 흔들리지 않음 ⑥ 한거 존중 ⑦ 도반 존중을 실천할 때 비구승단은 향상한다는 말씀이시다.

비구들이여, 비구들이 승가의 아버지고, 승가의 지도자인 구참(久參)이고, 출가한 지 오래된 장로 비구들을 존경하고 존중하고 숭상하고 예배하며, 그들의 말을 경청해야 한다고 여기는 한, 비구들은 퇴보하는 일은 없고 오직 향상이 기대된다.

비구들이여, 비구들이 다시 태어남을 가져오는 갈애가 생겼더라도 그것의 지배를 받지 않는 한, 비구들은 퇴보하는 일은 없고 오직 향상이 기대된다.

비구들이여, 비구들이 숲 속의 거처에 대해서 큰 관심을 가지고 있는 한, 비구들은 퇴보하는 일은 없고 오직 향상이 기대된다.

비구들이여, 비구들이 개인적으로 각각 마음챙김을 확립해서 아직 오지 않은 좋은 동료 수행자들은 오게 하고, 이미 온 좋은 동료 수행자들은 편안하게 머물도록 하는 한, 비구들은 퇴보하는 일은 없고 오직 향상이 기대된다.

비구들이여, 이러한 일곱 가지 퇴보하지 않는 법이 비구들에게 정착되고, 이러한 일곱 가지 퇴보하지 않는 법을 비구들이 준수한다면, 비구들은 퇴보하는 일은 없고 오직 향상이 기대된다."

일 경(A7:22)[322]
Kamma-sutta

1. "비구들이여, 일곱 가지 퇴보하지 않는 법을 설하리라. 그것을 듣고 마음에 잘 새겨라. 이제 설하리라."

"그렇게 하겠습니다, 세존이시여."라고 비구들은 세존께 응답했다.

---

[322] 본경은 『디가 니까야』 제2권 「대반열반경」(D16) §1.7과 일치한다.

세존께서는 이렇게 말씀하셨다.

2. "비구들이여, 비구들이 [잡다한] 일323)하기를 좋아하지 않고 [잡다한] 일하기를 즐기지 않고 [잡다한] 일을 하는 즐거움에 몰두하지 않는 한, 퇴보하는 일은 없고 오직 향상이 기대된다.

비구들이여, 비구들이 말하기를 좋아하지 않고 말하기를 즐기지 않고 말하는 즐거움에 몰입하지 않는 한, 비구들은 퇴보하는 일은 없고 오직 향상이 기대된다.

비구들이여, 비구들이 잠자기를 좋아하지 않고 잠자기를 즐기지 않고 잠자는 즐거움에 몰입하지 않는 한, 비구들은 퇴보하는 일은 없고 오직 향상이 기대된다.

비구들이여, 비구들이 무리지어 살기를 좋아하지 않고 무리지어 살기를 즐기지 않고 무리지어 사는 즐거움에 몰입하지 않는 한, 비구들은 퇴보하는 일은 없고 오직 향상이 기대된다.

비구들이여, 비구들이 삿된 원(願)들을 갖지 않고 삿된 원들의 지배를 받지 않는 한, 비구들은 퇴보하는 일은 없고 오직 향상이 기대된다.

비구들이여, 비구들이 삿된 친구가 되지 않고 삿된 동료가 되지 않고 삿된 벗이 되지 않는 한, 비구들은 퇴보하는 일은 없고 오직 향상이 기대된다.

비구들이여, 비구들이 낮은 경지의 특별한 증득을 얻었다 하여 도중에324) 포기해 버리지 않는 한, 비구들은 퇴보하는 일은 없고 오직

---

323) '잡다한 일'은 kamma를 옮긴 것인데 본서 제3권 「유학 경」 1(A5:89) §2의 주해를 참조할 것.

향상이 기대된다.

비구들이여, 이러한 일곱 가지 퇴보하지 않는 법이 비구들에게 정착되고, 이러한 일곱 가지 퇴보하지 않는 법을 비구들이 준수한다면, 비구들은 퇴보하는 일은 없고 오직 향상이 기대된다."

믿음 경(A7:23)³²⁵⁾
Saddhiya-sutta

1. "비구들이여, 일곱 가지 퇴보하지 않는 법을 설하리라. 그것을 듣고 마음에 잘 새겨라. 이제 설하리라."

"그렇게 하겠습니다, 세존이시여."라고 비구들은 세존께 응답했다. 세존께서는 이렇게 말씀하셨다.

2. "비구들이여, 비구들이 믿음이 있는 한 … 양심이 있는 한 … 수치심이 있는 한 … 많이 배우는 한 … 열심히 정진하는 한 … 마음챙김을 가지고 있는 한 … 통찰지를 가지는 한, 비구들은 퇴보하는 일은 없고 오직 향상이 기대된다.³²⁶⁾

비구들이여, 이러한 일곱 가지 퇴보하지 않는 법이 비구들에게 정착이 되고, 이러한 일곱 가지 퇴보하지 않는 법을 비구들이 준수한다면, 비구들은 퇴보하는 일은 없고 오직 향상이 기대된다."

---

324) "'도중에(antara) 포기하다.'란 아라한과(arahatta)를 아직 얻지 않은 도중에 '이제 그만 되었다.'라고 하면서 물러나버리는 것을 뜻한다."(AA. iv.23)

325) 본경은 『디가 니까야』 제2권 「대반열반경」(D16) §1.8과 일치한다.

326) 이 일곱 가지는 『디가 니까야』 제3권 「합송경」(D33) §2.3에서 일곱 가지 성스러운 재산(dhana)으로 나타난다.

깨달음 경(A7:24)[327]
Bodhi-sutta

1. "비구들이여, 일곱 가지 퇴보하지 않는 법을 설하리라. 그것을 듣고 마음에 잘 새겨라. 이제 설하리라."
"그렇게 하겠습니다, 세존이시여."라고 비구들은 세존께 응답했다. 세존께서는 이렇게 말씀하셨다.

2. "비구들이여, 비구들이 마음챙김의 깨달음의 구성요소를 닦는 한 … 법을 간택하는 깨달음의 구성요소를 닦는 한 … 정진의 깨달음의 구성요소를 닦는 한 … 희열의 깨달음의 구성요소를 닦는 한 … 편안함의 깨달음의 구성요소를 닦는 한 … 삼매의 깨달음의 구성요소를 닦는 한 … 평온의 깨달음의 구성요소를 닦는 한, 비구들은 퇴보하는 일은 없고 오직 향상이 기대된다.
비구들이여, 이러한 일곱 가지 퇴보하지 않는 법이 비구들에게 정착되고, 이러한 일곱 가지 퇴보하지 않는 법을 비구들이 준수한다면, 비구들은 퇴보하는 일은 없고 오직 향상이 기대된다."

인식 경(A7:25)
Saññā-sutta

1. "비구들이여, 일곱 가지 퇴보하지 않는 법을 설하리라. 그것을 듣고 마음에 잘 새겨라. 이제 설하리라."

---

327) 본경은 『디가 니까야』 제2권 「대반열반경」(D16) §1.9와 일치한다.
그리고 6차결집본의 경제목은 '깨달음의 구성요소'(Bojjhaṅga-sutta)이다.

"그렇게 하겠습니다, 세존이시여."라고 비구들은 세존께 응답했다. 세존께서는 이렇게 말씀하셨다.

2. "비구들이여, 비구들이 무상의 인식328)을 닦는 한 … 무아의 인식을 닦는 한 … 부정(不淨)의 인식을 닦는 한 … 위험의 인식을 닦는 한 … 버림의 인식을 닦는 한 … 탐욕이 빛바램의 인식을 닦는 한 … 소멸의 인식을 닦는 한, 비구들은 퇴보하는 일은 없고 오직 향상이 기대된다.

비구들이여, 이러한 일곱 가지 퇴보하지 않는 법이 비구들에게 정착되고, 이러한 일곱 가지 퇴보하지 않는 법을 비구들이 준수한다면, 비구들은 퇴보하는 일은 없고 오직 향상이 기대된다."

유학 경(A7:26)329)
Sekha-sutta

1. "비구들이여, 일곱 가지 법은 유학인 비구를 쇠퇴하게 한다. 어떤 것이 일곱인가?"

2. "[잡다한] 일하기를 좋아하는 것, 말하기를 좋아하는 것, 잠자기를 좋아하는 것, 무리 짓기를 좋아하는 것, 감각기능들의 문을

---

328) '무상(無常)의 인식(anicca-saññā)'은 문맥에 따라서 '무상을 [관찰하는 지혜에서 생긴] 인식'이나 '[오온에 대해] 무상이라고 [관찰하는 지혜에서 생긴] 인식' 등으로 풀어서 옮기기도 하였다. 여기에 대한 설명은 본서 제3권 「인식 경」1(A5:61) §2의 주해와 본서 「영지(靈知)의 일부 경」(A6:35) §1의 주해를 참조할 것.

329) 본경과 다음 경에 대한 6차결집본의 경제목은 '쇠퇴1/2'(Parihāni-sutta)이다.

보호하지 않는 것, 음식에 적당한 양을 알지 못하는 것,330) 승가의 업무에 대해 유학인 비구가 '승가에는 구참(久參)이고 출가한지 오래되었고 [승가의] 업무를 관장하는331) 장로들이 있다. 이것은 그분들이 결정할 것이다.'라고 숙고하지 않고 자신이 나서서 그 업무를 보는 것332)이다. 비구들이여, 이러한 일곱 가지 법은 유학인 비구를 쇠퇴하게 한다."

3. "비구들이여, 일곱 가지 법은 유학인 비구를 쇠퇴하지 않게 한다. 어떤 것이 일곱인가?"

4. "[잡다한] 일하기를 좋아하지 않는 것, 말하기를 좋아하지 않는 것, 잠자기를 좋아하지 않는 것, 무리 짓기를 좋아하지 않는 것, 감각기능들의 문을 보호하는 것, 음식에 적당한 양을 아는 것, 승가의 업무에 대해 유학인 비구가 '승가에는 구참(久參)이고 출가한지 오래되었고 [승가의] 업무를 관장하는 장로들이 있다. 이것은 그분들이 결정할 것이다.'라고 숙고하여 자신이 나서서 그 업무를 보지 않는 것이다. 비구들이여, 이러한 일곱 가지 법은 유학인 비구를 쇠퇴하지 않게 한다."

---

330) 이상 여섯은 본서 「유학 경」(A6:31)과 같다.

331) "'[승가의] 업무를 관장하는 자(bhāra-vāhi)'란 승가의 일을 결정하는 책임을 지고 있는 자를 말한다."(AA.iv.23)

332) '자신이 나서서 그 업무를 보는 것'은 PTS본에는 attanā vo yogaṁ āpajjati로 나타나고 6차결집본에는 attanā tesu yogaṁ āpajjati로 나타난다. 역자는 후자를 따랐다. 주석서에는 이 yoga를 실행(payoga)과 업무(kicca)로 설명하고 있어서 업무로 옮겼다.(AA.iv.24)

쇠퇴 경(A7:27)
Hāni-sutta

1. "비구들이여, 일곱 가지 법은 재가 신도를 쇠퇴하게 한다. 무엇이 일곱인가?"

2. "비구를 친견하러 가지 않는다. 정법 배우기를 기뻐하지 않는다. 높은 계를 공부짓지 않는다. 장로 비구들과 중진 비구들과 신참 비구들에 대한 불신이 크다. 결점을 찾고 비난하는 마음으로 법을 듣는다. 외도들 가운데 보시받을 만한 사람을 찾는다. 그리고 거기에 먼저 [보시 등을] 한다. 비구들이여, 이러한 일곱 가지 법은 재가 신도를 쇠퇴하게 한다."

3. "비구들이여, 일곱 가지 법은 재가 신도를 쇠퇴하지 않게 한다. 무엇이 일곱인가?"

4. "비구를 친견하러 간다. 정법 배우기를 기뻐한다. 높은 계를 공부짓는다. 장로 비구들과 중진 비구들과 신참 비구들에 대한 청정한 믿음이 크다. 결점을 찾지 않고 비난하지 않는 마음으로 법을 듣는다. 외도들 가운데 보시받을 만한 사람을 찾지 않는다. 그리고 여기 [비구 승가에] 먼저 [보시 등을] 한다. 비구들이여, 이러한 일곱 가지 법은 재가 신도를 쇠퇴하지 않게 한다."

5. "재가 신도가 자신을 잘 닦은 자들을 친견하지 않고
성스러운 법을 듣지 않고 높은 계를 공부짓지 않으며
비구들에 대한 불신이 점점 증가하고
비난하는 마음을 가지고 정법을 배우려 들고

외도들 가운데 보시받을 만한 사람을 찾고
거기에 먼저 [보시 등을] 하는 것 ―
이러한 일곱 가지 쇠퇴하는 법이 잘 설해졌나니
재가 신도가 이를 행하면 정법으로부터 쇠퇴하게 된다.

재가 신도가 자신을 잘 닦은 자들을 친견하고
성스러운 법을 듣고 높은 계를 공부지으며
비구들에 대한 청정한 믿음이 점점 증가하고
비난하지 않는 마음을 가지고 정법을 배우고자 하고
외도들 가운데 보시받을 만한 사람을 찾지 않고
여기 [비구 승가]에 먼저 [보시 등을] 하는 것 ―
이러한 일곱 가지 쇠퇴하지 않는 법이 잘 설해졌나니
재가 신도가 이를 행하면 정법에서 쇠퇴하지 않게 된다."

패망 경(A7:28)[333)
Vipatti-sutta

1. "비구들이여, 일곱 가지 법은 재가 신도를 패망하게 한다. 무엇이 일곱인가?"

---

333) PTS본은 본경부터 다음 30번 경까지를 세 개의 경으로 번호를 매겼다. 그러나 Hare의 지적처럼(Hare, 16 Note 2) 이 세 경들은 두 개의 경으로 나 네 개의 경으로 편집되어야 마땅하다. 6차결집본에는 「패망 경」 (Vipatti-sutta)과 「파멸 경」(Parābhava-sutta)의 두 개의 경으로 잘 편집되어 있다. 역자는 저본인 PTS본의 경번호를 맞추기 위해 패망 (vipatti)과 번창(sampatti)을 두 개의 경으로 분리해서 전체를 세 개의 경으로 간주하고 번역하였다.

2. "비구를 친견하러 가지 않는다. 정법 배우기를 기뻐하지 않는다. 높은 계를 공부짓지 않는다. 장로 비구들과 중진 비구들과 신참 비구들에 대한 청정한 믿음이 없다. 결점을 찾고 비난하는 마음으로 법을 듣는다. 외도들 가운데 보시받을 만한 사람을 찾는다. 그리고 거기에 먼저 [보시 등을] 한다. 비구들이여, 이러한 일곱 가지 법은 재가 신도를 패망하게 한다."

번창 경(A7:29)
Sampatti-sutta

1. "비구들이여, 일곱 가지 법은 재가 신도를 번창하게 한다. 무엇이 일곱인가?"

2. "비구를 친견하러 간다. 정법 배우기를 기뻐한다. 높은 계를 공부짓는다. 장로 비구들과 중진 비구들과 신참 비구들에 대한 청정한 믿음이 크다. 결점을 찾지 않고 비난하지 않는 마음으로 법을 듣는다. 외도들 가운데 보시받을 만한 사람을 찾지 않는다. 그리고 여기 [비구 승가]에 먼저 [보시 등을] 한다. 비구들이여, 이러한 일곱 가지 법은 재가 신도를 번창하게 한다."

파멸 경(A7:30)
Parābhavā-sutta

1. "비구들이여, 일곱 가지 법은 재가 신도를 파멸하게 한다. 무엇이 일곱인가?"

비구를 친견하러 가지 않는다. 정법 배우기를 기뻐하지 않는다. 높은 계를 공부짓지 않는다. 장로 비구들과 중진 비구들과 신참 비구들에게 청정한 믿음이 없다. 결점을 찾고 비난하는 마음으로 법을 듣는다. 외도들 가운데 보시받을 만한 사람을 찾는다. 그리고 거기에 먼저 [보시 등을] 한다. 비구들이여, 이러한 일곱 가지 법은 재가 신도를 파멸하게 한다."

2. "비구들이여, 일곱 가지 법은 재가 신도를 번영하게 한다. 무엇이 일곱인가?"

비구를 친견하러 간다. 정법 배우기를 기뻐한다. 높은 계를 공부짓는다. 장로 비구들과 중진 비구들과 신참 비구들에게 청정한 믿음이 크다. 결점을 찾지 않고 비난하지 않는 마음으로 법을 듣는다. 외도들 가운데 보시받을 만한 사람을 찾지 않는다. 그리고 여기 [비구 승가]에 먼저 [보시 등을] 한다. 비구들이여, 이러한 일곱 가지 법은 재가 신도를 번영하게 한다."

3. "재가 신도가 자신을 잘 닦은 자들을 친견하지 않고
성스러운 법을 듣지 않고 높은 계를 공부짓지 않으며
비구들에 대한 불신이 점점 증가하고
비난하는 마음을 가지고 정법을 배우려 들고
외도들 가운데 보시받을 만한 사람을 찾고
거기에 먼저 [보시 등을] 하는 것 —
이러한 일곱 가지 쇠퇴하는 법이 잘 설해졌나니
재가 신도가 이를 행하면 정법으로부터 쇠퇴하게 된다.

재가 신도가 자신을 잘 닦은 자들을 친견하고
성스러운 법을 듣고 높은 계를 공부지으며
비구들에 대한 청정한 믿음이 점점 증가하고
비난하지 않는 마음을 가지고 정법을 배우고자 하고
외도들 가운데 보시받을 만한 사람을 찾지 않고
여기 [비구 승가]에 먼저 [보시 등을] 하는 것 —
이러한 일곱 가지 쇠퇴하지 않는 법이 잘 설해졌나니
재가 신도가 이를 행하면 정법에서 쇠퇴하지 않게 된다."

제3장 왓지 품이 끝났다.

세 번째 품에 포함된 경들의 목록은 다음과 같다.

① 사란다다 ② 왓사까라 ③ 비구
④ 일 ⑤ 믿음 ⑥ 깨달음
⑦ 인식 ⑧ 유학 ⑨ 쇠퇴
⑩ 패망 ⑪ 번창 ⑫ 파멸이다.

제4장 천신 품
Devatā-vagga

불방일 경(A7:31)[334]
Appamāda-sutta

1. 그때 어떤 천신(天神)이 밤이 아주 깊었을 때 아주 멋진 모습을 하고 온 제따 숲을 환하게 밝히면서 세존께 다가갔다. 다가가서는 세존께 절을 올린 뒤 한 곁에 섰다. 한 곁에 서서 천신은 세존께 이와 같이 말씀드렸다.

"세존이시여, 일곱 가지 법이 있으면 비구가 쇠퇴하지 않게 됩니다. 어떤 것이 일곱인가요? 스승을 존중함, 법을 존중함, 승가를 존중함, 공부지음을 존중함, 삼매를 존중함, 불방일(不放逸)을 존중함, 친절한 환영을 존중함입니다. 세존이시여, 이러한 일곱 가지 법이 있으면 비구가 쇠퇴하지 않게 됩니다."

천신은 이렇게 말하였고 스승께서는 그것에 동의를 하셨다. 그때 천신은 '스승께서 나의 [말]에 동의를 하셨구나.'라고 생각하면서 세존께 절을 올리고 오른쪽으로 [세 번] 돌아 [경의를 표한] 뒤에 거기서 사라졌다.

2. 세존께서는 그 밤이 지나자 비구들을 불러서 말씀하셨다.
"비구들이여, 간밤에 어떤 천신이 밤이 아주 깊었을 때 아주 멋진

---

334) 6차결집본의 경제목은 '불방일을 존중함'(Appamādagārava-sutta)이다. 본경은 본서 「쇠퇴하지 않음 경」 1(A6:32)과 비슷한 내용을 담고 있다.

모습을 하고 온 제따 숲을 환하게 밝히면서 나에게 다가왔다. 다가와서는 나에게 절을 올린 뒤 한 곁에 섰다. 한 곁에 서서 천신은 나에게 이와 같이 말하였다. '세존이시여, 일곱 가지 법이 있으면 비구가 쇠퇴하지 않게 됩니다. 어떤 것이 일곱인가요? 스승을 존중함, 법을 존중함, 승가를 존중함, 공부지음을 존중함, 삼매를 존중함, 불방일을 존중함, 친절한 환영을 존중함입니다. 세존이시여, 이러한 일곱 가지 법이 있으면 비구가 쇠퇴하지 않게 됩니다.' 비구들이여, 천신은 이렇게 말하였고 나는 그것에 동의를 하였다. 그때 천신은 '스승께서 나의 [말]에 동의를 하셨구나.'라고 생각하면서 나에게 절을 올리고 오른쪽으로 [세 번] 돌아 [경의를 표한] 뒤에 거기서 사라졌다."

3. "스승을 존중하고 법을 존중하고 승가를 아주 존경하며
   삼매를 존중하고 근면하고 공부지음을 아주 존경하며
   불방일을 존중하고 친절한 환영을 존중하는 비구는
   망가질 수가 없으며 열반의 곁에 있노라."

양심 경(A7:32)[335]
Hirimā-sutta

1. "비구들이여, 간밤에 어떤 천신이 밤이 아주 깊었을 때 아주 멋진 모습을 하고 온 제따 숲을 환하게 밝히면서 나에게 다가왔다. 다가와서는 나에게 절을 올린 뒤 한 곁에 섰다. 한 곁에 서서 천신은 나에게 이와 같이 말하였다. '세존이시여, 일곱 가지 법이 있으면 비

---

335) 6차결집본의 경제목은 '양심을 존중함'(Hirigārava-sutta)이다.
본경은 본서 「쇠퇴하지 않음 경」 2(A6:33)과 비슷한 내용을 담고 있다.

구가 쇠퇴하지 않게 됩니다. 어떤 것이 일곱인가요? 스승을 존중함, 법을 존중함, 승가를 존중함, 공부지음을 존중함, 삼매를 존중함, 양심을 존중함, 수치심을 존중함입니다. 세존이시여, 이러한 일곱 가지 법이 있으면 비구가 쇠퇴하지 않게 됩니다.' 비구들이여, 천신은 이렇게 말하였고 나는 그것에 동의를 하였다. 그때 천신은 '스승께서 나의 [말]에 동의를 하셨구나.'라고 생각하면서 나에게 절을 올리고 오른쪽으로 [세 번] 돌아 [경의를 표한] 뒤 거기서 사라졌다."

2. "스승을 존중하고 법을 존중하고 승가를 아주 존경하며
삼매를 존중하고 근면하고 공부지음을 아주 존경하며
양심과 수치심을 가지고 존경하고 존중하는 [비구는]
망가질 수가 없으며 열반의 곁에 있노라."

훈계를 잘 받아들임 경1(A7:33)
Sovacassatā-sutta

1. "비구들이여, 간밤에 어떤 천신이 밤이 아주 깊었을 때 아주 멋진 모습을 하고 온 제따 숲을 환하게 밝히면서 나에게 다가왔다. 다가와서는 나에게 절을 올린 뒤 한 곁에 섰다. 한 곁에 서서 천신은 나에게 이와 같이 말하였다.

'세존이시여, 일곱 가지 법이 있으면 비구가 쇠퇴하지 않게 됩니다. 어떤 것이 일곱인가요? 스승을 존중함, 법을 존중함, 승가를 존중함, 공부지음을 존중함, 삼매를 존중함, 훈계를 잘 받아들임, 선우(善友)를 사귐입니다. 세존이시여, 이러한 일곱 가지 법이 있으면 비구가 쇠퇴하지 않게 됩니다.'

비구들이여, 천신은 이렇게 말하였고 나는 그것에 동의를 하였다. 그때 천신은 '스승께서 나의 [말]에 동의를 하셨구나.'라고 생각하면서 나에게 절을 올리고 오른쪽으로 [세 번] 돌아 [경의를 표한] 뒤 거기서 사라졌다."

2. "스승을 존중하고 법을 존중하고 승가를 아주 존경하며
삼매를 존중하고 근면하고 공부지음을 아주 존경하며
좋은 친구를 가지고 훈계를 잘 받아들이며
존경하고 존중하는 [비구는]
망가질 수가 없으며 열반의 곁에 있노라."

훈계를 잘 받아들임 경2(A7:34)[336]

1. "비구들이여, 간밤에 어떤 천신이 밤이 아주 깊었을 때 아주 멋진 모습을 하고 온 제따 숲을 환하게 밝히면서 나에게 다가왔다. 다가와서는 나에게 절을 올린 뒤 한 곁에 섰다. 한 곁에 서서 천신은 나에게 이와 같이 말하였다.

'세존이시여, 일곱 가지 법이 있으면 비구가 쇠퇴하지 않게 됩니다. 어떤 것이 일곱인가요? 스승을 존중함, 법을 존중함, 승가를 존중함, 공부지음을 존중함, 삼매를 존중함, 훈계를 잘 받아들임, 선우(善友)를 사귐입니다. 세존이시여, 이러한 일곱 가지 법이 있으면 비구가 쇠퇴하지 않게 됩니다.'

비구들이여, 천신은 이렇게 말하였고 나는 그것에 동의를 하였다.

---

336) 본경에서 삼매를 존중함을 제외한 나머지 부분은 본서 「천신 경」(A6:69)과 같다.

그때 천신은 '스승께서 나의 [말]에 동의를 하셨구나.'라고 생각하면서 나에게 절을 올리고 오른쪽으로 [세 번] 돌아 [경의를 표한] 뒤에 거기서 사라졌다."

2. 이렇게 말씀하시자 사리뿟따 존자가 세존께 이렇게 말씀드렸다.

3. "세존이시여, 세존께서 간략하게 설하신 것의 뜻을 저는 이와 같이 자세하게 압니다. 세존이시여, 여기 비구는 자신이 스승을 존중하고 스승을 존중하는 것을 칭송합니다. 그리고 스승을 존중하지 않는 다른 비구들도 스승을 존중하도록 격려하고, 스승을 존중하는 비구들에 대해서 진실하고 바르게 칭송하는 말을 적당한 때에 합니다. 그는 자신이 법을 존중하고 … 자신이 승가를 존중하고 … 자신이 공부지음을 존중하고 … 자신이 삼매를 존중하고 … 자신이 훈계를 잘 받아들이고 … 자신이 선우를 사귀고 선우를 사귀는 것을 칭송합니다. 그리고 선우를 사귀지 않는 다른 비구들도 선우를 사귀도록 격려하고, 선우를 사귀는 비구들에 대해서 진실하고 바르게 칭송하는 말을 적당한 때에 합니다.

세존이시여, 세존께서 간략하게 설하신 것의 뜻을 저는 이와 같이 자세하게 압니다."

4. "장하고 장하구나, 사리뿟따여. 사리뿟따여, 내가 간략하게 설해 준 뜻을 그대는 이와 같이 자세하게 아는구나. 사리뿟따여, 여기 비구는 자신이 스승을 존중하고 스승을 존중하는 것을 칭송한다. 그리고 스승을 존중하지 않는 다른 비구들도 스승을 존중하도록 격려하고, 스승을 존중하는 비구들에 대해서 진실하고 바르게 칭송하

는 말을 적당한 때에 한다. 그는 자신이 법을 존중하고 … 자신이 승가를 존중하고 … 자신이 공부지음을 존중하고 … 자신이 삼매를 존중하고 … 자신이 훈계를 잘 받아들이고 … 자신이 선우를 사귀고 선우를 사귀는 것을 칭송한다. 그리고 선우를 사귀지 않는 다른 비구들도 선우를 사귀도록 격려하고, 선우를 사귀는 비구들에 대해서 진실하고 바르게 칭송하는 말을 적당한 때에 한다.

사리뿟따여, 내가 간략하게 설한 것의 뜻을 그대는 이와 같이 자세하게 알아야 한다."

친구 경1(A7:35)337)
Sakha-sutta

1. "비구들이여, 일곱 가지 요소를 구족한 비구를 친구로 사귀어야 한다. 무엇이 일곱인가?"

2. "비구들이여, 여기 비구는 주기 어려운 것을 주고, 하기 어려운 것을 하고, 견디기 어려운 것을 견디고, 자기의 비밀을 털어놓고, 그의 비밀을 지켜주고,338) 재난에 처했을 때 버리지 않고, 망했더라도 멸시하지 않는다. 비구들이여, 이러한 일곱 가지 요소를 구족한 친구를 사귀어야 한다."

---

337) 6차결집본의 경제목은 '친구'(Mitta-sutta)이다. PTS본은 친구를 뜻하는 동의어인 sakha를 제목으로 하였다. 그런데 본문에 나타나는 친구는 모두 mitta이므로 6차결집본의 제목이 더 타당해 보인다. 그러나 DPPN도 sakha를 본경의 제목으로 채용하고 있어서 역자도 이를 택했다.

338) "자신의 비밀(guyha)은 그에게 털어놓고, 그의 비밀은 남들에게 떠벌리지 않는다."(AA.iv.24)

3. "친구는 주기 어려운 것을 주고
하기 어려운 것을 하고
견디기 어려운 나쁜 말을 견뎌낸다.
자신의 비밀을 털어놓고
그의 비밀은 지켜주고
재난에 처했을 때 버리지 않고
망했더라도 멸시하지 않는다.
이런 성품을 지닌 사람, 그가 바로 친구이니
친구를 바라는 사람은 이러한 자를 사귀어야 한다."

친구 경2(A7:36)

1. "비구들이여, 일곱 가지 법을 갖춘 비구를 친구로 시중들고 경모하고 섬겨야 한다. 비록 그가 쫓아낸다 하더라도339) 말이다. 무엇이 일곱인가?"

2. "사랑하고, 마음에 들고, 중후하고, 수행이 되었고, 말에 능숙하고, 말을 견디고, 심오한340) 말을 하고 잘못되게 인도하지 않는다.341) 비구들이여, 이러한 일곱 가지 법을 갖춘 비구를 친구로 시중

---

339) '쫓아낸다 하더라도'는 api panujjamānena를 번역한 것이다. 주석서에서 "추방하고 쫓아낸다는(nikkaḍḍhiyamāna) 뜻이다."(AA.iv.169)라고 설명하고 있기 때문이다.

340) "'심오한 말(gambhīra)'이란 심오하고 깊은 禪과 위빳사나의 도와 과와 열반에 바탕을 둔 것을 말한다."(AA.iv.24)

341) "'잘못되게 인도하지 않는다(no ca aṭṭhāne niyojeti)'는 것은 법과 율

들고 경모하고 섬겨야 한다. 비록 그가 쫓아낸다 하더라도 말이다."

3. "사랑하고 중후하고 수행이 되었고
    말에 능숙하고 말을 견디고
    심오한 말을 하고 잘못되게 인도하지 않는
    이런 성품을 지닌 사람, 그가 바로 친구이니
    친구를 바라는 사람은
    이로움을 원하고 동정심을 가진 그를
    비록 파멸한다 할지라도 그런 자를 사귀어야 한다."

무애해 경(A7:37)
Paṭisambhidā-sutta

1. "비구들이여, 일곱 가지 법을 갖춘 비구는 오래지 않아 네 가지 무애해342)를 지금여기에서 스스로 최상의 지혜로 알고 실현하고 구족하여 머물게 될 것이다. 무엇이 일곱인가?"

2. "비구들이여, 여기 비구는 '이것은 나의 정신적인 태만이다.'라고 있는 그대로 꿰뚫어 안다. 안으로 마음이 위축되어 있으면 '나의 마음은 안으로 위축되어 있다.'라고 있는 그대로 꿰뚫어 안다. 밖

(dhamma-vinaya) 등이 아닌 것을 가지고 법과 율 등을 설하지 않고, 법과 율 등으로 [바르게] 설함으로써 잘못된 곳으로 인도하지 않는다는 뜻이다."(NetA.367)

342) 네 가지 무애해[四無碍解, catasso paṭisambhidā]에 대해서는 본서 제3권「무애해를 얻음 경」(A5:86)과 본서 제2권「논사 경」(A4:140) §1의 주해와 『청정도론』XIV.21 이하를 참조할 것.

으로 마음이 산란해져 있으면 '나의 마음은 밖으로 산란해져 있다.'라고 있는 그대로 꿰뚫어 안다.343) 그에게는 분명하게 지각하는 느낌들이 일어나고 머물고 꺼진다.344) 분명하게 지각하는 인식들이 일어나고 머물고 꺼진다. 분명하게 지각하는 생각들이 일어나고 머물고 꺼진다.345) 도움이 되거나 도움이 되지 않는 법들에 대해, 저열하거나 수승한 법들에 대해, 검거나 흰 부분을 가진 법들에 대해 표상346)을 잘 취하고 잘 마음에 잡도리하고 잘 간직하고 통찰지로 잘 꿰뚫는다. 비구들이여, 이러한 일곱 가지 법을 갖춘 비구는 오래지 않아 네 가지 무애해를 지금여기에서 스스로 최상의 지혜로 알고 실

---

343) "'안으로 위축되어 있다(ajjhattaṁ saṁkhittaṁ)'는 것은 해태와 혼침(thina-middha)에 빠져있다는 뜻이고, '밖으로 산란해져 있다(bahiddhā vikkhittaṁ)'는 것은 다섯 가닥의 감각적 욕망(kāma-guṇa)에 대해 흩어져 있다는 뜻이다."(AA.iv.25)

344) '분명하게 지각하는'으로 옮긴 원어는 vidita인데 주석서는 '분명하게 되어서'(pākaṭā hutvā)라고 설명하고 있어서 이렇게 옮겼다.(AA.iii.85) "그러면 어떻게 분명하게 지각하는 느낌들이 일어나고 머물고 꺼지는가? 여기 비구는 토대(vatthu, 알음알이가 일어나는 토대)를 철저하게 파악하고(pariggaṇhāti) 대상(ārammaṇa)을 철저하게 파악한다. 그가 이처럼 토대와 대상을 철저하게 파악하면 '이와 같이 일어나서 이와 같이 머물다가 이와 같이 멸한다.'라고 분명하게 지각하는 느낌들이 일어나고, 분명하게 지각하는 느낌들이 머물며, 분명하게 지각하는 느낌들이 꺼진다. 이것은 인식 등에도 그대로 적용된다."(*Ibid*)

345) "느낌 등은 사량분별하는 뿌리(papañca-mūla)로 취한 것이다. 왜냐하면 느낌(vedanā)은 갈애(taṇhā)의 뿌리니, 즐거운 [느낌]으로 인해서 갈애가 일어나기 때문이다. 인식(saññā)은 견해(diṭṭhi)의 뿌리니, 선명하지 않은(avibhūta) 대상에 대해서 견해가 일어나기 때문이다. 생각(vitakka)은 자만(māna)의 뿌리니, 생각을 통해 '내[我]다.(asmi)'라는 자만이 일어나기 때문이다."(AA.iv.25)

346) "여기서 표상(nimitta)은 이유(kāraṇa)를 뜻한다."(*Ibid*)

현하고 구족하여 머물게 될 것이다."

3. "비구들이여, 일곱 가지 법을 갖춘 사리뿟따는 네 가지 무애해를 지금여기에서 스스로 최상의 지혜로 알고 실현하고 구족하여 머문다. 무엇이 일곱인가?"347)

4. "비구들이여, 여기 사리뿟따는 '이것은 나의 정신적인 태만이다.'라고 있는 그대로 꿰뚫어 안다. 안으로 마음이 위축되어 있으면 '나의 마음은 안으로 위축되어 있다.'라고 있는 그대로 꿰뚫어 안다. 밖으로 마음이 산란해져 있으면 '나의 마음은 밖으로 산란해져 있다.'라고 있는 그대로 꿰뚫어 안다. 그에게는 분명하게 지각하는 느낌들이 일어나고 머물고 꺼진다. 분명하게 지각하는 인식들이 일어나고 머물고 꺼진다. 분명하게 지각하는 생각들이 일어나고 머물고 꺼진다. 도움이 되거나 도움이 되지 않는 법들에 대해, 저열하거나 수승한 법들에 대해, 검거나 흰 부분을 가진 법들에 대해 표상을 잘 취하고 잘 마음에 잡도리하고 잘 간직하고 통찰지로 잘 꿰뚫는다. 비구들이여, 이러한 일곱 가지 법을 갖춘 사리뿟따는 네 가지 무애해를 지금여기에서 스스로 최상의 지혜로 알고 실현하고 구족하여 머문다."

통제 경(A7:38)
Vasa-sutta

1. "비구들이여, 일곱 가지 법을 갖춘 비구는 마음을 통제한다.

---

347) 6차결집본에는 본경의 §§3~4가 별도의 경으로 편집되어 있고 PTS본의 품 목록에도 다른 경으로 나타나고 있다.(dve paṭisambhidā) 역자는 PTS본의 편집을 따라서 하나의 경으로 번역하였다.

비구가 마음의 통제를 받는 것이 아니다. 무엇이 일곱인가?"

2. "비구들이여, 여기 비구는 삼매에 능숙하고, 삼매의 증득에 능숙하고, 삼매에 머무는데 능숙하고, 삼매에서 출정하는데 능숙하고, 삼매의 즐거움에 능숙하고, 삼매의 영역에 능숙하고, 삼매로 [마음을] 기울이는 것에 능숙하다.348) 비구들이여, 이러한 일곱 가지 법을 갖춘 비구는 마음을 통제한다. 비구가 마음의 통제를 받는 것이 아니다."

3. "비구들이여, 일곱 가지 법을 갖춘 사리뿟따는 마음을 통제한다. 사리뿟따가 마음의 통제를 받는 것이 아니다. 무엇이 일곱인가?"349)

4. "비구들이여, 여기 사리뿟따는 삼매에 능숙하고, 삼매의 증득에 능숙하고, 삼매에 머무는데 능숙하고, 삼매에서 출정하는데 능숙하고, 삼매의 즐거움에 능숙하고, 삼매의 영역에 능숙하고, 삼매에서 [마음을] 기울이는 것에 능숙하다. 비구들이여, 이러한 일곱 가지 법을 갖춘 사리뿟따는 마음을 통제한다. 사리뿟따가 마음의 통제를 받는 것이 아니다."

---

348) 삼매에 능숙함을 제외한 나머지 여섯은 본서 「히말라야 경」(A6:24)과 같다. 용어의 설명은 「히말라야 경」(A6:24)의 주해들을 참조할 것.

349) 6차결집본에는 본경의 §§3~4도 별도의 경으로 편집되어 있고 PTS본의 품의 목록에도 다른 경으로 나타나 있다.(dve vasā) 역자는 PTS본의 편집을 따라서 하나의 경으로 번역하였다.

칭찬 받을 토대 경1(A7:39)
Niddasavatthu-sutta

1. 한때 세존께서는 사왓티에서 제따 숲의 급고독원에 머무셨다. 그때 사리뿟따 존자는 오전에 옷매무새를 가다듬고 발우와 가사를 수하고 걸식을 위해 사왓티로 들어갔다. 그때 사리뿟따 존자에게 이런 생각이 들었다. '지금 걸식을 위해 사왓티로 들어가는 것은 너무 이르다. 나는 지금 외도 유행승들의 원림으로 가는 것이 좋겠다.' 그러자 사리뿟따 존자는 외도 유행승들의 원림으로 갔다. 가서는 외도 유행승들과 함께 환담을 나누었다. 유쾌하고 기억할 만한 이야기로 서로 담소를 나누고 한 곁에 앉았다.

2. 그때 외도 유행승들은 함께 모여 앉아 이런 이야기를 하고 있었다.

"도반들이여, 누구든지 12년을 완벽하고 지극히 청정한 범행을 닦은 자350)는 칭찬 받을 만한351) 비구라고 부르기에 충분합니다."

그때 사리뿟따 존자는 외도 유행승들의 말을 인정하지도 못하고 공박하지도 못하였다. 인정하지도 공박하지도 못한 채 '나는 세존의 곁에 가서 이 말의 뜻을 [여쭈어서] 정확하게 알아보리라.'라고 [생각하며] 자리에서 일어나 나왔다.

---

350) 바라문교의 제의서(祭儀書, Brāhmaṇa)에 의하면 바라문들은 보통 8살에 스승을 정해서 그 문하에 들어가서 20살까지 12년 동안 자기 문파의 베다(본집, 제의서, 삼림서, 우빠니샤드)와 여러 가지 지식들을 배운다. 그래서 '바라문들은 12년간을 청정범행을 닦는다.'고 한다. 본문은 이러한 바라문교의 전통과 관계가 있다.

351) '칭찬받을(niddasa)'에 대해서는 본서 「칭찬 받을 토대 경」(A7:18)의 주해를 참조할 것.

3. 그때 사리뿟따 존자는 사왓티에서 걸식을 하여 공양을 마치고 걸식에서 돌아와 세존께 다가갔다. 가서는 세존께 절을 올리고 한 곁에 앉았다. 한 곁에 앉아서 사리뿟따 존자는 세존께 이렇게 말씀드렸다.

"세존이시여, 저는 오전에 옷매무새를 가다듬고 발우와 가사를 수하고 걸식을 위해 사왓티로 들어갔습니다. … 그때 외도 유행승들은 함께 모여 앉아 이런 이야기를 하고 있었습니다. '도반들이여, 누구든지 12년을 완벽하고 지극히 청정한 범행을 닦은 자는 칭찬 받을 만한 비구라고 부르기에 충분합니다.' 그때 저는 외도 유행승들의 말을 인정하지도 못하고 공박하지도 못하였습니다. 인정하지도 공박하지도 못한 채 '나는 세존의 곁에 가서 이 말의 뜻을 [여쭈어서] 정확하게 알아보리라.'라고 [생각하며] 자리에서 일어나 나왔습니다.

세존이시여, 그런데 이 법과 율에서도 오직 안거의 횟수만으로 칭찬 받을 만한 비구라고 인정할 수 있습니까?"

"사리뿟따여, 그렇지 않다. 이 법과 율에서는 오직 안거의 횟수만으로 칭찬 받을 만한 비구라고 인정할 수 없다. 사리뿟따여, 일곱 가지 칭찬 받을 토대가 있나니 이것은 내가 스스로 최상의 지혜로 알고 실현하여 드러낸 것이다. 무엇이 일곱인가?"

4. "사리뿟따여, 여기 비구는 삼학을 성취하는 것에 강한 의욕이 있고 미래에도 삼학을 성취하는 것에 열정이 사라지지 않는다. 법을 주시하는데 강한 의욕이 있고 미래에도 법을 주시하는데 열정이 사라지지 않는다. 욕구를 길들이는데 강한 의욕이 있고 미래에도 욕구를 길들이는데 열정이 사라지지 않는다. 홀로 앉음에 강한 의욕이

있고 미래에도 홀로 앉음에 열정이 사라지지 않는다. 열심히 정진하는데 강한 의욕이 있고 미래에도 열심히 정진하는데 열정이 사라지지 않는다. 마음챙김과 알아차림에 강한 의욕이 있고 미래에도 마음챙김과 알아차림에 열정이 사라지지 않는다. 바른 견해로 꿰뚫음에 강한 의욕이 있고 미래에도 바른 견해로 꿰뚫음에 열정이 사라지지 않는다. 사리뿟따여, 이러한 일곱 가지 칭찬 받을 토대가 있나니 이것은 내가 스스로 최상의 지혜로 알고 실현하여 드러낸 것이다."

5. "사리뿟따여, 이러한 일곱 가지 칭찬 받을 토대를 구족한 비구가 만일 12년을 완벽하고 지극히 청정한 범행을 닦았다면 그는 칭찬 받을 만한 비구라고 부르기에 충분하다. 만일 24년을 완벽하고 지극히 청정한 범행을 닦았다면 그는 칭찬 받을 만한 비구라고 부르기에 충분하다. 만일 36년을 완벽하고 지극히 청정한 범행을 닦았다면 그는 칭찬 받을 만한 비구라고 부르기에 충분하다. 만일 48년을 완벽하고 지극히 청정한 범행을 닦았다면 그는 칭찬 받을 만한 비구라고 부르기에 충분하다."

칭찬 받을 토대 경2(A7:40)

1. 한때 세존께서는 꼬삼비에서 고시따 원림에 머무셨다.352) 그때 아난다 존자는 오전에 옷매무새를 가다듬고 발우와 가사를 수하고 걸식을 위해 꼬삼비로 들어갔다. 그때 아난다 존자에게 이런 생각이 들었다. '지금 걸식을 위해 꼬삼비로 들어가는 것은 너무 이르다.

---

352) 꼬삼비(Kosambi)와 고시따 원림(Ghositārāma)에 대해서는 본서 제2권 「깜보자 경」(A4:80) §1의 주해를 참조할 것.

나는 지금 외도 유행승들의 원림으로 가는 것이 좋겠다.' 그러자 아난다 존자는 외도 유행승들의 원림으로 갔다. 가서는 외도 유행승들과 함께 환담을 나누었다. 유쾌하고 기억할 만한 이야기로 서로 담소를 나누고 한 곁에 앉았다.

2.   그때 외도 유행승들은 함께 모여 앉아 이런 이야기를 하고 있었다.

"도반들이여, 누구든지 12년을 완벽하고 지극히 청정한 범행을 닦은 자는 칭찬 받을 만한 비구라고 부르기에 충분합니다."

그때 아난다 존자는 외도 유행승들의 말을 인정하지도 못하고 공박하지도 못하였다. 인정하지도 공박하지도 못한 채 '나는 세존의 곁에 가서 이 말의 뜻을 [여쭈어서] 정확하게 알아보리라.'라고 [생각하며] 자리에서 일어나 나왔다.

3.   그때 아난다 존자는 꼬삼비에서 걸식을 하여 공양을 마치고 걸식에서 돌아와 세존께 다가갔다. 가서는 세존께 절을 올리고 한 곁에 앉았다. 한 곁에 앉아서 아난다 존자는 세존께 이렇게 말씀드렸다.

"세존이시여, 저는 오전에 옷매무새를 가다듬고 발우와 가사를 수하고 걸식을 위해 꼬삼비로 들어갔습니다. … 그때 외도 유행승들은 함께 모여 앉아 이런 이야기를 하고 있었습니다. '도반들이여, 누구든지 12년을 완벽하고 지극히 청정한 범행을 닦은 자는 칭찬 받을 만한 비구라고 부르기에 충분합니다.'라고. 그때 저는 외도 유행승들의 말을 인정하지도 못하고 공박하지도 못하였습니다. 인정하지도 공박하지도 못한 채 '나는 세존의 곁에 가서 이 말의 뜻을 [여쭈어서] 정확하게 알아보리라.'라고 [생각하며] 자리에서 일어나 나왔습니다.

세존이시여, 그런데 이 법과 율에서도 오직 안거의 횟수만으로 칭찬 받을 만한 비구라고 인정할 수 있습니까?"

"아난다여, 그렇지 않다. 이 법과 율에서는 오직 안거의 횟수만으로 칭찬 받을 만한 비구라고 인정할 수 없다. 아난다여, 일곱 가지 칭찬 받을 토대가 있나니 이것은 내가 스스로 최상의 지혜로 알고 실현하여 드러낸 것이다. 무엇이 일곱인가?"

4. "아난다여, 여기 비구는 믿음이 있고, 양심이 있고, 수치심이 있고, 많이 배웠고, 열심히 정진하고, 마음챙김을 가졌고, 통찰지를 가졌다. 아난다여, 이러한 일곱 가지 칭찬 받을 토대가 있나니 이것은 내가 스스로 최상의 지혜로 알고 실현하여 드러낸 것이다."

5. "아난다여, 이러한 일곱 가지 칭찬 받을 토대를 구족한 비구가 만일 12년을 완벽하고 지극히 청정한 범행을 닦았다면 그는 칭찬 받을 만한 비구라고 부르기에 충분하다. 만일 24년을 완벽하고 지극히 청정한 범행을 닦았다면 그는 칭찬 받을 만한 비구라고 부르기에 충분하다. 만일 36년을 완벽하고 지극히 청정한 범행을 닦았다면 그는 칭찬 받을 만한 비구라고 부르기에 충분하다. 만일 48년을 완벽하고 지극히 청정한 범행을 닦았다면 그는 칭찬 받을 만한 비구라고 부르기에 충분하다."

제4장 천신 품이 끝났다.

네 번째 품에 포함된 경들의 목록은 다음과 같다.

① 불방일 ② 양심, 두 가지 ③~④ 훈계를 잘 받아들임
두 가지 ⑤~⑥ 친구 ⑦ 무애해
⑧ 통제, 두 가지 ⑨~⑩ 칭찬받을 토대다.

제5장 큰 제사 품
Mahāyañña-vagga

거주처 경(A7:41)[353]
Thiti-sutta

1. "비구들이여, 일곱 가지 알음알이의 거주처[354]가 있다. 무엇이 일곱인가?"

2. "비구들이여, 각자 다른 몸을 가지고 각자 다른 인식을 가진 중생들이 있다. 예를 들면 인간들과 어떤 신들과 어떤 악처에 떨어진 자들이다.[355] 이것이 첫 번째 알음알이의 거주처이다."

---

353) 6차결집본의 경제목은 '일곱 가지 알음알이의 거주처'(Sattaviññāṇaṭṭhiti-sutta)이다.

354) 일곱 가지 알음알이의 거주처와 관계된 용어들에 대한 해설은 『디가 니까야』 제2권 「대인연경」(D15) §33의 주해들을 참조할 것. 이것은 「합송경」(D33) §2.3 (10)과 「십상경」(D34) §1.8 (3) 등에도 나타난다.

355) "'인간들(manussā)'에 대한 [설명은 이러하다.] 헤아릴 수 없는 우주(cakka-vāḷa)에서 한량없는 인간들의 피부색과 생김새 등은 단 두 사람도 동일하지 않다. 비록 쌍둥이 형제가 피부색과 생김새는 닮았다 하나 그들이 앞으로 쳐다보고 뒤로 돌아다보고 말하고 웃고 가고 서고 하는 것은 다르다. 그러므로 다른 몸을 가졌다 한다. 재생연결의 인식도 세 가지 원인을 가진 자가 있고, 두 가지 원인을 가진 자가 있고, 원인 없는 인식을 가진 자가 있다. 그러므로 다른 인식을 가졌다고 한다.
'어떤 신들(ekacce ca devā)'이란 여섯 가지 욕계 천상(cha kāmāvacara-devā)을 말한다. 그들 가운데 어떤 신은 푸르고, 어떤 신은 노란색 등을 가진다. 인식도 그들에게는 두 가지 원인을 가졌거나 세 가지 원인을 가진다. 원인 없는 인식은 없다.

3. "비구들이여, 각자 다른 몸을 가졌지만 모두 같은 인식을 가진 중생들이 있다. 예를 들면 [여기서] 초선(初禪)을 닦아서 태어난 범신천356)의 신들이다. 이것이 두 번째 알음알이의 거주처이다."

4. "비구들이여, 모두 같은 몸을 가졌지만 각자 다른 인식을 가진 중생들이 있다. 예를 들면 광음천의 신들이다. 이것이 세 번째 알음알이의 거주처이다."

5. "비구들이여, 모두 같은 몸을 가졌고 모두 같은 인식을 가진 중생들이 있다. 예를 들면 변정천의 신들이다. 이것이 네 번째 알음알이의 거주처이다."

6. "비구들이여, 물질[色]에 대한 인식을 완전히 초월하고 부딪

'어떤 악처에 떨어진 자들(ekacce ca vinipātikā)'이란 4가지 악처에서 벗어난(catu-apāya-vinimuttā) 야차니(yakkhini)인 웃따라의 어머니, 삐양까의 어머니, 풋사의 어머니, 담마굿따를 비롯한 다른 천상의 아귀들(vemānikā petā = 사대왕천에 거주함)이다. 이들은 노란색, 흰색, 검은색, 황금색, 검푸른색 등이고, 몸도 크거나 작거나 길어서 다르다. 인식도 인간과 마찬가지로 세 가지 원인을 가진 자가 있고, 두 가지 원인을 가진 자가 있고, 원인 없는 인식을 가진 자가 있다. 이들은 신들처럼 큰 위력을 가지지는 못하였으며, 가난한 인간들처럼 위력이 없고 겨우 몸을 가리는 천조차도 얻기 힘들고 괴로움에 압도되어 머문다. 어떤 자들은 상현에는 고통을 받고 하현에서 즐거움을 얻는다."(AA.iv.25~6)
욕계 천상과 아귀에 대해서는 각각 『아비담마 길라잡이』 5장 §5의 해설과 §4의 해설을 참조하고, 원인 없는 자, 두 가지 원인을 가진 자, 세 가지 원인을 가진 자에 대해서는 『아비담마 길라잡이』 4장 §§24~26과 해설, 그리고 5장 §29와 해설을 참조할 것.

356) 이하 본경에 나타나는 범신천(梵身天, Brahmakāyikā)과 광음천(Ābha-ssarā)과 변정천(Subhakiṇhā)에 대해서는 본서 제2권 「다른 점 경」 1(A4:123)의 주해들을 참조할 것.

힘의 인식을 소멸하고 갖가지 인식을 마음에 잡도리하지 않기 때문에 '무한한 허공'이라고 하면서 공무변처(空無邊處)에 도달한 중생들이 있다. 이것이 다섯 번째 알음알이의 거주처이다."

7. "비구들이여, 공무변처를 완전히 초월하여 '무한한 알음알이[識]'라고 하면서 식무변처(識無邊處)에 도달한 중생들이 있다. 이것이 여섯 번째 알음알이의 거주처이다."

8. "비구들이여, 일체 식무변처를 완전히 초월하여 '아무 것도 없다.'라고 하면서 무소유처(無所有處)에 도달한 중생들이 있다. 이것이 일곱 번째 알음알이의 거주처이다.

비구들이여, 이러한 일곱 가지 알음알이의 거주처가 있다."

필수품 경(A7:42)[357]
Parikkhāra-sutta

1. "비구들이여, 일곱 가지 삼매의 필수품이 있다. 무엇이 일곱 인가?"

2. "바른 견해[正見], 바른 사유[正思惟], 바른 말[正語], 바른 행위[正業], 바른 생계[正命], 바른 정진[正精進], 바른 마음챙김[正念]이다. 비구들이여, 마음의 일념[心一境性]이 이러한 일곱 가지 구성요소들로 치장될 때 이것을 일러 성스러운 바른 삼매가 기반을 가졌다고 하고 필수품을 가졌다고 한다."[358]

---

357) 6차결집본의 경제목은 '삼매의 필수품'(Samādhiparikkhāra-sutta)이다.
358) 같은 문단이 『디가 니까야』 제2권 「자나와사바 경」(D18) §27과 제3권

불[火] 경1(A7:43)
Aggi-sutta

1. "비구들이여, 일곱 가지 불이 있다. 무엇이 일곱인가?"

2. "탐욕의 불, 성냄의 불, 어리석음의 불, 헌공의 불, 가장(家長)의 불, 보시의 불, 장작불이다. 비구들이여, 이러한 일곱 가지 불이 있다."

불 경2(A7:44)

1. 한때 세존께서는 사왓티에서 제따 숲의 급고독원에 머무셨다. 그 무렵에 욱가따사리라 바라문359)이 큰 제사360)를 마련하고 있

「합송경」(D33) §2.3 (3)에 나타난다.

359) 욱가따사리라 바라문(Uggatasarīra brāhmaṇa)에 대한 자세한 설명은 주석서에 나타나지 않는다. 다만 그는 몸(attabhava)도 크고 재산(bhoga)도 많고 해서(uggato sārappatto) 이렇게 알려지게 되었다고 설명하고 있다.(AA.iv.29) 문자적으로 욱가따사리라는 거대한(uggata) 몸집(sarīra)을 가진 사람이라는 뜻이다.

360) '큰 제사'는 mahā-yañña를 직역한 것이다. 인도의 제사는 크게 공공 제사(śrauta-yajña)와 가정 제사(gṛhya-yajña)로 나누어지며 각각은 다시 일곱 가지씩의 기본 제사(saṁsthā)로 나누어진다. 제사는 공공 제사가 가정 제사보다 훨씬 중요하게 취급이 된다. 공공 제사는 소마(soma)즙을 헌공하는 소마 제사(soma-yajña)와 그 외 우유, 버터, 곡물 등을 헌공하는 하위르 제사(haviryajña)로 이루어져 있다. 이러한 제사는 동물 희생과 함께 거행되며 최소 8일간 거행한다. 큰 제사로는 사뜨라(satra) 등을 들 수 있는데 이론상으로는 몇백 년 동안 지속되는 제사도 가능하다. 더 자세한 설명은『디가 니까야』제1권「꾸따단따 경」(D5) §1의 주해들을 참조할 것.

었다. 제사를 위해 오백 마리의 황소가 제사 기둥361)으로 끌려나왔고, 제사를 위해 오백 마리의 수송아지가 제사 기둥으로 끌려나왔고, 제사를 위해 오백 마리의 암송아지가 제사 기둥으로 끌려나왔고, 제사를 위해 오백 마리의 염소가 제사 기둥으로 끌려나왔고, 제사를 위해 오백 마리의 숫양이 제사 기둥으로 끌려나왔다.

그때 욱가따사리라 바라문은 세존께 다가갔다. 가서는 세존과 함께 환담을 나누었다. 유쾌하고 기억할 만한 이야기로 서로 담소를 나누고 한 곁에 앉았다. 한 곁에 앉아서 욱가따사리라 바라문은 세존께 이렇게 말씀드렸다.

"고따마 존자시여, 저는 불을 안치하고 제사 기둥을 세우는 것은 많은 결실이 있고 많은 이익이 있다고 들었습니다."

"바라문이여, 나도 불을 안치하고 제사 기둥을 세우는 것은 많은 결실이 있고 많은 이익이 있다고 들었다."

두 번째로 … 세 번째로 욱가따사리라 바라문은 세존께 이렇게 말씀드렸다.

"고따마 존자시여, 저는 불을 안치하고 제사 기둥을 세우는 것은 많은 결실이 있고 많은 이익이 있다고 들었습니다."

"바라문이여, 나도 불을 안치하고 제사 기둥을 세우는 것은 많은

---

361) '제사 기둥'으로 옮긴 thūṇa는 산스끄리뜨 sthūṇā인데 √sthā(*to stand*)에서 파생된 명사이다. 제사에서 동물을 묶어서 희생을 올리는 기둥을 뜻한다. 모든 동물 희생은 제사 기둥에 묶어서 바친다. 제의서에는 제사 기둥을 마련하는 법이 자세히 기술되어 있다. 동물 한 마리당 각각 다른 기둥을 준비한다. 그러므로 100마리의 희생을 바치려면 100개의 제사 기둥이 필요하다. 그러므로 이러한 희생제는 물자를 훼손하고 초목을 살상하는 나쁜 행위로 불교나 자이나교도들의 비판을 많이 받았다.

결실이 있고 많은 이익이 있다고 들었다."

"고따마 존자시여, 이처럼 고따마 존자와 우리는 참으로 모든 것이 일치합니다."

2. 이렇게 말하자 아난다 존자가 욱가따사리라 바라문에게 이렇게 말하였다.

"바라문이여, 여래들께는 이렇게 여쭈면 안됩니다. '고따마 존자시여, 저는 불을 안치하고 제사기둥을 세우는 것은 많은 결실이 있고 많은 이익이 있다고 들었습니다.'라고. 바라문이여, 여래들께는 이렇게 여쭈어야 합니다. '세존이시여, 저는 불을 안치하고자 하고 제사기둥을 세우고자 합니다. 세존께서는 저를 교계하소서. 세존께서는 저를 훈도하소서. 그러면 그것은 제게 오랜 세월 이익이 되고 행복이 될 것입니다.'라고."

3. 그러자 욱가따사리라 바라문은 세존께 이렇게 말씀드렸다.

"고따마 존자시여, 저는 불을 안치하고자 하고 제사 기둥을 세우고자 합니다. 고따마 존자께서는 저를 교계하소서. 고따마 존자께서는 저를 훈도하소서. 그러면 그것은 제게 오랜 세월 이익이 되고 행복이 될 것입니다."

"바라문이여, 사람이 불을 안치하고 제사 기둥을 세워서 제사를 지내기도 전에 세 가지 칼을 세우나니 그것은 해롭고 괴로움을 초래하고 괴로움을 익게 한다. 무엇이 셋인가?"

4. "몸의 칼과 말의 칼과 마음의 칼이다. 바라문이여, 불을 안치하고 제사 기둥을 세워서 그는 제사를 지내기도 전에 이러한 마음을

일으킨다. '제사를 위해 이러한 황소들을 죽이리라. 제사를 위해 이러한 수송아지들을 죽이리라. 제사를 위해 이러한 암송아지들을 죽이리라. 제사를 위해 이러한 염소들을 죽이리라. 제사를 위해 이러한 숫양들을 죽이리라.'라고. 그는 '공덕을 지으리라.'라고 하면서 악덕을 짓고, '선을 행하리라.'라고 하면서 불선을 행하고, '좋은 곳[善處]으로 가는 길을 추구하리라.'라고 하면서 불행한 곳[惡處]으로 가는 길을 추구한다. 바라문이여, 그는 불을 안치하고 제사 기둥을 세워서 제사를 지내기도 전에 첫 번째로 이러한 마음의 칼을 세우나니 그것은 해롭고 괴로움을 초래하고 괴로움을 익게 한다."

5. "다시 바라문이여, 그는 불을 안치하고 제사 기둥을 세워서 제사를 지내기도 전에 이러한 말을 내뱉는다. '제사를 위해 이러한 황소들을 죽이리라. 제사를 위해 이러한 수송아지들을 죽이리라. 제사를 위해 이러한 암송아지들을 죽이리라. 제사를 위해 이러한 염소들을 죽이리라. 제사를 위해 이러한 숫양들을 죽이리라.'라고. 그는 '공덕을 지으리라.'라고 하면서 악덕을 짓고, '선을 행하리라.'라고 하면서 불선을 행하고, '좋은 곳으로 가는 길을 추구하리라.'라고 하면서 불행한 곳으로 가는 길을 추구한다. 바라문이여, 그는 불을 안치하고 제사기둥을 세워서 제사를 지내기도 전에 두 번째로 이러한 말의 칼을 세우나니 그것은 해롭고 괴로움을 초래하고 괴로움을 익게 한다."

6. "다시 바라문이여, 불을 안치하고 제사기둥을 세워서 그는 제사를 지내기도 전에 제사를 위해 황소들을 죽이기362) 시작한다.

---
362) PTS본에는 여기서도 haññantu(죽여라)로 나타나지만 6차결집본에는

제사를 위해 수송아지들을 죽이기 시작한다. 제사를 위해 암송아지들을 죽이기 시작한다. 제사를 위해 염소들을 죽이기 시작한다. 제사를 위해 숫양들을 죽이기 시작한다. 그는 '공덕을 지으리라.'라고 하면서 악덕을 짓고, '선을 행하리라.'라고 하면서 불선을 행하고, '좋은 곳으로 가는 길을 추구하리라.'라고 하면서 불행한 곳으로 가는 길을 추구한다. 바라문이여, 그는 불을 안치하고 제사기둥을 세워서 제사를 지내기도 전에 세 번째로 이러한 몸의 칼을 세우나니 그것은 해롭고 괴로움을 초래하고 괴로움을 익게 한다."

7. "바라문이여, 세 가지 불은 제거해야 하고 피해야 하고 받들어 행하지 말아야 한다. 무엇이 셋인가?"

8. "탐욕363)의 불과 성냄의 불과 어리석음의 불이다. 바라문이여, 그러면 왜 탐욕의 불은 제거해야 하고 피해야 하고 받들어 행하지 말아야 하는가?"

9. "바라문이여, 탐욕에 물들고 탐욕에 사로잡히고 그것에 얼이 빠진 자는 몸으로 나쁜 행위를 저지르고 말로 나쁜 행위를 저지르고 마음으로 나쁜 행위를 저지른다. 그는 몸으로 나쁜 행위를 저지르고 말로 나쁜 행위를 저지르고 마음으로 나쁜 행위를 저지른 뒤 죽어서 몸이 무너진 다음에는 처참한 곳, 불행한 곳, 파멸처, 지옥에 태어난

      hantuṁ(죽이기)으로 나타난다. PTS본과 6차결집본의 주석서에도 hantuṁ으로 나타나는데(AA.iv.30) 여기서는 hantuṁ이 문맥에 맞다.

363) 초기불전연구원에서는 일반적으로 lobha를 '탐욕'으로 rāga는 '욕망'(문맥에 따라서는 '애욕')으로 옮기고 있다. 여기서 '탐욕'으로 옮긴 술어는 rāga라서 '욕망'으로 옮겨야겠지만 우리에게 익숙한 탐욕·성냄·어리석음의 문맥에 나타나고 있어서 탐욕으로 옮겼음을 밝힌다.

다. 그러므로 탐욕의 불은 제거해야 하고 피해야 하고 받들어 행하지 말아야 한다."

10. "바라문이여, 그러면 왜 성냄의 불은 제거해야 하고 피해야 하고 받들어 행하지 말아야 하는가? 바라문이여, 성내고 성냄에 사로잡히고 그것에 얼이 빠진 자는 몸으로 나쁜 행위를 저지르고 말로 나쁜 행위를 저지르고 마음으로 나쁜 행위를 저지른다. 그는 몸으로 나쁜 행위를 저지르고 말로 나쁜 행위를 저지르고 마음으로 나쁜 행위를 저지른 뒤 죽어서 몸이 무너진 다음에는 처참한 곳, 불행한 곳, 파멸처, 지옥에 태어난다. 그러므로 성냄의 불은 제거해야 하고 피해야 하고 받들어 행하지 말아야 한다."

11. "바라문이여, 그러면 왜 어리석음의 불은 제거해야 하고 피해야 하고 받들어 행하지 말아야 하는가? 바라문이여, 어리석고 어리석음에 사로잡히고 그것에 얼이 빠진 자는 몸으로 나쁜 행위를 저지르고 말로 나쁜 행위를 저지르고 마음으로 나쁜 행위를 저지른다. 그는 몸으로 나쁜 행위를 저지르고 말로 나쁜 행위를 저지르고 마음으로 나쁜 행위를 저지른 뒤 죽어서 몸이 무너진 다음에는 처참한 곳, 불행한 곳, 파멸처, 지옥에 태어난다. 그러므로 어리석음의 불은 제거해야 하고 피해야 하고 받들어 행하지 말아야 한다.

바라문이여, 이러한 세 가지 불은 제거해야 하고 피해야 하고 받들어 행하지 말아야 한다."

12. "바라문이여, 세 가지 불[364]은 존경하고 존중하고 숭상하고

---

364) '불(agni)'은 인도의 제사에서 헌공하는 공물을 신들에게 옮겨주는 중요한

예배한 뒤 바르게 행복을 가져와야 한다. 무엇이 셋인가?"

13. "헌공의 불, 가장(家長)의 불, 보시의 불365)이다. 바라문이여, 그러면 무엇이 헌공하는 불인가?"

14. "바라문이여, 여기 그의 어머니와 아버지를 일러 헌공의 불이라 한다. 그것은 무슨 이유 때문인가? 바라문이여, 어머니와 아버지로부터 그가 왔고 생겨났기 때문이다. 그러므로 이 헌공의 불을 존

수단이다. 그래서 베다 제사에서는 반드시 아하와니야(āhavanīya), 가르하빠땨(gārhapatya), 닥시나(dakṣiṇa)의 세 가지 불을 피우는 제단을 만든다. 이러한 불을 피우지 않는 공공 제사란 있을 수 없다. 이 가운데 '아하와니야'는 제사 마당의 동쪽(혹은 앞쪽, 제단은 항상 동쪽을 향해서 만들어진다. 그래서 인도에서는 동쪽이 항상 앞쪽이 된다.)에 만들어진 정사각형으로 만든 불의 제단인데 신들에게 바치는 공물은 모두 이곳에 헌공한다. '가르하빠땨'는 제일 처음에 지피는 불인데 이곳에서 불을 피워서 아하와니야 제단으로 불을 옮겨간다. '닥시나'는 제사 마당의 남쪽(혹은 오른쪽, dakṣiṇa)에 피우는 반원 모양의 불의 제단인데 아수라의 접근을 막는 역할을 한다고 한다. 이하 본경에서 부처님께서는 이러한 세 가지 불을 불교의 관점에서 멋지게 설명해내고 계신다.

365) 주석서는 '헌공의 불(āhuneyyaggi)'을 다음과 같이 설명한다.
"헌공(āhuna)이란 공경(sakkāra)이다. 헌공을 받을 만하다(arahanti)고 해서 헌공하는 불(āhuneyya)이다. 부모는 자식들에게 많은 도움을 주기 때문에 헌공을 받을 만하다."(DA.iii.994~995) 베다 제사의 '아하와니야(Pāli. 아후네야) 불'을 불교 주석서에서는 부모로 해석하고 있다.
'가장(家長)의 불(gahapataggi)' — "가장(gahapati)이란 집의 주인(gehasāmika)을 말한다."(DA.iii.995) 베다 제사의 '가르하빠땨 불'을 불교 주석서에서는 이렇게 해석한다.
'보시의 불(dakkhiṇeyyaggi)' — "여기서 보시(dakkhiṇa)란 네 가지 필수품(paccaya)들이다. 비구 승가는 보시받을 만하다(dakkhiṇeyya)."(Ibid) 네 가지 필수품은 음식, 의복, 거처, 약품이다. 베다 제사의 '닥시나(문자적으로는 보시와 남쪽을 뜻함) 불'을 불교 주석서에서는 이렇게 해석하고 있다.

경하고 존중하고 숭상하고 예배한 뒤 바르게 행복을 가져와야 한다."

15. "바라문이여, 그러면 무엇이 가장(家長)의 불인가? 바라문이여, 여기 그의 아들과 아내와 하인과 전령과 일꾼을 일러 가장의 불이라 한다. 그러므로 이 가장의 불을 존경하고 존중하고 숭상하고 예배한 뒤 바르게 행복을 가져와야 한다."

16. "바라문이여, 그러면 무엇이 보시의 불인가? 바라문이여, 여기 사문·바라문들은 교만과 방일함을 금하고 인욕과 온화함에 헌신하여 살면서 각자 자신을 길들이고 각자 자신을 제어하고 각자 자신을 완전한 열반에 들게 하나니, 이를 일러 보시의 불이라 한다. 그러므로 이 보시의 불을 존경하고 존중하고 숭상하고 예배한 뒤 바르게 행복을 가져와야 한다.

바라문이여, 이러한 세 가지 불을 존경하고 존중하고 숭상하고 예배한 뒤 바르게 행복을 가져와야 한다."

17. "바라문이여, 그러나 장작불은 때때로 지펴야 하고 때때로 돌봐야 하고 때때로 꺼야 하고 때때로 방치해야 한다."

이렇게 말씀하시자 욱가따사리라 바라문은 세존께 이렇게 말씀드렸다.

"경이롭습니다, 고따마 존자시여. 경이롭습니다, 고따마 존자시여. 마치 넘어진 자를 일으켜 세우시듯, 덮여있는 것을 걷어내 보이시듯, [방향을] 잃어버린 자에게 길을 가리켜주시듯, 눈 있는 자 형상을 보라고 어둠 속에서 등불을 비춰주시듯, 고따마 존자께서는 여러 가지 방편으로 법을 설해주셨습니다. 저는 이제 고따마 존자께 귀의하옵고 법과 비구 승가에 귀의합니다. 고따마 존자께서는 저를 재가 신자로 받아주소서. 오늘부터 목숨이 붙어 있는 그날까지 귀의하옵니다.

고따마 존자시여, 이런 저는 오백 마리의 황소를 풀어서 살려주겠습니다. 오백 마리의 수송아지를 풀어서 살려주겠습니다. 오백 마리의 암송아지를 풀어서 살려주겠습니다. 오백 마리의 염소를 풀어서 살려주겠습니다. 오백 마리의 숫양을 풀어서 살려주겠습니다. 그리고 풀을 가져가서 먹게 하겠습니다. 시원한 물을 마시게 하겠습니다. 시원한 바람을 쐬게 하겠습니다."

인식 경1(A7:45)
Saññā-sutta

1. "비구들이여, 일곱 가지 인식을 닦고 많이 [공부]지으면 큰 결실과 큰 이익이 있고 불사(不死)에 들어가고 불사를 완성한다. 무엇이 일곱인가?"

2. "부정(不淨)이라고 [관찰하는 지혜에서 생긴] 인식, 죽음에 대한 인식, 음식에 대해 혐오하는 인식, 온 세상에 대해 기쁨이 없다는 인식, [오온에 대해] 무상(無常)이라고 [관찰하는 지혜에서 생긴] 인식, 무상한 [오온에 대해] 괴로움이라고 [관찰하는 지혜에서 생긴] 인식, 괴로움인 [오온에 대해] 무아라고 [관찰하는 지혜에서 생긴] 인식이다. 비구들이여, 이러한 일곱 가지 인식을 닦고 많이 [공부]지으면 큰 결실과 큰 이익이 있고 불사(不死)에 들어가고 불사를 완성한다."

인식 경2(A7:46)

1. "비구들이여, 일곱 가지 인식을 닦고 많이 [공부]지으면 큰 결실과 큰 이익이 있고 불사(不死)에 들어가고 불사를 완성한다. 무엇이 일곱인가?"

2. "부정(不淨)이라고 [관찰하는 지혜에서 생긴] 인식, 죽음에 대한 인식, 음식에 대해 혐오하는 인식, 온 세상에 대해 기쁨이 없다는 인식, [오온에 대해] 무상(無常)이라고 [관찰하는 지혜에서 생긴] 인식, 무상한 [오온에 대해] 괴로움이라고 [관찰하는 지혜에서 생긴] 인식, 괴로움인 [오온에 대해] 무아라고 [관찰하는 지혜에서 생긴] 인식이다."

3. "'비구들이여, 부정(不淨)이라고 [관찰하는 지혜에서 생긴] 인식을 닦고 많이 [공부]지으면 큰 결실과 큰 이익이 있고 불사(不死)에 들어가고 불사를 완성한다.'라고 했다. 이것은 무엇을 반연하여 한 말인가?"

4. "비구들이여, 비구가 부정(不淨)이라고 [관찰하는 지혜에서 생긴] 인식을 굳건하게 하는 마음으로 많이 머물면, 성행위하는 것으로부터 마음이 물러서고 움츠리고 외면하고 그곳으로 [손을] 뻗치지 아니하여 그것에 대한 평온이나 혹은 혐오감이 확고해진다.

　비구들이여, 예를 들면 닭의 깃털이나 힘줄의 일부분을 불에다 던지면 물러서고 움츠리고 외면하고 그곳으로 [손을] 뻗치지 아니하는 것과 같다. 그와 같이 비구가 부정(不淨)이라고 [관찰하는 지혜에서 생긴] 인식을 굳건하게 하는 마음으로 많이 머물면, 성행위하는 것으로부터 마음이 물러서고 움츠리고 외면하고 그곳으로 [손을] 뻗치지 아니하여 그것에 대한 평온이나 혹은 혐오감이 확고해진다.

비구들이여, 만일 비구가 부정(不淨)이라고 [관찰하는 지혜에서 생긴] 인식을 굳건하게 하는 마음으로 많이 머무는데도 마음이 성행위하는 것으로 달려가고 유쾌함이 자리 잡는다면, 그 비구는 다음과 같이 알아야 한다. '부정(不淨)이라고 [관찰하는 지혜에서 생긴] 나의 인식은 닦아지지 않았다. 나에게는 전과는 다른 특별함이 생기지 않았다. 나에게는 수행의 결실이 없다.'라고. 그렇게 그는 분명하게 알아차린다.

비구들이여, 만일 비구가 부정(不淨)이라고 [관찰하는 지혜에서 생긴] 인식을 굳건하게 하는 마음으로 많이 머물러 성행위하는 것으로부터 마음이 물러서고 움츠리고 외면하고 그곳으로 [손을] 뻗치지 아니하여 그것에 대한 평온이나 혐오가 확고하게 되면, 그 비구는 다음과 같이 알아야 한다. '부정(不淨)이라고 [관찰하는 지혜에서 생긴] 나의 인식은 닦아졌다. 나에게는 전과는 다른 특별함이 생겼다. 나에게는 수행의 결실이 있다.'라고. 그렇게 그는 분명하게 알아차린다.

'비구들이여, 부정(不淨)이라고 [관찰하는 지혜에서 생긴] 인식을 닦고 많이 [공부]지으면 큰 결실과 큰 이익이 있고 불사(不死)에 들어가고 불사를 완성한다.'라고 한 것은 이것을 반영하여 한 말이다."

5. '비구들이여, 죽음에 대한 인식을 닦고 많이 [공부]지으면 큰 결실과 큰 이익이 있고 불사(不死)에 들어가고 불사를 완성한다.'라고 했다. 이것은 무엇을 반영하여 한 말인가?"

6. "비구들이여, 비구가 죽음에 대한 인식을 굳건하게 하는 마음으로 많이 머물면, 삶에 대한 집착으로부터 마음이 물러서고 움츠리고 외면하고 그곳으로 [손을] 뻗치지 아니하여 그것에 대한 평온이나 혹은 혐오감이 확고해진다.

비구들이여, 예를 들면 닭의 깃털이나 힘줄의 일부분을 불에다 던지면 물러서고 움츠리고 외면하고 그곳으로 [손을] 뻗치지 아니하는 것과 같다. 그와 같이 비구가 죽음에 대한 인식을 굳건하게 하는 마음으로 많이 머물면, 삶에 대한 집착으로부터 마음이 물러서고 움츠리고 외면하고 그곳으로 [손을] 뻗치지 아니하여 그것에 대한 평온이나 혹은 혐오감이 확고해진다.

비구들이여, 만일 비구가 죽음에 대한 인식을 굳건하게 하는 마음으로 많이 머무는데도 마음이 삶에 대한 집착으로 달려가고 유쾌함이 자리 잡는다면, 그 비구는 다음과 같이 알아야 한다. '죽음에 대한 나의 인식은 닦아지지 않았다. 나에게는 전과는 다른 특별함이 생기지 않았다. 나에게는 수행의 결실이 없다.'라고. 그렇게 그는 분명하게 알아차린다.

비구들이여, 만일 비구가 죽음에 대한 인식을 굳건하게 하는 마음으로 많이 머물러서 삶에 대한 집착으로부터 마음이 물러서고 움츠리고 외면하고 그곳으로 [손을] 뻗치지 아니하여 그것에 대한 평온이나 혐오가 확고하게 되면, 그 비구는 다음과 같이 알아야 한다. '죽음에 대한 나의 인식은 닦아졌다. 나에게는 전과는 다른 특별함이 생겼다. 나에게는 수행의 결실이 있다.'라고. 그렇게 그는 분명하게 알아차린다.

'비구들이여, 죽음에 대한 인식을 닦고 많이 [공부]지으면 큰 결실과 큰 이익이 있고 불사(不死)에 들어가고 불사를 완성한다.'라고 한 것은 이것을 반연하여 한 말이다."

7. "'비구들이여, 음식에 대해 혐오하는 인식을 닦고 많이 [공부]지으면 큰 결실과 큰 이익이 있고 불사(不死)에 들어가고 불사를 완성한다.'라고 했다. 이것은 무엇을 반연하여 한 말인가?"

8. "비구들이여, 비구가 음식에 혐오하는 인식을 굳건하게 하는 마음으로 많이 머물면, 맛에 대한 갈애로부터 마음이 물러서고 움츠리고 외면하고 그곳으로 [손을] 뻗치지 아니하여 그것에 대한 평온이나 혹은 혐오감이 확고해진다.

비구들이여, 예를 들면 닭의 깃털이나 힘줄의 일부분을 불에다 던지면 물러서고 움츠리고 외면하고 그곳으로 [손을] 뻗치지 아니하는 것과 같다. 그와 같이 비구가 음식에 대해 혐오하는 인식을 굳건하게 하는 마음으로 많이 머물면, 맛에 대한 갈애로부터 마음이 물러서고 움츠리고 외면하고 그곳으로 [손을] 뻗치지 아니하여 그것에 대한 평온이나 혹은 혐오감이 확고해진다.

비구들이여, 만일 비구가 음식에 혐오하는 인식을 굳건하게 하는 마음으로 많이 머무는데도 마음이 맛에 대한 갈애로 달려가고 유쾌함이 자리 잡는다면, 그 비구는 다음과 같이 알아야 한다. '음식에 대해 혐오하는 나의 인식은 닦아지지 않았다. 나에게는 전과는 다른 특별함이 생기지 않았다. 나에게는 수행의 결실이 없다.'라고. 그렇게 그는 분명하게 알아차린다.

비구들이여, 만일 비구가 음식에 혐오하는 인식을 굳건하게 하는 마음으로 많이 머물러서 맛에 대한 갈애로부터 마음이 물러서고 움츠리고 외면하고 그곳으로 [손을] 뻗치지 아니하여 그것에 대한 평온이나 혐오가 확고하게 되면, 그 비구는 다음과 같이 알아야 한다. '음식에 대해 혐오하는 나의 인식은 닦아졌다. 나에게는 전과는 다른 특별함이 생겼다. 나에게는 수행의 결실이 있다.'라고. 그렇게 그는 분명하게 알아차린다.

'비구들이여, 음식에 대해 혐오하는 인식을 닦고 많이 [공부]지으면 큰 결실과 큰 이익이 있고 불사(不死)에 들어가고 불사를 완성한다.'라고 한 것은 이것을 반영하여 한 말이다."

9. "'비구들이여, 온 세상에 대해 기쁨이 없다는 인식을 닦고 많이 [공부]지으면 큰 결실과 큰 이익이 있고 불사(不死)에 들어가고 불사를 완성한다.'라고 했다. 이것은 무엇을 반영하여 한 말인가?"

10. "비구들이여, 비구가 온 세상에 대해 기쁨이 없다는 인식을 굳건하게 하는 마음으로 많이 머물면, 세상에 머무르려는 생각에 대해366) 마음이 물러서고 움츠리고 외면하고 그곳으로 [손을] 뻗치지 아니하여 그것에 대한 평온이나 혹은 혐오감이 확고해진다.

비구들이여, 예를 들면 닭의 깃털이나 힘줄의 일부분을 불에다 던지면 물러서고 움츠리고 외면하고 그곳으로 [손을] 뻗치지 아니하는 것과 같다. 그와 같이 비구가 온 세상에 대해 기쁨이 없다는 인식을 굳건하게 하는 마음으로 많이 머물면, 삼계에 머무르려는 마음이 물

---

366) '세상에 머무르려는 생각'으로 옮긴 원어는 loka-citta(세상에 대한 마음)이다. 주석서는 "삼계라는 세상에 함께 모여 교제함(tidhātuka-loka-sannivāsa)이라는 뜻이다."(AA.iv.31)라고 설명하고 있어서 이렇게 옮겼다.

러서고 움츠리고 외면하고 그곳으로 [손을] 뻗치지 아니하여 그것에 대한 평온이나 혹은 혐오감이 확고해진다.

비구들이여, 만일 비구가 온 세상에 대해 기쁨이 없다는 인식을 굳건하게 하는 마음으로 많이 머무는데도 세상에 머무르려는 생각에 대해 마음이 달려가고 유쾌함이 자리 잡는다면, 그 비구는 다음과 같이 알아야 한다. '온 세상에 대해 기쁨이 없다는 나의 인식은 닦아지지 않았다. 나에게는 전과는 다른 특별함이 생기지 않았다. 나에게는 수행의 결실이 없다.'라고, 그렇게 그는 분명하게 알아차린다.

비구들이여, 만일 비구가 온 세상에 대해 기쁨이 없다는 인식을 굳건하게 하는 마음으로 많이 머물러서 세상에 머무르려는 생각에 대해 마음이 물러서고 움츠리고 외면하고 그곳으로 [손을] 뻗치지 아니하여 그것에 대한 평온이나 혐오가 확고하게 되면, 그 비구는 다음과 같이 알아야 한다. '온 세상에 대해 기쁨이 없다는 나의 인식은 닦아졌다. 나에게는 전과는 다른 특별함이 생겼다. 나에게는 수행의 결실이 있다.'라고, 그렇게 그는 분명하게 알아차린다.

'비구들이여, 온 세상에 대해 기쁨이 없다는 인식을 닦고 많이 [공부]지으면 큰 결실과 큰 이익이 있고 불사(不死)에 들어가고 불사를 완성한다.'라고 한 것은 이것을 반연하여 한 말이다."

11.
"'비구들이여, [오온에 대해] 무상(無常)이라고 [관찰하는 지혜에서 생긴] 인식을 닦고 많이 [공부]지으면 큰 결실과 큰 이익이 있고 불사(不死)에 들어가고 불사를 완성한다.'라고 했다. 이것은 무엇을 반연하여 한 말인가?"

12. "비구들이여, 비구가 [오온에 대해] 무상이라고 [관찰하는 지혜에서 생긴] 인식을 굳건하게 하는 마음으로 많이 머물면, 이득과 존경과 명성에 대해 마음이 물러서고 움츠리고 외면하고 그곳으로 [손을] 뻗치지 아니하여 그것에 대한 평온이나 혹은 혐오감이 확고해진다.

비구들이여, 예를 들면 닭의 깃털이나 힘줄의 일부분을 불에다 던지면 물러서고 움츠리고 외면하고 그곳으로 [손을] 뻗치지 아니하는 것과 같다. 그와 같이 비구가 [오온에 대해] 무상이라고 [관찰하는 지혜에서 생긴] 인식을 굳건하게 하는 마음으로 많이 머물면, 이득과 존경과 명성에 대해 마음이 물러서고 움츠리고 외면하고 그곳으로 [손을] 뻗치지 아니하여 그것에 대한 평온이나 혹은 혐오감이 확고해진다.

비구들이여, 만일 비구가 [오온에 대해] 무상이라고 [관찰하는 지혜에서 생긴] 인식을 굳건하게 하는 마음으로 많이 머무는데도 이득과 존경과 명성에 대해 마음이 달려가고 유쾌함이 자리 잡는다면, 그 비구는 다음과 같이 알아야 한다. '[오온에 대해] 무상이라고 [관찰하는 지혜에서 생긴] 나의 인식은 닦아지지 않았다. 나에게는 전과는 다른 특별함이 생기지 않았다. 나에게는 수행의 결실이 없다.'라고 그렇게 그는 분명하게 알아차린다.

비구들이여, 만일 비구가 [오온에 대해] 무상이라고 [관찰하는 지혜에서 생긴] 인식을 굳건하게 하는 마음으로 많이 머물러 이득과 존경과 명성에 대해 마음이 물러서고 움츠리고 외면하고 그곳으로 [손을] 뻗치지 아니하여 그것에 대한 평온이나 혐오가 확고하게 되면, 그 비구는 다음과 같이 알아야 한다. '[오온에 대해] 무상이라고 [관찰하는 지혜에서 생긴] 나의 인식은 닦아졌다. 나에게는 전과는 다른 특별함이 생겼다. 나에게는 수행의 결실이 있다.'라고. 그렇게 그는 분명하게 알아차린다.

'비구들이여, [오온에 대해] 무상이라고 [관찰하는 지혜에서 생긴] 인식을 닦고 많이 [공부]지으면 큰 결실과 큰 이익이 있고 불사(不死)에 들어가고 불사를 완성한다.'라고 한 것은 이것을 반연하여 한 말이다."

13. "'비구들이여, 무상한 [오온에 대해] 괴로움이라고 [관찰하는 지혜에서 생긴] 인식을 닦고 많이 [공부]지으면 큰 결실과 큰 이익이 있고 불사(不死)에 들어가고 불사를 완성한다.'라고 했다. 이것은 무엇을 반연하여 한 말인가?"

14. "비구들이여, 비구가 무상한 [오온에 대해] 괴로움이라고 [관찰하는 지혜에서 생긴] 인식을 굳건하게 하는 마음으로 많이 머물면, 게으름과 나태함과 태만함과 방일함과 수행하지 않음과 반조하지 않음에 대해서 강한 두려움의 인식이 생기나니, 예를 들면 칼을 빼든 살인자에 대해서 [강한 두려움의 인식이 생기는 것과 같다.]

비구들이여, 만일 비구가 무상한 [오온에 대해] 괴로움이라고 [관찰하는 지혜에서 생긴] 인식을 굳건하게 하는 마음으로 많이 머무는데도 게으름과 나태함과 태만함과 방일함과 몰두하지 않음과 반조하지 않음에 대해 강한 두려움의 인식이 생기지 않는다면, 그 비구는 다음과 같이 알아야 한다. '무상한 [오온에 대해] 괴로움이라고 [관찰하는 지혜에서 생긴] 나의 인식은 닦아지지 않았다. 나에게는 전과는 다른 특별함이 생기지 않았다. 나에게는 수행의 결실이 없다.'라고. 그렇게 그는 분명하게 알아차린다.

비구들이여, 만일 비구가 무상한 [오온에 대해] 괴로움이라고 [관찰하는 지혜에서 생긴] 인식을 굳건하게 하는 마음으로 많이 머물러서 게으름과 나태함과 태만함과 방일함과 몰두하지 않음과 반조하지 않음에 대해 강한 두려움의 인식이 생기면, 그 비구는 다음과 같이 알아야 한다. '무상한 [오온에 대해] 괴로움이라고 [관찰하는 지혜에서 생긴] 나의 인식은 닦아졌다. 나에게는 전과는 다른 특별함이 생겼다. 나에게는 수행의 결실이 있다.'라고. 그렇게 그는 분명하게 알아차린다.

'비구들이여, 무상한 [오온에 대해] 괴로움이라고 [관찰하는 지혜에서 생긴] 인식을 닦고 많이 [공부]지으면 큰 결실과 큰 이익이 있고 불사(不死)에 들어가고 불사를 완성한다.'라고 한 것은 이것을 반연하여 한 말이다."

15. "'비구들이여, 괴로움인 [오온에 대해] 무아라고 [관찰하는 지혜에서 생긴] 인식을 닦고 많이 [공부]지으면 큰 결실과 큰 이익이 있고 불사(不死)에 들어가고 불사를 완성한다.'라고 했다. 이것은 무엇을 반연하여 한 말인가?"

16. "비구들이여, 비구가 괴로움인 [오온에 대해] 무아라고 [관찰하는 지혜에서 생긴] 인식을 굳건하게 하는 마음으로 많이 머물면, 알음알이를 가진 이 몸과 밖의 모든 표상들367)에 대해 '나'라는 생각

---

367) "'밖의 모든 표상들(bahiddhā sabbanimittā)'이란 색깔의 표상, 소리의 표상, 냄새의 표상, 맛의 표상, 감촉의 표상, 영원함 등의 표상, 인간의 표

과 '내 것'이라는 생각과 자만이 없어져서368) [세 가지] 자만369)을 뛰어넘어 평화롭게 되고 완전히 해탈하게 된다.370)

상, 법의 표상 등 이러한 밖의 표상들을 뜻한다."(AA.ii.206)
한편 『맛지마 니까야 주석서』는 다음과 같이 설명한다.
"여기서 '밖'이란 알음알이를 가진(saviññāṇaka) 남의 몸(kāya)을 말한다. 그러나 '모든 표상들'이란 것은 감각기능을 가지지 않은 것(an-indriya-baddha)도 포함된다. 혹은, '알음알이를 가진 몸(saviññāṇaka kāya)'이란 말에는 자신과 남의 몸이 포함되고, '밖의 모든 표상들'이란 말에는 감각기능을 가지지 않은 것도 포함된다."(MA.iv.78)

368) "'나'라는 견해(ahaṅkāra-diṭṭhi)와 '내 것'이라는 갈애(mamaṅkāra-taṇhā)와 아홉 종류의 자만(navavidha-māna)이 없다는 뜻이다."(AA.iv.31)
경들에서 자만은 '내가 더 뛰어나다.'는 방법, '나와 동등하다.'는 방법, '내가 더 저열하다.'는 방법(S22:49; D33 §1.10 (23) 등)의 셋으로 나타나는데 이 각각에 다시 뛰어나다(seyya), 동등하다(sādisa), 저열하다(hīna)는 세 가지가 있어서 자만에는 모두 아홉 가지가 있다고 주석서들은 설명하고 있다.(VbhA.486; DhsA.372)

369) 여기서 '자만'으로 의역한 원어는 vidha인데 문자적으로는 '방법'이나 '종류'를 뜻한다. 주석서는 vidha는 외관(ākārasaṇṭhāna)과 부분(koṭṭhāsa)과 자만(māna)의 세 가지 의미로 쓰이는데 여기서는 '자만(māna)'을 뜻한다고 한다. 자만은 뛰어나다(seyya), 동등하다(sādisa), 저열하다(hīna)라고 정리하기 때문에(vidahanato) vidha(방법, 종류)라 한다고 설명하고 있다.(DA.iii.990) 한편 본경에 해당하는 주석서는 이렇게 설명하고 있다.
"'[세 가지] 자만을 뛰어넘었다.(vidhā-samatikkanta)'는 것은 세 가지 형태의 자만을 뛰어넘었다는 뜻이다. 즉 나는 남보다 뛰어나다거나, 혹은 동등하다거나, 혹은 저열하다고 하는 것이다."(AA.iv.31)

370) "'평화롭다(santa)'는 것은 그 적들인 오염원(kilesa)으로부터 평화로워졌다는 뜻이다. '완전히 해탈한다(suvimutta)'는 것은 다섯 가지 해탈을 통해 완전히 해탈한다는 뜻이다."(*Ibid*)
다섯 가지 해탈에 대해서는 본서 제3권 「어떤 방향 경」(A5:134) §3의 주해를 참조할 것.

비구들이여, 만일 비구가 괴로움인 [오온에 대해] 무아라고 [관찰하는 지혜에서 생긴] 인식을 굳건하게 하는 마음으로 많이 머무는데도, 알음알이를 가진 이 몸과 밖의 모든 표상들에 대해 '나'라는 생각과 '내 것'이라는 생각과 자만이 없어져서 [세 가지] 자만을 뛰어넘어 평화롭게 되고 완전히 해탈하지 못하면, 그 비구는 다음과 같이 알아야 한다. '괴로움인 [오온에 대해] 무아라고 [관찰하는 지혜에서 생긴] 나의 인식은 닦아지지 않았다. 나에게는 전과는 다른 특별함이 생기지 않았다. 나에게는 수행의 결실이 없다.'라고. 그렇게 그는 분명하게 알아차린다.

비구들이여, 만일 비구가 괴로움인 [오온에 대해] 무아라고 [관찰하는 지혜에서 생긴] 인식을 굳건하게 하는 마음으로 많이 머물러서 알음알이를 가진 이 몸과 밖의 모든 표상들에 대해 '나'라는 생각과 '내 것'이라는 생각과 자만이 없어져서 [세 가지] 자만을 뛰어넘어 평화롭게 되고 완전히 해탈하면, 그 비구는 다음과 같이 알아야 한다. '괴로움인 [오온에 대해] 무아라고 [관찰하는 지혜에서 생긴] 나의 인식은 닦아졌다. 나에게는 전과는 다른 특별함이 생겼다. 나에게는 수행의 결실이 있다.'라고. 그렇게 그는 분명하게 알아차린다.

'비구들이여, 괴로움인 [오온에 대해] 무아라고 [관찰하는 지혜에서 생긴] 인식을 닦고 많이 [공부]지으면 큰 결실과 큰 이익이 있고 불사(不死)에 들어가고 불사를 완성한다.'라고 한 것은 이것을 반연하여 한 말이다.

비구들이여, 이러한 일곱 가지 인식을 닦고 많이 [공부]지으면 큰 결실과 큰 이익이 있고 불사(不死)에 들어가고 불사를 완성한다."

음행 경(A7:47)
Methuna-sutta

1. 그때 자눗소니 바라문371)은 세존께 다가갔다. 가서는 세존과 함께 환담을 나누었다. 유쾌하고 기억할 만한 이야기로 서로 담소를 나누고 한 곁에 앉았다. 한 곁에 앉아서 자눗소니 바라문은 세존께 이렇게 말씀드렸다.

"고따마 존자께서도 청정범행을 닦는다고 천명하십니까?"372)

"바라문이여, 어떤 사람에 대해서 바르게 말하면서 말하기를 '그는 훼손되지 않고, 뚫어지지 않고, 오점이 없고, 얼룩지지 않고, 완벽하고, 지극히 청정한 범행을 닦는다.'라고 한다면 그것은 바로 나에 대해 바르게 말하면서 말한 것이 틀림없다. 바라문이여, 나는 훼손되지 않고, 뚫어지지 않고, 오점이 없고, 얼룩지지 않고, 완벽하고, 지극히 청정한 범행을 닦는다."

---

371) 자눗소니 바라문(Jāṇussoṇi brāhmaṇa)에 대해서는 본서 제2권 「무외경」(A4:184)의 주해를 참조할 것.

372) "자눗소니 바라문에게 이런 생각이 들었다고 한다. '바라문들은 어릴 때부터 베다를 익히느라 48년간을 청정범행을 닦는다. 그러나 사문 고따마는 집에서 살 때 세 개의 왕궁에서 세 종류의 무희들과 향락에 빠졌었다. 그런데도 지금 와서 어떻게 [청정범행을 닦는다고] 말할 수 있단 말인가?'라고. 그래서 그는 이런 의미로 질문을 드린 것이다.
이에 대해 세존께서는 마치 주문으로 검은 뱀을 낚아채듯이, 원수의 목과 발을 잡아 습격하듯이, 이제 [사자후를 토하신다.] 즉 자신의 오염원이 아직 남아 있을 적에 6년간 열심히 정진함을 통해 왕국의 행복이나 궁중의 무희들의 즐거움에 대해 단 한 생각도 일어나지 않은 그런 상태에 대해 사자후를 토하시면서 '바라문이여, 어떤 사람에 대해서 바르게 말하면서 말하기를'이라고 말씀을 시작하신 것이다."(AA.iv.31)

"고따마 존자시여, 그러면 어떤 것이 청정범행의 훼손이고 뚫어짐이고 오점이고 얼룩입니까?"

2. "바라문이여, 여기 어떤 사문이나 바라문은 바르게 청정범행을 닦는다고 서원하고, 또 실제로 여자와 함께 둘이서 성행위를 하지는 않는다. 그러나 여자로 하여금 향수를 바르게 하고, 주무르게 하고, 목욕하게 하고, 만지게 한다. 그는 그것을 즐기고, 바라고, 만족을 느낀다. 바라문이여, 이것이 청정범행의 훼손이고, 뚫어짐이고, 오점이고, 얼룩이다. 바라문이여, 이를 일러 이 사람은 청정하지 못한 범행을 닦는다고 한다. 그는 음행의 족쇄에 묶여 태어남·늙음·죽음으로부터 해탈하지 못하고, 근심·탄식·육체적 고통·정신적 고통·절망으로부터 해탈하지 못한다. 그는 괴로움으로부터 해탈하지 못한다고 나는 말한다."373)

3. "바라문이여, 다시 여기 어떤 사문이나 바라문은 바르게 청정범행을 한다고 서원하고, 또 실제로 여자와 함께 둘이서 성행위를 하지도 않고 여자로 하여금 향수를 바르게 하거나, 주무르게 하거나, 목욕하게 하거나, 만지게 하지도 않는다. 그러나 여자와 함께 농담하고, 놀이하고, 유희를 한다. 그는 그것을 즐기고, 바라고, 만족을 느낀다. … 괴로움으로부터 해탈하지 못한다고 나는 말한다."

4. 374) "바라문이여, 다시 여기 어떤 사문이나 바라문은 바르게

---

373) 이하 성행위에 관계된 일곱 가지 부처님의 고구정녕하신 말씀은 전문이 『청정도론』 I.144~150에 그대로 인용되어 있다.

374) PTS본에는 본 문단 이하가 모두 §3에 포함되어 있지만 역자는 이렇게 여러 단락으로 나누었음을 밝힌다.

청정범행을 한다고 서원하고, 또 실제로 여자와 함께 둘이서 성행위를 하지도 않고, 여자로 하여금 향수를 바르게 하거나, 주무르게 하거나, 목욕하게 하거나, 만지게 하지도 않는다. 여자와 함께 농담하고, 놀이하고, 유희를 하지도 않는다. 그러나 자기의 눈으로 여자의 눈을 깊이 응시하고 쳐다본다. 그는 그것을 즐기고, 바라고, 만족을 느낀다. … 괴로움으로부터 해탈하지 못한다고 나는 말한다."

5. "바라문이여, 다시 여기 어떤 사문이나 바라문은 … 성행위를 하지 않고 … 만지게 하지도 않고 … 유희하지도 않고 … 쳐다보지도 않는다. 그러나 여자들이 웃거나 얘기하거나 혹은 노래를 부르거나 혹은 울 때 벽을 넘어 혹은 담장을 넘어 여자의 소리를 엿듣는다. 그는 그것을 즐기고, 바라고, 만족을 느낀다. … 괴로움으로부터 해탈하지 못한다고 나는 말한다."

6. "바라문이여, 다시 여기 어떤 사문이나 바라문은 … 성행위를 하지 않고 … 만지게 하지도 않고 … 유희하지도 않고 … 쳐다보지도 않고 … 여자의 소리를 엿듣지도 않는다. 그러나 이전에 여자와 함께 웃고, 얘기하고, 놀이하던 것을 회상한다. 그는 그것을 즐기고, 바라고, 만족을 느낀다. … 괴로움으로부터 해탈하지 못한다고 나는 말한다."

7. "바라문이여, 다시 여기 어떤 사문이나 바라문은 … 성행위를 하지 않고 … 만지게 하지도 않고 … 유희하지도 않고 … 쳐다보지도 않고 … 여자의 소리를 엿듣지도 않고 … 회상하지도 않는다. 그러나 그는 장자나 장자의 아들이 다섯 가닥의 감각적 욕망에 빠지

고 사로잡혀 탐닉하는 것을 본다. 그는 그것을 즐기고, 바라고, 만족을 느낀다. … 괴로움으로부터 해탈하지 못한다고 나는 말한다."

8. "바라문이여, 다시 여기 어떤 사문이나 바라문은 … 성행위를 하지 않고 … 만지게 하지도 않고 … 유희하지도 않고 … 쳐다보지도 않고 … 여자의 소리를 엿듣지도 않고 … 회상하지도 않고 … 탐닉하는 것을 보지도 않는다. 그러나 그는 천상의 지위를 바라면서 청정범행을 한다. '나는 이 계나 서계나 고행이나 청정범행으로 신이나 혹은 다른 어떤 작은 신이 되리라'라고. 그는 그것을 즐기고, 바라고, 만족을 느낀다. 바라문이여, 이것이 청정범행의 훼손이고, 뚫어짐이고, 오점이고, 얼룩이다. 바라문이여, 이를 일러 이 사람은 청정하지 못한 범행을 닦는다고 한다. 그는 음행의 족쇄에 묶여 태어남 · 늙음 · 죽음으로부터 해탈하지 못하고, 근심 · 탄식 · 육체적 고통 · 정신적 고통 · 절망으로부터 해탈하지 못한다. 그는 괴로움으로부터 해탈하지 못한다고 나는 말한다."

9. "바라문이여, 내가 만일 이러한 일곱 가지 음행의 족쇄 가운데 어떤 하나의 음행의 족쇄라도 제거하지 못했음을 나 자신에게서 보았다면 나는 신과 마라와 범천을 포함한 세상에서, 사문 · 바라문과 신과 사람을 포함한 무리 가운데에서 내 스스로 위없는 바른 깨달음을 실현하였다고 천명하지 못하였을 것이다.

바라문이여, 나는 이러한 일곱 가지 음행의 족쇄 가운데 어떤 하나의 음행의 족쇄도 제거하지 못했음을 내 자신에게서 보지 못하였기 때문에 나는 신과 마라와 범천을 포함한 세상에서, 사문 · 바라문과 신과 사람을 포함한 무리 가운데에서 내 스스로 위없는 바른 깨달음을 실현하였다고 천명하였다.

그리고 내게는 '나의 해탈은 확고부동하다. 이것이 나의 마지막 태어남이며, 이제 더 이상의 다시 태어남[再生]은 없다.'라는 지와 견이 일어났다."

10. 이렇게 말씀하시자 자눗소니 바라문은 세존께 이렇게 말씀드렸다.

"경이롭습니다, 고따마 존자시여. 경이롭습니다, 고따마 존자시여. 마치 넘어진 자를 일으켜 세우시듯, 덮여있는 것을 걷어내 보이시듯, [방향을] 잃어버린 자에게 길을 가리켜주시듯, 눈 있는 자 형상을 보라고 어둠 속에서 등불을 비춰주시듯, 고따마 존자께서는 여러 가지 방편으로 법을 설해주셨습니다. 저는 이제 고따마 존자께 귀의하옵고 법과 비구 승가에 귀의합니다. 고따마 존자께서는 저를 재가 신자로 받아주소서. 오늘부터 목숨이 붙어 있는 그날까지 귀의하옵니다."

속박 경(A7:48)
Saṁyoga-sutta

1. "비구들이여, 그대들에게 속박과 속박에서 벗어남에 관한 법문을 설할 것이다. 이제 그것을 들어라. 듣고 마음에 잘 새겨라. 나는 설할 것이다."

"그렇게 하겠습니다, 세존이시여."라고 비구들은 세존께 대답했다. 세존께서는 이렇게 말씀하셨다.

"비구들이여, 어떤 것이 속박과 속박에서 벗어남에 관한 법문인가?"

2. "비구들이여, 여기 여자는 안으로 여자의 기능을 마음에 잡도리하고 여자의 행위와 여자의 외관과 여자의 자만과 여자의 의욕과 여자의 목소리와 여자의 장식을 마음에 잡도리한다.375) 그녀는 거기에 매혹되고 그것을 기뻐한다. 그녀는 거기에 매혹되고 그것을 기뻐하여, 밖으로 남자의 기능을 마음에 잡도리하고 남자의 행위와 남자의 외관과 남자의 자만과 남자의 의욕과 남자의 목소리와 남자의 장식을 마음에 잡도리한다. 그녀는 거기에 매혹되고 그것을 기뻐한다. 그녀는 거기에 매혹되고 그것을 기뻐하여, 밖으로 속박을 갈구한다. 이러한 속박으로 인해 생긴 행복과 기쁨이 그 어떤 것이건 그것을 그녀는 갈구한다. 비구들이여, 이와 같이 여자의 성을 기뻐하고 집착하여 남자의 속박에 묶인다. 비구들이여, 이렇게 하여 여자는 여자의 성을 넘어서지 못한다."

3. "비구들이여, 여기 남자는 안으로 남자의 기능을 마음에 잡도리하고 남자의 행위와 남자의 외관과 남자의 자만과 남자의 의욕과 남자의 목소리와 남자의 장식을 마음에 잡도리한다. 그는 거기에 매혹되고 그것을 기뻐한다. 그는 거기에 매혹되고 그것을 기뻐하여, 밖으로 여자의 기능을 마음에 잡도리하고 여자의 행위와 여자의 외관과 여자의 자만과 여자의 의욕과 여자의 목소리와 여자의 장식을 마음에 잡도리한다. 그는 거기에 매혹되고 그것을 기뻐한다. 그는 거

---

375) "'여자의 기능(itthindriya)'이란 자신에게 있는 여자의 상태(여자됨, itthi-bhāva)를 말한다. '여자의 행위(itthi-kutta)'란 여자의 행실(itthi-kiriya)을 말하고, '여자의 외관(itthākappa)'이란 복장 등 외관을 뜻하고, '여자의 의욕(itthi-chanda)'이란 여자의 성향, 의욕을 뜻하고, '여자의 장식(itthālaṅkāra)이란 치장하는 장신구를 뜻한다."(AA.iv.32)

기에 매혹되고 그것을 기뻐하여, 밖으로 속박을 갈구한다. 이러한 속박으로 인해 생긴 행복과 기쁨이 그 어떤 것이건 그것을 그는 갈구한다. 비구들이여, 이와 같이 남자의 성을 기뻐하고 집착하여 여자의 속박에 묶인다. 비구들이여, 이렇게 하여 남자는 남자의 성을 넘어서지 못한다.

비구들이여, 이와 같이 속박에 묶인다."

4. "비구들이여, 그러면 어떻게 속박에서 벗어나는가? 비구들이여, 여기 여자는 안으로 여자의 기능을 마음에 잡도리하지 않고 여자의 행위와 여자의 외관과 여자의 자만과 여자의 의욕과 여자의 목소리와 여자의 장식을 마음에 잡도리하지 않는다. 그녀는 거기에 매혹되지 않고 그것을 기뻐하지 않는다. 그녀는 거기에 매혹되지 않고 그것을 기뻐하지 않아, 밖으로 남자의 기능을 마음에 잡도리하지 않고 남자의 행위와 남자의 외관과 남자의 자만과 남자의 의욕과 남자의 목소리와 남자의 장식을 마음에 잡도리하지 않는다. 그녀는 거기에 매혹되지 않고 그것을 기뻐하지 않는다. 그녀는 거기에 매혹되지 않고 그것을 기뻐하지 않아, 밖으로 속박을 갈구하지 않는다. 이러한 속박으로 인해 생긴 행복과 기쁨이 그 어떤 것이건 그것을 그녀는 갈구하지 않는다. 비구들이여, 이와 같이 여자의 성을 기뻐하지 않고 집착하지 않아 남자의 속박에 묶이지 않는다. 비구들이여, 이렇게 하여 여자는 여자의 성을 넘어선다."

5. "비구들이여, 여기 남자는 안으로 남자의 기능을 마음에 잡도리하지 않고 남자의 행위와 남자의 외관과 남자의 자만과 남자의 의욕과 남자의 목소리와 남자의 장식을 마음에 잡도리하지 않는다.

그는 거기에 매혹되지 않고 그것을 기뻐하지 않는다. 그는 거기에 매혹되지 않고 그것을 기뻐하지 않아, 밖으로 여자의 기능을 마음에 잡도리하지 않고 여자의 행위와 여자의 외관과 여자의 자만과 여자의 의욕과 여자의 목소리와 여자의 장식을 마음에 잡도리하지 않는다. 그는 거기에 매혹되지 않고 그것을 기뻐하지 않는다. 그는 거기에 매혹되지 않고 그것을 기뻐하지 않아, 밖으로 속박을 갈구하지 않는다. 이러한 속박으로 인해 생긴 행복과 기쁨이 그 어떤 것이건 그것을 그는 갈구하지 않는다. 비구들이여, 이와 같이 남자의 성을 기뻐하지 않고 집착하지 않아 여자의 속박에 묶이지 않는다. 비구들이여, 이렇게 하여 남자는 남자의 성을 넘어선다.

비구들이여, 이와 같이 속박에서 벗어난다.

비구들이여, 이것이 속박과 속박에서 벗어남에 관한 법문이다."

보시 경(A7:49)[376]
Dāna-sutta

1. 한때 세존께서는 짬빠[377]에서 각가라 호수[378]의 언덕에 머

---

[376] 6차결집본의 경제목은 '보시의 큰 결실'(Dānamahapphala-sutta)이다.

[377] 짬빠(Campā)는 옛 인도 중원의 16국(Mahājanapada) 가운데 하나인 앙가(Aṅga)의 수도였으며 현재 바갈뿌르 부근에 있는 짬빠나가라(Campānagara)와 짬빠뿌라(Campāpura)일 것이라고 학자들은 말한다. 경에 언급되는 다른 앙가의 도시로는 밧디야(Bhaddiya, DA.i.279; DhA. i.384)와 앗사뿌라(Assapura, M.i.271)가 있다. 앙가는 이미 부처님 시대에 마가다로 편입되었다. 그래서 초기경에서는 앙가가 독립된 나라로 언급되기보다는 종족이나 지역으로 언급되고 있다고 봐야 한다.

[378] 짬빠에 있는 각가라 호수(Gaggarā pokkharaṇī)는 각가라라는 왕비의

무셨다. 그때 많은 짬빠의 청신사들이 사리뿟따 존자에게 다가갔다. 가서는 사리뿟따 존자에게 절을 올리고 한 곁에 앉았다. 한 곁에 앉은 짬빠의 청신사들은 사리뿟따 존자에게 이렇게 말했다.

"존자시여, 우리는 세존의 면전에서 직접 설법을 들은 지 오래되었습니다. 존자시여, 우리가 세존의 면전에서 직접 설법을 들을 수 있다면 참 좋겠습니다."

"도반들이여, 그렇다면 이번 포살일에 오십시오. 그러면 세존의 면전에서 직접 설법을 듣게 될 것입니다."

"그렇게 하겠습니다, 존자시여."라고 짬빠의 청신사들은 사리뿟따 존자에게 응답한 뒤 자리에서 일어나 사리뿟따 존자에게 절을 올리고 오른쪽으로 [세 번] 돌아 [경의를 표한] 뒤에 물러갔다.

그때 짬빠의 청신사들은 그 포살일에 사리뿟따 존자에게 다가갔다. 가서는 사리뿟따 존자에게 절을 올리고 한 곁에 섰다. 그러자 사리뿟따 존자는 짬빠의 청신사들과 함께 세존께 다가갔다. 가서는 세존께 절을 올리고 한 곁에 앉았다. 한 곁에 앉은 사리뿟따 존자는 세존께 이렇게 말씀드렸다.

2. "세존이시여, 여기 어떤 사람의 보시는 큰 결실이 없고 큰 이익이 없는 그런 보시를 하게 되고, 또 여기 어떤 사람의 보시는 큰 결실이 있고 큰 이익이 있는 그런 보시를 하게 됩니까?"

명령으로 만들었기 때문에 이렇게 명명된다고 한다. 이 호수의 언덕에 짬빠 숲이 있었으며 부처님께서 오시면 이곳에서 머무셨다고 한다.(DA. i.279; MA.ii.565) 각가라 호수는 제따 숲의 호수와 더불어 아름다운 호수로 주석서에 언급되고 있다.(SnA.i.17) 부처님께서 여러 번 머무신 곳으로 경들에 나타나며, 이곳에서 사리뿟따 존자는 『디가 니까야』 제3권의 마지막 경인 「십상경」(D34)을 비구들에게 설하였다.

"사리뿟따여, 여기 어떤 사람의 보시는 큰 결실이 없고 큰 이익이 없는 그런 보시를 하게 되고, 또 여기 어떤 사람의 보시는 큰 결실이 있고 큰 이익이 있는 그런 보시를 하게 된다."

3. "세존이시여, 그러면 무슨 원인과 무슨 조건 때문에 여기 어떤 사람의 보시는 큰 결실이 없고 큰 이익이 없는 그런 보시를 하게 되고, 또 여기 어떤 사람의 보시는 큰 결실이 있고 큰 이익이 있는 그런 보시를 하게 됩니까?"

"사리뿟따여, 여기 어떤 사람은 기대를 갖고 보시를 하고, [과보에] 마음이 묶여서 보시를 하고, 부(富)를 기대하며 보시를 하고, '나중에 이것을 누리리라'는 생각으로 보시를 한다.379) 그리고 그는 사문이나 바라문에게 음식과 마실 것과 의복과 탈것과 화환과 향과 연고와 침상과 숙소와 불을 보시한다. 사리뿟따여, 이를 어떻게 생각하는가? 여기 어떤 사람은 이러한 보시를 하지 않겠는가?"

"그렇습니다, 세존이시여."

"사리뿟따여, 여기서 어떤 사람은 기대를 갖고 보시를 하고, [과보에] 마음이 묶여서 보시를 하고, 부(富)를 기대하며 보시를 하고, '나중에 이것을 누리리라'는 생각으로 보시를 하는 사람은 이러한 보시를 한 뒤 몸이 무너져 죽은 뒤에 사대왕천의 신들의 동료로 태어난다. 그는 그 업과 신통과 명성과 권위가 다하면 다시 돌아오는 자가

---

379) "'기대를 갖고(sāpekha)'란 갈애를 갖고(sataṇha) 보시를 한다는 뜻이다. '마음이 묶임(paṭibaddha-citta)'이란 과보(vipāka)에 마음이 묶임을 말하고, '나중에 누린다(pecca paribhuñjissāmi)'는 것은 다음 세상(para-loka)에 가서 누린다는 뜻이다."(AA.iv.33)

되어 이러한 상태로 되돌아오게 된다."380)

4. "사리뿟따여, 그러나 여기 어떤 사람은 기대를 갖고 보시를 하는 것도 아니고, [과보에] 마음이 묶여서 보시를 하는 것도 아니고, 부(富)를 기대하며 보시를 하는 것도 아니고, '나중에 이것을 누리리라'는 생각으로 보시를 하는 것도 아니다. 다만 '보시는 아름다운 것이다'라는 생각으로 보시한다. 그리고 그는 사문이나 바라문에게 음식과 마실 것과 의복과 탈것과 화환과 향과 바르는 것과 침상과 숙소와 불을 보시한다.

… '보시는 아름다운 것이다.'라는 생각으로 보시를 하는 것이 아니다. 다만 '나의 선조들이 과거에 보시를 했고 과거에 행했다. 오래된 가문의 전통을 내가 없애버리는 것은 옳지 않다.'라는 생각으로 보시를 한다. …

… '나의 선조들이 과거에 보시를 했고 과거에 행했다. 오래된 가문의 전통을 내가 없애버리는 것은 옳지 않다.'라는 생각으로 보시를 하는 것이 아니다. 다만 '나는 음식을 만들지만 이들은 만들지 않는다. 음식을 만드는 자가 만들지 않는 자들에게 보시하지 않는 것은 어울리지 않는다.'라는 생각으로 보시를 한다. …

… '나는 음식을 만들지만 이들은 만들지 않는다. 음식을 만드는 자가 만들지 않는 자들에게 보시하지 않는 것은 어울리지 않는다.'라

---

380) "여기서 '업(kamma)'은 업의 과보(kamma-vipāka)를 말하고, '신통(iddhi)'은 과보로 생기는 신통을, '명성(yasa)'은 측근들(parivāra)을 구족함이고 '권위(ādhipacca)'는 으뜸가는 상태를 뜻하고, '이러한 상태로 되돌아온다(āgantā itthattaṁ)'는 것은 여기 다섯 가지 무더기를 가진 존재로 돌아온다는 것이다. 거기에 태어나는 것도 아니고 그보다 높은 곳에 태어나는 것도 아니고 오직 낮은 곳으로 간다는 뜻이다."(AA.iv.33)

는 생각으로 보시를 하는 것이 아니다. 다만 '이전의 선인(仙人)들은 큰 제사를 지냈나니 그들은 앗타까, 와마까, 와마데와, 웻사미따, 야마딱기, 앙기라사, 바라드와자, 와셋타, 깟사빠, 바구다. 그들처럼 나도 보시하여 나누어 가지는 자가 되리라.'라는 생각으로 보시를 한다.
…

… '이전의 선인(仙人)들은 큰 제사를 지냈나니 그들은 앗타까, 와마까, 와마데와, 웻사미따, 야마딱기, 앙기라사, 바라드와자, 와셋타, 깟사빠, 바구다. 그들처럼 나도 보시하여 나누어 가지는 자가 되리라.'라는 생각으로 보시를 하는 것이 아니다. 다만 '내가 보시를 할 때 마음이 맑아지고 흡족함과 기쁨이 일어난다.'라는 생각으로 보시를 한다.

… '내가 보시를 할 때 마음이 맑아지고 흡족함과 기쁨이 일어난다.'라는 생각으로 보시를 하는 것이 아니다. 다만 마음을 장엄하고 마음의 필수품을 위해 보시를 한다.381) 그리고 그는 사문이나 바라문에게 음식과 마실 것과 의복과 탈것과 화환과 향과 바르는 것과 침상과 숙소와 불을 보시한다. 사리뿟따여, 이를 어떻게 생각하는가? 여기 어떤 사람은 이러한 보시를 하지 않겠는가?"

"그렇습니다, 세존이시여."

5. "사리뿟따여, 여기 어떤 사람은 기대를 갖고 보시를 하는 것도 아니고, [과보에] 마음이 묶여서 보시를 하는 것도 아니고, 부(富)를 기대하며 보시를 하는 것도 아니고, '나중에 누리리라'라는 생각으

---

381) "'마음을 장엄하고 마음의 필수품을 위해(cittālaṅkāra-cittaparikkhā-ra)'라는 것은 사마타와 위빳사나를 닦는 마음의 장엄이 되고 측근들을 가진 자가 되기 위해 [보시를 한다는] 뜻이다."(ibid)

로 보시를 하는 것도 아니고, '보시는 아름다운 것이다.'라는 생각으로 보시를 하는 것도 아니고, '나의 선조들이 과거에 보시를 했고 과거에 행했다. 오래된 가문의 전통을 내가 없애버리는 것은 옳지 않다.'라는 생각으로 보시를 하는 것도 아니고, '나는 음식을 만들지만 이들은 만들지 않는다. 음식을 만드는 자가 만들지 않는 자들에게 보시하지 않는 것은 어울리지 않는다.'라는 생각으로 보시를 하는 것도 아니고, '이전의 선인(仙人)들은 큰 제사를 지냈나니 그들은 앗타까, 와마까, 와마데와, 웻사미따, 야마딱기, 앙기라사, 바라드와자, 와셋타, 깟사빠, 바구다. 그들처럼 나도 보시하여 나누어 가지는 자가 되리라.'라는 생각으로 보시를 하는 것도 아니고, '내가 보시를 할 때 마음이 맑아지고 흡족함과 기쁨이 일어난다.'라는 생각으로 보시를 하는 것도 아니고, 다만 마음을 장엄하고 마음의 필수품을 위해 보시를 한다. 이러한 보시를 한 뒤 그는 몸이 무너져 죽은 뒤에 범신천의 신들의 동료로 태어난다.382) 그는 그 업과 신통과 명성과 권위가 다하면 다시 돌아오지 않는 자가 되어 이러한 상태로 되돌아오지 않게 된다.383)

---

382) "'범신천의 동료로 태어난다.(brahmakāyikānaṁ devānaṁ sahabyataṁ)' 고 했다. 그러나 보시를 통해 그곳에 태어나는 것은 불가능하다. 그러나 보시는 사마타와 위빳사나의 장엄(alaṅkāra)이 되기 때문에 그 보시로 장엄된 마음으로 선[禪]과 성스러운 도를 일으켜서 선[禪]으로 그곳에 태어난다는 말이다."(AA.iv.33)
범신천은 색계 초선천에 해당한다. 그러므로 초선에 해당하는 본삼매의 힘이 없이는 그곳에 태어날 수 없다. 그러므로 보시만으로는 범신천에 태어나는 것은 불가능하다고 주석서는 말한다. 다만 이러한 보시를 통해 마음이 맑아져서 그 힘으로 본삼매를 닦아서 그곳에 태어날 수 있다고 주석서는 설명하고 있다. 여기에 대해서는 『디가 니까야』 제3권 「합송경」 (D33) §3.1(6)의 주해를 참조할 것.

사리뿟따여, 이러한 이유와 이러한 조건 때문에 여기 어떤 사람의 보시는 큰 결실이 없고 큰 이익이 없는 그런 보시를 하게 되고, 또 여기 어떤 사람의 보시는 큰 결실이 있고 큰 이익이 있는 그런 보시를 하게 된다."

난다마따 경(A7:50)
Nandamātā-sutta

1. 한때 사리뿟따 존자와 마하목갈라나 존자는 많은 비구 승가와 함께 닥키나기리384)에서 유행을 하였다. 그 무렵에 웰루깐따끼의 난다마따385) 청신녀가 밤이 지나고 새벽이 되었을 때 일어나 앉아서 『숫따니빠따』「도피안 품」을 독경하고 있었다. 그때 웻사와나 대왕386)이 어떤 일이 있어 북쪽 지방에서 남쪽 지방으로 가다가 난다

---

383) "'이러한 상태로 돌아오지 않는다(anāgantā itthattaṁ)'는 것은 다시 여기 다섯 가지 무더기를 가진 존재로 오지 않고 그보다 높은 존재나 혹은 그곳에 태어나서 열반에 든다는 말이다."(AA.iv.33~34)

384) 닥키나기리(Dakkhiṇāgiri)는 웃제니(Ujjeni, 지금의 우자인)를 수도로 한 인도 중남부 지역을 일컫는 말이다. 본경의 난다마따 청신녀가 사는 아완띠(Avanti)의 웰루깐따까 도시도 이 지역에 속한다.
라자가하(왕사성) 남쪽에 있는 산도 닥키나기리(남산)라고 불렸다. 그러나 본 문맥과는 상관이 없다.

385) 웰루깐따끼의 난다마따(Veḷukaṇṭakī Nandamātā)에 대해서는 본서 「보시 경」(A6:37) §1의 주해를 참조할 것.

386) 웻사와나(Vessavaṇa)는 사대천왕(Catumahārāja)의 한 신으로 사대왕천(Cātumahārājikā)의 북쪽을 관장하는 신이며 꾸웨라(Kuvera)라고도 이름하며 약카들의 왕이다. 사대천왕에 대해서는 본서 제1권 「사대천왕경」 1(A3:36) §1의 주해를 참조할 것.

마따 청신녀가 「도피안 품」을 독경하는 것을 들었다. 듣고는 그것이 끝나기를 기다리면서 거기에 서있었다. 그때 난다마따 청신녀는 「도피안 품」의 독경을 마치고는 침묵하였다.

그때 웻사와나 대왕은 난다마따 청신녀의 독경이 끝난 것을 알고 크게 기뻐하면서 말하였다.

"장합니다, 누이여. 장합니다, 누이여."

"잘 생긴 분이여, 그대는 누구십니까?"

"자매여, 나는 그대의 오라버니인 웻사와나 대왕입니다."

"장하십니다, 잘 생긴 분이여, 그렇다면 제가 독경한 이 법문을 손님께 드리는 선물로 대왕께 바치겠습니다."

"감사합니다, 누이여. 이것을 손님에게 주는 선물로 잘 받겠습니다. 그런데 내일 사리뿟따와 목갈라나 존자를 상수로 하는 비구 승가가 아침 공양을 하지 않은 채 웰루깐따끼로 올 것입니다. 그 비구 승가에 공양을 올린 뒤 내가 올린 공양이라고 말씀드려주십시오. 이것이 내가 [누이에게 주는] 손님에게 드리는 선물입니다."387)

2. 그때 난다마따 청신녀는 그 밤이 지나자 자신의 집에서 맛있는 여러 음식을 준비하게 하였다. 그때 사리뿟따와 목갈라나 존자를 상수로 하는 비구 승가가 아침 공양을 하지 않은 채 웰루깐따끼에 도착하였다. 그러자 난다마따 청신녀는 어떤 사람을 불러서 말했다.

"여보시오, 이리 오세요. 그대는 원림에 가서 비구 승가에게 '존자

---

387) 즉, 자기를 대신하여 난다마따가 비구 승가에 공양을 올려주고 그 공양은 웻사와나 대왕이 올리는 것이라고 말씀을 드려달라는 뜻이다. 이렇게 해서 난다마따가 신과 대화를 하는 능력이 있다는 것을 비구 승가가 알게 하는 이것을 난다마따에게 주는 선물로 하겠다는 의미가 들어있다.

님들이여, [출발하실] 시간이 되었습니다. 난다마따의 집에 음식이 준비되어 있습니다.'라고 시간을 알려드리세요."

"그렇게 하겠습니다, 마님."이라고 그 사람은 난다마따 청신녀에게 대답한 뒤 원림에 가서 비구 승가에게 "존자님들이여, [출발하실] 시간이 되었습니다. 난다마따의 집에 음식이 준비되어 있습니다."라고 시간을 알려드렸다.

그러자 사리뿟따와 목갈라나를 상수로 하는 비구 승가는 오전에 옷매무새를 가다듬고 발우와 가사를 수하고 난다마따 청신녀의 집으로 갔다. 가서는 마련된 자리에 앉았다. 그러자 난다마따 청신녀는 사리뿟따와 목갈라나를 상수로 하는 비구 승가에게 맛있는 여러 음식을 자기 손으로 직접 대접하고 드시게 했다. 사리뿟따 존자가 공양을 마치시고 그릇에서 손을 떼자 난다마따 청신녀는 어떤 낮은 자리를 잡아서 한 곁에 앉았다. 한 곁에 앉은 난다마따 청신녀에게 사리뿟따 존자는 이렇게 말하였다.

"난다마따여, 그런데 누가 비구 승가가 올 것이라고 그대에게 알려주었습니까?"

"존자시여, 여기 저는 밤이 지나고 새벽이 되었을 때 일어나 앉아서 「도피안 품」을 독경하고 나서 침묵하고 있었습니다. 그때 웻사와나 대왕은 저의 독경이 끝난 것을 알고는 크게 기뻐하면서 말하였습니다. '장합니다, 누이여. 장합니다, 누이여.' '잘 생긴 분이여, 그대는 누구입니까?' '자매여, 나는 그대의 오라버니인 웻사와나 대왕입니다.' '장하십니다, 잘 생긴 분이여, 그렇다면 제가 독경한 이 법문을 손님께 드리는 선물로 대왕께 바치겠습니다.' '감사합니다, 누이여. 이것을 손님에게 주는 선물로 잘 받겠습니다. 그런데 내일 사리뿟따와 목갈라나 존자를 상수로 하는 비구 승가가 아침 공양을 하지 않은 채로 웰루깐따끼로 올 것입니다. 그 비구 승가에 공양을 올린 뒤 내가 올린 공양이라고 말씀드려주십시오. 이것이 내가 [누이에게 주는] 손님에게 드리는 선물입니다.'라고 [말하였습니다.]

존자시여, 그러므로 이번 보시로 생긴 공덕과 이익은 모두 웻사와나 대왕의 행복이 되었으면 합니다."

3. "경이롭습니다, 난다마따여. 놀랍습니다, 난다마따여. 웻사와나 대왕은 큰 신통력과 큰 위력을 가졌는데 그런 신의 아들과 직접 대화를 하였군요."

"존자시여, 이것은 제게 경이로운 것도 아니고 놀라운 것도 아닙니다. 제게는 다른 경이롭고 놀라운 것이 있습니다. 존자시여, 여기 제게는 난다라는 외아들이 있었는데 사랑스럽고 소중했습니다. 그런데 왕이 어떤 이유로 강제로 끌고 가서 목숨을 빼앗아버렸습니다. 그러나 그 아이가 잡혔거나 잡힐 때나, 끌려갔거나 끌려갈 때나, 죽었거나 죽어갈 때나 저의 마음이 흔들린 것을 기억하지 못합니다."

4. "경이롭습니다, 난다마따여. 놀랍습니다, 난다마따여. 이처럼 마음을 청정하게 하다니요."

"존자시여, 이것은 제게 경이로운 것도 아니고 놀라운 것도 아닙니다. 제게는 다른 경이롭고 놀라운 것이 있습니다. 존자시여, 여기 제 남편이 임종을 하여 어떤 약카의 몸388)으로 태어났습니다. 그는

---

388) "'약카의 몸(yakkha-yoni)'이란 땅에 사는 신(bhumma-devatā-bhāva)이 되었다는 뜻이다. 그는 전생의 몸과 닮은 몸을 만들어 침실의 침상에 자신을 드러내었다."(AA.iv.37)

자기의 전생의 몸을 [만들어] 제게 드러내었습니다. 그러나 저는 그 때문에 마음이 흔들린 것을 기억하지 못합니다."

5. "경이롭습니다, 난다마따여. 놀랍습니다, 난다마따여. 이처럼 마음을 청정하게 하다니요."

"존자시여, 이것은 제게 경이로운 것도 아니고 놀라운 것도 아닙니다. 제게는 다른 경이롭고 놀라운 것이 있습니다. 존자시여, 저는 어릴 적에 어렸던 남편에게 시집와서 마음으로라도 거역한 것을 기억하지 못합니다. 그런데 어떻게 몸으로 나쁜 행실을 하였겠습니까?"

6. "경이롭습니다, 난다마따여. 놀랍습니다, 난다마따여. 이처럼 마음을 청정하게 하다니요."

"존자시여, 이것은 제게 경이로운 것도 아니고 놀라운 것도 아닙니다. 제게는 다른 경이롭고 놀라운 것이 있습니다. 존자시여, 저는 청신녀가 되기로 맹세한 뒤로 어떤 학습계목도 고의적으로 범한 것을 기억하지 못합니다."

7. "경이롭습니다, 난다마따여. 놀랍습니다, 난다마따여."

"존자시여, 이것은 제게 경이로운 것도 아니고 놀라운 것도 아닙니다. 제게는 다른 경이롭고 놀라운 것이 있습니다. 존자시여, 저는 원하기만 하면 감각적 욕망들을 완전히 떨쳐버리고 해로운 법[不善法]들을 떨쳐버린 뒤, 일으킨 생각[尋]과 지속적인 고찰[伺]이 있고, 떨쳐버렸음에서 생겼으며, 희열[喜]과 행복[樂]이 있는 초선(初禪)을 구족하여 머뭅니다. … 제2선(二禪)을 구족하여 머뭅니다. … 제3선(三禪)을 구족하여 머뭅니다. … 제4선(四禪)을 구족하여 머뭅니다."

8. "경이롭습니다, 난다마따여. 놀랍습니다, 난다마따여."

"존자시여, 이것은 제게 경이로운 것도 아니고 놀라운 것도 아닙니다. 제게는 다른 경이롭고 놀라운 것이 있습니다. 존자시여, 저는 세존께서 설하신 다섯 가지 낮은 단계의 족쇄[下分結] 가운데 어느 하나도 제 안에서 제거되지 않은 것을 보지 못합니다."

"경이롭습니다, 난다마따여. 놀랍습니다, 난다마따여."

그때 사리뿟따 존자는 난다마따 청신녀에게 법을 설하시고 격려하시고 분발하게 하시고 기쁘게 하신 뒤 자리에서 일어나 떠났다.

제5장 큰 제사 품이 끝났다.

다섯 번째 품에 포함된 경들의 목록은 다음과 같다.

① 거주처 ② 필수품, 두 가지 ③~④ 불
두 가지 ⑤~⑥ 인식 ⑦ 음행
⑧ 속박 ⑨ 보시 ⑩ 난다마따다.

첫 번째 50개 경들의 묶음이 끝났다.389)

---

389) PTS본에는 이 문장이 나타나지 않는다. 6차결집본에는 나타나고 있으며 PTS본의 주에 의하면 이 문장이 나타나는 필사본도 있었다.

II. 두 번째 50개 경들의 묶음
Dutiya-paññāsaka

제6장 설명하지 않음 품
Abyākata-vagga

설명하지 않음[無記] 경(A7:51)
Abyākata-sutta

1. 그때 어떤 비구가 세존께 다가갔다. 가서는 세존께 절을 올리고 한 곁에 앉았다. 한 곁에 앉은 비구는 세존께 이렇게 말씀드렸다.

"세존이시여, 무슨 원인과 무슨 조건 때문에 [여래가] 설명하지 않은 것[無記事]에 대해서 잘 배운 성스러운 제자에게는 의심이 일어나지 않습니까?"

2. "비구여, 견해가 소멸하였기 때문에 [여래가] 설명하지 않은 것[無記事]에 대해서 잘 배운 성스러운 제자에게는 의심이 일어나지 않는다. 비구여, '여래는 사후에도 존재한다.'는 것은 단지 견해일 뿐이다.390) '여래는 사후에 존재하지 않는다.'는 것은 단지 견해일 뿐이다. '여래는 사후에 존재하기도 하고 존재하지 않기도 한다.'는 것은

---

390) "'이것은 단지 견해일 뿐이다.(diṭṭhigataṁ etaṁ)'라는 것은 이것은 단지 삿된 견해일 뿐(micchā-diṭṭhi-mattaka)이라는 뜻이다."(AA.iv.37)

단지 견해일 뿐이다. '여래는 사후에 존재하는 것도 아니고 존재하지 않는 것도 아니다.'는 것은 단지 견해일 뿐이다.

비구여, 배우지 못한 범부는 이러한 견해를 꿰뚫어 알지 못하고, 견해의 일어남을 꿰뚫어 알지 못하고, 견해의 소멸을 꿰뚫어 알지 못하고, 견해의 소멸로 인도하는 도닦음을 꿰뚫어 알지 못한다. 그에게 이러한 견해는 강해진다. 그는 태어남·늙음·죽음으로부터 해탈하지 못하고, 근심·탄식·육체적 고통·정신적 고통·절망으로부터 해탈하지 못한다. 그는 괴로움으로부터 해탈하지 못한다고 나는 말한다.

비구여, 잘 배운 성스러운 제자는 이러한 견해를 꿰뚫어 알고, 견해의 일어남을 꿰뚫어 알고, 견해의 소멸을 꿰뚫어 알고, 견해의 소멸로 인도하는 도닦음을 꿰뚫어 안다. 그에게 이러한 견해는 소멸한다. 그는 태어남·늙음·죽음으로부터 해탈하고, 근심·탄식·육체적 고통·정신적 고통·절망으로부터 해탈한다. 그는 괴로움으로부터 해탈한다고 나는 말한다."

3. "비구여, 이렇게 알고 이렇게 보는 잘 배운 성스러운 제자는 '여래는 사후에도 존재한다.'는 것은 설명하지 않는다. '여래는 사후에 존재하지 않는다.'는 것도 설명하지 않는다. '여래는 사후에 존재하기도 하고 존재하지 않기도 한다.'는 것도 설명하지 않는다. '여래는 사후에 존재하는 것도 아니고 존재하지 않는 것도 아니다.'는 것도 설명하지 않는다.

비구여, 이와 같이 알고 이와 같이 보는 잘 배운 성스러운 제자는 [여래가] 설명하지 않은 것들에 대해서 설명하지 않게 된다. 이와 같이 알고 이와 같이 보는 잘 배운 성스러운 제자는 설명하지 않은 것들에 대해서 흔들리지 않고391) 동요하지 않고 떨지 않고 전율에 빠지지 않는다."

4. "비구여, '여래는 사후에도 존재한다.'는 것은 갈애에서 나온 것이고, 이것은 인식에서 나온 것이고, 이것은 생각에서 나온 것이고, 이것은 사량분별에서 나온 것이고, 이것은 취착에서 나온 것이고, 이것은 나중에 후회할 일이다.392) '여래는 사후에 존재하지 않는다.'는 것도 … 나중에 후회할 일이다. '여래는 사후에 존재하기도 하고 존재하지 않기도 한다.'는 것도 … 나중에 후회할 일이다. '여래는 사후에 존재하는 것도 아니고 존재하지 않는 것도 아니다.'는 것도 … 나중에 후회할 일이다.

비구여, 배우지 못한 범부는 후회할 일을 꿰뚫어 알지 못하고, 후회할 일의 일어남을 꿰뚫어 알지 못하고, 후회할 일의 소멸을 꿰뚫어 알지 못하고, 후회할 일의 소멸로 인도하는 도닦음을 꿰뚫어 알지 못한다. 그의 후회할 일은 증가한다. 그는 태어남 · 늙음 · 죽음으로부

---

391) "'흔들리지 않는다(na chambhati)'는 것은 견해로 인해 흔들리지 않는다(na kampati)는 뜻이다."(AA.iv.38)

392) "'갈애에서 나온 것(taṇhā-gata)'은 견해의 갈애(diṭṭhi-taṇhā)를 말한다. 인식 등의 경우에도 이와 같은 방법이 적용된다. 오직 견해의 인식을 여기서 '인식에서 나온 것(saññā-gata)'이라 한다. 견해에 바탕을 둔 자만(māna)이나 혹은 견해의 생각을 '생각에서 나온 것(maññita)'이라 하고, 견해의 사량분별을 '사량분별에서 나온 것(papañcita)'이라 하고, 견해의 취착을 '취착(upādāna)'이라 하고, 견해로 인해 위험한(virūpa) 귀의처(paṭisaraṇa)에 있는 것을 '나중에 후회할 일(vippaṭisāra)'이라고 알아야 한다. 여기서 견해라고 말한 것은 62가지 견해를, 견해의 소멸로 인도하는 도닦음은 예류과를 말한 것이다."(*Ibid*)

터 해탈하지 못하고, 근심·탄식·육체적 고통·정신적 고통·절망으로부터 해탈하지 못한다. 그는 괴로움으로부터 해탈하지 못한다고 나는 말한다.

비구여, 잘 배운 성스러운 제자는 이러한 후회할 일을 꿰뚫어 알고, 후회할 일의 일어남을 꿰뚫어 알고, 후회할 일의 소멸을 꿰뚫어 알고, 후회할 일의 소멸로 인도하는 도닦음을 꿰뚫어 안다. 그에게 이러한 후회할 일은 소멸한다. 그는 태어남·늙음·죽음으로부터 해탈하고, 근심·탄식·육체적 고통·정신적 고통·절망으로부터 해탈한다. 그는 괴로움으로부터 해탈한다고 나는 말한다."

5. "비구여, 이렇게 알고 이렇게 보는 잘 배운 성스러운 제자는 '여래는 사후에도 존재한다.'는 것은 설명하지 않는다. '여래는 사후에 존재하지 않는다.'는 것도 설명하지 않는다. '여래는 사후에 존재하기도 하고 존재하지 않기도 한다.'는 것도 설명하지 않는다. '여래는 사후에 존재하는 것도 아니고 존재하지 않는 것도 아니다.'는 것도 설명하지 않는다.

비구여, 이와 같이 알고 이와 같이 보는 잘 배운 성스러운 제자는 [여래가] 설명하지 않은 것들에 대해서 설명하지 않게 된다. 이와 같이 알고 이와 같이 보는 잘 배운 성스러운 제자는 설명하지 않은 것들에 대해서 두려워하지 않고 동요하지 않고 떨지 않고 전율에 빠지지 않는다.

비구여, 이러한 원인과 이러한 조건 때문에 [여래가] 설명하지 않은 것[無記事]에 대해서 잘 배운 성스러운 제자에게는 의심이 일어나지 않는다."

불환자가 태어날 곳 경(A7:52)393)
Purisagati-sutta

1. "비구들이여, 나는 그대들에게 일곱 가지 사람의 갈 곳[行處]394)과 취착 없는 완전한 열반을 설하리라. 이제 그것을 들어라. 듣고 마음에 잘 새겨라. 나는 설할 것이다."

"그렇게 하겠습니다, 세존이시여."라고 비구들은 세존께 응답했다. 세존께서는 이렇게 말씀하셨다.

"비구들이여, 그러면 어떤 것이 일곱 가지 사람이 태어날 곳인가?"

2. "비구들이여, 여기 비구는 이와 같이 도를 닦는다. '[과거에 지금의 존재를 태어나게 할 업이] 있지 않았다면395) [지금] 나의 존재는 있지 않았을 것이고, [지금 현재에 미래의 존재를 태어나게 할 업이] 없다면 [미래의] 나의 존재는 있지 않을 것이다.396) 있는 것,

---

393) '불환자(不還者)가 태어날 곳'은 purisa-gati를 의역한 것인데 '사람의 갈 곳'으로 직역이 된다. 본문 안에서는 사람의 갈 곳으로 직역을 하였다. 본경에서 언급되고 있는 일곱 가지 사람의 갈 곳은 모두 다섯 가지 낮은 단계의 족쇄를 완전히 없앤 불환자가 다음 생에 어떻게 되는가를 설명하고 있다. 그래서 '불환자가 태어날 곳'으로 의역해서 경의 제목으로 택한 것이다.

394) "'사람의 갈 곳(purisa-gati)'이란 사람의 지혜의 갈 곳(ñāṇa-gati)이라는 뜻이다."(AA.iv.38)

395) 원문은 no c'assa(Opt. 3인칭 단수)이다. 『맛지마 니까야』(M106)에도 이렇게 나타난다. 그런데『상윳따 니까야』「온 상응」(S22)의 몇몇 경에서는 no c'assaṁ(Opt. 1인칭 단수)으로 나타난다. 이 경우에는 '내가 있지 않다면'으로 해석된다.

396) [ ] 안은 주석서의 다음 설명을 번역해서 넣은 것이다.
"no cassā ti atīte attabhāvanibbattakaṁ kammaṁ no ce abhavissa.

되어있는 것,397) 그것을 나는 제거한다.'라고. 그래서 그는 평온을 얻는다.398) 그는 존재에 물들지 않고, 생겨남에 물들지 않고,399) '수승하고 평화로운 [열반의] 경지가 있다.'라고 바르게 통찰지로 본다. 그러나 그는 그러한 경지를 완전히 실현하지는 못했다.400) 자만의 잠재성향을 완전히 제거하지 못했고, 존재에 대한 애착의 잠재성향을 완전히 제거하지 못했고, 무명의 잠재성향을 완전히 제거하지 못했다. 그는 다섯 가지 낮은 단계의 족쇄를 완전히 없애고 수명의 중반쯤에 이르러 완전한 열반에 드는 자가 된다.401)

---

no ca me siyā ti etarahi me ayaṁ attabhāvo na siyā. na bhavissatī ti etarahi me anāgatattabhāvanibbattakaṁ kammaṁ na bhavissati. na ca me bhavissatī ti anāgate me attabhāvo na bhavissati."(AA.iv.38)

397) "'있는 것, 되어있는 것(yad atthi, yaṁ bhūta)'은 현재의 다섯 가지 무더기(오온, khandha-pañcaka)를 뜻한다."(Ibid)

398) "여기서 [오온을] 버리고 '평온을 얻는다.(upekkhaṁ paṭilabhati)'는 것은 그것에 대한 감각적 욕망(욕탐, chanda-rāga)을 버림으로써 버리고, 위빳사나의 평온을 얻는다는 뜻이다."(Ibid)

399) "'존재에 물들지 않는다.(bhave na rajjati)'는 것은 과거의 오온에 대해 갈애와 견해로 인해 물들지 않는다는 말이고, '생겨남에 물들지 않는다 (sambhave na rajjati)'는 것은 미래의 오온에 대해서도 그와 같이 물들지 않는다는 뜻이다."(Ibid)

400) '완전히'는 sabbena sabbaṁ의 역어이다.
"'완전히 실현하지는 못했다.'는 것은 진리를 가로막는(sacca-paṭic-chādaka) 어떤 일부분의 오염원(kilesa)들이 아직 버려지지 않았다. 그러므로 완전히 모든 측면에서 모두 제거하지 못했다는 뜻이다."(AA.iv.39)

401) "'중반쯤에 이르러 완전한 열반에 드는 자가 된다.(antarā-parinibbāyi)'는 것은 태어남(upapatti)으로부터 시작하여 중간을 넘기지 않고, 그 중간에 오염원이 완전히 식음(parinibbāna, 완전히 식음은 반열반 즉 완전한 열반의 문자적인 의미다.)으로써 완전히 열반에 든다(parinibbuta)는 뜻

비구들이여, 예를 들면 무쇠 솥을 한낮에 시뻘겋게 달구어서 두드릴 때 파편이 떨어져 나오면 그것은 열이 식을 것이다. 그와 같이 여기 비구는 도를 닦는다. '[과거에 지금의 존재를 태어나게 할 업이] 있지 않았다면 [지금] 나의 존재는 있지 않았을 것이고, [지금 현재에 미래의 존재를 태어나게 할 업이] 없다면 [미래의] 나의 존재는 있지 않을 것이다. 있는 것, 되어있는 것, 그것을 나는 제거한다.'라고. 그래서 그는 평온을 얻는다. 그는 존재에 물들지 않고, 생겨남에 물들지 않고, '수승하고 평화로운 [열반의] 경지가 있다.'라고 바르게 통찰지로 본다. 그러나 그는 그러한 경지를 완전히 실현하지는 못했다. 자만의 잠재성향을 완전히 제거하지 못했고, 존재에 대한 애착의 잠재성향을 완전히 제거하지 못했고, 무명의 잠재성향을 완전히 제거하지 못했다. 그는 다섯 가지 낮은 단계의 족쇄를 완전히 없애고 수명의 중반쯤에 이르러 완전한 열반에 드는 자가 된다."

3. "비구들이여, 여기 비구는 이와 같이 도를 닦는다. '[과거에 지금의 존재를 태어나게 할 업이] 있지 않았다면 [지금] 나의 존재는 있지 않았을 것이고, [지금 현재에 미래의 존재를 태어나게 할 업이] 없다면 [미래의] 나의 존재는 있지 않을 것이다. 있는 것, 되어있는 것, 그것을 나는 제거한다.'라고. 그래서 그는 평온을 얻는다. 그는 존재에 물들지 않고, 생겨남에 물들지 않고, '수승하고 평화로운 [열반

이다."(*Ibid*)
그리고 본 문단에 나타나는 다섯 가지 경지의 사람과 족쇄들에 대한 설명은 본서 제1권 「외움 경」2(A3:86) §3의 주해들과 본서 제2권 「족쇄 경」(A4:131) §§1~2의 주해들을 참조할 것. 이 다섯 가지 경지는 본서 「무상(無常) 경」(A7:16)에도 나타나고 있다.

의] 경지가 있다.'라고 바르게 통찰지로 본다. 그러나 그는 그러한 경지를 완전히 실현하지는 못했다. 자만의 잠재성향을 완전히 제거하지 못했고, 존재에 대한 애착의 잠재성향을 완전히 제거하지 못했고, 무명의 잠재성향을 완전히 제거하지 못했다. 그는 다섯 가지 낮은 단계의 족쇄를 완전히 없애고 수명의 중반쯤에 이르러 완전한 열반에 드는 자가 된다.

비구들이여, 예를 들면 무쇠 솥을 한낮에 시뻘겋게 달구어서 두드릴 때 파편이 떨어져 나와 위로 튀어 오르면서 열이 식을 것이다. 그와 같이 여기 비구는 도를 닦는다. … 그는 다섯 가지 낮은 단계의 족쇄를 완전히 없애고 수명의 중반쯤에 이르러 완전한 열반에 드는 자가 된다."

4. "비구들이여, 여기 비구는 이와 같이 도를 닦는다. '[과거에 지금의 존재를 태어나게 할 업이] 있지 않았다면 [지금] 나의 존재는 있지 않았을 것이고, [지금 현재에 미래의 존재를 태어나게 할 업이] 없다면 [미래의] 나의 존재는 있지 않을 것이다. 있는 것, 되어있는 것, 그것을 나는 제거한다.'라고, … 그는 다섯 가지 낮은 단계의 족쇄를 완전히 없애고 수명의 중반쯤에 이르러 완전한 열반에 드는 자가 된다."

비구들이여, 예를 들면 무쇠 솥을 한낮에 시뻘겋게 달구어서 두드릴 때 파편이 떨어져 나와 위로 튀어 올랐다가 어디에도 닿지 못하고402) 열이 식을 것이다. 그와 같이 여기 비구는 도를 닦는다. … 그

---

402) "'어디에도 닿지 못한다.(anupahacca talaṁ)'는 것은 허공의 맨 위 (ākāsa-tala)에 닿지도 못하고, 그것을 능가하지도 못하고, 또 땅에도 떨어지기도 전에 오로지 공중에서 식는다는 뜻이다. 이 세 가지 비유로서 수

는 다섯 가지 낮은 단계의 족쇄를 완전히 없애고 수명의 중반쯤에 이르러 완전한 열반에 드는 자가 된다."

5. "비구들이여, 여기 비구는 이와 같이 도를 닦는다. '[과거에 지금의 존재를 태어나게 할 업이] 있지 않았다면 [지금] 나의 존재는 있지 않았을 것이고, [지금 현재에 미래의 존재를 태어나게 할 업이] 없다면 [미래의] 나의 존재는 있지 않을 것이다. 있는 것, 되어있는 것, 그것을 나는 제거한다.'라고. … 그는 다섯 가지 낮은 단계의 족쇄를 완전히 없애고 [수명의] 반이 지나서 완전한 열반에 드는 자가 된다."

비구들이여, 예를 들면 무쇠 솥을 한낮에 시뻘겋게 달구어서 두드릴 때 파편이 떨어져 나와 위로 튀어 올랐다가 [땅에] 닿은 후에 열이 식을 것이다. 그와 같이 여기 비구는 도를 닦는다. … 그는 다섯 가지 낮은 단계의 족쇄를 완전히 없애고 [수명의] 반이 지나서 완전한 열반에 드는 자가 된다."

6. "비구들이여, 여기 비구는 이와 같이 도를 닦는다. '[과거에 지금의 존재를 태어나게 할 업이] 있지 않았다면 [지금] 나의 존재는 있지 않았을 것이고, [지금 현재에 미래의 존재를 태어나게 할 업이] 없다면 [미래의] 나의 존재는 있지 않을 것이다. 있는 것, 되어있는 것, 그것을 나는 제거한다.'라고. … 그는 다섯 가지 낮은 단계의 족쇄를 완전히 없애고 자극 없이 완전한 열반에 드는 자가 된다."

비구들이여, 예를 들면 무쇠 솥을 한낮에 시뻘겋게 달구어서 두드

명의 중반쯤에 이르러 완전한 열반에 드는(antarā-parinibbāyī) 세 종류의 사람을 설명했다."(AA.iv.39)

릴 때 파편이 떨어져 나와 위로 튀어 올랐다가 작은 풀 더미나 장작더미에 떨어질 것이다. 거기서 그것은 불도 내고 연기도 낼 것이고, 그 다음엔 그 작은 풀 더미나 장작더미를 다 태우고는 연료가 다하여 열이 식을 것이다. 그와 같이 여기 비구는 도를 닦는다. … 그는 다섯 가지 낮은 단계의 족쇄를 완전히 없애고 자극 없이 완전한 열반에 드는 자가 된다."

7. "비구들이여, 여기 비구는 이와 같이 도를 닦는다. '[과거에 지금의 존재를 태어나게 할 업이] 있지 않았다면 [지금] 나의 존재는 있지 않았을 것이고, [지금 현재에 미래의 존재를 태어나게 할 업이] 없다면 [미래의] 나의 존재는 있지 않을 것이다. 있는 것, 되어있는 것, 그것을 나는 제거한다.'라고, … 그는 다섯 가지 낮은 단계의 족쇄를 완전히 없애고 자극을 통해 완전한 열반에 드는 자가 된다."

비구들이여, 예를 들면 무쇠 솥을 한낮에 시뻘겋게 달구어서 두드릴 때 파편이 떨어져 나와 위로 튀어 올랐다가 큰 풀 더미나 장작더미에 떨어질 것이다. 거기서 그것은 불도 내고 연기도 낼 것이고, 그 다음엔 그 큰 풀 더미나 장작더미를 다 태우고는 연료가 다하여 열이 식을 것이다. 그와 같이 여기 비구는 도를 닦는다. … 그는 다섯 가지 낮은 단계의 족쇄를 완전히 없애고 자극을 통해 완전한 열반에 드는 자가 된다."

8. "비구들이여, 여기 비구는 이와 같이 도를 닦는다. '[과거에 지금의 존재를 태어나게 할 업이] 있지 않았다면 [지금] 나의 존재는 있지 않았을 것이고, [지금 현재에 미래의 존재를 태어나게 할 업이] 없다면 [미래의] 나의 존재는 있지 않을 것이다. 있는 것, 되어있는

것, 그것을 나는 제거한다.'라고. … 그는 다섯 가지 낮은 단계의 족쇄를 완전히 없애고 더 높은 세계로 재생하여 색구경천에 이르는 자가 된다."

비구들이여, 예를 들면 무쇠 솥을 한낮에 시뻘겋게 달구어서 두드릴 때 파편이 떨어져 나와 위로 튀어 올랐다가 큰 풀 더미나 장작더미에 떨어질 것이다. 거기서 그것은 불도 내고 연기도 낼 것이고, 그 다음엔 그 큰 풀 더미나 장작더미를 다 태우고는 밀림을 태우고 삼림 지대를403) 태울 것이다. 그 다음엔 초원이나 황무지나 바위나 물이나 비옥한 땅을 만나면 거기서 연료가 다하여 열이 식을 것이다. 그와 같이 여기 비구는 도를 닦는다. … 그는 다섯 가지 낮은 단계의 족쇄를 완전히 없애고 더 높은 세계로 재생하여 색구경천에 이르는 자가 된다.

비구들이여, 이것이 일곱 가지 사람의 갈 곳[行處]이다. 비구들이여, 그러면 어떤 것이 취착 없는 완전한 열반인가?"

9. "비구들이여, 여기 비구는 이와 같이 도를 닦는다. '[과거에 지금의 존재를 태어나게 할 업이] 있지 않았다면 [지금] 나의 존재는 있지 않았을 것이고, [지금 현재에 미래의 존재를 태어나게 할 업이] 없다면 [미래의] 나의 존재는 있지 않을 것이다. 있는 것, 되어있는 것, 그것을 나는 제거한다.'라고. 그래서 그는 평온을 얻는다. 그는 존재에 물들지 않고, 생겨남에 물들지 않고, '수승하고 평화로운 [열반의] 경지가 있다.'라고 바르게 통찰지로 본다. 그리고 그는 그러한 경

---

403) '밀림'으로 옮긴 원어는 gaccha인데 주석서는 비보호 지역의 숲이라고 설명하고 있으며, '삼림 지대'로 옮긴 원어는 dāya인데 보호 지역의 숲이라고 설명하고 있다.(AA.iv.39)

지를 완전히 실현했다. 자만의 잠재성향을 완전히 제거했고, 존재에 대한 애착의 잠재성향을 완전히 제거했고, 무명의 잠재성향을 완전히 제거했다. 그는 모든 번뇌가 다하여 아무 번뇌가 없는 마음의 해탈[心解脫]과 통찰지를 통한 해탈[慧解脫]을 바로 지금여기에서 스스로 최상의 지혜로 알고 실현하고 구족하여 머문다. 비구들이여, 이를 일러 취착 없는 완전한 열반이라 한다.

비구들이여, 이것이 일곱 가지 사람의 갈 곳[行處]과 취착 없는 완전한 열반이다."

띳사 경(A7:53)
Tissa-sutta

1. 이와 같이 나는 들었다. 한때 세존께서는 라자가하에서 독수리봉 산에 머무셨다. 그때 두 천신이 밤이 아주 깊었을 때 아주 멋진 모습을 하고 온 독수리봉 산을 환하게 밝히면서 세존께 다가갔다. 다가가서는 세존께 절을 올린 뒤 한 곁에 섰다. 한 곁에 서서 한 천신이 세존께 이렇게 말씀드렸다.

"세존이시여, 이 비구니들404)은 해탈하였습니다."

---

404) "'비구니들'이란 마하빠자빠띠(Mahāpajāpati) 장로니와 그를 수행하던 5백 명의 비구니들이다. '해탈하였다(vimuttā)'는 것은 다섯 가지 해탈로 해탈한 것이고, '취착이 없다(anupādi-sesā)'는 것은 남은 취착(upādāna-sesa)이 조금도 없이 다섯 가지 해탈(vimutti)로 해탈하였다는 뜻이다." (AA.iv.40)
마하빠자빠띠 고따미(Mahāpajāpati Gotami) 장로니는 부처님의 어머니인 마하마야(Mahāmāyā) 왕비의 동생이었고, 마하마야 왕비가 세존을 낳은 지 7일 만에 돌아가시자 세존을 양육하였으며, 세존의 아버지인 숫도다나 왕과 결혼하여 세존의 계모가 된 분이다. 더 자세한 것은 본서 제1권

다른 천신은 세존께 이렇게 말씀드렸다.

"세존이시여, 이 비구니들은 취착 없이 잘 해탈하였습니다."

천신들은 이렇게 말하였고 스승께서는 그것에 동의를 하셨다. 그때 천신들은 '스승께서 우리의 [말]에 동의를 하셨구나.'라고 생각하면서 세존께 절을 올리고 오른쪽으로 [세 번] 돌아 [경의를 표한] 뒤 거기서 사라졌다.

세존께서는 그 밤이 지나자 비구들을 불러서 말씀하셨다.

"비구들이여, 간밤에 두 천신이 밤이 아주 깊었을 때 아주 멋진 모습을 하고 온 독수리봉 산을 환하게 밝히면서 나에게 다가왔다. 다가와서는 나에게 절을 올린 뒤 한 곁에 섰다. 한 곁에 서서 한 천신이 나에게 이와 같이 말하였다. '세존이시여, 이 비구니들은 해탈하였습니다.' 다른 천신은 나에게 이렇게 말하였다. '세존이시여, 이 비구니들은 취착 없이 잘 해탈하였습니다.'라고. 비구들이여, 천신들은 이렇게 말하였고 나는 그것에 동의를 하였다. 그때 천신들은 '스승께서 우리의 [말]에 동의를 하셨구나.'라고 생각하면서 나에게 절을 올리고 오른쪽으로 [세 번] 돌아 [경의를 표한] 뒤에 거기서 사라졌다."

2. 그때 마하목갈라나 존자가 세존으로부터 멀지 않은 곳에 앉아있었다. 마하목갈라나 존자에게 이런 생각이 들었다.

"어떤 신들에게 이러한 지혜가 있을까? '취착이 남아 있으면 취착이 남아 있다. 취착이 없으면 취착이 없다.'라고"

그 무렵에 띳사405)라는 비구가 얼마 전에 임종하여 어떤 범천의

「하나의 모음」(A1:14:5-1)의 주해를 참조할 것.
다섯 가지 해탈에 대해서는 본서 제3권 「어떤 방향 경」(A5:134) §3의 주해를 참조할 것.

세계406)에 태어났다. 거기서도 그들은 그를 큰 신통력과 큰 위력을 가진 떳사 범천이라고 알았다. 그때 마하목갈라나 존자는 마치 힘 센 사람이 구부렸던 팔을 펴고 폈던 팔을 구부리는 것처럼 독수리봉 산에서 사라져 범천의 세계에 나타났다. 떳사 범천은 마하목갈라나 존자가 멀리서 오는 것을 보고 마하목갈라나 존자에게 이렇게 말했다.407)

"어서 오십시오, 목갈라나 존자여. 환영합니다, 목갈라나 존자여. 목갈라나 존자여, 오랜만에 기회를 내서서 여기에 오셨군요. 앉으십시오. 이것이 마련된 자리입니다."

목갈라나 존자는 마련된 자리에 앉았다. 떳사 범천도 마하목갈라나 존자에게 절을 올리고 한 곁에 앉았다. 한 곁에 앉은 떳사 범천에게 마하목갈라나 존자는 이렇게 말했다.

"떳사여, 어떤 신들에게 이러한 지혜가 있습니까? '취착이 남아 있으면 취착이 남아 있다. 취착이 없으면 취착이 없다.'라고."

"목갈라나 존자여, 범신천408)의 신들에게 이러한 지혜가 있습니다. '취착이 남아 있으면 취착이 남아 있다. 취착이 없으면 취착이 없

---

405) 주석서에 의하면 떳사(Tissa) 비구 혹은 떳사 범천은 마하목갈라나 존자의 상좌(saddhi-vihārika)였다고 한다.(AA.iv.40) 본서 「목갈라나 경」(A6:34)에서도 마하목갈라나 존자는 신통으로 범천의 세계로 가서 떳사 범천을 만나 대화를 한다.

406) 범천(brahma)과 범천의 세계(범천의 세상, brahma-loka)에 대해서는 본서 제2권 「무외 경」(A4:8) §1의 주해를 참조할 것.

407) 비슷한 설정에서 전개되는 마하목갈라나 존자와 떳사 범천의 대화가 본서 「목갈라나 경」(A6:34)에도 나타난다.

408) 범신천(梵身天, Brahmakāyika)에 대해서는 본서 제2권 「다른 점 경」 1(A4:123) §1의 주해를 참조할 것.

다.'라고"

"떳사여, 그러면 범신천의 모든 신들에게 이러한 지혜가 있습니까? '취착이 남아 있으면 취착이 남아 있다. 취착이 없으면 취착이 없다.'라고"

3. "목갈라나 존자여, 범신천의 모든 신들에게 이러한 지혜가 있지는 않습니다. '취착이 남아 있으면 취착이 남아 있다. 취착이 없으면 취착이 없다.'라고. 목갈라나 존자여, 범신천의 신들 가운데 범천의 수명에 만족하고 범천의 용모와 범천의 행복과 범천의 명성과 범천의 지배력에 만족하는 자는 그곳에서 더 높은 곳으로 벗어남을 있는 그대로 꿰뚫어 알지 못합니다. 그들에게는 이러한 지혜가 있지 않습니다. '취착이 남아 있으면 취착이 남아 있다. 취착이 없으면 취착이 없다.'라고. 목갈라나 존자여, 그러나 범천의 수명에 만족하지 않고 범천의 용모와 범천의 행복과 범천의 명성과 범천의 지배력에 만족하지 않는 자는 그곳에서 더 높은 곳으로 벗어남을 있는 그대로 꿰뚫어 압니다. 그들에게는 이러한 지혜가 있습니다. '취착이 남아 있으면 취착이 남아 있다. 취착이 없으면 취착이 없다.'라고"

4. "목갈라나 존자여, 여기 양면으로 해탈[409]한 비구가 있습니

---

409) "'양면으로 해탈했다.(ubhato-bhāga-vimutta)'는 것은 무색계의 증득으로써 물질적인 몸으로부터 해탈한 것과 도로써 정신적인 몸으로부터 해탈한 것 [둘 다를] 말한다. 여기에는 네 가지 무색계의 증득[等至]의 각각에서 나와 상카라들을 명상한 뒤 아라한과를 얻는 것과 상수멸에서 나와 아라한과를 얻는 불환자의 것을 합하여 모두 다섯 종류가 있다."(DA. iii.889)
이하 본경에서 언급되고 있는 경지에 대해서는 본서 제1권 「세속적인 것을 중시함 경」(A2:5:7)의 주해를 참조할 것.

다. 신들은 그에 대해서 '이 존자는 양면으로 해탈한 자다. 그의 몸이 머무는 한 신과 인간들은 그를 본다. 그러나 몸이 무너지고 나면 신과 인간들은 그를 보지 못한다.'라고 압니다. 목갈라나 존자여, 이와 같이 그 신들에게는 지혜가 있습니다. '취착이 없으면 취착이 없다.' 라고."

5. "목갈라나 존자여, 여기 통찰지로 해탈한 비구가 있습니다. 신들은 그에 대해서 '이 존자는 통찰지로 해탈한 자다. 그의 몸이 머무는 한 신과 인간들은 그를 본다. 그러나 몸이 무너지고 나면 신과 인간들은 그를 보지 못한다.'라고 압니다. 목갈라나 존자여, 이와 같이 그 신들에게는 지혜가 있습니다. '취착이 없으면 취착이 없다.'라고."

6. "목갈라나 존자여, 여기 몸으로 체험한 비구가 있습니다. 신들은 그에 대해서 '이 존자는 몸으로 체험한 자다. 이 존자는 적당한 거처를 사용하고 좋은 친구들을 받들면서 감각기능들을 조화롭게 유지하여, 좋은 가문의 아들들이 성취하고자 집에서 나와 출가하는 그 위없는 청정범행의 완성을 지금여기에서 스스로 최상의 지혜로 알고 실현하고 구족하여 머물 것이다.'라고 압니다. 목갈라나 존자여, 이와 같이 그 신들에게는 지혜가 있습니다. '취착이 있으면 취착이 있다.' 라고."

7. "목갈라나 존자여, 여기 견해를 얻은 비구가 있습니다. … 믿음으로 해탈한 비구가 있습니다. … 법을 따르는 비구가 있습니다.410) 신들은 그에 대해서 '이 존자는 법을 따르는 자다. 이 존자는

---

410) 땃사 범천은 본서 「사람 경」(A7:14) 등에서 언급되고 있는 일곱 부류의

적당한 거처를 사용하고 좋은 친구들을 받들면서 감각기능들을 조화롭게 유지하여, 좋은 가문의 아들들이 성취하고자 집에서 나와 출가하는 그 위없는 청정범행의 완성을 지금여기에서 스스로 최상의 지혜로 알고 실현하고 구족하여 머물 것이다.'라고 압니다. 목갈라나 존자여, 이와 같이 그 신들에게는 지혜가 있습니다. '취착이 있으면 취착이 있다.'라고."

8. 그때 마하목갈라나 존자는 띳사 범천의 말을 기뻐하고 감사한 뒤 마치 힘 센 사람이 구부렸던 팔을 펴고 폈던 팔을 구부리는 것처럼 범천의 세계에서 사라져 독수리봉 산에 나타났다. 그때 마하목갈라나 존자는 세존께 다가갔다. 가서는 세존께 절을 올린 뒤 한 곁에 앉았다. 한 곁에 앉아서 마하목갈라나 존자는 띳사 범천과 나누었던 대화를 모두 세존께 아뢰었다.

"목갈라나여, 띳사 범천은 일곱 번째인 표상 없이 머무는 인간에 대해서는 말하지 않았구나."411)

"세존이시여, 지금이 바로 적절한 시기입니다. 선서시여, 지금이 세존께서 일곱 번째인 표상 없이 머무는 인간에 대해서 설해주실 바

사람들 가운데 맨 마지막인 믿음을 따르는 자(saddhānusārī)를 말하지 않았다.

411) "이 문장은 '표상 없이 머무는(animitta-vihārī)' 일곱 번째 인간을 말씀하시기 위함이다. 왜냐하면 일곱 번째인 '믿음을 따르는 인간(saddhā-nusārī-puggalo)'은 띳사 범천이 설명하지 않았기 때문이다. 세존께서는 깊은 위빳사나를 통해 그것을 설명하시면서 이렇게 말씀하신 것이다." (AA.iv.40)
본경은 이처럼 믿음을 따르는 인간 대신에 표상 없이 머무는 인간을 언급하고 있다.

로 적절한 시기입니다. 세존의 말씀을 듣고 비구들은 마음에 새길 것입니다."

"목갈라나여, 그렇다면 들어라. 듣고 마음에 잘 새겨라. 나는 설할 것이다."

"그렇게 하겠습니다, 세존이시여."라고 목갈라나 존자는 세존께 대답했다. 세존께서는 이렇게 말씀하셨다.

9. "목갈라나여, 여기 비구는 모든 표상들을 마음에 잡도리하지 않아서 표상 없는 마음의 삼매에 들어 머문다.412) 신들은 그에 대해 '이 존자는 모든 표상들을 마음에 잡도리하지 않아서 표상 없는 마음

---

412) "'모든 표상(sabba-nimittā)'이란 모든 것에 대해 영원하다는 표상 등(nicca-nimittādi)을 말한다. '표상없는 마음의 삼매(animitta ceto-samādhi)'란 깊은 위빳사나와 함께한 삼매(balava-vipassanā-samādhi)를 뜻한다."(*Ibid*)
"깊은 위빳사나와 함께한 이 삼매는 영원하다는 표상 등이 없기 때문에 표상이 없는 마음의 삼매라 한 것이다."(AAṬ.iii.177)
여기서 '영원하다는 표상' 등이란 무상과 고와 무아와 반대되는 영원함[常]과 즐거움[樂]과 자아[我]에 대한 표상을 말한다. 위빳사나는 유위법들의 무상과 고와 무아를 통찰하는 것이므로 위빳사나와 함께한 삼매에는 이러한 표상이 있을 수가 없다. 여기에 대해서는 본서 제1권 「탐욕의 반복경」(A3:163)의 주해를 참조할 것.
이러한 '위빳사나와 함께한 삼매'는 주석서나 복주서에 나타나는 '찰나삼매'(khaṇika-samādhi)와 같은 것이다. 『상윳따 니까야』 「살라 경」(S47:4)에 나타나는 [마음의] 전일함(ekodi-bhūta)을 주석서는 찰나삼매라고 설명하고 있으며(SA.iii.200) 『맛지마 니까야 복주서』는 "찰나삼매가 없이는 위빳사나는 있을 수 없기 때문이다.(na hi khaṇikasamādhiṁ vinā vipassanā sambhavati)"(MAṬ.i.182) 등으로 설명하고 있기 때문이다.
찰나삼매에 대해서는 『청정도론』 VIII.232에 대한 주해와 『아비담마 길라잡이』 9장 §29의 해설을 참조할 것.

의 삼매에 들어 머문다. 이 존자는 적당한 거처를 사용하고 좋은 친구들을 받들면서 감각기능들을 조화롭게 유지하여, 좋은 가문의 아들들이 성취하고자 집에서 나와 출가하는 그 위없는 청정범행의 완성을 지금여기에서 스스로 최상의 지혜로 알고 실현하고 구족하여 머물 것이다.'라고 안다.

목갈라나여, 그 신들에게는 이러한 지혜가 있다. '취착이 있으면 취착이 있다.'라고."

시하 경(A7:54)
Sīha-sutta

1. 이와 같이 나는 들었다. 한때 세존께서는 웨살리에서 큰 숲의 중각강당에 머무셨다. 그때 시하 대장군413)이 세존께 다가갔다. 가서는 세존께 절을 올리고 한 곁에 앉았다. 한 곁에 앉은 시하 대장군은 세존께 이렇게 말씀드렸다.

"세존이시여, 지금 여기서 스스로 보아 알 수 있는 보시의 결실을 말씀해주실 수 있습니까?"

2. "시하여, 그렇다면 이제 그대에게 되물어 보리니 그대가 옳다고 생각하는 대로 설명해보라. 시하여, 이를 어떻게 생각하는가? 여기 두 사람이 있는데 한 사람은 믿음이 없고 인색하고 구두쇠고 비

---

413) 시하 대장군(Sīha senāpati)은 웨살리에 사는 릿차위족 대장군이다. 본서 제5권 「시하 경」(A8:12)에서 보듯이 한때 그는 니간타(Nigaṇṭha)의 신도였으며 「시하 경」(A8:12)을 통해서 세존의 설법을 듣고 예류자가 되어 세존의 신도가 되었다. 본서 제3권 「시하 경」(A5:34)도 본경처럼 보시에 관한 가르침을 담고 있다.

방을 일삼고, 다른 사람은 믿음이 있고 보시의 주인이고 끊임없이 베푸는 것을 좋아한다 하자. 시하여, 이 경우에 아라한들은 연민하면서 누구를 먼저 연민하겠는가? 믿음이 없고 인색하고 구두쇠고 비방을 일삼는 사람인가, 아니면 믿음이 있고 보시의 주인이고 끊임없이 베푸는 것을 좋아하는 사람인가?"

"세존이시여, 왜 아라한들이 연민하면서 믿음이 없고 인색하고 구두쇠고 비방을 일삼는 자를 먼저 연민하겠습니까? 아라한들은 연민하면서 당연히 믿음이 있고 보시의 주인이고 끊임없이 베푸는 것을 좋아하는 사람을 먼저 연민합니다."

3. "시하여, 이를 어떻게 생각하는가? 아라한들이 방문할 때 누구를 먼저 방문하겠는가? 믿음이 없고 인색하고 구두쇠고 비방을 일삼는 사람인가, 아니면 믿음이 있고 보시의 주인이고 끊임없이 베푸는 것을 좋아하는 사람인가?"

"세존이시여, 왜 아라한들이 방문할 때 믿음이 없고 인색하고 구두쇠고 비방을 일삼는 자를 먼저 방문하겠습니까? 아라한들은 방문할 때 당연히 믿음이 있고 보시의 주인이고 끊임없이 베푸는 것을 좋아하는 사람을 먼저 방문합니다."

4. "시하여, 이를 어떻게 생각하는가? 아라한들은 보시를 받을 때 누구의 보시를 먼저 받겠는가? 믿음이 없고 인색하고 구두쇠고 비방을 일삼는 사람인가, 아니면 믿음이 있고 보시의 주인이고 끊임없이 베푸는 것을 좋아하는 사람인가?"

"세존이시여, 왜 아라한들이 보시를 받을 때 믿음이 없고 인색하고 구두쇠고 비방을 일삼는 자의 보시를 먼저 받겠습니까? 아라한들은 보시를 받을 때 당연히 믿음이 있고 보시의 주인이고 끊임없이 베푸는 것을 좋아하는 사람의 보시를 먼저 받습니다."

5. "시하여, 이를 어떻게 생각하는가? 아라한들은 법을 설할 때 누구에게 먼저 법을 설하겠는가? 믿음이 없고 인색하고 구두쇠고 비방을 일삼는 사람인가, 아니면 믿음이 있고 보시의 주인이고 끊임없이 베푸는 것을 좋아하는 사람인가?"

"세존이시여, 왜 아라한들이 법을 설할 때 믿음이 없고 인색하고 구두쇠고 비방을 일삼는 자에게 먼저 법을 설하겠습니까? 아라한들은 법을 설할 때 당연히 믿음이 있고 보시의 주인이고 끊임없이 베푸는 것을 좋아하는 사람에게 먼저 법을 설합니다."

6. "시하여, 이를 어떻게 생각하는가? 누구에게 좋은 명성이 따르겠는가? 믿음이 없고 인색하고 구두쇠고 비방을 일삼는 사람인가, 아니면 믿음이 있고 보시의 주인이고 끊임없이 베푸는 것을 좋아하는 사람인가?"

"세존이시여, 왜 믿음이 없고 인색하고 구두쇠고 비방을 일삼는 자에게 좋은 명성이 따르겠습니까? 당연히 믿음이 있고 보시의 주인이고 끊임없이 베푸는 것을 좋아하는 사람에게 좋은 명성이 따릅니다."

7. "시하여, 이를 어떻게 생각하는가? 어떤 회중에 들어갈 때, 그것이 끄샤뜨리야의 회중이든, 바라문의 회중이든, 장자의 회중이든, 수행자의 회중이든, 누가 두려움 없고 당당하게 들어가는가? 믿음이 없고 인색하고 구두쇠고 비방을 일삼는 사람인가, 아니면 믿음

이 있고 보시의 주인이고 끊임없이 베푸는 것을 좋아하는 사람인가?"

"세존이시여, 왜 믿음이 없고 인색하고 구두쇠고 비방을 일삼는 자가 끄샤뜨리야의 회중이든, 바라문의 회중이든, 장자의 회중이든, 수행자의 회중이든, 그곳에 들어갈 때 두려움 없고 당당하게 들어가겠습니까? 당연히 믿음이 있고 보시의 주인이고 끊임없이 베푸는 것을 좋아하는 사람이 끄샤뜨리야의 회중이든, 바라문의 회중이든, 장자의 회중이든, 수행자의 회중이든, 그 어떤 회중에 들어가더라도 두려움 없고 당당하게 들어갑니다."

8. "시하여, 이를 어떻게 생각하는가? 몸이 무너져 죽은 뒤에 누가 좋은 곳[善處], 천상 세계에 태어나겠는가? 믿음이 없고 인색하고 구두쇠고 비방을 일삼는 사람인가, 아니면 믿음이 있고 보시의 주인이고 끊임없이 베푸는 것을 좋아하는 사람인가?"

"세존이시여, 왜 믿음이 없고 인색하고 구두쇠고 비방을 일삼는 자가 몸이 무너져 죽은 뒤에 좋은 곳[善處], 천상 세계에 태어겠습니까? 당연히 믿음이 있고 보시의 주인이고 끊임없이 베푸는 것을 좋아하는 사람이 몸이 무너져 죽은 뒤에 좋은 곳[善處], 천상 세계에 태어납니다."

9. "세존이시여, 세존께서 말씀하신 지금 여기서 스스로 보아 알 수 있는 여섯 가지 보시의 결실에 대해서는 단지 세존에 대한 믿음만으로 받아들이는 것이 아니라 저 자신도 또한 이 여섯 가지를 알고 있습니다. 세존이시여, 저는 보시를 행하는 보시의 주인이어서 아라한들은 저를 먼저 연민합니다. 세존이시여, 저는 보시를 행하는 보시의 주인이어서 아라한들은 저를 먼저 방문합니다. 세존이시여, 저

는 보시를 행하는 보시의 주인이어서 아라한들은 저의 보시를 먼저 받습니다. 세존이시여, 저는 보시를 행하는 보시의 주인이어서 아라한들은 제게 먼저 법을 설합니다. 세존이시여, 저는 보시를 행하는 보시의 주인이어서 제게는 좋은 명성이 따릅니다. 세존이시여, 저는 보시를 행하는 보시의 주인이어서 끄샤뜨리야의 회중이나 바라문의 회중이나 장자의 회중이나 사문의 회중이나 그 어떠한 회중에 들어가더라도 두려움 없이 당당하게 들어갑니다. 세존이시여, 세존께서 말씀하신 지금 여기서 스스로 보아 알 수 있는 이러한 여섯 가지 보시의 결실에 대해서는 단지 세존에 대한 믿음만으로 받아들이는 것이 아니라 저 자신도 또한 이 여섯 가지를 알고 있습니다.

세존이시여, 그러나 세존께서 '시하여, 보시를 행하는 보시의 주인은 몸이 무너져 죽은 뒤 좋은 곳[善處]에 태어난다.'라고 말씀하신 것에 대해서는 제가 알지 못합니다. 이 점에 대해서는 저는 세존에 대한 저의 믿음으로 받아들입니다."

"그러하다, 시하여. 참으로 그러하다, 시하여. 시하여, 보시를 행하는 보시의 주인은 몸이 무너져 죽은 뒤 좋은 곳[善處]에 태어난다."

감추지 않음 경(A7:55)[414]
Arakkhita-sutta

1. "비구들이여, 여래는 네 가지에 대해서는 감출 필요가 없고,

---

[414] 6차결집본의 경제목은 '감추지 않아야 함'(Arakkheyya-sutta)이다. PTS본의 경의 목록에는 Siharakkhita로 나타나는데 Hare의 지적처럼 Sih'arakkhita로 읽어야 한다. Siha는 바로 앞 경의 제목이고 arakkhita는 본경의 제목이다.

세 가지에 대해서는 비난받을 일이 없다. 그러면 여래는 어떠한 네 가지에 대해서는 감출 필요가 없는가?"

2. "비구들이여, 여래는 몸의 품행이 청정하기 때문에 여래에게 는 '남이 나의 이것을 알지 못하기를.'이라고 생각하면서 감추어야만 하는, 몸으로 하는 나쁜 행위란 없다. 비구들이여, 여래는 말의 품행 이 청정하기 때문에 여래에게는 '남이 나의 이것을 알지 못하기를.' 이라고 생각하면서 감추어야만 하는, 말로 하는 나쁜 행위란 없다. 비구들이여, 여래는 마음의 품행이 청정하기 때문에 여래에게는 '남 이 나의 이것을 알지 못하기를.'이라고 생각하면서 감추어야만 하는, 마음으로 하는 나쁜 행위란 없다.415) 비구들이여, 여래는 생계 수단 이 청정하기 때문에 여래에게는 '남이 나의 이것을 알지 못하기를.' 이라고 생각하면서 감추어야만 하는, 삿된 생계 수단이란 없다.

비구들이여, 여래는 이러한 네 가지에 대해서는 감출 필요가 없다. 어떠한 세 가지에 대해서는 비난받을 일이 없는가?"

3. "비구들이여, 여래는 법을 잘 설하였다. 여기에 대해서 참으 로 사문이나 바라문이나 신이나 마라나 범천이나 혹은 이 세상 누구 도 적절한 이유를 가지고416) '이런 이유로 당신은 법을 잘 설하지 않 았습니다.'라고 나를 질책할 그 어떤 조짐도 나는 보지 못한다. 비구 들이여, 나는 내게서 이런 조짐을 보지 못하기 때문에 안은(安隱)을

---

415) 이상 세 가지는 『디가 니까야』 제3권 「합송경」 (D33) §1.10 (30)에도 나 타난다.

416) '적절한 이유를 가지고'로 옮긴 원어는 sahadhammena(법과 더불어)인 데 주석서는 "이유를 가진(sahetunā sakāraṇena)"(AA.iii.10)으로 설 명하고 있어서 이렇게 옮겼다.

얻고 두려움 없음을 얻고 담대함을 얻어 머문다.

비구들이여, 나는 제자들에게 열반으로 인도하는 도닦음을 잘 천명하였다. 그렇게 도를 닦은 나의 제자들은 모든 번뇌가 다하여 아무 번뇌가 없는 마음의 해탈[心解脫]과 통찰지를 통한 해탈[慧解脫]을 바로 지금여기에서 스스로 최상의 지혜로 알고 실현하고 구족하여 머문다. 여기에 대해서 참으로 사문이나 바라문이나 신이나 마라나 범천이나 혹은 이 세상 누구도 적절한 이유를 가지고 '이런 이유로 그대는 제자들에게 열반으로 인도하는 도닦음을 잘 천명하지 않았습니다. 그렇게 도를 닦은 그대의 제자들은 모든 번뇌가 다하여 … 스스로 최상의 지혜로 알고 실현하고 구족하여 머물지 않습니다.'라고 나를 질책할 그 어떤 조짐도 나는 보지 못한다. 비구들이여, 나는 내게서 이런 조짐을 보지 못하기 때문에 안은(安隱)을 얻고 두려움 없음을 얻고 담대함을 얻어 머문다.

비구들이여, 수백 명의 나의 제자들의 회중은 모든 번뇌가 다하여 아무 번뇌가 없는 마음의 해탈[心解脫]과 통찰지를 통한 해탈[慧解脫]을 바로 지금여기에서 스스로 최상의 지혜로 알고 실현하고 구족하여 머문다. 여기에 대해서 참으로 사문이나 바라문이나 신이나 마라나 범천이나 혹은 이 세상 누구도 적절한 이유를 가지고 '이런 이유로 수백 명의 그대의 제자들의 회중은 모든 번뇌가 다하여 … 스스로 최상의 지혜로 알고 실현하고 구족하여 머물지 않습니다.'라고 나를 질책할 그 어떤 조짐도 나는 보지 못한다. 비구들이여, 나는 내게서 이런 조짐을 보지 못하기 때문에 안은(安隱)을 얻고 두려움 없음을 얻고 담대함을 얻어 머문다.

비구들이여, 이러한 세 가지에 대해서는 비난받을 일이 없다.

비구들이여, 여래는 이러한 네 가지에 대해서는 감출 필요가 없고, 이러한 세 가지에 대해서는 비난받을 일이 없다."

낌빌라 경(A7:56)
Kimbila-sutta

1. 한때 세존께서는 낌빌라에서 대나무 숲에 머무셨다. 그때 낌빌라 존자417)가 세존께 다가갔다. 가서는 세존께 절을 올리고 한 곁에 앉았다. 한 곁에 앉아서 낌빌라 존자는 세존께 이렇게 말씀드렸다.

"세존이시여, 무슨 원인과 무슨 조건 때문에 여래가 반열반에 든 뒤에 정법이 오래 머물지 못합니까?"

"낌빌라여, 여기 여래가 반열반에 든 뒤에 비구들과 비구니들과 청신사들과 청신녀들이 스승을 존중하지 않고 순응하지 않으며 머문다. 법을 존중하지 않고 순응하지 않으며 머문다. 승가를 존중하지 않고 순응하지 않으며 머문다. 공부지음을 존중하지 않고 순응하지 않으며 머문다. 삼매를 존중하지 않고 순응하지 않으며 머문다. 방일하지 않음을 존중하지 않고 순응하지 않으며 머문다. 친절한 환영을 존중하지 않고 순응하지 않으며 머문다. 낌빌라여, 이러한 원인과 이러한 조건 때문에 여래가 반열반에 든 뒤에 정법이 오래 머물지 못한다."

2. "세존이시여, 무슨 원인과 무슨 조건 때문에 여래가 반열반에 든 뒤에도 정법이 오래 머뭅니까?"

---

417) 낌빌라와 낌빌라 존자(āyasmā Kimbila/Kimila)에 대해서는 본서 제3권「낌빌라 경」(A5:201) §1의 주해를 참조할 것. 본서 제3권「낌빌라 경」(A5:201)과 본서「낌빌라 경」(A6:40)과 본경은 비슷한 내용을 담고 있다.

"낌빌라여, 여기 여래가 반열반에 든 뒤에 비구들과 비구니들과 청신사들과 청신녀들이 스승을 존중하고 순응하며 머문다. 법을 존중하고 순응하며 머문다. 승가를 존중하고 순응하며 머문다. 공부지음을 존중하고 순응하며 머문다. 삼매를 존중하고 순응하며 머문다. 방일하지 않음을 존중하고 순응하며 머문다. 친절한 환영을 존중하고 순응하며 머문다. 낌빌라여, 이러한 원인과 이러한 조건 때문에 여래가 반열반에 든 뒤에도 정법이 오래 머문다."

일곱 경(A7:57)
Satta-sutta

1. "비구들이여, 일곱 가지 법을 갖춘 비구는 오래지 않아 모든 번뇌가 다하여 아무 번뇌가 없는 마음의 해탈[心解脫]과 통찰지를 통한 해탈[慧解脫]을 바로 지금여기에서 스스로 최상의 지혜로 알고 실현하고 구족하여 머물게 된다. 무엇이 일곱인가?"

2. "비구들이여, 여기 비구는 믿음이 있고, 계를 잘 지키고, 많이 배우고, 한거하고, 열심히 정진하고, 마음챙김을 가지고, 통찰지가 있다. 비구들이여, 이러한 일곱 가지 법을 갖춘 비구는 오래지 않아 모든 번뇌가 다하여 … 스스로 최상의 지혜로 알고 실현하고 구족하여 머물게 된다."

졸고 있음 경(A7:58)
Pacalā-sutta

1. 이와 같이 나는 들었다. 한때 세존께서는 박가에서 숨수마라기리의 베사깔라 숲에 있는 녹야원에 머무셨다.418) 그 무렵에 목갈라나 존자가 마가다의 깔라왈라뭇따 마을419)에서 졸면서420) 앉아있었다. 세존께서는 청정하고 인간을 넘어선 신성한 눈[天眼]으로 마하목갈라나 존자가 마가다의 깔라왈라뭇따 마을에서 졸면서 앉아있는 것을 보셨다. 그것을 보시자 마치 힘 센 사람이 구부렸던 팔을 펴고 폈던 팔을 구부리는 것처럼 숨수마라기리의 베사깔라 숲에 있는 녹야원에서 사라져 마가다의 깔라왈라뭇따 마을에 있는 마하목갈라나 존자의 앞에 나타나셔서 마련된 자리에 앉으셨다. 세존께서는 자리에 앉으셔서 마하목갈라나 존자에게 이렇게 말씀하셨다.

---

418) 박가(Bhagga)는 종족 이름이면서 나라 이름이기도 하다. 이 나라는 꼬삼비에 예속되어 있었던 듯하며 왓지(Vajji) 공화국의 일원이었을 것이라는 설도 있다.(DPPN) 그래서 인도 중원의 16국에는 포함되지 않는다. 박가는 웨살리와 사왓티 사이에 놓여있었고 수도는 숨수마라기리(Suṁsumāra-giri, 악어산)였으며 그곳에 있는 숲이 베사깔라 숲(Bhesakalā-vana)이다. 세존께서는 이곳에서 8번째 안거를 보내셨다고 한다.

419) 깔라왈라뭇따 마을(Kallavālamutta-gāma)은 본경에서 보듯이 마하목갈라나 존자가 아라한이 된 곳이다. 주석서에 의하면 존자는 출가한 날부터 이곳에서 머물렀다고 하는데 7일간을 경행하는 정진을 한 끝에 피곤하여 해태와 혼침(thina-middha)에 빠져 있다가 본경에서 설하신 세존의 법문을 듣고 아라한이 되었다고 한다.(DhpA.i.96 등)

420) '졸면서'로 옮긴 원어는 pacalāyamāna인데 원어는 pra+√cal(*to shake*)이다. 졸음에 빠져 몸을 흔들면서 앉아있는 것을 뜻한다.
주석서에 의하면 목갈라나 존자는 7일을 경행하는 정진(caṅkamana-vīriya)을 하였기 때문에 아주 피곤하여 경행단 끝에서 졸고 있었다고 한다.(AA.iv.41)

"목갈라나여, 그대는 졸고 있지 않는가? 목갈라나여, 그대는 졸고 있지 않는가?"

"그렇습니다, 세존이시여."

2. "목갈라나여, 그러므로 그대가 어떤 인식을 가져서 머물 때 혼침이 생기면 그런 인식을 그대는 가지지 말라. 그런 인식을 많이 [공부]짓지 말라.421) 그대가 그렇게 머물 때 혼침이 제거될 수도 있다."

3. "목갈라나여, 만일 그대가 이와 같이 머물러도 혼침이 제거되지 않으면 그대는 들은 대로 배운 대로 법을 사유하고 고찰하고 마음으로 숙고해야 한다. 그대가 그렇게 머물 때 혼침이 제거될 수도 있다."

4. "목갈라나여, 만일 그대가 이와 같이 머물러도 혼침이 제거되지 않으면 그대는 들은 대로 배운 대로 법을 자세하게 독송해야 한다. 그대가 그렇게 머물 때 혼침이 제거될 수도 있다."

5. "목갈라나여, 만일 그대가 이와 같이 머물러도 혼침이 제거되지 않으면 그대는 두 귓볼을 잡아당기고 손으로 사지를 문질러야 한다. 그대가 그렇게 머물 때 혼침이 제거될 수도 있다."

---

421) PTS본의 문장은 taṁ saññaṁ manasākāsi [86] taṁ saññaṁ bahulam akāsi(그런 인식을 그대는 가져라. 그런 인식을 많이 [공부]지어라)로 나타난다. 이 문장은 앞뒤 문맥으로 볼 때 적절하지 못하다. 그러나 6차결집본에는 taṁ saññaṁ **mā** manasākāsi, taṁ saññaṁ **mā** bahulamakāsi(그런 인식을 그대는 가지지 말라. 그런 인식을 많이 [공부]짓지 말라.)로 나타난다. 역자는 이 문장에 따라서 번역하였다. Hare도 이렇게 옮겼다. 주석서에는 아무런 언급이 없다.

6. "목갈라나여, 만일 그대가 이와 같이 머물러도 혼침이 제거되지 않으면 그대는 자리에서 일어나 물로 눈을 씻고는 사방을 둘러보고, 별자리와 별들을 쳐다보아야 한다. 그대가 그렇게 머물 때 혼침이 제거될 수도 있다."

7. "목갈라나여, 만일 그대가 이와 같이 머물러도 혼침이 제거되지 않으면 그대는 광명상(光明想)을 마음에 잡도리하여 '낮이다'라는 인식에 집중하면 된다. 낮에 [광명을 본 것]처럼 밤에도 [광명을 보고], 밤에 [광명을 본 것]처럼 낮에도 [광명을 본다.] 이와 같이 열려있고 방해받지 않은 마음으로 그대는 마음을 밝게 만들어야 한다. 그대가 그렇게 머물 때 혼침이 제거될 수도 있다."

8. "목갈라나여, 만일 그대가 이와 같이 머물러도 혼침이 제거되지 않으면 그대는 감각기능들을 안으로 돌이켜 마음이 밖으로 향하지 않도록 한 채, 앞과 뒤를 똑바로 인식하면서 경행에 마음을 확고히 해야 한다. 그대가 그렇게 머물 때 혼침이 제거될 수도 있다."

9. "목갈라나여, 만일 그대가 이와 같이 머물러도 혼침이 제거되지 않으면 그대는 [언제] 일어날 것이라는 인식을 마음에 잡도리한 채 마음챙기고 알아차리면서[正念正知] 발로써 발을 포개고 오른쪽 옆구리로 사자처럼 누워도 된다. 그리고 다시 깨어나면 '나는 드러눕는 즐거움이나 기대는 즐거움이나 자는 즐거움에 빠지지 않으리라.'라고 생각하며 빨리 자리에서 일어나야 한다. 목갈라나여, 그대는 이렇게 공부지어야 한다."

10. "목갈라나여, 그러므로 그대는 '나는 [자만으로] 거들먹거리면서422) 신도 집에 가지 않으리라.'라고 이와 같이 공부지어야 한다. 목갈라나여, 그대는 참으로 이와 같이 공부지어야 한다. 만일 비구가 자만에 취해 거들먹거리면서 신도 집에 가는데 그 가정에 해야 할 일이 많아 사람들이 비구가 온 것을 인지하지 못하면 비구에게 이런 생각이 든다. '누가 지금 이 집에서 나를 혼란케 하는가? 사람들은 나를 싫어하는 기색이 역력하구나.'라고. 이렇게 해서 그는 아무 것도 얻지 못하게 되어 의기소침하게 된다. 의기소침하면 들뜨고, 들뜨면 단속하지 못하고, 단속하지 못하면 마음은 삼매로부터 멀어진다.

목갈라나여, 그러므로 그대는 '나는 논쟁의 소지가 있는 말을 하지 않으리라.'라고 이와 같이 공부지어야 한다. 목갈라나여, 그대는 참으로 이와 같이 공부지어야 한다. 목갈라나여, 논쟁이 있으면 말을 많이 하는 것이 예상된다. 말을 많이 하게 되면 들뜨고, 들뜨면 단속하지 못하고, 단속하지 못하면 마음은 삼매로부터 멀어진다.

목갈라나여, 나는 모든 교제를 칭송하지 않는다. 그렇다고 모든 교제를 칭송하지 않는 것은 아니다. 목갈라나여, 나는 재가자들이나 [외도] 출가자들과 교제하는 것을 칭송하지 않는다. 나는 조용하고 소리가 없고 한적하고 사람들로부터 멀고 혼자 앉기에 좋은 외딴 처소들과 교제하는 것을 칭송한다."

11. 이렇게 말씀하시자 마하목갈라나 존자는 세존께 이렇게 말씀드렸다.

---

422) "'거들먹거림(soṇḍa)'이란 자만으로 거들먹거림(māna-soṇḍa)이다." (AA.iv.42)

"세존이시여, 간략하게 말씀하시면, 어떻게 해서 비구는 갈애가 소진하여 해탈을 성취하고423) 구경의 완성을 이루고 구경의 유가안은을 성취하며 구경의 청정범행을 닦고 구경의 목적을 이루고 신과 인간들 사이에서 최고가 됩니까?"

"목갈라나여, 여기 비구는 '모든 법에 대해 [갈애와 사견을 통해서] 천착해서는 안된다.'424)라고 배운다. 목갈라나여, 이와 같이 비구는 '모든 법에 대해 [갈애와 사견을 통해] 천착해서는 안된다.'라고 배운다. 그는 모든 법을 최상의 지혜로 안다.425) 모든 법을 최상의 지혜로 안 뒤 모든 법을 철저하게 안다. 모든 법을 철저하게 안 뒤 어떤

---

423) "'갈애가 소진하여 해탈을 성취한다(taṇhā-saṅkhaya-vimutto hoti)'란 갈애가 소멸한 열반을 대상(ārammaṇa)으로 삼아서 마음이 해탈한 것이다. 여기서 [마하목갈라나 존자는] '갈애가 소진하여 해탈을 성취한다는 것은 간략하게 어떻게 해서 이루어집니까? 어떤 도닦음을 통해서 갈애가 소진하여 해탈을 성취합니까? 번뇌 다한 비구가 되는 그 예비단계의 도닦음(pubbabhāga-paṭipada)을 간략하게 설해주십시오.'라고 질문 드리는 것이다."(AA.iv.42)

424) 여기서 '모든 법(sabbe dhammā)'이란 것은 다섯 가지 무더기(5온, pañcakkhandhā), 열두 가지 감각장소(12처, dvādasāyatanāni), 열여덟 가지 요소(18계, aṭṭhārasa dhātuyo)이다. 그 어떤 것에 대해서도 갈애와 사견으로서 '천착해서는 안된다.(nālaṁ abhinivesāyā)' 무슨 이유인가? 거머쥔 상태로(gahitākārena) 머물 수 없기 때문이니, 그들이 비록 영원함[常]과 행복[樂]과 자아[我]를 거머쥐더라도 그것은 무상하게 되고 괴롭게 되고 자아가 없는 것이기 때문이다. 그러므로 천착해서는 안된다."(AA.iv.43)

425) "'최상의 지혜로 안다.(abhijānāti)'는 것은 무상·고·무아라고 안 것의 통달지(ñāta-pariññā)를 통해 그렇게 안다는 것이다. '철저하게 안다(parijānāti)'는 것은 마찬가지로 조사의 통달지(tīraṇa-pariññā)를 통해 그렇게 안다는 것이다."(*Ibid*)
안 것의 통달지와 조사의 통달지 등의 통달지(pariññā)에 대해서는 『청정도론』XX.3~5를 참조할 것.

느낌을 느끼더라도,426) 그것이 즐거운 느낌이든 괴로운 느낌이든 괴롭지도 즐겁지도 않은 느낌이든, 그는 그 느낌들에 대해서 무상을 관찰하면서 머문다. 탐욕이 빛바램을 관찰하면서 머문다. 소멸을 관찰하면서 머문다. 놓아버림427)을 관찰하면서 머문다.

그는 그 느낌들에 대해서 무상을 관찰하면서 머물고, 탐욕이 빛바램을 관찰하면서 머물고, 소멸을 관찰하면서 머물고, 놓아버림을 관찰하면서 머물면서 세상에 대해 어떤 것도 취착하지 않는다. 취착하지 않으면 갈증내지 않는다. 갈증내지 않으면 스스로 완전히 열반에 든다. '태어남은 다했다. 청정범행은 성취되었다. 할 일을 다 해 마쳤다. 다시는 어떤 존재로도 돌아오지 않을 것이다.'라고 꿰뚫어 안다.

---

426) "'어떤 느낌을 느끼더라도(yaṁkiñci vedanaṁ vediyati)'라는 것은 전오식(前五識, pañca-viññāṇa)과 같은 [약한 알음알이와] 연결된 아주 작은 느낌을 느낄지라도 라는 말이다. 여기서 세존께서는 느낌을 통해서 정신(arūpa, 수·상·행·식)을 모두 취해 장로에게 설하신 것이다."(AA. iv.43)
전오식은 눈, 귀, 코, 혀, 몸의 알음알이를 뜻한다. 여기에 대해서는 『아비담마 길라잡이』 제1장 §8의 해설 2 등을 참조할 것.

427) "'놓아버림(paṭinissagga)'은 방기(vossagga)를 말한다. 놓아버림에는 버림을 통한 놓아버림(pariccāga-paṭinissagga)과 들어감을 통한 놓아버림(pakkhandana-paṭinissagga)의 두 가지가 있다. 이 가운데 '버림을 통한 놓아버림'이란 위빳사나이다. [오염원들과] 반대되는 것으로 대체하여(tadaṅga) 오염원들과 오온을 방기하기 때문이다. '들어감을 통한 놓아버림'은 도(magga)다. 이것은 열반을 대상으로 하여서 들어가기 때문이다.
혹은 두 가지 이유 때문에 놓아버림이라 한다. 뿌리 뽑음(samuccheda)에 의해서 오온과 오염원들을 방기하고, 열반에 들어가기 때문이다. 그러므로 오염원들과 오온을 버린다고 해서 '버림을 통한 놓아버림'이라 하고, 소멸인 열반의 요소로 마음을 들어가게 한다고 해서 '들어감을 통한 놓아버림'이라 한다. 이 둘은 도에서 만난다."(AA.iv.43~44)

목갈라나여, 간략하게 말하면, 이렇게 해서 비구는 갈애를 소진한 해탈을 성취하여 구경의 완성을 이루고 구경의 유가안은을 성취하며 구경의 청정범행을 닦고 구경의 목적을 이루고 신과 인간들 사이에서 최고가 된다."428)

자애 경(A7:58-2)429)
Metta-sutta

1. "비구들이여, 공덕430)을 두려워하지 말라. 비구들이여, 공덕이라는 것은 행복과 같은 말이다. 비구들이여, 나는 오랜 세월을 지

---

428) "이 경은 [마하목갈라나] 장로를 교계하고 위빳사나를 [가르치기] 위해 설하셨다. 장로는 이 경을 통해 위빳사나를 증장하여 아라한과(arahatta)를 증득하였다."(AA.iv.44)
마하목갈라나 존자는 출가한지 칠 일만에 부처님으로부터 이 가르침을 듣고 아라한이 되었다고 한다.

429) PTS본에는 본경이 앞의 A7:58경에 포함된 것으로 편집되어 있다. 이것은 Hare의 지적처럼 명백한 실수다. PTS본의 편집자 Hardy가 무리하게 각각의 품에 10개씩의 경들이 포함된 것으로 편집하려다 보니 이런 실수를 한 것 같다. PTS본의 품의 목록에는 아무 의미 없는 satta가 나타나는데 Hare의 지적처럼 이는 metta의 오기로 봐야 한다.(Hare, 54 주4) 6차 결집본에는 Metta-sutta로 독립된 경으로 편집되어 있다. 주석서에도 본경은 본품의 아홉 번째 경이라고 명맥하게 밝히고 있다.(AA.iv.44) 역자는 PTS본의 전체 경 번호를 고려하여 하는 수 없이 A7:58-2로 경 번호를 매겼다.

430) '공덕'은 puñña를 옮긴 것이다. 본경에 해당하는 복주서는 "세존께서는 '유익한 법[善法]들을 수지하기 때문에 공덕은 증장한다.'(『디가 니까야』 제3권 「전륜성왕 사자후경」(D26) §1)고 하셨다. 공덕이라는 결실(puñña-phala)은 이러한 것 등 때문에 오는 것이다."(AAT.iii.168)라고 설명하고 있다. 공덕은 이러한 선법의 과보기 때문에 그것을 두려워하지 말라고 하시는 것이다.

어온 공덕으로 오랜 세월동안 원하고 좋아하고 마음에 드는 과보를 누렸다. 나는 7년을 자애의 마음을 닦은 뒤 일곱 번의 수축하고 팽창하는 겁431) 동안 이 세상에 다시 돌아오지 않았다. 비구들이여, 세상이 수축할 때 나는 광음천432)에 가있었으며 세상이 팽창할 때 텅 빈 범천의 궁전433)에 태어났다. 비구들이여, 거기서 나는 범천이었으니 대범천이었고 지배자였고 지배되지 않는 자였고 전지자였고 전능자였다.

비구들이여, 다시 나는 서른여섯 번을 신들의 왕인 삭까였다.434)

431) '수축하고 팽창하는 겁'은 saṁvaṭṭa-vivaṭṭa-kappa를 옮긴 것이다. 『청정도론』은 "멸하는 겁을 수축하는 겁[壞劫]이라 하고, 늘어나는 겁을 팽창하는 겁[成劫]이라 한다고 알아야 한다."(Vis.XIII.28)라고 정의하고 있다. 그리고 『청정도론』 XIII.29 이하에서 세계의 수축과 팽창에 대해 상세하게 기술하고 있다. 관심이 있는 분들의 일독을 권한다.

432) '광음천(Ābhassarā)'은 색계 2선천(二禪天)의 세 번째 천상이다. 제2선을 닦아서 태어나는 2선천에는 소광천(Parittābhā)과 무량광천(Appamāṇābhā)과 광음천(Ābhassarā)이 있는데, 이 가운데 광음천이 제일 높다. 여기서 원어를 통해서 볼 수 있듯이 2선천의 키워드는 광명(ābha)이다. 제2禪의 키워드가 희열과 행복이듯이 여기서 광명은 희열(pīti)과 자애(mettā)의 빛을 말한다.

433) "'텅 빈 범천의 궁전에 태어났다(suññaṁ brahma-vimānaṁ upapajjāmi)'는 것은 어떤 중생도 아직 거기에 태어나지 않았기 때문에 텅 비었으며 초선을 [닦아서 태어나는] 경지(bhūmi)라 불리는 범천의 궁전(brahma-vimāna)에 제일 먼저 태어났다는 말인데, 그곳에 재생연결(paṭisandhi)을 취하여 태어났다는 뜻이다."(AAṬ.iii.169~170)
이런 설명으로 볼 때 여기서 말하는 범천은 범중천, 범보천, 대범천의 초선천을 그 내용으로 하는 범신천(Brahmakāyikā)을 의미한다고 봐야 한다.

434) 일반적으로 신들의 왕인 삭까(Sakko devānaṁ indo)는 삼십삼천의 왕인 인드라(Indra)를 말한다. 그러나 여기서 보듯이 삭까(Sakka)는 인드라의 다른 이름이 아니라 신들의 왕의 직위를 말하는 듯하다. 그래서 세존께서도 예전에 신들의 왕인 삭까가 되었다고 말씀하시는 것이다.

그리고 나는 여러 일곱 번[435]을 전륜성왕이었으니, 정의롭고 법다운 왕이었으며 사방을 정복한 승리자여서 나라를 안정되게 하고 일곱 가지 보배를 두루 갖추었다. 비구들이여, 그런 나에게는 이러한 일곱 가지 보배들이 있었으니, 그것은 윤보, 상보, 마보, 보배보, 여인보, 장자보, 그리고 주장신보가 일곱 번째이다. 천 명이 넘는 나의 아들들은 용감하고 훤칠하며 적군을 정복하였다. 그는 바다를 끝으로 하는 전 대지를 몽둥이와 칼 없이 법으로써 승리하여 통치하였다."

2. "행복을 찾는 자들이여,[436] 유익한 공덕의 과보를 보라.
비구들이여, [나는] 7년을 자애의 마음을 닦은 뒤
일곱 번의 수축하고 팽창하는 겁 동안
이 세상에 돌아오지 않았노라.
세상이 수축할 때 나는 광음천에 가있었으며
세상이 팽창할 때 텅 빈 범천의 [궁전에] 태어났도다.

거기서 일곱 번을 대범천이었고 지배자였으며
서른여섯 번을 신들의 지배자였고 신들의 왕이었노라.
그리고는 전륜성왕이 되어 잠부 숲[437]의 통치자였나니

신들의 왕 삭까에 대해서는 본서 제1권 「사대천왕 경」2(A3:37) §1의 주해를 참조할 것.

435) '여러 일곱 번'은 aneka-sattakkhattuṁ을 직역한 것이다. 이런 표현법은 본경이 일곱의 모음에 포함된 것과 관련이 있다고 생각되어 어색하지만 이를 직역하여 밝혔다.

436) '행복을 찾는 자들이여'란 sukhesinaṁ(목적격)의 역어다. 주석서는 "이것은 행복을 찾는 중생들을 부르는 것이다."(AA.iv.45)라고 설명하고 있다. 복주서도 이것을 호격(ālapana-vacana)이라고 적고 있다.(AAṬ.iii.171)

관정(灌頂)한 끄샤뜨리야, 인간들의 권력자였노라.
몽둥이와 칼 없이 이 땅을 다스렸으며
폭력이 없고 평등한 법으로 지도를 하였노라.

이처럼 법으로 전 대지를 통치한 뒤
큰 재물과 큰 재산과 큰 번영을 가졌으며
모든 즐길 거리와 일곱 가지 보배를
구족한 가문에 태어났도다.
부처님들은 세상을 연민하나니
그들에 의해 이것은 설해졌노라.

이것이 위대함의 원인이니 그것으로 인해
땅의 주인,438) 왕, 존엄한 자,
많은 재산과 저장품을 가진 자,
번영을 가진 자, 명성을 가진 자
잠부 숲의 지배자라 불렸노라.
이를 듣고서 비천한 태생일지라도
누가 청정한 믿음을 가지지 않겠는가?
그러므로 이로움을 추구하고 위대함을 바라는 자는
부처님들의 교법을 기억하면서 정법을 존중할지라."

---

437) "'잠부 숲(Jambusaṇḍa)'은 잠부 섬(Jambudīpa)을 말한다."(MA.iii.403) 잠부 섬(염부제, 閻浮提)은 우리 인간이 사는 세상을 말한다. 본서 제1권 「하나의 모음」「잠부 섬 품」(A1:19:1)의 주해를 참조할 것.

438) '땅의 주인'으로 옮긴 원어는 pathabyo인데 주석서에서 땅의 주인(puthavi-sāmika)이라고 설명하고 있어서(AA.iv.45) 이렇게 옮겼다.

아내 경(A7:59)
Bhariyā-sutta

1. 한때 세존께서는 사왓티에서 제따 숲의 급고독원에 머무셨다. 그때 세존께서는 오전에 옷매무새를 가다듬고 발우와 가사를 수하시고 급고독 장자의 집으로 가셨다. 가셔서는 마련된 자리에 앉으셨다. 그 무렵에 급고독 장자의 집에서 사람들은 시끄럽게 큰 소리로 떠들고 있었다. 그때 급고독 장자가 세존께 다가갔다. 가서는 세존께 절을 올린 뒤 한 곁에 앉았다. 한 곁에 앉은 급고독 장자에게 세존께서는 이렇게 말씀하셨다.

"장자여, 왜 그대의 집에서 사람들이 시끄럽게 큰 소리로 떠들고 있는가? 꼭 어부가 물고기들을 끌어올리는 것 같구나."

"세존이시여, 제게는 수자따라는 며느리가 있습니다. 그녀는 부유하며 부유한 가문에서 시집왔습니다. 그녀는 시어머니도 몰라보고 시아버지도 몰라보고 남편도 몰라보고 세존을 존경하지도 않고 존중하지도 않고 숭상하지도 않고 예배하지도 않습니다."

2. 그때 세존께서는 그의 며느리 수자따를 부르셨다.
"수자따여, 이리 오너라."
"예, 세존이시여."라고 수자따는 세존께 응답하고 세존께 다가갔다. 가서는 세존께 절을 올리고 한 곁에 앉았다. 한 곁에 앉은 수자따에게 세존께서는 이렇게 말씀하셨다.

"수자따여, 사람에게는 일곱 부류의 아내가 있다. 무엇이 일곱인가?
살인자와 같은 아내, 도둑과 같은 아내, [악덕] 안주인과 같은 아내, 어머니와 같은 아내, 누이와 같은 아내, 친구와 같은 아내, 하녀와 같은 아내이다. 수자따여, 이러한 일곱 부류의 아내 가운데 그대는 어떤 부류의 아내인가?"

"세존이시여, 저는 세존께서 간략하게 말씀해주신 그 뜻을 상세하게 알지 못합니다. 세존께서 제게 상세하게 설해주시면 감사하겠습니다. 그러면 저는 세존께서 간략하게 말씀해주신 그 뜻을 자세하게 알 것입니다."

"수자따여, 그렇다면 이제 들어라. 듣고 마음에 잘 새겨라. 나는 설할 것이다."

"그렇게 하겠습니다, 세존이시여."라고 수자따는 세존께 응답했다. 세존께서는 이렇게 말씀하셨다.

3. "타락한 마음을 가졌고 [남편의] 손해를 바라며
다른 남자들에 홀리고 남편을 무시하며
돈으로 사왔고 살인에 호기심이 있는 이러한 아내는
살인자라고도 불리고 아내라고도 불린다.

기술과 장사와 농사를 열심히 하여
자기 남편이 번 재산을
적은 것일지라도 가져가고자 하는 이러한 아내는
도둑이라고도 불리고 아내라고도 불린다.

일을 하려하지 않고 게으르고 많이 먹고
욕설을 하고 고약하고 나쁜 말을 해대고
부지런한 자들을 성가시게 하는 이러한 아내는
[악덕] 안주인이라고도 불리고 아내라고도 불린다.

항상 [남편의] 이로움을 바라고
마치 어머니가 아들을 보호하듯 남편을 보호하며
그의 재산을 잘 모아서 보호하는 이러한 아내는
어머니라고도 불리고 아내라고도 불린다.

마치 손아래 여동생이 손위 언니한테 하듯이
자신의 남편을 존중하며 양심을 가져
남편이 바라는 바대로 하는 이러한 아내는
누이라고도 불리고 아내라고도 불린다.

마치 친구가 오랜 만에 온 친구에게 하듯이
남편을 보고 기뻐하고 좋은 가문의 태생이며
계를 지키고 남편에 헌신하는 이러한 아내는
친구라고도 불리고 아내라고도 불린다.

몽둥이를 잡고 공격하면서 겁을 준다하더라도
성내지 않고 고요하며 마음이 타락하지 않고 잘 견디며
화내지 않고 남편이 바라는 바대로 하는 이러한 아내는
하녀라고도 불리고 아내라고도 불린다.

여기 아내는 살인자라고도 불리고
도둑이라고도, [악덕] 안주인이라고도 불린다.
그녀는 계행이 나쁘고 말이 거칠고 존경받지 못하나니
몸이 무너지면 지옥으로 가노라.

여기 아내는 어머니라고도 불리고 누이라고도 불리고

친구라고도 불리고 하녀라고도 불린다.
그녀는 계행에 굳게 서고 오랜 세월
[몸과 말과 마음을] 잘 단속하여
몸이 무너지면 선처로 가노라."

4. "수자따여, 이러한 일곱 부류의 아내 가운데 그대는 어떤 부류의 아내인가?"

"세존이시여, 세존께서는 오늘부터 저를 남편의 하녀와 같은 아내라고 여겨주십시오."

분노 경(A7:60)[439]
Kodhana-sutta

1. "비구들이여, 적을 기쁘게 하고 적에게 도움 되는 일곱 가지 법이 있으니 그것은 성난 여자에게나 성난 남자에게 찾아온다. 무엇이 일곱인가?"

2. "비구들이여, 적은 그의 적에게 이와 같이 원한다. '오, 참으로 이 자가 흉한 꼴이 되기를!'이라고. 그것은 무슨 이유인가? 비구들이여, 적은 자기 적의 아름다운 모습을 기뻐하지 않기 때문이다. 비구들이여, 이 사람이 성을 내고 성냄에 압도되고 성냄에 정복되면, 비록 목욕을 하고 향수를 뿌리고 이발과 면도를 하고 흰색 옷을 입더라도 그는 성냄에 압도되어 흉한 꼴이 된다. 비구들이여, 이것이 적을 기쁘게 하고 적에게 도움 되는 첫 번째 법으로 그것은 성난 여자

---
439) 본경의 산문 부분 전체는 『청정도론』IX.15에 축약되어 나타나 있다.

에게나 성난 남자에게 찾아온다."

3. "다시 비구들이여, 적은 그의 적에게 이와 같이 원한다. '오, 참으로 이 자가 잠을 잘 못자기를!'이라고. 그것은 무슨 이유인가? 비구들이여, 적은 자기 적이 행복하게 잠드는 것을 기뻐하지 않기 때문이다. 비구들이여, 이 사람이 성을 내고 성냄에 압도되고 성냄에 정복되면, 그 침상에 긴 양털의 덮개가 펴져있고 꽃무늬가 새겨져있는 흰색의 모직 천이 펴져있고 깔개는 사슴의 가죽으로 만들어졌고 침상에는 천개(天蓋)가 있고 양쪽에 받침이 있는 그런 침상에서 자더라도 잠을 잘 못잔다. 비구들이여, 이것이 적을 기쁘게 하고 적에게 도움 되는 두 번째 법으로 그것은 성난 여자에게나 성난 남자에게 찾아온다."

4. "다시 비구들이여, 적은 그의 적에게 이와 같이 원한다. '오, 참으로 이 자에게 큰 이익이 따르지 않기를!'이라고. 그것은 무슨 이유인가? 비구들이여, 적은 자기 적에게 큰 이익이 따르는 것을 기뻐하지 않기 때문이다. 비구들이여, 이 사람이 성을 내고 성냄에 압도되고 성냄에 정복되면, 손해를 보고도 이익을 얻었다고 생각하고 이익을 얻고는 손해를 보았다고 생각한다. 그는 각각 반대되는 이러한 것들을 취하여 그에게는 오랜 세월을 해로움이 있고 괴로움이 있게 된다. 비구들이여, 이것이 적을 기쁘게 하고 적에게 도움 되는 세 번째 법으로 그것은 성난 여자에게나 성난 남자에게 찾아온다."

5. "다시 비구들이여, 적은 그의 적에게 이와 같이 원한다. '오, 참으로 이 자에게 재물이 생기지 않기를!'이라고. 그것은 무슨 이유

인가? 비구들이여, 적은 자기 적에게 재물이 생기는 것을 기뻐하지 않기 때문이다. 비구들이여, 이 사람이 성을 내고 성냄에 압도되고 성냄에 정복되면, 그가 열정적인 노력으로 얻었고 팔의 힘으로 모았고 땀으로 획득했으며 법답고 정의롭게 얻은 그의 재물을 왕이 모두 왕의 창고로 거두어 가버린다. 비구들이여, 이것이 적을 기쁘게 하고 적에게 도움 되는 네 번째 법으로 그것은 성난 여자에게나 성난 남자에게 찾아온다."

6. "다시 비구들이여, 적은 그의 적에게 이와 같이 원한다. '오, 참으로 이 자에게 명성이 따르지 않기를!'이라고. 그것은 무슨 이유인가? 비구들이여, 적은 자기 적에게 명성이 따르는 것을 기뻐하지 않기 때문이다. 비구들이여, 이 사람이 성을 내고 성냄에 압도되고 성냄에 정복되면, 그가 방일하지 않음으로써 얻은 명성이 그에게서조차 사라져버린다. 비구들이여, 이것이 적을 기쁘게 하고 적에게 도움 되는 다섯 번째 법으로 그것은 성난 여자에게나 성난 남자에게 찾아온다."

7. "다시 비구들이여, 적은 그의 적에게 이와 같이 원한다. '오, 참으로 이 자에게 친구가 없기를!'이라고. 그것은 무슨 이유인가? 비구들이여, 적은 자기 적에게 친구가 있는 것을 기뻐하지 않기 때문이다. 비구들이여, 이 사람이 성을 내고 성냄에 압도되고 성냄에 정복되면, 그의 친구와 친척들과 친지와 가족들마저 그를 떠나버리고 피해버린다. 비구들이여, 이것이 적을 기쁘게 하고 적에게 도움 되는 여섯 번째 법으로 그것은 성난 여자에게나 성난 남자에게 찾아온다."

8. "다시 비구들이여, 적은 그의 적에게 이와 같이 원한다. '오, 참으로 이 자는 몸이 무너져 죽은 뒤 좋은 곳[善處]이나 천상에 태어나지 않기를!'이라고. 그것은 무슨 이유인가? 비구들이여, 적은 자기 적이 선처에 가는 것을 기뻐하지 않기 때문이다. 비구들이여, 이 사람이 성을 내고 성냄에 압도되고 성냄에 정복되면, 몸으로 삿된 행위를 하고, 말로 삿된 행위를 하고, 마음으로 삿된 행위를 한다. 그는 성냄에 압도되어 몸으로 … 말로 … 마음으로 삿된 행위를 하여 죽어서 몸이 무너진 다음에는 비참한 곳, 불행한 곳, 파멸처, 지옥에 태어난다. 비구들이여, 이것이 적을 기쁘게 하고 적에게 도움 되는 일곱 번째 법으로 그것은 성난 여자에게나 성난 남자에게 찾아온다.

비구들이여, 적을 기쁘게 하고 적에게 도움 되는 이러한 일곱 가지 법이 있으니 그것은 성난 여자에게나 성난 남자에게 찾아온다."

9. "성난 자는 용모가 나쁘고 잠을 잘 못잔다.
이익을 얻어도 손해가 되어버린다.
그리하여 성을 내어 몸과 말로 상처를 주고는
성냄에 압도된 사람은 그의 재산을 몰수당하노라.

성냄에 취한 사람은 그의 명성도 떠나고
친지들도 친구들도 우정을 나누는 자들도
성난 자를 피하나니
성냄은 손해를 낳고 성냄은 마음을 요동치게 하고
두려움이 안에서 생기지만
사람은 그것을 깨닫지 못한다.

성난 자는 이익을 알지 못하고
성난 자는 법을440) 보지 못하나니
성냄이 사람을 지배하면
그때는 칠흑 같은 어둠만이 있을 뿐.
성난 자는 하기 쉬운 것을 부수듯이
하기 어려운 것도 부숴버리고
그러다 뒤에 성냄이 풀리면
불에 덴 사람처럼 괴로워하면서
추한 모습을 드러내나니
마치 연기를 가진 불이 연기를 드러내듯이.441)

성냄이 다시 일어나서 그것으로 인해
젊은이가 화를 내면
그에게는 양심도 없고 수치심도 없고 존경심도 없다.
성냄에 지배된 사람에게 [의지할] 섬은 어디에도 없고
회한을 가져오는 업들은 법들로부터442) 멀리 있나니
이제 그것을 일러주리니 설하는 대로 잘 들을지어다.

성난 자는 아버지를 죽이고
성난 자는 자기 어머니도 죽이고

---

440) "사마타와 위빳사나의 법을 보지 못한다는 뜻이다."(AA.iv.48)
441) 저본으로 삼은 PTS본에는 dhūmaggimi va pāvako로 나타나있지만 6차결집본에는 dhūmaṁ dhūmīva pāvako로 나타난다. 이 문맥에서 역자는 후자를 따라 옮겼다.
442) "사마타와 위빳사나의 법이다."(AA.iv.48)

성난 자는 바라문443)도 죽이고
성난 자는 범부도 죽인다.
어머니가 키워주시고 양육해주셔서
이 세상을 보게 되지만
성난 범부는 그 생명의 원천도 죽인다.
중생들은 자신을 보기로 삼아서
각자 자신을 가장 사랑한다.

성난 범부는 여러 대상에 혹해서 자신을 죽이나니
칼로 자신을 죽이고, 미쳐서 독약을 먹고
밧줄로 자신을 묶어서 죽고, 산의 협곡에 떨어져 죽는다.
성난 자는 중생을 죽이고 자신을 죽이는 업을 짓고서도
그것을 깨닫지 못하고 파멸을 부른다.

이처럼 분노의 모습을 한 마라의 사슬이
동굴(심장)에 누워있나니
통찰지와 정진과 견해로 이것을 길들여서444)
뿌리를 잘라야 하며
현자는 하나하나 해로움을 잘라내야 한다.
그렇게 법들을 공부지어라.445)

---

443) "번뇌 다한 바라문(즉 아라한)을 말한다."(*Ibid*)

444) "위빳사나의 통찰지(paññā)와 위빳사나와 함께한 육체적·정신적인 정진(viriya)과 도의 견해(diṭṭhi)로 길들인다는 뜻이다."(AA.iv.49)

445) "해로움을 잘라내듯이 그렇게 사마타와 위빳사나의 법에도 공부를 지어라는 뜻이다."(*Ibid*)

우리의 추한 모습을 보이지 말라.
성냄을 건너고 근심을 건너고
탐욕을 건너고 질투하지 않아서
성냄을 길들이고 제거하여
번뇌 없이 완전히 열반에 들지라.”

제6장 설명하지 않음 품이 끝났다.

여섯 번째 품에 포함된 경들의 목록은 다음과 같다.

① 설명하지 않음 ② 불환자가 태어날 곳
③ 띳사 ④ 시하 ⑤ 감추지 않음
⑥ 낌빌라 ⑦ 일곱 ⑧ 졸고 있음
⑨ 자애 ⑩ 아내 ⑪ 분노다.

제7장 대 품
Mahā-vagga

양심 경(A7:61)[446]
Hiri-sutta

1. "비구들이여, 양심과 수치심이 없을 때 양심과 수치심이 없는 자에게 감각기능의 단속은 조건을 상실해버린다. 감각기능을 단속하지 못할 때 감각기능을 단속하지 못하는 자에게 계행은 조건을 상실해버린다. 계행이 없을 때 계행을 파한 자에게 바른 삼매는 조건을 상실해버린다. 바른 삼매가 없을 때 바른 삼매가 깨진 자에게 여실지견(如實知見)은 조건을 상실해버린다. 여실지견이 없을 때 여실지견이 없는 자에게 염오와 탐욕의 빛바램은 조건을 상실해버린다. 염오와 탐욕의 빛바램이 없을 때 염오와 탐욕의 빛바램이 없는 자에게 해탈지견은 조건을 상실해버린다.

비구들이여, 예를 들면 가지와 잎이 없는 나무는 새싹이 자라나지 못하고 껍질이 완성되지 못하고 연한 목재[白木質]가 완성되지 못하고 심재(心材)가 완성되지 못하는 것과 같다. 그와 같이 양심과 수치심이 없을 때 양심과 수치심이 없는 자에게 감각기능의 단속은 조건을 상실해버린다. … 염오와 탐욕의 빛바램이 없을 때 염오와 탐욕의 빛바램이 없는 자에게 해탈지견은 조건을 상실해버린다."

---

446) 6차결집본의 경제목은 '양심과 수치심'(hiriottappa-sutta)이다.

2. "비구들이여, 양심과 수치심이 있을 때 양심과 수치심을 구족한 자에게 감각기능의 단속은 조건을 구족한 것이다. 감각기능을 단속할 때 감각기능을 단속하는 자에게 계행은 조건을 구족한 것이다. 계행이 있을 때 계행을 구족한 자에게 바른 삼매는 조건을 구족한 것이다. 바른 삼매가 생길 때 바른 삼매를 구족한 자에게 여실지견(如實知見)은 조건을 구족한 것이다. 여실지견이 생길 때 여실지견을 구족한 자에게 염오와 탐욕의 빛바램은 조건을 구족한 것이다. 염오와 탐욕의 빛바램이 생길 때 염오와 탐욕의 빛바램을 구족한 자에게 해탈지견은 조건을 구족한 것이다.

비구들이여, 예를 들면 가지와 잎이 무성한 나무는 새싹이 자라나고 껍질이 완성되고 연한 목재[白木質]가 완성되고 심재(心材)가 완성되는 것과 같다. 그와 같이 양심과 수치심이 있을 때 양심과 수치심이 있는 자에게 감각기능의 단속은 조건을 구족한 것이다. … 염오와 탐욕의 빛바램이 생길 때 염오와 탐욕의 빛바램을 구족한 자에게 해탈지견은 조건을 구족한 것이다."447)

태양 경(A7:62)448)
Sūriya-sutta

1. 이와 같이 나는 들었다. 한때 세존께서는 웨살리에서 암바빨

---

447) 본경에서 양심과 수치심에 관한 부분을 제외하면 본서 「감각기능[根] 경」(A6:50)과 같은 내용이다. 본서 제3권 「계행이 나쁨 경」(A5:24)과 「계 경」(A5:168)도 같은 내용 전개를 하고 있다.

448) 6차결집본의 경제목은 '일곱 개의 태양'(Sattasūriya-sutta)이다. 『청정도론』 XIII.36에도 「일곱 개의 태양 경」으로 언급이 되고 있다.

리 숲449)에 머무셨다. 거기서 세존께서는 "비구들이여."라고 비구들을 부르셨다. "세존이시여."라고 비구들은 세존께 응답했다. 세존께서는 이렇게 말씀하셨다.

2. "비구들이여, 형성된 것들은 무상하다. 비구들이여, 형성된 것들은 견고하지 않다. 비구들이여, 형성된 것들은 안식을 주지 못한다. 비구들이여, 그러므로 형성된 모든 것들[諸行]에 대해서 역겨워해야 마땅하며[厭惡] 탐욕이 빛바래도록 해야 마땅하며[離慾] 해탈해야 마땅하다.[解脫]

비구들이여, 산의 왕 수미산은 8만4천 요자나의 길이고, 8만4천 요자나의 너비며, 8만4천 요자나가 대해 속에 잠겨있고, 8만4천 요자나가 대해 위로 솟아 있다. 비구들이여, 여러 해 동안, 수백 년 동안, 수천 년 동안, 여러 백 천 년 동안 비가 내리지 않는 시기가 있다. 비가 내리지 않으면 씨앗류와 초목류와 약초와 풀과 밀림은 모두 시들고 말라버려서 존재하지 않게 된다. 비구들이여, 이와 같이 형성된 것들은 무상하다. 비구들이여, 이와 같이 형성된 것들은 견고하지 않다. 비구들이여, 이와 같이 형성된 것들은 안식을 주지 못한다. 비구들이여, 그러므로 형성된 모든 것들에 대해서 역겨워 해야 마땅하며 탐욕이 빛바래도록 해야 마땅하며 해탈해야 마땅하다."

3. "비구들이여, 참으로 긴 세월이 지난 뒤 어느 때, 어느 곳에 두 번째 태양이 나타난다. 비구들이여, 두 번째 태양이 나타나면 작

---

449) 암바빨리 숲(Ambapāli-vana)은 웨살리의 유명한 기녀(妓女)였으며 부처님의 신도였던 암바빨리의 소유였는데 나중에 승단에 기증하여 원림을 만들었다.

은 강이나 작은 못은 모두 시들고 말라버려서 존재하지 않게 된다. 비구들이여, 이와 같이 형성된 것들은 무상하다. … 그러므로 형성된 모든 것들에 대해서 역겨워 해야 마땅하며 탐욕이 빛바래도록 해야 마땅하며 해탈해야 마땅하다."

4. "비구들이여, 참으로 긴 세월이 지난 뒤 어느 때, 어느 곳에 세 번째 태양이 나타난다. 비구들이여, 세 번째 태양이 나타나면 강가, 야무나, 아찌라와띠, 사라부, 마히 같은 큰 강들도 모두 시들고 말라버려서 존재하지 않게 된다. 비구들이여, 이와 같이 형성된 것들은 무상하다. … 그러므로 형성된 모든 것들에 대해서 역겨워 해야 마땅하며 탐욕이 빛바래도록 해야 마땅하며 해탈해야 마땅하다."

5. "비구들이여, 참으로 긴 세월이 지난 뒤 어느 때, 어느 곳에 네 번째 태양이 나타난다. 비구들이여, 네 번째 태양이 나타나면 이 큰 강들의 근원인 아노땃따, 시하빠빠따, 라따까라, 깐나문다, 꾸날라, 찻단따, 만다끼니 같은 큰 호수들도 시들고 말라버려서 존재하지 않게 된다. 비구들이여, 이와 같이 형성된 것들은 무상하다. … 그러므로 형성된 모든 것들에 대해서 역겨워 해야 마땅하며 탐욕이 빛바래도록 해야 마땅하며 해탈해야 마땅하다."

6. "비구들이여, 참으로 긴 세월이 지난 뒤 어느 때, 어느 곳에 다섯 번째 태양이 나타난다. 비구들이여, 다섯 번째 태양이 나타나면 대해에 100요자나의 물이 줄어들고 200요자나의 물이 줄어들고 … 700요자나의 물이 줄어든다. 대해에 7딸라450)만큼의 물만 남게 되

---

450) '딸라(tāla)'는 야자나무(tāla) 키만큼의 높이를 말한다.

고 6딸라 … 5딸라 … 4딸라 … 3딸라 … 2딸라 … 단 1딸라만큼의 물만 남게 된다. 대해에 7길만큼의 물만 남게 되고 6길 … 5길 … 4길 … 3길 … 2길 … 단 한 길만큼의 물만 남게 되고 반 길만큼만 남게 되고 엉덩이만큼만 남게 되고 무릎만큼만 남게 되고 발목만큼만 남게 된다.

비구들이여, 마치 가을에 억수같은 비가 내리면 여기저기 소발자국들에 물이 고이듯이 대해에는 소발자국 정도의 물이 남게 된다. 비구들이여, 그와 같이 다섯 번째 태양이 나타나면 대해의 물은 손가락 한 마디 정도의 물도 남지 않게 된다. 비구들이여, 이와 같이 형성된 것들은 무상하다. … 그러므로 형성된 모든 것들에 대해서 역겨워 해야 마땅하며 탐욕이 빛바래도록 해야 마땅하며 해탈해야 마땅하다."

7. "비구들이여, 참으로 긴 세월이 지난 뒤 어느 때, 어느 곳에 여섯 번째 태양이 나타난다. 비구들이여, 여섯 번째 태양이 나타나면 이 대지와 산의 왕 수미산은 연기를 내고 연기를 내뿜고 연기를 분출한다. 예를 들면 도공의 가마가 달구어지면 먼저 연기를 내고 연기를 내뿜고 연기를 분출하는 것과 같다. 그와 같이 여섯 번째 태양이 나타나면 대지와 산의 왕 수미산은 연기를 내고 연기를 내뿜고 연기를 분출한다. 비구들이여, 이와 같이 형성된 것들은 무상하다. … 그러므로 형성된 모든 것들에 대해서 역겨워 해야 마땅하며 탐욕이 빛바래도록 해야 마땅하며 해탈해야 마땅하다."

8. "비구들이여, 참으로 긴 세월이 지난 뒤 어느 때, 어느 곳에 일곱 번째 태양이 나타난다. 비구들이여, 일곱 번째 태양이 나타나면 이 대지와 산의 왕 수미산은 불이 붙고 맹렬히 불타올라 하나의 불덩

이가 된다. 비구들이여, 이 대지와 산의 왕 수미산은 활활 타오르고 맹렬하게 타올라 그 화염은 바람을 타고 범천의 세상까지도 간다. 비구들이여, 산의 왕 수미산이 활활 타오르고 맹렬하게 타올라 무너지고 불꽃의 무더기에 압도될 때 100요자나의 꼭대기가 무너지고 200요자나 … 300요자나 … 400요자나 … 500요자나의 꼭대기가 무너진다.

비구들이여, 이 대지와 산의 왕 수미산이 활활 타오르고 맹렬하게 타올라 없어질 때 재도 먼지도 남지 않는다. 비구들이여, 예를 들면 정제된 버터나 기름이 활활 타오르고 맹렬하게 타오르면 재도 먼지도 남지 않는 것과 같다. 그와 같이 이 대지와 산의 왕 수미산이 활활 타오르고 맹렬하게 타올라 없어질 때 재도 먼지도 남지 않는다.

비구들이여, 이와 같이 형성된 것들은 무상하다. 비구들이여, 이와 같이 형성된 것은 견고하지 않다. 비구들이여, 이와 같이 형성된 것들은 안식을 주지 못한다. 비구들이여, 그러므로 형성된 모든 것들에 대해서 역겨워 해야 마땅하며 탐욕이 빛바래도록 해야 마땅하며 해탈해야 마땅하다."

9. "비구들이여, 여기서 견해를 갖춘 자들451) 말고는 '이 대지와 산의 왕 수미산이 활활 타오를 것이고 소멸할 것이고 없어질 것이다.'라는 이 말을 누가 믿겠는가?

비구들이여, 옛날에 수넷따452)라는 스승이 있었는데 그는 교단의

---

451) "여기서 '견해를 갖춘 자들(diṭṭha-padā)'이란 견해를 갖추어 흐름에 든 성스러운 제자(예류자)를 뜻한다."(AA.iv.52)
452) 문자적으로 '수넷따(sunetta)'는 좋은(su) 안내자(netta)라는 뜻이다. 본경에서 보듯이 그는 세존의 전신이다.(AAṬ.iii.169)

창시자였으며 감각적 욕망을 여의었다. 수넷따 스승에게는 수백 명의 제자가 있었다. 수넷따 스승은 제자들에게 범천의 세상에 태어나는 법을 설하였다. 수넷따 스승이 범천의 세상에 태어나는 법을 설할 때 모든 면에서 교법을 이해한 자들은 몸이 무너져 죽은 뒤에 선처인 범천의 세상에 태어났다. 그러나 모든 면에서 교법을 이해하지 못한 자들은 몸이 무너져 죽은 뒤에 어떤 자들은 타화자재천의 신들의 동료로 태어났고, 어떤 자들은 화락천의 신들의 동료로 태어났고, 어떤 자들은 도솔천의 신들의 동료로 태어났고, 어떤 자들은 야마천의 신들의 동료로 태어났고, 어떤 자들은 삼십삼천의 신들의 동료로 태어났고, 어떤 자들은 사대왕천의 신들의 동료로 태어났고, 어떤 자들은 부유한 끄샤뜨리야 가문의 동료로 태어났고, 어떤 자들은 부유한 바라문 가문의 동료로 태어났고, 어떤 자들은 부유한 장자 가문의 동료로 태어났다.

비구들이여, 그때 수넷따 스승에게 이런 생각이 들었다. '내가 다음 생에 제자들과 똑같은 곳에 태어나는 것은 어울리지 않는다. 나는 참으로 더 높은 자애를 닦아야겠다.'453)라고."

10. "그때 수넷따 스승은 7년을 자애의 마음을 닦았다. 7년을 자애의 마음을 닦은 뒤 일곱 번의 수축하고 팽창하는 겁 동안 이 세상에 다시 돌아오지 않았다. 비구들이여, 세상이 수축할 때 그는 광음천에 가있었으며 세상이 팽창할 때 텅 빈 범천의 궁전에 태어났다. 비구들이여, 거기서 그는 범천이었으니 대범천이었고 지배자였고 지

---

453) "'더 높은 자애를 닦아야겠다(uttari mettaṁ bhāveyyaṁ)'는 것은 초선을 넘어 세 번째와 네 번째 선(禪)까지 모두 수승하게 닦아서 자애를 개발한다는 뜻이다."(*Ibid*)

배되지 않는 자였고 전지자였고 전능자였다.

비구들이여, 다시 그는 서른여섯 번을 신들의 왕인 삭까였다. 그리고 그는 여러 일곱 번을 전륜성왕이었으니, 정의롭고 법다운 왕이었으며 사방을 정복한 승리자여서 나라를 안정되게 하고 일곱 가지 보배를 두루 갖추었다. 천 명이 넘는 그의 아들들은 용감하고 훤칠하며 적군을 정복하였다. 그는 바다를 끝으로 하는 전 대지를 몽둥이와 칼 없이 법으로써 승리하여 통치하였다.

비구들이여, 그러한 수넷따 스승은 이처럼 장수하고 오래 살았지만 태어남·늙음·죽음과 근심·탄식·육체적 고통·정신적 고통·절망으로부터 해탈하지 못하였고, 괴로움으로부터 해탈하지 못하였다고 나는 말한다. 그것은 무슨 이유 때문인가? 네 가지 법을 깨닫지 못하고 꿰뚫지 못하였기 때문이다. 무엇이 넷인가?"

11. "비구들이여, 성스러운 계(戒)를 깨닫지 못했고 꿰뚫지 못했기 때문이고, 성스러운 삼매[定]를 깨닫지 못했고 꿰뚫지 못했기 때문이고, 성스러운 통찰지[慧]를 깨닫지 못했고 꿰뚫지 못했기 때문이고, 성스러운 해탈을 깨닫지 못했고 꿰뚫지 못했기 때문이다.

비구들이여, 이제 [나는] 성스러운 계를 깨닫고 꿰뚫었다. 성스러운 삼매를 깨닫고 꿰뚫었다. 성스러운 통찰지를 깨닫고 꿰뚫었다. 성스러운 해탈을 깨닫고 꿰뚫었다. 그러므로 존재에 대한 갈애는 잘라졌고, 존재에 [묶어두는] 사슬은 부수어졌으며, 다시 태어남은 이제 더 이상 존재하지 않는다."

세존께서는 이렇게 말씀하셨다. 스승이신 선서께서는 이렇게 말씀하신 뒤 다시 [게송으로] 이와 같이 설하셨다.

12. "계와 삼매와 통찰지와 위없는 해탈 —
명성을 가진 고따마는 이 법들을 깨달았노라.
그리하여 괴로움을 끝내었고 혜안을 가졌고
[오염원들을] 모두 멸진하였고 깨달은 스승은
법을 최상의 지혜로 안 뒤에
이제 그 법을 비구들에게 설했노라."454)

도시 비유 경(A7:63)
Nagaropama-sutta

1. "비구들이여, 왕의 국경에 있는 도시가 일곱 가지 도시의 필수품으로 잘 보호되어 있고, 네 가지 음식을 원하기만 하면 얻을 수 있고 힘들이지 않고 얻을 수 있고 어려움 없이 얻을 수 있을 때, 왕의 국경에 있는 도시는 외부의 적들과 원수들로부터 정복되지 않는다고 말한다. 어떠한 일곱 가지 도시의 필수품으로 그것은 잘 보호되어 있는가?

2. "비구들이여, 여기 왕의 국경에 있는 도시에는 깊이 박혀있고 튼튼히 박혀있고 요지부동이고 흔들리지 않는 기둥이 있다. 이러한 첫 번째 도시의 필수품으로 왕의 국경에 있는 도시는 잘 보호되어 있나니, 내부의 사람들을 잘 수호하고 외부의 적들을 격퇴하기 위함이다."

---

454) 본경의 §11의 둘째 문단과 §12의 게송은 본서 제2권 「깨달음 경」(A4:1)의 §§4~5와 동일하다.

3. "다시 비구들이여, 왕의 국경에 있는 도시에는 깊고 넓은 해자가 있다. 이러한 두 번째 도시의 필수품으로 왕의 국경에 있는 도시는 잘 보호되어 있나니, 내부의 사람들을 잘 수호하고 외부의 적들을 격퇴하기 위함이다."

4. "다시 비구들이여, 왕의 국경에 있는 도시에는 주위를 에워싸고 있는 높고 넓은 길이 있다. 이러한 세 번째 도시의 필수품으로 왕의 국경에 있는 도시는 잘 보호되어 있나니, 내부의 사람들을 잘 수호하고 외부의 적들을 격퇴하기 위함이다."

5. "다시 비구들이여, 왕의 국경에 있는 도시에는 창과 칼과 같은 많은 무기들을 모아 두었다. 이러한 네 번째 도시의 필수품으로 왕의 국경에 있는 도시는 잘 보호되어 있나니, 내부의 사람들을 잘 수호하고 외부의 적들을 격퇴하기 위함이다."

6. "다시 비구들이여, 왕의 국경에 있는 도시에는 많은 군대가 있나니 상병, 기마병, 전차병, 궁수, 기수, 군대 참모, 보급병, 고위 관리, 왕자, 정찰병, 영웅, 용사, 동체 갑옷 입은 자, 하인들이다. 이러한 다섯 번째 도시의 필수품으로 왕의 국경에 있는 도시는 잘 보호되어 있나니, 내부의 사람들을 잘 수호하고 외부의 적들을 격퇴하기 위함이다."

7. "다시 비구들이여, 왕의 국경에 있는 도시에는 현명하고 명석하고 슬기로운 수문장이 있어서 모르는 자들이 들어오는 것은 막고 아는 자들은 허락한다. 이러한 여섯 번째 도시의 필수품으로 왕의

국경에 있는 도시는 잘 보호되어 있나니, 내부의 사람들을 잘 수호하고 외부의 적들을 격퇴하기 위함이다."

8. "다시 비구들이여, 왕의 국경에 있는 도시에는 회반죽을 바른 높고 넓은 성벽이 있다. 이러한 일곱 번째 도시의 필수품으로 왕의 국경에 있는 도시는 잘 보호되어 있나니, 내부의 사람들을 잘 수호하고 외부의 적들을 격퇴하기 위함이다.

이러한 일곱 가지 도시의 필수품으로 그것은 잘 보호되어 있다."

9. "그러면 어떠한 네 가지 음식을 원하기만 하면 얻을 수 있고 힘들이지 않고 얻을 수 있고 어려움 없이 얻을 수 있는가?

비구들이여, 여기 왕의 국경에 있는 도시에는 풀과 장작과 물을 많이 저장해두었나니, 내부의 사람들을 기쁘게 하고 초조하지 않게 하고 편히 머물게 하고 외부의 적들을 격퇴하기 위함이다."

10. "다시 비구들이여, 왕의 국경에 있는 도시에는 쌀과 보리를 많이 저장해두었나니, 내부의 사람들을 기쁘게 하고 초조하지 않게 하고 편히 머물게 하고 외부의 적들을 격퇴하기 위함이다."

11. "다시 비구들이여, 왕의 국경에 있는 도시에는 참깨와 녹두와 메주콩과 다른 곡물을 많이 저장해두었나니, 내부의 사람들을 기쁘게 하고 초조하지 않게 하고 편히 머물게 하고 외부의 적들을 격퇴하기 위함이다."

12. "다시 비구들이여, 왕의 국경에 있는 도시에는 정제된 버터, 생 버터, 기름, 꿀, 당밀, 소금과 같은 약을 많이 저장해두었나니, 내

부의 사람들을 기쁘게 하고 초조하지 않게 하고 편히 머물게 하고 외부의 적들을 격퇴하기 위함이다.

비구들이여, 왕의 국경에 있는 도시가 이러한 일곱 가지 도시의 필수품으로 잘 보호되어 있고, 이러한 네 가지 음식을 원하기만 하면 얻을 수 있고 힘들이지 않고 얻을 수 있고 어려움 없이 얻을 수 있을 때, 왕의 국경에 있는 도시는 외부의 적들과 원수들로부터 정복되지 않는다고 말한다.

비구들이여, 그와 같이 성스러운 제자가 일곱 가지 좋은 법을[455] 구족하고, 또 바로 지금여기에서 행복하게 머물게 하는, 높은 마음인 네 가지 선[四禪]을 원하는 대로 얻고 힘들이지 않고 얻고 어렵지 않게 얻을 수 있을 때, 비구들이여, 이를 일러 성스러운 제자는 마라를 무력하게 만들고 사악한 자를 무력하게 만든다고 한다. 그러면 어떠한 일곱 가지 좋은 법을 구족하였는가?"

13. "비구들이여, 마치 왕의 국경에 있는 도시에 내부의 사람들을 잘 수호하고 외부의 적들을 격퇴하기 위하여 깊이 박혀있고 튼튼히 박혀있고 요지부동이고 흔들리지 않는 기둥이 있듯이, 그와 마찬가지로 성스러운 제자는 여래의 깨달음에 청정한 믿음이 있고 신뢰가 있다. '이런 [이유로] 그분 세존께서는 아라한[應供]이시며, 완전히 깨달은 분[正等覺]이시며, 영지와 실천을 구족한 분[明行足]이시며, 피안으로 잘 가신 분[善逝]이시며, 세간을 잘 알고 계신 분[世間解]이시며, 가장 높은 분[無上士]이시며, 사람을 잘 길들이는 분[調御丈夫]이시며,

---

455) '좋은 법'으로 옮긴 원어는 saddhamma로 직역하면 정법이 되지만 주석서에서 좋은 법(sudhamma)이라고 설명하고 있어서(AA.iv.56) 이렇게 옮겼다.

하늘과 인간의 스승[天人師]이시며, 깨달은 분[佛]이시며, 세존(世尊)이시다.'라고.

비구들이여, 믿음의 기둥을 가진 성스러운 제자는 해로운 법[不善法]을 버리고 유익한 법[善法]을 개발하고, 비난받을 만한 일을 버리고 비난받을 일이 없는 일을 개발하고, 자신을 청정하게 유지한다. 그는 이러한 첫 번째 좋은 법을 구족하였다."

14. "비구들이여, 마치 왕의 국경에 있는 도시에 내부의 사람들을 잘 수호하고 외부의 적들을 격퇴하기 위한 깊고 넓은 해자가 있듯이, 성스러운 제자는 양심을 가졌다. 그는 몸으로 짓는 나쁜 행위와 말로 짓는 나쁜 행위와 마음으로 짓는 나쁜 행위를 부끄러워하고, 삿되고 해로운 법[不善法]들에 빠져있음을 부끄러워한다.

비구들이여, 양심의 해자를 가진 성스러운 제자는 해로운 법[不善法]을 버리고 유익한 법[善法]을 개발하고, 비난받을 만한 일을 버리고 비난받을 일이 없는 일을 개발하고, 자신을 청정하게 유지한다. 그는 이러한 두 번째 좋은 법을 구족하였다."

15. "비구들이여, 마치 왕의 국경에 있는 도시에 내부의 사람들을 잘 수호하고 외부의 적들을 격퇴하기 위하여 주위를 에워싼 높고 넓은 길이 있듯이, 성스러운 제자는 수치심을 가졌다. 그는 몸으로 짓는 나쁜 행위와 말로 짓는 나쁜 행위와 마음으로 짓는 나쁜 행위를 수치스러워하고, 삿되고 해로운 법[不善法]들에 빠져있음을 수치스러워한다.

비구들이여, 수치심의 길을 가진 성스러운 제자는 해로운 법[不善法]을 버리고 유익한 법[善法]을 개발하고, 비난받을 만한 일을 버리고 비난받을 일이 없는 일을 개발하고 자신을 청정하게 유지한다. 그는 이러한 세 번째 좋은 법을 구족하였다."

16. "비구들이여, 마치 왕의 국경에 있는 도시에 내부의 사람들을 잘 수호하고 외부의 적들을 격퇴하기 위하여 창과 칼과 같은 무기들을 많이 저장해두듯이, 성스러운 제자는 많이 배웠다.[多聞] 그는 배운 것을 바르게 호지하고 배운 것을 잘 정리한다. 시작도 훌륭하고 중간도 훌륭하고 끝도 훌륭하며, 의미와 표현을 구족하여 더할 나위 없이 완벽하며 지극히 청정한 범행(梵行)을 확실하게 드러내는 가르침들이 있으니, 그는 그러한 가르침들을 많이 배우고 호지하고 말로써 친숙해지고 마음으로 숙고하고 견해로써 잘 꿰뚫는다.

비구들이여, 배움의 무기를 가진 성스러운 제자는 해로운 법[不善 法]을 버리고 유익한 법[善法]을 개발하고, 비난받을 만한 일을 버리고 비난받을 일이 없는 일을 개발하고, 자신을 청정하게 유지한다. 그는 이러한 네 번째 좋은 법을 구족하였다."

17. "비구들이여, 마치 왕의 국경에 있는 도시에 내부의 사람들을 잘 수호하고 외부의 적들을 격퇴하기 위하여 많은 군대 즉 상병, 기마병, 전차병, 궁수, 기수, 군대 참모, 보급병, 고위 관리, 왕자, 정찰병, 영웅, 용사, 동체 갑옷 입은 자, 하인들이 있듯이, 성스러운 제자는 열심히 정진한다. 그는 해로운 법[不善法]들을 제거하고 유익한 법[善法]들을 두루 갖추기 위해 열심히 정진하며 머문다. 그는 군세고 분투하고 유익한 법들에 대한 짐을 내팽개치지 않는다.

비구들이여, 정진의 군대를 가진 성스러운 제자는 해로운 법[不善 法]을 버리고 유익한 법[善法]을 개발하고, 비난받을 만한 일을 버리고 비난받을 일이 없는 일을 개발하고, 자신을 청정하게 유지한다. 그는 이러한 다섯 번째 좋은 법을 구족하였다."

18. "비구들이여, 마치 왕의 국경에 있는 도시에 모르는 자들이 들어오는 것을 막고 아는 자들이 들어오는 것은 허락하여 내부의 사람들을 잘 수호하고 외부의 적들을 격퇴하기 위하여 현명하고 명석하고 슬기로운 수문장이 있듯이, 성스러운 제자는 마음챙김을 한다. 그는 최상의 마음챙김과 슬기로움을 구족하여 오래 전에 행하고 오래 전에 말한 것일지라도 모두 기억하고 챙긴다.

비구들이여, 마음챙김의 수문장을 가진 성스러운 제자는 해로운 법[不善法]을 버리고 유익한 법[善法]을 개발하고, 비난받을 만한 일을 버리고 비난받을 일이 없는 일을 개발하고, 자신을 청정하게 유지한다. 그는 이러한 여섯 번째 좋은 법을 구족하였다."

19. "비구들이여, 마치 왕의 국경에 있는 도시에 내부의 사람들을 잘 수호하고 외부의 적들을 격퇴하기 위하여 회반죽을 바른 높고 넓은 성벽이 있듯이, 성스러운 제자는 통찰지를 가졌다. 그는 일어나고 사라짐을 꿰뚫고, 성스럽고, 통찰력이 있고, 바르게 괴로움의 소멸로 인도하는 통찰지를 구족하였다.

비구들이여, 통찰지의 성벽을 가진 성스러운 제자는 해로운 법[不善法]을 버리고 유익한 법[善法]을 개발하고, 비난받을 만한 일을 버리고 비난받을 일이 없는 일을 개발하고, 자신을 청정하게 유지한다. 그는 이러한 일곱 번째 좋은 법을 구족하였다."

20. "비구들이여, 예를 들면 왕의 국경에 있는 도시에 내부의 사

람들을 기쁘게 하고 초조하지 않게 하고 편히 머물게 하고 외부의 적들을 격퇴하기 위하여 풀과 장작과 물을 많이 저장해두듯이, 성스러운 제자도 자신을 기쁘게 하고 초조하지 않게 하고 편히 머물게 하고 열반에 도달하기 위하여 감각적 욕망들을 완전히 떨쳐버리고 해로운 법[不善法]들을 떨쳐버린 뒤, 일으킨 생각[尋]과 지속적인 고찰[伺]이 있고, 떨쳐버렸음에서 생겼고, 희열[喜]과 행복[樂]이 있는 초선(初禪)에 들어 머문다."

21. "비구들이여, 예를 들면 왕의 국경에 있는 도시에 내부의 사람들을 기쁘게 하고 초조하지 않게 하고 편히 머물게 하고 외부의 적들을 격퇴하기 위하여 쌀과 보리를 많이 저장해두듯이, 성스러운 제자도 자신을 기쁘게 하고 초조하지 않게 하고 편히 머물게 하고 열반에 도달하기 위하여 제2선(二禪)에 들어 머문다. 그것은 일으킨 생각과 지속적인 고찰을 가라앉혔기 때문에 자기 내면의 것이고, 확신이 있으며, 마음의 단일한 상태고, 일으킨 생각과 지속적인 고찰은 없고, 삼매에서 생긴 희열과 행복이 있다."

22. "비구들이여, 예를 들면 왕의 국경에 있는 도시에 내부의 사람들을 기쁘게 하고 초조하지 않게 하고 편히 머물게 하고 외부의 적들을 격퇴하기 위하여 참깨와 녹두와 메주콩과 다른 곡물을 많이 저장해두듯이, 성스러운 제자도 희열이 빛바랬기 때문에 평온하게 머문다. 마음챙기고 알아차리며 몸으로 행복을 경험하고 또한 이 [禪 때문에] '평온하고 마음챙기며 행복하게 머문다.'고 성자들이 묘사하는 제3선(三禪)에 들어 머문다. 그것은 자신을 기쁘게 하고 초조하지 않게 하고 편히 머물게 하고 열반에 도달하기 위해서다."

23. "비구들이여, 예를 들면 왕의 국경에 있는 도시에 내부의 사람들을 기쁘게 하고 초조하지 않게 하고 편히 머물게 하고 외부의 적들을 격퇴하기 위하여 정제된 버터, 생 버터, 기름, 꿀, 당밀, 소금과 같은 약을 많이 저장해두듯이, 성스러운 제자도 자신을 기쁘게 하고 초조하지 않게 하고 편히 머물게 하고 열반에 도달하기 위하여, 행복도 버리고 괴로움도 버리고 아울러 그 이전에 이미 기쁨과 슬픔을 소멸하였으므로 괴롭지도 즐겁지도 않으며, 평온으로 인해 마음챙김이 청정한 제4선(四禪)에 들어 머문다.

 비구들이여, 성스러운 제자가 이러한 일곱 가지 좋은 법을 구족하고, 또한 바로 지금여기에서 행복하게 머물게 하는, 높은 마음인 이러한 네 가지 선[四禪]을 원하는 대로 얻고 힘들이지 않고 얻고 어렵지 않게 얻을 수 있을 때, 비구들이여, 이를 일러 성스러운 제자는 마라를 무력하게 만들고 사악한 자를 무력하게 만든다고 한다."

법을 앎 경(A7:64)
Dhammaññū-sutta

1. "비구들이여, 일곱 가지 법을 갖춘 비구는 공양받아 마땅하고, 선사받아 마땅하고, 보시받아 마땅하고, 합장받아 마땅하며, 세상의 위없는 복밭[福田]이다. 무엇이 일곱인가?"

2. "비구들이여, 여기 비구는 법을 아는 자, 의미를 아는 자, 자신을 아는 자, 적당한 양을 아는 자, 때를 아는 자, 회중을 아는 자, 인간의 높고 낮음을 아는 자다.456) 비구들이여, 그러면 어떻게 해서

비구는 법을 아는 자가 되는가?"

3. "비구들이여, 여기 비구는 경(經), 응송(應頌), 상세한 설명[記別, 授記], 게송(偈頌), 감흥어(感興語), 여시어(如是語), 본생담(本生譚), 미증유법(未曾有法), 문답[方等]이라는 [아홉 가지] 법을 안다. 만일 비구가 경, 응송 … 문답이라는 [아홉 가지] 법을 알지 못한다면 그는 법을 아는 자라고 말할 수 없을 것이다. 그러나 비구는 경, 응송 … 문답이라는 [아홉 가지] 법을 안다. 그러므로 그는 법을 아는 자라 불린다. 이와 같이 법을 아는 자를 [설했다]. 그러면 어떻게 해서 비구는 의미를 아는 자가 되는가?"

4. "비구들이여, 여기 비구는 '이것은 이 말의 의미고, 이것은 이 말의 의미다.'라고 각각의 말의 의미를 안다. 만일 비구가 '이것은 이 말의 의미고, 이것은 이 말의 의미다.'라고 각각의 말의 의미를 알지 못한다면 그는 의미를 아는 자라고 말할 수 없을 것이다. 그러나 비구는 '이것은 이 말의 의미고, 이것은 이 말의 의미다.'라고 각각의 말의 의미를 안다. 그래서 그는 의미를 아는 자라 불린다. 이와 같이 법을 아는 자와 의미를 아는 자를 [설했다.] 그러면 어떻게 해서 비구는 자신을 아는 자가 되는가?"

5. "비구들이여, 여기 비구는 '나에게는 이 정도의 믿음과 계와 배움과 베풂과 통찰지와 영감이 있다.'라고 자신을 안다. 만일 비구가 '나에게는 이 정도의 믿음과 계와 배움과 베풂과 통찰지와 영감이

---

456) 이 일곱 가지는 『디가 니까야』 제3권 「합송경」 (D33) §2.3 (6)과 「십상경」 (D34) §1.8 (7)에도 나타난다.

있다.'라고 자신을 알지 못한다면 그는 자신을 아는 자라고 말할 수 없을 것이다. 그러나 비구는 '나에게는 이 정도의 믿음과 계와 배움과 베풂과 통찰지와 영감이 있다.'라고 자신을 안다. 그래서 그는 자신을 아는 자라 불린다. 이와 같이 법을 아는 자와 의미를 아는 자와 자신을 아는 자를 [설했다.] 그러면 어떻게 해서 비구는 적당한 양을 아는 자가 되는가?"

6. "비구들이여, 여기 비구는 의복과 탁발음식과 거처와 병구완을 위한 약품의 [네 가지] 필수품을 받음에 적당한 양을 안다. 만일 비구가 의복과 탁발음식과 거처와 병구완을 위한 약품의 [네 가지] 필수품을 받음에 적당한 양을 알지 못한다면 그는 적당한 양을 아는 자라고 말할 수 없을 것이다. 그러나 비구는 의복과 탁발음식과 거처와 병구완을 위한 약품의 [네 가지] 필수품을 받음에 적당한 양을 안다. 그래서 그는 적당한 양을 아는 자라 불린다. 이와 같이 법을 아는 자와 의미를 아는 자와 자신을 아는 자와 적당한 양을 아는 자를 [설했다.] 그러면 어떻게 해서 비구는 때를 아는 자가 되는가?"

7. "비구들이여, 여기 비구는 '지금은 가르칠 시간이다. 지금은 질문할 시간이다. 지금은 수행할 시간이다. 지금은 한거할 시간이다.'라고 [적당한] 때를 안다. 만일 비구가 '지금은 가르칠 시간이다. 지금은 질문할 시간이다. 지금은 수행할 시간이다. 지금은 한거할 시간이다.'라고 [적당한] 때를 알지 못한다면 그는 시간을 아는 자라고 말할 수 없을 것이다. 그러나 비구는 '지금은 가르칠 시간이다. 지금은 질문할 시간이다. 지금은 수행할 시간이다. 지금은 한거할 시간이다.'라고 [적당한] 때를 안다. 그래서 그는 때를 아는 자라 불린다. 이와

같이 법을 아는 자와 의미를 아는 자와 자신을 아는 자와 적당한 양을 아는 자와 때를 아는 자를 [설했다.] 그러면 어떻게 해서 비구는 회중을 아는 자가 되는가?"

8. "비구들이여, 여기 비구는 '이것은 끄샤뜨리야의 회중이다. 이것은 바라문의 회중이다. 이것은 장자의 회중이다. 이것은 사문의 회중이다. 거기에는 이와 같이 다가가야 하고 이와 같이 서야 하고 이와 같이 앉아야 하고 이와 같이 말해야 하고 이와 같이 침묵해야 한다.'라고 회중을 안다. 만일 비구가 '이것은 끄샤뜨리야의 회중이다. … 이와 같이 침묵해야 한다.'라고 회중을 알지 못한다면 그는 회중을 아는 자라고 말할 수 없을 것이다. 그러나 비구는 '이것은 끄샤뜨리야의 회중이다. … 이와 같이 침묵해야 한다.'라고 회중을 안다. 그래서 그는 회중을 아는 자라 불린다. 이와 같이 법을 아는 자와 의미를 아는 자와 자신을 아는 자와 적당한 양을 아는 자와 때를 아는 자와 회중을 아는 자를 [설했다.] 그러면 어떻게 해서 비구는 인간의 높고 낮음을 아는 자인가?"

9. "비구들이여, 여기 비구는 두 가지 방법으로 사람을 안다. 두 사람 가운데 한 사람은 성자들을 친견하고자 하고, 다른 사람은 성자들을 친견하고자 하지 않는다. 성자들을 친견하고자 하지 않는 사람은 그 때문에 비난받고, 성자들을 친견하고자 하는 사람은 그 때문에 칭송받는다.

성자들을 친견하고자 하는 두 사람 가운데 한 사람은 정법을 듣고자 하고, 다른 사람은 정법을 듣고자 하지 않는다. 정법을 듣고자 하지 않는 사람은 그 때문에 비난받고, 정법을 듣고자 하는 사람은 그 때문에 칭송받는다.

정법을 듣고자 하는 두 사람 가운데 한 사람은 귀 기울여 법을 듣고 다른 사람은 귀를 기울이지 않고 법을 듣는다. 귀를 기울여 법을 듣지 않는 사람은 그 때문에 비난받고, 귀를 기울여 법을 듣는 사람은 그 때문에 칭송받는다.

귀를 기울여 법을 듣는 두 사람 가운데 한 사람은 들은 뒤 법을 호지하고, 다른 사람은 들은 뒤 법을 호지하지 않는다. 들은 뒤 법을 호지하지 않는 사람은 그 때문에 비난받고, 들은 뒤 법을 호지하는 사람은 그 때문에 칭송받는다.

들은 뒤 법을 호지하는 두 사람 가운데 한 사람은 호지한 법들의 의미를 숙고하고, 다른 사람은 호지한 법들의 의미를 숙고하지 않는다. 호지한 법들의 의미를 숙고하지 않는 사람은 그 때문에 비난받고, 호지한 법들의 의미를 숙고하는 사람은 그 때문에 칭송받는다.

호지한 법들의 의미를 숙고하는 두 사람 가운데 한 사람은 의미를 이해하고 법을 이해하여 [출세간]법에 이르게 하는 법을 닦고, 다른 사람은 의미를 이해하고 법을 이해하여 [출세간]법에 이르게 하는 법을 닦지 않는다. 의미를 이해하고 법을 이해하여 [출세간]법에 이르게 하는 법을 닦지 않는 사람은 그 때문에 비난받고, 의미를 이해하고 법을 이해하여 [출세간]법에 이르게 하는 법을 닦는 사람은 그 때문에 칭송받는다.

의미를 이해하고 법을 이해하여 [출세간]법에 이르게 하는 법을 닦는 두 사람 가운데 한 사람은 자신의 이익을 위해서는 도를 닦지만 남의 이익을 위해서는 도를 닦지 않고, 다른 사람은 자신의 이익을 위해서도 도를 닦고 남의 이익을 위해서도 도를 닦는다. 자신의 이익을 위해서는 도를 닦지만 남의 이익을 위해서는 도를 닦지 않는 사람은 그 때문에 비난받고, 자신의 이익을 위해서도 도를 닦고 남의 이익을 위해서도 도를 닦는 사람은 그 때문에 칭송받는다.

비구들이여, 이와 같이 비구는 두 가지 방법으로 사람을 안다. 비구들이여, 이와 같이 비구는 인간의 높고 낮음을 아는 자다.

비구들이여, 이러한 일곱 가지 법을 갖춘 비구는 공양받아 마땅하고, 선사받아 마땅하고, 보시받아 마땅하고, 합장받아 마땅하며, 세상의 위없는 복밭[福田]이다."

빠릿찻따까 나무 경(A7:65)
Pāricchattaka-sutta

1. "비구들이여, 삼십삼천에 있는 빠릿찻따까 꼬윌라라 나무457)에 새잎이 돋으면 삼십삼천의 신들은 '빠릿찻따까 꼬윌라라 나무에 새잎이 돋는구나. 이내 잎이 떨어질 것이다.'라고 하면서 마음이 흡족해진다.

비구들이여, 삼십삼천에 있는 빠릿찻따까 꼬윌라라 나무에 잎이 떨어지면 삼십삼천의 신들은 '빠릿찻따까 꼬윌라라 나무에 잎이 떨어지는구나. 이내 꽃눈이 돋을 것이다.'라고 하면서 마음이 흡족해진다.

비구들이여, 삼십삼천에 있는 빠릿찻따까 꼬윌라라 나무에 꽃눈이

---

457) '빠릿찻따까 꼬윌라라 나무(pāricchattaka kovilāra)'는 영어로 coral tree(산호 나무)라고 번역한다.(PED) 주석서에 의하면 이 나무는 삼십삼천의 난다나 정원에 있으며 이곳에 있는 수담마 회의장(Sudhamma-sālā) 앞에 마가(Magha)가 심은 것이라고 한다. 그 둘레는 무려 100요자나라고 한다.(DhpA.i.270 등)

돋으면 삼십삼천의 신들은 '빠릿찻따까 꼬윌라라 나무에 꽃눈이 돋는구나. 이내 꽃망울이 설 것이다.'라고 하면서 마음이 흡족해진다.

비구들이여, 삼십삼천에 있는 빠릿찻따까 꼬윌라라 나무에 꽃망울이 서면 삼십삼천의 신들은 '빠릿찻따까 꼬윌라라 나무에 꽃망울이 서는구나. 이내 꽃봉오리가 생길 것이다.'라고 하면서 마음이 흡족해진다.

비구들이여, 삼십삼천에 있는 빠릿찻따까 꼬윌라라 나무에 꽃봉오리가 생기면 삼십삼천의 신들은 '빠릿찻따까 꼬윌라라 나무에 꽃봉오리가 생기는구나. 이내 홍련처럼 꽃이 반개할 것이다.'라고 하면서 마음이 흡족해진다.

비구들이여, 삼십삼천에 있는 빠릿찻따까 꼬윌라라 나무에 홍련처럼 꽃이 반개하면 삼십삼천의 신들은 '빠릿찻따까 꼬윌라라 나무에 홍련처럼 꽃이 반개하는구나. 이내 꽃이 만발할 것이다.'라고 하면서 마음이 흡족해진다.

비구들이여, 삼십삼천의 빠릿찻따까 꼬윌라라 나무에 꽃이 만발하면 마음이 흡족해진 삼십삼천의 신들은 빠릿찻따까 꼬윌라라 나무 아래서 천상의 넉 달 동안을 다섯 가닥의 감각적 욕망을 갖추고 완비하여 즐겼다. 그리고 꽃이 만발한 빠릿찻따까 꼬윌라라 나무는 사방으로 50요자나까지 그 광채가 빛났으며 바람을 따라 그 향기가 100요자나까지 퍼졌나니 이것이 빠릿찻따까 꼬윌라라 나무의 위력이다."

2. "비구들이여, 그와 같이 성스러운 제자가 집에서 나와 출가를 결심할 때 성스러운 제자는 삼십삼천의 빠릿찻따까 꼬윌라라 나무에 새잎이 돋는 것과 같다.

비구들이여, 그와 같이 성스러운 제자가 머리와 수염을 깎고 가사를 수하고 집을 나와 출가하였을 때 성스러운 제자는 삼십삼천의 빠릿찻따까 꼬윌라라 나무에 잎이 떨어지는 것과 같다.

비구들이여, 그와 같이 성스러운 제자가 감각적 욕망들을 완전히 떨쳐버리고 … 희열[喜]과 행복[樂]이 있는 초선(初禪)을 구족하여 머물 때 성스러운 제자는 삼십삼천의 빠릿찻따까 꼬윌라라 나무에 꽃눈이 돋는 것과 같다.

비구들이여, 그와 같이 성스러운 제자가 … 제2선(二禪)을 구족하여 머물 때 성스러운 제자는 삼십삼천의 빠릿찻따까 꼬윌라라 나무에 꽃망울이 서는 것과 같다.

비구들이여, 그와 같이 성스러운 제자가 … 제3선(三禪)을 구족하여 머물 때 성스러운 제자는 삼십삼천의 빠릿찻따까 꼬윌라라 나무에 꽃봉오리가 생기는 것과 같다.

비구들이여, 그와 같이 성스러운 제자가 … 제4선(四禪)을 구족하여 머물 때 성스러운 제자는 삼십삼천의 빠릿찻따까 꼬윌라라 나무에 꽃이 반개하는 것과 같다.

비구들이여, 그와 같이 성스러운 제자가 모든 번뇌가 다하여 아무 번뇌가 없는 마음의 해탈[心解脫]과 통찰지를 통한 해탈[慧解脫]을 바로 지금여기에서 스스로 최상의 지혜로 알고 실현하고 구족하여 머물 때 성스러운 제자는 삼십삼천의 빠릿찻따까 꼬윌라라 나무에 꽃이 만발한 것과 같다.

비구들이여, 그때 땅의 신들은 이렇게 소리 내어 말한다. '아무개라는 존자가 아무개라는 존자에 대해서 믿음을 가져 머무르다가 아무개 마을이나 성읍에서 집을 나와 집 없이 출가하여 모든 번뇌가 다하여 아무 번뇌가 없는 마음의 해탈[心解脫]과 통찰지를 통한 해탈[慧解脫]을 바로 지금여기에서 스스로 최상의 지혜로 알고 실현하고 구족하여 머뭅니다.'라고.

땅의 신들의 말을 듣고 사대왕천의 신들도 … 삼십삼천의 신들도 … 야마천의 신들도 … 도솔천의 신들도 … 화락천의 신들도 … 타화자재천의 신들도 … 범신천의 신들도 이렇게 소리 내어 말한다. '아무개라는 존자가 아무개라는 존자에 대해서 믿음을 가져 머무르다가 아무개 마을이나 성읍에서 집을 나와 집 없이 출가하여 모든 번뇌가 다하여 … 스스로 최상의 지혜로 알고 실현하고 구족하여 머뭅니다.'라고.

그러면 바로 그 순간과 바로 그 시점에 그 소리는 범천의 세상까지 울려 퍼진다. 이것이 번뇌 다한 비구의 위력이다."

존경함 경(A7:66)
Sakkatvā-sutta

1. 그때 사리뿟따 존자가 한적한 곳에 가서 홀로 앉아있는 중에 문득 마음에 이런 생각이 일어났다.

'무엇을 존경하고 존중하고 의지하여 머물면서 해로움을 제거하고 유익함을 닦아야 하는가?'

그러자 사리뿟따 존자에게 이런 생각이 일어났다.

'비구는 스승을 존경하고 존중하고 의지하여 머물면서 해로움을 제거하고 유익함을 닦아야 한다. 비구는 법을 존경하고 존중하고 의지하여 머물면서 해로움을 제거하고 유익함을 닦아야 한다. 비구는 승가를 존경하고 존중하고 의지하여 머물면서 해로움을 제거하고 유익함을 닦아야 한다. 비구는 공부지음을 존경하고 존중하고 의지하여 머물면서 해로움을 제거하고 유익함을 닦아야 한다. 비구는 삼매를 존경하고 존중하고 의지하여 머물면서 해로움을 제거하고 유익함을 닦아야 한다. 비구는 불방일을 존경하고 존중하고 의지하여 머물면서 해로움을 제거하고 유익함을 닦아야 한다. 비구는 친절한 환영을 존경하고 존중하고 의지하여 머물면서 해로움을 제거하고 유익함을 닦아야 한다.'

그때 사리뿟따 존자에게 이런 생각이 들었다.

'내게는 이런 법들이 청정하고 깨끗하다. 나는 세존께 가서 이러한 법들을 아뢰어야겠다. 그러면 나의 이런 법들은 더 청정하게 될 것이고 또한 더 청정하다고 평가될 것이다.

예를 들면 어떤 사람이 청정하고 깨끗한 금화를 얻으면 그는 '내가 얻은 이 금화는 청정하고 깨끗하다. 나는 대장장이들에게 가서 이 금화를 보여야겠다. 그러면 내가 얻은 이 금화는 대장장이의 도가니를 거쳐458) 더 청정하게 될 것이고 또한 더 청정하다고 평가될 것이다.'라고 생각할 것이다. 그와 같이 내게는 이런 법들이 청정하고 깨끗하다. 나는 세존께 가서 이러한 법들을 아뢰어야겠다. 그러면 나의 이런 법들이 더 청정하게 될 것이고 또한 더 청정하다고 평가될 것이다.'

그때 사리뿟따 존자는 해거름에 혼자 앉음을 풀고 자리에서 일어

---

458) '대장장이의 도가니를 거쳐'로 옮긴 원어는 sakammāra-gato(대장장이에게 간)이다. 주석서는 다음과 같이 설명한다.
"여기서 sa는 불변화사일 뿐(nipāta-matta)이다. 대장장이에게 갔다(kammāra-gata)는 것은 대장장이의 도가니(uddhana)를 거친다는 뜻이다."(AA.iv.60)

나 세존께 다가갔다. 가서는 세존께 절을 올리고 한 곁에 앉았다. 한 곁에 앉은 사리뿟따 존자는 세존께 이렇게 말씀드렸다.

2. "세존이시여, 여기 제가 한적한 곳에 가서 홀로 앉아있는 중에 문득 마음에 이런 생각이 일어났습니다. '무엇을 존경하고 존중하고 의지하여 머물면서 해로움을 제거하고 유익함을 닦아야 하는가?' 그러자 제게 이런 생각이 일어났습니다. '비구는 스승을 존경하고 존중하고 의지하여 머물면서 해로움을 제거하고 유익함을 닦아야 한다. 비구는 법을 … 승가를 … 공부지음을 … 삼매를 … 불방일을 … 친절한 환영을 존경하고 존중하고 의지하여 머물면서 해로움을 제거하고 유익함을 닦아야 한다.'라고.

그때 제게 이런 생각이 들었습니다. '내게는 이런 법들이 청정하고 깨끗하다. 나는 세존께 가서 이러한 법들을 아뢰어야겠다. 그러면 나의 이런 법들은 더 청정하게 될 것이고 또한 더 청정하다고 평가될 것이다.

예를 들면 어떤 사람이 청정하고 깨끗한 금화를 얻으면 그는 '내가 얻은 이 금화는 청정하고 깨끗하다. 나는 대장장이들에게 가서 이 금화를 보여야겠다. 그러면 내가 얻은 이 금화는 대장장이의 도가니를 거쳐 더 청정하게 될 것이고 또한 더 청정하다고 평가될 것이다.'라고 생각할 것이다. 그와 같이 내게는 이런 법들이 청정하고 깨끗하다. 나는 세존께 가서 이러한 법들을 아뢰어야겠다. 그러면 나의 이런 법들이 더 청정하게 될 것이고 또한 더 청정하다고 평가될 것이다.'라고"

"장하고도 장하구나, 사리뿟따여. 사리뿟따여, 비구는 스승을 존경하고 존중하고 의지하여 머물면서 해로움을 제거하고 유익함을 닦아야 한다. 비구는 법을 … 승가를 … 공부지음을 … 삼매를 … 불방일을 … 친절한 환영을 존경하고 존중하고 의지하여 머물면서 해로움을 제거하고 유익함을 닦아야 한다."

이렇게 말씀하시자 사리뿟따 존자는 세존께 이렇게 말씀드렸다.

3. "세존이시여, 세존께서 간략하게 설해 주신 것의 뜻을 저는 이와 같이 자세하게 압니다. 세존이시여, '스승을 존중하지 않는 비구가 법을 존중할 것이다.'라는 것은 있을 수 없습니다. 스승을 존중하지 않는 비구는 법도 존중하지 않습니다.

세존이시여, '스승을 존중하지 않고 법을 존중하지 않는 비구가 승가를 존중할 것이다.'라는 것은 있을 수 없습니다. 스승을 존중하지 않고 법을 존중하지 않는 비구는 승가도 존중하지 않습니다.

세존이시여, '스승을 존중하지 않고 법을 존중하지 않고 승가를 존중하지 않는 비구가 공부지음을 존중할 것이다.'라는 것은 있을 수 없습니다. 스승을 존중하지 않고 법을 존중하지 않고 승가를 존중하지 않는 비구는 공부지음도 존중하지 않습니다.

세존이시여, '스승을 존중하지 않고 법을 존중하지 않고 승가를 존중하지 않고 공부지음을 존중하지 않는 비구가 삼매를 존중할 것이다.'라는 것은 있을 수 없습니다. 스승을 존중하지 않고 법을 존중하지 않고 승가를 존중하지 않고 공부지음을 존중하지 않는 비구는 삼매도 존중하지 않습니다.

세존이시여, '스승을 존중하지 않고 법을 존중하지 않고 승가를 존중하지 않고 공부지음을 존중하지 않고 삼매를 존중하지 않는 비구가 불방일을 존중할 것이다.'라는 것은 있을 수 없습니다. 스승을 존중하지 않고 법을 존중하지 않고 승가를 존중하지 않고 공부지음을 존중하지 않고 삼매를 존중하지 않는 비구는 불방일도 존중하지 않습니다.

세존이시여, '스승을 존중하지 않고 법을 존중하지 않고 승가를 존중하지 않고 공부지음을 존중하지 않고 삼매를 존중하지 않고 불방일을 존중하지 않는 비구가 친절한 환영을 존중할 것이다.'라는 것은 있을 수 없습니다. 스승을 존중하지 않고 법을 존중하지 않고 승가를 존중하지 않고 공부지음을 존중하지 않고 삼매를 존중하지 않고 불방일을 존중하지 않는 비구는 친절한 환영도 존중하지 않습니다.

세존이시여, '스승을 존중하는 비구가 법을 존중하지 않을 것이다.'라는 것은 있을 수 없습니다. 스승을 존중하는 비구는 법도 존중합니다.

세존이시여, '스승을 존중하고 법을 존중하는 비구가 승가를 존중하지 않을 것이다.'라는 것은 있을 수 없습니다. 스승을 존중하고 법을 존중하는 비구는 승가도 존중합니다.

세존이시여, '스승을 존중하고 법을 존중하고 승가를 존중하는 비구가 공부지음을 존중하지 않을 것이다.'라는 것은 있을 수 없습니다. 스승을 존중하고 법을 존중하고 승가를 존중하는 비구는 공부지음도 존중합니다.

세존이시여, '스승을 존중하고 법을 존중하고 승가를 존중하고 공부지음을 존중하는 비구가 삼매를 존중하지 않을 것이다.'라는 것은 있을 수 없습니다. 스승을 존중하고 법을 존중하고 승가를 존중하고 공부지음을 존중하는 비구는 삼매도 존중합니다.

세존이시여, '스승을 존중하고 법을 존중하고 승가를 존중하고 공부지음을 존중하고 삼매를 존중하는 비구가 불방일을 존중하지 않을 것이다.'라는 것은 있을 수 없습니다. 스승을 존중하고 법을 존중하고 승가를 존중하고 공부지음을 존중하고 삼매를 존중하는 비구는 불방일도 존중합니다.

세존이시여, '스승을 존중하고 법을 존중하고 승가를 존중하고 공부지음을 존중하고 삼매를 존중하고 불방일을 존중하는 비구가 친절한 환영을 존중하지 않을 것이다.'라는 것은 있을 수 없습니다. 스승을 존중하고 법을 존중하고 승가를 존중하고 공부지음을 존중하고 삼매를 존중하고 불방일을 존중하는 비구는 친절한 환영도 존중합니다.

세존이시여, 세존께서 간략하게 설해 주신 것의 뜻을 저는 이와 같이 자세하게 압니다."

4. "장하고도 장하구나, 사리뿟따여. 사리뿟따여, 내가 간략하게 설한 것의 뜻을 그대는 이와 같이 자세하게 아는구나. 사리뿟따여, '스승을 존중하지 않는 비구가 법을 존중할 것이다.'라는 것은 있을 수 없다. 스승을 존중하지 않는 비구는 법도 존중하지 않는다.

…… ……

사리뿟따여, '스승을 존중하지 않고 법을 존중하지 않고 승가를 존중하지 않고 공부지음을 존중하지 않고 삼매를 존중하지 않고 불방일을 존중하지 않는 비구가 친절한 환영을 존중할 것이다.'라는 것은 있을 수 없다. 스승을 존중하지 않고 법을 존중하지 않고 승가를 존중하지 않고 공부지음을 존중하지 않고 삼매를 존중하지 않고 불방일을 존중하지 않는 비구는 친절한 환영도 존중하지 않는다.

사리뿟따여, '스승을 존중하는 비구가 법을 존중하지 않을 것이다.'

라는 것은 있을 수 없다. 스승을 존중하는 비구는 법도 존중한다.
……

사리뿟따여, '스승을 존중하고 법을 존중하고 승가를 존중하고 공부지음을 존중하고 삼매를 존중하고 불방일을 존중하는 비구가 친절한 환영을 존중하지 않을 것이다.'라는 것은 있을 수 없다. 스승을 존중하고 법을 존중하고 승가를 존중하고 공부지음을 존중하고 삼매를 존중하고 불방일을 존중하는 비구는 친절한 환영도 존중한다.

사리뿟따여, 내가 간략하게 설한 것의 뜻을 그대는 이와 같이 자세하게 보아야 한다."

수행 경(A7:67)
Bhāvanā-sutta

1. "비구들이여, 수행에 몰두하지 않고 머무는 비구에게도 이러한 바람은 일어날 것이다. '오, 참으로 나는 취착이 없어져서 번뇌들로부터 마음이 해탈하기를.'이라고. 그러나 그는 결코 취착이 없어져서 번뇌들로부터 마음이 해탈하지 못한다. 그것은 무슨 이유 때문인가? 수행하지 않았기 때문이라고 말해야 한다. 무엇을 수행하지 않았기 때문인가? 네 가지 마음챙김의 확립[四念處], 네 가지 바른 노력[四正勤], 네 가지 성취수단[四如意足], 다섯 가지 기능[五根], 다섯 가지 힘[五力], 일곱 가지 깨달음의 구성요소[七覺支], 여덟 가지 구성요소를 가진 성스러운 도[八支聖道]다.

비구들이여, 예를 들면 암탉에게 여덟 개나 열 개나 열두 개의 계란이 있다 하자. 그런데 암탉은 계란들 위에서 바르게 품지도 못하고 바르게 온기를 주지도 못하고 바르게 냄새를 느끼게 하지도 못한다. 그러면서도 그 암탉에게 이런 바람이 일어날 것이다. '오, 이 병아리들이 발톱 끝이나 부리로 계란의 껍질을 잘 부순 뒤 안전하게 뚫고 나오기를.'이라고. 그렇지만 병아리들은 발톱 끝이나 부리로 계란의 껍질을 잘 부순 뒤 안전하게 뚫고 나올 수 없다. 그것은 무슨 이유 때문인가? 그 암탉이 계란들 위에서 바르게 품지도 못하고 바르게 온기를 주지도 못하고 바르게 냄새를 느끼게 하지도 못했기 때문이다.

비구들이여, 그와 같이 수행에 몰두하지 않고 머무는 비구에게도 이러한 바람이 일어날 것이다. '오, 참으로 나는 취착이 없어져서 번뇌들로부터 마음이 해탈하기를.'이라고. 그러나 그는 결코 취착이 없어져서 번뇌들로부터 마음이 해탈하지 못한다. 그것은 무슨 이유 때문인가? 수행하지 않았기 때문이라고 말해야 한다. 무엇을 수행하지 않았기 때문인가? 네 가지 마음챙김의 확립[四念處], 네 가지 바른 노력[四正勤], 네 가지 성취수단[四如意足], 다섯 가지 기능[五根], 다섯 가지 힘[五力], 일곱 가지 깨달음의 구성요소[七覺支], 여덟 가지 구성요소를 가진 성스러운 도[八支聖道]이다."

2. "비구들이여, 수행에 몰두하여 머무는 비구에게 이러한 바람은 일어나지 않을 것이다. '오, 참으로 나는 취착이 없어져서 번뇌들로부터 마음이 해탈하기를.'이라고. 그러나 그는 취착이 없어져서 번뇌들로부터 마음이 해탈한다. 그것은 무슨 이유 때문인가? 수행하기 때문이라고 말해야 한다. 무엇을 수행하기 때문인가? 네 가지 마음챙김의 확립[四念處], 네 가지 바른 노력[四正勤], 네 가지 성취수단[四如意足], 다섯 가지 기능[五根], 다섯 가지 힘[五力], 일곱 가지 깨달음의

구성요소[七覺支], 여덟 가지 구성요소를 가진 성스러운 도[八支聖道]이다.

비구들이여, 예를 들면 암탉에게 여덟 개나 열 개나 열두 개의 계란이 있다 하자. 그런데 암탉은 계란들 위에서 바르게 품고 바르게 온기를 주고 바르게 냄새를 느끼게 한다. 그렇지만 그 암탉에게 이런 바람은 일어나지 않을 것이다. '오, 이 병아리들이 발톱 끝이나 부리로 계란의 껍질을 잘 부순 뒤 안전하게 뚫고 나오기를.'이라고. 그러나 병아리들은 발톱 끝이나 부리로 계란의 껍질을 잘 부순 뒤 안전하게 뚫고 나올 수 있다. 그것은 무슨 이유 때문인가? 그 암탉이 계란들 위에서 바르게 품고 바르게 온기를 주고 바르게 냄새를 느끼게 하기 때문이다.

비구들이여, 그와 같이 수행에 몰두하여 머무는 비구에게 이러한 바람은 일어나지 않을 것이다. '오, 참으로 나는 취착이 없어져서 번뇌들로부터 마음이 해탈하기를.'이라고. 그러나 그는 취착이 없어져서 번뇌들로부터 마음이 해탈한다. 그것은 무슨 이유 때문인가? 수행하기 때문이라고 말해야 한다. 무엇을 수행하기 때문인가? 네 가지 마음챙김의 확립[四念處], 네 가지 바른 노력[四正勤], 네 가지 성취수단[四如意足], 다섯 가지 기능[五根], 다섯 가지 힘[五力], 일곱 가지 깨달음의 구성요소[七覺支], 여덟 가지 구성요소를 가진 성스러운 도[八支聖道]다."

3. "비구들이여, 예를 들면 목수459)나 목수의 도제가 까뀌 자루

---

459) '목수'로 옮긴 원어는 phala-gaṇḍa이다. 주석서에서 목수(vaḍḍhaki)라고 설명하고 있어서 이렇게 옮겼다. 주석서는 계속해서 이렇게 설명한다. "그는 추선(錘線, olambaka)이라 부르는 팔라(phala)를 움직여서 목재에 표식을 만든다고 해서 '팔라간다'라고 불린다."(AA.iv.63)

에 생긴 손가락 자국이나 엄지손가락 자국을 보고 '오늘은 나의 까뀌 자루가 이만큼 닳았고 어제는 이만큼 닳았고 그 전에는 이만큼 닳았다.'라고 알지 못한다. 대신에 다 닳았을 때 닳았다고 안다. 그와 같이 수행에 몰두하여 머무는 비구에게 '오늘은 나의 번뇌들이 이만큼 다했고 어제는 이만큼 다했고 그 전에는 이만큼 다했다.'라고 알지 못한다. 대신에 [번뇌가] 다 했을 때 다 했다고 안다.

비구들이여, 예를 들면 돛대와 밧줄을 장착하여 바다로 항해하는 배가 육 개월 동안 항해한 뒤 겨울철에 해안에 닿는다 하자. 그러면 그 밧줄들은 바람과 햇볕으로 약해지고 다시 우기에 많은 비에 젖으면 쉽게 푸석푸석해질 것이고 썩어버릴 것이다. 그와 같이 수행에 몰두하여 머무는 비구의 [열 가지] 족쇄는 쉽게 푸석푸석해지고 썩어버린다."

불[火] 경(A7:68)[460]
Aggi-sutta

1. 이와 같이 나는 들었다. 한때 세존께서는 꼬살라에서 많은 비구 승가와 함께 유행(遊行)하셨다. 세존께서는 대로를 따라 걷고 계시다가 어느 지역에서 불꽃을 튀기면서 시뻘겋게 불타오르는 큰 불무

---

460) 6차결집본의 경제목은 '불무더기의 비유'(Aggikkhandhopama-sutta)이다. DPPN에도 Aggikkhandhopama-sutta로 언급되고 있다. 『청정도론』 I.154에서는 '불의 무더기의 가르침'(Aggikkhandha-pariyāya)으로 언급되고 있으며 『청정도론』 I.155~157에는 본경에서 세존께서 비유로서 비구들에게 질문을 하시는 내용이 모두 인용되고 있다. 상좌부 불교를 스리랑카로 전한 마힌다(Mahinda) 장로도 스리랑카에서 이 경을 설한 것으로 전해온다.(Mhv.xv.176)

더기를 보셨다. 그것을 보시고 길을 벗어나 어떤 나무 아래 마련된 자리에 앉으셨다. 자리에 앉아서 세존께서는 비구들을 불러서 말씀하셨다.

"비구들이여, 그대들은 불꽃을 튀기면서 시뻘겋게 불타오르는 저 큰 불무더기를 보는가?"

"그렇습니다, 세존이시여."

"비구들이여, 이를 어떻게 생각하는가? 불꽃을 튀기면서 시뻘겋게 불타오르는 저 큰 불무더기를 껴안고 앉아있거나 누워있는 것과 부드럽고 아름다운 손발을 가진 끄샤뜨리야의 딸이나 바라문의 딸이나 장자의 딸을 껴안고 앉아있거나 누워있는 것 가운데 어떤 것이 더 낫겠는가?"

"세존이시여, 부드럽고 아름다운 손발을 가진 끄샤뜨리야의 딸이나 바라문의 딸이나 장자의 딸을 껴안고 앉아있거나 누워있는 것이 더 낫겠습니다. 세존이시여, 불꽃을 튀기면서 시뻘겋게 불타오르는 저 큰 불무더기를 껴안고 앉아있거나 누워있는 것은 고통일 것입니다."

"비구들이여, 그대들에게 고하고 선언하나니 계를 지키지 않고, 사악한 법을 가지고, 불결한 행위를 하고, 의심하는 습관을 가지고, 자신의 행위를 숨기고, 사문이 아니면서 사문이라 주장하고, 청정범행을 닦지 않으면서 청정범행을 닦는다고 주장하고, [썩은 업에 의해] 안이 썩었고, [여섯 감각의 문을 통해 탐욕 등 오염원들이] 흐르고, [탐욕 등의] 쓰레기를 가진 자에게는 불꽃을 튀기면서 시뻘겋게 불타오르는 저 큰 불무더기를 껴안고 앉아있거나 누워있는 것이 더 나을 것이다. 그것은 무슨 이유 때문인가? 비구들이여, 그는 이 때문에 죽을지도 모르고 단말마의 고통을 가질지도 모르지만 그것으로 인해 몸이 무너져 죽은 뒤 처참한 곳, 불행한 곳, 파멸처, 지옥에 떨어지지는 않는다.

비구들이여, 계를 지키지 않고, 사악한 법을 가지고, 불결한 행위를 하고, 의심하는 습관을 가지고, 자신의 행위를 숨기고, 사문이 아니면서 사문이라 주장하고, 청정범행을 닦지 않으면서 청정범행을 닦는다고 주장하고, [썩은 업에 의해] 안이 썩었고, [여섯 감각의 문을 통해 탐욕 등 오염원들이] 흐르고, [탐욕 등의] 쓰레기를 가진 자가 부드럽고 아름다운 손발을 가진 끄샤뜨리야의 딸이나 바라문의 딸이나 장자의 딸을 껴안고 앉아있거나 누워있다면 그것은 오랫동안 손해와 괴로움이 있게 된다. 그는 몸이 무너져 죽은 뒤 처참한 곳, 불행한 곳, 파멸처, 지옥에 떨어질 것이다."

2. "비구들이여, 이를 어떻게 생각하는가? 힘센 남자가 말총으로 만든 질긴 밧줄로 [사람의] 두 무릎을 감아서 단단하게 죄면 그것은 우선 겉 피부를 벗겨지게 할 것이고, 그 다음에 속 피부를 벗겨지게 할 것이다. 그 다음에 살을 끊을 것이고, 그 다음에 힘줄을, 그 다음에 뼈를 끊을 것이다. 뼈를 끊은 뒤 그것은 골수에 닿은 채로 있을 것이다. 이렇게 하는 것과 부유한 끄샤뜨리야나 부유한 바라문이나 부유한 장자의 경배를 받는 것 가운데 어떤 것이 더 낫겠는가?"

"세존이시여, 부유한 끄샤뜨리야나 부유한 바라문이나 부유한 장자의 경배를 받는 것이 더 낫겠습니다. 세존이시여, 힘센 남자가 말총으로 만든 질긴 밧줄로 … 골수에 닿은 채로 있는 것은 고통일 것입니다."

"비구들이여, 그대들에게 고하고 선언하나니 계를 지키지 않고, … [탐욕 등의] 쓰레기를 가진 자에게는 힘센 남자가 말총으로 만든 질긴 밧줄로 … 골수에 닿은 채로 있는 것이 더 나을 것이다. 그것은 무슨 이유 때문인가? 비구들이여, 그는 이 때문에 죽을지도 모르고 단말마의 고통을 가질지도 모르지만 그것으로 인해 몸이 무너져 죽은 뒤 처참한 곳, 불행한 곳, 파멸처, 지옥에 떨어지지는 않는다.

비구들이여, 계를 지키지 않고, … [탐욕 등의] 쓰레기를 가진 자가 부유한 끄샤뜨리야나 부유한 바라문이나 부유한 장자의 경배를 받는다면 그것은 오랫동안 손해와 괴로움이 있게 된다. 그는 몸이 무너져 죽은 뒤 처참한 곳, 불행한 곳, 파멸처, 지옥에 떨어질 것이다."

3. "비구들이여, 이를 어떻게 생각하는가? 힘센 남자가 기름에 씻은 예리한 창으로 [사람의] 가슴을 찌르는 것과 부유한 끄샤뜨리야나 부유한 바라문이나 부유한 장자의 합장 공경을 받는 것 가운데 어떤 것이 더 낫겠는가?"

"세존이시여, 부유한 끄샤뜨리야나 부유한 바라문이나 부유한 장자의 합장 공경을 받는 것이 더 낫겠습니다. 세존이시여, 힘센 남자가 기름에 씻은 예리한 창으로 [사람의] 가슴을 찌르는 것은 고통일 것입니다."

"비구들이여, 그대들에게 고하고 선언하나니 계를 지키지 않고, … [탐욕 등의] 쓰레기를 가진 자에게는 힘센 남자가 기름에 씻은 예리한 창으로 그의 가슴을 찌르는 것이 더 나을 것이다. 그것은 무슨 이유 때문인가? 비구들이여, 그는 이 때문에 죽을지도 모르고 단말마의 고통을 가질지도 모르지만 그것으로 인해 몸이 무너져 죽은 뒤 처참한 곳, 불행한 곳, 파멸처, 지옥에 떨어지지는 않는다.

비구들이여, 계를 지키지 않고, … [탐욕 등의] 쓰레기를 가진 자가 부유한 끄샤뜨리야나 부유한 바라문이나 부유한 장자의 합장 공경을 받는다면 그것은 오랫동안 손해와 괴로움이 있게 된다. 그는 몸이 무너져 죽은 뒤 처참한 곳, 불행한 곳, 파멸처, 지옥에 떨어질 것이다."

4. "비구들이여, 이를 어떻게 생각하는가? 힘센 남자가 시뻘겋게 불타는 뜨거운 철판으로 [사람의] 몸을 감싸는 것과 부유한 끄샤뜨리야나 부유한 바라문이나 부유한 장자가 신심으로 보시한 옷을 수용하는 것 가운데 어떤 것이 더 낫겠는가?"

"세존이시여, 부유한 끄샤뜨리야나 부유한 바라문이나 부유한 장자가 신심으로 보시한 옷을 수용하는 것이 더 낫겠습니다. 세존이시여, 힘센 남자가 시뻘겋게 불타는 뜨거운 철판으로 [사람의] 몸을 감싸는 것은 고통일 것입니다."

"비구들이여, 그대들에게 고하고 선언하나니 계를 지키지 않고, … [탐욕 등의] 쓰레기를 가진 자에게는 힘센 남자가 시뻘겋게 불타는 뜨거운 철판으로 그의 몸을 감싸는 것이 더 나을 것이다. 그것은 무슨 이유 때문인가? 비구들이여, 그는 이 때문에 죽을지도 모르고 단말마의 고통을 가질지도 모르지만 그것으로 인해 몸이 무너져 죽은 뒤 처참한 곳, 불행한 곳, 파멸처, 지옥에 떨어지지는 않는다.

비구들이여, 계를 지키지 않고, … [탐욕 등의] 쓰레기를 가진 자가 부유한 끄샤뜨리야나 부유한 바라문이나 부유한 장자가 신심으로 보시한 옷을 수용한다면 그것은 오랫동안 손해와 괴로움이 있게 된다. 그는 몸이 무너져 죽은 뒤 처참한 곳, 불행한 곳, 파멸처, 지옥에 떨어질 것이다."

5. "비구들이여, 이를 어떻게 생각하는가? 힘센 남자가 시뻘겋게 불타는 뜨거운 무쇠 부젓가락으로 [사람의] 입을 벌려서 시뻘겋게 불타는 뜨거운 무쇠덩이를 입에다 넣으면 이 무쇠덩이는 그의 입술을 태우고 입과 혀와 목구멍과 뱃속을 태우고 창자와 장간막을 거쳐 아래로 빠져나갈 것이다. 이것과 부유한 끄샤뜨리야나 부유한 바라문이나 부유한 장자가 신심으로 보시한 탁발음식을 수용하는 것 가운데 어떤 것이 더 낫겠는가?"

"세존이시여, 부유한 끄샤뜨리야나 부유한 바라문이나 부유한 장자가 신심으로 보시한 탁발음식을 수용하는 것이 더 낫겠습니다. 세존이시여, 힘센 남자가 시뻘겋게 불타는 뜨거운 무쇠 부젓가락으로 [사람의] 입을 벌려서 시뻘겋게 불타는 뜨거운 무쇠덩이를 입에다 넣으면 그 무쇠덩이가 그의 입술을 태우고 입과 혀와 목구멍과 뱃속을 태우고 창자와 장간막을 거쳐 아래로 빠져나가는 것은 고통일 것입니다."

"비구들이여, 그대들에게 고하고 선언하나니 계를 지키지 않고, … [탐욕 등의] 쓰레기를 가진 자에게는 힘센 남자가 시뻘겋게 불타는 뜨거운 무쇠 부젓가락으로 그의 입을 벌려서 시뻘겋게 불타는 뜨거운 무쇠덩이를 입에다 넣으면 그 무쇠덩이는 그의 입술을 태우고 입과 혀와 목구멍과 뱃속을 태우고 창자와 장간막을 거쳐 아래로 빠져나갈 것인데 이것이 더 나을 것이다. 그것은 무슨 이유 때문인가? 비구들이여, 그는 이 때문에 죽을지도 모르고 단말마의 고통을 가질지도 모르지만 그것으로 인해 몸이 무너져 죽은 뒤 처참한 곳, 불행한 곳, 파멸처, 지옥에 떨어지지는 않는다.

비구들이여, 계를 지키지 않고, … [탐욕 등의] 쓰레기를 가진 자가 부유한 끄샤뜨리야나 부유한 바라문이나 부유한 장자가 신심으로 보시한 탁발음식을 수용한다면 그것은 오랫동안 손해와 괴로움이 있게 된다. 그는 몸이 무너져 죽은 뒤 처참한 곳, 불행한 곳, 파멸처, 지옥에 떨어질 것이다."

6. "비구들이여, 이를 어떻게 생각하는가? 힘센 남자가 [사람의] 머리나 어깨를 잡고 시뻘겋게 불타는 뜨거운 무쇠로 된 침상이나 무쇠로 된 의자에 앉게 하거나 눕게 하는 것과 부유한 끄샤뜨리야나 부유한 바라문이나 부유한 장자가 신심으로 보시한 침상과 의자를 수용하는 것 가운데 어떤 것이 더 낫겠는가?"

"세존이시여, 부유한 끄샤뜨리야나 부유한 바라문이나 부유한 장자가 신심으로 보시한 침상과 의자를 수용하는 것이 더 낫겠습니다. 세존이시여, 힘센 남자가 [사람의] 머리나 어깨를 잡고 시뻘겋게 불타는 뜨거운 무쇠로 된 침상이나 무쇠로 된 의자에 앉게 하거나 눕게 하는 것은 고통일 것입니다."

"비구들이여, 그대들에게 고하고 선언하나니 계를 지키지 않고, … [탐욕 등의] 쓰레기를 가진 자에게는 힘센 남자가 그의 머리나 어깨를 잡고 시뻘겋게 불타는 뜨거운 무쇠로 된 침상이나 무쇠로 된 의자에 앉게 하거나 눕게 하는 것이 더 나을 것이다. 그것은 무슨 이유 때문인가? 비구들이여, 그는 이 때문에 죽을지도 모르고 단말마의 고통을 가질지도 모르지만 그것으로 인해 몸이 무너져 죽은 뒤 처참한 곳, 불행한 곳, 파멸처, 지옥에 떨어지지는 않는다.

비구들이여, 계를 지키지 않고, … [탐욕 등의] 쓰레기를 가진 자가 부유한 끄샤뜨리야나 부유한 바라문이나 부유한 장자가 신심으로 보시한 침상과 의자를 수용한다면 그것은 오랫동안 손해와 괴로움이 있게 된다. 그는 몸이 무너져 죽은 뒤 처참한 곳, 불행한 곳, 파멸처, 지옥에 떨어질 것이다."

7. "비구들이여, 이를 어떻게 생각하는가? 힘센 남자가 [사람의] 발을 위로, 머리를 아래로 잡고 시뻘겋게 불타는 뜨거운 무쇠 가마솥에 집어던져 넣으면 그 속에서 한 번은 위로 올라가고 한 번은 아래로 내려가고 한 번은 옆으로 가기도 하면서 거품을 일으키면서[461] 삶길 것이다. 이렇게 하는 것과 부유한 끄샤뜨리야나 부유한 바라문이나 부유한 장자가 신심으로 보시한 사원을 수용하는 것 가운데 어떤 것이 더 낫겠는가?"

"세존이시여, 부유한 끄샤뜨리야나 부유한 바라문이나 부유한 장자가 신심으로 보시한 사원을 수용하는 것이 더 낫겠습니다. 세존이시여, 힘센 남자가 [사람의] 발을 위로 머리를 아래로 잡고 시뻘겋게 불타는 뜨거운 무쇠 가마솥에 집어던져 넣어 그 속에서 한 번은 위로 올라가고 한 번은 아래로 내려가고 한 번은 옆으로 가기도 하면서 거품을 일으키면서 삶기는 것은 고통일 것입니다."

"비구들이여, 그대들에게 고하고 선언하나니 계를 지키지 않고, … [탐욕 등의] 쓰레기를 가진 자에게는 힘센 남자가 그의 발을 위로 머리를 아래로 잡고 시뻘겋게 불타는 뜨거운 무쇠 가마솥에 집어던져 넣어 그 속에서 한 번은 위로 올라가고 한 번은 아래로 내려가고 한 번은 옆으로 가기도 하면서 거품을 일으키면서 삶기는 것이 더 나을

---

461) "'거품을 일으키면서(phenuddehakaṁ)'는 계속해서 거품을 일으킨다는 뜻이다."(AAṬ.iii.196)

것이다. 그것은 무슨 이유 때문인가? 비구들이여, 그는 이 때문에 죽을지도 모르고 단말마의 고통을 가질지도 모르지만 그것으로 인해 몸이 무너져 죽은 뒤 처참한 곳, 불행한 곳, 파멸처, 지옥에 떨어지지는 않는다.

비구들이여, 계를 지키지 않고, 사악한 법을 가지고, 불결한 행위를 하고, 의심하는 습관을 가지고, 자신의 행위를 숨기고, 사문이 아니면서 사문이라 주장하고, 청정범행을 닦지 않으면서 청정범행을 닦는다고 주장하고, [썩은 업에 의해] 안이 썩었고, [여섯 감각의 문을 통해 탐욕 등 오염원들이] 흐르고, [탐욕 등의] 쓰레기를 가진 자가 부유한 끄샤뜨리야나 부유한 바라문이나 부유한 장자가 신심으로 보시한 사원을 수용한다면 그것은 오랫동안 손해와 괴로움이 있게 된다. 그는 몸이 무너져 죽은 뒤 처참한 곳, 불행한 곳, 파멸처, 지옥에 떨어질 것이다."

8. "비구들이여, 그러므로 그대들은 이와 같이 공부지어야 한다. '우리가 의복과 탁발음식과 거처와 병구완을 위한 약품을 수용하도록 해준 그들의 행위는 많은 결실과 많은 이익을 가져올 것이고, 우리의 출가도 헛되지 않고 결실이 있고 이익이 있을 것이다.'라고. 비구들이여, 그대들은 이와 같이 공부지어야 한다.

비구들이여, 자신의 이익462)을 보는 자는 이와 같이 방일하지 말고 [해야 할 바를] 성취해야 한다.463) 비구들이여, 남의 이익을 보는

---

462) "'자신의 이익(attattha)'이란 금생의 것과 내생의 것과 세간적인 것과 출세간적인 이익(attha)을 말한다."(AA.iv.64)
463) '방일하지 말고 [해야 할 바를] 성취하라.(appamādena sampādetha)'는 말씀은 부처님께서 반열반에 드시기 직전에도 유훈으로 하신 말씀(『디가

자도 이와 같이 방일하지 말고 [해야 할 바를] 성취해야 한다. 비구들이여, 둘 모두의 이익을 보는 자도 이와 같이 방일하지 말고 [해야 할 바를] 성취해야 한다."

세존께서는 이렇게 말씀하셨다. 이 상세한 설명[記別, 授記]이 설해지자 60명 정도의 비구는 입으로부터 뜨거운 피를 토했다. 60명 정도의 비구는 '행하기 어렵습니다, 세존이시여. 너무나 행하기 어렵습니다, 세존이시여.'464)라고 하면서 공부지음을 버리고 낮은 [재가자의] 삶으로 되돌아갔다. 60명 정도의 비구는 취착이 없어져서 번뇌들로부터 마음이 해탈하였다.

수넷따 경(A7:69)465)
Sunetta-sutta

1. "비구들이여, 옛날에 수넷따라는 스승이 있었는데 그는 교단의 창시자였으며 감각적 욕망을 여의었다. 수넷따 스승에게는 수백

니까야』 제2권 「대반열반경」(D16) §6.7)임을 우리는 잘 알고 있다. 여기에 대해서 본경에 해당하는 『앙굿따라 니까야 주석서』는 별다른 설명이 없고 『디가 니까야 주석서』는 이렇게 설명하고 있다. "영민함(알아차림)을 [수반한] 마음챙김으로 해야 할 바를 모두 성취하라.(satiavippavāsena sabbakiccāni sampādeyyātha)" 즉 불방일(不放逸, appamāda)을 '마음챙김과 알아차림[正念正知]'으로 설명하는데 다른 주석서들에서도 한결같다. 더 자세한 설명은 「대반열반경」(D16) §6.7의 주해를 참조할 것.

464) "여기서 '어렵습니다(dukkaraṁ)'라고 한 것은 10년 … 60년을 사문의 법을 온전히 청정하게(ekanta-parisuddha) 행하는 것(karaṇa)은 참으로 어렵다는 뜻이다."(NetA.355)

465) 본경에서 아라까 스승에 관한 부분만 제외하면 본서 「담미까 경」(A6:54) §§7~9와 내용이 같다.

명의 제자가 있었다. 수넷따 스승은 제자들에게 범천의 세상에 태어나는 법을 설하였다. 그런데 수넷따 스승이 범천의 세상에 태어나는 법을 설할 때 마음으로 청정한 믿음을 가지지 못한 자들은 몸이 무너져 죽은 뒤에 비참한 곳, 불행한 곳, 파멸처, 지옥에 태어났다. 그러나 수넷따 스승이 범천의 세상에 태어나는 법을 설할 때 마음으로 청정한 믿음을 가진 자들은 몸이 무너져 죽은 뒤에 좋은 곳, 천상 세계에 태어났다.

2. "비구들이여, 예전에 무가빡까라는 스승이 있었는데 … 아라네미라는 스승이 있었는데 … 꿋달라라는 스승이 있었는데 … 핫티빨라라는 스승이 있었는데 … 조띠빨라라는 스승이 있었는데 … 아라까라는 스승이 있었는데 그는 교단의 창시자였으며 감각적 욕망들에 대해 욕망을 여의었다. 아라까 스승에게는 수백 명의 제자들이 있었다. 아라까 스승은 제자들에게 범천의 세상에 태어나는 법을 설하였다. 그런데 아라까 스승이 범천의 세상에 태어나는 법을 설할 때 마음으로 청정한 믿음을 가지지 못한 자들은 몸이 무너져 죽은 뒤에 비참한 곳, 불행한 곳, 파멸처, 지옥에 태어났다. 그러나 아라까 스승이 범천의 세상에 태어나는 법을 설할 때 마음으로 청정한 믿음을 가진 자들은 몸이 무너져 죽은 뒤에 좋은 곳, 천상 세계에 태어났다."

3. "비구들이여, 이를 어떻게 생각하는가? 교단의 창시자였으며 감각적 욕망들에 대해 욕망을 여의었으며 수백 명의 수행원들과 제자들의 무리를 거느린 이러한 일곱 스승들에게 마음이 타락한 사람이 욕을 하고 비난한다면 그는 많은 악덕을 쌓겠는가?"

"그렇습니다, 세존이시여."

"비구들이여, 교단의 창시자였으며 감각적 욕망들에 대해 욕망을 여의었으며 수백 명의 수행원들과 제자들의 무리를 거느린 이러한 여섯 스승들에게 마음이 타락한 사람이 욕을 하고 비난한다면 그는 많은 악덕을 쌓는다. 그런데 견해를 구족한 한 사람을 마음이 타락한 사람이 욕을 하고 비난한다면 그는 이보다 더 많은 악덕을 쌓는다. 그것은 무슨 이유 때문인가? 비구들이여, 다른 외도들을 [욕하고 비난하는 것은] 동료 수행자들을 [욕하고 비난하여] 자신의 공덕을 파버리는 것처럼 그만큼의 공덕을 파버린다고 나는 말하지 않는다. 비구들이여, 그러므로 이와 같이 공부지어야 한다."

"'우리는 동료 수행자들에 대해서 마음을 타락하게 하지 않을 것이다.'라고, 비구들이여, 그대들은 이와 같이 공부지어야 한다."

아라까 경(A7:70)
Araka-sutta

1. "비구들이여, 옛날에 아라까라는 스승이 있었는데 그는 교단의 창시자였으며 감각적 욕망을 여의었다. 아라까 스승에게는 수백 명의 제자가 있었다. 아라까 스승은 제자들에게 이렇게 법을 설하였다."

2. "바라문이여, 사람의 목숨이란 짧고 제한적이고 덧없고 많은 괴로움을 가져오고 많은 절망을 준다. 그러니 만뜨라로 깨달아야 하고466) 선(善)을 행해야 하고 청정범행을 닦아야 한다. 태어난 자에게 불사(不死)란 없다.

---

466) "'만뜨라로 깨달아야 한다.(mantāya boddhabbaṁ)'는 것은 통찰지로써 알아야 한다는 뜻이다."(AA.iv.66)

바라문이여, 예를 들면 풀끝에 매달린 이슬방울이 태양이 떠오르면 즉시에 사라져버리고 오래 머물지 못하듯이, 사람의 목숨이란 이슬방울처럼 짧고 제한적이고 덧없고 많은 괴로움을 가져오고 많은 절망을 준다. 그러니 만뜨라로 깨달아야 하고 선(善)을 행해야 하고 청정범행을 닦아야 한다. 태어난 자에게 불사(不死)란 없다.

바라문이여, 예를 들면 굵은 빗방울의 비가 떨어질 때 물에 수포덩어리가 [생겼다가] 즉시 사라져버리고 오래 머물지 못하듯이, 사람의 목숨이란 수포덩어리처럼 짧고 제한적이고 덧없고 많은 괴로움을 가져오고 많은 절망을 준다. 그러니 만뜨라로 깨달아야 하고 선(善)을 행해야 하고 청정범행을 닦아야 한다. 태어난 자에게 불사(不死)란 없다.

바라문이여, 예를 들면 물 위에 막대기로 그은 선이 즉시 사라져버리고 오래 머물지 못하듯이, 사람의 목숨이란 물 위에 막대기로 그은 선처럼 짧고 제한적이고 덧없고 많은 괴로움을 가져오고 많은 절망을 준다. 그러니 만뜨라로 깨달아야 하고 선(善)을 행해야 하고 청정범행을 닦아야 한다. 태어난 자에게 불사(不死)란 없다.

바라문이여, 예를 들면 산에서 쏟아지는 강물이 급류와 함께 [떨어진 풀과 나뭇잎 등을] 쓸어 가버리면서 멀리 흐르면, 그것은 찰나라도 잠시라도 순간이라도 멈추지 않는다.467) 대신에 돌진하고 질주하고 잽싸게 달리듯이, 사람의 목숨이란 산에서 쏟아지는 강물처럼 짧고 제한적이고 덧없고 많은 괴로움을 가져오고 많은 절망을 준다. 그

---

467) '멈추다'로 옮긴 원어는 PTS본에는 āramati로 나타나는데 PED에 언급되지 않는다. 6차결집본에는 āvattati(돌다, 회전하다)로 나타난다. 문맥상 '멈추다'로 옮겼다.

러니 만뜨라로 깨달아야 하고 선(善)을 행해야 하고 청정범행을 닦아야 한다. 태어난 자에게 불사(不死)란 없다.

바라문이여, 예를 들면 힘센 사람이 그의 혀끝에 있는 한 덩이의 가래침을 별 어려움 없이 내뱉듯이, 사람의 목숨이란 한 덩이의 가래침처럼 짧고 제한적이고 덧없고 많은 괴로움을 가져오고 많은 절망을 준다. 그러니 만뜨라로 깨달아야 하고 선(善)을 행해야 하고 청정범행을 닦아야 한다. 태어난 자에게 불사(不死)란 없다.

바라문이여, 예를 들면 온종일 데워진 철판 위에다 작은 고깃덩이를 놓으면 즉시 사라져버리고 오래 머물지 못하듯이, 사람의 목숨이란 고깃덩이처럼 짧고 제한적이고 덧없고 많은 괴로움을 가져오고 많은 절망을 준다. 그러니 만뜨라로 깨달아야 하고 선(善)을 행해야 하고 청정범행을 닦아야 한다. 태어난 자에게 불사(不死)란 없다.

바라문이여, 예를 들면 소가 도살장으로 끌려갈 때 끌려가는 발자국마다 살해의 곁으로 가고 죽음의 곁으로 가듯이, 사람의 목숨이란 도살장으로 끌려가는 소처럼 짧고 제한적이고 덧없고 많은 괴로움을 가져오고 많은 절망을 준다. 그러니 만뜨라로 깨달아야 하고 선(善)을 행해야 하고 청정범행을 닦아야 한다. 태어난 자에게 불사(不死)란 없다."

3. "비구들이여, 그 무렵에 인간은 6만 살의 수명을 가졌으며 여자는 500살이 결혼 적령기였다.468) 그 때의 인간들에게는 오직 여섯 가지 재해밖에 없었다. 그것은 추위와 더위, 배고픔과 목마름, 대

---

468) 『디가 니까야』 제3권 「전륜성왕 사자후경」(D26) §23에 의하면 인간의 수명이 8만 살일 때 결혼 적령기가 500살이라고 한다. 그리고 「대전기경」(D14) §1.7에 의하면 6만 살일 때 윗사부 부처님이 출현한다고 한다.

변과 소변이었다. 비구들이여, 참으로 인간이 이처럼 오랜 수명을 가졌고 이처럼 오래 살았고 이처럼 재해가 적었음에도 불구하고 그 아라까 스승은 제자들에게 이러한 법을 설하였다. '바라문이여, 사람의 목숨이란 짧고 제한적이고 덧없고 많은 괴로움을 가져오고 많은 절망을 준다. 그러니 만뜨라로 깨달아야 하고 선(善)을 행해야 하고 청정범행을 닦아야 한다. 태어난 자에게 불사(不死)란 없다.'라고.

비구들이여, 요즘에 바르게 말하는 자는 이렇게 말해야 한다. '목숨이란 짧고 제한적이고 덧없고 많은 괴로움을 가져오고 많은 절망을 준다. 그러니 만뜨라로 깨달아야 하고 선(善)을 행해야 하고 청정범행을 닦아야 한다. 태어난 자에게 불사(不死)란 없다.'라고.

비구들이여, 요즘에는 오래 사는 사람도 백 년의 이쪽저쪽이다. 백 년을 살아도 삼백 계절밖에 살지 못하나니 겨울철이 백 번이고, 여름철이 백 번이고, 우기철이 백 번이다. 삼백 계절을 살아도 천2백 달밖에 살지 못하나니 겨울철이 4백 달, 여름철이 4백 달, 우기철이 4백 달이다.

천2백 달을 살아도 2천4백 번의 보름밖에 살지 못하나니 겨울철에 8백 번의 보름이 있고, 여름철에 8백 번의 보름이 있고, 우기철에 8백 번의 보름이 있다. 2천4백 번의 보름을 살아도 3만6천 밤밖에 살지 못하나니 겨울철에 만2천 밤이 있고, 여름철에 만2천 밤이 있고, 우기철에 만2천 밤이 있다. 3만6천 밤을 살아도 밥을 먹는 것은 7만2천 번밖에 안되나니 겨울철에 2만4천 번의 밥을 먹고, 여름철에 2만4천 번의 밥을 먹고 우기철에 2만4천 번의 밥을 먹는다. 여기에는 어머니 젖을 먹는 것과 밥을 굶는 것도 포함된다. 여기서 밥을 굶는 때는 이러하다. 화가 나면 밥을 먹지 않고, 괴로워도 밥을 먹지 않고,

병이 들어도 밥을 먹지 않고, 포살(우뽀사타)을 지킬 때도 밥을 먹지 않고 얻지 못했을 때도 밥을 먹지 않는다.

비구들이여, 이와 같이 나는 백 년을 사는 인간의 수명을 말하였고 수명의 기간도 말하였고 계절도 말하였고 해도 말하였고 달도 말하였고 보름도 말하였고 밤도 말하였고 밤낮도 말하였고 밥을 먹는 것도 말하였고 밥을 굶는 것도 말하였다."

4. "비구들이여, 항상 제자들의 이익을 기원하며 제자들을 연민하는 스승이 마땅히 해야 할 바를 이제 나는 연민으로 그대들에게 하였다.

비구들이여, 여기 나무 밑이 있다. 여기 빈집들이 있다. 참선을 하라. 비구들이여, 방일하지 마라. 나중에 후회하지 마라. 이것이 그대들에게 주는 나의 간곡한 당부다."

제7장 대 품이 끝났다.

일곱 번째 품에 포함된 경들의 목록은 다음과 같다.

① 양심 ② 태양 ③ 도시 비유
④ 법을 앎 ⑤ 빠릿찻따까 나무
⑥ 존경함 ⑦ 수행 ⑧ 불
⑨ 수넷따 ⑩ 아라까다.

제8장 율 품
Vinaya-vagga

율을 호지하는 자 경1(A7:71)
Vinayadhara-sutta

1. "비구들이여, 일곱 가지 법을 갖춘 비구는 율을 호지하는 자[律師]이다. 무엇이 일곱인가?"

2. "① 범계(犯戒)를 안다. ② 범계가 아님을 안다. ③ 가벼운 범계를 안다. ④ 무거운 범계를 안다. ⑤ 계를 잘 지킨다. 그는 빠띠목카의 단속으로 단속하면서 머문다. 바른 행실과 행동의 영역을 갖추고, 작은 허물에 대해서도 두려움을 보며, 학습계목을 받아 지녀 공부짓는다. ⑥ 바로 지금여기에서 행복하게 머물게 하는, 높은 마음인 네 가지 선[四禪]을 원하는 대로 얻고 힘들이지 않고 얻고 어렵지 않게 얻는다. ⑦ 모든 번뇌가 다하여 아무 번뇌가 없는 마음의 해탈[心解脫]과 통찰지를 통한 해탈[慧解脫]을 바로 지금여기에서 스스로 최상의 지혜로 알고 실현하고 구족하여 머문다. 비구들이여, 이러한 일곱 가지 법을 갖춘 비구는 율을 호지하는 자다."

율을 호지하는 자 경2(A7:72)

1. "비구들이여, 일곱 가지 법을 갖춘 비구는 율을 호지하는 자다. 무엇이 일곱인가?"

2. "범계(犯戒)를 안다. 범계가 아님을 안다. 가벼운 범계를 안다. 무거운 범계를 안다. 두 가지 빠띠목카469)를 경(경분별)과 부분적인 것(건도와 보유)으로 상세하게 잘 전승받고 잘 분석하고 잘 전개하고 잘 판별한다.470) 바로 지금여기에서 행복하게 머물게 하는, 높은 마

---

469) 여기서 '두 가지 빠띠목카(ubhayāni pātimokkhāni)'란 비구 빠띠목카(비구 계목)와 비구니 빠띠목카(비구니 계목)를 말한다.
470) "'상세하게 잘 전승받았다.(svāgatāni)'는 것은 그에게 잘 전승되었다는 말이고, '잘 분석되었다.(suvibhattāni)'는 것은 부분별로(koṭṭhāsato) 잘 분석되었다는 말이다. 여기서 '경(sutta)'은 경분별(經分別, vibhaṅga) 이고, '세목(anubyañjana)'은 건도와 보유(犍度와 補遺, khandhaka-parivāra)를 말한다."(AA.iv.66)
현존하는 빠알리 율장은 크게 세 부분으로 구성된다. 첫 번째는 경분별(vibhaṅga)이고 두 번째는 건도(khandhaka)이고 세 번째는 보유(補遺, parivāra)이다. 이 가운데 경분별은 다시 비구 경분별과 비구니 경분별로 나누어지고, 건도는 다시 마하왁가(Mahāvagga, 대품)와 쭐라왁가(Cūla-vagga, 소품)로 나누어진다. 이렇게 해서 모두 다섯 권으로 구성되어 있다.
한편 이를 중국에 전승된 사분율 60권을 기준하여 살펴보면 전반부 30권은 금율(禁律) 즉 비구계와 비구니계의 해설인데 중국 율종의 용어로는 지지계(止持戒)라고 부른다. 다음에 31권부터 54권의 24권은 비구·비구니가 행하여야 할 행지(行持) 즉 승가 행사와 일상생활 등을 규정하는 부분인데 율종의 용어로는 행지계(行持戒)라고 부른다. 세 번째로 마지막인 다섯 번째 권은 주로 지지계 내용의 요약 및 종합적인 기억과 이해에 도움되는 여러 가지 유집(類集)으로 되어 있다. 그러므로 율장의 중요부분은 지지계와 행지계라 할 수 있다.
이것을 빠알리 율장과 비교해보면 비구계와 비구니계의 해설에 해당하는 지지계 부분은 경분별에 해당하고, 후반부의 행지계 부분은 건도부(Khandhaka)에 해당하며, 마지막 다섯 번째 권에 해당하는 부분은 보유에 해당한다.
이렇게 해서 본경의 경(sutta)이라는 술어에는 경분별 즉 지지계가 포함되고, 세목이라는 술어에는 건도와 보유가 포함된다.

음인 네 가지 선[四禪]을 원하는 대로 얻고 힘들이지 않고 얻고 어렵지 않게 얻는다. 모든 번뇌가 다하여 아무 번뇌가 없는 마음의 해탈[心解脫]과 통찰지를 통한 해탈[慧解脫]을 바로 지금여기에서 스스로 최상의 지혜로 알고 실현하고 구족하여 머문다. 비구들이여, 이러한 일곱 가지 법을 갖춘 비구는 율을 호지하는 자다."

율을 호지하는 자 경3(A7:73)

1. "비구들이여, 일곱 가지 법을 갖춘 비구는 율을 호지하는 자다. 무엇이 일곱인가?"

2. "범계(犯戒)를 안다. 범계가 아님을 안다. 가벼운 범계를 안다. 무거운 범계를 안다. 흔들림 없이 율에 서있다. 바로 지금여기에서 행복하게 머물게 하는, 높은 마음인 네 가지 선[四禪]을 원하는 대로 얻고 힘들이지 않고 얻고 어렵지 않게 얻는다. 모든 번뇌가 다하여 아무 번뇌가 없는 마음의 해탈[心解脫]과 통찰지를 통한 해탈[慧解脫]을 바로 지금여기에서 스스로 최상의 지혜로 알고 실현하고 구족하여 머문다. 비구들이여, 이러한 일곱 가지 법을 갖춘 비구는 율을 호지하는 자다."

율을 호지하는 자 경4(A7:74)

1. "비구들이여, 일곱 가지 법을 갖춘 비구는 율을 호지하는 자다. 무엇이 일곱인가?"

2. "범계(犯戒)를 안다. 범계가 아님을 안다. 가벼운 범계를 안다. 무거운 범계를 안다. 수많은 전생의 갖가지 삶들을 기억한다. 즉 한 생, 두 생, … 이처럼 한량없는 전생의 갖가지 모습들을 그 특색과 더불어 상세하게 기억해낸다.[宿命通] 청정하고 인간을 넘어선 신성한 눈으로 중생들이 지은 바 그 업에 따라가는 것을 꿰뚫어 안다.[天眼通] 모든 번뇌가 다하여 아무 번뇌가 없는 마음의 해탈[心解脫]과 통찰지를 통한 해탈[慧解脫]을 바로 지금여기에서 스스로 최상의 지혜로 알고 실현하고 구족하여 머문다. 비구들이여, 이러한 일곱 가지 법을 갖춘 비구는 율을 호지하는 자다."

율을 호지하는 자는 빛남 경1(A7:75)[471]
Vinayadharasobhana-sutta

1. "비구들이여, 일곱 가지 법을 갖춘 율을 호지하는 비구는 빛난다. 무엇이 일곱인가?"

2. "범계(犯戒)를 안다. 범계가 아님을 안다. 가벼운 범계를 안다. 무거운 범계를 안다. 계를 잘 지킨다. 그는 빠띠목카의 단속으로 단속하면서 머문다. 바른 행실과 행동의 영역을 갖추고, 작은 허물에 대해서도 두려움을 보며, 학습계목을 받아 지녀 공부짓는다. 바로 지금여기에서 행복하게 머물게 하는, 높은 마음인 네 가지 선[四禪]을 원하는 대로 얻고 힘들이지 않고 얻고 어렵지 않게 얻는다. 모든 번

---

471) 본경부터 아래 A7:78까지의 네 경은 '율을 호지하는 자다.' 대신에 '율을 호지하는 자는 빛난다.'로 나타나는 것만 다르고 각각 위 A7:71~A7:74와 내용이 같다.

뇌가 다하여 아무 번뇌가 없는 마음의 해탈[心解脫]과 통찰지를 통한 해탈[慧解脫]을 바로 지금여기에서 스스로 최상의 지혜로 알고 실현하고 구족하여 머문다. 비구들이여, 이러한 일곱 가지 법을 갖춘 율을 호지하는 비구는 빛난다."

율을 호지하는 자는 빛남 경2(A7:76)

1. "비구들이여, 일곱 가지 법을 갖춘 율을 호지하는 비구는 빛난다. 무엇이 일곱인가?"

2. "범계(犯戒)를 안다. 범계가 아님을 안다. 가벼운 범계를 안다. 무거운 범계를 안다. 두 가지 빠띠목카를 경(경분별)과 부분적인 것(건도와 보유)으로 상세하게 잘 전승받고 잘 분석하고 잘 전개하고 잘 판별한다. 바로 지금여기에서 행복하게 머물게 하는, 높은 마음인 네 가지 선[四禪]을 원하는 대로 얻고 힘들이지 않고 얻고 어렵지 않게 얻는다. 모든 번뇌가 다하여 아무 번뇌가 없는 마음의 해탈[心解脫]과 통찰지를 통한 해탈[慧解脫]을 바로 지금여기에서 스스로 최상의 지혜로 알고 실현하고 구족하여 머문다. 비구들이여, 이러한 일곱 가지 법을 갖춘 율을 호지하는 비구는 빛난다."

율을 호지하는 자는 빛남 경3(A7:77)

1. "비구들이여, 일곱 가지 법을 갖춘 율을 호지하는 비구는 빛난다. 무엇이 일곱인가?"

2. "범계(犯戒)를 안다. 범계가 아님을 안다. 가벼운 범계를 안다. 무거운 범계를 안다. 흔들림 없이 율에 서있다. 바로 지금여기에서 행복하게 머물게 하는, 높은 마음인 네 가지 선[四禪]을 원하는 대로 얻고 힘들이지 않고 얻고 어렵지 않게 얻는다. 모든 번뇌가 다하여 아무 번뇌가 없는 마음의 해탈[心解脫]과 통찰지를 통한 해탈[慧解脫]을 바로 지금여기에서 스스로 최상의 지혜로 알고 실현하고 구족하여 머문다. 비구들이여, 이러한 일곱 가지 법을 갖춘 율을 호지하는 비구는 빛난다."

율을 호지하는 자는 빛남 경4(A7:78)

1. "비구들이여, 일곱 가지 법을 갖춘 율을 호지하는 비구는 빛난다. 무엇이 일곱인가?"

2. "범계(犯戒)를 안다. 범계가 아님을 안다. 가벼운 범계를 안다. 무거운 범계를 안다. 수많은 전생의 갖가지 삶들을 기억한다. 즉 한 생, 두 생, … 이처럼 한량없는 전생의 갖가지 모습들을 그 특색과 더불어 상세하게 기억해낸다.[宿命通] 청정하고 인간을 넘어선 신성한 눈으로 중생들이 지은 바 그 업에 따라가는 것을 꿰뚫어 안다.[天眼通] 모든 번뇌가 다하여 아무 번뇌가 없는 마음의 해탈[心解脫]과 통찰지를 통한 해탈[慧解脫]을 바로 지금여기에서 스스로 최상의 지혜로 알고 실현하고 구족하여 머문다. 비구들이여, 이러한 일곱 가지 법을 갖춘 율을 호지하는 비구는 빛난다."

교법 경(A7:79)[472]
Sāsana-sutta

1. 그때 우빨리 존자[473]는 세존께 다가갔다. 가서는 세존께 절을 올리고 한 곁에 앉았다. 한 곁에 앉은 우빨리 존자는 세존께 이렇게 말씀드렸다.

"세존이시여, 세존께서는 제게 간략하게 법을 설해주소서. 저는 세존이 설해주시는 법을 듣고 멀리 은둔하여[474] 방일하지 않고 열심히, 스스로 독려하며 지내고자 합니다."

2. "우빨리여, 그대가 '이 법들은 [윤회에서] 완전한 역겨움으로, 탐욕의 빛바램으로, 소멸로, [오염원들이] 고요해짐으로, 최상의 지혜로, 깨달음으로, 열반으로 인도하지 못한다.'라고 알고 있는 그러한 법들은 '법이 아니고, 율이 아니고, 스승의 교법이 아니다.'라고 전적으로 호지해야 한다. 우빨리여, 그러나 그대가 '이 법들은 완전한 역겨움으로, 탐욕의 빛바램으로, 소멸로, 고요해짐으로, 최상의 지혜로, 깨달음으로, 열반으로 인도한다.'라고 알고 있는 그러한 법들은 '법이고, 율이고, 스승의 교법이다.'라고 전적으로 호지해야 한다."

---

472) 6차결집본의 경제목은 '스승의 교법'(Satthusāsana-sutta)이다.

473) 우빨리 존자(āyasmā Upāli)에 대해서는 본서 제1권 「하나의 모음」 (A1:14:4-10)의 주해를 참조할 것.

474) '멀리 은둔하여'로 옮긴 원어는 vūpakaṭṭho다. 주석서는 다음과 같이 설명하고 있다.
"몸으로는 대중(gaṇa)을 멀리 떠나고 마음으로는 오염원(kilesa)을 멀리 떠나 한거(viveka)한다, 멀리 있게 되었다(dūrī-bhūta)는 뜻이다."(AA. iv.66)

대중공사를 가라앉힘 경(A7:80)
Adhikaraṇasamatha-sutta

1. "비구들이여, 때때로 일어나는 대중공사를 가라앉히고 수습하기 위한 일곱 가지의 대중공사를 가라앉히는 방법이 있다. 무엇이 일곱인가?"

2. "직접 대면하는 율(sammukhā-vinaya)을 행해야 한다.475) 범계하지 않은 비구가 범계했다고 고소당했을 때 '나는 범계한 사실이 없다.'고 기억하는 것(sati-vinaya)을 행해야 한다. 정신 질환의 상태에서 범계를 하였을 경우 정신이 회복된 상태에 대해서는 무죄를 선고하는 율(amūḷha-vinaya)을 행해야 한다. 고백을 행하는 것(paṭiññāta-karaṇa)을 행해야 한다. 다수결로 결정하는 것(yebhuyyasikā)을 행해야 한다. 죄를 범한 자에 대해 공사를 제기함(pāpiyyasikā)을 행해야 한다.476) 짚으로 덮어야 하는 것(tiṇa-vatthāraka)을 행해야 한다. 비구들이여, 때때로 일어나는 대중공사를 가라앉히고 수습하기 위한 이러한 일곱 가지의 대중공사를 가라앉히는 방법이 있다."

---

475) 이 이하에 언급되는 일곱 가지는 대중공사[諍事]를 해결하는 방법인데 율장 『쭐라왁가』(Cūḷavagga, 소품)의 「가라앉힘의 건도(犍度)」(Samatha-khandhaka, Vin.ii.73ff)에서 상세하게 설명하고 있다.
한편 한역 『사분율』에서는 이 일곱을 각각 현전비니(現前毘尼), 억념비니(憶念毘尼), 불치비니(不癡毘尼), 자언치(自言治), 다인어(多人語), 멱죄상(覓罪相), 초복지(草覆地)로 옮겼다. 이 일곱 가지에 대한 설명은 『초기불교 교단과 계율』 109~116을 참조할 것.

476) 범계한 비구가 스스로 그 죄를 드러내지 않아 대중이 갈마로써 그 죄를 묻는 것을 뜻한다.

제8장 율 품이 끝났다.

여덟 번째 품에 포함된 경들의 목록은 다음과 같다.

네 가지 ①~④ 율을 호지하는 자
네 가지 ⑤~⑧ 율을 호지하는 자는 빛남
⑨ 교법 ⑩ 대중공사를 가라앉힘이다.

제9장 사문 품[477]

Samaṇa-vagga

비구 경(A7:81)
Bhikkhu-sutta

1. "비구들이여, 일곱 가지 법을 부셔버렸기 때문에 비구다. 무엇이 일곱인가?"

2. "[불변하는] 자기 존재가 있다는 견해[有身見]를 부숴버렸고, 의심을 부숴버렸고, 계율과 의례의식에 대한 집착[戒禁取]을 부숴버렸고, 탐욕을 부숴버렸고, 성냄을 부숴버렸고, 어리석음을 부숴버렸고, 자만을 부숴버렸다. 비구들이여, 이러한 일곱 가지 법들을 부숴버렸기 때문에 비구다."

사문 등의 경(A7:82)[478]
Samaṇādi-sutta

1. "비구들이여, 일곱 가지 법을 고요하게 하였기 때문에 사문이다. …

---

477) PTS본에는 품의 명칭이 나타나지 않고 본품에 포함된 경들의 이름도 나타나지 않는다. 역자는 6차결집본을 따라 품의 명칭과 경들의 이름을 붙였고, 6차결집본에도 나타나지 않는 경의 제목은 역자가 임의로 붙였다.

478) 6차결집본에는 본경이 모두 7개의 경으로 편집되어 있다. 역자는 PTS본을 따라서 하나의 경으로 간주해서 번역하였다.

일곱 가지 법을 밖으로 보내었기 때문에 바라문이다. …

일곱 가지 법을 흘려보내버렸기 때문에 안전한 자다. …

일곱 가지 법을 목욕으로 깨끗이 씻었기 때문에 공부를 마친 자479)다. …

일곱 가지 법을 잘 알았기 때문에 지혜의 달인이다. …

일곱 가지 법이라는 적을 죽였기 때문에 성자다.480) …

일곱 가지 법을 멀리하였기 때문에 아라한이다. 무엇이 일곱인가?"

2. "[불변하는] 자기 존재가 있다는 견해[有身見]를 멀리하였고, 의심을 멀리하였고, 계율과 의례 의식에 대한 집착[戒禁取]을 멀리하

---

479) '공부를 마친 자'로 옮긴 원어는 nahātaka(Sk. snātaka)인데 √snā(to bathe)에서 파생된 명사이다. 그래서 문자적인 의미는 '목욕을 마친 자'다. 바라문들은 보통 8살에 스승을 정해서 그 문하에 들어가서 20살까지 12년 동안 자기 문파의 베다(본집, 제의서, 삼림서, 우빠니샤드)와 여러 가지 지식들을 배운다. 이런 과정을 다 마치면 졸업식을 하는데 요즘처럼 졸업장을 주는 것이 아니라 인도인들이 신성시 여기는 강에 들어가서 목욕하는 것으로 공부를 마친 것을 표시하였다. 그래서 '목욕을 마친 자'는 바로 바라문이 배워야 할 공부를 마친 자를 뜻한다. 그래서 이런 표현이 생긴 것이다. 본서에서는 알기 쉽게 '공부를 마친 자'로 의역을 하였다.

480) '적을 죽였기 때문에 성자다.'로 옮긴 원문은 arīhatattā ariyo hoti다. arīhata는 적(ari)을 죽임(hata)으로 분해가 되는데 이것은 주석서에서 아라한(arahan)을 설명하는 어원으로 채택되고 있다.(arīnaṁ hatattā arahattā)(DA.i.43 등)

PED에는 본경 혹은 본품에서 본문장이 빠져야 한다고 밝히고 있다. 필사본을 잘못 읽은 것이라고 밝히고 있다. Hare도 주에서 이 사실을 밝히고 있다. 사실 아라한을 ari+hata로 설명하는 것은 다른 경에는 나타나지 않고 오직 주석서에서만 나타나기 때문에 본경에서도 이 문장은 빠져야 한다고 여겨진다. 그러나 6차결집본에는 ārakattā ariyo hoti(멀리하였기 때문에 성자다.)로 나타나고 있어서 역자는 일단 저본인 PTS본을 살려서 번역하였다.

였고, 탐욕을 멀리하였고, 성냄을 멀리하였고, 어리석음을 멀리하였고, 자만을 멀리하였다. 비구들이여, 이러한 일곱 가지 법들을 멀리하였기 때문에 비구다."

바르지 못한 법 경(A7:83)
Asaddhamma-sutta

1. "비구들이여, 일곱 가지 바르지 못한 법이 있다. 무엇이 일곱인가?"

2. "믿음이 없고, 양심이 없고, 수치심이 없고, 배움이 적고, 게으르고, 마음챙김을 놓아버리고, 통찰지가 없다. 비구들이여, 이러한 일곱 가지 바르지 못한 법이 있다."

바른 법 경(A7:84)
Saddhamma-sutta

1. "비구들이여, 일곱 가지 바른 법이 있다. 무엇이 일곱인가?"

2. "믿음이 있고, 양심이 있고, 수치심이 있고, 많이 배웠고, 부지런히 정진하고, 마음챙기고, 통찰지가 있다. 비구들이여, 이러한 일곱 가지 바른 법이 있다."

제9장 사문 품이 끝났다.

제10장 공양받아 마땅함 품
Āhuneyya-vagga

무상(無常) 경(A7:85)[481]
Anicca-sutta

1. "비구들이여, 일곱 부류의 사람은 공양받아 마땅하고, 선사받아 마땅하고, 보시받아 마땅하고, 합장받아 마땅하며, 세상의 위없는 복밭[福田]이다. 무엇이 일곱인가?"

2. "비구들이여, 여기 어떤 사람은 눈에 대해서 무상함을 관찰하면서 머문다. 그는 무상을 인식하고 무상을 경험하며 언제나 한결같이 지속적으로 이것을 마음으로 확신하고 통찰지로 여기에 깊이 들어간다. 그는 모든 번뇌가 다하여 아무 번뇌가 없는 마음의 해탈[心解脫]과 통찰지를 통한 해탈[慧解脫]을 바로 지금여기에서 스스로 최상의 지혜로 알고 실현하고 구족하여 머문다. 비구들이여, 이것이 공양받아 마땅하고, 선사받아 마땅하고, 보시받아 마땅하고, 합장받아 마땅하며, 세상의 위없는 복밭[福田]인 첫 번째 사람이다."

3. "비구들이여, 여기 어떤 사람은 눈에 대해서 무상함을 관찰하면서 머문다. 그는 무상을 인식하고 무상을 경험하며 언제나 한결같이 지속적으로 이것을 마음으로 확신하고 통찰지로 여기에 깊이

---

481) 6차결집본에는 경제목이 나타나지 않는다. 역자는 본서 「무상 경」(A7: 16)을 참조하여 이것을 경제목으로 삼았다. 본경에 나타나는 술어들의 설명은 본서 「무상 경」(A7:16)의 주해를 참조할 것.

들어간다. 그는 생명이 다하는 바로 그 순간에 번뇌가 다한다. 비구들이여, 이것이 공양받아 마땅하고, 선사받아 마땅하고, 보시받아 마땅하고, 합장받아 마땅하며, 세상의 위없는 복밭[福田]인 두 번째 사람이다."

4. "비구들이여, 여기 어떤 사람은 눈에 대해서 무상함을 관찰하면서 머문다. 그는 무상을 인식하고 무상을 경험하며 언제나 한결같이 지속적으로 이것을 마음으로 확신하고 통찰지로 여기에 깊이 들어간다. 그는 다섯 가지 낮은 단계의 족쇄를 완전히 없애고 수명의 중반쯤에 이르러 완전한 열반에 드는 자가 된다. …

… 그는 다섯 가지 낮은 단계의 족쇄를 완전히 없애고 [수명의] 반이 지나서 완전한 열반에 드는 자가 된다. …

… 그는 다섯 가지 낮은 단계의 족쇄를 완전히 없애고 자극 없이 완전한 열반에 드는 자가 된다. …

… 그는 다섯 가지 낮은 단계의 족쇄를 완전히 없애고 자극을 통해서 완전한 열반에 드는 자가 된다. …

… 그는 다섯 가지 낮은 단계의 족쇄를 완전히 없애고 더 높은 세계로 재생하여 색구경천에 이르는 자가 된다. 비구들이여, 이것이 공양받아 마땅하고, 선사받아 마땅하고, 보시받아 마땅하고, 합장받아 마땅하며, 세상의 위없는 복밭[福田]인 일곱 번째 사람이다."

괴로움 등의 경(A7:86)
Dukkhādi-sutta

1. "비구들이여, 일곱 부류의 사람은 공양받아 마땅하고, 선사받아 마땅하고, 보시받아 마땅하고, 합장받아 마땅하며, 세상의 위없는

복밭[福田]이다. 무엇이 일곱인가?"

2. "비구들이여, 여기 어떤 사람은 눈에 대해서 괴로움을 관찰하면서 머문다. …

눈에 대해서 무아를 관찰하면서 머문다. … 눈에 대해서 부서짐을 관찰하면서 머문다. … 사그라짐을 관찰하면서 머문다. … 빛바램을 관찰하면서 머문다. … 소멸을 관찰하면서 머문다. … 놓아버림을 관찰하면서 머문다.

귀에 대해서 … 코에 대해서 … 혀에 대해서 … 몸에 대해서 … 마노에 대해서 …

형상들에 대해서 … 소리들에 대해서 … 냄새들에 대해서 … 맛들에 대해서 … 감촉들에 대해서 … 법들에 대해서 …

눈의 알음알이[識]에 대해서 … 귀의 알음알이에 대해서 … 코의 알음알이에 대해서 … 혀의 알음알이에 대해서 … 몸의 알음알이에 대해서 … 마노의 알음알이에 대해서 …

눈의 감각접촉[觸]에 대해서 … 귀의 감각접촉에 대해서 … 코의 감각접촉에 대해서 … 혀의 감각접촉에 대해서 … 몸의 감각접촉에 대해서 … 마노의 감각접촉에 대해서 …

눈의 감각접촉에서 생긴 느낌[受]에 대해서 … 귀의 감각접촉에서 생긴 느낌에 대해서 … 코의 감각접촉에서 생긴 느낌에 대해서 … 혀의 감각접촉에서 생긴 느낌에 대해서 … 몸의 감각접촉에서 생긴 느낌에 대해서 … 마노의 감각접촉에서 생긴 느낌에 대해서 …

형상의 인식[想]에 대해서 … 소리의 인식에 대해서 … 냄새의 인식에 대해서 … 맛의 인식에 대해서 … 감촉의 인식에 대해서 … 법의 인식에 대해서 …

형상에 대한 의도[意思]에 대해서 … 소리에 대한 의도에 대해서 … 냄새에 대한 의도에 대해서 … 맛에 대한 의도에 대해서 … 감촉에 대한 의도에 대해서 … 법에 대한 의도에 대해서 …

형상에 대한 갈애[愛]에 대해서 … 소리에 대한 갈애에 대해서 … 냄새에 대한 갈애에 대해서 … 맛에 대한 갈애에 대해서 … 감촉에 대한 갈애에 대해서 … 법에 대한 갈애에 대해서 …

형상에 대한 생각[尋]에 대해서 … 소리에 대한 생각에 대해서 … 냄새에 대한 생각에 대해서 … 맛에 대한 생각에 대해서 … 감촉에 대한 생각에 대해서 … 법에 대한 생각에 대해서 …

형상에 대한 고찰[伺]에 대해서 … 소리에 대한 고찰에 대해서 … 냄새에 대한 고찰에 대해서 … 맛에 대한 고찰에 대해서 … 감촉에 대한 고찰에 대해서 … 법에 대한 고찰에 대해서 …

물질의 무더기[蘊]에 대해서 … 느낌의 무더기에 대해서 … 인식의 무더기에 대해서 … 심리현상들의 무더기에 대해서 … 알음알이의 무더기에 대해서 무상함을 관찰하면서 머문다. … 괴로움을 관찰하면서 머문다. … 무아를 관찰하면서 머문다. … 부서짐을 관찰하면서 머문다. … 사그라짐을 관찰하면서 머문다. … 빛바램을 관찰하면서 머문다. … 소멸을 관찰하면서 머문다. … 놓아버림을 관찰하면서 머문다."482)

제10장 공양받아 마땅함 품이 끝났다.

---

482) Hare는 본 품에 모두 65(눈 등)×8(무상의 관찰 등)=520개의 경이 포함된 것으로 번호를 매기고 있으며, 6차결집본은 본품에 528개의 경이 포함된 것으로 번호를 매기고 있는데 눈 등을 66개로 파악한 듯하다.

제11장 탐욕의 반복 품
Rāga-peyyāla

깨달음의 구성요소 경(A7:87)
Bojjhaṅga-sutta

1. "비구들이여, 탐욕을 최상의 지혜로 알기 위해서는 일곱 가지 법을 수행해야 한다. 무엇이 일곱인가?"

"마음챙김의 깨달음의 구성요소[念覺支], 법을 간택하는 깨달음의 구성요소[擇法覺支], 정진의 깨달음의 구성요소[精進覺支], 희열의 깨달음의 구성요소[喜覺支], 편안함의 깨달음의 구성요소[輕安覺支], 삼매의 깨달음의 구성요소[定覺支], 평온의 깨달음의 구성요소[捨覺支]다. 비구들이여, 탐욕을 최상의 지혜로 알기 위해서는 이러한 일곱 가지 법을 수행해야 한다."

인식 경1(A7:88)
Saññā-sutta

1. "비구들이여, 탐욕을 최상의 지혜로 알기 위해서는 일곱 가지 법을 수행해야 한다. 무엇이 일곱인가?"

2. "[오온에 대해] 무상(無常)이라고 [관찰하는 지혜에서 생긴] 인식, 무아라고 [관찰하는 지혜에서 생긴] 인식, 부정(不淨)이라고 [관찰하는 지혜에서 생긴] 인식,483) 위험이라고 [관찰하는 지혜에서 생

긴] 인식,484) 버림의 인식, 탐욕이 빛바램의 인식, 소멸의 인식이다.485) 비구들이여, 탐욕을 최상의 지혜로 알기 위해서는 이러한 일곱 가지 법을 수행해야 한다."

인식 경2(A7:89)

1. "비구들이여, 탐욕을 최상의 지혜로 알기 위해서는 일곱 가지 법을 수행해야 한다. 무엇이 일곱인가?"

2. "부정(不淨)이라고 [관찰하는 지혜에서 생긴] 인식, 죽음에 대한 인식, 음식에 혐오하는 인식, 온 세상에 대해 기쁨이 없다는 인식, [오온에 대해] 무상(無常)이라고 [관찰하는 지혜에서 생긴] 인식, 무상한 [오온에 대해서] 괴로움이라고 [관찰하는 지혜에서 생긴] 인식, 괴로움인 [오온에 대해서] 무아라고 [관찰하는 지혜에서 생긴] 인식이다.486) 비구들이여, 탐욕을 최상의 지혜로 알기 위해서는 이러한 일곱 가지 법을 수행해야 한다."

---

483) "부정이라고 [관찰하는 지혜에서 생긴] 인식이란 10가지나 11가지 부정(asubha)의 관찰(anupassana, 隨觀)을 통해서 생긴 지혜다. 이것은 괴로움의 관찰을 굳건하게 하는 지혜(paricayañāṇa)다."(DAṬ.iii.335~336)

484) "형성된 것(saṅkhāra, 行)들은 무상하고, 괴로움이고, 변하기 마련이고, 깨끗하지 않다고 그 위험(ādīnava)을 관찰함[隨觀]을 통해서 생긴 지혜다."(DAṬ.iii.336)

485) 『디가 니까야』 제3권 「합송경」(D33) §2.3 (8)과 같다.

486) 이 일곱 가지는 본서 「인식 경」1(A7:45)에도 나타난다.

철저히 앎 등의 경(A7:90)
Pariññādi-sutta

1. "비구들이여, 탐욕을 철저히 알기 위해서는 … 완전히 없애기 위해서는 … 버리기 위해서는 … 부수기 위해서는 … 사그라지게 하기 위해서는 … 빛바래게 하기 위해서는 … 소멸하기 위해서는 … 포기하기 위해서는 … 놓아버리기 위해서는 일곱 가지 법을 수행해야 한다. …

2. "비구들이여, 성냄을 … 어리석음을 … 분노를 … 원한을 … 위선을 … 앙심을 … 질투를 … 인색을 … 속임을 … 사기를 … 완고함을 … 성마름을 … 자만을 … 거만을 … 교만을 … 방일을 최상의 지혜로 알기 위해서는 … 철저히 알기 위해서는 … 완전히 없애기 위해서는 … 버리기 위해서는 … 부수기 위해서는 … 사그라지게 하기 위해서는 … 빛바래게 하기 위해서는 … 소멸하기 위해서는 … 떨어지게 하기 위해서는 … 놓아버리기 위해서는 일곱 가지 법을 수행해야 한다. … 비구들이여, … 이러한 일곱 가지 법을 수행해야 한다.487)

세존께서는 이렇게 말씀하셨다. 그 비구들은 흡족한 마음으로 세존의 말씀을 크게 기뻐하였다."

---

487) 6차결집본에는 이렇게 3(각지+인식1+인식2) × 17(탐, 진, 치, 분노 등) × 10(최상의 지혜로 앎, 철저히 앎 등) = 510개의 경들이 탐욕의 반복(Rāga-peyyāla)에 포함되어 있는 것으로 편집하고 있다. 그러나 역자가 저본으로 한 PTS본에는 4개의 경으로 묶여있다.
이렇게 하여 6차결집본에는 일곱의 모음의 경들에 대해서 모두 1,132개의 경번호를 매겼고 Hare는 90 + 520 + 510 = 1,120개의 경 번호를 매기고 있다. 역자는 PTS본의 편집을 따라서 90개의 경 번호를 매겼다.

제11장 탐욕의 반복 품이 끝났다.

두 번째 50개 경들의 묶음이 끝났다.

일곱의 모음이 끝났다.

앙굿따라 니까야
찾아보기

찾아보기

【가】

1리터 들이 물통 (āḷhaka-thālikā) A6:54 §6.
가까이 하지 않는 (nopanīyare) A6:49 §3[설명].
가문 (kula) A7:13 §1.
가시 (kaṇḍaka) A6:57 §2.
가시와 함께 머무는 비구들 (bhikkhū kaṇṭaka-vuttikā) A6:57 §2[설명].
가장의 불 (gahapataggi) A7:44 §13[설명].
가지 말아야 할 것 (anāgamanīya vatthu) A6:92 §2[설명].
각가라 (호수) (Gaggarā) A7:49 §1[설명].
간곡한 당부 (anusāsani) A7:70 §4.
갈망하지 않음 (atammaya) A6:104 §2[설명].
갈망하지 않음 (atammaya) A6:104 §6.
갈애 [세 가지] (taṇhā) A6:106 §2.
갈애가 소진하여 해탈을 성취한다 (taṇhā-saṅkhaya-vimutto hoti) A7:58 §11[설명].
갈애에서 나온 것 (taṇhā-gata)

A7:51 §4[설명].
감각기능의 단속 (indriya-saṁvara) A6:50 §1.
감각적 욕망 (kāma) A6:63 §3; A6:63 §3[설명].
감각적 욕망의 가닥 (kāma-guṇa) A6:63 §3[설명].
감내하면 없어지는 번뇌 A6:58 §5.
감추지 않음 (arakkhita) A7:55 §1.
강가 (강) (Gaṅgā) A7:62 §4.
강한 (adhimatta) A6:20 §3.
같힌 (oruddha) A6:60 §2
거들먹거림 (soṇḍa) A7:58 §10[설명].
거품을 일으키면서 (pheṇuddehakaṁ) A7:68 §7[설명].
겁이 다 하도록 [지옥에] 머묾 (kappaṭṭha) A6:62 §2, §3.
격려하다 (ajjhupekkhati) A6:85 §2.
견해 [세 가지] A6:112 §2.
견해를 갖춘 자들 (diṭṭha-padā) A7:62 §9[설명].
견해를 구족한 사람 (diṭṭhi-sampanna) A6:54 §8[설명].

견해의 구족 (diṭṭhi-sampada) A6:89
§1[설명].
결의 (adhimutti) A6:85 §4[설명].
경 (sutta) A7:72 §2[설명].
계속해서 생각함 [여섯 가지] (anussati)
　A6:25 §1; A6:122 §1.
계속해서 생각함[隨念] (anussati)
　A6:25 §1[설명].
계속해서 생각함의 장소
　(anussati-ṭṭhānā) A6:29 §1; A6:29
　§2[설명].
계속해서 생각함의 장소[隨念處]
　(anussati) A6:9 §1.
고따마 (Gotama) A6:38 §2; A6:42 §1;
　A6:48 §1; A6:52 §2; A6:53 §2; A7:19
　§1; A7:20 §1; A7:44 §f; A7:47 §1,
　§10; A7:62 §12.
고따미 (Gotamī) A7:53 §1[주].
고시따 원림 (Ghositārāma) A7:40 §1
고통스러운 (anutappa) A6:15 §1f.
고통스러운(veyyābādhika) A6:58 §4.
고통스럽게 임종하는 삶 A6:15 §1.
고통스럽지 않게 임종하는 삶 A6:15 §3
공덕 (puñña) A7:58-2 §1[설명].
공덕 (khanti) A6:54 §8[설명]; A7:69
　§3.
공덕은 증장한다 A7:58-2 §1[설명].
공덕을 파버리다 (khanti) A6:54
　§8[설명].
공덕이 된다 (puñña-bhāgiya) A6:63
　§4[설명].
공부를 마친 자 (nahātaka) A7:82
　§1[설명].
공부지음 [세 가지] (sikkhitabba)
　A6:105 §3.
공평하게 나누어서 수용하는 자
　(appaṭivibhatta-bhogī) A6:11

§5[설명].
과보를 가져오는 것 (vepakka) A6:63
　§8, §14.
과위를 증득한 자 (āgata-phala) A6:10
　§1[설명].
과위를 증득한 자들의 머묾 [여섯 가지]
　(āgataphala vihāra) A6:10 §1.
관심 (ussāha) A6:20 §3.
광음천(光音天) (Ābhassarā) A7:41 §4;
　A7:58-2 §1[설명]; A7:62 §10.
괴로움 (dukkha) A6:63 §13; A6:99 §1;
　A7:17 §1; A7:86 §1.
괴로움인 [오온에 대해서] 무아라고
　[관찰하는 지혜에서 생긴] 인식
　(dukkhe anattasaññā) A6:35
　§2[설명].
교법 (sāsana) A7:79 §1.
교법을 안 자 (viññāta-sāsana) A6:10
　§1[설명].
군대 (senāpatika) A6:17 §2.
굳게 움켜쥠 (ādhāna-gāhī) A6:36 §3
궁핍한 자 (anāḷika) A6:45 §1f; A6:57
　§3.
권모술수 (upalāpanā) A7:20 §4[설명];
　A7:20 §4[설명].
권위 (ādhipacca) A7:49 §3[설명].
그늘 (pacchāyā) A6:28 §3.
금생 A6:63 §12[설명].
급고독 (장자) (Anāthapiṇḍika) A6:120
　§1; A7:59 §1.
기능들[五根]의 균등함을 꿰뚫어야
　하고 (indriyānañ ca samataṁ
　paṭivijjha) A6:55 §1[설명].
기대를 갖고 (sāpekha) A7:49 §3[설명].
기분 나쁜 (dummana) A6:54 §6.
기억해야 함 [여섯 가지] (sāraṇīya)
　A6:11 §1; A6:12 §1.

기형 (okoṭimaka) A6:57 §5.
기회 (okāsa) A6:26 §2[설명].
기회를 얻음 (okāsa-adhigama) A6:26 §2[설명].
까삘라왓투 (Kapilavatthu) A6:10 §1.
까시에서 산출된 (Kāsika) A6:59 §3.
깐나문다 (호수) (Kaṇṇamuṇḍā) A7:62 §5.
깔개 (paccattharaṇa) A7:60 §3.
깟사빠 (선인) (Kassapa (ISI)) A7:49 §5.
깨끗함 (vodāna) A6:64 §4[설명].
꺾는 자 (lāyaka) A6:53 §3.
꼬라위야 (Koravya) A6:54 §6[설명].
꼬마라밧짜 [지와까 ~] (Komārabhacca) A6:120 §1.
꼬살라 (Kosala) A6:18 §1; A6:42 §1; A6:43 §1; A6:62 §1; A7:68 §1.
꼬삼비 (Kosambī) A7:40 §1.
꼿티따 (존자) (Koṭṭhita) A6:17 §1; A6:60 §1.
꾸날라 (호수) (Kuṇālā) A7:62 §5.
꿋달라까 (스승) (Kuddālaka) A6:54 §7, §10; A7:69 §2.
꿰뚫음 (nibbedhika) A6:63 §4[설명].
꿰뚫음 (ativijjha) A6:47 §7.
꿰뚫음의 방법 (nibbedhika) A6:63 §1
끈기 있게 하는 자 (sātacca-kāri) A6:72, §2, §4; A6:79, §2, §4.
끼사 상낏짜 (Kisa Saṅkicca) A6:57 §2.
낌빌라 (도시) (Kimbilā) A6:40 §1; A7:56 §1.
낌빌라 (존자) (Kimbila) A6:40 §1; A7:56 §1f.

【나】

나기따 (Nāgita) A6:42 §1f.
나꿀라마따 (Nakulamātā) A6:16 §1f.
나꿀라삐따 (Nakulapitā) A6:16 §1; A6:120 §1.
나는 저열하다. A6:76 §2[설명].
나디까 (Nādika) A6:19 §1; A6:20 §1; A6:59 §1.
나라는 견해 (ahaṅkāra-diṭṭhi) A7:46 §16[설명].
나쁜 곳에 태어남 (duggati) A6:75 §1.
나쁜 마음으로 (pāpakena manasā) A6:18 §2[설명].
나쁜 짓 (āgu) A6:43 §2[설명].
나쁜 행위 (duccarita) A6:45 §2.
나쁜 행위 [세 가지] (duccarita) A6:108 §2.
나중에 누린다 (pecca paribhuñjissāmi) A7:49 §3[설명].
나중에 후회할 일 (vippaṭisāra) A7:51 §4[설명].
난다 왓차 (Nanda Vaccha) A6:57 §2[설명].
난다나 (정원) (Nandana) A7:65 §1[주].
난다마따 (Nandamātā) A6:61 §1[주]; A7:50 §1f
낮은 단계의 족쇄[下分結] (orambhāgiya saṁyojana) A6:56 §2.
내 것이라는 갈애 (mamaṅkāra-taṇhā) A7:46 §16[설명].
내[我]다 (asmi) A7:37 §2[설명].
내가 더 저열하다. A7:46 §16[설명].
내가 있다 (asmi) A6:13 §7[설명].

내려치다 (nicchedeti) A6:53 §3.
나띠까 (Ñātika) A6:19 §1[주].
넘쳐흐름 (abhisanda) A6:37 §3.
넝마주이 (ghāsacchāda) A6:57 §5.
노력 (vāyāma) A6:20 §3.
녹야원 (Migadāya) A6:16 §1; A6:28 §1; A6:60 §1; A6:60 §1; A7:58 §1.
높은 계 (adhisīla) A6:30 §6; A6:105 §3; A7:27 §2; A7:29 §1; A7:30 §1.
높은 마음 (adhicitta) A6:29 §1[설명].
높은 마음 (adhicitta) A6:29 §1; A6:30 §6; A6:105 §3.
높은 통찰지 (adhipaññā) A6:30 §6; A6:105 §3.
놓아버림 (paṭinissagga) A7:58 §11[설명].
느낌 (vedanā) A6:63 §5.
늘리다 (phātikaroti) A6:79 §1f.
니간타 (Nigaṇṭha) A6:57 §1; A7:18 §1[주].
니그로다 원림 (Nigrodhārāma) A6:10 §1.

【다】

다른 사람의 열매를 해치지 않았다. A6:54 §6[설명].
다섯 가지 기능들이 여리다 (pañcindriyā mudū) A6:54 §10[설명].
다시 사라짐을 관찰한다 (vayañ cassa anupassati) A6:55 §10[설명].
닥키나기리 (Dakkhiṇāgiri) A7:50 §1[설명].
단다깝빠까 (성읍) (Daṇḍakappaka) A6:62 §1.

단속하면 없어지는 번뇌 A6:58 §3.
달콤한 견해 (assāda-diṭṭhi) A6:112 §2[설명].
담미까 (Dhammika) A6:43 §1f[설명].
대나무 숲 (Veḷuvana) A6:40 §1; A7:56 §1.
대범천 (Mahābrahmā) A7:58-2 §2; A7:62 §10.
대장장이의 도가니를 거쳐 (sakammāra-gato) A7:66 §1[설명].
대중공사를 가라앉힘 (adhikaraṇa-samatha) A7:80 §1.
더 높은 자애를 닦아야겠다 (uttari mettaṁ bhāveyyaṁ) A7:62 §9[설명].
더 모음 (paṭicaya) A6:55 §4f[설명].
데와닷따 (Devadatta) A6:62 §2.
도솔천 (Tusitā) A6:10 §7; A6:25 §7; A6:34 §2; A6:44 §2; A7:62 §9; A7:65 §2.
도시의 비유 (nagaropama) A7:63 §1.
도중에 (antara 포기하다.) A7:22 §2[설명].
도피안 품 (Pārāyana) A6:61 §1, §8; A7:50 §1.
독수리봉 (산) (Gijjhakūṭa) A6:41 §1; A6:54 §1; A6:55 §1; A6:57 §1; A7:20 §1; A7:21 §1; A7:53 §1, §8.
돌아온 (paṭihita) A6:20 §3.
동등함 (samatta) A6:49 §3.
동원림 (Pubbārāma) A6:43 §1[설명].
동의의 족쇄 (anunaya-saṁyojana) A7:8 §2[설명].
두 가지 말로만 [귀의한] 자 (dvevācika) A6:119 §1[설명].
두 가지 빠띠목카 (ubhayāni pātimokkhāni) A7:72 §2[설명].

두 구절로 된 주문 (dvi-pada) A6:63
§14[설명].
두려움 (bhaya) A6:23 §1.
듣고자 함 (sussūsa) A6:88 §1.
따뿟사 (장자) (Tapussa) A6:119
§1[설명].
따와깐니까 (장자) (Tavakaṇṇika)
A6:120 §1[설명].
딸라 (tāla) A7:62 §6[설명].
땅으로 인지할 수 있다 (paṭhavī tveva
adhimucceyya) A6:41 §2[설명].
땅의 신 (Bhummā (devā)) A7:65 §2.
땅의 주인 (pathabya) A7:58-2
§2[설명].
떯다 (olikhati) A6:16 §2.
띳사 (비구/범천) (Tissa) A6:34
§1[설명]; A7:53 §1f.

【라】

라자가하(왕사성) (Rājagaha) A6:41
§1; A6:54 §1; A6:55 §1; A6:57 §1;
A7:20 §1; A7:21 §1; A7:53 §1.
라타까라 (호수) (Rathakāra) A7:62 §5.
레와따 (존자) (Revata) A7:17 §1;
A6:46 §1[주].
로하나의 손자 (미가라) (Rohaṇeyya)
A7:7 §1[설명].
릿차위 (Licchavī) A7:19 §1.

【마】

마가다 (Magadha) A7:20 §1; A7:58 §1.
마가다 (Māgadha) A7:20 §1.
마라 (Māra) A6:42 §1; A6:43 §2;
A7:47 §9; A7:55 §3; A7:60 §9; A7:63
§12, §23.
마음 닦는 (mano-bhāvanīya) A6:27
§1[설명].
마음에 남아있고 (samudācaranti)
A6:51 §2[설명].
마음으로 확신하고 (cetasā
adhimuccamāno) A7:16 §2[설명].
마음을 닦는 비구를 친견하기에 적당한
시간 A6:27 §1; A6:28 §1.
마음을 장엄하고 마음의 필수품을
위해서
(cittālaṅkāra-cittaparikkhāra)
A7:49 §4[설명].
마음을 절제해야 하는 (cittaṁ
niggahetabba) A6:85 §2[설명].
마음의 자유자재 (cetovasippatta)
A6:41 §2.
마음의 표상 (cittassa nimitta) A6:68
§1[설명].
마음의 해탈 [여섯 가지] (cetovimutti)
A6:13 §2.
마음이 고요해짐을 기뻐한다
(cittassūpasame rataṁ) A6:43
§3[설명].
마음이 묶임 (paṭibaddha-citta) A7:49
§3[설명].
마음챙김과 슬기로움 (sati-nepakka)
A7:18 §2[설명].
마음챙김과 알아차림 (sati-nepakka)
A7:18 §2[설명].
마하깝삐나 (Mahākappina) A6:17 §1
마하깟사빠 (Mahākassapa) A6:17 §1
마하깟짜나/깟짜야나 (Mahākaccāna)
A6:17 §1; A6:26 §1.
마하꼿티따 (Mahākoṭṭhita) A6:17 §1;
A6:60 §1.

마하나마 [삭까족 ~] (Mahānāma Sakka) A6:10 §1f; A6:120 §1.
마하목갈라나 (Mahāmoggallāna) A6:17 §1; A6:34 §1f; A7:50 §1; A7:53 §2; A7:58 §1.
마하빠자빠띠 (고따미) (Mahāpajāpatī) A7:53 §1[주].
마하쭌다 (Mahācunda) A6:17 §1; A6:46 §1[설명].
마히 (강) (Mahī) A7:62 §4.
막칼리 고살라 (Makkhali Gosāla) A6:38 §2[주]; A6:57 §2.
만다끼니 (호수) (Mandākinī) A7:62 §5.
만뜨라로 깨달아야 한다 (mantāya boddhabbaṁ) A7:70 §2[설명].
말을 많이 한다 (vacīsaṅkhārā) A6:44 §8[설명].
맛치까산디까 [쩻따 ~] (Macchikāsaṇḍinka) A6:120 §1.
멀리 여의었기 때문에 (ārakattā) A6:43 §3[설명].
멀리 은둔하여 (vūpakaṭṭha) A7:79 §1[설명].
멀어지다 (vapakassati) A6:60 §2.
멈추다 (āramati) A7:70 §2[설명].
멘다까 (Meṇḍaka) A6:120 §1.
멧떼야의 질문 (Metteyyapañha)
명성 (yasa) A7:49 §3[설명].
모든 법 (sabbe dhammā) A7:58 §11[설명].
모든 법들은 무아 (sabbe dhammā anattā) A7:17 §2[설명].
모든 법의 저쪽에 이르신 분 (sabbadhammāna-pāragu) A6:43 §3[설명].
모든 표상 (sabba-nimittā) A7:53 §9[설명].
모든 표상들 A7:46 §16[설명].
모든 형성된 것[諸行]은 무상하다 (sabbe saṅkhārā aniccā) A7:16 §2[설명].
목갈라나 ☞ 마하목갈라나 (Moggallāna)
목수 (phala-gaṇḍa) A7:67 §3[설명].
몰두하다 (samannāharati) A6:62 §2.
몰리야시와까 (유행승) (Moliya-sīvaka) A6:47 §1; A6:48 §1.
몸에 대한 마음챙김 (kāyagata-sati) A6:29 §4[설명].
몸에서 몸을 관찰함 (kāye kāyānupassī) A6:117 §1; A6:118 §1.
몸의 불결함 (kāya-sandosa) A6:48 §2[설명].
무가빡카 (스승) (Mūgapakkha) A7:69 §2.
무간업 (anantariya-kamma) A6:93 §2[설명].
무거운 업 [주] (bhāriya-kamma) A6:87 §2.
무리지어 삶 (saṅgaṇika) A6:68 §1.
무상 (anicca) A6:98 §1; A7:16 §2; A7:85 §2.
무상의 인식 (anicca-saññā) A7:25 §2[설명].
무상이라고 [관찰하는 지혜에서 생긴] 인식 (anicca-saññā) A6:35 §2[설명].
무상한 [오온에 대해서] 괴로움이라고 [관찰하는 지혜에서 생긴] 인식 (anicce dukkhasaññā) A6:35 §2[설명].
무아 (anatta) A6:100 §1.
무애해 [네 가지] (paṭisambhidā)

A7:37 §1.
문다 (왕) (Muṇḍa) A5:50 §1.
물고기 (maccha) A6:18 §1.
물들임 (anuddhaṁsa) A6:60 §2, §7.
물리치다 (paṭihaṅkhati) A6:58 §4.
미가라 (Migāra) A7:7 §1.
미가라마따(녹자모, 鹿子母)
　(Migāramātā) A6:43 §1.
미가살라 (청신녀) (Migasālā) A6:44
　§1[설명].
믿음을 따르는 인간 (saddhā-
　nusāri-puggalo) A7:53 §8[설명].
믿음이 확립된 (saddhā patiṭṭhitā)
　A6:45 §4[설명].
밀림 (gaccha) A7:52 §8[설명].

【바】

바구 (선인) (Bhagu) A7:49 §4.
바라나시 (Bārāṇasī) A6:28 §1; A6:60
　§1; A6:61 §1.
바라드와자 (선인) (Bhāradvāja) A7:49
　§4.
바로 그 순간에 (apubbaṁ acarimaṁ)
　A7:16 §3[설명].
바르지 못한 법 [일곱 가지]
　(asaddhamma) A7:83 §1.
바른 견해 (sammā-diṭṭhi) A6:68
　§1[설명].
바른 법 [일곱 가지] (saddhamma)
　A7:84 §1.
박가 (Bhagga) A6:16 §1; A7:58
　§1[설명].
밖 (bahiddhā) A7:46 §16[설명].
밖으로 산란해져 있다 (bahiddhā
　vikkhittaṁ) A7:37 §2[설명].

밖의 모든 표상들 (bahiddhā
　sabbanimittā) A7:46 §16[설명].
반신불수 (pakkhahata) A6:57 §5.
발리까 (Bhallika) A6:119 §1[설명];
　A6:120 §1.
발판 (ogādha) A6:16 §2, §4.
방일하지 말고 [해야 할 바를] 성취하라
　(appamādena sampādetha) A7:68
　§8[설명].
버리면 없어지는 번뇌 A6:58 §7.
번뇌 (āsava) A6:63 §9.
번뇌 다함 (āsavānaṁ khaya) A7:57
　§1.
번창하는 법 [일곱 가지] (sampatti)
　A7:29 §1.
범계 (āpatti) A7:72 §2.
범신천 (Brahmakāyikā) A6:10 §7;
　A6:25 §7; A7:41 §3; A7:49 §5; A7:53
　§2; A7:65 §2.
범신천의 동료로 태어난다
　(brahmakāyikānaṁ devānaṁ
　sahabyataṁ) A7:49 §5[설명].
범천의 궁전 (Brahmavimāna) A7:58-2
　§1; A7:62 §10.
범천의 길 (brahma-patha) A6:43
　§3[설명].
범천의 세상 (Brahmaloka) A6:2 §2;
　A6:34 §1f; A6:52 §2; A6:54 §7;
　A6:70 §1; A7:53 §2; A7:62 §8; A7:65
　§2; A7:69 §1.
법 (dhamma) A6:10 §2[설명].
법답지 못한 행 (adhamma-cariya)
　A6:113 §2[설명].
법에 열중하는 비구 (dhammayoga)
　A6:46 §3.
법에 열중하는 자들 (dhamma-yogā)
　A6:46 §2[설명].

법의 정형구 A6:47 §1; A6:48 §1.
법의 흐름에 들었다 (dhammasoto nibbahati) A6:44 §5[설명].
벗어나게 함 (bhujissa) A6:10 §5; A6:11 §6; A6:12 §5.
벗어나는 요소 (nikkama-dhātu) A6:38 §2[설명].
벗어나는 요소[出離界] (nikkama-dhātu) A6:38 §2[설명]
벗어남 (vuṭṭhāna) A6:64 §4[설명].
벗어남의 요소 [여섯 가지] (nissāraṇīya) A6:13 §1.
베사깔라 숲 (Bhesakaḷāvana) A6:16 §1; A7:58 §1.
벽돌집 (giñjakāvasatha) A6:19 §1[설명].
벽돌집 (Giñjakāvasatha) A6:19 §1; A6:20 §1; A6:59 §1.
변정천(遍淨天) (Subhakiṇhā)
보는 것들 가운데서 위없음 (dassana-anuttariya) A6:8 §2[설명].
보리분법 [37가지] A7:67 §2.
보시 (dāna) A6:59 §2.
보시 [여섯 구성요소를 가진~] (dāna) A6:37 §1.
보시의 결실 (dānaphala) A7:54 §1.
보시의 불 (dakkhiṇeyyaggi) A7:44 §13[설명].
보시의 큰 결실 (dānamahapphala) A7:49 §1.
보시하다 (씻다) (ācameti) A6:37 §4.
복되게 임종하는 삶 (bhaddikā kālakiriyā) A6:14 §4.
복되게 임종하지 못하는 삶 A6:14 §2.
복되게 죽지 못한다 (na bhaddakaṁ maraṇaṁ hoti) A6:14 §2[설명].

복밭 (puñña-kkhetta) A6:1 §2; A6:2 §1; A6:3 §1; A6:4 §1; A6:5 §2; A6:6 §2; A6:7 §2; A6:58 §1; A7:14 §1; A7:64 §1; A7:85 §1.
봉납 (bali) A7:19 §2[설명].
부정의 명상주제 (asubha kammaṭṭhāna) A6:27 §7[설명].
부푼 (uddhumātaka) A6:29 §5.
분노 (kodhana) A7:60 §1.
분명하게 지각하는 (viditā) A7:37 §2[설명].
분발 (ussoḷhi) A6:20 §3.
분발하는 요소 (parakkama-dhātu) A6:38 §2[설명].
분쟁의 뿌리 [여섯 가지] (vivādamūla) A6:36 §1.
불 (aggi) A7:44 §12[설명].
불 [일곱 가지] (aggi) A7:43 §1.
불결함 (sandosa) A6:48 §2[설명].
불공평하게 나눔 (paṭivibhatta) A6:11 §5; A6:12 §4.
불무더기의 비유 (aggikkhandhopama) A7:68 §1.
불방일 (appamāda) A6:53 §3.
불사를 봄 (amataddasa) A6:119 §1.
불사의 경지를 몸으로 체득하여 머문다. A6:46 §6[설명].
불퇴전 (appaṭivāni) A6:20 §3.
불환과의 실현 (anāgāmiphalaṁ sacchikati) A6:65 §1.
불환자가 태어날 곳 (purisa-gati) A7:52 §0[설명].
불환자가 태어날 곳[일곱 가지] (purisagati) A7:52 §1.
비구 [일곱 가지를 부순 자] A7:81 §1.
비구니 (bhikkhuni) A7:53 §1[설명].
비굴함 (atinipāta) A6:76 §2[설명].

비난받을 일 없음 (anupavajja) A7:55 §1.
비난하는 마음 (upārambha-citta) A7:27 §2, §4; A7:29 §1; A7:30 §1.
빠딸리뿟따 (Pāṭaliputta) A7:20 §1[주].
빠릿찻따까 꼬윌라라 나무 (pāricchattaka koviḷāra) A7:65 §1[설명].
빠세나디 꼬살라 (왕) (Pasenadi Kosala) A6:43 §2.
뿌라나 (장자) (Purāṇa) A6:44 §2[설명]; A6:120 §1.
뿌라나 깟사빠 (Purāṇa Kassapa) A6:57 §2[설명].

【사】

사꺄 가문 (Sakyakula) A6:42 §1.
사꺄의 후예 (Sakyaputta) A6:42 §1.
사대왕천 (Cātummahārājikā) A6:10 §7; A6:25 §7; A6:26 §8; A6:34 §2; A7:49 §3; A7:62 §9; A7:65 §2.
사라부 (강) (Sarabhū) A7:64 §4.
사라짐에 대해서 능숙함 (apāya-kusala) A6:79 §2[설명].
사락가 (청신사) (Sāragga) A6:120 §1.
사란다다 탑묘 (Sārandada cetiya) A7:19 §1.
사람 [일곱 부류] (puggala) A7:14 §1; A7:15 §1; A7:16 §1.
사람의 갈 곳 (purisa-gati) A7:52 §1[설명].
사랑함 (piya) A7:1 §2; A7:2 §1.
사량분별 (papañca) A6:14 §3[설명].
사량분별 없는 경지 (nippapañca-pada) A6:14 §6[설명].

사량분별에서 나온 것 (papañcita) A7:51 §4[설명].
사리뿟따 (Sāriputta) A6:14 §1; A6:15 §1; A6:17 §1; A6:37 §1; A6:51 §1f; A6:69 §3; A7:34 §2; A7:34 §2; A7:37 §3; A7:38 §3; A7:39 1f; A7:49 §1f; A7:50 §1; A7:66 §1.
사마가마까 (마을) (Sāmagāmaka) A6:21 §1[설명].
사문 (samaṇa) A7:82 §1.
사문의 결실 (sāmañña) A6:102 §2[설명].
사왓티 (Sāvatthī) A6:1 §1; A6:17 §1; A6:34 §1; 6:37 §1; A6:43 §1; A6:49 §1; A7:1 §1; A7:39 §1; A7:44 §1; A7:59 §1.
사유 [세 가지] (vitakka) A6:109 §2.
사자후 (sīhanāda) A6:64 §1.
사하자띠 (Sahajāti) A6:46 §1.
삭까(석가) (Sakkā) A6:10 §1; A6:21 §1.
삭까 (신들의 왕 인드라) (Sakka Inda) A6:54 §6; A7:58-2 §1[설명]; A7:62 §10.
산다나 (장자) (Sandhāna)
삼림지대 (dāya) A7:52 §8[설명].
삼매 (samādhi) A6:70 §1; A6:68 §1[설명].
삼매는 도이다 (samādhi maggo) A6:64 §14[설명].
삼매로 마음을 기울이는 것에 능숙함 (samādhissa abhinīhāra-kusala) A6:24 §2[설명].
삼매에 능숙함 (samādhikusala) A6:24 §2; A7:38 §2.
삼매에 들지 못함 (asamādhi) A6:64 §14[설명].

삼매에 머무는데 능숙하다 (samādhissa ṭhitikusalo) A6:24 §2[설명].
삼매의 영역에 능숙하다 (samādhissa gocara-kusalo) A6:24 §2[설명].
삼매의 즐거움에 능숙하다 (samādhissa kallita-kusalo) A6:24 §2[설명].
삼매의 증득에 능숙하다 (samādhissa samāpatti-kusalo hoti) A6:24 §2[설명].
삼매의 출정에 능숙하다 (samādhissa vuṭṭhāna-kusalo) A6:24 §2[설명].
삼매의 필수품 [일곱 가지] (samādhi-parikkhā) A7:42 §1.
삼매의 힘 (samādhibala) A6:72 §1.
삼십삼천 (Tāvatiṁsā) A6:10 §7; A6:25 §7; A6:34 §2; A7:62 §9; A7:65 §1.
삼학을 성취하는 것 (sikkhā-samādāna) A7:18 §2[설명].
삿된 견해 (micchā-diṭṭhi) A6:112 §2[설명].
상세하게 잘 전승받았다 (svāgatāni) A7:72 §2[설명].
상호 불신 (mithubhedā) A7:20 §4[설명].
상호불신 (mithu-bhedā) A7:20 §4[설명].
새싹 (papaṭikā) A6:50 §2; A7:52 §4f; A7:61 §1.
생각 (vitakka) A6:74 §2[설명].
생각에서 나온 것 (maññita) A7:51 §4[설명].
생겨남에 물들지 않는다 (sambhave na rajjati) A7:52 §2[설명].
석가족 (Sakka) A6:10 §1; A6:120 §1
설명 (niddesa) A7:18 §1[설명].
설명하지 않은 것[無記事] (abyākata) A7:51 §1.
성스러운 계 (ariya sīla) A6:119 §2[설명].
성스러운 지역 (ariyāyatana) A6:96 §2[설명].
성의 없이 (asakkaccaṁ) A7:13 §2[설명].
성자들에게 적합한 지와 견의 특별함 (alam-ariya-ñāṇa-dassana-visesa) A6:77 §1[설명].
성전을 의지하여 생긴 환희와 희열 (pāḷi) A6:10 §2[설명].
세따 (코끼리) (Seta) A6:43 §2.
세목 (anubyañjana) A7:72 §2[설명].
세상에 머무르려는 생각 (loka-citta) A7:46 §10[설명].
세습재산을 가진 자 (pettanika) A6:17 §2.
소 발자국 (gopada) A7:62 §6.
소 잡는 칼 (govikantana) A6:56 §1.
소나 (존자) (Soṇa) A6:55 §1[설명].
속박 (saṁyoga) A7:48 §1.
쇠퇴 (parihāniya) A6:31 §1; A6:84 §1.
쇠퇴하는 법 (parihāniya) A6:21 §1.
쇠퇴하지 않는 (aparihāniya) A6:22 §1[설명].
쇠퇴하지 않는 법 (aparihāniya) A6:22 §1; A7:19 §1[설명].
쇠퇴하지 않는 법 [여섯 가지] (aparihāniya) A6:69 §1.
쇠퇴하지 않는 법 [일곱 가지] (aparihāniya) A7:19 §1; A7:20 §2; A7:26 §3; A7:27 §3; A7:31 §1; A7:32 §1; A7:33 §1; A7:34 §1.
쇠퇴하지 않음 (aparihāniya) A6:32 §1; A6:33 §1.
수넷따 (sunetta) A7:62 §9[설명].

수넷따 (스승) (Sunetta) A6:54 §7; A7:62 §9; A7:69 §1.
수닷따 (급고독 장자) (Sudatta) A6:120 §1.
수라 (암밧타) (Sūra) A6:120 §1.
수마나 (존자) (Sumana) A6:49 §1.
수미산 (Sineru) A7:62 §2, §7f.
수승한 (paṇītā) A6:85 §4[설명].
수승한 법을 설함 (abhidhamma-kathā) A6:60 §1[설명].
수용하면 없어지는 번뇌 A6:58 §4.
수자따 (급고독 장자의 며느리) (Sujātā)
수축하고 팽창하는 겁 (saṁvaṭṭa-vivaṭṭa-kappa) A7:58-2 §1[설명].
수행 (bhāvanā) A7:67 §1.
수행하면 없어지는 번뇌 A6:58 §8.
숙고, 자세히 살펴봄 (upaparikkhā) A6:56, §2, §5, §8; A7:64 §9.
숨수마라기리 (도시) (Suṁsumāragiri) A6:16 §1; A7:58 §1[설명].
숲으로부터 열반으로 오셨다 (vanā nibbanam āgataṁ) A6:43 §3[설명].
스스로가 만든 것이라는 [견해] (sayaṁkata) A6:95 §2[설명].
승리를 얻는다 (kaṭaggāho) A6:45 §4[설명].
시와까 (Sīvaka) A6:47 §2.
시작하는 요소 (ārambha-dhātu) A6:38 §2[설명].
시하 (대장군) (Sīha) A7:54 §1[설명].
시하빠빠따 (호수) (Sīhapapātā) A7:62 §5.
신성한 바퀴[梵輪] (brahma-cakka) A6:64 §1[설명].
신통 (iddhi) A6:41 §2; A7:49 §3[설명].

실현하는 능력 (sakkhibhabba) A6:71 §1.
심오한 뜻의 경지 (gambhīraṁ atthapadaṁ) A6:46 §7[설명].
심오한 말 (gambhīra) A7:36 §2[설명].

【아】

아난다 (Ānanda) A6:17; A6:29; A6:43; A6:44; A6:51; A6:56; A6:57; A6:62; A7:20; A7:40; A7:44 §2.
아내 [일곱 부류] (bhariyā) A7:59 §2.
아노땃따 [호수] (Anotatta)
아누룻다 (Anuruddha) A6:17 §1.
아는 자 (viññātā) A6:10 §1; A6:51 §2.
아라까 (Araka) A7:69 §1; A7:70 §1f.
아라네미 (Aranemi) A6:54 §7, §10; A7:69 §2.
아라한과의 실현 (arahattaṁ sacchikāti) A6:66 §1; A6:76 §1; A6:83 §1.
아릿타 (Arittha) A6:120 §1.
아비담마를 설함 (abhidhamma-kathā) A6:60 §1[설명].
아완띠 (Avanti) A6:37 §1[주]; A7:50 §1[주].
아자따삿뚜 (Ajātasattu) A7:20 §1[설명].
아찌라와띠 (Aciravatī) A6:62 §1; A7:62 §4.
아홉 종류의 자만 (navavidha-māna) A7:46 §16[설명].
악덕이 된다 (apuñña-bhāgiya) A6:63 §4[설명].
안으로 위축되어 있다 (ajjhattaṁ saṁkhittaṁ) A7:37 §2[설명].

찾아보기 *567*

안치함 (ādhāna) A7:44 §1, §2.
알라위 [핫타까] (Āḷavaka) A6:120 §1
알음알이를 가진 몸 (saviññāṇaka kāya) A7:46 §16[설명].
알음알이의 거주처 [일곱 가지] (viññāṇa-ṭh) A7:41 §1.
암바빨리 숲 (Ambapālivana) A7:62 §1[설명].
암밧타 (수라 ~) (Ambaṭṭha) A6:120 §1.
앗타까 (Aṭṭhaka) A7:49 §4.
앙가 (Aṅga) A7:49 §1[주].
앙기라사 (선인) (Aṅgīrasa) A7:49 §4
앙심 (palāsa) A7:90 §2.
앞뒤로 흔들다 (odhunāti) A6:53 §3.
애욕 (rāga) A6:48 §2[설명].
애착을 가지고 임종함 A6:16 §2.
애착을 가짐 (sāpekkha) A6:16 §2[설명].
애착이 있음 (sāpekha) A6:83 §2 [설명].
야마딱기 (선인) (Yamataggi) A7:49 §4.
야마천 (Yāmā) A6:10 §7; A6:25 §7; A6:26 §8; A6:34 §2; A7:62 §9; A6:65 §2.
야무나 (강) (Yamunā) A7:62 §4.
약카의 몸 (yakkha-yoni) A7:50 §4[설명].
양면으로 해탈했다. (ubhato-bhāga-vimutta) A7:53 §4[설명].
양심과 수치심 (hiriottappa) A7:61 §1
양털을 땋는 데 (veṇiṁ olikhituṁ) A6:16 §2[설명].
얕보는 자 (paḷāsin) A6:36 §3.
어둠의 숲 (Andhavana) A6:49 §1[설명].

어디에도 닿지도 못한다 (anupahacca talaṁ) A7:52 §4[설명].
어떤 느낌을 느끼더라도 (yaṁkiñci vedanaṁ vediyati) A7:58 §11[설명].
어떤 신들 (ekacce ca devā) A7:41 §2[설명].
어떤 악처에 떨어진 자들 (ekacce ca vinipātikā) A7:41 §2[설명].
어렵습니다 (dukkaraṁ) A7:68 §8[설명].
언짢은 (durāgata) A6:58 §5.
업 (kamma) A6:63 §11; A7:49 §3[설명].
업무를 관장하는 자 [승가의 ~] (bhāra-vāhi) A7:26 §2[설명].
업이 발생하는 원인 (kammānaṁ samudaya nidāna) A6:39 §1.
에워싸인 괴로움 [갈애에 ~] (pariyantakatassa dukkhaṁ) A6:97 §2[설명].
여래에 대해 확고함을 가졌다 (tathāgate niṭṭhaṅgato) A6:119 §1[설명].
여래의 힘 [여섯 가지] (tathāgatabala) A6:64 §1.
여러 가지 요소 (aneka-dhātu) A6:29 §6[설명].
여러 일곱 번 (aneka-sattakkhattuṁ) A7:58-2 §1[설명].
여자의 기능 (itth-indriya) A7:48 §2[설명].
여자의 외관 (itth-ākappa) A7:48 §2[설명].
여자의 의욕 (itthi-chanda) A7:48 §2[설명].

여자의 장식 (itthālaṅkāra) A7:48 §2[설명].
여자의 행위 (itthi-kutta) A7:48 §2[설명].
열등감 (omāna) A6:76 §2[설명]; A6:106 §3.
열반 (nibbāna) A6:68 §1[설명]; A6:101 §1; A6:102 §2; A6:103 §2; A6:104 §2.
열정 (samātapa) A6:43 §3.
영역에 나타나다 (āpāthaṁ āgacchati) A6:55 §10.
영웅 [진정한 ~] (nāga) A6:43 §2[설명].
영지의 일부 (vijjābhāgiya) A6:35 §1.
예류과를 실현하는 이익 [여섯 가지] (sotāpattiphalasacchikiriya ānisaṁsa) A6:97 §1.
오만함 (adhimāna) A6:76 §2[설명].
오염원 (saṁkilesa) A6:64 §4[설명].
올바름 (samatta) A6:88 §4.
와마까 (선인) (Vāmaka) A7:49 §4.
와마데와 (선인) (Vāmadeva) A7:49 §4.
와셋타 (선인) (Vāseṭṭha) A7:49 §4.
완전히 (sabbena sabbaṁ) A7:52 §2[설명].
완전히 실현하지 못했다. (sabbena sabbaṁ sacchikataṁ) A7:52 §2[설명].
완전히 해탈한다 (suvimutta) A7:46 §16[설명].
왓사까라 (바라문) (Vassakāra) A7:20 §1.
왓지 (Vajjī) A7:20 §1f.
왓지야마히따 (장자) (Vajjiyamahita) A6:120 §1[설명].
요소 [세 가지] (dhātu) A6:111 §2.

욕망 (rāga) A7:44 §8[설명].
우다이 (존자) (Udāyi) A6:29 §1[설명]; A6:43 §2.
우빨리 (존자) (Upāli) A7:79 §1.
우연히 발생한 것이라는 [견해] (adhicca-samuppanna) A6:95 §2[설명].
우월감 (atimāna) A6:76 §2[설명].
욱가 (대신) (Ugga (rājamahāmatta)) A7:7 §1[설명].
욱가 (장자) [웨살리에 사는 ~] (Ugga (gahapati Vesālika)) A6:120 §1
욱가따사리라 (바라문) (Uggatasarīra) A7:44 §1[설명]
원인 (ṭhāna) A6:64 §2[설명].
원함 (abhijappi) A6:45 §4.
웨데히뿟따 [아자따삿뚜 ~] (Vedehiputta) A7:20 §1.
웨살리 (Vesālī) A6:120 §1; A7:19 §1; A7:20 §3; A7:54 §1; A7:62 §1.
웨살리에 사는 (욱가 장자) (Vesālika) A6:120 §1.
웰루깐다끼의 (난다마따) (Veḷukaṇḍakī) A6:37 §1[설명]; A7:50 §1.
웰루깐따끼 (Veḷukaṇṭakī) A7:50 §2.
웻사미따 (선인) (Vessāmitta) A7:49 §4.
웻사와나 (대왕) (Vessavaṇa) A7:50 §1[설명].
위 없음 [여섯 가지] (anuttariya) A6:8 §1.
위빳사나 (vipassanā) A6:54 §10[설명].
위없음 [여섯 가지] (anuttariya) A6:30 §1.
위자야 (장자) (Vijaya) A6:120 §1.
유신(有身) ☞ 자기 존재가 있음.

유익한 법[善法]들을 찾지 않고
(avipassako kusalānaṁ
dhammānaṁ) A6:17 §2[설명].
유익함의 뿌리 (kusala-mūla) A6:62
§4[설명].
유학 (sekha) A6:31 §1; A6:32 §1;
A6:33 §1; A7:26 §1.
율을 호지하는 자[律師] (vinayadhara)
A7:71 §1; A7:72 §1; A7:73 §1; A7:74
§1; A7:75 §1; A7:76 §1; A7:77 §1;
A7:78 §1.
이 내가 있다 (ayam ahamasmi) A6:13
§7[설명].
이가는 소리를 내는 (kākacchamāna)
A6:17 §1.
이가는 소리를 내면서 (kākacchamāna)
A6:17 §1[설명].
이것은 단지 견해일 뿐이다.
(diṭṭhigataṁ etaṁ) A7:51 §2[설명].
이것이 참으로 내가 있는 것이다.
A6:13 §7[설명].
이러한 상태로 돌아오지 않는다
(anāgantā itthattaṁ) A7:49
§5[설명].
이러한 상태로 되돌아온다 (āgantā
itthattaṁ) A7:49 §3[설명].
이시닷따 (Isidatta) A6:44 §2[설명], §9;
A6:120 §1.
이시빠따나 (Isipatana) A6:28 §1;
A6:60 §1; A6:61 §1.
인간들 (manussā) A7:41 §2[설명].
인간의 기능에 대한 지혜
(purisindriyañāṇa) A6:62 §4; A6:62
§3[설명].
인간의 법을 초월함
(uttarimanussadhammā) A6:77
§1[설명].

인습적 표현 (vohāra) A6:63 §8, §14.
인식 (saññā) A6:63 §7; A6:112 §3;
A7:16 §2; A7:17 §1; A7:58 §2.
인식 [세 가지] A6:110 §2.
인식 [여섯 가지] A6:35 §2; A6:102 §1;
A6:103 §1; A6:104 §1; A6:123 §2.
인식 [일곱 가지] A7:25 §2; A7:45 §1;
A7:46 §1; A7:88 §2; A7:89 §2.
인식에서 나온 것 (saññā-gata) A7:51
§4[설명].
인욕 (khanti) A6:52 §2; A7:44 §16.
일시적인 해탈 (sāmāyika vimutti)
A6:44 §4f[설명].
일어나는 시기가 확정되지 않은 것
(apare vā pariyāye) A6:63
§12[설명].
일어나려 하다 (samañco pi) A6:56
§1[설명].
일어남에 대해서 능숙함 (āya-kusala)
A6:79 §2[설명].
일으킨 생각 (vitakka) A6:74 §2[설명].
일으킴 (uppādetabba) A6:91 §1.
잇차낭갈라 (Icchānaṅgala) A6:42 §1.
있는 것, 되어있는 것 (yad atthi, yaṁ
bhūta) A7:52 §2[설명].
있으면서도 감춘다 (santaṁ assa
pariguhanti) A7:13 §2[설명].
잎이 떨어진 (panna-palāsa) A7:65
§1[설명].

【자】

자극을 통해서 완전한 열반에 드는 자
(sasaṅkhāra-parinibbāyi) A7:16
§4[설명].
자극이 없이 완전한 열반에 드는 자

(asaṅkhāra-parinibbāyi) A7:16 §4[설명].
자기 존재가 있음[有身] (sakkāya) A6:14 §3[설명].
자눗소니 (바라문) (Jānussoṇi) A6:52 §1; A7:47 §1.
자만 (māna) A6:76 §2[설명]; A7:46 §16[설명].
자만 [세 가지] (māna) A6:106 §3.
자만을 뛰어넘었다 (vidhā-samatikkanta) A7:46 §16[설명].
자신의 이익 (attattha) A7:68 §8[설명].
자신의 행위도 없고 남의 행위도 없다 (natthi attakāro natthi parakāro) A6:38 §2[설명].
자신이 나서서 그 업무를 보는 것 (attanā vo yogaṁ āpajjati) A7:26 §2[설명].
자아에 대한 견해 (atta-anudiṭṭhi) A6:112 §2[설명].
잘 분석되었다 (suvibhattāni) A7:72 §2[설명].
잘못되게 인도하지 않는다 (no ca aṭṭhāne niyojeti) A7:36 §2[설명].
잘못된 견해 (diṭṭhi-ṭṭhāna) A6:54 §10[설명].
잠 (soppa) A6:17 §1.
잠부 숲 (Jambusaṇḍa) A7:58-2 §2[설명].
잠재성향 [일곱 가지] (anusaya) A7:11 §1; A7:12 §1.
잡다한 일 (kamma) A7:22 §2[설명].
장애 (nīvaraṇa) A6:86 §2.
재가의 삶 (sambādha) A6:26 §2[설명].
재가의 삶 (gahaṭṭhaka) A6:16 §2.
재가의 삶에서 기회를 얻음 (sambādhe okāsa-adhigama) A6:26 §2.
재산 [일곱 가지] (dhana) A7:5 §1; A7:6 §1; A7:7 §2.
재생의 근거를 파괴한 위없음 (anuttara upadhi-saṅkhaya) A6:56 §6[설명].
적당한 음계 (sama guṇa) A6:55 §1[설명].
적을 죽였기 때문에 성자다. (arī-hatattā ariyo hoti) A7:82 §1[설명].
적절한 이유를 가지고 (sahadhammena) A7:55 §3[설명].
적합한 지혜 (anulomika khanti) A6:88 §2[설명].
적합한, 적당한 (anulomika) A6:88 §2; A6:98 §1; A6:101 §1; A7:53 §6f.
전능자 (Vasavatti) A7:58-2 §1; A7:62 §10.
전일하게 됨 (ekatta) A6:42 §4[설명].
전지자 (aññadatthudasa) A7:58-2 §1; A7:62 §10.
정법이 오래 머물지 못함 (saddhamma na ciraṭṭhitika) A6:40 §2; A7:56 §1.
정법이 오래 머묾 (saddhamma ciraṭṭhitika) A6:40 §4.
정진을 가하여 [해야 할 바도] 하지 않고 (bāhusaccena pi akataṁ hoti) A6:44 §4[설명].
정진을 고르게 함 (vīriya-samata) A6:55 §1[설명].
제거하지 않음 (appahāya) A6:89 §1.
제거함 (pahīna) A6:90 §1.
제따 숲 (Jetavana) A6:1 §1; A6:2 §1; A6:10 §1; A6:17 §1; A6:32 §1; A6:34 §1f; A6:37 §1; A6:43 §1; A6:49 §1; A6:54 §1; A6:69 §1; A7:1 §1; A7:31 §1; A7:32 §1; A7:33 §1; A7:34 §1;

A7:39 §1; A7:44 §1; A7:49 §1; A7:53 §1; A7:59 §1.
제사 [큰 ~] (yañña) A7:44 §1.
제사기둥 (thūṇa) A7:44 §1[설명].
제행의 무상 A7:62 §2.
조건 (upanisa) A6:50 §1f; A7:61 §1, §2.
조건과 원인과 함께 (ṭhānaso hetuso) A6:64 §3[설명].
조띠빨라 (Jotipāla) A6:54 §7, §10; A7:69 §2.
조합장 (pūga-gāmaṇika) A6:17 §2.
족쇄 (saṁyojana) A6:68 §1[설명].
족쇄 [일곱 가지] (saṁyojana) A7:8 §1; A7:10 §1.
족쇄의 제거 A7:9 §1.
존경 (sappatissa/sappaṭisa) A6:33 §2[설명].
존재 [세 가지] (bhava) A6:105 §1.
존재에 물들지 않는다 (bhave na rajjati) A7:52 §2[설명].
졸고 있음 (pacalā) A7:58 §1.
졸면서 (pacalāyamāna) A7:58 §1[설명].
좋은 곳에 태어남 (sugati) A6:75 §3.
좋은 법 (saddhamma) A7:63 §12[설명].
주석서를 의지하여 생긴 환희와 희열 (aṭṭhakatha) A6:10 §2[설명].
죽음에 대한 마음챙김 (maraṇassati) A6:19 §2; A6:20 §2.
중각강당 (Kūṭāgārasālā) A7:54 §1.
중단시키다 (opāteti) A6:60 §1.
중반쯤에 이르러 완전한 열반에 드는 자가 (antarā-parinibbāyi) A7:52 §2[설명].
즐거움 (kallitā) A6:24 §2; A7:38 §2

증득 (adhigama) A6:79 §1.
지금여기에서 행복하게 머문다 (diṭṭha-dhamma-sukhavihāra) A6:29 §2[설명].
지루함 (arati) A6:113 §3.
지옥에 떨어짐 (niraye nikkhitta) A6:81 §1; A6:82 §1.
지옥에서 [과보를] 겪어야 하는 (niraya-vedanīya) A6:63 §12[설명].
지와까 (Jīvaka) A6:120 §1.
지위따사마시시 (jīvita-samasīsī) A7:16 §3[설명].
지혜 (ñāṇa) A6:119 §2[설명].
지혜 (khanti) A6:88 §2[설명]; A6:98 §1; A6:101 §1.
진정되었고 (paṭikkamosānaṁ) A6:56 §1[설명].
짐을 내려놓았다 (ohita-bhāro) A6:49 §1[설명].
짚은 [지팡이를~](olubbha) A6:16 §3
짬빠 (Campā) A7:49 §1[설명].
짬빠에 사는 (Campeyyaka) A7:49 §1
쩨띠 (Cetī) A6:46 §1[설명].
쫓아낸다 하더라도 (api panujjamānena) A7:36 §1[설명].
찟따 [장자] (Citta (gahapati)) A6:120 §1.
찟따 [코끼리 조련사의 아들 ~] (Citta) A6:60 §1[설명], §8.

【차】

차가운 숲 (Sītavana) A6:55 §1[설명].
착수하는 요소 (upakkama-dhātu) A6:38 §2[설명].
참된 이상 (sadattha) A6:49 §1[설명].

참선하는 비구 (jhāyi) A6:46 §2.
참선하다 (pajjhāyati) A6:46 §2.
찻단따 [호수] (Chaddantā) A7:62 §5.
처럼 (upanibha) A6:29 §5.
천착 (abhinivesa) A7:58 §11.
천착해서는 안된다 (nālaṁ abhinivesāyā.) A7:58 §11[설명].
철저하게 안다 (parijānāti) A7:58 §11[설명].
청정범행 (brahmacāriya) A7:47 §1.
청정범행을 닦은 자 (brahmacāri) A6:44 §2.
청정한 법을 가진 자 (visuddhi-dhamma) A6:26 §3[설명].
초선에 들어 머묾 A6:73 §1; A6:74 §1.
촌스러운 (gamma) A6:30 §3[설명].
최상의 지혜로 안다 (abhijānāti) A7:58 §11[설명].
추구 (upavicāra) A6:52 §2.
출가 (pabbajja) A7:65 §2.
출리에 대한 확신이 있고 (nekkhammaṁ adhimuttassa) A6:55 §12[설명].
출현 (pātubhāva) A6:96 §1.
취착 (upādāna) A7:51 §4[설명].
취착이 없다 (anupādi-sesā) A7:53 §1[설명].
친구 (mitta) A6:67 §1.
친구 [일곱 가지 구성요소를 구족한~] (mitta) A7:35 §1; A7:36 §1.
친절한 (sorata) A6:44 §4; A6:60 §2.
칠각지 A7:24 §2.
칭찬 받을 (niddasa) A7:18 §1[설명].
칭찬 받을 토대 [일곱 가지] (niddasavatthu) A7:18 §1.
칭찬받을 (niddasa) A7:39 §2[설명].
칭찬받을 만함 (niddasa) A7:39 §2; A7:40 §2.

【카】

칼처럼 [관절을 끊는 바람] (satthaka) A6:20 §3.
케마 (존자) (Khema) A6:49 §1.
코끝 (vīmaṁsā) A6:43 §3[설명].
코끝은 법을 사유함 (vīmaṁsā dhamma-cintanā) A6:43 §3[설명].
코끼리 [왕의~] (nāga) A6:43 §2.
코끼리 조련사의 아들 (젯따) (Hatthisāriputta) A6:60 §1[설명], §8.
큰 숲 (Mahāvana) A7:54 §1.
큰 제사 (mahā-yañña) A7:44 §1[설명].

【타】

타화자재천 (Paranimmitavasavattī) A6:10 §7; A6:25 §7; A6:34 §2; A7:62 §9; A7:65 §2.
탐욕 (rāga) A7:44 §8[설명].
탐욕을 여읜 자 (vītarāga) A6:37 §2[설명].
탐진치의 제거 A6:107 §2.
태생 (여섯 부류의 ~) (abhijāti/chaḷabhijāti) A6:57 §2f; A6:64 §14; A7:58-2 §2.
태어날 곳 (gati) A6:44 §9[설명].
태어남 (불결하게 ~) (paṭipīta) A5:192 §4.
텅 빈 범천의 궁전에 태어났다 (suññaṁ brahma-vimānaṁ

upapajjāmi) A7:58-2 §1[설명].
통제 [마음의 ~] (vasa) A7:38 §1.
통찰지로 깊이 들어간다 (paññāya pariyogāhamāno) A7:16 §2[설명].
통찰지로 꿰뚫어서 본다 (paññāya ativijjha passanti) A6:46 §7[설명].
통찰지로 본다 (paññāyattharh vipassati) A7:3 §3[설명].
퇴보하지 않는 법 (aparihāniyā dhammā) A7:21 §1[설명].
퇴보하지 않는 법 [일곱 가지] (aparihāniya) A7:22 §2; A7:23 §2; A7:24 §1; A7:25 §1.

【파】

파멸하는 법 [일곱 가지] (parābhavā) A7:30 §1.
팍구나 (존자) (Phagguna) A6:65 §1[설명].
패망하는 법 [일곱 가지] (vipatti) A7:28 §1.
평가하다 (pamiṇāti) A6:44 §5, §9.
평온을 얻는다 (upekkharh paṭilabhati) A7:52 §2[설명].
평화롭다 (santa) A7:46 §16[설명].
표상 없음을 통한 마음의 해탈 (animittā cetovimutti) A6:13 §6[설명].
표상 없이 머무는 (animitta-vihāri) A7:53 §8[설명].
표상을 취하였다 (nimittarh aggahesi) A6:55 §2[설명].
표상을 취한다 (nimittarh gaṇhāhi) A6:55 §1[설명].
표상이 없는 마음의 삼매 (animitta ceto-samādhi) A6:60 §7[설명]; A7:53 §9[설명].
피하면 없어지는 번뇌 A6:58 §6.

【하】

하나의 [덕의] 구성요소가 결핍되어 있다 (ekaṅga-hīna) A6:44 §9[설명].
한 구절로 된 주문 (eka-pada) A6:63 §14[설명].
한 길이 넘는 (sādhikaporisa) A6:62 §3.
한적한 삶을 사는 자 (paṭisallekhitar) A5:231 §2.
할 바를 다한 자 (katakaraṇīya) A6:49 §1[설명].
핫타까 [알라위의 ~] (Hatthaka) A6:120 §1.
핫티빨라 (스승) (Hatthipāla) A6:54 §7; A7:69 §2.
해탈 (vimokkha) A6:119 §2[설명].
해탈하였다 (vimuttā) A7:53 §1[설명].
행복 (sukha) A6:78 §1.
행복을 찾는 자들이여 (sukhesinarh) A7:58-2 §2[설명].
행위 없음 (akiriya) A6:38 §2.
행한 업 (kamma-samādāna) A6:64 §3[설명].
헌공의 불 (āhuneyyaggi) A7:44 §13[설명].
혈통 좋은 말 (ājānīya) A6:5 §1; A6:6 §1; A6:7 §1.
혼침 (middha) A7:58 §3.
화락천 (Nimmānarati) A6:10 §7; A6:25 §7; A6:34 §2; A7:62 §9; A7:65 2.
확고한 요소 (ṭhiti-dhātu) A6:38

§2[설명].
확고함 (patigādha) A6:16 §2.
확립된 (anutthita) A6:13 §2f.
훈계를 잘 받아들임 (sovacassatā)
　A6:22 §2; A6:69 §1; A6:115 §3;
　A7:33 §1.
흔들리지 않는다 (na chambhati)
　A7:51 §3[설명].
흔들림 (aññathatta) A7:50 §3.
힘 [일곱 가지] (bala) A7:3 §1; A7:4
　§1.
힘을 내는 요소 (thāma-dhātu) A6:38
　§2[설명];

역자 · 대림스님

세등선원 수인(修印) 스님을 은사로 출가. 봉녕사 승가대학 졸업.
11년간 인도 뿌나 대학교(Pune University)에서 산스끄리뜨어와 빠알리어 수학.
3년간 미얀마에서 아비담마 수학.
현재 초기불전연구원 원장 소임을 맡아 삼장 번역불사에 몰두하고 있음.

역서로 『염수경(상응부 느낌상응)』(1996), 『아비담마 길라잡이』(전2권, 2002, 12쇄 2016, 전정판 2쇄, 2018, 각묵스님과 공역), 『들숨날숨에 마음챙기는 공부』(2003, 개정판 2019), 『청정도론』(전3권, 2004, 9쇄 2023), 『맛지마니까야』(전4권, 2012, 5쇄 2021), 니까야강독(I/II, 2013, 4쇄 2017, 각묵스님과 공역)이 있음

앙굿따라 니까야 제4권

2007년 4월 15일 초판1쇄 발행
2024년 2월 6일 초판5쇄 발행

옮긴이　| 대림스님
펴낸이　| 대림스님
펴낸 곳　| **초기불전연구원**
　　　　　경남 김해시 관동로 27번길 5-79
　　　　　전화 (055)321-8579
홈페이지 | http://tipitaka.or.kr
　　　　　http://cafe.daum.net/chobul
이 메 일 | chobulwon@gmail.com
등록번호 | 제13-790호(2002.10.9)
계좌번호 | 국민은행 604801-04-141966 차명희
　　　　　하나은행 205-890015-90404 (구.외환 147-22-00676-4) 차명희
　　　　　농협 053-12-113756 차명희
　　　　　우체국 010579-02-062911 차명희

ISBN 978-89-91743-09-0 04220
ISBN 89-91743-05-6(전6권)

값 | 30,000원